现代法学
试题系列

11

高校法学专业
核心课程配套测试

依刑事诉讼法核心课程教材
最新版本体例组编

第十版

刑事诉讼法配套测试

依据最新立法及学术动态修订升级
新增考试习题、2020~2021年考研真题

教学辅导中心 / 组编

中国法制出版社
CHINA LEGAL PUBLISHING HOUSE

第十版出版说明

《高校法学专业核心课程配套测试丛书》是我社教学辅导中心组织著名法学院校的优秀教师编写的一套教辅丛书。该丛书专为法学院校学生掌握法律专业知识、培养法律思维能力而精心设计，分册设置涵盖法学专业核心课程，因考点全面、题量充足、解答详尽、应试性强等优点，受到广大师生的普遍欢迎，使得该丛书成为法学教辅图书中口碑相传的实力品牌。

《刑事诉讼法配套测试》为上述丛书中的一本，自2005年首次出版后，历经多次改版重印，很多读者还来电、来信向我们表达感谢和期待。正是基于这种信赖，为及时体现该领域法学最新研究成果，并与我国立法发展相适应，在承继该书原有优点的基础上，我们对其全面修订。特点如下：

一、配套主流教材

本书结构分为二十八章，与主流刑事诉讼法核心课程教材相一致，便于随学随练。

二、内容及时更新

1. 根据包括《最高人民法院关于适用〈中华人民共和国刑事诉讼法〉的解释》(2021年)、《公安机关办理刑事案件程序规定》(2020年)、《人民检察院刑事诉讼规则》(2019年) 在内的多部最新法律、司法解释及文件等进行全面修订。

2. 新增最新考试习题，部分高校2020~2021年考研真题等，并对陈旧题目进行替换。

三、加工精细考究

1. 重点章节前面设置“基础知识图解”，归纳每章的知识体系和基本概念，帮助读者梳理知识点并检验学习成果。

2. 对重点题目的答案以脚注形式提醒注意要点，拓展解题思路。

3. 试题答案讲解细致，重点突出，为培养法律思维和提高应试能力提供有效指导。

4. 本书专门设置两套期末测试题，便于读者进行整体复习和预演自测。

四、附录全面实用

1. 收录全国部分高校刑事诉讼法专业历年研究生入学考试真题，为准备考研的读者提供更多帮助。

2. 收录刑事诉讼法领域重点法律条文列表，方便读者了解立法动向。

3. 收录刑事诉讼法学习参考书目，便于读者拓展阅读。

4. 随书赠送课程相关法律单行本一册，方便读者随时查阅我国现行法律规定。

教学辅导中心

2021年7月

目　录

第一章　概　述

基础知识图解

- 概论
  - 刑事诉讼
    - 诉讼的词源、释义、主要特征
    - 刑事诉讼的概念、特征
    - 刑事诉讼阶段的概念、特征、划分标准
  - 刑事诉讼法
    - 概念、性质、渊源、基本内容
    - 与刑法的关系
    - 与民事诉讼法、行政诉讼法的异同
      - 适用的实体法、调整对象
      - 指导原则、诉讼主体、诉讼程序
      - 举证责任、强制措施
  - 刑事诉讼法学
    - 研究对象
    - 研究方法
    - 学科体系
  - 刑事诉讼法
    - 制定目的和根据
    - 任务、基本理念
    - 作用

配套测试

一、单项选择题

1. 关于宪法同刑事诉讼法的关系，下列表述正确的是(　　)。

A. 抽象与具体的关系

B. “母法”和“子法”的关系

C. 包含与被包含的关系

D. 实体法与程序法的关系

2. 狭义的刑事诉讼是指(　　)。

A. 人民法院对刑事案件的审判活动

B. 人民检察院的起诉活动

C. 公安机关的侦查活动

D. 侦查、起诉和审判活动的总称

3. 社会主义法治公平正义的实现，应当高度重视程序的约束作用，避免法治活动的任意性和随意化。据此，下列哪一说法是正确的？(　　)（司考2014.2.22）

A. 程序公正是实体公正的保障，只要程序公正就能实现实体公正

B. 刑事程序的公开与透明有助于发挥程序的约束作用

C. 为实现程序的约束作用，违反法定程序收集的证据均应予以排除

D. 对复杂程度不同的案件进行程序上的繁简分流会限制程序的约束作用

4. 社会主义法治要通过法治的一系列原则加以体现。具有法定情形不予追究刑事责任是《刑事诉讼法》确立的一项基本原则，下列哪一案件的处理体现了这一原则？(　　)（司考2014.2.23）

A. 甲涉嫌盗窃，立案后发现涉案金额400余元，公安机关决定撤销案件

B. 乙涉嫌抢夺，检察院审查起诉后认为犯罪情节轻微，不需要判处刑罚，决定不起诉

C. 丙涉嫌诈骗，法院审理后认为其主观上不具有非法占有他人财物的目的，作出无罪判决

D. 丁涉嫌抢劫，检察院审查起诉后认为证据不足，决定不起诉

5.《中共中央关于全面深化改革若干重大问题的决定》提出“让审理者裁判、由裁判者负责”。结合刑事诉讼基本原理，关于这一表述的理解，下

列哪一选项是正确的？（　　）（司考 2016. 2. 22）

A. 体现了我国刑事诉讼职能的进一步细化与完善

B. 体现了刑事诉讼直接原则的要求

C. 体现了刑事审判的程序性特征

D. 体现了刑事审判控辩式庭审方式改革的方向

二、多项选择题

1. 刑事诉讼、民事诉讼和行政诉讼的主要区别有（　　）。

A. 起诉制度上的差别

B. 解决实体问题的差别

C. 执行程序上的差别

D. 陪审制度上的差别

2. 下列内容中属于刑事诉讼法任务的有（　　）。

A. 惩罚犯罪分子

B. 教育公民自觉遵守法律，积极同犯罪行为作斗争

C. 维护社会主义法制

D. 保障无罪的人不受追究

3. 刑事诉讼法的独立价值之一是具有影响刑事实体法实现的功能。下列哪些选项体现了这一功能？（　　）（司考 2016. 2. 64）

A. 被告人与被害人达成刑事和解而被法院量刑时从轻处理

B. 因排除犯罪嫌疑人的口供，检察院作出证据不足不起诉的决定

C. 侦查机关对于已超过追诉期限的案件不予立案

D. 只有被告人一方上诉的案件，二审法院判决时不得对被告人判处重于原判的刑罚

4. 关于刑事诉讼基本原则，下列哪些说法是正确的？（　　）（司考 2014. 2. 65）

A. 体现刑事诉讼基本规律，有着深厚的法律理论基础和丰富的思想内涵

B. 既可由法律条文明确表述，也可体现于刑事诉讼法的指导思想、目的、任务、具体制度和程序之中

C. 既包括一般原则，也包括独有原则

D. 与规定具体制度、程序的规范不同，基本原则不具有法律约束力，只具有倡导性、指引性

5. 关于刑事诉讼的秩序价值的表述，下列哪些选项是正确的？（　　）（司考 2012. 2. 64）

A. 通过惩罚犯罪维护社会秩序

B. 追究犯罪的活动必须是有序的

C. 刑事司法权的行使，必须受到刑事程序的规范

D. 效率越高，越有利于秩序的实现

6. 二审法院发现一审法院的审理违反《刑事诉讼法》关于公开审判、回避等规定的，应当裁定撤销原判、发回原审法院重新审判。关于该规定，下列哪些说法是正确的？（　　）（司考 2012. 2. 65）

A. 体现了分工负责、互相配合、互相制约的原则

B. 体现了严格遵守法定程序原则的要求

C. 表明违反法定程序严重的，应当承担相应法律后果

D. 表明程序公正具有独立的价值

7. 某市发生一起社会影响较大的绑架杀人案。在侦查阶段，因案情重大复杂，市检察院提前介入侦查工作。检察官在开展勘验、检查等侦查措施时在场，并就如何进一步收集、固定和完善证据以及适用法律向公安机关提出了意见，对已发现的侦查活动中的违法行为提出了纠正意见。关于检察院提前介入侦查，下列哪些选项是正确的？（　　）（司考 2017. 2. 64）

A. 侵犯了公安机关的侦查权，违反了侦查权、检察权、审判权由专门机关依法行使的原则

B. 体现了分工负责，互相配合，互相制约的原则

C. 体现了检察院依法对刑事诉讼实行法律监督的原则

D. 有助于严格遵守法律程序原则的实现

三、名词解释

1. 刑事诉讼

2. 刑事诉讼阶段

3. 诉讼效率

4. 刑事诉讼的历史类型

5. 刑事诉讼客体（中南财经政法大学 2007 年考研真题）

四、简答题

1. 刑事诉讼的基本职能具有哪些特点？

2. 简述刑事诉讼程序的价值及程序公正的具体要求。

3. 试述刑事诉讼法与民事诉讼法的异同。

五、论述题

1. 马克思曾指出：“在刑事诉讼中，法官、原告和辩护人都集中到一个人身上，这种集中是和心理学的全部规律相矛盾的。”

问：请运用所学过的刑事诉讼理论解析这句话。

2. 试论刑事诉讼基本理念中惩罚犯罪与保障人权的关系。

3. 试述司法公正与司法效率的关系。

4. 试论刑事诉讼价值、目的、结构和职能的关系。

参考答案

一、单项选择题

1. **答案**：B。本题考查的是宪法和刑事诉讼法的关系。宪法与其他部门法是“母法”与“子法”的关系。宪法是国家的根本大法，规定了我国的社会制度、政治制度、国家机构及其活动原则、公民的基本权利和义务，具有最高的法律效力。刑事诉讼法作为部门法，必须以宪法为根据。刑事诉讼法规定的诉讼原则、诉讼制度和诉讼程序，都是根据宪法确定的基本精神和原则制定的。故本题正确答案为B。

2. **答案**：A。本题考查的是狭义刑事诉讼的概念。刑事诉讼可作狭义和广义两种理解。狭义的刑事诉讼仅指人民法院的审判活动。因为只有法院才有权最终确定被告人是否有罪和应否处以刑罚，只有在审判阶段法院同控辩双方直接的诉讼法律关系才能形成，审判、辩护和控诉三种基本职能才能履行。由此可见，本题正确答案为A。

3. **答案**：B。诉讼公正，包括实体公正和程序公正两个方面。实体公正，即结果公正，是指案件实体的结局处理所体现的公正。程序公正，是指诉讼程序方面体现的公正。实体公正和程序公正各自都有独立的内涵和标准，不能互相代替，而且应当并重。一方面程序公正保障实体公正的实现，另一方面程序公正具有独立的价值。A项前半句话是正确的。但是，程序公正不一定就能够实现实体的公正，因此，A项后半句话错误。刑事程序的公开和透明，可以让当事人以及社会监督刑事程序的运行，因而有助于发挥程序的约束作用。故B项正确。C项的错误在于，依据我国《刑事诉讼法》和司法解释的规定，违反法定程序收集的证据并非都应予以排除，有的瑕疵证据经过合理解释或者补正后，可以作为定案根据。D项的错误在于，对复杂程度不同的案件进行程序上的繁简分流，有利于提高诉讼效率，将司法资源进行有效的配置，进而发挥程序的约束作用。本题正确答案为B项。

4. **答案**：A。《刑事诉讼法》① 第16条规定，有下列情形之一的，不追究刑事责任，已经追究的，应当撤销案件，或者不起诉，或者终止审理，或者宣告无罪：（1）情节显著轻微、危害不大，不认为是犯罪的；（2）犯罪已过追诉时效期限的；（3）经特赦令免除刑罚的；（4）依照刑法告诉才处理的犯罪，没有告诉或者撤回告诉的；（5）犯罪嫌疑人、被告人死亡的；（6）其他法律规定免予追究刑事责任的。这一规定确立了具有法定情形不予追究刑事责任原则。本题中，A项，盗窃400元，未达到定罪的数额标准，故属于“情节显著轻微、危害不大，不认为是犯罪的”这一情形，公安机关决定撤销案件。该项体现了具有法定情形不予追究刑事责任原则。依据《刑事诉讼法》第177条第2款的规定，对于犯罪情节轻微，依照刑法规定不需要判处刑罚或者免除刑罚的，人民检察院可以作出不起诉决定。B项的处理方式正确，但是，该不起诉属于酌定不起诉，未体现具有法定情形不予追究刑事责任原则。C项，法院是因为丙的行为未满足犯罪构成要件而作出的无罪判决，不是因为《刑事诉讼法》第15条规定的情形作出的无罪判决，也未体现具有法定情形不予追究刑事责任原则。D项的不起诉属于证据不足不起诉，不是依据《刑事诉讼法》第15条规定的情形作出的法定不起诉，所以，也未体现具有法定情形不予追究刑事责任原则。本题正确答案为A项。

5. **答案**：B。本题考查的是刑事诉讼职能、审判原则、审判的特征、审判模式。刑事诉讼职能是指根据法律规定，国家专门机关和诉讼参与人在刑

---

① 编者注：1.《刑事诉讼法》已于2018年10月26日根据《全国人民代表大会常务委员会关于修改〈中华人民共和国刑事诉讼法〉的决定》修正。

2.《最高人民法院关于适用〈中华人民共和国刑事诉讼法〉的解释》（法释〔2012〕21号）已于2021年3月《最高人民法院关于适用〈中华人民共和国刑事诉讼法〉的解释》（法释〔2021〕1号）施行之日起废止。

3.《人民检察院刑事诉讼规则（试行）》（高检发释字〔2012〕2号）已于2019年12月30日《人民检察院刑事诉讼规则》（高检发释字〔2019〕4号）施行之日起废止。

4.《公安机关办理刑事案件程序规定》（公安部令第159号）已于2020年9月起施行。1998年5月14日发布的《公安机关办理刑事案件程序规定》（公安部令第35号）和2007年10月25日发布的《公安机关办理刑事案件程序规定修正案》（公安部令第95号）同时废止。本书指2020年《公安机关办理刑事案件程序规定》。

鉴于上述法律和司法解释作为本书的核心法律规范，为方便读者阅读，我们对题目和解析结合现行法律规范直接进行了修改，对陈旧题目进行了删除，故真题中所依据的法律规范均为现行法，在此特别说明，后文不再提示。

事诉讼中所承担的职责、具有的作用和功能。刑事诉讼参与者所承担的职能，与其在诉讼中的法律地位和参与诉讼的目的密切相关。为了使诉讼的参与者履行或实现法律规定的诉讼职能，法律相应赋予其一定的权限和诉讼权利。传统诉讼理论认为，刑事诉讼有三种基本职能，即控诉、辩护和审判。本题题干表述未体现我国刑事诉讼职能的进一步细化与完善。故A项错误。直接言词原则，是指法官必须在法庭上亲自听取当事人、证人及其他诉讼参与人的口头陈述，案件事实和证据必须由控辩双方当庭口头提出并以口头辩论和质证的方式进行调查。直接言词原则包括直接原则和言词原则。所谓直接原则，是指法官必须与诉讼当事人和诉讼参与人直接接触，直接审查案件事实材料和证据。直接原则又可分为直接审理原则和直接采证原则。前者的含义是，法官审理案件时，公诉人、当事人及其他诉讼参与人应当在场，除法律另有特别规定外，如果上述人员不在场，不得进行法庭审理，否则，审判活动无效。在这一意义上，直接审理原则也称为在场原则。直接采证原则，是指法官对证据的调查必须亲自进行，不能由他人代为实施，而且必须当庭直接听证和直接查证，不得将未经当庭亲自听证和查证的证据加以采纳，不得以书面审查方式采信证据。本题题干表述体现了刑事诉讼直接原则的要求。故B项正确。刑事审判的程序性是指审判活动应当严格遵循法定的程序，否则，可能导致审判活动无效并需要重新进行的法律后果。本题的题干表述未体现此程序性，故C项错误。我国1997年、2012年对刑事诉讼法修改，使我国刑事审判模式具有了当事人主义的某些特征，学界一般称为“控辩式”。本题题干表述未体现刑事审判控辩式庭审方式改革的方向。故D项错误。因此本题的正确答案为B项。

二、多项选择题

1. **答案**：ABC。本题考查的是三大诉讼的区别。刑事诉讼、民事诉讼和行政诉讼解决的实体问题不同：刑事诉讼是通过法定程序确定犯罪嫌疑人、被告人的行为是否构成刑法上的犯罪，如构成犯罪，应处以何种刑罚，以及保障无罪的人不受追究；民事诉讼是解决平等主体之间的民事纠纷，确定是否存在违反合同或法定民事义务的行为或侵权行为，以及构成这些行为的人应承担何种民事责任；行政诉讼要解决的是行政机关的具体行政行为是否合法，以及对不合法的行为应如何补救，以维护行政相对人的合法权益。由于解决的实体问题不同，这三种诉讼在程序上也有很大的差别。首先，在起诉制度上，刑事诉讼主要实行国家公诉制度，国家司法机关主动追究犯罪人的刑事责任，只有个别案件允许当事人自诉；民事诉讼实行法院“不告不理”，即当事人要主动对侵害自己合法权益的人提起诉讼，法院不能主动追究有关当事人的民事责任；行政诉讼由不服具体行政行为的相对人提出，被告是有关行政机关。其次，在执行程序上，刑事诉讼由有关司法机关或司法行政机关执行，不待当事人请求；民事诉讼则需由权利人请求，由法院执行；行政诉讼执行的对象比较特殊，分为对相对人不履行法院生效判决的执行和对行政机关不履行的执行，每一种情况又各有其特点。由此可见，本题ABC项正确。我国《刑事诉讼法》《民事诉讼法》和《行政诉讼法》都规定了陪审制度，没有什么实质性差别。故D项不正确。
2. **答案**：ABCD。本题考查的是我国刑事诉讼法的任务。我国《刑事诉讼法》第2条规定：“中华人民共和国刑事诉讼法的任务，是保证准确、及时地查明犯罪事实，正确应用法律，惩罚犯罪分子，保障无罪的人不受刑事追究，教育公民自觉遵守法律，积极同犯罪行为作斗争，维护社会主义法制，尊重和保障人权，保护公民的人身权利、财产权利、民主权利和其他权利，保障社会主义建设事业的顺利进行。”由此可见，本题ABCD项正确。
3. **答案**：ABD。本题考查的是刑事诉讼法的独立价值。刑事诉讼法具有影响刑事实体法实现的功能。依据刑事诉讼法定和正当程序的理念，刑事实体法需要通过法律程序来实施。然而，刑事诉讼法并非实施刑事实体法的被动的“服务器”，而是在启动或终结实施刑事实体法活动方面扮演着十分积极的角色。比如，依照不告不理原则，如果没有控诉机关或人员起诉，就不能对现实中的犯罪行为适用刑事实体法；当出现了某些法定情形时，就要结束适用刑事实体法的程序，而不能适用刑事实体法；对同一案件，如果选择不同的刑事程序，适用刑事实体法的结果可能会不同。本题的ABD均是刑事诉讼法影响刑法实现的体现，但是，C项并未影响刑法的实现。
4. **答案**：ABC。刑事诉讼的基本原则体现刑事诉讼活动的基本规律，这些基本法律准则有着深厚的法律理论基础和丰富的思想内涵。故A项正确。刑事诉讼原则可以由法律明文规定，包括宪法或者宪法性文件，刑事诉讼法及其他法律，联合国文件，某些区域性组织的文件等，也可以体现于刑事诉讼法的指导思想、目的、任务、具体制度和程序之中。刑事诉讼基本原则必须由法律作出明确规定。故B项正确。刑事诉讼法规定的基本原则包括两大类，一类是一般原则，即刑事诉讼和其他性质的诉讼必须共同遵守的原则，如以事实为根据，以法律为准绳原则；公民在法律面前一律平等原则；各民族公民有权使用本民族语言文字进行诉讼原则；审判公开原则；保障诉讼参与人的诉讼权利原则；等等。另一类是刑事诉讼所独有的基本原则，如侦查权、检察权、审判权由专门机关依法行使原则；人民法院、人民检察院依法独立行使职权原则；分工负责、互相配合、互相制约原则；犯罪嫌疑人、被告人有权获得辩护原则；等等。故C项正确。刑事诉讼基本原则一般贯穿于刑事诉讼全过程或主要诉讼阶段，具有较普遍的指导意义，但是，刑事诉讼基本原则也具有法律约束力。在具体诉讼制度没有做出详细规定的时候，可以直接适用刑事诉讼法规定的刑事诉讼基本原则，即刑事诉讼基本原则具有弥补法律规定不足和填补法律漏洞的功能。故D项不正确。本题的正确答案为ABC三项。

5. **答案**：ABC。刑事诉讼的价值是指，刑事诉讼立法及实施对国家、社会及其一般成员具有的效用和意义，包括秩序、公正、效益等内容。其中，秩序价值包括两方面含义：其一，是指通过惩治犯罪，维护社会秩序，即恢复被犯罪破坏的社会秩序以及预防社会秩序被犯罪所破坏；其二，是指追究犯罪活动是有序的。维护社会秩序不仅需要控制社会暴力冲突，还需要防止政府及其官员滥用权力而使社会成员没有安全保障。所以，国家刑事司法权的行使必须受到刑事程序的规范。刑事诉讼效益价值包括效率，效益价值与秩序价值相互依存、相互作用、相互制约、不可偏废，如果不适当地追求高效率的处罚，忽视了程序的有序性，反而会损害秩序，也不可能真正实现效益。故本题正确答案为ABC。

6. **答案**：BCD。本题主要考查的是程序公正的独立价值。程序公正是指过程的公正，是指诉讼参与人对诉讼能充分有效地参与，程序得到遵守，程序违法得到救济。程序公正的内容包括程序公开、程序中立、程序参与、程序平等、程序安定、程序保障。具体要求为：（1）严格遵守《刑事诉讼法》的规定；（2）切实保障当事人和其他诉讼参与人，特别是犯罪嫌疑人、被告人和被害人的诉讼权利；（3）严禁刑讯逼供和以威胁、引诱、欺骗以及其他非法方法收集证据；（4）人民法院、人民检察院依法独立行使审判权、检察权；（5）保障诉讼程序的公开性和透明度；（6）按法定期限办案、结案。据此，BD选项符合题意，C选项撤销原判、发回重审本身就是对程序违法的一种救济措施，当选。A选项为公检法三机关的关系，不符合题意。综上，本题正确答案为BCD。

7. **答案**：BCD。本题考查刑事诉讼法的基本原则。《刑事诉讼法》第3条第1款规定，对刑事案件的侦查、拘留、执行逮捕、预审，由公安机关负责。检察、批准逮捕、检察机关直接受理案件的侦查、提起公诉，由人民检察院负责。审判由人民法院负责。除法律特别规定的外，其他任何机关、团体和个人都无权行使这些权力。本题中，检察院提前介入侦查，是检察院法律监督权的体现，并未侵犯公安机关的侦查权，也未违反侦查权、检察权、审判权由专门机关依法行使的原则。故A项错误。《刑事诉讼法》第7条规定，人民法院、人民检察院和公安机关进行刑事诉讼，应当分工负责，互相配合，互相制约，以保证准确有效地执行法律。本题中，检察院的做法体现了这一原则。故B项正确。严格遵守法律程序原则要求，人民法院、人民检察院和公安机关在进行刑事诉讼活动时，必须严格遵守刑事诉讼法和其他有关法律的规定，不得违反法律规定的程序和规则，更不得侵害各方当事人和其他诉讼参与人的合法权益。本题中，检察院的做法有助于严格遵守法律程序原则的实现。故D项正确。《刑事诉讼法》第8条规定，人民检察院依法对刑事诉讼实行法律监督。人民检察院是国家的法律监督机关，在刑事诉讼活动中，有权对公安机关的立案侦查、法院的审判和执行机关的执行活动是否合法进行监督。这种监督贯穿于刑事诉讼活动的始终。本题中，检察院提前介入侦查，是检察院对公安机关的侦查权的监督。故C项正确。

三、名词解释

1. **答案**：刑事诉讼是指国家专门机关在当事人及其他诉讼参与人的参加下，依照法律规定的程序，追诉犯罪，解决被追诉人刑事责任的活动。由于刑事诉讼的核心问题是如何解决被追诉人的刑事责任问题，因此，刑事诉讼实质上就是国家为了实现刑罚权、维护统治秩序而进行的一种国家专门活动。在我国，刑事诉讼具备以下几个主要特征：（1）刑事诉讼是由国家专门机关主持进行的一种司法活动；（2）刑事诉讼是公安司法机关行使国家刑罚权的活动；（3）刑事诉讼是严格按照法律规定的程序和要求进行的活动；（4）刑事诉讼是在当事人和其他诉讼参与人的参加下进行的活动。刑事诉讼具有广义和狭义之分。狭义的刑事诉讼特指法院对刑事案件的审判活动。广义的刑事诉讼则指立案、侦查、起诉、审判和执行等活动的总称。外国刑事诉讼理论中一般采用狭义的解释，我国刑事诉讼理论中则普遍采用广义的解释。

2. **答案：**在刑事诉讼过程中，按照一定顺序进行的相互连接的一系列行为，可以划分为若干个独立的单元，称为刑事诉讼阶段。某一诉讼过程是否构成一个独立的诉讼阶段，主要看它是否具有自己的直接任务、参加诉讼的机关和个人的独特构成、进行诉讼行为的特殊方式、诉讼法律关系的特性以及与其他诉讼过程不同的总结性文件。按照上述标准，可以将我国的刑事诉讼划分为侦查、起诉、第一审、第二审和执行等阶段，此外还有死刑复核和审判监督两个特殊阶段。

3. **答案：**诉讼效率是现代刑事诉讼的基本理念和价值要求之一。诉讼效率是指诉讼中所投入的司法资源（包括人力、财力、设备等）与所取得的成果的比例。讲究诉讼效率要求投入的司法资源取得尽可能多的诉讼成果，既降低诉讼成本，又提高工作效率，减少案件拖延和积压的现象。

4. **答案：**刑事诉讼的历史类型是指依照一定的标准，对历史上存在过的和现代的刑事诉讼进行的划分和分类。在理论上，刑事诉讼的历史类型有两种划分标准。一是刑事诉讼的阶级本质标准，即根据刑事诉讼所维护的社会制度和阶级利益为标准。依此标准，刑事诉讼的历史类型可以划分为奴隶社会的刑事诉讼、封建社会的刑事诉讼、资本主义社会的刑事诉讼和社会主义社会的刑事诉讼。二是刑事诉讼的表面特征标准，即以诉讼的提起、法官和当事人的诉讼地位和相互关系、案件审理的方式等为标准。依此标准，刑事诉讼的历史类型可以划分为弹劾式诉讼、纠问式诉讼和混合式诉讼。

5. **答案：**刑事诉讼客体是指刑事诉讼主体实施一定诉讼行为、进行刑事诉讼活动所指向的对象。刑事诉讼客体是刑事诉讼法律关系得以产生和发展的直接依据。没有刑事诉讼客体的存在，刑事诉讼主体的诉讼行为就会失去应有的意义，刑事诉讼法律关系也就难以产生和发展。

四、简答题

1. **答案：**刑事诉讼职能，是指刑事诉讼中的国家专门机关和诉讼参与人进行诉讼活动中所承担的功能及所发挥的特定作用。刑事诉讼职能的区分和确定；既是刑事诉讼规律的作用，同时又具有法律的规定性。每一个专门机关和诉讼参与人参加刑事诉讼，都有其特定的作用，不为其他的主体所替代；其诉讼行为也有不同于其他主体的特定方式，且具有刑事诉讼的特质。从我国刑事诉讼立法和实践的情况考察来看，我国刑事诉讼中的诉讼职能有：（1）控诉职能；（2）侦查职能；（3）辩护职能；（4）审判职能；（5）执行职能；（6）协助诉讼职能；（7）诉讼监督职能。

其中的控诉职能、辩护职能和审判职能属于刑事诉讼的基本职能，而其他四项职能可称为刑事诉讼的次要职能，之所以作出这种分类；是由于前三种诉讼职能具备了刑事诉讼的基本职能的条件和特点，具体包括以下几个方面的特征：（1）基本特征应反映本职能承担主体独立的实体权益和诉讼目标。例如，代表国家进行刑事追诉活动的检察官，其诉讼目标是证实被告人的罪行，促使法庭对他定罪和判刑；而作为检察官追诉对象的被告人，则是以证明检察官的指控不能成立；促使法院作出无罪或罪轻的裁判为诉讼目标。（2）基本职能的承担主体能够对刑事诉讼程序的开启、运作和终结产生决定性影响。如检察官的起诉，将直接引起刑事审判；而鉴定人参与刑事诉讼并不具有必然性，即使参加也不会对刑事诉讼的产生有决定性影响。（3）基本职能与刑事诉讼的基本任务有直接关系，其实现过程成为刑事诉讼的最重要的内容。（4）基本职能之间互相联系，彼此牵制，相辅相成，并以其整体性确保诉讼的完整性。同时，具备这些特征也是一种诉讼职能之所以为刑事诉讼基本职能的条件。

2. **答案：**刑事诉讼程序价值的第一个方面在于保证实体价值的实现。如果程序的设计和实施是公正的，那么大多数情况下得出的实体结论会是公正的。我国的刑事诉讼法为了准确及时地查明犯罪事实，正确地定罪量刑，惩罚犯罪，保护无辜，从诉讼原则、规则、制度和程序方面作了设计。

程序价值的第二个方面在于它的独立价值，即程序公正本身直接体现出来的民主、法治、人权和文明的精神，它不依附于实现实体公正而存在，其本身就是社会正义的一种重要内容。公正的刑事诉讼程序，如文明取证、公开审理、保障辩护权等，即直接体现司法活动的民主和人权精神，体现看得见的正义，同时会使案件的处理客观公正。因此，程序公正既是手段，又是目的。程序公正与实体公正总体上说是统一的，但有时又不可避免地发生矛盾。在一定情况下应当采取程序优先原则，如非法证据排除规则；但在某种情况下，又必须采取实体优先原则。二者关系如车之两轮，鸟之两翼，互相依存、互相联系。

程序公正即过程公正，是指刑事诉讼程序方面体现的公正。刑事诉讼程序公正的具体要求是：（1）严格遵守刑事诉讼法的规定。（2）认真保障当事人和其他诉讼参与人，特别是犯罪嫌疑人、被告人和被害人的诉讼权利。(3) 严禁刑讯逼供和以其他非法手段取证。(4) 真正实现司法机关独立行使职权。(5) 审判程序的尽量透明，审判程序的公开和中立。(6) 按法定期限办案、结案。以上六点，第一点是形式上的程序公正，后五点是程序上的实质公正。

3. **答案**：刑事诉讼法与民事诉讼法既有共同点也有各自的特殊性。首先，共同点表现为：两者都是程序法，都是为正确实施实体法而制定的，它们有着许多共同的原则、制度和程序，如司法机关依法独立行使职权，以事实为根据、以法律为准绳，审判公开，以民族语言文字进行诉讼、合议制，在程序上实行二审终审制，有一审程序、二审程序以及对已生效裁判的审判监督程序等。

其次，由于这两种诉讼法所要解决的实体问题不同，因而它们在诉讼主体、原则、制度、举证责任、证明标准和具体程序上均有各自的特点。刑事诉讼法保证刑法的正确实施，所要解决的实体问题是追诉犯罪和犯罪嫌疑人、被告人的刑事责任问题；民事诉讼法保证民商法、经济法的正确实施，所要解决的是平等双方当事人之间的权利、义务争议。它们在诉讼原则、制度、程序上有以下区别点：

(1) 诉讼主体不同。刑事诉讼法规定的国家专门机关为人民法院、人民检察院和公安机关，而民事诉讼法为人民法院。当事人在刑事诉讼中为被害人和犯罪嫌疑人、被告人以及附带民事诉讼的原告、被告；在民事诉讼中为原告、被告以及第三人。(2) 诉讼原则不同。刑事诉讼法特有的原则为：未经人民法院依法判决对任何人都不得确定有罪，犯罪嫌疑人、被告人有权获得辩护。民事诉讼法的特有原则为：当事人平等，辩论原则，调解原则，处分原则。(3) 证据制度不同。在举证责任上刑事诉讼法实行控诉方负举证责任，被告方不负举证责任。民事诉讼法一般情况下实行“谁主张，谁举证”，原告和被告都负有举证责任。在证明标准上，刑事诉讼法为：犯罪事实清楚，证据确实充分；民事诉讼法为：合法证据优势。(4) 强制措施。刑事诉讼法规定对犯罪嫌疑人、被告人采取的强制措施有：拘传、取保候审、监视居住、拘留和逮捕。民事诉讼对诉讼参与人和其他人可采取训诫、罚款、拘留，行政诉讼还有责令具结悔过。(5) 诉讼程序。民事诉讼的程序分为第一审、第二审、审判监督程序和执行程序。刑事诉讼则复杂得多，审判前有立案、侦查和起诉程序，审判程序中另有死刑复核程序。

五、论述题

1. **答案**：刑事诉讼中，法官、原告和辩护人的关系就是裁判、控诉和辩护三方的法律关系，因此题中所描述的刑事诉讼中：“法官、原告和辩护人都集中到一个人身上”的情形，即刑事诉讼模式的一种。

刑事诉讼模式又称为刑事诉讼结构、诉讼构造或者诉讼形式，是指国家专门机关在当事人和其他诉讼参与人的参加下进行刑事诉讼的基本方式，以及专门机关、诉讼参与人在刑事诉讼中形成的法律关系的格局。它反映的是刑事诉讼程序中控诉、辩护和裁判三方的法律地位和相互关系。历史上曾经出现过弹劾式刑事诉讼和纠问式刑事诉讼两大类型。现代西方国家的刑事诉讼，主要存在大陆法系的职权主义诉讼和英美法系的当事人主义诉讼两种模式。

题中所指的“法官、原告和辩护人都集中到一个人身上”，存在于封建社会的纠问式诉讼。纠问式诉讼，又称为审问式诉讼，其主要特征就是法官集侦查、控诉、审判职能于一身，不论是否有被害人或其他人的控告，根据职权主动追究犯罪，司法机关负责调查事实、收集证据，对被告人广泛采用刑讯、侦查和审判秘密进行。在这种诉讼形式中，被害人只是告发人；被告人只是诉讼客体，没有任何诉讼权利，只是被审问、受刑讯的对象。纠问式的诉讼盛行于中世纪后期欧洲大陆国家的君主专制时代和我国的封建时代。

正如马克思在上面这段话里所评述的，纠问式诉讼模式的这种集中是和心理学的全部规律相矛盾的，法官身份的多重性使得法官裁判的公正性很难得到保障。法官依职权主动追究犯罪，是要追究犯罪嫌疑人的刑事责任，并为之讯问当事人、调查和收集证据，以证明犯罪嫌疑人有罪。而同时法官又被要求收集证明犯罪嫌疑人无罪的证据，充当辩护人的角色。这种反差使得法官在进行审判时无法中立地作出判断，因为法官自身收集的证据并不需要诉讼双方的质证而具有了当然的效力。这也同样导致了法官在收集证据，特别是犯罪嫌疑人的口供就成为证据之王；而法官为更快地获得它，就使刑讯居于整个诉讼过程的中心环节，犯罪嫌疑人和被告人在诉讼中毫无地位可言。

综上所述，纠问式诉讼模式是不符合现代刑事诉讼的要求的。在实践中也要注意消除这种旧有模式的思想影响，加强对犯罪嫌疑人和被告人诉讼主体地位的认识，保持法官作为消极仲裁者的中立地位。

2. **答案**：追究犯罪、惩罚犯罪是刑事诉讼的一个直接目的，也是我国制定刑事诉讼法宗旨中“惩罚犯罪、保护人民”的一个方面。否则，就不能保障公民的生命、财产和其他合法权利不受侵犯，就不能保障国家的安全和维护社会秩序的稳定，这就需要国家通过刑事诉讼行使刑罚权对犯罪加以惩罚。我国刑事诉讼法规定，公安机关或者人民检察院发现犯罪或者犯罪嫌疑人，应当立案侦查。人民检察院对公安机关应当立案侦查而不立案侦查的案件，应当通过法律监督促使公安机关对犯罪追究。对于犯罪事实清楚、证据确实充分的案件，公安机关应当移送检察机关审查起诉，检察院应当提起公诉，人民法院应当作出有罪判决。

刑事诉讼目的的另一个方面是保障人权。除了通过打击犯罪以保护人民的权利不受犯罪分子侵害以外，刑诉中的人权保障主要是指：第一，保证犯罪嫌疑人、被告人和被害人等当事人以及其他诉讼参与人的诉讼权利得到充分的尊重和行使；第二，保证无罪的人不受到刑事追究和惩罚；第三，保证有罪的人得到公正的惩罚。以上三点中，第一点是从诉讼过程上说的，第二、三点是从结局上说的，只有诉讼参与人权利在诉讼过程中得到保障，才能使诉讼结果的人权保障得到实现。但是，国家专门机关在追究、惩罚犯罪的过程中，往往自觉不自觉地超越权力甚至滥用权力，从而侵犯了诉讼参与人的权利，特别是犯罪嫌疑人、被告人的权利，严重损害司法公正。正因如此，世界各国的刑事诉讼法，都规定了旨在保障人权的各种原则、制度和程序。我国的刑事诉讼法也是如此。它不仅规定了“保障无罪的人不受刑事追究”的任务，而且规定了未经人民法院依法判决，对任何人都不得确定有罪的诉讼原则，规定了辩护权、诉讼参与人权利及其保障，规定了其他一系列保障人权的原则、制度和程序。

法律规定公民的义务，从根本上说是为了更好地保障公民的权利。刑事诉讼惩罚犯罪，从根本上说也是为了保护人民、保障人权。但刑事诉讼不可偏废惩治犯罪，因为刑事诉讼的进行是以存在犯罪并应当追究为前提的。当然，也不能以削弱、牺牲人权保障为代价去追求和强化揭露犯罪、惩罚犯罪的效果。总之，惩罚犯罪和人权保障，构成了刑事诉讼法目的两个方面的对立统一体，两者并重，不可片面强调一面而忽视另一面。惩罚犯罪和保障人权应当有机结合在一起。

3. 答案：（1）司法公正和司法效率的含义

公正，是人们评价和构建司法制度首要的价值标准。所谓司法公正，就是指国家司法机关依法进行司法活动，应当体现公平，维护社会主义，真正做到有法必依、执法必严、违法必究。它包括实体公正和程序公正两个方面，其中实体公正是国家司法活动所追求的直接目的，也是司法制度合理存在的价值基础之一；程序公正则是正确选择和适用法律，排除司法过程中的不当偏向，并体现法律正义的根本保障。司法公正包含了参与性、理性、公平性、及时性和终结性等价值追求，是一个多层次的完整体系。司法公正是司法体制改革的重要目标。至于效率，也叫效益，本来是经济学上的一个概念，指的是投入与产出、成本与收入的比率。但在司法程序中的效率，即司法效率中的诉讼成本，除法院和当事人的开支外，如诉讼费用、代理费用、法院及有关部门、证人的人力与物质消耗等，还包括因诉讼导致的当事人社会生活的不便与面临社会重新评价的风险。诉讼效率已经成为世界各国法律制度共同追求的重要价值目标，同时，它也直接关系到法律制度是否科学、合理。刑事诉讼领域里的司法效率的目标，就是以尽量少的诉讼成本耗费来完成刑事诉讼的任务，并实现刑事诉讼所追求的基本价值。

（2）司法公正与司法效率的关系

在刑事诉讼领域里，司法公正与司法效率是诉讼程序相互独立又相互关联的两大价值取向，二者之间既有相一致的一面，又有矛盾的一面。①司法效率与司法公正在一定程度上具有同一性。在刑事诉讼领域里，诉讼效率的实现，必须依靠诉讼程序运作具有经济合理性和相应措施来保障。司法公正确立的正当程序通过程序本身的参与性、理性、公平性、及时性和终结性等价值追求，可以有效地降低诉讼成本。实现诉讼程序的高效率，从而实现司法效率的价值。程序正义在大多数情况下，能满足诉讼效率最大化的要求。另外，在司法资源有限甚至稀缺的当代社会，诉讼效率日益为世界各国的立法者和法律实践者所重视。在一定程度上，司法效率是法律制度的生命之所在。“迟来的公正等于没有公正”，诉讼效率是司法公正的保障。②司法效率与司法公正并不等同。司法公正要求诉讼程序充分满足公正追求的全部价值条件，诉讼效率总则要求从中尽可能降低无效或重复性设计，由程序的高效率实现诉讼的高效率。在不少场合中，二者是相互矛盾的。追求司法公正，需要付出一定的代价，需要对司法有较多的投入，要消耗许多的资源。而追求效率，对诉讼程序的处理简单化，可能会导致司法不公，甚至司法腐败。

（3）如何处理司法效率与司法公正的矛盾

在司法公正与司法效率发生矛盾时，效率应

该服从于公正，公正高于效率，但也不能一味追求公正，不讲效率。在理解这两者的关系上，应坚持公正第一和公正效益兼顾的原则。正确处理二者的关系，必须具体问题具体分析研究，不能一概而论。要反对以下的错误倾向：①撇开公正追求效率。如当前某些法院为降低诉讼成本，片面追求效率而搞所谓所有案件“一步到庭”，或以“减少讼累”为借口为违反程序的做法辩护，以及在调解过程中以强迫利诱手段促成结案等。这些做法一旦成风，必将重蹈“重实体轻程序”的覆辙。②只要公正不讲效率；因简就繁，人为地增加当事人、法院与社会的负担。如程序适用上，刻意控制简易程序等较为简便的程序的适用，把程序正义变成形式主义和烦琐哲学，背离效率价值。实践中，简易程序和其他速决程序的运用范围逐步扩大，英美法系国家普遍采用“辩诉交易”的方式结案，大陆法系国家对轻微刑事案件采用的处刑命令程序等，都是在保证司法公正的前提下；对司法效率的提高，节省了大量的人力、物力和财力，我国的司法制度改革应该借鉴外国先进的立法；总结实践中的经验，争取做到司法效率与司法公正的统一。

4. 答案：刑事诉讼价值，是指刑事诉讼立法及其实施能够满足国家、社会及其一般成员的特定需要而对其所具有的效用和意义。它包括公正、秩序、效益诸多项内容，其中每项内容又包含着非常丰富的内涵。公正在刑事诉讼价值中居于核心的地位，包括实体公正和程序公正两个方面；秩序是刑事诉讼的重要价值，包括惩治犯罪以维护社会秩序和追究犯罪的活动本身必须是有序的两个方面；效益也是刑事诉讼价值不可缺少的一个方面，包括以一定的司法资源投入换取尽可能多的刑事案件的处理和保证社会生产方面所产生的效益。刑事诉讼目的，是指国家制定刑事诉讼法、进行刑事诉讼活动所期望达到的目标，是立法者根据国家和社会的需要并基于对刑事诉讼固有属性的认识预先设计的关于刑事诉讼结果的理想模式。它有根本目的和直接目的之分。前者在于维护国家的宪法体制和秩序；后者则包括惩罚犯罪和保障人权。刑事诉讼结构，是指刑事诉讼法所确立的进行刑事诉讼的基本方式以及专门机关、诉讼参与人在刑事诉讼中形成的法律关系的基本格局，它集中体现为控诉、辩护、裁判三方在刑事诉讼中的地位及其相互之间的法律关系。现代各国刑事诉讼中主要有职权主义、当事人主义和混合主义三种结构模式。刑事诉讼职能，是指根据法律规定，国家专门机关和诉讼参与人在刑事诉讼中所承担的职责、具有的作用和功能。现代刑事诉讼的职能主要有控诉、辩护和审判三种。

刑事诉讼的价值，是通过刑事诉讼法的制定和实施来实现的。一方面，刑事诉讼法保证刑法的正确实施，实现公正、秩序、效益价值，这是刑事诉讼法的工具价值；另一方面，刑事诉讼法的制定和适用本身也在实现着公正、秩序、效益价值，这是刑事诉讼法的独立价值。对刑事诉讼法价值的认识直接影响到刑事诉讼目的的确定和选择。长期以来，由于我国理论界只认识到刑事诉讼的工具价值，因而在刑事诉讼目的的确定上就只注重于惩罚犯罪，而忽视人权保障；后来，理论界认识到刑事诉讼不但有工具价值，还有自身独立的价值，因而，修订的刑事诉讼法在刑事诉讼目的的确定上，既强调惩罚犯罪，又注重保障人权，二者并重。

刑事诉讼目的是整个刑事程序的灵魂，目的不同，表明在刑事诉讼中保护的利益侧重点不同，体现出国家与个人之间法律上的相互关系也不同，进而影响到刑事诉讼职能的确定，结构的设定。刑事诉讼目的不同，必然在刑事诉讼的结构上反映出来。在偏重惩罚犯罪的刑事诉讼中，国家机关往往享有较大的权力，而在偏重保障个人权利的刑事诉讼中，犯罪嫌疑人和被告人往往则被赋予较多的程序性权利。一般来说，如果以惩罚犯罪为刑事诉讼的唯一目的或者首要目的，则立法者往往选择线形结构的职权主义模式；如果以保障人权为刑事诉讼的唯一目标或者首要目的时，则立法者一般会选择三角结构的当事人主义模式；如果刑事诉讼目的兼顾惩罚犯罪和保障人权，则通常会选择双重结构的混合主义模式。同时，刑事诉讼目的的变化和调整，也必然影响到刑事诉讼结构。但刑事诉讼目的不是决定刑事诉讼结构的唯一因素，目的观基本相同的不同国家的刑事诉讼，在结构上仍然可能会有较大的不同诉讼结构的形成和维持，还有诉讼传统、权力分立的具体方式、法治原则等多种因素的影响，不完全是诉讼目的所决定的。相反，诉讼结构的不同必然引起诉讼功能的变化。

刑事诉讼结构直接制约着刑事诉讼职能的发挥。诉讼职能不能随便组合在一起，而是根据为实现一定诉讼目的的诉讼结构的整体需要来安排和组织的。在职权主义诉讼结构中，由于更加强调国家追诉机关和审判机关职权，忽视被告人的诉讼权利，将其视为诉讼客体。在这种诉讼结构中，控诉职能能够得到有效的实现，相反辩护只能处于一种极其萎缩的、可有可无的状态，无法发挥其应有的作用。在当事人主义的诉讼结构中，由于强调控、辩、审三方的平衡，法官处于一种居中裁判的地位，控辩双方实行平等对抗。在这种诉讼结构中，辩护职能能够得到较好地发挥，但是，审判职能受到一定的削弱。而在混合主义的诉讼结构中，由于较好地处理好控、辩、审三方的地位和关系，特别是注重发挥审判职能，因而控诉、辩护、审判三种职能均能得到较好的实现。

刑事诉讼职能影响着刑事诉讼结构的确定。刑事诉讼职能是刑事诉讼结构的组成要素。组成一定诉讼结构的职能要素发生变化，会导致结构的改变，职能越多，诉讼结构以及相应的诉讼法律关系也就越复杂；其功能越进化、完备；同时，构成诉讼结构的职能要素不变，只是职能的地位和职能之间联系方式、时空关系的变化，也会导致结构的改变。

第二章　刑事诉讼法的历史发展

基础知识图解

- 刑事诉讼法的历史发展
  - 外国古代弹劾式诉讼制度和神示证据制度
    - 弹劾式诉讼制度的适用时期、主要特征
    - 神示证据制度
    - 对弹劾式诉讼制度的评价
  - 外国中世纪纠问式诉讼制度和法定证据制度
    - 纠问式诉讼制度的适用时期、主要特征
    - 法定证据制度的主要特征
    - 法定证据的分类
    - 对法定证据制度的评价
  - 外国近现代辩论式诉讼制度和自由心证制度
    - 辩论式诉讼制度的特征
    - 辩论式诉讼的两种模式
      - 职权主义模式：特征、适用区域
      - 当事人主义模式：特征、适用区域
    - 自由心证制度：特征、评价
  - 中国古代刑事诉讼法制的产生与发展
    - 起源
    - 封建时代演进情况
      - 审判组织
      - 告诉制度
      - 强制措施
      - 证据制度
      - 庭审制度
      - 执行程序
  - 中国近现代刑事诉讼法制的沿革
    - 清末：《大清刑事民事诉讼法草案》《刑事诉讼律》
    - 北洋军阀政府时期
    - 国民党政府时期
    - 台湾地区刑事诉讼法制：主要原则、主要制度
  - 中华人民共和国刑事诉讼法的产生与发展
    - 产生：新民主主义革命时期
    - 确立：新中国成立初的单行法规《刑事诉讼法》的制定
    - 变革
      - 修改《刑事诉讼法》的主要内容
      - 对1996年、2012年、2018年《刑事诉讼法》的评价
      - 21世纪以来刑事诉讼法律系统的新变化

配套测试

一、单项选择题

1. 刑事诉讼的历史类型可以划分为弹劾式诉讼、纠问式诉讼和混合式诉讼，这是以刑事诉讼的(　　)为标准进行划分的。

A. 本质特征　　B. 法定形式
C. 本质内容　　D. 表面特征

2. 当今世界各国的刑事诉讼形式基本上是(　　)。

A. 纠问式诉讼　　B. 弹劾式诉讼
C. 混合式诉讼　　D. 审问式诉讼

3. 唐朝《永徽律》中，规定如何控告犯罪内容的是(　　)。

A. 武德律　　B. 捕亡律
C. 断狱律　　D. 斗讼律

4. 关于我国刑事诉讼构造，下列哪一选项是正确的？（　　）（司考 2017. 2. 22）
   A. 自诉案件审理程序适用当事人主义诉讼构造
   B. 被告人认罪案件审理程序中不存在控辩对抗
   C. 侦查程序已形成控辩审三方构造
   D. 审查起诉程序中只存在控辩关系

二、多项选择题

1. 英美法系国家刑事诉讼的特点有（　　）。
   A. 法官控制和指挥法庭的活动
   B. 法官查明和证实案件事实
   C. 法官处于审问者的地位
   D. 在开庭前，法官只能了解起诉书中所列举的事实
2. 关于中国古代的起诉制度，下列哪些说法是正确的（　　）。
   A. 设立专门的控诉机关
   B. 起诉方式只有公诉和自诉两种
   C. 起诉实际上是指司法机关开始审理案件的缘由或依据
   D. 允许因亲属关系而相互容隐
3. 关于中国古代的审判制度，下列哪些说法是准确的（　　）。
   A. 法官独任审判，实行两造审理原则
   B. 八议制度在诉讼中也有所体现
   C. 为平反冤错案件和解决久押不决的案件而实行录囚制度
   D. 对于死刑案件，设立了特别程序加以复核

三、名词解释

1. 刑事诉讼构造（中南财经政法大学 2009 年考研真题）
2. 弹劾式诉讼（中国人民大学 2009 年考研真题）
3. 职权主义诉讼
4. 正当程序模式
5. 正当法律程序
6. 神示证据制度
7. 法定证据制度

四、简答题

1. 简述中国古代刑事诉讼法的特点。
2. 简述当事人主义诉讼模式的主要特征。
3. 简述纠问式诉讼模式的特征。（中国人民大学 2006 年考研真题）
4. 简述混合辩论式诉讼的特征。（中国人民大学 2008 年考研真题）

五、论述题

论自由心证证据制度。

参考答案

一、单项选择题

1. **答案**：D。本题考查的是刑事诉讼历史类型的划分标准。划分刑事诉讼的历史类型有两种方法：一种是以刑事诉讼的阶级实质为标准进行划分，另一种是以刑事诉讼的表面特征为标准进行划分。以刑事诉讼的表面特征为标准，就是以刑事诉讼的提起、法官和当事人在诉讼中的地位和相互关系，以及审判的方式、方法等为标准，按这种标准，刑事诉讼的历史类型可以分为弹劾式诉讼、纠问式诉讼和混合式诉讼。综上，本题正确答案为 D。
2. **答案**：C。本题考查的是当今世界各国的刑事诉讼形式。纠问式诉讼和弹劾式诉讼都是历史上的刑事诉讼类型。审问式诉讼不是一种刑事诉讼类型。因此本题 ABD 项不正确。当今世界各国的刑事诉讼形式结合了历史上的弹劾式诉讼和纠问式诉讼的特点，实行一种混合式诉讼。在资本主义国家，这种混合式诉讼又有大陆法系和英美法系两种不同的表现。我国实行的刑事诉讼形式融合了大陆法系和英美法系的特点，也是一种混合式诉讼。由此可见，本题正确答案为 C。
3. **答案**：D。《永徽律》总结了封建法律制度规定和司法实践的经验，分 12 篇，共 502 条，其中斗讼律规定如何控告犯罪。
4. **答案**：D。本题考查刑事诉讼构造。当事人主义诉讼将开始和推动诉讼的主动权委于当事人，控诉、辩护双方当事人在诉讼中居于主导地位。我国不论公诉案件还是自诉案件都是在职权主义基础上吸收了当事人主义的因素，自诉案件不是适用当事人主义诉讼构造。故 A 项错误。被告人认罪案件审理中，控辩双方可能对罪名和量刑有异议，仍然存在控辩双方的对抗。故 B 项错误。我国侦查阶段只有侦查机关和犯罪嫌疑人两方参与，并无控辩审三方的构造。故 C 项错误。我国审查起诉阶段只有检察院与犯罪嫌疑人这两方参与，只存在控辩关系，故 D 项正确。本题的正确答案为 D 项。

二、多项选择题

1. **答案**：AD。本题考查的是英美法系国家刑事诉讼的特点。英美法系的刑事诉讼模式称为“当事人主义”的刑事诉讼。其特点是：强调控辩双方的平等地位和相互对抗，法官在审判中充当控辩双

方的公断人，在双方举证辩论的基础上作出裁判。这样，为保证法官不对案件产生偏见，法官在开庭前只能了解起诉书中所指控的事实，而不能接触本案的证据。法官在法庭上的作用只是主持程序的进行，所有的证明案件事实的任务都由控辩双方来完成，法官不负责查明和证实案件事实。由此可见，本题AD正确。

2. **答案**：CD。中国古代的司法没有设立专门的控诉机关，在起诉方式上也不像现代诉讼那样只有公诉和自诉两种，古代的起诉实际上是指司法机关开始审理案件的缘由或依据。古有“亲亲相隐”制度。

3. **答案**：ABCD。我国古代的审判制度已发展得非常完备，四选项所涉制度及原则已经确立。

三、名词解释

1. **答案**：刑事诉讼构造又称为刑事诉讼结构、刑事诉讼形式或者刑事诉讼模式，是指控诉、辩护、裁判三方在刑事诉讼中的地位以及相互间的法律关系。在刑事诉讼中，控诉、辩护、裁判是三个基本的诉讼职能，分别由控诉方、辩护方、裁判者独立地行使。他们在刑事诉讼中的地位与法律关系如何直接决定了进行各种诉讼的主体进行刑事诉讼的基本方式或者基本格局。

2. **答案**：弹劾式诉讼是指古巴比伦、古希腊、古罗马共和国等奴隶制国家以及欧洲封建制早期的一些国家实行的一种诉讼模式。其基本特征是：(1) 控诉与审判职能分离，遵行“没有告诉人就没有法官”的不告不理原则。(2) 审判以言词辩论的方式进行，诉讼中注重发挥争讼双方的作用，他们在法庭上地位平等、权利对等，可以相互对质和辩论。(3) 法官处于消极仲裁者的地位，只负责听取双方当事人提供的情况，审查他们提供的证据，认定案件事实和作出裁决。(4) 在弹劾式诉讼中，利害相对的诉讼双方各执一词，是非曲直难以判断，法官遂求助于神，希望神灵给予一定的启示来甄别某些争议事实的真伪和双方主张的曲直。

3. **答案**：职权主义诉讼是指主要由德国、法国等大陆法系国家所实行的一种刑事诉讼模式。职权主义诉讼模式继承了纠问式诉讼的某些特征，其主要特点是：(1) 法官推进诉讼进程；(2) 法官主动依职权调查证据，可以主动询问被告人、证人、鉴定人并采取一切必要的证明方法；(3) 采取不变更原则，案件一旦起诉到法院，控诉方不能撤回起诉，诉讼的终止以法院的判决作为标志。

4. **答案**：正当程序模式的基本内容或者要求包括：(1) 不受制约的国家权力必然被享有者滥用；(2) 在刑事程序上限制国家的权力，就是对被告人权利的保护；(3) 对不受抑制的行政性的程序持怀疑态度，而坚持司法性的事实认定程序，通过不服申诉最大限度地减少误判；(4) 对控制犯罪的效率持消极态度，而关心正当程序的执行和被告人权利的保护；(5) 反对犯罪控制模式实际上奉行的是有罪推定，而坚持无罪推定的法理。

5. **答案**：正当法律程序又称为法律的正当程序，分为程序性正当程序和实体性正当程序两种。程序性正当程序是一种着重审查政府行为方式的程序审查，它专注于政府政策执行的方法和程序，保证政府施加管制或惩罚的过程的公正性。程序性正当程序要求，在一个人作为一方当事人时应当被正式告知一切程序活动，并且有得到公正审判的机会。

6. **答案**：神示证据制度是指法官根据神的启示、借助神的力量来判断是非曲直、确定诉讼争议的一种证据制度。神示证据制度主要实行于古代奴隶制和封建社会前期的弹劾式诉讼中，是证据发展史上最早出现的一种证据制度。神示证据制度的核心内容是证据的证明力由神来判断，其具体方法多种多样，如对神宣誓、水审、火审、决斗、十字形证明、抽签等。神示证据制度以宗教信仰为其思想基础，采用各种唯心主义的神明裁判方法，是由当时生产力发展水平比较落后以及人类的认识能力极其有限所决定的。神示证据制度尽管属于一种非科学的证据制度，但在一定情况下也可以起到查明案件事实的作用。

7. **答案**：法定证据制度又称为形式证据制度，是指法律根据各种证据的不同形式，对于其证明力的大小以及如何审查判断和运用，都事先明文规定，法官审理案件必须据此作出判决，而不能自由评断和取舍的一种证据制度。法定证据制度流行于欧洲大陆中世纪，是封建君主专制政治体制与纠问式诉讼制度的产物。法定证据制度的特点表现在：法律预先规定各种证据的证明力和判断证据的规则；法律对于证据证明力和判断证据规则的规定，主要是根据证据的形式，而不是根据证据的具体内容；被告人供述是证据之王，刑讯逼供是取得被告人供述所普遍采用的合法形式；法律对证据证明力和判断证据规则的规定是审查判断证据绝对性的依据；法律关于证明力大小的规定体现了封建等级制度。法定证据制度有力地限制了法官的司法专横，但它是建立在形而上学的理论基础之上的一种证据制度，导致刑讯逼供盛行，是反科学的，具有浓厚封建性、残酷性和反动性的一种证据制度。

四、简答题

1. **答案**：中国古代的刑事诉讼制度，从夏商至于明清，内容丰富，精华与糟粕并存，反映了以儒家为主导的古代思想的影响，也体现了古代司法活动长期积累的经验，并反映了在司法活动中的专制集权制度的本质和特征。其特点如下：(1) 以儒家思想为刑事诉讼法制的思想基础；(2) 君主掌握最高司法权；(3) 司法与行政不分，行政官兼理司法；(4) 维护封建特权和伦理纲常；(5) 实体法与程序法不分，刑事诉讼法与民事诉讼法基本不分；(6) 实行纠问式诉讼，刑讯具有法定性；(7) 具有慎刑狱的司法精神。

2. **答案**：当事人主义诉讼模式又称为“对抗制诉讼”“辩论主义诉讼”“竞争主义诉讼”，是英美法系国家采用的诉讼模式。对抗制诉讼模式的主要特征是：(1) 法官不主动依职权调查证据。(2) 案件事实的发现通过控诉方和辩护方的举证和辩论，在法庭调查中实行交叉询问制度。(3) 实行变更原则，允许控诉方变更、追加、撤回诉讼，允许控诉方与辩护方进行辩诉交易。(4) 采用起诉认否程序，在刑事诉讼中如果被告人自愿而不是被强迫作出有罪的供述，则对案件事实无须进行举证和辩论，法官可以径行作出有罪的判决，被告人这种供述的效果与民事诉讼中的承认并无不同。(5) 实行陪审团制度，由一定数量的非专业人士(通常为12人) 组成陪审团，在没有法官出席的情况下负责对事实的有无进行裁决。陪审团制度对于对抗制诉讼程序的设置和诉讼规则的形成具有决定性作用。

3. **答案**：纠问式诉讼是继弹劾式诉讼之后出现并盛行于欧洲中世纪中后期的一种诉讼模式，其主要特征是：(1) 法官主动依职权追究犯罪。(2) 在纠问式诉讼中，控诉职能与审判职能不分，集于法官一身。(3) 不实行不告不理原则，刑事诉讼的开始和推进，不取决于被害人的告诉，即使没有被害人的告诉，国家官吏也可以主动发现和追究犯罪。(4) 在诉讼中，原告人和被告人都没有诉讼主体地位，被告人更是只承担诉讼义务的被追究的客体。纠问式诉讼与野蛮的刑讯紧密地结合在一起，被告人成为被拷讯的对象。(5) 审判一般秘密进行，法庭审判一般也不公开。

4. **答案**：混合辩论式诉讼是在批判、继承弹劾式和纠问式诉讼的基础上产生的，是两种诉讼模式的结合，其特征有：(1) 在侦查起诉阶段，纠问式特点有所体现，以国家追诉为主，嫌疑人、被告人的地位、权利及其与追诉者间的关系等，同审判阶段相比，差别较为明显，侦查起诉一般不公开，不通过辩论方式进行。(2) 在审判阶段，弹劾式特点较为充分，实行不告不理，审判职能和控诉职能分开，当事人地位对等，都是诉讼主体，嫌疑人、被告人也是诉讼主体。

五、论述题

答案：自由心证证据制度，是指法律对证据的证明力不作预先规定而由法官在审理案件中加以自由判断的证据制度。

最早提出在立法中废除法定证据制度的是法国的杜波耳。1790年，杜波耳向法国宪法会议提出革新草案，建议废除书面程序及其形式证据，用自由心证制度取代法定证据制度。宪法会议经过辩论，于1791年通过了杜波耳提出的草案，发布训令明确宣布：法官必须以自己的自由心证作为裁判的唯一根据。1808年制定的《法国刑事诉讼法典》率先较为详细地规定了自由心证制度。1808年《法国刑事诉讼法典》第342条规定：“法律对于陪审员通过何种方法而认定事实，并不计较；法律也不为陪审员规定任何规则，使他们判断是否齐备及是否充分；法律仅要求陪审员深思细察，并本诸良心，诚实推求已经提出的对于被告不利和有利的证据在他们的理智上产生了何种印象。法律未曾对陪审员说，‘经若干名证人证明的事实即为真实的事实’；法律也未说：‘未经某种记录、某种证件、若干证人、若干凭证证明的事实，即不得视为已有充分证明’；法律仅对陪审员提出这样的问题：‘你们已经形成内心的确信否?’此即陪审员职责之所在。”现行《法国刑事诉讼法》第353条对自由心证的文字表述作了简化，但其基本内容是一致的。继法国之后，欧洲各国立法也相继规定了自由心证制度。

诉讼的过程既是一个发现、收集、运用证据的客观活动过程，也是一个判断证据、认识与案件有关的事实的主观活动过程，在这一主观活动过程中，对于法官如何判断证据的证明力以及在作出判决时应处于何种认识状态，都是不应回避的问题。自由心证证据则把法官从法定证据制度的束缚下解放出来，使他们能够根据自己的理智和信念来判断证据和认定事实，从而为发现案件的客观真实创造了条件。

需要指出，对于自由心证理解和运用不当，势必造成司法专横和主观擅断。因此，许多国家在赋予法官自由判断证据证明力的权力的同时，为防止法官利用这一权力主观擅断，对自由心证的形成规定了若干条件的限制，包括：(1) 内心确信必须是从本案情况中得出的结论；(2) 必须基于一切情况的酌量和判断；(3) 所考察的情况必须不是彼此孤立的，而是它们的全部总和；(4) 必须是对每一证据“依据证据的固有性质和它与案件的关联”加以判断的结果。法官必须在证据调查和辩论的基础上，按照经验法则和逻辑要求合理地进行判断，否则，可以被列为上诉（上告）的理由被提起上诉（上告）。

第三章　刑事诉讼的基本范畴

基础知识图解

- 刑事诉讼的基本范畴
  - 刑事诉讼目的
    - 惩罚犯罪
    - 保障人权
    - 惩罚犯罪与保障人权的关系
  - 刑事诉讼价值
    - 秩序
    - 公正：实体公正与程序公正
    - 效益
  - 刑事诉讼结构
    - 概念
    - 现代西方国家的刑事诉讼结构：职权主义和当事人主义
    - 中国刑事诉讼结构理论：三角结构和线形结构
  - 刑事诉讼主体
    - 专门机关：公检法等机关
    - 诉讼参与人
      - 当事人
      - 其他诉讼参与人
  - 刑事诉讼职能
    - 控诉职能
    - 辩护职能
    - 审判职能
  - 刑事诉讼行为
    - 概念
    - 分类
  - 刑事诉讼阶段：概念及划分
  - 刑事诉讼客体
    - 概念
    - 刑事案件的单一性
      - 起诉的效力：公诉不可分原则
      - 判决的效力：一事不再理
    - 刑事案件的同一性
      - 被告人同一
      - 公诉犯罪事实同一

配套测试

一、单项选择题

1. 人民检察院在刑事诉讼中承担的诉讼职能主要是(　　)。

A. 控诉职能　　B. 辩护职能
C. 审判职能　　D. 监察职能

2. 关于刑事诉讼价值的理解，下列哪一选项是错误的？(　　)（司考 2015. 2. 22）

A. 公正在刑事诉讼价值中居于核心的地位
B. 通过刑事程序规范国家刑事司法权的行使，是秩序价值的重要内容
C. 效益价值属刑事诉讼法的工具价值，而不属刑事诉讼法的独立价值
D. 适用强制措施遵循比例原则是公正价值的应有之义

3. 在刑事司法实践中坚持不偏不倚、不枉不纵、秉公执法原则，反映了我国刑事诉讼“惩罚犯罪与保障人权并重”的理论观点。如果有观点认为“司法机关注重发现案件真相的立足点是防止无辜者被错误定罪”，该观点属于下列哪一种学说？(　　)（司考 2013. 2. 22）

A. 正当程序主义

B. 形式真实发现主义

C. 积极实体真实主义

D. 消极实体真实主义

二、多项选择题

1. 我国刑事诉讼法的目的包括以下内容(　　)。

A. 维护社会主义社会秩序

B. 惩罚犯罪，保护人民

C. 保证刑法的正确实施

D. 保障国家安全和社会公共安全

2.《关于推进以审判为中心的刑事诉讼制度改革的意见》第13条要求完善法庭辩论规则，确保控辩意见发表在法庭。法庭应当充分听取控辩双方意见，依法保障被告人及其辩护人的辩论辩护权。关于这一规定的理解，下列哪些选项是正确的?(　　)(司考2017.2.74)

A. 符合我国刑事审判模式逐步弱化职权主义色彩的发展方向

B. 确保控辩意见发表在法庭，核心在于保障被告人和辩护人能充分发表意见

C. 体现了刑事审判的公开性

D. 被告人认罪的案件的法庭辩论，主要围绕量刑进行

三、名词解释

1. 刑事诉讼主体（中南财经政法大学2010年考研真题）

2. 职权主义诉讼模式

3. 审判中心主义

四、简答题

1. 简述刑事诉讼中保障人权的基本含义。

2. 简述正当程序原则包含哪些内容。

参考答案

一、单项选择题

1. **答案**：A。

2. **答案**：C。公正在刑事诉讼价值中居于核心的地位。刑事诉讼公正价值包括实体公正和程序公正两个方面。程序公正是指程序本身符合特定的公正标准，如强制措施的适用应当适度等。故AD两项表述正确。刑事诉讼秩序价值包括两方面含义：其一是通过惩治犯罪，维护社会秩序，即恢复被犯罪破坏的社会秩序及预防社会秩序被犯罪所破坏；其二是追究犯罪的活动是有序的。国家刑事司法权的行使，必须受到刑事程序的规范。故B项表述正确。刑事诉讼秩序、公正、效益价值是通过刑事诉讼法的制定和实施来实现的。一方面，刑事诉讼法保证刑法的正确实施，实现秩序、公正、效益价值，这是刑事诉讼法的工具价值；另一方面，刑事诉讼法的制定和适用本身也在实现着秩序、公正、效益价值，这是刑事诉讼法的独立价值。故C项表述不正确。本题符合题意的选项是C项。

3. **答案**：D。实体公正是指通过刑事诉讼过程而实现的结果上的实体公正和结果正义。具体要求主要是：(1) 对有关定罪量刑的犯罪事实的认定，应当做到证据确实、充分。(2) 正确适用刑法，准确认定犯罪嫌疑人、被告人是否有罪及其罪名，使有罪的人获得定罪，使无罪的人及时从被追诉中得到解脱。(3) 按照罪刑相适应原则，依法适度判定刑罚。(4) 对于错误处理的案件，通过救济程序及时纠正、及时弥补。注重发现案件事实，积极探求案件事实真相是追求积极实体公正的体现，在这一过程中，实际也达到了有效防止无辜者被错误定罪则体现的是消极实体真实主义。故本题选D。

二、多项选择题

1. **答案**：ABCD。《刑事诉讼法》第1条即表明了我国刑事诉讼法的立法目的。

2. **答案**：ABD。本题考查以审判为中心的诉讼制度改革、刑事审判的公开性、审判模式。《关于推进以审判为中心的刑事诉讼制度改革的意见》第13条强调发挥控辩双方的积极主动作用，有助于弱化法官的积极主动作用，促进控辩双方的积极对抗，朝着控辩式审判模式发展。故A项正确。

《刑事诉讼法》第14条第1款规定，人民法院、人民检察院和公安机关应当保障犯罪嫌疑人、被告人和其他诉讼参与人依法享有的辩护权和其他诉讼权利。由此可见，在法庭辩论中，确保控辩意见发表在法庭，核心在于保障被告人和辩护人能充分发表意见。故B项正确。

刑事审判的公开性是指审判活动应当公开进行，法庭的大门永远是敞开的，除为保护特定的社会利益依法不公开审理的案件外，都应当公开审理，将审判活动置于公众和社会的监督之下。即使依法不公开审理的案件，宣告判决也应当公

开。这是摒除司法不公的最有力的手段。本题题干与刑事审判的公开性无关。故C项不当选。

《刑事诉讼法解释》① 第278条第1款规定，对被告人认罪的案件，在确认被告人了解起诉书指控的犯罪事实和罪名，自愿认罪且知悉认罪的法律后果后，法庭调查可以主要围绕量刑和其他有争议的问题进行。故D项正确。

本题的正确答案为ABD三项。

三、名词解释

1. **答案**：刑事诉讼主体又称为刑事诉讼法律关系主体，是指在刑事诉讼过程中通过实施有目的的诉讼行为而享有一定诉讼权利、承担一定诉讼义务的机关或者个人。刑事诉讼主体可以分为三类：一是代表国家行使侦查权、起诉权和审判权的侦查机关、检察机关、审判机关及其侦查人员、检察人员和审判人员；二是诉讼当事人；三是其他诉讼参与人。承认诉讼参与人与专门机关的代表处于同等诉讼主体的地位，是现代刑事诉讼的基本要求。

2. **答案**：职权主义诉讼模式的基本理念是“实体真实”，强调司法机关依职权主动查明案件的事实真相，法院最终对案件的事实负责，其基本特征可以概括为“职权推进主义”和“职权探知主义”。前者是指诉讼前的准备、诉讼活动的进行、证据的提供或审查、对证人或被告人的询（讯）问，主要由法院负责，控辩双方在程序上只起配合作用；后者是指法院在起诉的范围内有权利也有义务通过查阅案卷以及主动调查证据，查明案件的事实真相，不受控辩双方提供的证据的限制，因此案件的事实在很大程度上并非控诉方“证明”的，而是法院“查明”的。

3. **答案**：审判中心主义是指整个刑事诉讼过程中都应该以审判为中心，为审判服务。其本质是树立司法审判的权威，保持控辩双方地位和权利平等。具体来说，审判中心主义有两层含义：一是在整个刑事程序中，审判程序是中心，只有在审判阶段才能最终决定特定被告人的刑事责任问题，侦查、起诉、预审等程序中主管机关对于犯罪嫌疑人的罪责的认定仅具有程序内的意义，对外不产生有罪的法律效果；二是在全部审判程序中，第一审法庭审判是中心，其他审判程序都是以第一审程序为基础和前提的，既不能代替第一审程序，也不能完全重复第一审的工作。

四、简答题

1. **答案**：“保障人权”作为刑事诉讼制度的目的之一，其基本含义就是指国家专门机关在追究犯罪、处罚犯罪的刑事诉讼活动中，必须遵循正当、合法的法律程序，其核心理念在于限制国家权力，防止国家权力的恣意滥用，保护涉讼公民的基本人权。

2. **答案**：正当程序原则主要包括以下的内容：(1) 刑事诉讼程序能得到遵守；(2) 保障当事人和其他诉讼参与人，特别是犯罪嫌疑人、被告人和被害人的诉讼权利；另外，就是诉讼参与人对诉讼能充分有效地参与；(3) 严禁刑讯逼供和以其他非法手段取证，同时，程序违法能得到救济；(4) 司法机关依法独立行使职权；(5) 保障诉讼程序的公开性和透明度；(6) 按法定期限办案、结案。

---

① 指《最高人民法院关于适用〈中华人民共和国刑事诉讼法〉的解释》，该司法解释已于2020年12月7日由最高人民法院审判委员会第1820次会议通过，自2021年3月1日起施行。为行文简洁，方便读者阅读，本书所提法律文件名称为简称，下同。

第四章　刑事诉讼中的专门机关

基础知识图解

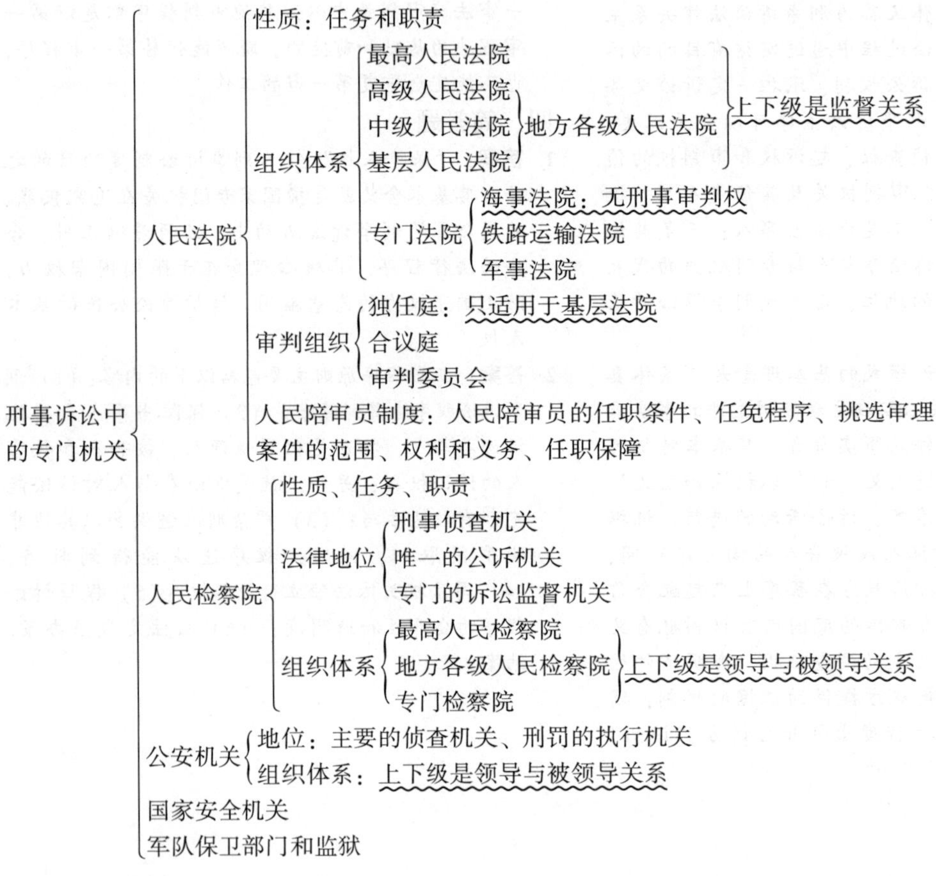

配套测试

一、单项选择题

1. 某企业技术员刘某，因涉嫌间谍罪被有关部门立案侦查，继而被依法逮捕。下列说法正确的是(　　)。

A. 该案应由公安机关立案侦查

B. 该案应由人民检察院立案侦查

C. 对刘某的逮捕应由人民检察院批准

D. 对刘某的逮捕应由公安机关执行

2. 下列机关中不拥有侦查权的是(　　)。

A. 国家安全机关

B. 军队保卫部门

C. 人民检察院

D. 机关、人民团体和企事业单位的保卫部门

3. 走私犯罪侦查局广东分署于2010年8月查获一起重大的走私案件，在案件侦查过程中，下列职权中，哪一项是走私犯罪侦查机关所不享有的权力(　　)。

A. 侦查权　　　　B. 拘留权

C. 预审权　　　　D. 批准逮捕权

4. 有权批准或决定逮捕的机关是(　　)。
A. 公安机关、审判机关
B. 检察机关、公安机关
C. 检察机关
D. 审判机关

5. 人民法院上下级之间，在审判活动中的关系是(　　)。
A. 领导与被领导的关系
B. 监督与被监督的关系
C. 指挥与被指挥的关系
D. 制约与被制约的关系

二、多项选择题

1. 在刑事诉讼中，公安机关的职权主要有下列哪几项？(　　)
A. 立案权　　B. 侦查权
C. 执行权　　D. 法律监督权

2. 以下属于地方各级人民法院的有(　　)。
A. 最高人民法院　　B. 中级人民法院
C. 基层人民法院　　D. 人民法庭

3. 关于公检法机关的组织体系及其在刑事诉讼中的职权，下列哪些选项是正确的？(　　)(司考2015. 2. 65)
A. 公安机关统一领导、分级管理，对超出自己管辖的地区发布通缉令，应报有权的上级公安机关发布
B. 基于检察一体化，检察院独立行使职权是指检察系统整体独立行使职权
C. 检察院上下级之间是领导关系，上级检察院认为下级检察院二审抗诉不当的，可直接向同级法院撤回抗诉
D. 法院上下级之间是监督指导关系，上级法院如认为下级法院审理更适宜，可将自己管辖的案件交由下级法院审理

4. 2008 年 12 月，某军队保卫部门对军队内部的一起盗窃案件进行侦查，并对犯罪嫌疑人进行了拘留和逮捕。根据刑事诉讼的相关立法规定，军队保卫部门在对军队内部发生的刑事案件的处理过程中所享有的职权包括(　　)。
A. 侦查权　　B. 拘留权
C. 预审权　　D. 执行逮捕权

5. 在刑事诉讼中，军队保卫部门、监狱、走私犯罪侦查机关对发生在各自内部的刑事案件都享有一定的侦查权，但监狱在刑事诉讼中还享有一些军队保卫部门、走私犯罪侦查机关所没有的职权，下列陈述哪些属于这类职权(　　)。
A. 对罪犯的新罪行移送人民检察院处理
B. 向人民检察院提出减刑、假释建议
C. 对罪犯应予监外执行的，有权提出书面意见
D. 对于罪犯提出申诉的，有权转交人民检察院或人民法院处理

6. 关于对法庭审理中违反法庭秩序的人员可采取的措施，下列哪些选项是正确的？(　　)
A. 警告制止
B. 强行带出法庭
C. 只能在 1000 元以下处以罚款
D. 只能在 10 日以下处以拘留

7. 某案件经中级法院一审判决后引起社会的广泛关注。为回应社会关注和保证办案质量，在案件由高级法院作出二审判决前，基于我国法院和检察院的组织体系与上下级关系，最高法院和最高检察院可采取下列哪些措施？(　　)(司考 2017. 2. 65)
A. 最高法院可听取高级法院对该案的汇报并就如何审理提出意见
B. 最高法院可召开审判业务会议对该案的实体和程序问题进行讨论
C. 最高检察院可听取省检察院的汇报并对案件事实、证据进行审查
D. 最高检察院可决定检察机关在二审程序中如何发表意见

三、名词解释

1. 刑事诉讼中的专门机关
2. 审判机关
3. 检察机关
4. 侦查机关

四、简答题

1. 试评价我国的审判委员会制度。
2. 简述人民检察院在刑事诉讼中的多重法律身份。

五、论述题

试论我国的人民陪审员制度。

参考答案

一、单项选择题

1. **答案**：C。本题考查的是特定犯罪的侦查机关及其职权。《刑事诉讼法》第4条规定："国家安全机关依照法律规定，办理危害国家安全的刑事案件，行使与公安机关相同的职权。"根据《刑事诉讼法》第3条的规定，公安机关在刑事诉讼中的职权为"对刑事案件的侦查、拘留、执行逮捕、预审"。国家安全机关在办理危害国家安全的案件时，也应当行使这些职权。根据我国《刑法》的规定，间谍罪属于危害国家安全的犯罪，因此该案应由国家安全机关立案并执行逮捕。综上，本题正确答案为C。

2. **答案**：D。本题考查拥有侦查权的机关。我国《刑事诉讼法》第19条第1款规定："刑事案件的侦查由公安机关进行，法律另有规定的除外。""法律另有规定"是指：（1）人民检察院根据本条第2款规定管辖的自侦刑事案件；（2）国家安全机关依法立案侦查的危害国家安全的刑事案件；（3）军队保卫部门依法立案侦查的军队内部发生的刑事案件；（4）监狱依法立案侦查的罪犯在监狱内犯罪的案件。据此，国家安全机关、军队保卫部门和人民检察院都拥有侦查权。而机关、人民团体和企事业单位的保卫部门不属于法律规定的其他拥有侦查权的机关，故本题应选D。

3. **答案**：D。本题考查走私犯罪侦查机关在刑事诉讼中的职权。根据最高人民法院、最高人民检察院、公安部、司法部和海关总署联合发布的《关于走私犯罪侦查机关办理走私犯罪案件适用刑事诉讼程序若干问题的通知》规定，缉私警察依法行使侦查、拘留、预审和执行逮捕的职权。

4. **答案**：C。本题考查的是有权批准或者决定逮捕的机关。《刑事诉讼法》第3条规定："……检察、批准逮捕、检察机关直接受理的案件的侦查、提起公诉，由人民检察院负责……"据此，人民检察院享有批准逮捕权。《刑事诉讼法》第165条规定："人民检察院直接受理的案件中符合本法第八十一条、第八十二条第四项、第五项规定情形，需要逮捕、拘留犯罪嫌疑人的，由人民检察院作出决定，由公安机关执行。"据此，人民检察院享有决定逮捕权。故本题正确答案为C。

5. **答案**：B。本题考查的是人民法院上下级之间在审判活动中的关系。我国《宪法》第132条第2款规定："最高人民法院监督地方各级人民法院和专门人民法院的审判工作，上级人民法院监督下级人民法院的审判工作。"可见人民法院上下级之间是监督与被监督的关系，而不像行政机关的上下级之间那样，是领导与被领导的关系。故本题正确答案为B。

二、多项选择题

1. **答案**：ABC。本题考查的是公安机关在刑事诉讼中的职权。我国《刑事诉讼法》第3条规定："对刑事案件的侦查、拘留、执行逮捕、预审，由公安机关负责……"由此可见，本题BC项正确。公安机关要行使侦查权，必然要先立案。公安机关的立案权具体规定在《刑事诉讼法》第109条："公安机关或者人民检察院发现犯罪事实或者犯罪嫌疑人，应当按照管辖范围，立案侦查。"故本题A项正确。法律监督是检察机关的职权，不是公安机关的职权。故本题D项不正确。

2. **答案**：BC。本题考查的是地方各级人民法院的范围。中华人民共和国人民法院是一个完整的审判机关体系。由最高人民法院和地方各级人民法院、军事法院等专门人民法院组成。地方各级人民法院按行政区域设立，包括高级人民法院、中级人民法院和基层人民法院。地方人民法院中的基层人民法院，可以根据情况在乡、镇以及城市的街道派驻人民法庭，行使基层人民法院的部分审判权。但人民法庭不是一级人民法院，而是基层人民法院的派出机构。综上，本题正确答案为BC。

3. **答案**：ABC。《刑事诉讼法》第155条规定，应当逮捕的犯罪嫌疑人如果在逃，公安机关可以发布通缉令，采取有效措施，追捕归案。各级公安机关在自己管辖的地区以内，可以直接发布通缉令；超出自己管辖的地区，应当报请有权决定的上级机关发布。故A项正确。检察机关上下级之间是领导关系，奉行"检察一体，上命下从"的体制，整体独立于外部的行政机关、社会团体、个人。故B项正确。《刑事诉讼法》第232条第2款规定，上级人民检察院如果认为抗诉不当，可以向同级人民法院撤回抗诉，并且通知下级人民检察院。故C项正确。《刑事诉讼法》第27条规定，上级人民法院可以指定下级人民法院审判管辖不明的案件，也可以指定下级人民法院将案件移送其他人民法院审判。故D项错在后半句话，因为下级法院不能审理由上级法院管辖的案件。

4. **答案**：ABCD。本题考查军队保卫部门在刑事诉讼中的职权。军队保卫部门是中国人民解放军的政治安全保卫机关，不是国家公安机关的组成部分，其重要任务之一就是负责侦查军队内部发生的刑事案件。根据 1993 年 12 月通过的《关于中国人民解放军保卫部门对军队内部发生的刑事案件行使公安机关的侦查、拘留、预审和执行逮捕的职权的决定》的规定，军队保卫部门承担军队内部发生的刑事案件的侦查工作，在刑事诉讼中，可以行使宪法和法律规定的公安机关的侦查拘留、预审和执行逮捕的职权。

5. **答案**：ACD。本题考查军队保卫部门、监狱、走私犯罪侦查机关在刑事诉讼中所享有的职权。根据《刑事诉讼法》和《监狱法》的有关规定，监狱在刑事诉讼过程中还享有一些其他职权，如对新发现罪行移送人民检察院处理的权力、对监外执行提出书面意见的权力、向人民法院提出减刑、假释建议的权力、向人民法院或人民检察院转交罪犯申诉的权力，等等。B 项的错误之处在于提出减刑、假释建议应当向人民法院提出，而不是向人民检察院提出。

6. **答案**：ABC。本题直接考查法条。法庭秩序，是指《人民法院法庭规则》所规定的，为保证法庭审理的正常进行，诉讼参与人、旁听人员应当遵守的纪律和规定。《刑事诉讼法》第 199 条规定："在法庭审判过程中，如果诉讼参与人或者旁听人员违反法庭秩序，审判长应当警告制止。对不听制止的，可以强行带出法庭；情节严重的，处以一千元以下的罚款或者十五日以下的拘留。罚款、拘留必须经院长批准。被处罚人对罚款、拘留的决定不服的，可以向上一级人民法院申请复议。复议期间不停止执行。对聚众哄闹、冲击法庭或者侮辱、诽谤、威胁、殴打司法工作人员或者诉讼参与人，严重扰乱法庭秩序，构成犯罪的，依法追究刑事责任。"故选项 ABC 符合法律规定，选项 D 错误。综上，本题正确答案为 ABC。

7. **答案**：CD。本题考查上下级法院、检察院的关系。《刑事诉讼法》第 5 条规定，人民法院依照法律规定独立行使审判权，人民检察院依照法律规定独立行使检察权，不受行政机关、社会团体和个人的干涉。人民法院和人民检察院在上下级关系上有所不同。人民检察院上下级之间是领导与被领导的关系，上级人民检察院有权就具体案件对下级人民检察院作出命令、指示。独立行使检察权实质上是指整个检察系统作为一个整体独立行使检察权，这在理论上称为检察一体化。与检察系统不同，人民法院上下级之间是监督与被监督的关系，各具体法院在具体案件的审判过程中独立行使审判权，包括上级人民法院在内的其他人民法院无权干涉。上级人民法院对下级人民法院的监督必须通过法定的程序进行，如改变管辖、在第二审程序中撤销错误的判决等。本题中，AB 两项的错误在于，最高法院不得就尚未作出判决的个案对高级法院进行指导和监督。但是，最高检察院可以针对具体案件对下级检察院作出命令和指示。故 CD 两项正确。

三、名词解释

1. **答案**：刑事诉讼中的专门机关是指依照法定职权进行刑事诉讼活动的国家机关。在我国，刑事诉讼中的专门机关包括人民法院、人民检察院和公安机关。国家安全部门、军队保卫部门、监狱以及走私犯罪侦查部门在办理特定的刑事案件时，也属于刑事诉讼的专门机关。刑事诉讼中的专门机关是国家机构的重要组成部分，在刑事诉讼中居于主导的地位。

2. **答案**：审判机关是指代表国家依法行使审判权的国家机关，通常称为法院。在西方国家，审判机关就是司法机关，代表国家行使司法权。司法权也就是审判权、裁判权，与立法权、行政权相互分离和相互制衡。在我国，审判机关包括最高人民法院、地方各级人民法院和专门法院。

3. **答案**：检察机关是指代表国家行使检察权的国家机关。在西方国家，检察机关一般就是公诉机关，代表国家行使检察权。通说认为，检察权的性质属于行政权，或者是行政权和司法权兼而有之的一种国家权力。在我国，检察机关是指行使检察权或者法律监督职能的人民检察院。

4. **答案**：侦查机关是享有国家赋予的侦查权，依法对刑事案件进行专门调查工作和有关强制性措施的国家机关。一个国家的侦查机关的构成由其法律加以确定。在我国，侦查机关包括公安机关、国家安全机关和人民检察院。军队保卫部门、监狱以及走私犯罪侦查部门在办理特定的刑事案件时，与上述侦查机关享有相同的职权，因此，它们也属于侦查机关范畴。

四、简答题

1. **答案**：审判委员会是人民法院内部对审判实行集体领导的组织形式。它的任务是总结审判经验，讨论重大或疑难的案件和其他有关审判工作的问题。在司法实践中，审判委员会制度曾经发挥过一定的积极作用，但也暴露出一系列难以克服的缺陷。例如，由于审判委员会过分干预审判工作造成了审与判的分离，审者不判，判者不审的不利局面。这就抑制了庭审人员的积极性，不能充分发挥控、辩双方的作用，使庭审流于形式。有些案件的审判人员通过将案件提交审判委员会讨论决定，来推脱责任。审判委员会集体负责的领导体制并不利于职权与责任的统一，使得错案追究难以贯彻执行。审判委员会通过听取承办法官的口头汇报，对案件进行讨论和决定，既不阅卷，也不参与法庭审判，其所作的结论未必比合议庭更加准确。而且，审判委员会这种非公开的讨论方式，在一定程度上剥夺了当事人参与裁判过程的机会，导致为规范法庭审判而建立的制度和原则，如审判公开、辩论、合议、回避等，名存实亡。因此，有必要对我国的审判委员会制度进行改革以期使其更加科学化、合理化。真正发挥对刑事审判的指导作用。

2. **答案**：人民检察院是国家的法律监督机关。检察、批准逮捕、检察机关直接受理的案件的侦查、提起公诉，都由人民检察院负责。人民检察院在刑事诉讼中的法律地位体现在以下三个方面：

(1) 它是国家的刑事侦查机关之一。人民检察院负责立案侦查贪污贿赂犯罪，国家工作人员的渎职犯罪，国家机关工作人员利用职权实施的非法拘禁、刑讯逼供、报复陷害、非法搜查的侵犯公民人身权利的犯罪以及侵犯公民民主权利的犯罪等案件。

(2) 它是国家唯一的公诉机关。除自诉案件外的所有刑事案件，均必须由人民检察院向人民法院提起公诉。

(3) 它是专门的诉讼监督机关。人民检察院对人民法院、公安机关、监狱以及诉讼参与人的整个诉讼活动进行监督。

五、论述题

答案：人民陪审员制度是由在公民中选举产生的人民陪审员参加合议庭，审理第一审案件的审判制度。我国《刑事诉讼法》规定，人民法院审理案件，实行人民陪审员陪审的制度。人民陪审员由选举产生，在实践中，也可由人民法院根据审理案件的需要邀请具有某一领域专门知识的人来充当人民陪审员参加合议庭审理。

而在我国的人民陪审员制度中，人民陪审员参与案件的整个审判过程，对案件的事实问题和法律问题均参与审理，对被告人是否有罪、应否判刑及判处何种刑罚均可发表意见。合议庭应根据多数意见作出判决。人民陪审员和审判员在评议和表决方面享有平等的权利。

设立人民陪审员制度是人民当家做主，行使国家权力，参与诉讼的权利的体现，具有以下几点意义：

(1) 人民陪审员参加刑事审判，是国家保障公民行使国家管理权和监督权的一种直接、有效的方式，有利于防止司法权力滥用；

(2) 有些涉及重大的专业技术问题案件中邀请特定陪审员参加审判，有利于查明案情，正确适用法律；

(3) 人民陪审员参加审判，有利于加强法制宣传教育，增强公民的法律意识。

尽管人民陪审员制度有其诸多的积极意义，然而在司法实践中，我国的人民陪审制度呈现出逐渐萎缩的趋势。有些人民法院不重视发挥陪审员的参审作用，在绝大多数案件中不请陪审员参加审判。即使在少数案件中邀请人民陪审员参加法庭审判，也是“陪而不审”，法庭审判时不积极参与调查，评议时也只是按审判员的意见表决。从某种意义上来说，在司法实践中人民陪审员制度没有完全发挥出真正作用。

针对司法实践中存在的问题，对人民陪审员制度的改革重点是通过赋予人民陪审员与审判员完全相同的审判权，克服陪审员“陪而不审”的现象。人民陪审员的产生方式应该多样化除按照传统的“单位推荐、人大批准、法院审查和任命”方式外，还应当有大量经法院聘请而参与审判的各方面的专家。另外，关于人民陪审员的资格、任免程序、参与法庭审理、评议、经济补偿等方面的制度，也应当完善和建立。

第五章　诉讼参与人

基础知识图解

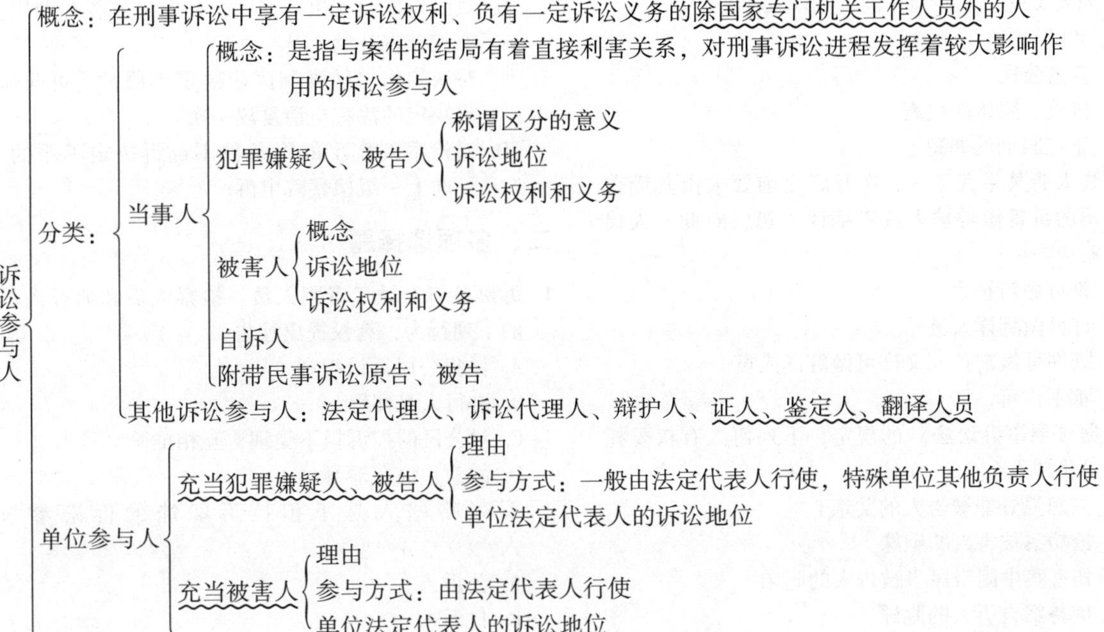

配套测试

一、单项选择题

1. 下列人员中主要的刑事诉讼主体是(　　)。

A. 被告人　　B. 证人

C. 鉴定人　　D. 翻译人员

2. 根据我国刑事诉讼法的规定和基本理论，我国刑事诉讼中的诉讼参与人指的是由法律明确规定的下列人员(　　)。

A. 参加刑事诉讼的公安人员、检察人员和审判人员

B. 参加刑事诉讼的，除公安、检察、审判人员外的人员

C. 参加刑事诉讼的所有人员

D. 参加刑事诉讼的被害人、自诉人、犯罪嫌疑人和被告人

3. 从刑事诉讼和刑事诉讼基本理论上看，刑事诉讼程序意义上的被害人(　　)。

A. 是所有遭受犯罪行为直接侵害的人

B. 仅指公诉案件的被害人

C. 可以是自诉人

D. 可以是附带民事诉讼的原告人

4. 下列所述各项诉讼权利中，属于所有当事人都享有的权利是(　　)。

A. 提起上诉权　　B. 提起反诉权

C. 撤诉权　　D. 申请回避权

5. 某中学高二学生马某和张某因开玩笑致互殴，马某用随身携带的水果刀将张某刺伤。公安机关以马某涉嫌故意伤害罪进行立案侦查。县医院的杨医生受公安机关的委托，对张某的伤情作了鉴定。公安机关也录取了现场目击者汪某的证言。马某与张某均为未成年人。本案中，属于当事人的有(　　)。

A. 汪某
B. 马某和张某
C. 马某和张某的父母
D. 杨医生

6. 可以充当鉴定人的有(　　)。
A. 充当过本案的证人
B. 担任过本案的侦查人员、检察人员或审判人员
C. 与本案无利害关系的某医院医生
D. 本案的当事人

7. 下列人员中，不能担任诉讼代理人的有(　　)。
A. 律师
B. 普通公民
C. 机关、团体的代表
D. 正在服刑的罪犯

8. 被告人曲某系聋哑人，在开庭之前要求由其懂聋哑语的哥哥做辩护人或者翻译人员，对此，人民法院应当(　　)。
A. 许可做辩护人
B. 许可做翻译人员
C. 既许可做辩护人又许可做翻译人员
D. 都不许可

9. 根据《刑事诉讼法》的规定，下列何人有权委托诉讼代理人？(　　)
A. 涉嫌强奸罪被告人的父亲
B. 抢劫案被害人的胞妹
C. 伤害案中附带民事被告人的胞弟
D. 虐待案自诉人的胞妹

10. 下列人员中不属于《刑事诉讼法》规定的近亲属的是(　　)。
A. 父母
B. 夫妻
C. 同胞兄弟姊妹
D. 祖父母、外祖父母

11. 关于诉讼代理人参加刑事诉讼，下列哪一说法是正确的？(　　)（司考 2012. 2. 24）
A. 诉讼代理人的权限依据法律规定而设定
B. 除非法律有明文规定，诉讼代理人也享有被代理人享有的诉讼权利
C. 诉讼代理人应当承担被代理人依法负有的义务
D. 诉讼代理人的职责是帮助被代理人行使诉讼权利

12. 关于证人证言与鉴定意见，下列哪一选项是正确的？(　　)（司考 2015. 2. 23）
A. 证人证言只能由自然人提供，鉴定意见可由单位出具
B. 生理上、精神上有缺陷的人有时可以提供证人证言，但不能出具鉴定意见
C. 如控辩双方对证人证言和鉴定意见有异议的，相应证人和鉴定人均应出庭
D. 证人应出庭而不出庭的，其庭前证言仍可能作为证据；鉴定人应出庭而不出庭的，鉴定意见不得作为定案根据

13. 关于被害人在刑事诉讼中的权利，下列哪一选项是正确的？(　　)（司考 2014. 2. 25）
A. 自公诉案件立案之日起有权委托诉讼代理人
B. 对因作证而支出的交通、住宿、就餐等费用，有权获得补助
C. 对法院作出的强制医疗决定不服的，可向作出决定的法院申请复议一次
D. 对检察院作出的附条件不起诉决定不服的，可向上一级检察院申诉

二、多项选择题

1. 诉讼参与人对于审判人员、检察人员和侦查人员的下列行为，有权提出控告(　　)。
A. 侵犯公民诉讼权利
B. 进行人身侮辱
C. 对公民的控诉拒不受理，互相推诿
D. 故意包庇犯罪嫌疑人

2. 下列哪些人是承担控诉职能的诉讼参与人？(　　)
A. 公诉人
B. 自诉人
C. 被害人
D. 控方证人

3. 在我国的刑事诉讼中，有权提起附带民事诉讼的诉讼参与人有(　　)。
A. 被害人
B. 自诉人
C. 人民检察院
D. 被害人的法定代理人

4. 下列各种人员中，不能做证人的有(　　)。
A. 年幼不能辨别是非的人
B. 精神上有缺陷不能正确表达的人
C. 盲、聋、哑人
D. 生理上有缺陷不能正确表达的人

5. 在下列人员中，不仅可以是自然人，还可以是单位的有(　　)。
A. 证人
B. 鉴定人
C. 被告人
D. 附带民事诉讼的原告人

6. 下列属于自诉人权利的有(　　)。

A. 提起附带民事诉讼
B. 委托诉讼代理人参加诉讼
C. 自行与被告人进行和解
D. 对一审判决提出上诉

7. 与其他诉讼参与人相比，自诉人特有的诉讼权利有(　　)。
A. 撤回自诉权
B. 申请回避权
C. 与被告人和解权
D. 提出上诉权

8. 甲因积怨将乙打成重伤，致乙丧失劳动能力。本案中，哪些人有权为乙委托诉讼代理人？(　　)
A. 乙的母亲
B. 乙的祖父
C. 乙本人
D. 乙的好友丙

9. 公诉案件中被害人的法定代理人的权利有(　　)。
A. 对人民检察院的不起诉决定不服的，可以代被害人申诉
B. 为被害人委托诉讼代理人
C. 可以就第一审的判决、裁定中的附带民事诉讼部分提出上诉
D. 对刑事判决部分有上诉权

10. 当事人在刑事诉讼中的权利主要有(　　)。
A. 申请回避权
B. 参加法庭调查、辩论权
C. 上诉权（被害人除外）
D. 抗诉权

11.《刑事诉讼法》规定的“法定代理人”包括(　　)。
A. 被代理人的父母
B. 被代理人的养父母
C. 被代理人的监护人
D. 负有保护责任的机关团体的代表

12. 关于刑事诉讼当事人中的被害人的诉讼权利，下列哪些选项是正确的？(　　)（司考 2015. 2. 66）
A. 撤回起诉、申请回避
B. 委托诉讼代理人、提起自诉
C. 申请复议、提起上诉
D. 申请抗诉、提出申诉

13. 自诉案件被害人死亡或者丧失行为能力的，下列人员中有权向人民法院起诉的有(　　)。
A. 被害人的子女
B. 被害人的丈夫
C. 被害人的同胞兄弟姐妹
D. 被害人的父母

14. 关于证人出庭作证，下列哪些说法是正确的？(　　)。
A. 需要出庭作证的警察就其执行职务时目击的犯罪情况出庭作证，适用证人作证的规定
B. 警察就其非执行职务时目击的犯罪情况出庭作证，不适用证人作证的规定
C. 对了解案件情况的人，确有必要时，可以强制到庭作证
D. 证人没有正当理由拒绝出庭作证的，只有情节严重，才可以处以拘留，且拘留不可以超过 10 日

15. 在袁某涉嫌故意杀害范某的案件中，下列哪些人员属于诉讼参与人？(　　)（司考 2017. 2. 66）
A. 侦查阶段为袁某提供少数民族语言翻译的翻译人员
B. 公安机关负责死因鉴定的法医
C. 就证据收集合法性出庭说明情况的侦查人员
D. 法庭调查阶段就范某死因鉴定意见出庭发表意见的有专门知识的人

16. 犯罪嫌疑人、被告人在刑事诉讼中享有的诉讼权利可分为防御性权利和救济性权利。下列哪些选项属于犯罪嫌疑人、被告人享有的救济性权利？(　　)（司考 2017. 2. 67）
A. 侦查机关讯问时，犯罪嫌疑人有申辩自己无罪的权利
B. 对办案人员人身侮辱的行为，犯罪嫌疑人有提出控告的权利
C. 对办案机关应退还取保候审保证金而不退还的，犯罪嫌疑人有申诉的权利
D. 被告人认为一审判决量刑畸重，有提出上诉的权利

三、不定项选择题

某国有企业在经营过程中，在一次电视广告中虚构了与其同行业的另一家 a 企业产品质量有瑕疵的事实，由于这一广告，a 企业该产品的销售量在一段时间内明显下降，名誉尽毁。人民检察院经过调查以损害商业信誉罪对该国有企业提起公诉。在诉讼过程中，a 企业委托了代理律师。据此，请回答下列问题。

(1) 在这一单位作为刑事诉讼被告的案件中，代表该国有企业参加刑事诉讼的诉讼代表人应该是(　　)。
A. 单位的法定代表人或者主要负责人
B. 单位犯罪直接负责的主管人员
C. 单位犯罪的直接责任人员
D. 单位的法定代表人或者主要负责人和单位犯罪直接负责的主管人员

(2) a企业委托了代理律师，关于这一代理人的权限的陈述中，哪些是正确的(　　)。

A. 刑事诉讼代理人的权限与法定代理人的权限相同

B. 刑事诉讼代理人的权限根据被代理人的授权范围确定

C. 刑事诉讼代理人可以在一定条件下超越代理权限

D. 刑事诉讼代理人可以以自己的名义进行活动

(3) 下面有关单位犯罪嫌疑人、被告人的陈述中，符合法律规定的是(　　)。

A. 在单位作为被告人的情况下，应当有代表单位出庭的诉讼代表人

B. 单位诉讼代表人有出庭的义务

C. 人民法院对单位代表人有权进行拘传

D. 人民法院对单位代表人有权决定逮捕

(4) 如果该国有企业委托了辩护律师，下面对有关刑事代理和刑事辩护的区别的描述中，正确的是(　　)。

A. 委托辩护人和诉讼代理人的主体不同

B. 辩护人和诉讼代理人的产生方式不同

C. 辩护人和诉讼代理人的法律地位不同

D. 辩护人和诉讼代理人承担的诉讼职能不同

四、名词解释

1. 犯罪嫌疑人

2. 被告人

3. 被害人

4. 自诉人

五、简答题

被害人在公诉程序，自诉程序和附带民事诉讼程序法律地位的不同。(北京大学2006年考研真题)

六、论述题

1. 试述自诉人与公诉案件被害人的异同。

2. 试论犯罪嫌疑人、被告人在刑事诉讼中的诉讼地位。

七、案例分析题

1. 张某，男，19岁，为滨江市乌龙县一小镇上稻米加工厂厂主之子。经常招惹是非，与人打架斗殴。路某，男，18岁，为该镇附近一村农民之子，因看不惯张某等人依财仗势、趾高气扬的样子，经常与之发生冲突。一日路某在该镇一朋友景某家吃饭，傍晚回家，因其饮酒过多，由景某送其回家。行至该镇一座大桥下时，即遭张某等人伏击。张某掏出早已准备好的三角刮刀，向不省人事的路某连刺六刀，致其胸部、腹部、臀部、臂部多处受伤。景某大声呼救，惊动周围群众，张某等人才停止侵害。张某等人同众人将路某送至镇医院抢救，第二天，乌龙县公安局以涉嫌故意伤害罪逮捕了张某。公安局委托县人民医院医生马某为路某作伤情鉴定，经鉴定确认路某为重伤。公安局并录取了景某的证言笔录。侦查终结后，公安局将该案移送乌龙县人民检察院审查起诉。乌龙县人民检察院经审查后，认为张某为报复私怨，故意伤害他人，并造成重伤，犯罪事实清楚，证据确凿，已构成故意伤害罪，因而向乌龙县人民法院提起公诉。乌龙县人民法院经审理认为，张某犯罪事实清楚，证据确凿，已构成故意伤害罪，且情节严重，依法判处有期徒刑12年。张某认为自己虽然犯罪情节严重，但主动为路某送医院治疗，并承担全部医疗费用，应当从轻处罚，故委托其律师王某代为向滨江市中级人民法院提出上诉。滨江市中级人民法院经审理认为，原审认定事实和适用法律正确，但量刑过重，改判张某有期徒刑10年。试分析本案诉讼过程中的各专门机关和诉讼参与人。

2. 周某（15岁）、吴某（16岁）、郑某（17岁）是同班同学，周某与吴某因琐事争吵，进而互殴，郑某在场拉架，周某拾起一块砖头打中吴某头部，致使吴某头破血流，当场昏迷，被送医院抢救。公安机关立案侦查此案，指派法医王某对吴某的伤情作了鉴定，鉴定意见为重伤致残。公安机关讯问周某时，通知周母到场。公安机关侦查终结后，将该案移送人民检察院审查起诉。人民检察院经审查后，以故意伤害罪对吴某提起公诉。周母委托蒋律师为周某辩护。在人民法院审理此案时，吴父提起了附带民事诉讼，要求赔偿物质损失，并委托沈律师帮助其出庭诉讼。郑某被人民法院通知出庭陈述该案事实。上述提到的本案相关人员中，哪些是诉讼参与人，各是哪一种诉讼参与人？

参考答案

一、单项选择题

1. **答案**：A。本题考查的是刑事诉讼的主要主体。在我国，刑事诉讼主体可以分为三类：第一类，是代表国家追究犯罪、惩罚犯罪的公安机关、人民检察院和人民法院。第二类，是刑事诉讼的当事人，如被告人、被害人、自诉人等。他们直接影响诉讼的进程并且与诉讼的结果有直接的利害关系，因此是主要的诉讼主体。法律赋予他们广泛的诉讼权利，同时承担相应的诉讼义务。第三类，是其他的诉讼参与人，如证人、鉴定人、辩护人、诉讼代理人等。他们在刑事诉讼中起辅助或次要的作用。由此可见，本题正确答案为A。
2. **答案**：B。本题考查的是我国刑事诉讼中的诉讼参与人的概念。《刑事诉讼法》第108条第4项规定："'诉讼参与人'是指当事人、法定代理人、诉讼代理人、辩护人、证人、鉴定人和翻译人员。"该条第2项规定："'当事人'是指被害人、自诉人、犯罪嫌疑人、被告人、附带民事诉讼的原告人和被告人。"据此，可将诉讼参与人划分为当事人和其他诉讼参与人。由此可见，本题正确答案为B。
3. **答案**：B。本题考查的是刑事诉讼程序意义上的被害人的概念。根据我国刑事诉讼法的规定和刑事诉讼基本理论，被害人的概念有两种：一种是实体意义上的被害人，是指所有遭受犯罪行为直接侵害的人；另一种是程序意义上的被害人，仅指公诉案件的刑事被害人。据此，本题正确答案为B。
4. **答案**：D。本题考查的是当事人的诉讼权利。根据我国《刑事诉讼法》第108条第2项规定，"当事人"是指被害人、自诉人、犯罪嫌疑人、被告人、附带民事诉讼的原告人和被告人。除一些共同享有的诉讼权利外，不同的当事人还享有不同的诉讼权利。申请回避权是所有当事人共有的权利。《刑事诉讼法》第29条规定："审判人员、检察人员、侦查人员有下列情形之一的，应当自行回避，当事人及其法定代理人也有权要求他们回避……"故本题正确答案为D。
5. **答案**：B。本题考查的是刑事诉讼当事人的概念。根据我国《刑事诉讼法》第108条第2项的规定，"当事人"是指被害人、自诉人、犯罪嫌疑人、被告人、附带民事诉讼的原告人和被告人。本案中，马某是这起故意伤害案的犯罪嫌疑人，可能受到起诉，并可能被判处刑罚；张某是这起故意伤害案的被害人，可以要求对马某追究刑事责任，也可以就自己所受的物质损失请求赔偿。可见，马某与张某都是与本案的案件事实和诉讼结果有利害关系的人，是本案的当事人。当事人不要求是成年人，马某和张某未成年不影响其成为当事人。故本题正确答案为B。
6. **答案**：C。本题考查的是鉴定人的资格。鉴定人除需具有进行鉴定所需的专门知识外，还必须是与本案没有任何利害关系的人，这是为了保证鉴定意见的客观性和真实性。《刑事诉讼法》第29条规定："审判人员、检察人员、侦查人员有下列情形之一的，应当自行回避，当事人及其法定代理人也有权要求他们回避：（一）是本案的当事人或者是当事人的近亲属的；（二）本人或者他的近亲属和本案有利害关系的；（三）担任过本案的证人、鉴定人、辩护人、诉讼代理人的；（四）与本案当事人有其他关系，可能影响公正处理案件的。"第32条规定："本章关于回避的规定适用于书记员、翻译人员和鉴定人。辩护人、诉讼代理人可以依照本章的规定要求回避、申请复议。"据此，本题ABD项所述人员均无资格担任鉴定人。故本题C项正确。
7. **答案**：D。本题考查的是诉讼代理人的资格。根据《刑事诉讼法》第47条的规定，委托诉讼代理人，参照适用第33条关于委托辩护人的规定。《刑事诉讼法》第33条规定，下列人员可以被委托为辩护人：(1) 律师；(2) 人民团体或者犯罪嫌疑人、被告人所在单位推荐的人；(3) 犯罪嫌疑人、被告人的监护人、亲友。正在被执行刑罚或者依法被剥夺、限制人身自由的人，不得担任辩护人。可见，本题ABC项所述人员都可以担任辩护人，而D项"正在服刑的罪犯"属于正在被执行刑罚的人，不得担任辩护人。因此，本题正确答案为D。
8. **答案**：A。本题考查的是刑事诉讼中对特定诉讼参与人的资格要求。根据《刑事诉讼法》第29条和第32条第1款规定，翻译人员属于具有法定情形应当回避的范围，"是当事人的近亲属"属于这种情形；而根据刑事诉讼法的规定，"哥哥"属于近亲属的范围。故本题中被告人的哥哥不能担任该案的翻译人员。《刑事诉讼法》第33条第1款规定："犯罪嫌疑人、被告人除自己行使辩护权以外，还可以委托一至二人作为辩护人。下列的人可以被委托为辩护人：……（三）犯罪嫌疑人、被告人的监护人、亲友。”据此，被告人的哥哥可以以近亲属的身份担任辩护人。综上，本题正确答案为A。

9. **答案**：B。《刑事诉讼法》第46条第1款规定：“公诉案件的被害人及其法定代理人或者近亲属，附带民事诉讼的当事人及其法定代理人，自案件移送审查起诉之日起，有权委托诉讼代理人。自诉案件的自诉人及其法定代理人，附带民事诉讼的当事人及其法定代理人，有权随时委托诉讼代理人。”A项中的涉嫌强奸罪被告人的父亲可以为被告人委托辩护人，行使辩护职能，但不能为被告人委托诉讼代理人，故A不正确。B项中抢劫案被害人的胞妹是公诉案件被害人的近亲属，有权委托诉讼代理人，故B正确。C项中伤害案中附带民事被告人的胞弟不是附带民事诉讼的当事人或其法定代理人，不能委托诉讼代理人，故C不正确。D项中虐待案自诉人的胞妹不是自诉案件的自诉人或其法定代理人，故D不正确。

10. **答案**：D。本题考查的是刑事诉讼法规定的近亲属的含义。《刑事诉讼法》第108条第6项规定：“‘近亲属’是指夫、妻、父、母、子、女、同胞兄弟姊妹。”据此，本题D项属于近亲属，故为本题正确答案。

11. **答案**：D。刑事诉讼代理，是指代理人接受公诉案件的被害人及其法定代理人或近亲属、自诉案件的自诉人及其法定代理人以及附带民事诉讼的当事人及其法定代理人的委托，以被代理人的名义参加诉讼，进行活动，由被代理人承担代理行为法律后果的一项法律制度。诉讼代理人参与刑事诉讼是基于被代理人的委托，在双方签订的委托协议授权范围内进行代理，而不是依据法律的规定。据此，A选项、B选项均错误。但是，诉讼代理人不能代替被代理人作陈述，也不能代替被代理人承担与人身自由相关联的义务。据此，C选项错误。诉讼代理人只能在被代理人授权范围内进行诉讼活动，既不得超越代理范围，也不能违背被代理人的意志。诉讼代理人的职责是帮助被其代理的公诉案件被害人及其法定代理人或者近亲属、自诉案件自诉人及其法定代理人、附带民事诉讼案件当事人及其法定代理人等行使诉讼权利。D选项正确。综上，本题正确答案为D。

12. **答案**：D。只有自然人才能做证人和鉴定人，所以，A项的前半句话正确，后半句话错误。《刑事诉讼法》第62条规定，凡是知道案件情况的人，都有作证的义务。生理上、精神上有缺陷或者年幼，不能辨别是非、不能正确表达的人，不能作证人。故B项的前半句话正确。鉴定人要具备专门知识而且需要有鉴定人的资质，所以，生理上、精神上有缺陷的人若具有专门知识和鉴定人资格，也可以出具鉴定意见。故B项后半句话错误。《刑事诉讼法》第192条规定，公诉人、当事人或者辩护人、诉讼代理人对证人证言有异议，且该证人证言对案件定罪量刑有重大影响，人民法院认为证人有必要出庭作证的，证人应当出庭作证。公诉人、当事人或者辩护人、诉讼代理人对鉴定意见有异议，人民法院认为鉴定人有必要出庭的，鉴定人应当出庭作证。故C项错误。《刑事诉讼法解释》第78条规定，经人民法院通知，证人没有正当理由拒绝出庭或者出庭后拒绝作证，法庭对其证言的真实性无法确认的，该证人证言不得作为定案的根据。《刑事诉讼法》第187条规定，经人民法院通知，鉴定人拒不出庭作证的，鉴定意见不得作为定案的根据。故D项表述正确，当选。

13. **答案**：D。《刑事诉讼法》第46条第1款规定，公诉案件的被害人及其法定代理人或者近亲属，附带民事诉讼的当事人及其法定代理人，自案件移送审查起诉之日起，有权委托诉讼代理人。自诉案件的自诉人及其法定代理人，附带民事诉讼的当事人及其法定代理人，有权随时委托诉讼代理人。故A项不正确。《刑事诉讼法》第65条第1款规定，证人因履行作证义务而支出的交通、住宿、就餐等费用，应当给予补助。证人作证的补助列入司法机关业务经费，由同级政府财政予以保障。故B项的错误在于，只需要补助证人，不需要补助被害人。《刑事诉讼法》第305条第2款规定，被决定强制医疗的人、被害人及其法定代理人、近亲属对强制医疗决定不服的，可以向上一级人民法院申请复议。故C项的错误在于，不是向作出决定的法院申请复议一次，而是向上一级法院申请复议。《刑事诉讼法》第282条第2款规定，对附条件不起诉的决定，公安机关要求复议、提请复核或者被害人申诉的，适用该法第179条、第180条的规定。《刑事诉讼法》第180条规定，对于有被害人的案件，决定不起诉的，人民检察院应当将不起诉决定书送达被害人。被害人如果不服，可以自收到决定书后7日以内向上一级人民检察院申诉，请求提起公诉。《全国人民代表大会常务委员会关于〈中华人民共和国刑事诉讼法〉第二百七十一条第二款的解释》规定，人民检察院办理未成年人刑事案件，在作出附条件不起诉的决定以及考验期满作出不起诉的决定以前，应当听取被害人的意见。被害人对人民检察院对未成年犯罪嫌疑人作出的附条件不起诉的决定和不起诉的决定，可以向上一级人民检察院申诉，不适用《刑事诉讼法》第176条关于被害人可以向人民法院起诉的规定。故D项正确。本题正确答案为D项。

二、多项选择题

1. **答案**：AB。本题考查的是诉讼参与人的权利。《刑事诉讼法》第14条规定："人民法院、人民检察院和公安机关应当保障犯罪嫌疑人、被告人和其他诉讼参与人依法享有的辩护权和其他诉讼权利。诉讼参与人对于审判人员、检察人员和侦查人员侵犯公民诉讼权利和人身侮辱的行为，有权提出控告。"据此，本题正确答案为AB。
2. **答案**：BC。检察机关是国家唯一的公诉机关，代表国家行使公诉案件的公诉权，公诉人则代表检察机关出席法庭行使公诉职能，对触犯刑法应当判处刑罚的被告人进行控诉，请求人民法院依法惩处。被害人是其人身、财产或者其他权益遭受犯罪行为直接侵害的人，在人民检察院代表国家行使公诉权的刑事案件中，被害人以个人身份参与刑事诉讼，与检察机关共同行使控诉职能。自诉案件中，自诉人的地位相当于原告，承担控诉职能。在刑事诉讼中，由于被告人的犯罪行为而遭受物质损害的被害人，有权提起附带民事诉讼，被害人的这些诉讼都体现了控诉职能。因此，BC为正确答案。根据《刑事诉讼法》第108条第4项规定，"诉讼参与人"是指当事人、法定代理人、诉讼代理人、辩护人、证人、鉴定人和翻译人员，即诉讼参与人不包括公诉人，因此A项错误。D项控方证人只是提供证据，以证明某些事实，并未行使控诉职能。D项错误。综上，本题正确答案为BC。
3. **答案**：ABD。本题考查的是有权提起附带民事诉讼的诉讼参与人的范围。《刑事诉讼法解释》第175条第1款规定："被害人因人身权利受到犯罪侵犯或者财物被犯罪分子毁坏而遭受物质损失的，有权在刑事诉讼过程中提起附带民事诉讼；被害人死亡或者丧失行为能力的，其法定代理人、近亲属有权提起附带民事诉讼。"另外，根据《刑事诉讼法》的有关规定，自诉人一般情况下也是被害人。综上，本题ABD项正确。根据《刑事诉讼法》第108条的规定，人民检察院虽然可以在国家财产、集体财产遭受损失时，提起附带民事诉讼，但人民检察院不是诉讼参与人，故本题C项不正确。
4. **答案**：ABD。本题考查的是证人的资格。我国《刑事诉讼法》第62条规定："凡是知道案件情况的人，都有作证的义务。生理上、精神上有缺陷或者年幼，不能辨别是非、不能正确表达的人，不能作证人。"可见，我国刑事诉讼法对证人资格的条件只有两个，即能辨别是非和能正确表达，生理上、精神上有缺陷只是可能不能正确表达的原因，而非绝对不能作为证人的原因。故本题ABD符合题目的要求，为应选项。盲、聋、哑人虽然生理上有缺陷，但如果能辨别是非，并且其生理缺陷不影响其正确表达，则可以作为证人，故本题C项不正确。
5. **答案**：CD。本题考查的是刑事诉讼中各种诉讼参与人的资格。证人的条件是了解案情或与案件有关的情况，并能辨别是非和正确表达。因此，证人必须是自然人。鉴定人如具有《刑事诉讼法》第29条所列情况，或发生第30条所指情形时，必须回避。可见，我国刑事诉讼法要求鉴定人必须是与案件和当事人没有利害关系的公民个人，因此鉴定人只能是自然人，不能是单位。故本题AB项不正确。《刑法》规定了单位犯罪，据此，被告人可以是单位。附带民事诉讼原告人是指因犯罪遭受物质损失而提起民事诉讼的人，可以是自然人，也可以是单位。故本题CD项正确。
6. **答案**：ABCD。本题考查的是自诉人的权利。我国《刑事诉讼法》第101条第1款规定："被害人由于被告人的犯罪行为而遭受物质损失的，在刑事诉讼过程中，有权提起附带民事诉讼……"据此，本题A项正确。《刑事诉讼法》第46条第1款规定："……自诉案件的自诉人及其法定代理人，附带民事诉讼的当事人及其法定代理人，有权随时委托诉讼代理人。"据此，本题B项正确。《刑事诉讼法》第212条第1款规定："人民法院对自诉案件，可以进行调解；自诉人在宣告判决前，可以同被告人自行和解或者撤回自诉……"据此，本题C项正确。《刑事诉讼法》第227条第1款规定："被告人、自诉人和他们的法定代理人，不服地方各级人民法院第一审的判决、裁定，有权用书状或者口头向上一级人民法院上诉……"据此，本题D项正确。
7. **答案**：AC。本题考查的是自诉人特有的诉讼权利。《刑事诉讼法》第212条规定，人民法院对自诉案件，可以进行调解；自诉人在宣告判决前，可以同被告人自行和解或者撤回自诉。可见，自诉人对自诉案件有自己处分的权利，既可以撤回自诉，也可以与被告人和解。而其他诉讼参与人，如公诉案件的被害人，无权撤回对被告人的起诉，也无权与被告人和解。故本题AC项正确。
8. **答案**：AC。根据《刑事诉讼法》第108条第6项的规定，近亲属是指夫、妻、父、母、子、女、同胞兄弟姐妹。乙被甲打成重伤丧失劳动能力，但是并非丧失行为能力，根据《刑事诉讼法》第46条的规定：“公诉案件的被害人及其法定代理人或者近亲属，附带民事诉讼的当事人及其法定代理人，自案件移送审查起诉之日起，有权委托诉讼代理人。自诉案件的自诉人及其法定代理人，附带民事诉讼的当事人及其法定代理人，有权随时委托诉讼代理人。”可以得知，作为一位普通的公诉案件被害人，有权为乙委托诉讼代理人的只有乙本人和他的母亲，乙的祖父和好友既不是法定代理人也不是近亲属，无权为乙委托诉讼代理人。因此选项AC正确，BD错误。

9. **答案**：ABC。本题考查的是公诉案件中被害人的法定代理人的诉讼权利。根据刑事诉讼法规定，被害人的法定代理人对于不起诉决定享有申诉权，故本题A项正确。《刑事诉讼法》第46条规定：“公诉案件的被害人及其法定代理人或者近亲属，附带民事诉讼的当事人及其法定代理人，自案件移送审查起诉之日起，有权委托诉讼代理人……”据此，本题B项正确。《刑事诉讼法》第227条第2款规定：“附带民事诉讼的当事人和他们的法定代理人，可以对地方各级人民法院第一审的判决、裁定中的附带民事诉讼部分，提出上诉。”据此，本题C项正确。

10. **答案**：ABC。本题考查的是当事人的诉讼权利。《刑事诉讼法》第29条规定：“审判人员、检察人员、侦查人员有下列情形之一的，应当自行回避，当事人及其法定代理人也有权要求他们回避：……”第198条第2款规定：“经审判长许可，公诉人、当事人和辩护人、诉讼代理人可以对证据和案件情况发表意见并且可以互相辩论。”第227条规定：“被告人、自诉人和他们的法定代理人，不服地方各级人民法院第一审的判决、裁定，有权用书状或者口头向上一级人民法院上诉……附带民事诉讼的当事人和他们的法定代理人，可以对地方各级人民法院第一审的判决、裁定中的附带民事诉讼部分，提出上诉。”据此，本题ABC项正确。根据刑事诉讼法的规定，抗诉是人民检察院的权力，当事人无权提出抗诉，故本题D项不正确。

11. **答案**：ABCD。本题考查的是刑事诉讼法规定的法定代理人的含义。《刑事诉讼法》第108条第3项规定：“‘法定代理人’是指被代理人的父母、养父母、监护人和负有保护责任的机关、团体的代表。”据此，本题正确答案为ABCD。

12. **答案**：BD。被害人在刑事诉讼中除享有诉讼参与人共有的诉讼权利外，还享有以下诉讼权利：(1) 申请复议权。对侵犯其合法权利的犯罪嫌疑人、被告人，有权向公安机关、人民检察院或者人民法院报案或者控告，要求公安司法机关依法追究、惩罚犯罪，保护其合法权利。控告人对公安机关不立案的决定不服的，可以申请复议。(2) 申诉权。包括三种情况：一是对公安机关不立案的申诉。对公安机关应当立案而不立案的，有权向人民检察院提出，请求人民检察院责令公安机关向检察机关说明不立案的理由。人民检察院应当要求公安机关说明不立案的理由。人民检察院认为其理由不能成立的，应当通知公安机关立案，公安机关则必须立案。二是对检察机关不起诉决定的申诉。对人民检察院作出的不起诉决定不服的，有权向上一级人民检察院提出申诉。三是对生效裁判的申诉。不服地方各级人民法院的生效裁判的，有权提出申诉。(3) 委托诉讼代理人的权利。自刑事案件移送审查起诉之日起，有权委托诉讼代理人。(4) 自诉权。如有证据证明公安机关、人民检察院对于侵犯其人身权利、财产权利的行为应当追究刑事责任而不予追究的，有权直接向人民法院起诉。(5) 申请抗诉权。不服地方各级人民法院的第一审判决的，有权请求人民检察院抗诉。本题中，A项的错误在于，公诉案件的被害人有申请回避的权利，但是没有撤回起诉的权利。C项的错误在于，被害人有申请复议的权利，但是，没有提起上诉的权利。BD两项均正确。

13. **答案**：ABCD。本题考查的是自诉案件被害人死亡或者丧失行为能力，有权向人民法院起诉的人员范围。《刑事诉讼法解释》第317条第1款规定：“本解释第一条规定的案件，如果被害人死亡、丧失行为能力或者因受强制、威吓等无法告诉，或者是限制行为能力人以及因年老、患病、盲、聋、哑等不能亲自告诉，其法定代理人、近亲属告诉或者代为告诉的，人民法院应当依法受理。”根据《刑事诉讼法》第108条第3项和第6项的规定，“法定代理人”是指被代理人的父母、养父母、监护人和负有保护责任的机关、团体的代表；“近亲属”是指夫、妻、父、母、子、女、同胞兄弟姊妹。据此，本题正确答案为ABCD。

14. **答案**：AD。《刑事诉讼法》第192条第1款、第2款规定：“公诉人、当事人或者辩护人、诉讼代理人对证人证言有异议，且该证人证言对案件定罪量刑有重大影响，人民法院认为证人有必要出庭作证的，证人应当出庭作证。人民警察就其执行职务时目击的犯罪情况作为证人出庭作证，适用前款规定。”故选项A正确，选项B明显错误。《刑事诉讼法》第193条规定：“经人民法院通知，证人没有正当理由不出庭作证的，人民法院可以强制其到庭，但是被告人的配偶、父母、子女除外。证人没有正当理由拒绝出庭或者出庭后拒绝作证的，予以训诫，情节严重的，经院长批准，处以十日以下的拘留。被处罚人对拘留决定不服的，可以向上一级人民法院申请复议。复议期间不停止执行。”据此，D选项正确。C选项中强制了解案件情况的人出庭作证应当排除被告人的配偶、父母、子女，故C选项错误。综上，本题正确答案为AD。

15. **答案**：AB。本题考查诉讼参与人的范围。依据《刑事诉讼法》第108条的规定，“诉讼参与人”是指当事人、法定代理人、诉讼代理人、辩护人、证人、鉴定人和翻译人员。诉讼参与人指的是专门机关以外的人。本题中A项的翻译人员、B项作为鉴定人的法医，都属于诉讼参与人。但是，C项的侦查人员是专门机关的人，不属于诉讼参与人。D项的“有专门知识的人”尽管参加诉讼，但不是诉讼参与人。本题的正确答案为AB两项。

16. **答案**：BCD。本题考查犯罪嫌疑人、被告人诉讼权利的分类。刑事诉讼中犯罪嫌疑人、被告人享有广泛的诉讼权利。这些诉讼权利按其性质和作用的不同，可分为防御性权利和救济性权利两种。所谓防御性权利，是指犯罪嫌疑人、被告人为对抗追诉方的指控、抵消其控诉效果所享有的诉讼权利。防御性权利主要包括：(1)有权使用本民族语言文字进行诉讼；(2)辩护权；(3)拒绝回答权；(4)被告人有权在开庭前10日内收到起诉书副本；(5)参加法庭调查权；(6)参加法庭辩论权；(7)最后陈述权；(8)反诉权。所谓救济性权利，是指犯罪嫌疑人、被告人对国家专门机关所作的对其不利的行为、决定或裁判，要求另一专门机关予以审查并作出改变或撤销的诉讼权利。救济性权利主要包括：(1)申请复议权；(2)控告权；(3)申请变更、解除强制措施权；(4)上诉权；(5)申诉权。故本题中BCD三项正确，A项属于防御性权利。

三、不定项选择题

答案：(1)A。本题考查单位犯罪的诉讼代表人。《刑事诉讼法解释》第336条第1款规定，被告单位的诉讼代表人，应当是法定代表人、实际控制人或者主要负责人；法定代表人、实际控制人或者主要负责人被指控为单位犯罪直接责任人员或者因客观原因无法出庭的，应当由被告单位委托其他负责人或者职工作为诉讼代表人。但是，有关人员被指控为单位犯罪直接责任人员或者知道案件情况、负有作证义务的除外。

(2)B。本题考查刑事诉讼代理人的权限。诉讼代理人与法定代理人不同，其参与刑事诉讼是基于被代理人的委托，而不是法律的规定。诉讼代理人只能在被代理人授权的范围内进行诉讼活动，既不能超越代理范围，也不能违背被代理人的意志，更不能以自己的名义进行诉讼活动。

(3)ABC。本题考查法律对单位犯罪嫌疑人、被告人的特别规定。现在，单位犯罪已经成为一种普遍的社会现象。《刑事诉讼法解释》第335条到第346条对单位犯罪的诉讼程序作了一定程度的规定。其中包括“单位诉讼代表人有出庭的义务”“人民法院对单位代表人有权进行拘传”，等等。但并没有规定“人民法院对单位代表人有权决定逮捕”。

(4)ABCD。本题考查刑事代理与刑事辩护的区别。刑事诉讼代理人与刑事辩护人虽然都属于刑事诉讼中的其他诉讼参与人，但两者在委托主体、产生方式、法律地位和承担职能等方面都是不一样的，对此应当注意。

四、名词解释

1. **答案**：犯罪嫌疑人是指公诉案件立案以后，在被人民检察院提起公诉以前，因涉嫌犯罪而受到刑事追究的当事人。犯罪嫌疑人的诉讼地位具有以下特点：第一，犯罪嫌疑人在刑事诉讼中处于当事人地位。第二，犯罪嫌疑人是被追诉的对象，大多数被采取强制措施，失去人身自由。第三，犯罪嫌疑人的供述和辩解可以成为一种重要的证据来源。第四，犯罪嫌疑人的诉讼地位随着诉讼的进行，而发生一定的变化。

2. **答案**：刑事诉讼中的被告人是指被人民检察院提起公诉或者自诉人提起自诉以后，在判决宣告以前，因受到刑事追究而参加法庭审判的当事人。构成被告人必须同时具备以下两个条件：一是受到人民检察院或者自诉人的控诉，另一个是人民检察院或者自诉人要求追究其刑事责任的控诉是向人民法院提出的。

3. **答案**：被害人是指其人身、财产及其他权益遭受犯罪行为侵害的人。被害人在诉讼中可能担当多种诉讼角色。被害人在刑事诉讼中具有以下特点。第一，被害人作为遭受犯罪行为侵害的人，与案件结局有着直接的利害关系。第二，被害人基于实现使被告人受到合法的报应这一要求，具有积极主动地参与诉讼过程、影响裁判结局的愿望。

第三，被害人作为诉讼当事人，与被告人居于大致相同的诉讼地位，也拥有许多与被告人相对应的诉讼权利。第四，被害人的陈述本身也是法定的证据来源之一。第五，被害人既可以是自然人，也可以是法人。第六，由于被害人的身份是由犯罪行为决定的，所以具有不可替代性。

4. **答案**：自诉人是指在自诉案件中，以个人名义直接向人民法院提起刑事诉讼，请求追究被告人刑事责任的一方当事人。根据刑事诉讼法及有关司法解释规定，自诉人是自诉案件的原告人，自诉案件原则上由被害人提起，如果被害人死亡、丧失行为能力或者因受强制、威吓等原因无法告诉，或者是限制行为能力人以及由于年老、患病、盲、聋、哑等原因不能亲自告诉，由其法定代理人、近亲属代为告诉。

五、简答题

答案：(1) 被害人在公诉程序中的法律地位

中国刑事诉讼中被害人地位具有特殊性，被害人是当事人，但并非具有独立地位的当事人，不能对刑事诉讼的产生、发展、结果有决定性作用。无独立的起诉权、上诉权，不具备与被告人自我防御权相应的较强的自我救济权。被害人在诉讼中从属于公诉机关，虽然可与公诉人一道行使控诉罪犯的权利，但案件起诉权、撤销公诉和不起诉的权利却在公诉机关，被害人并不享有这些权利。在判决后，被告人不服，可以上诉，可是被害人及其法定代理人如果不服地方各级人民法院第一审判决的，则只能在收到判决书后五日以内，请求人民检察院提出抗诉，而不能直接上诉。因此，在公诉案件中，被害人并非具有独立地位的当事人，尽管他是刑事公诉案件中不可或缺的诉讼主体之一。被害人是遭到罪犯直接侵害、与案件审理结果具有切身利害关系的人，尽管也是了解案件情况的人，也有义务向公安机关、司法机关如实陈述自己所知道的案件，被害人陈述也是刑事诉讼法定证据种类之一，但是被害人并不仅仅限于自然人，也可能是单位、团体、社会组织等，而且可能是生理上或精神上有缺陷或者年幼的人。因此，被害人也不是严格意义上的证人。可以说，我国刑事诉讼中公诉案件被害人是一种特殊的刑事诉讼主体。

(2) 被害人在自诉程序中的法律地位

在自诉案件中被害人除完全享有以上权利（除不服立案决定的救济权、不服不起诉决定向上一级人民检察院的申诉权）外，还享有自诉案件犯罪的追诉权、对起诉后的案件与被告人和解、撤诉的权利、对未生效判决提起上诉的权利，以及申请法院进行财产保全的权利。

(3) 被害人在附带民事诉讼中的法律地位

在附带民事诉讼当中，被害人可以是完全意义上的当事人。但是，根据《刑事诉讼法解释》的规定，提起附带民事诉讼有两种情况：第一，因人身权利受到犯罪侵犯而遭受物质损害的；第二，因财物被犯罪分子毁坏而遭受物质损害的。另外，对于被害人因犯罪行为遭受精神损失而提起附带民事诉讼的，人民法院不予受理。

六、论述题

1. **答案**：自诉人是指在自诉案件中以个人名义直接向人民法院提起刑事诉讼，请求追究被告人刑事责任的自然人。公诉案件的被害人，是指公诉案件中遭受犯罪行为直接侵害的人。

(1) 自诉人与公诉案件被害人的相同点

①一般情况下，都是遭受犯罪行为直接侵害的人。公诉案件的被害人无疑是遭受犯罪行为直接侵害的人。自诉人通常也是被害人。少有的例外情况是，《刑事诉讼法》第114条规定，被害人死亡或者丧失行为能力的，被害人的法定代理人、近亲属有权向人民法院起诉。在告诉才处理的案件中，如果被害人因受强制、威吓而无法告诉的，被害人的近亲属也可以为被害人提起自诉。②都与案件事实和处理结果有切实的利害关系。由于自诉人和被害人都是受到犯罪行为直接侵害的人，惩罚犯罪分子对于抚慰其精神创伤具有重要意义。自诉人提起自诉的目的就是行使法律赋予的控诉权利，追究被告人的刑事责任；被害人通过国家专门机关提起公诉和进行审判来实现惩罚犯罪分子，抚慰自己的精神损害的目的。③都享有一定的诉讼权利，是作为刑事诉讼法律关系主体的诉讼参与人。例如，自诉人和公诉案件的被害人都有权申请回避；有权委托诉讼代理人帮助其参加诉讼；有权提起附带民事诉讼。

(2) 自诉人与公诉案件被害人的不同点

①自诉人是独立行使控诉职能的一方当事人，可以自行提起诉讼；公诉案件的被害人则不是，公诉案件中行使控诉权的是人民检察院，具体体现在人民检察院对侦查机关移送的案卷材料进行审查后，决定向人民法院提起公诉，并在审判中派员出庭支持公诉。②自诉人与公诉案件的被害人除享有一些相同的诉讼权利（如委托诉讼代理人、申请回避等）外，还各自享有一些与其诉讼地位相适应的不同的诉讼权利。自诉人享有起诉权，即有权自行决定提起诉讼；在诉讼过程中，还有权请求法院调解，可以与被告人自行和解或者撤回自诉。而公诉案件的被害人没有起诉权，即无权自行提起诉讼，

对犯罪嫌疑人刑事责任的追究通过人民检察院提起公诉来进行。被害人对于人民检察院的不起诉决定不服的，只能提出申诉；如不经申诉直接向人民法院提起诉讼，则其地位已变成自诉人，而不是公诉案件的被害人。公诉案件的被害人也无权撤诉，或与被告人和解。自诉人对第一审判决不服，还可以自行提出上诉。被害人对第一审判决不服，无权提出上诉，只能请求人民检察院提出抗诉，是否抗诉，由人民检察院决定。

2. 答案：刑事诉讼活动是一种旨在对犯罪嫌疑人、被告人的刑事责任问题作出权威确定的活动。没有犯罪嫌疑人、被告人的参与，刑事诉讼就无法进行。犯罪嫌疑人、被告人一旦死亡，刑事诉讼活动即告终止。可以说，犯罪嫌疑人、被告人是刑事诉讼中的核心人物，是十分重要的诉讼角色。

在古代纠问式诉讼中，被告人居于“诉讼客体”的地位，他们只是受追诉和被刑讯的对象，是国家用来惩治犯罪、维护社会秩序的工具，而不拥有辩护权和参与诉讼的机会，甚至也不具有人格尊严。现代各国刑事诉讼制度普遍废止了这种做法，确立了被告人的诉讼主体地位，并不断通过刑事司法改革使这种诉讼主体地位得到巩固、提高和加强。在某种程度上，刑事诉讼的发展史实际是被告人人权保障不断得到加强的历史，也就是被告人诉讼地位不断得到提高的历史。在现代刑事诉讼中，被告人一方面是拥有一系列诉讼权利的诉讼主体，另一方面又是处于被追诉的地位。这两种身份和地位之间经常发生冲突。各国刑事司法改革的一个重要目的就在于不断地调和这种冲突，使之得到平衡。

在我国，对犯罪嫌疑人和被告人的诉讼地位问题，可以从以下几个方面加以理解。

①犯罪嫌疑人、被告人是拥有一系列诉讼权利的诉讼主体，居于当事人的地位。这一地位标志着他们不是被动地接受传讯、追诉和审判，消极地等待国家专门机关处理的客体，而是可通过积极主动的防御活动与追诉一方展开对抗，并对裁判一方施加积极影响的独立一方当事人。

②犯罪嫌疑人、被告人与案件结局有着直接利害关系，他们居于被追诉者的地位，国家追诉机关发动刑事诉讼的直接目的就在于通过对犯罪嫌疑人、被告人实施追诉，使那些在法律上构成犯罪的人受到定罪、判刑，从而剥夺其财产、自由乃至生命。作为被追诉者，犯罪嫌疑人、被告人在一定程度上负有接受追诉部门强制处分、协助国家专门机关顺利进行刑事诉讼的义务，如承受逮捕、拘留、拘传等强制措施，接受讯问、搜查、扣押等调查措施，接受传唤，按时出庭接受审判，等等。

③犯罪嫌疑人、被告人本身还可以成为重要的证据来源。根据刑事诉讼法的规定，犯罪嫌疑人、被告人所作供述和辩解是法定的重要证据。法律严禁以刑讯逼供和以威胁、引诱、欺骗及其他非法方式收集证据，以确保犯罪嫌疑人、被告人的供述出于自愿而不受强迫。尽管如此，犯罪嫌疑人应在侦查人员对其讯问时如实陈述，这是其法定的义务。

七、案例分析题

1. 答案：本案诉讼中的专门机关为：

(1) 侦查机关：乌龙县公安局。

(2) 审查起诉机关：乌龙县人民检察院。

(3) 审判机关：第一审为乌龙县人民法院，第二审为滨江市中级人民法院。

本案诉讼中的诉讼参与人为：

(1) 被告人：张某。

(2) 被害人：路某。

(3) 证人：景某。

(4) 鉴定人：马某。

(5) 辩护人：王某。

2. 答案：本案中，周某是刑事被告人，同时也是附带民事诉讼被告人；吴某是被害人，同时也是附带民事诉讼原告人；周母是周某的法定代理人；吴父是吴某的法定代理人；郑某是证人；王某是鉴定人；蒋律师是辩护人；沈律师是附带民事诉讼原告人的诉讼代理人。

第六章　刑事诉讼的基本原则

基础知识图解

刑事诉讼的基本原则
- 概念及其特点
- 国际通行的原则
  - 国家追诉：概念及其有效性
  - 控审分离：主要内容
  - 无罪推定：三项要求
  - 公正审判：六项内容
  - 禁止双重危险
  - 禁止强迫自证其罪
- 我国的原则
  - 侦查权、检察权、审判权由专门机关依法行使：含义；《刑事诉讼法》第 3 条
  - 人民法院、人民检察院依法独立行使职权：含义；《刑事诉讼法》第 5 条
  - 依靠群众：含义；《刑事诉讼法》第 6 条
  - 以事实为依据，以法律为准绳：含义；《刑事诉讼法》第 6 条
  - 对一切公民在适用法律上一律平等：含义；《刑事诉讼法》第 6 条
  - 分工负责、相互配合、互相制约：含义；《刑事诉讼法》第 7 条
  - 人民检察院依法对刑事诉讼进行法律监督：含义；《刑事诉讼法》第 8 条
  - 各民族公民有权使用本民族语言文字进行诉讼：含义；《刑事诉讼法》第 9 条
  - 审判公开：含义；《刑事诉讼法》第 11 条
  - 犯罪嫌疑人、被告人有权获得辩护：含义；《刑事诉讼法》第 11 条
  - 未经人民法院依法判决，不得确定有罪：含义；《刑事诉讼法》第 12 条
  - 保障诉讼参与人的诉讼权利：含义；《刑事诉讼法》第 14 条
  - 依照法定情形不予追究刑事责任：含义；《刑事诉讼法》第 16 条
  - 追究外国人刑事责任适用我国刑事诉讼法：含义；《刑事诉讼法》第 17 条

配套测试

一、单项选择题

1.《最高人民法院关于人民法院合议庭工作的若干规定》规定，合议庭组成人员确定后，除因回避或者其他特殊情况不能继续参加案件审理外，不得在案件审理过程中更换。这一规定体现的是下列哪一项审判原则？(　　)（司考 2007. 2. 21）

A. 公开审判原则

B. 言词审理原则

C. 集中审理原则

D. 辩论原则

2. 我国《刑事诉讼法》第 6 条规定，对于一切公民在适用法律上一律平等，在法律面前不允许有任何特权。我国《刑法》第 17 条规定，已满 14 周岁不满 18 周岁的人犯罪，应当从轻或者减轻处罚。二者的关系是(　　)。

A. 二者是矛盾的

B. 二者没有任何关系

C. 在刑法理论上，犯罪的未成年人与成年人有很多不同，将未成年人的年龄作为量刑情节，是一种合理的区别对待，正好体现了在适用法律上一律平等的原则

D. 对未成年人犯罪应当从轻或者减轻处罚的规定是“对于一切公民在适用法律上一律平等”原则的例外

3. 某地区一户居民一家三口被杀，邻居发现尸体后

报案。公安机关立案侦查后认为李某涉嫌抢劫杀人，李某本人亦供认不讳。该案引起了该地区群众的极大愤慨。案件经侦查终结后移送至人民检察院审查起诉。人民检察院审查后决定提起公诉。人民法院经法庭审理后对李某作出了有罪判决。在这一诉讼过程中，公安机关、人民检察院和人民法院进行刑事诉讼的依据是(　　)。

A. 被害人一家三口的尸体

B. 李某的供述

C. 该地区群众要求惩治犯罪的呼声

D. 公安机关、人民检察院和人民法院认定、查明的案件事实

4. 在我国的司法实践中，个别地区遇到特大案件时，常常在侦查阶段即要求人民法院派员介入，名曰公检法三机关联合办案。这种做法从法律上看(　　)。

A. 符合刑事诉讼法规定的人民法院、人民检察院和公安机关进行刑事诉讼，应当互相配合的原则

B. 体现了我国司法机关与西方国家司法机关本质上的不同

C. 违背了我国刑事诉讼法规定的人民法院、人民检察院和公安机关进行刑事诉讼，应当分工负责的原则

D. 符合我国刑事诉讼法惩罚犯罪、保护人民、保障国家安全和社会公共安全、维护社会主义社会秩序的原则

5. 在我国刑事诉讼中，如果某人民法院因违法审判造成了错案，则根据我国宪法、刑事诉讼法和有关法律的规定(　　)。

A. 可以由人民代表大会及其常务委员会对该判决予以纠正

B. 可以由人民检察院行使监督权

C. 可以由同级党委对该判决予以纠正

D. 可以由党的纪律检查委员会对该判决予以纠正

6. 在我国的内蒙古自治区，如果刑事诉讼的当事人中有汉族人，也有蒙古族人，那么(　　)。

A. 汉族当事人必须使用蒙古语进行诉讼

B. 蒙古族当事人必须使用蒙古语进行诉讼

C. 每个当事人都可以选择使用汉语进行诉讼，也可以选择使用蒙古语进行诉讼

D. 在诉讼过程中，使用何种语言，由公安机关、人民检察院或人民法院决定

7. 张某，男，17 周岁，高中三年级学生，因涉嫌抢劫罪被公安机关立案侦查。在侦查过程中，依照我国刑事诉讼法的规定，侦查人员在讯问张某时，下述正确的做法是(　　)。

A. 可以通知其父母到场

B. 应当通知其父母到场

C. 应当通知其老师到场

D. 应当通知团组织工作人员到场

8. 某单位职工王某经常旷工，平日游手好闲，一日车间内失窃，该单位领导怀疑王某有盗窃行为，于是决定将其关禁，并派人进行讯问，要求其交代犯罪事实，这种做法违反了(　　)。

A. 公民在适用法律上一律平等的原则

B. 依法保障诉讼参与人诉讼权利的原则

C. 侦查权、检察权、审判权由专门机关依法行使的原则

D. 法律面前人人平等的原则

9. 某国驻华使馆一外交官，涉嫌犯罪且依我国刑法规定应当追究刑事责任，但是该外交官依照有关国际条约和我国的有关法律享有外交豁免权，则对其涉嫌犯罪的问题，我国(　　)。

A. 应当放弃对该案的管辖权

B. 应当通过外交途径解决

C. 应当通过联合国安理会解决

D. 应当通过国际司法机构解决

10. 我国刑事诉讼法规定的“未经人民法院依法判决，对任何人都不得确定有罪”，这是一种(　　)。

A. 司法认知　　B. 确定的推定

C. 可推翻的推定　　D. 事实上的推定

11. 根据法律规定，在我国审判公开，不仅向当事人或其他诉讼参与人公开，而且(　　)。

A. 对公民公开、向社会公开

B. 对所有公民都公开

C. 对外国人一律公开

D. 对外国人不公开

12. 张某为 A 市副市长，因交通肇事罪和贪污罪在 B 市监狱服刑，而在服刑期间，张某有故意杀人之嫌疑，对于张某此行为，应该由(　　)行使侦查权。

A. A 市公安机关　　B. A 市检察院

C. B 市监狱　　D. B 市公安机关

13. 无罪推定原则在刑事诉讼中体现的是(　　)。

A. 公民非依法定程序不受逮捕

B. 公民非依法定程序不受刑事追究

C. 公民非依法定程序不受司法审查

D. 未经人民法院依法判决，对任何人都不得确定有罪

14. 袁某和林某系同事，一日因琐事发生口角，袁某当众侮辱林某，林某便到法院控告袁某，但在法院审理过程中，袁某与林某重归于好，林某要求撤诉，法院应当(　　)。

A. 对袁某免予起诉　　B. 终止审理
C. 不起诉袁某　　D. 宣告袁某无罪

15. 人民法院可以不公开审理的案件有(　　)。
A. 有关国家秘密的案件
B. 个人隐私案件
C. 审判时不满18岁的未成年人犯罪案件
D. 商业秘密案件

16. 下列哪一选项体现直接言词原则的要求?(　　)(司考2009.2.25)
A. 法官亲自收集证据
B. 法官亲自在法庭上听取当事人、证人及其他诉讼参与人的口头陈述
C. 法庭审理尽可能不中断地进行
D. 法庭审理应当公开进行证据调查与辩论

17. 下列哪一选项表明我国基本确立了自白任意性规则?(　　)(司考2012.2.28)
A. 侦查人员在讯问犯罪嫌疑人的时候,可以对讯问过程进行录音或者录像
B. 不得强迫任何人证实自己有罪
C. 逮捕后应当立即将被逮捕人送交看守所羁押
D. 不得以连续拘传的方式变相拘禁犯罪嫌疑人、被告人

18. 下列哪一选项属于两审终审制的例外?(　　)(司考2017.2.33)
A. 自诉案件的刑事调解书经双方当事人签收后,即具有法律效力,不得上诉
B. 地方各级法院的第一审判决,法定期限内没有上诉、抗诉,期满即发生法律效力
C. 在法定刑以下判处刑罚的判决,报请最高法院核准后生效
D. 法院可通过再审,撤销或者改变已生效的二审判决

二、多项选择题

1. 根据我国刑事诉讼法规定的基本原则,在少数民族聚居或多民族杂居的地区,人民法院、人民检察院或者公安机关(　　)。
A. 应当用当地通用的语言进行审讯
B. 对于不通晓当地通用语言文字的诉讼参与人,可以为他们提供翻译
C. 应当用当地通用的文字发布布告和其他文件
D. 应当用汉字发布判决书

2. 根据我国刑事诉讼法的规定,我国人民法院审判案件,依法实行人民陪审员陪审的制度。对于该制度,下述说法不正确的是(　　)。
A. 我国的人民陪审员陪审制度不同于英美法系国家的陪审团制度
B. 人民陪审员应是某一领域的专家
C. 人民陪审员应是法律领域的专家
D. 人民陪审员同人民法院的工作人员享有同样的权利

3. 关于人民陪审员,下列哪些选项是正确的?(　　)。
A. 各级法院审判第一审刑事案件,均可吸收人民陪审员作为合议庭成员参与审判
B. 一审刑事案件被告人有权申请由人民陪审员参加合议庭审判
C. 执业律师不得担任人民陪审员
D. 高级人民法院审判案件依法应当由人民陪审员参加合议庭审判的,在其所在城市的中级人民法院的人民陪审员名单中随机抽取

4. 下列说法中,正确的有(　　)。
A. 辩护权可以由犯罪嫌疑人自己行使,也可以依法委托辩护人行使
B. 在人民法院依法审理并判决之前,不能在法律上确定任何人有罪
C. 对于未成年人犯罪案件,在讯问和审判时,应当通知其法定代理人到场
D. 国家机关工作人员犯罪的,应当从重处罚

5. 下列各项原则中,不属于刑事诉讼基本原则的有(　　)。
A. 处分原则
B. 调解原则
C. 审判公开原则
D. 保障诉讼参与人诉讼权利的原则

6. 王某,多次实施抢劫行为,手段恶劣并数额较大,后来在一次抢劫活动中被警察当场抓获。由于该案是被公安人员当场发现,而且事实清楚,因而在本案中的诉讼程序中(　　)。
A. 公安机关的侦查人员在预审时可以称刘某为罪犯
B. 人民检察院的检察人员在审查起诉时可以称刘某为犯罪嫌疑人
C. 人民法院的审判人员在开庭审案时可以称刘某为罪犯
D. 监狱机关可以将服役的刘某称为罪犯

7. 下列案件中,依法不公开审理的有(　　)。
A. 有关国家秘密的案件
B. 有关个人隐私的案件
C. 可能判处死刑的案件
D. 当事人申请不公开审理的涉及商业秘密案件

8. 关于依法不追究刑事责任的情形,下列哪些选项是正确的?(　　)(司考2008.2.66)
A. 犯罪嫌疑人甲和被害人乙在审查起诉阶段就赔偿达成协议,被害人乙要求不追究甲刑事责任

B. 甲侵占案，被害人乙没有起诉
C. 高某犯罪情节轻微，对社会危害不大
D. 犯罪嫌疑人白某在被抓获前自杀身亡

9. 人民检察院可以作出不起诉决定的情况包括(　　)。
A. 犯罪情节显著轻微，依照刑法规定不认为是犯罪的
B. 犯罪情节轻微，依照刑法规定不需要判处刑罚的
C. 犯罪已过追诉时效期限的
D. 犯罪情节轻微，依照刑法规定免除刑罚的

10. 某大学物证技术鉴定中心的何老师，受该市公安局的聘请，对一起刑事案作了技术鉴定。那么在本案的整个诉讼过程中，有责任保障何老师诉讼权利的部门是(　　)。
A. 委托他进行鉴定的市公安局
B. 负责对侦查活动进行监督的人民检察院
C. 对案件进行审判的人民法院
D. 该大学

11. 根据《刑事诉讼法》规定，人民检察院作出的不起诉决定共有三类，即法定不起诉、酌定不起诉和存疑不起诉。下列情况人民检察院均可作出不起诉决定，其中哪些不属于法定不起诉的情况？(　　)
A. 聋、哑、盲人犯罪
B. 共同犯罪中的从犯
C. 犯罪情节轻微，依照刑法不需要判处刑罚
D. 犯罪嫌疑人自首后有重大立功表现

12. 下列表述中属于刑事诉讼法人民检察院依法对刑事诉讼实行法律监督原则的基本内容的是(　　)。
A. 在立案阶段，人民检察院对公安机关的立案活动所进行的监督
B. 在审查批捕和审查起诉阶段，人民检察院对公安机关的侦查活动所进行的监督
C. 在审判阶段，人民检察院在代表国家提起公诉的同时，监督法庭审理活动
D. 在执行阶段，人民检察院对执行机关的执行活动所进行的监督

13. 关于程序法定，下列哪些说法是正确的？(　　)(司考 2015. 2. 64)
A. 程序法定要求法律预先规定刑事诉讼程序
B. 程序法定是大陆法系国家法定原则的重要内容之一
C. 英美国家实行判例制度而不实行程序法定
D. 以法律为准绳意味着我国实行程序法定

14. 关于保障诉讼参与人的诉讼权利原则，下列哪些选项是正确的？(　　)(司考 2016. 2. 65)
A. 是对《宪法》和《刑事诉讼法》尊重和保障人权的具体化
B. 保障诉讼参与人的诉讼权利，核心在于保护犯罪嫌疑人、被告人的辩护权
C. 要求诉讼参与人在享有诉讼权利的同时，还应承担法律规定的诉讼义务
D. 保障受犯罪侵害的人的起诉权和上诉权，是这一原则的重要内容

15. 下列说法体现刑事诉讼效率原则的是(　　)。
A. 扩大陪审员审理案件范围
B. 因证人在国外短期之内无法回国法官准许其不出庭作证
C. 法律援助机构指派值班律师到看守所为嫌疑人提供法律援助
D. 对在看守所的犯人采取远程视频审讯

三、名词解释

1. 无罪推定
2. 疑罪从无原则
3. 不得强迫自证其罪
4. 禁止双重危险原则
5. 审判中立原则
6. 平等对抗原则
7. 诉讼及时原则
8. 直接言词原则(中国人民大学 2006 年考研真题)

四、简答题

1. 什么是司法主权原则？
2. 如何处理人民检察院法律监督与履行其他检察职权之间的关系？
3. 简述犯罪嫌疑人、被告人有权获得辩护原则的基本内容。(中南财经政法大学 2010 年考研真题)
4. 简述保障诉讼参与人的诉讼权利原则。
5. 简述检察院在刑事诉讼中的法律监督作用，并给予简要评论。

五、论述题

1. 试述刑事诉讼中的两审终审制度。
2. 试述侦查权、检察权和审判权由专门机关行使的原则。
3. 试述审判公开原则。
4. 控审分离原则。(中国人民大学 2006 年考研真题)

六、案例分析题

1. 李某，男，55 岁，某市副市长。在李某任职期间，大肆收受贿赂，为请托人谋取不正当利益，

后被群众举报。检察机关在接到举报信后，立即组成专案组进行调查。李某得到风声，立即找人从中活动阻止检察机关继续办案。李某的一位好友陈某，为省委组织部的一位干部，受李某家人的委托出面为李某说情。但检察机关没有理睬，继续办案。后李某被依法逮捕。陈某得知后，指责检察机关目无领导，无组织，无纪律，不经过事先请示就决定逮捕了李某，要求检察机关立即放人。

但检察机关认为陈某无权干涉检察机关的活动，并没有理睬他的指责，而是按照法律规定提起公诉。李某向法院表示自己将认罪，希望不要公开审理以免影响自己的名誉，法院同意了李某的请求。由于此前李某没有聘请辩护人，所以在开庭前要求聘请律师为其辩护。法院以影响开庭审理为由不再允许。在审理前，陈某找到审判长，说李某在担任市长期间，锐意改革，为本市的经济发展作出了巨大贡献，希望在量刑时予以考虑。经过法庭审理，法院作出判决，"李某的罪行虽然严重，但考虑到其担任市长期间，曾为本市经济发展作出过重大贡献，决定予以从轻处罚。"

问：本案存在哪些违反刑事诉讼基本原则的地方？并说明理由。

2. 被告人金某，男，30岁，朝鲜族人。2011年7月，金某因涉嫌抢劫罪被公安机关立案侦查，随后被依法逮捕。侦查终结后，移送人民检察院审查起诉。人民检察院依法审查后，认定本案犯罪事实清楚、证据确凿充分，对金某依法提起公诉。在法庭上，金某要求用朝鲜语陈述。合议庭组成人员不懂朝鲜语，问金某是否会讲汉语，金某说会讲。合议庭要求金某用汉语陈述。

问：合议庭的做法是否正确？为什么？

3. 2012年6月，美国公民唐纳德来中国旅游。6月12日晚，唐纳德在金华饭店就餐，因嫌菜不合口味，当即大发雷霆，将盘子摔碎。服务小姐上前问询，唐纳德口吐秽言，对服务小姐进行侮辱；于是服务小姐善言告诫唐纳德应注意身份，尊重他人；唐纳德听后，恼羞成怒，便打了服务小姐一耳光，打聋了服务小姐的一只耳朵。该案经市人民检察院提起公诉后，中级人民法院依法公开审理。在法庭上，唐纳德辩称自己是美国人，应通过外交途径解决此案。

问：本案应适用哪国的法律审理？是否应通过外交途径解决？

参考答案

一、单项选择题

1. **答案**：C。刑事审判的原则主要有：审判公开原则，言词审理原则，集中审理原则，辩论原则。集中审理原则又称为不中断审理原则，是指法院开庭审理案件，应在不更换审判人员的条件下连续进行，不得中断审理的诉讼原则，因此合议庭组成人员确定后，除因回避或者其他特殊情况不能继续参加案件审理外，不得在案件审理过程中更换属于集中审理原则，答案C正确。审判公开原则是指人民法院审理案件和宣告判决，都公开进行，允许公民到法庭旁听，允许新闻记者采访和报道，即把法庭审判的全过程，除休庭评议案件外，都公之于众。言词审理原则是指法庭审理须以口头陈述的方式进行，凡是未经口头调查的证据，不得作为定案的根据。辩论原则是指，在法庭审理中，控辩双方应以口头的方式进行辩论，法院裁判的作出应以充分的辩论为必经程序。因此答案A、B、D不正确，本题正确答案为C。

2. **答案**：C。本题考查的是"对一切公民，在适用法律上一律平等"原则和区别对待的关系。《刑事诉讼法》第6条规定了"一切公民在适用法律上一律平等"的原则，该原则与在法律规定范围内区别对待的刑事政策并不矛盾。从公平角度和社会利益的角度来看，对青少年犯罪进行区别对待都是合理的。这并不违反适用法律人人平等原则。故本题正确答案为C。

3. **答案**：D。本题考查的是刑事诉讼的依据。《刑事诉讼法》第6条规定："人民法院、人民检察院和公安机关进行刑事诉讼，必须依靠群众，必须以事实为根据，以法律为准绳……"这是对刑事诉讼依据的表述。故本题D项正确。

4. **答案**：C。本题考查的是公检法三机关分工负责、互相配合、互相制约的原则。《刑事诉讼法》第3条规定了公安机关、人民检察院和人民法院在刑事诉讼活动中的职权分工。第7条规定了公检法三机关分工负责、互相配合、互相制约的原则："人民法院、人民检察院和公安机关进行刑事诉讼，应当分工负责，互相配合，互相制约，以保证准确有效地执行法律。"如果三机关联合办案，就会使这项原则的目的落空。故本题正确答案为C。

5. **答案**：B。根据我国《刑事诉讼法》第3条的规定，审判权由人民法院行使。人民法院排他地拥有审判权，但并不意味着其他机关就不能在审判中发挥任何作用。根据《刑事诉讼法》的有关规定，人民检察院对刑事诉讼依法行使监督权。无论是人民法院的生效判决还是未生效判决，如果人民检察院认为确有错误，都可以依照法定程序提起抗诉。对于人民检察院抗诉的案件，如果是未生效判决，人民法院应当进行第二审审理；如果是已生效判决，人民法院应当按照审判监督程序重新审理。故本题正确答案为B。

6. **答案**：C。本题考查的是“各民族公民都有使用本民族语言文字进行诉讼的权利”原则。我国《刑事诉讼法》第9条规定：“各民族公民都有用本民族语言文字进行诉讼的权利。人民法院、人民检察院和公安机关对于不通晓当地通用的语言文字的诉讼参与人，应当为他们翻译……”据此，本题中汉族当事人有权选择使用汉语进行诉讼，蒙古族当事人有权使用蒙古语进行诉讼。本题正确答案为C。

7. **答案**：B。本题考查的是刑事诉讼法中对未成年人权利的特殊保护。我国《刑事诉讼法》第281条第1款规定：“对于未成年人刑事案件，在讯问和审判的时候，应当通知未成年犯罪嫌疑人、被告人的法定代理人到场。无法通知、法定代理人不能到场或者法定代理人是共犯的，也可以通知未成年犯罪嫌疑人、被告人的其他成年亲属，所在学校、单位、居住地基层组织或者未成年人保护组织的代表到场，并将有关情况记录在案。到场的法定代理人可以代为行使未成年犯罪嫌疑人、被告人的诉讼权利。”第285条规定：“审判的时候被告人不满十八周岁的案件，不公开审理。但是，经未成年被告人及其法定代理人同意，未成年被告人所在学校和未成年人保护组织可以派代表到场。”故本题B项正确。

8. **答案**：C。本题考查的是“侦查权、检察权、审判权由专门机关依法行使”原则。我国《刑事诉讼法》第3条规定：“对刑事案件的侦查、拘留、执行逮捕、预审，由公安机关负责……”因为盗窃案的侦查权应由公安机关行使，该单位领导的正确做法是，向公安机关报案，并说明对王某怀疑的理由，由公安机关决定是否对王某进行讯问或采取强制措施。该单位领导将王某关禁，并派人进行“讯问”，不仅侵犯了公安机关依法享有的侦查权，还侵犯了公民的人身权利。综上，本题正确答案为C。

9. **答案**：B。我国《刑事诉讼法》第17条规定：“对于外国人犯罪应当追究刑事责任的，适用本法的规定。对于享有外交特权和豁免权的外国人犯罪应当追究刑事责任的，通过外交途径解决。”据此，本题正确答案为B。

10. **答案**：C。我国《刑事诉讼法》第12条规定：“未经人民法院依法判决，对任何人都不得确定有罪。”这是修正后的刑事诉讼法新确立的一项基本原则，该原则吸收了西方无罪推定原则的精神，尽管没有使用“无罪推定”这种表述。但是，这种推定是可以被推翻的，如果控诉方能够以法律要求的证明标准证明被追诉人有罪，法院就可以作出有罪判决，被追诉人就成为罪犯。故本题C项正确。

11. **答案**：A。本题考查的是审判公开原则。《刑事诉讼法》第11条规定：“人民法院审判案件，除本法另有规定的以外，一律公开进行……”审判公开是指人民法院审理案件和宣告判决都公开进行，不仅对公民公开，允许公民到庭旁听；还向社会公开，允许新闻记者采访和报道。故本题表述正确且全面的只有A项，故为本题正确答案。

12. **答案**：C。我国《刑事诉讼法》规定，侦查权、检察权和审判权由专门机关依法行使，对于监狱的刑事案件由监狱负责侦查，而在本案中张某的故意杀人行为是在监狱中进行的，因此对于这一行为也应该由监狱负责侦查。

13. **答案**：D。本题考查的是无罪推定原则在我国刑事诉讼中的体现。我国《刑事诉讼法》第12条规定：“未经人民法院依法判决，对任何人都不得确定有罪。”这里包含两个要素：一是要经过法定的专门审判机关人民法院判决；二是人民法院的判决必须依法作出，只有符合这两项条件，才能确定公民有罪。据此，本题正确答案为D。

14. **答案**：B。本题考查的是对具有法定不予追究刑事责任的情形及其处理。《刑事诉讼法》第16条规定：“有下列情形之一的，不追究刑事责任，已经追究的，应当撤销案件，或者不起诉，或者终止审理，或者宣告无罪：……（四）依照刑法告诉才处理的犯罪，没有告诉或者撤回告诉的……”而本案是侮辱案，属于依照刑法告诉才处理的犯罪，自诉人林某要求撤诉，人民法院应当终止审理。故本题正确答案为B。

15. **答案**：D。本题考查的是审判公开原则及其例外。《刑事诉讼法》第188条第1款规定：“人民法院审判第一审案件应当公开进行。但是有关国家秘密或者个人隐私的案件，不公开审理；涉及商业秘密的案件，当事人申请不公开审理的，可以不公开审理。”第285条规定：“审判的时候被告人不满十八周岁的案件，不公开审查……”由此可见，有关国家秘密的案件、有关个人隐私的案件和审判时候不满18周岁的未成年人犯罪的案件，一律不公开审理，而不是“一般”不公开审理。故本题正确答案为D。

16. 答案：B。直接言词原则，是指法官必须在法庭上亲自听取当事人、证人及其他诉讼参与人的口头陈述，案件事实和证据必须由控辩双方当庭口头提出并以口头辩论和质证的方式进行调查。直接言词原则包括直接原则和言词原则两项原则，故B项体现直接言词原则的要求。A项仅体现直接原则中的直接采证原则，不符合题意。C项体现的是集中审理原则。D项体现的是审判公开原则。

17. 答案：B。自白任意规则又称为非任意自白排除规则，是指在刑事诉讼中，只有基于被追诉人自由意志而作出的自白（承认有罪的供述），才具有可采性；违背当事人意愿或违反法定程序而强制作出的供述不是自白，而是逼供，不具有可采性，必须予以排除。2012年修订后的《刑事诉讼法》第50条（现行《刑事诉讼法》第52条）增加了“不得强迫任何人证实自己有罪”的内容。《刑事诉讼法》第54条至第58条以及最高人民法院、最高人民检察院、公安部、国家安全部、司法部《关于办理刑事案件排除非法证据若干问题的规定》也明确规定了排除非法证据的具体程序。这些表明我国已经基本确立了自白任意规则。综上，本题正确答案为B。

18. 答案：C。本题考查两审终审制。两审终审制的实质是允许一个案件经过两级法院审理，也最多只能经过两级法院审理的审级限制。但我国的两审终审制有以下三种例外：(1) 最高人民法院审理的第一审案件为一审终审，其判决、裁定一经作出，立即发生法律效力，不存在启动二审程序的问题。(2) 判处死刑的案件，必须依法经过死刑复核程序核准后，判处死刑的裁判，才能发生法律效力，交付执行。(3) 地方各级人民法院根据《刑法》第63条第2款规定在法定刑以下判处刑罚的案件，必须经最高人民法院的核准，其判决、裁定才能发生法律效力并交付执行。故本题的正确答案为C项。

二、多项选择题

1. 答案：AC。本题考查的是我国刑事诉讼法对少数民族诉讼参与人诉讼权利的特殊规定。《刑事诉讼法》第9条规定：“各民族公民都有用本民族语言文字进行诉讼的权利。人民法院、人民检察院和公安机关对于不通晓当地通用的语言文字的诉讼参与人，应当为他们翻译。在少数民族聚居或者多民族杂居的地区，应当用当地通用的语言进行审讯，用当地通用的文字发布判决书、布告和其他文件。”据此，本题正确答案为AC。

2. 答案：BCD。本题考查的是我国的人民陪审员陪审制度。《刑事诉讼法》第13条规定：“人民法院审判案件，依照本法实行人民陪审员陪审的制度。”我国刑事诉讼法对人民陪审员的资格没有任何限制性规定，人民陪审员不要求是某一领域的专家，更不要求是法律领域的专家。故BC项说法不正确。根据第183条第3款的规定，人民陪审员在执行职务时，享有同审判员同等的权利，而不是与所有法院工作人员同样的权利，故D项说法也不正确。我国人民陪审员陪审制度不同于西方国家的陪审团制度，故A项说法正确。综上，本题正确答案为BCD。

3. 答案：ABC。《刑事诉讼法》第183条第1款和第2款规定：“基层人民法院、中级人民法院审判第一审案件，应当由审判员三人或者由审判员和人民陪审员共三人或者七人组成合议庭进行，但是基层人民法院适用简易程序、速裁程序的案件可以由审判员一人独任审判。高级人民法院审判第一审案件，应当由审判员三人至七人或者由审判员和人民陪审员共三人或者七人组成合议庭进行。”可见刑事一审案件，无论法院的级别，都可以有人民陪审员作为合议庭成员参加。A项正确。《人民陪审员法》第17条规定：“第一审刑事案件被告人、民事案件原告或者被告、行政案件原告申请由人民陪审员参加合议庭审判的，人民法院可以决定由人民陪审员和法官组成合议庭审判。”因此B项正确。第6条规定：“下列人员不能担任人民陪审员：（一）人民代表大会常务委员会的组成人员，监察委员会、人民法院、人民检察院、公安机关、国家安全机关、司法行政机关的工作人员；（二）律师、公证员、仲裁员、基层法律服务工作者；（三）其他因职务原因不适宜担任人民陪审员的人员。”因此C项正确。第19条第2款规定：“中级人民法院、高级人民法院审判案件需要由人民陪审员参加合议庭审判的，在其辖区内的基层人民法院的人民陪审员名单中随机抽取确定。”选项D错误。综上，本题正确答案为ABC。

4. 答案：ABC。本题考查的是犯罪嫌疑人、被告人有权获得辩护的原则。《刑事诉讼法》第11条规定：“……被告人有权获得辩护，人民法院有义务保证被告人获得辩护。”第33条对这种辩护权作了具体规定：“犯罪嫌疑人、被告人除自己行使辩护权以外，还可以委托一至二人作为辩护人。……”未经人民法院依法审判不得确定任何人有罪，也是我国刑事诉讼法的一项基本原则，这是《刑事诉讼法》第12条规定的。由《刑事诉讼法》第281条规定可知，对于未成年人刑事案件，在讯问和审判的时候，应当通知未成年犯罪嫌疑人的法定代理人到场。故本题ABC项正确。D项不符合法律规定，故不选。

5. **答案**：AB。本题考查的是刑事诉讼的基本原则，兼及刑事诉讼与民事诉讼的区别。处分原则和调解原则都是民事诉讼的基本原则，而非刑事诉讼的基本原则。“审判公开”和“保障诉讼参与人诉讼权利”是刑事诉讼基本原则，分别规定在《刑事诉讼法》第11条和第14条。故本题正确答案为AB。

6. **答案**：BD。《刑事诉讼法》第12条规定：“未经人民法院依法判决，对任何人都不得确定有罪。”按照这一原则的精神，受到刑事追诉的人在侦查阶段和审查阶段，一律称为“犯罪嫌疑人”，而从检察机关提起公诉以后，则改称为“被告人”，而罪犯则是经过法院判决被告人以后的称呼。

7. **答案**：ABD。本题考查的是依法不公开审理案件的范围。《刑事诉讼法》第188条第1款规定：“……有关国家秘密或者个人隐私的案件，不公开审理……”另外，《刑事诉讼法解释》第222条规定：“审判案件应当公开进行。案件涉及国家秘密或者个人隐私的，不公开审理；涉及商业秘密，当事人提出申请的，法庭可以决定不公开审理……”据此，本题正确答案为ABD。

8. **答案**：BD。公诉案件中，犯罪嫌疑人与被害人之间就刑事责任进行的交易不影响公诉机关的追诉行为，故A不正确。《刑事诉讼法》第16条规定：“有下列情形之一的，不追究刑事责任，已经追究的，应当撤销案件，或者不起诉，或者终止审理，或者宣告无罪：（一）情节显著轻微、危害不大，不认为是犯罪的；（二）犯罪已过追诉时效期限的；（三）经特赦令免除处罚的；（四）依照刑法告诉才处理的犯罪，没有告诉或者撤回告诉的；（五）犯罪嫌疑人、被告人死亡的；（六）其他法律规定免予追究刑事责任的。”根据《刑法》第270条的规定，侵占案属于告诉才处理的案件，B项中的甲侵占案，被害人乙没有起诉，符合前述第4项规定，故B正确。C项中高某的行为已经构成犯罪，不属于前述第1项的规定，除非增加条件“依照刑法规定不需要判处刑罚或免除刑罚”才能经由检察委员会作出不起诉决定，故C项不正确。D项中犯罪嫌疑人白某在被抓获前自杀身亡，符合前述第5项规定，故D项正确。本题正确答案是BD。

9. **答案**：BD。本题考查的是人民检察院可以作出不起诉决定的情况。《刑事诉讼法》第177条规定：“犯罪嫌疑人没有犯罪事实，或者有本法第十六条规定的情形之一的，人民检察院应当作出不起诉决定。对于犯罪情节轻微，依照刑法规定不需要判处刑罚或者免除刑罚的，人民检察院可以作出不起诉决定……”据此，本题BD项属于人民检察院可以作出不起诉决定的情形，故为本题正确答案。而AC项属于第15条规定的情形，人民检察院“应当”不起诉，而不是“可以”不起诉。

10. **答案**：ABC。按照我国《刑事诉讼法》第14条规定：“人民法院、人民检察院和公安机关应当保障犯罪嫌疑人、被告人和其他诉讼参与人依法享有的辩护权和其他诉讼权利。诉讼参与人对于审判人员、检察人员和侦查人员侵犯公民诉讼权利和人身侮辱的行为，有权提出控告。”因此在刑事诉讼过程中，委托他进行鉴定的市公安局，负责对侦查活动进行监督的人民检察院以及对案件进行审判的人民法院都有责任保护该鉴定人的诉讼权利，而该大学不是司法机关，没有这义务。

11. **答案**：ABCD。本题考查具有法定情形的不予追究刑事责任的原则。根据《刑事诉讼法》第16条的规定，法定不追究刑事责任的情形是：(1) 情节显著轻微、危害不大，不认为是犯罪的；(2) 犯罪已过追诉时效期限的；(3) 经特赦令免除刑罚的；(4) 依照刑法告诉才处理的犯罪，没有告诉或者撤回告诉的；(5) 犯罪嫌疑人、被告人死亡的；(6) 其他法律规定免予追究刑事责任的。本题中ABD三项的情形都是依照《刑法》规定可能被免除处罚的，但不属于法定不起诉的情形。至于C项，根据《刑事诉讼法》第177条的规定，仅仅是可以依法酌定不起诉的情形而不是法定不起诉的情形。故本题正确答案为ABCD。

12. **答案**：ABCD。本题考查人民检察院依法对刑事诉讼实行法律监督原则的基本内容。《刑事诉讼法》第8条规定：“人民检察院依法对刑事诉讼实行法律监督。”人民检察院对刑事诉讼法实行的法律监督包括在立案阶段、审查批捕阶段、审查起诉阶段、审判阶段、执行阶段对公安机关、审判机关、执行机关所进行的法律监督。

13. **答案**：ABD。程序法定原则包括两层含义：一是立法方面的要求，即刑事诉讼程序应当由法律事先明确规定；二是司法方面的要求，即刑事诉讼活动应当依据国家法律规定的刑事程序来进行。故A项正确。大陆法系国家，程序法定原则与罪刑法定原则共同构成法定原则的内容。也就是说，法定原则既包括实体上的罪刑法定原则，也包括程序上的程序法定原则。故B项正确。在英美法系国家，刑事程序法定原则具体表现为正当程序原则。故C项不正确。我国宪法和刑事诉讼法“以法律为准绳”等项规定来看，可以说，我国法律已基本确立了刑事程序法定原则。故D项正确。因此，本题正确答案为ABD三项。

14. **答案**：ABC。本题考查保障诉讼参与人的诉讼权利原则、被害人的诉讼权利。《刑事诉讼法》第14条规定，人民法院、人民检察院和公安机关应当保障犯罪嫌疑人、被告人和其他诉讼参与人依法享有的辩护权和其他诉讼权利。诉讼参与人对于审判人员、检察人员和侦查人员侵犯公民诉讼权利和人身侮辱的行为，有权提出控告。该原则的基本含义是：(1) 诉讼权利是诉讼参与人享有的法定权利，法律予以保护，公安司法机关不得以任何方式加以剥夺。诉讼参与人在诉讼权利受到侵害时，有权采用法律手段依法保护自己的诉讼权利，如控告或请求公安司法机关予以制止，有关机关对于侵犯公民诉讼权利的行为应当认真查处。(2) 公安司法机关有义务保障诉讼参与人充分行使诉讼权利，对于刑事诉讼中妨碍诉讼参与人行使诉讼权利的各种行为，公安司法机关有义务采取措施予以制止。(3) 诉讼参与人在享有诉讼权利的同时，还应当承担法律规定的诉讼义务。公安司法机关有义务保障诉讼参与人的诉讼权利，也有权力要求诉讼参与人履行相应的诉讼义务。故AC两项正确。从《刑事诉讼法》第14条的表述来看，保障诉讼参与人的诉讼权利，核心在于保护犯罪嫌疑人、被告人的辩护权。故B项的表述正确。D项的错误在于，公诉案件中受犯罪侵害的人没有上诉权。

15. **答案**：BD。诉讼效率是指诉讼中所投入的司法资源（包括人力、财力、物力）、诉讼时间与案件处理数量的比例。诉讼效率不仅是一种诉讼理念，也是一项诉讼原则。其核心要素：一是时间上要高效；二是司法成本较低或者司法资源的投入较少。结合选项，人民陪审是司法民主的体现，也是坚持走群众路线诉讼原则的要求，与诉讼效率无关，因此A项错误。B选项的“短期无法回国”包含着时间要素，表明法院审判活动受审判期间或诉讼效率的约束。因此，准许证人不出庭作证，体现了诉讼效率原则的要求，B项正确。值班律师提供法律帮助体现的是辩护制度的要求，是对犯罪嫌疑人诉讼权利保障的需要，与诉讼效率没有直接关系，所以C项错误。就D选项而言，采用远程审讯，而不利用实体性法庭进行审判，很显然是出于节约司法资源的考虑，符合诉讼效率原则的要求，D项正确。综上，本题正确答案为BD。

三、名词解释

1. **答案**：无罪推定的基本含义包括两个方面：一是只有法院经法定的程序才能判定某人有罪；二是被告人在未被法院依法确定有罪之前，应当被视为或推定为无罪的人。无罪推定是刑事诉讼最重要的原则之一，是刑事诉讼科学化、民主化的一个重要表现，在维护司法公正，保障被追诉者充分行使诉讼权利，保障任何人免受无根据或不公正的追究方面发挥着重大作用。

2. **答案**：疑罪从无原则是指法院在审理刑事案件时，当控方无法提出足够的证据证明被告人有罪时，应当判决被告人无罪。疑罪从无原则体现了无罪推定原则的基本精神，是现代刑事诉讼的重要组成部分。

3. **答案**：不被强迫自证其罪又称为反对自我归罪，是指如果一个人在回答司法机关的提问时，有可能使自己陷入不利或者被证明有犯罪的危险境地，那么他有拒绝回答的权利。对被告人而言，不被强迫自证其罪包含如下一些基本含义：被告人没有义务向追诉方或者法庭提供任何有可能使自己陷入不利境地的陈述和其他证据，追诉方也不得采取非人道或有损被告人人格尊严的方法强迫被告人就某一案件事实作出供述或者提供证据；被告人享有沉默权，有权拒绝回答追诉方或者法官的讯问；被告人在自愿的情况下，可以就案件事实作出陈述或提供证据。

4. **答案**：禁止双重危险原则是英美法系国家普遍采用的一项诉讼原则。该原则的基本内容在于，对被追究者的同一行为，一旦作出有罪或无罪的确定判决，即不得再次对同一行为予以审判或处罚。它主要适用于两个方面：一是侦控机关不得依同一理由重复侦查或起诉已作处理的行为；二是审判机关对上述行为不得再次审理，更不能予以处理。

5. **答案**：审判中立原则又称为法官中立原则，是指法院在审判案件过程中，应当对发生争议的双方当事人保持一种超然的和无偏袒的态度的地位，而不得对任何一方当事人存在偏见和歧视。审判中立有三项基本要求：(1) 与案件有牵连的人不得担任本案的法官；(2) 法官不得与案件处理结果或者一方当事人具有任何利益上的或者其他方面的关系；(3) 法官不应当有支持或者反对某一方当事人的偏见。

6. **答案**：平等对抗原则是指控辩双方在刑事诉讼活动中地位平等，诉讼权利、义务相同，以平等的姿态围绕案件事实和证据，展开诉讼攻防活动的一项诉讼原则。其基本内容包括两个方面：一是控辩平等，即控诉方与辩护方在诉讼中的法律地位平等，诉讼权利义务相等，彼此都不能凌驾于对方之上；二是控诉方、辩护方在平等的基础上进行对抗，即控辩双方在法庭审判过程中，平等地对案件争议点展开攻防转换活动，论证各自的诉讼主张，并反驳对方的主张，以便裁判方接受对自己有利的观点。

7. **答案**：诉讼及时原则是指为了实现保护被追诉者的合法权益，提高诉讼效率，节约诉讼成本，或者及时查明案件事实真相等目的，司法机关应当尽可能快地进行各项刑事诉讼活动，而不能故意拖延。

8. **答案**：是指审判人员在审理案件过程中，应直接审查所有证据，听取证人、被害人、鉴定人陈述。该原则包括言词原则与直接原则两项内容。言词原则，即证人、被害人、鉴定人等应当以言词形式在法庭上提供口头陈述。该原则要求法官、当事人和其他诉讼参与人均须到庭，法庭调查应以口头方式进行。该原则体现了司法的亲历性，即法官判案必须亲自出庭，亲自听取案件证据展示。亲历性还强调证人、被害人、鉴定人的出庭，要求陈述事实的人到法庭给法官亲自讲明情况，直接原则，是指审判人员在审理案件过程中，应直接审查所有的证据，听取证人、被害人、鉴定人的陈述。这个原则还有审理不间断的含义。

四、简答题

1. **答案**：《刑事诉讼法》第17条规定："对于外国人犯罪应当追究刑事责任的，适用本法的规定。对于享有外交特权和豁免权的外国人犯罪应当追究刑事责任的，通过外交途径解决。"这一规定是确立刑事司法国家主权原则的法律依据。

刑事司法国家主权原则，即司法主权原则，是指我国司法机关追究外国人犯罪的刑事责任时，应当适用我国刑事诉讼法的原则。这也是国家主权原则在刑事诉讼中的体现，也叫作追究外国人犯罪适用我国刑事诉讼法的原则。

它包括以下两个方面的内容：（1）外国人在我国领域内犯罪，或在我国领域外对我国国家和公民犯罪的，凡应当追究刑事责任的，应由我国司法机关依照我国刑事诉讼法规定的程序进行追究；这里的外国人包括具有外国国籍的人、无国籍的人和国籍不明的人。（2）对享有外交特权和豁免权的外国人犯罪应当追究刑事责任的，通过外交途径解决。这是法律的一个例外规定，是保证某些从事外交工作的外国人执行职务的需要，也是国际惯例和国与国之间平等互惠原则的要求。

实行司法主权原则的意义在于：(1) 表明了我国刑事诉讼法对外国人的效力范围，体现了国家主权原则。(2) 采用外交途径来处理享有外交特权和豁免权的外国人的犯罪问题，符合国际惯例，有利于维护国家之间的平等互惠的原则，也有利于我国的正常对外交往和自身的发展。

2. **答案**：在刑事诉讼中，人民检察院除了享有法律监督权以外，还行使审查批捕、提起公诉等权力。可以看出我国人民检察院所享有的检察职权是广泛而多样的。但人民检察院行使法律监督权与其行使其他职权是有区别的。第一，人民检察院在履行其他与法律监督权无关的职权时，不仅要享有各种权力，而且应履行相应的义务，接受其他专门机关的制约。不能因为自己具有法律监督的职权而凌驾于其他机关之上。第二，检察机关虽然可在履行法定检察职责时行使监督权，但不应该放弃与其他机关的配合及制约，法律监督属于事后监督，法律监督意见应在履行法定检察职责之后提出，不能因为行使检察监督权而妨碍诉讼的顺利进行。如果两者混淆，会使监督权成为不受任何制约的权利而造成滥用。

3. **答案**：犯罪嫌疑人、被告人有权获得辩护是我国刑事诉讼法的一项重要原则。《宪法》第130条规定："……被告人有权获得辩护。"《刑事诉讼法》第11条规定："……被告人有权获得辩护，人民法院有义务保证被告人获得辩护。"法律虽未规定犯罪嫌疑人有权获得辩护，但犯罪嫌疑人在刑事诉讼中享有同被告人相同的诉讼地位，对其辩护权的保障应当等同于对被告人辩护权的保障。因此，我们称之为"犯罪嫌疑人、被告人有权获得辩护原则"。辩护，是指犯罪嫌疑人、被告人及其辩护人针对控诉一方的指控而进行的论证犯罪嫌疑人、被告人无罪、罪轻，减轻或免除罪责的反驳和辩解，是保护其合法权益的诉讼行为。

我国法律赋予犯罪嫌疑人、被告人辩护权，并在制度上和程序上进行了充分的保障。刑事诉讼中的专门机关应当保障犯罪嫌疑人、被告人的辩护权。在任何情况下，对任何犯罪嫌疑人、被告人，都不得以任何理由限制或剥夺其辩护权。犯罪嫌疑人、被告人行使辩护权的方式是多样的，在各个诉讼阶段，犯罪嫌疑人、被告人都可以进行辩护，从人民检察院审查起诉阶段开始，可以委托辩护人为其进行辩护。

保证犯罪嫌疑人、被告人获得辩护，尤其是

获得辩护人的辩护，具有以下几个方面的积极意义：(1) 确保犯罪嫌疑人、被告人充分参与刑事诉讼活动，有效地对抗警察和检察机关的刑事追诉活动，并最终影响法院的司法裁判。(2) 确保司法警察、检察机关和法院严格依法进行诉讼活动，防止出现任意采取强制措施、专门调查、起诉和裁判的情况，避免使犯罪嫌疑人、被告人的自由和权益受到无理的限制和剥夺。(3) 确保犯罪嫌疑人、被告人以及社会公众对国家专门机关的诉讼活动保持最大限度的信任和尊重。

4. **答案**：保障诉讼参与人的诉讼权利体现在《刑事诉讼法》第14条的规定："人民法院、人民检察院和公安机关应当保障犯罪嫌疑人、被告人和其他诉讼参与人依法享有的辩护权和其他诉讼权利。诉讼参与人对于审判人员、检察人员和侦查人员侵犯公民诉讼权利和人身侮辱的行为，有权提出控告。"此项原则的含义是：(1) 诉讼权利是诉讼参与人所享有的法定权利，法律予以保护，公安司法机关不得以任何方式加以剥夺，并且有义务保障诉讼参与人充分行使其诉讼权利，对于刑事诉讼中妨碍诉讼参与人的各种行为，有责任采取措施予以制止；(2) 诉讼参与人的诉讼权利受到侵害的时候，有权使用法律手段维护自己的诉讼权利，如控告或请求公安司法机关予以制止，有关机关对于侵犯诉讼权利的行为应当认真查处；(3) 诉讼参与人的诉讼权利应当保障，并不意味着诉讼参与人可以放弃其应承担的诉讼义务。公安司法机关有义务保障诉讼参与人的诉讼权利，也有权力要求诉讼参与人履行相应的诉讼义务，以保障刑事诉讼的顺利进行。

依法保障公民的诉讼权利，是我国刑事诉讼的一贯原则，是我国刑事诉讼民主、公正和文明的标志。只有切实保障诉讼参与人的诉讼权利，才能使诉讼参与人的合法权益不受侵犯，才能使诉讼参与人积极参加诉讼，保证办案质量，实现刑事诉讼的任务和目的。同时，保障诉讼参与人的诉讼权利，也有利于促进公、检、法机关不断改进和完善自己的工作，充分行使职权，顺利进行诉讼。

5. **答案**：《刑事诉讼法》第8条规定："人民检察院依法对刑事诉讼实行法律监督。"这是根据我国宪法关于"中华人民共和国人民检察院是国家的法律监督机关"的规定，而在刑事诉讼法中新增加的一项基本原则，反映了我国刑事诉讼法的社会主义性质和特色。人民检察院对刑事诉讼实行法律监督是贯穿于刑事诉讼全过程的一项基本原则，但在不同诉讼阶段，监督的对象、内容、方式和程序是不完全相同的。人民检察院行使法律监督时，必须严格按照法律的规定进行。概括起来，人民检察院对刑事诉讼的法律监督包括以下四个方面的内容：

(1) 立案监督。人民检察院认为公安机关对应当立案侦查的案件而不立案的，或者被害人认为公安机关对应当立案侦查的案件而不立案侦查，向人民检察院提出的，人民检察院应当要求公安机关说明不立案的理由；人民检察院如果认为公安机关不立案理由不能成立的，应当通知公安机关立案，公安机关在接到通知后应当立案。

(2) 侦查监督。人民检察院在审查批捕、审查起诉过程中，应当对公安机关的侦查活动是否合法进行监督，发现有违法情况的，应当通知公安机关纠正，公安机关应当将纠正情况通知人民检察院；同时，人民检察院根据需要可以派员参加公安机关对于重大案件的讨论和其他侦查活动，发现违法行为时，应当监督纠正；人民检察院在审查案件时，还可以要求公安机关提供法庭审判所必要的证据材料。

(3) 审判监督。人民法院按照普通程序审判公诉案件时，人民检察院应当派员出庭支持公诉，并对审判活动是否合法进行监督，如果发现庭审活动违反法定的诉讼程序，应当由人民检察院在庭审以后向人民法院提出纠正意见；人民检察院认为人民法院的判决、裁定确有错误的，可以通过第二审程序或者审判监督程序提出抗诉。

(4) 执行监督。人民检察院对执行机关执行刑罚的活动是否合法实行监督，如果发现有违法的情况，应当通知执行机关纠正；如果认为主管机关对罪犯监外执行的决定或者人民法院对罪犯的减刑、假释裁定不当，应当依法提出纠正意见，有关机关必须在法定期限内重新审查处理。

检察机关作为独立于行政机关之外，与同级行政机关和人民法院具有同等宪法地位的专门法律监督机关，而不像资本主义国家那样把检察机关作为单纯的公诉机关，隶属于政府行政系统。与这种性质和地位相适应，检察机关在刑事诉讼中不仅拥有公诉权和必要的侦查权，而且对整个刑事诉讼的合法性负有监督职责。人民检察院依法对刑事诉讼实行法律监督具有重要的意义。首先，这是保障公、检、法机关依法进行刑事诉讼活动的需要。刑事诉讼活动是一个系统工程，从立案到执行，前后一共有五个基本的诉讼阶段。参加诉讼的除公、检、法机关外，还有国家安全机关、监狱等，这些机关都具有一定的职权，规定检察机关对刑事诉讼实行法律监督原则，目的在于让检察机关对其他机关的诉讼活动进行检查、督促，保证其依法办事，使刑事诉讼有序进行。其次，这是保障诉讼参与人依法享有诉讼权利的需要。诉讼参与人，特别是当事人，虽然也是诉讼的主体，但他们要在公、检、法机关的指引下进行诉讼，这些机关依法执法，直接关系到他们的合法权益能否得到实现。检察机关依法监督其他机关的诉讼活动，另外，也是维护诉讼参与人的合法权益。最后，这是保障人权的需要。刑事诉讼的目的是揭露犯罪、证实犯罪、惩罚犯罪的活动。由于刑事诉讼的强制性、严厉性所决定，刑事诉讼直接涉及公民的人身权利、民主权利等基本权利。一方面，出于与犯罪作斗争的需要，国家赋予公安司法机关采取专门的侦查手段和强制措施的职权；另一方面，要注意诉讼中的人权保障，保证这些权力的正当行使，保障公民的合法权益。这就需要对公安司法机关刑事诉讼活动的合法性进行监督，防止司法工作人员滥用职权，执法犯法。

当前，要将人民检察院对刑事诉讼的法律监督真正落到实处，真正发挥作用，必须改变轻视监督的观念，强化监督手段，明确监督目的，规定监督职责；否则，这一监督原则仍有架空的危险。就监督的制度构建而言，检察机关对刑事诉讼活动的监督应限定在立案、侦查、执行活动范围内的监督，即对公安机关、监狱等机关的刑事诉讼活动是否合法进行监督。由于检察机关本身是刑事诉讼中的主体，是与被告人相对的一方，其主张本身要受中立的第三者——法院的审查和裁判，因此，不宜规定其享有审判监督权。当然，人民法院的审判活动如果严重违反程序，或者裁判错误，检察机关可通过法律途径提出抗诉。但这属于其作为公诉机关的固有权力的范围，而非狭义上的法律监督的内容。要真正使检察机关对立案、侦查监督发挥实效，还需要制度上的重构，即由当前的检警分立制改造为检警一体制。

五、论述题

1. **答案：**刑事诉讼中的两审终审，是指一个刑事案件最多经过两级人民法院的审判即告终结的制度。

我国法院组织设置分为四级，即最高人民法院，高级人民法院，中级人民法院和基层人民法院。专门人民法院设置相当于地方三级法院的设置。所以，两审终审，也可以称为四级两审终审。

我国两审终审原则的主要内容包括：

(1) 只适用于地方各级人民法院和专门人民法院审判的第一审案件。最高人民法院第一审也是终审，因此，不适用最高人民法院审判的第一审案件。

(2) 合法的上诉和抗诉是引起第二审程序必须具备的前提。法定期限内，没有合法的上诉和抗诉，地方各级人民法院和专门人民法院的一审裁判，也将发生法律效力，无须两审终审。

(3) 判处死刑案件，凡应依法核准的，必须经过死刑复核程序核准后，裁判才生效。

两审终审原则符合我国国情。凡属公诉案件，在法院审判前，已经过立案侦查、提起公诉两个阶段，法院审判中，再经过两级两审，基本上都能得到正确处理，加上我国幅员辽阔、交通不便，不宜实行更多的审级。当然也不宜一审终审，这不利于切实保障案件质量和当事人诉讼权利的实现。

实行两审终审原则，既可以保障当事人的诉讼权利和案件质量，又方便了群众；节省了人力和物力。

2. **答案：**侦查权是收集证据、揭露和证实犯罪，查获犯罪嫌疑人，并实施必要强制措施的权力；检察权是对法律的执行与遵守进行专门监督的权力；审判权是对案件进行审理和裁判的权力。这些都是国家权力的重要组成部分，法律分别赋予公安机关、人民检察院和人民法院等专门机关行使这些权力。这是我国刑事诉讼法的一项基本原则。该项原则的法律依据是《刑事诉讼法》第3条。该条规定了公安机关、人民检察院和人民法院在刑事诉讼中的各自职权：“对刑事案件的侦查、拘留、执行逮捕、预审，由公安机关负责。检察、批准逮捕、检察机关直接受理的案件的侦查、提起公诉，由人民检察院负责。审判由人民法院负责。除法律特别规定的以外，其他任何机关、团体和个人都无权行使这些权力。人民法院、人民检察院和公安机关进行刑事诉讼，必须严格遵守本法和其他法律的有关规定。”根据上述规定，在我国刑事诉讼中，侦查权由公安机关行使，检察权由人民检察院行使，审判权由人民法院行使，除法律有特别规定外，任何其他机关都无权行使这些权力。该原则主要包括以下三层意思：

①侦查权、检察权和审判权只能由公安机关、人民检察院和人民法院统一行使；未经特别授权，任何机关、团体和个人都不得行使这些权力。由于侦查权、检察权和审判权是国家权力的重要组成部分，关系重大，所以法律将其赋予专门机关行使。但是，法律有特别规定的例外。《刑事诉讼法》第4条规定：“国家安全机关依照法律规定，办理危害国家安全的刑事案件，行使与公安机关相同的职权。”《刑事诉讼法》第308条规定：“军队保卫部门对军队内部发生的刑事案件行使侦查

权……对罪犯在监狱内犯罪的案件由监狱进行侦查。军队保卫部门、中国海警局、监狱办理刑事案件，适用本法的有关规定。”可见，国家安全机关、中国海警局、军队保卫部门和监狱对特定的刑事案件，拥有侦查权。②公安机关、人民检察院和人民法院必须分别行使侦查权、检察权和审判权，不能混淆和相互替代。③侦查权、检察权和审判权分别由公安机关、人民检察院和人民法院行使，这既是法律赋予它们的权力，也是法律要求它们应尽的职责和义务。因此，这些权力不得放弃，否则就是渎职行为；而且，这些权力的行使必须依法进行，不得滥用职权。

这一原则，对于保证刑事诉讼中的办案质量，保障法律的统一实施和正确实施，维护社会秩序，保障公民合法权益免遭非法侵犯，具有重要的意义。

3. 答案：(1) 所谓审判公开，是指人民法院审理刑事案件和宣告判决都公开进行；允许公民到法庭旁听，允许新闻记者采访和报道，即把法庭审理的全过程，除休庭评议案件外，都公之于众。根据我国的法律规定，我国的审判公开，不仅向当事人或其他诉讼参与人公开，而且向公民公开，向社会公开。需要指出的是，这里所讲到的“向公民公开”，是指向中国公民公开。对外国人或无国籍人一般是不公开的。

(2) 公开审判原则的法律依据：我国《刑事诉讼法》第 11 条规定，人民法院审判案件，除本法另有规定的以外，一律公开进行。《宪法》第 130 条也有相同的规定。

(3) 公开审判原则的适用例外。公开审判原则适用于绝大多数刑事案件，但是少数案件，由于存在特殊情况，如果公开进行审判，会在社会上产生不良影响，给国家和当事人带来损失。因此，《刑事诉讼法》第 188 条和第 285 条规定以下几类案件不公开审判：① 有关国家秘密的案件；②有关公民个人隐私的案件；③审判时被告人不满 18 周岁；④涉及商业秘密的案件，经当及人申请不公开审判，可以不公开审理，审判人员应当当庭说明不公开审理的理由。与案件审判无关的法院工作人员，也不能出庭旁听。

(4) 公开审判原则的基本要求。审判公开原则是我国刑事审判中的重要原则，这个原则要求人民法院做到以下几点：

①对于依法应当公开审判的案件，人民法院在开庭 3 日前，应当将案件的案由、被告人姓名以及开庭的时间、地点，以适当的方式公之于众，使群众有可能前来旁听。审判公开并不以有无旁听公民和有无新闻记者采访或者报道为转移，只要法院事先公布了该案的案由、被告人姓名以及开庭的时间和地点，就表明该案的审判是公开进行了。在司法实践中，公布案由、被告人姓名、开庭的时间和地点的方式方法，多是采用在法院门前公告牌公告的形式。②法庭审判对群众公开，对社会也公开。对于前来旁听的群众，人民法院不能无故刁难，阻碍他们进入法庭旁听。法院应当建立一套与审判公开原则相配套的，便于群众旁听、记者采访的具体工作制度，如旁听证发放制度、安全检查及法庭安全保卫制度等，在保证审判顺利进行的条件下为旁听群众或采访记者提供方便。③人民法院必须防止“审判公开”走过场，不能使“审判公开摆样子”“走形式”，失去其实际意义。④不论是否公开审理的案件，宣告判决一律公开进行。

(5) 贯彻审判公开原则的意义

审判公开是保障审判的民主性和公正性的关键措施。人民法院贯彻执行各项诉讼原则和制度应当以审理公开为重心，通过认真实行审理公开，使其他各项诉讼原则和制度得到全面贯彻执行。由于审判是诉讼的中心环节和主要阶段，审判前的各项诉讼活动的质量，在审判中都将得到表现和检验，所以，审判公开原则虽然只适用于审判阶段，但是它对于促使侦查、起诉机关严格依法办案和保证诉讼质量，都有重要作用。此外，认真、全面地贯彻审判公开原则，对于防止片面性、客观全面地查明案件情况、正确处理案件、对于维护被告人及其他诉讼参与人的合法权益、实现刑事诉讼的法制宣传教育任务、减少和预防犯罪，都有重要意义。

4. 答案：控审分离原则是刑事诉讼职能论中的重要内容，是现代刑事诉讼法定原则中居于核心地位的原则之一。控诉职能与审判职能的分离被认为是刑事诉讼职能区分赖以维持的重要保障，为现代刑事诉讼合理结构的形成提供了前提。

现代意义上的控审分离原则包括以下内容：

(1) 控诉职能和审判职能分别由国家不同专门机关承担。

(2) 控诉职能主要由检察机关承担，审判职能由审判机关承担。检察机关行使控诉权，审判机关行使审判权。检察机关不能分享审判权，审判机关也不能分割公诉权。控诉权和审判权的独立性应一样受到法律和人们同等的关护。

(3) 不告不理，它是控审分离原则的核心。其实质是控诉权的效力问题，包括程序和实体双重内容。程序上，体现在控诉权作为一种请求法院对被告人进行审判并追究其刑事责任的请求权，并在发动审判程序上具有主动性。相对于控诉权来说，审判权的行使具有被动性特点。实体上，包括对人的效力和对事的效力两个方面。对人的效力方面，审判只限于起诉书中载明的犯罪嫌疑人；对事的效力方面，审判只限于起诉书中载明的犯罪事实。也就是说，法院对起诉书中载明的内容才能审理和判决。

控审分离原则在刑事程序中具有重要价值。从保持诉讼构造平衡的角度看，只有控诉与审判分离，才能保持司法的独立性，才有可能真正实现辩护与控诉的平衡对抗。从认识论的角度看，控诉与审判分离使得通过审判这一再认识过程对侦查、起诉阶段形成的认识进行检验成为可能，有利于纠正实体形成过程中的错误，形成正确的心证。从心理学的角度看，控诉与审判分离可以避免因一个主体兼控诉、审判两种职能所导致的固执性及被追诉主体心理的不平衡。

我国刑事诉讼法总体上体现了控审分离的理念与原则，但是，从完善刑事诉讼法的角度看，我国在贯彻控审分离的理念与原则方面还有某些差距。例如，我国起诉和审查公诉的方式并不能排除法官预断；我国司法实践中，仍未完全杜绝超越控诉范围进行审判的现象；部分程序性裁判权由追诉机关行使；我国上诉审程序和审判监督程序中，仍有与控审分离相背离之处；等等。为此，贯彻控审分离的理念与原则，尚需要进行法律修改和观念上的更新。

六、案例分析题

1. **答案**：(1) 陈某在检察机关立案侦查期间出面为李某说情；并在李某被逮捕后，对检察机关进行指责；在人民法院审理此案期间，找到审判长，要求对李某从轻量刑，这些行为违背了人民检察院依法独立行使检察权、人民法院依法独立行使审判权的刑事诉讼法基本原则。《刑事诉讼法》第5条规定：“人民法院依照法律规定独立行使审判权，人民检察院依照法律规定独立行使检察权，不受行政机关、社会团体和个人的干涉。”这是根据《宪法》第131条和第136条的规定，修正后的刑事诉讼法确立的基本原则。本案中，陈某的行为很明显违反了这一条原则。

(2) 法院接受李某的请求，决定不公开审理，违背了刑事诉讼法的“审判公开”原则。根据《刑事诉讼法》第11条第1句的规定，“人民法院审判案件，除本法另有规定的以外，一律公开进行。”这是根据《宪法》第130条的规定确立的刑事诉讼基本原则。“本法另有规定的”例外情况是指《刑事诉讼法》第188条和第285条规定的情况，第188条规定：“人民法院审判第一审案件应当公开进行。但是有关国家秘密或者个人隐私的案件，不公开审理；涉及商业秘密的案件，当事人申请不公开审理的，可以不公开审理。不公开审理的案件，应当当庭宣布不公开审理的理由。”第285条规定：“审判的时候被告人不满十八周岁的案件，不公开审理。但是，经未成年被告人及其法定代理人同意，未成年被告人所在学校和未成年人保护组织可以派代表到场。”而本案不属于这几种情况，因此应当公开审理。

(3) 法院不允许李某聘请律师为其辩护，违反了“犯罪嫌疑人、被告人有权获得辩护”的原则。《刑事诉讼法》第11条第2项规定，被告人有权获得辩护，人民法院有义务保证被告人获得辩护。这是根据《宪法》第130条的规定“被告人有权获得辩护”确立的刑事诉讼基本原则。根据修正后的刑事诉讼法的有关规定，本原则改为“犯罪嫌疑人、被告人有权获得辩护”，更为确切。辩护权是犯罪嫌疑人、被告人最基本的诉讼权利。根据《刑事诉讼法》的规定，犯罪嫌疑人、被告人行使辩护权有两种方式：一种是由犯罪嫌疑人、被告人在刑事诉讼各个阶段自己进行辩护；另一种是从刑事诉讼程序进入人民检察院审查起诉阶段以后，犯罪嫌疑人、被告人依法委托辩护人进行辩护。《刑事诉讼法》明确规定，人民法院有义务保障犯罪嫌疑人、被告人获得辩护。这就要求人民法院应当为被告人提供进行辩护的条件，告知被告人可以委托辩护人辩护，或者在必要时为其指定辩护律师。“犯罪嫌疑人、被告人有权获得辩护”的原则没有例外，本案中，法院以影响法庭审理为由不允许李某聘请辩护律师，很明显违背了这一原则。

(4) 法院以李某在担任市长期间，曾经为本市经济发展作出巨大贡献为由，决定对其从轻处罚，这违反了“对一切公民在适用法律上一律平等”的原则。《刑事诉讼法》第6条规定：“人民法院、人民检察院和公安机关进行刑事诉讼，必须依靠群众，必须以事实为根据，以法律为准绳。对于一切公民，在适用法律上一律平等，在法律面前，不允许有任何特权。”对一切公民在适用法律上一律平等的原则同在法律规定范围内区别对待的政策并不矛盾。因此，可以对犯罪分子根据具体情况进行具体分析，予以区别对待，量刑有轻有重，但是这种区别对待必须是根据法律的规定，不能随意设定标准。《刑法》规定了法定从轻、减轻处罚的情况和情节，而李某不属于这些情况，且法院也承认李某“罪行严重”，故对李某不应当从轻处罚。

2. **答案**：合议庭的做法不正确。这违背了我国《刑事诉讼法》“各民族都有使用本民族语言文字进行诉讼的权利”的原则。《刑事诉讼法》第9条规定：“各民族公民都有用本民族语言文字进行诉讼的权利。人民法院、人民检察院和公安机关对于不通晓当地通用的语言文字的诉讼参与人，应当为他们翻译。在少数民族聚居或者多民族杂居的地区，应当用当地通用的语言进行审讯，用当地通用的文字发布判决书、布告和其他文件。”本案中金某是朝鲜族人，他在法庭上提出用本民族语言文字进行陈述，这是符合法律规定的，合议庭应当同意他的请求，允许他使用朝鲜语进行陈述，在合议庭成员不懂朝鲜语的情况下，应当为金某聘请或指派翻译人员。应当注意的是，虽然金某会讲汉语，但根据刑事诉讼法的规定，他仍享有使用本民族语言文字进行诉讼的权利，人民法院不得据此剥夺他的这项权利。

3. **答案**：本案应适用中国刑事诉讼法进行审理，不能通过外交途径解决。

本案涉及刑事诉讼中的国家司法主权原则。《刑事诉讼法》第17条第1款规定：“对于外国人犯罪应当追究刑事责任的，适用本法规定。”根据该规定，外国人在我国管辖的区域内涉嫌犯罪，我国司法机关应依照我国刑事诉讼法规定的程序对其进行追诉。当然，在诉讼过程中，他与我国公民应受到同样的对待，即享有同样的诉讼权利，履行同样的诉讼义务，按照同样的程序和步骤参与侦查、起诉和审判等诉讼活动。

这里值得注意的是，根据《刑事诉讼法》第17条第2款的规定，对于享有外交特权和豁免权的外国人犯罪应当追究刑事责任的，则应通过外交途径进行解决。根据我国法律，享有外交特权和豁免权的外国人主要有以下5种：(1) 外国派驻中国的外交代表、大使、公使、代办和外交职员以及他们的家属；(2) 外国派来中国参加国际会议的代表；(3) 外国为各种目的来中国的高级官员；(4) 途经或暂时留在中国的各国驻第三国的外交官；(5) 其他按照国际惯例应当享受外交特权或豁免权的人员。

本案被告人不属于享有外交特权和豁免权的人员，因此，人民法院应依据我国《刑法》和《刑事诉讼法》的相关规定追究唐纳德的刑事责任。这正是我国刑事诉讼法的国家司法主权原则得以贯彻执行的体现。

第七章 管 辖

基础知识图解

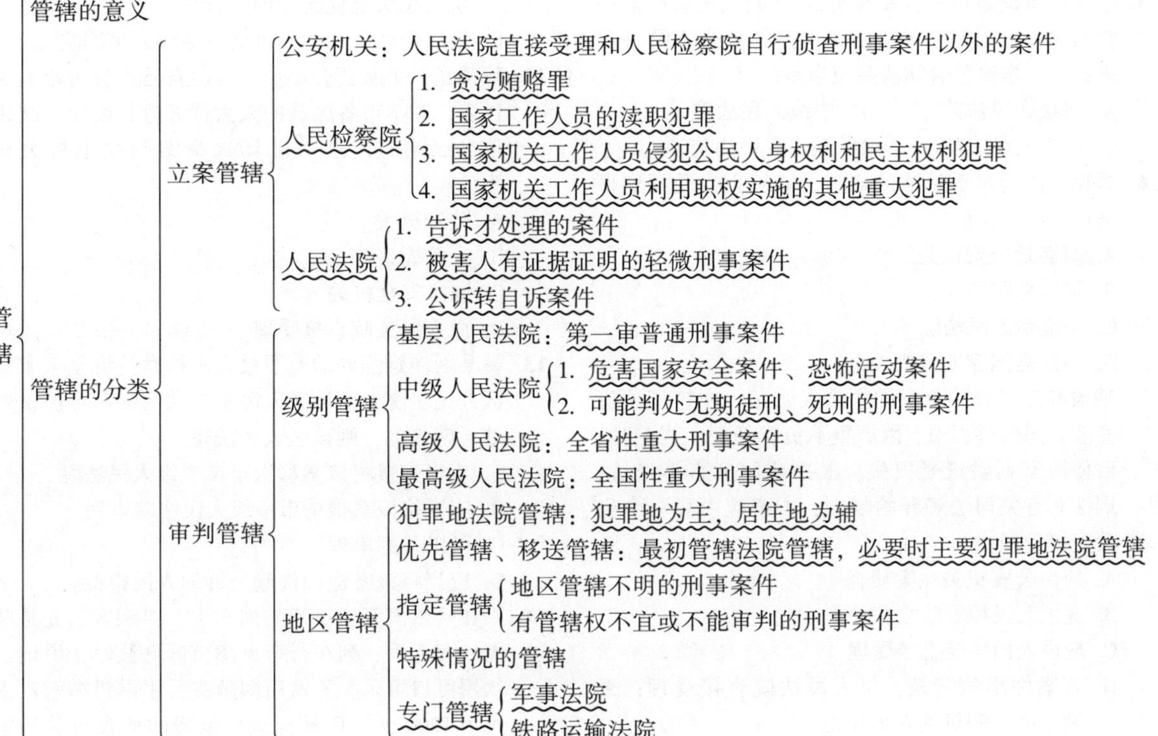

配套测试

一、单项选择题

1. 张某，甲市人，中国乙市远洋运输公司“黎明号”货轮船员。“黎明号”航行在公海时，张某因与另一船员李某发生口角将其打成重伤。货轮返回中国首泊丙市港口时，张某趁机潜逃，后在丁市被抓获。该案应当由下列哪一法院行使管辖权？(　　)。(司考 2008. 2. 21)

A. 甲市法院

B. 乙市法院

C. 丙市法院

D. 丁市法院

2. 根据我国《刑事诉讼法》和有关司法解释的规定，下列案件中，不可由人民法院直接受理的案件是(　　)。

A. 侵占案

B. 重婚案

C. 拒不执行判决、裁定案

D. 侵犯通信自由案

3. 根据我国《刑事诉讼法》和其他相关规定，对于“被害人有证据证明的轻微刑事案件”这类自诉案件(　　)。

A. 只能直接向人民法院起诉
B. 可以由公安机关立案侦查
C. 可以由人民检察院立案侦查
D. 可以由被害人自主选择由人民法院、人民检察院、公安机关中的哪一个机关直接受理

4. 根据我国《刑事诉讼法》及其他相关规定，下列案件中哪一种应由人民检察院直接立案侦查？(　　)
A. 偷逃税款案件
B. 非法拘禁案件
C. 公司、企业人员受贿案件
D. 徇私舞弊不征、少征税款案件

5. 姜某因涉嫌盗窃一名外国人 2000 元人民币而被检察机关依法提起公诉，由于本案的被害人是一名外国人，本案的管辖法院应当是(　　)。
A. 基层人民法院　　B. 中级人民法院
C. 高级人民法院　　D. 最高人民法院

6. 根据我国刑事诉讼法的规定，能够直接受理刑事案件的机关是(　　)。
A. 只能是公安机关
B. 可以是监狱
C. 不能是人民法院
D. 不能是国家安全机关

7. 某国有公司直接负责的主管人张某，在签订一份商业合同的过程中，因严重不负责任而上当受骗，致使国家利益遭受损失。根据我国刑事诉讼法、刑法和有关司法解释的规定，本案应由哪一个机关直接受理？(　　)
A. 应由公安机关立案侦查
B. 应由人民检察院立案侦查
C. 应由人民法院直接受理
D. 若案件事实清楚，由人民法院直接受理；否则，由公安机关立案侦查

8. 赵某是某市的一名个体户，为了在经营上牟取更多的不正当利益，赵某多次给予某集体企业厂长以财物，数额较大。对赵某涉嫌犯罪行为的管辖，下列说法正确的是(　　)。
A. 因赵某不是国家工作人员，故不应对其立案侦查
B. 因赵某并不是向国家工作人员行贿，故不应对其立案侦查
C. 应由公安机关立案侦查
D. 应由人民检察院立案侦查

9. 划分地域管辖的最主要依据是(　　)。
A. 犯罪地　　B. 被告人居住地
C. 最先受理地　　D. 被害人居住地

10. 下列哪个案件检察院不能立案侦查？(　　)
A. 骗取出口退税案
B. 徇私舞弊不征、少征税款案
C. 隐瞒境外存款案
D. 阻碍解救被拐卖、绑架妇女、儿童案

11. 在一起故意伤害案中，人民检察院认为被告人可能被判处无期徒刑，因而向中级人民法院提起公诉。中级人民法院受理后，认为不需要判处无期徒刑以上刑罚，对此，中级人民法院(　　)。
A. 应当将该案交由基层人民法院审理
B. 应当将该案退回同级人民检察院，以便向基层人民法院提起公诉
C. 应当将该案退回下级人民检察院，以便向基层人民法院提起公诉
D. 可以依法审理而不再交由基层人民法院

12. 赖某是一个私营企业主，为使自己当选为市人大代表，对本市各区县的人大代表进行贿赂，结果使自己当选。这一破坏选举案的立案机关应为(　　)。
A. 公安机关
B. 人民检察院
C. 国家安全机关
D. 由人民法院直接受理

13. 韩某因涉嫌强奸幼女罪被人民检察院诉至某市某区人民法院，而该区人民法院认为韩某可能被判处无期徒刑，则该区人民法院(　　)。
A. 应当直接将该案移送至市中级人民法院
B. 应当将该案报请市中级人民法院审判
C. 可以开庭审理
D. 应当将该案退回提起公诉的人民检察院

14. 甲在哈尔滨开往德州的列车上，对乘客乙先是聊天，套近乎；列车行至天津市静海县时，甲请乙饮用可口可乐，乙饮后即睡去，甲乘机窃取乙人民币 1200 元，后被抓获。该案的侦查机关和审判法院应当是(　　)。
A. 由静海县公安机关侦查，由静海县人民法院审判
B. 由铁路运输公安机关侦查，由静海县人民法院审判
C. 由铁路运输公安机关侦查，由铁路运输中级法院审判
D. 不需要侦查，由静海县人民法院直接审判

15. 犯罪嫌疑人邹某 2009 年 5 月大学毕业后分配到某沿海城市的消防局工作，授中尉军衔。2010 年因涉嫌敲诈勒索罪而案发，下列选项中关于对该案的管辖机关表述正确的为哪一项？(　　)
A. 由该市公安机关立案侦查
B. 由该市检察机关立案侦查
C. 由军队保卫部门立案侦查

D. 由军队保卫部门与公安机关联合侦查

16. “天翔号”中国客轮由韩国釜山港驶往大连，船行至公海领域时韩国公民金道雄酗酒闹事，将中国公民周晓燕打成重伤。为及时救治，船舶就近停靠威海港将受害人送往医院，然后驶往大连港。下列法院中，哪一个是本案的犯罪管辖法院？(　　)

A. 威海市基层人民法院
B. 大连市中级人民法院
C. 韩国釜山地方法院
D. 大连市或威海市的地方基层法院

17. 某县几位主要领导干部参与一起走私大案，县人民检察院认为此案由检察机关立案侦查更为适宜，该县人民检察院需经履行的法律程序是什么？(　　)

A. 上一级公安机关研究同意
B. 县检察委员会研究决定
C. 上一级人民检察院批准
D. 省级以上人民检察院决定

18. 对于告诉才处理的案件，人民检察院可以提起公诉的条件是(　　)。

A. 被害人要求人民检察院提起公诉的
B. 被害人所在单位要求人民检察院参与的
C. 被害人因受强制、威吓无法告诉的
D. 被害人亲属请求人民检察院公诉的

19. 2010年8月，王某向人民法院起诉李某收受贿赂、对王某进行打击报复，人民法院转交给公安机关立案侦查，公安机关认为应当由检察院受理，由此发生纠纷。下列有关执行立案管辖的陈述中不正确的是(　　)。

A. 对于违反立案管辖规定，人民检察院已经提起公诉，人民法院在审判阶段才发现的案件，人民法院应当建议人民检察院重新起诉
B. 人民法院在审理自诉案件的过程中，如果发现被告人还犯有必须由人民检察院提起公诉的罪行时，则应当将新发现的罪行另案移送有管辖权的公安机关或检察院处理
C. 公安机关侦查刑事案件涉及人民检察院管辖的贪污贿赂案件时，应当将贪污贿赂案件移送人民检察院
D. 公安司法机关对于控告、检举和犯罪人的自首，不管是否属于自己管辖，都应该接受，不得互相推诿

20. 刑事案件一般由犯罪地的人民法院管辖，如果由被告人居住地的人民法院审判更为适宜的，可以由被告人居住地的人民法院管辖。但有一些特殊的情况，不能完全适用这一规定，下列对于特殊情况的管辖的陈述中不正确的是(　　)。

A. 对于我国缔结或者参加的国际条约所规定的犯罪，我国具有刑事管辖权的案件，由被告人被抓获地的中级人民法院管辖
B. 在中国领域外的中国船舶、航空器内的犯罪，由犯罪发生后该船舶最初停泊的中国口岸、该航空器在中国最初的降落地的人民法院管辖
C. 中国公民在驻外的中国使领馆内的犯罪，由该公民主管单位所在地或者他的原户籍所在地的人民法院管辖
D. 国际列车上发生的刑事案件的管辖，由犯罪发生后列车最初停靠的中国车站或者目的地的铁路运输法院管辖

21. 国家机关工作人员高某与某军事部门有业务往来。一日，高某到该部门洽谈工作，趁有关人员临时离开将一部照相机窃走。该照相机中有涉及军事机密的照片。关于本案，负责立案侦查的是下列哪一机关？(　　)（司考2009.2.21）

A. 公安机关
B. 检察机
C. 国家安全机关
D. 军队保卫部门

22. 甲省A市副市长涉嫌受贿2000万元，为保证诉讼顺利进行，拟指定甲省B市管辖。关于本案指定管辖，下列哪一选项是正确的？(　　)

A. 如指定B市中级法院审理，应由B市检察院侦查并提起公诉
B. 甲省检察院可指定B市检察院审查起诉并指定B市中级法院审理
C. 可由最高检察院直接指定B市检察院立案侦查
D. 如甲省高级法院指定B市中级法院审理，A市中级法院应将案卷材料移送B市中级法院

23. 美国人杰克与香港居民赵某在内地私藏枪支、弹药，公安人员查缉枪支、弹药时，赵某以暴力方法阻碍公安人员依法执行职务。下列哪一说法是正确的？(　　)（司考2011.2.23）

A. 全案由犯罪地的基层法院审判，因为私藏枪支、弹药罪和妨碍公务罪都不属于可能判处无期徒刑以上刑罚的案件
B. 杰克由犯罪地中级法院审判，赵某由犯罪地的基层法院审判
C. 杰克由犯罪地中级法院审判，赵某由中级法院根据具体案件情况而决定是否交由基层法院审判
D. 全案由犯罪地的中级法院审判

二、多项选择题

1. 田某涉嫌挪用公款被立案侦查并逮捕，侦查过程中发现田某还涉嫌重婚。关于本案处理，下列哪些选项是正确的？(　　)(司考2016.2.66)
   A. 如挪用公款与重婚互有牵连，检察院可并案侦查
   B. 对田某的侦查羁押期限可自发现其涉嫌重婚之日起重新计算
   C. 如检察院审查起诉后认为田某构成挪用公款而不构成重婚，应当对重婚罪作出不起诉决定
   D. 如检察院只对田某以挪用公款罪提起公诉，重婚罪的被害人可向法院提起自诉
2. 根据我国刑事诉讼法的规定，刑事案件主要由犯罪地人民法院管辖，其理由是(　　)。
   A. 便于收集证据
   B. 便于当事人参加诉讼
   C. 便于进行法制宣传教育
   D. 可以就地平息民愤
3. 在司法实践中，有时会出现交叉管辖的现象。如果公安机关侦查刑事案件涉及人民检察院管辖的贪污案件时，依照有关规定应当如何处理？(　　)
   A. 由人民检察院对全案进行侦查
   B. 由公安机关对全案进行侦查
   C. 由公安机关将人民检察院管辖的案件移送人民检察院
   D. 如果涉嫌主罪属于人民检察院或公安机关中的某一部门管辖，则案件由该部门为主侦查，另一部门予以配合
4. 根据最高人民法院的司法解释，对于单位犯罪案件的管辖法院，下列说法正确的是(　　)。
   A. 根据单位负责人的住所地确定管辖法院
   B. 由被告单位所在地的人民法院管辖
   C. 由犯罪地人民法院管辖
   D. 可以由上级人民法院指定管辖
5. 中级人民法院管辖的第一审刑事案件有(　　)。
   A. 危害国家安全的案件
   B. 可能判处死刑的案件
   C. 可能判处无期徒刑的案件
   D. 涉外刑事案件
6. 公安机关直接受理的刑事案件有(　　)。
   A. 虐待罪案件　　B. 抢劫罪案件
   C. 侵占罪案件　　D. 诈骗罪案件
7. 基层人民法院需要移送上一级人民法院审判的第一审刑事案件有(　　)。
   A. 案情重大、复杂，需要移送的案件
   B. 可能判处死刑的案件
   C. 可能判处无期徒刑的案件
   D. 中国人对外国人犯罪的案件
8. 黑龙江省黑河市无业人员曲某长期在该省各地区流窜作案，后在伊春市实施盗窃时被抓获。经公安机关侦查终结后，人民检察院依法对其提起公诉。本案应由何地法院管辖？(　　)
   A. 应当由黑河市人民法院管辖
   B. 由伊春市人民法院管辖
   C. 可以由黑河市人民法院管辖
   D. 黑龙江省高级人民法院可以指定本案的管辖法院
9. 须由省级以上人民检察院决定，人民检察院才能直接受理的案件，必须符合下列哪些条件？(　　)
   A. 案件系由国家机关工作人员利用职权实施的非人民检察院直接管辖的犯罪案件
   B. 公安机关侦查有困难
   C. 需要由人民检察院直接受理
   D. 须经省级以上人民检察院决定
10. 独任制一般不适用审判下列刑事案件(　　)。
    A. 自诉案件
    B. 危害国家安全案
    C. 可能判处死刑的案件
    D. 中级人民法院受理的第二审案件
11. 下列哪种情况适合被告人居住地的法院管辖(　　)。
    A. 被告人流窜作案
    B. 被告人的犯罪行为轻微、危害不大
    C. 对被告人可能判处管制
    D. 犯罪地难以确定
12. 对因管辖不明而发生争议的案件，上级人民法院可以(　　)。
    A. 指定某一下级法院审判
    B. 指定有争议的法院共同审判
    C. 指定有争议的法院协商解决
    D. 指定下级人民法院将案件移送其他人民法院审判
13. 某县破获一抢劫团伙，涉嫌多次入户抢劫，该县法院审理后认为，该团伙中只有主犯赵某可能被判处无期徒刑。关于该案的移送管辖，下列哪些选项是正确的？(　　)(司考2014.2.66)
    A. 应当将赵某移送中级法院审理，其余被告人继续在县法院审理
    B. 团伙中的未成年被告人应当一并移送中级法院审理
    C. 中级法院审查后认为赵某不可能被判处无期徒刑，可不同意移送
    D. 中级法院同意移送的，应当书面通知其同级检察院

14. 张三、李四两人住在甲市后二人出国留学。在国外张三和一个外国人切断了李四与国内的联系谎称李四被绑架勒索其家人。事后张三和该外国人一起从乙市入境回国后住在丙市李四从丁市入境回国对该案具有管辖权的法院是（ ）。

A. 甲市　　B. 乙市

C. 丙市　　D. 丁市

三、不定项选择题

1. 在一起共同抢劫案中，M 省 A 市人马某、宋某、周某在该省的 B 市内抢劫被抓获。人民检察院决定对本案提起公诉。

(1) 本案中，三名被告人应由哪个法院管辖？（ ）

A. 应当由 B 市法院管辖

B. 应当由 A 市法院管辖

C. 可以由 A 市法院管辖

D. M 省高级人民法院可以指定本案的管辖法院

(2) 如果本案由人民检察院起诉至 B 市的某个区人民法院，而该区人民法院经审查认为马某可能被判处无期徒刑时，（ ）。

A. 应当直接将案件退回人民检察院

B. 应当直接将案件移送市中级人民法院

C. 应当报请移送市中级人民法院审判

D. 可以开庭审判

(3) 本案中，如果法院认为马某可能被判处无期徒刑，而宋某、周某至多可能被判有期徒刑刑罚，则（ ）。

A. 该案全案应由市中级人民法院审判

B. 该案被告人马某的部分应从区法院移送至市中级人民法院审判

C. 三名被告人中没有可能被判处死刑的，因而三人应由区人民法院审判

D. 该案马某的部分应由市中级人民法院审判，其他两名被告人则由市中级人院决定是否一并审判

2. 甲、乙（户籍地均为 M 省 A 市）共同运营一条登记注册于 A 市的远洋渔船。某次在公海捕鱼时，甲、乙二人共谋杀害了与他们素有嫌隙的水手丙。该船回国后首泊于 M 省 B 市港口以作休整，然后再航行至 A 市。从 B 市起航后，在途经 M 省 C 市航行至 A 市过程中，甲因害怕乙投案自首一直将乙捆绑拘禁于船舱。该船于 A 市靠岸后案发。

关于本案管辖，下列选项正确的是（ ）。（司考 2016. 2. 92）

A. 故意杀人案和非法拘禁案应分别由中级法院和基层法院审理

B. A 市和 C 市对非法拘禁案有管辖权

C. B 市中级法院对故意杀人案有管辖权

D. A 市中级法院对故意杀人案有管辖权

四、名词解释

1. 优先管辖
2. 移送管辖
3. 指定管辖
4. 共同管辖
5. 合并管辖
6. 专属管辖
7. 管辖权的转移
8. 立案管辖（中南财经政法大学 2010 年考研真题）
9. 地区管辖

五、简答题

1. 简述确定管辖应遵循的一般原则。
2. 简述我国刑事立案管辖制度的设立依据和意义。

六、论述题

论我国的刑事审判管辖。

七、案例分析题

1. 黄某在国外期间，加入国外某情报组织。回国后，黄某利用职务之便向国外情报机关提供我国有关重要情报，给国家造成严重损失。此案由 A 市 B 区公安机关立案、侦查终结后，由 B 区人民检察院向 B 区人民法院提起公诉，B 区人民法院经审理认定黄某间谍罪事实清楚，证据确实充分，且犯罪情节严重，故依法判处其无期徒刑。黄某不服，向该市中级人民法院提出上诉。中级人民法院经审理认为一审法院认定事实正确，但量刑畸轻，改判黄某死刑，并报省高级人民法院，法院核准，拟待省高级人民法院院长签发执行死刑命令后，用注射的方法将黄某执行死刑。

问：本案中有哪些方面违背了刑事诉讼法的规定？

2. 某市土地管理局局长付某自从担任该职务以来，利用手中批地大权，收受巨额贿赂，为请托人非法批地或减收土地使用费，给国家造成了巨大损失。付某利用贿赂得来的金钱，大肆吃喝玩乐，生活腐化堕落，引起该市群众的极大不满。有人向市公安局发送了匿名举报信，市公安局接到举报后，非常重视，立即组成专案侦查小组进行侦查。经侦查发现，付某自上任以来，非法接受他人贿赂 42 万元，因非法批地、减征土地使用费，给国家造成损失约 500 万元，付某对这些行为供认不讳。侦查终结后，市公安局将该案移送市人

民检察院审查起诉。市人民检察院经过审查，认为付某的行为虽构成受贿罪，但其认罪态度好，且以前曾在本市大力引进外资、促进经济发展方面作出过重大贡献，将功折罪，对其作出了不起诉决定。

问：

(1) 市公安局对本案的侦查是否正确？为什么？

(2) 市人民检察院的不起诉决定是否正确？为什么？

3. 被告人赵某、李某、孙某家住龙山市城东区。赵某是盗窃惯犯。1999 年，赵某组织李某、孙某在龙山市各区流窜作案。2000 年 4 月，赵某得知城北区某市场夜间治安防卫工作松散，便伺机作案。19 日夜，赵某组织李某、孙某潜入该商场，窃得财产价值共计 5 万余元。

问：

(1) 若赵某、李某、孙某三人当场被捕，并在审讯中供述在城西区行窃三次，窃得财物价值 3 万余元；在城南区行窃五次，价值 2000 余元。问：在此情况下，该如何确定法院的审判管辖？

(2) 若三人行窃后，孙某为毁灭罪证，又自作主张地将商场内的衣物点着，引起大火，使该商场损失近 20 余万元，并烧死一人。在此种情况下，该如何确定级别管辖？若检察机关以玩忽职守罪对保安人员姜某、井某提起公诉，他们的犯罪地在哪里？

(3) 若三人被依法审判后，李某被判处有期徒刑 3 年，并押送江北市某监狱服刑。在服刑期间，李某自首交代了判决时未被发现的抢劫罪。案件经服刑地公安局侦查终结，由服刑地检察院向该地法院提起公诉。但该地法院认为李某的漏罪——抢劫罪发生在龙山市城东区，故应由城东区法院受理，将案件移送城东区法院。问：该法院的做法是否正确？为什么？

4. 某高校同宿舍两学生尚某、梁某，因琐事发生争吵继而发生互殴，梁某情急之下抓起一玻璃杯打向尚某，造成尚某左眼球破裂，失明，脑功能遭到严重损害。后经鉴定，尚某成为限制行为能力人。尚某的父亲向该校所在地的公安机关控告，要求立案追究梁某的刑事责任。公安机关认为本案事实清楚，不需采用特别的侦查手段，遂让尚某的父亲直接去人民法院起诉。而尚父认为这是一起明显的故意伤害致人重伤案，不属人民法院直接受理案件范围，法院不会受理，就向人民检察院申诉。检察机关要求公安机关说明理由后，认为其理由不能成立，通知其应当立案。但公安机关仍不予立案。问：

(1) 依法律规定，本案应由哪个机关管辖？

(2) 尚父能否向人民法院直接起诉？

(3) 尚父能否在请求人民法院追究梁某的刑事责任的同时，请求人民法院判决梁某赔偿尚家的经济损失和精神损害？

(4) 若人民法院受理了此案，能否进行调解？尚父能否在判决宣告前撤诉？

(5) 若人民法院受理了此案，能否运用简易程序进行审理？

5. 犯罪嫌疑人辽某，男，26 岁，无业青年。某日下午因在汽车站扰乱公共秩序并打骂其他乘客和车站工作人员，被甲县公安局光明路派出所予以行政拘留。在拘留后的讯问中，辽某供认了在乙县多次盗窃、抢劫的犯罪事实，公安人员在辽某随身携带的旅行包中搜查到作案工具和部分赃款赃物。该派出所就将案件移送到甲县公安局，甲县公安局即办理了立案手续，对辽某予以刑事拘留，并电话告知乙县公安局要求移送案件。第二天，乙县公安局派人将辽某及赃款、赃物和立案材料带走。

问：甲县公安局对不属于自己管辖的案件能否先立案再移送？为什么？

参考答案

一、单项选择题

1. 答案：C。根据《刑事诉讼法解释》第 7 条的规定，在中华人民共和国领域外的中国船舶内的犯罪，由该船舶最初停泊的中国口岸所在地的人民法院管辖。本案中，犯罪发生地为公海，应由犯罪发生后首泊港口地法院即丙市法院管辖。因此，正确答案应当是 C。

2. 答案：C。本题考查的是由人民法院直接受理案件的范围。我国《刑事诉讼法》第 19 条第 3 款规定："自诉案件，由人民法院直接受理。"《刑事诉讼法解释》第 1 条规定："人民法院直接受理的自诉案件包括：（一）告诉才处理的案件：……4. 侵占案（刑法第二百七十条规定的）。（二）人民检察院没有提起公诉，被害人有证据证明的轻微刑事案件：……3. 侵犯通信自由案（刑法第二百五十二条规定的）；4. 重婚案（刑法第二百五十八条规定的）；……"据此，本题 ABD 项都属于人民法院直接受理案件的范围，只有 C 项不属于，故为本题正确答案。

3. **答案**：B。本题考查的是对于被害人有证据证明的轻微刑事案件的管辖。《刑事诉讼法解释》第1条规定：“人民法院直接受理的自诉案件包括：……（二）人民检察院没有提起公诉，被害人有证据证明的轻微刑事案件：……本项规定的案件，被害人直接向人民法院起诉的，人民法院应当依法受理。对其中证据不足、可以由公安机关受理的，或者认为对被告人可能判处三年有期徒刑以上刑罚的，应当告知被害人向公安机关报案，或者移送公安机关立案侦查……”据此，本题B项正确。

4. **答案**：D。本题考查的是人民检察院直接立案侦查案件的范围。《刑事诉讼法》第19条第2款规定：“人民检察院在对诉讼活动实行法律监督中发现的司法工作人员利用职权实施的非法拘禁、刑讯逼供、非法搜查等侵犯公民权利、损害司法公正的犯罪，可以由人民检察院立案侦查……”徇私舞弊不征、少征税款案件属于渎职犯罪案件，其犯罪主体只能是国家机关工作人员（税务机关工作人员），因此属于上述人民检察院直接立案侦查案件的范围。故本题正确答案为D。

5. **答案**：A。本题考查的是人民法院审理刑事案件的级别管辖。《刑事诉讼法》第20条规定：“基层人民法院管辖第一审普通刑事案件，但是依照本法由上级人民法院管辖的除外。”该法第21条规定：“中级人民法院管辖下列第一审刑事案件：……（二）可能判处无期徒刑、死刑的案件。”第22条规定：“高级人民法院管辖的第一审刑事案件，是全省（自治区、直辖市）性的重大刑事案件。”第23条规定：“最高人民法院管辖的第一审刑事案件，是全国性的重大刑事案件。”本案虽然涉外，但犯罪嫌疑人不是外国人，仅被害人是外国人，仍应由基层人民法院管辖。本案并非全省性或全国性的重大案件，故也不应适用第22条和第23条。故本题正确答案为A。

6. **答案**：B。本题考查的是能够直接受理刑事案件的机关的范围。直接受理刑事案件的机关一般是侦查机关，但对于自诉案件，则是人民法院。故本题C项不正确。享有侦查权的机关一般是公安机关，但不仅仅是公安机关。《刑事诉讼法》第4条规定：“国家安全机关依照法律规定，办理危害国家安全的刑事案件，行使与公安机关相同的职权。”据此，国家安全机关能够直接受理危害国家安全的刑事案件，故本题D项不正确。由上述可见，A项也不正确。《刑事诉讼法》第308条第3款规定：“对罪犯在监狱内犯罪的案件由监狱进行侦查。”据此，监狱也能够直接受理罪犯在监狱内犯罪的案件。故本题B项正确。

7. **答案**：A。本题考查的是直接受理案件的管辖。根据《刑事诉讼法》第19条的规定，这里的“国家工作人员”既包括国家机关工作人员，又包括不在国家机关的其他国家工作人员，如国有企业中的某些工作人员。但是《刑法》将渎职罪的主体规定为“国家机关工作人员”。据此，本案因不属于《刑法》第九章规定的“渎职罪”，故不应由人民检察院立案侦查。故本题正确答案为A。

8. **答案**：C。本题考查的是公安机关和人民检察院在立案侦查上的分工。一般的刑事案件由公安机关立案侦查，法律另有规定的除外。根据《刑事诉讼法》第19条的规定，国家机关工作人员利用职权实施的重大犯罪案件……可以由人民检察院立案侦查。这里的“贪污贿赂犯罪”应指《刑法》第八章规定的犯罪，其中受贿罪的主体是国家工作人员，行贿罪的主体相应地就是向国家工作人员行贿的人。本案中，赵某行贿的对象不是国家工作人员，故不构成《刑法》第八章所规定的行贿罪，因此本案不应由人民检察院立案侦查。但是根据《刑法》第164条的规定，赵某的行为构成“对公司、企业人员行贿罪”，由于刑事诉讼法对这种犯罪没有特别规定，故本案应由公安机关立案侦查。综上，本题正确答案为C。

9. **答案**：A。本题考查的是划分地域管辖的主要依据。《刑事诉讼法》第25条规定：“刑事案件由犯罪地的人民法院管辖。如果由被告人居住地的人民法院审判更为适宜的，可以由被告人居住地的人民法院管辖。”第26条规定：“几个同级人民法院都有权管辖的案件，由最初受理的人民法院审判。在必要的时候，可以移送主要犯罪地的人民法院审判。”可见，划分地域管辖的主要依据是犯罪地。故本题正确答案为A。

10. **答案**：A。本题考查人民检察院直接受理的刑事案件。《刑事诉讼法》第19条第2款规定了人民检察院立案侦查的案件，BCD选项都应有检察院立案侦查。骗取出口退税罪规定在《刑法》第204条，属于《刑法》分则第三章破坏社会主义市场经济秩序罪的范围，不属于检察院立案受理，而应当由公安机关侦查。据此，本题正确答案为A。

11. **答案**：D。本题考查的是人民法院的级别管辖。《刑事诉讼法》第21条规定：“中级人民法院管辖下列第一审刑事案件：……（二）可能判处无期徒刑、死刑的案件。”《刑事诉讼法解释》第14条规定：“人民检察院认为可能判处无期徒刑、死刑，向中级人民法院提起公诉的案件，中级人民法院受理后，认为不需要判处无期徒刑、死刑的，应当依法审判，不再交基层人民法院审理。”据此，本题正确答案为D。

12. 答案：A。本题考查的是有关国家机关立案侦查或直接受理刑事案件的案件范围。《刑事诉讼法》第19条第1款规定：“刑事案件的侦查由公安机关进行，法律另有规定的除外。”法律另有规定的情况是，国家安全机关对危害国家安全的案件立案侦查，军队保卫部门对军队内部发生的案件进行侦查，监狱对监狱内发生的案件进行侦查，人民检察院对国家工作人员或国家机关工作人员利用职权实施的特定种类犯罪的案件进行侦查。此外，还有人民法院直接受理的案件。人民检察院立案侦查的破坏选举案应当是由国家机关工作人员利用职权实施的。本案虽然属于破坏选举案，但犯罪主体不是国家机关工作人员，故不应由人民检察院立案侦查。该案不涉及国家安全，也不属于人民法院直接受理的自诉案件的范围，故也不应由国家安全机关立案侦查或由人民法院直接受理。故本案只能由公安机关立案侦查。综上，本题正确答案为A。

13. 答案：D。本题考查的是人民法院审理刑事案件的级别管辖以及对不属于本院管辖范围的案件的处理。《刑事诉讼法》第21条规定：“中级人民法院管辖下列第一审刑事案件：……（二）可能判处无期徒刑、死刑的案件。”本题中，某区人民法院认为该案被告人可能被判处无期徒刑，则该案不属于该区人民法院的管辖范围，而属于市中级人民法院的管辖范围。《刑事诉讼法解释》第219条规定：“人民法院对提起公诉的案件审查后，应当按照下列情形分别处理：（一）不属于本院管辖的，应当退回人民检察院；……”据此，本题正确答案为D。

14. 答案：C。本题考查的是刑事案件审判的专门管辖。目前我国已经建立的专门人民法院有军事法院、铁路运输法院等。铁路运输法院管辖的案件是铁路系统公安机关和检察机关负责侦破的刑事案件，主要有危害和破坏铁路运输和生产的案件，破坏铁路交通设施的案件，以及列车上发生的犯罪案件等。据此，本案虽然发生在天津市静海县地段，但由于是发生在列车上，属于铁路运输系统专门管辖的案件，故本题正确答案为C。

15. 答案：A。该题中的消防部门虽属武警编制，但属公安系统，敲诈勒索犯罪属公安机关管辖，该案应由公安机关侦查。

16. 答案：A。本题考查的是在中国领域以外的中国船舶上犯罪的管辖。《刑事诉讼法解释》第7条规定：“在中华人民共和国领域外的中国船舶内的犯罪，由该船舶最初停泊的中国口岸所在地或者被告人登陆地、入境地的人民法院管辖。”故本案应由威海市法院管辖。另外，根据《刑事诉讼法》第20条至第23条规定，本案应属基层法院的管辖范围，故本题正确答案为A。

17. 答案：D。《刑事诉讼法》第20条～第23条，本案应属基层法院的管辖范围。本题考查的是人民检察院立案管辖的范围。《刑事诉讼法》第19条第2款规定，司法工作人员利用职权实施的非法拘禁、刑讯逼供、报复陷害、非法搜查的侵犯公民人身权利的犯罪以及侵犯公民民主权利的犯罪，由人民检察院立案侦查。对于国家机关工作人员利用职权实施的其他重大的犯罪案件，需要由人民检察院直接受理的时候，经省级以上人民检察院决定，可以由人民检察院立案侦查。国家机关工作人员的走私犯罪不属于该条列举的应由人民检察院立案侦查的范围，而属于“国家机关工作人员利用职权实施的其他重大犯罪案件”，如由人民检察院立案侦查，须经省级以上人民检察院决定。故本题正确答案为D。

18. 答案：C。本题考查的是对于告诉才处理的案件，人民检察院提起公诉的条件。告诉才处理的案件，又称为“亲告乃论”案件。根据有关法律的规定，在我国刑事诉讼中，告诉才处理的案件是指只有被害人或其法定代理人提出控告和起诉，人民法院才予受理并审判的案件。但是如果被害人因受到强制、威吓而无法提出告诉，国家就应积极地介入，予以帮助。故有关法律规定，在这种情况下，人民检察院或者被害人的近亲属也可以告诉。如是人民检察院代为告诉，该案就成为公诉案件。故本题正确答案为C。

19. 答案：A。本题考查关于执行立案管辖的问题。对于违反立案管辖规定，人民检察院已经提起公诉，人民法院在审判阶段才发现的案件，人民法院应当建议人民检察院撤回起诉。其他三项陈述都是正确的。

20. 答案：D。本题考查刑事诉讼中关于一些特殊情况的审判管辖。根据《刑事诉讼法解释》第6条到第12条的规定，在中华人民共和国领域外的中国船舶内的犯罪，由该船舶最初停泊的中国口岸所在地的人民法院管辖。在中华人民共和国领域外的中国航空器内的犯罪，由该航空器在中国最初降落地的人民法院管辖。在国际列车上的犯罪，根据我国与相关国家签订的协定确定管辖；没有协定的，由该列车最初停靠的中国车站所在地或者目的地的铁路运输法院管辖。中国公民在中国驻外使、领馆内的犯罪，由其主管单位所在地或者原户籍地的人民法院管辖。中国公民在中华人民共和国领域外的犯罪，由其入境地或者离境前居住地的人民法院管辖；被害人是中国公民的，也可由被害人离境前居住地的人民法院管辖。外国人在中华人民共和国领域外对中华人民共和国国家或者公民犯罪，根据《中华人民共和国刑法》应当受处罚的，由该外国人入境地、入境后居住地或者被害中国公民离境前居住地的人民法院管辖。对中华人民共和国缔结或者参加的国际条约所规定的罪行，中华人民共和国在所承担条约义务的范围内，行使刑事管辖权的，由被告人被抓获地的人民法院管辖。

可见，在国际列车上的犯罪，协议管辖是优先的。

21. 答案：D。根据《刑事诉讼法》第 308 条规定，军队保卫部门对军队内部发生的刑事案件行使侦查权。故 D 项正确。

22. 答案：C。本题考查指定管辖。因为指定管辖是由公检法各自分别进行，检察院在审查起诉时发现自身没有管辖权，可移送有管辖权的检察院提起公诉，所以，指定 B 市中级法院审理，并不意味着该案就是 B 市检察院侦查并提起公诉。故 A 项错误。甲省检察院只能指定 B 市检察院审查起诉，但不能指定 B 市中级法院审理，所以 B 项错误。《人民检察院刑事诉讼规则》（2019 年）① 第 22 条第 1 款规定，上级人民检察院可以指定下级人民检察院立案侦查管辖有争议者需要改变管辖的案件。故 C 项正确。《刑事诉讼法解释》第 22 条规定，原受理案件的人民法院在收到上级人民法院改变管辖决定书、同意移送决定书或者指定其他人民法院管辖决定书后，对公诉案件，应当书面通知同级人民检察院，并将案卷材料退回，同时书面通知当事人；对自诉案件，应当将案卷材料移送被指定管辖的人民法院，并书面通知当事人。本案属于公诉案件，故指定管辖后，A 市中级人民法院应将案卷材料退回 A 市检察院。故 D 项错误。本题的正确答案为 C 项。

23. 答案：A（原答案为 D）。2018 年修改后的《刑事诉讼法》第 21 条规定："中级人民法院管辖下列第一审刑事案件：（一）危害国家安全、恐怖活动案件；（二）可能判处无期徒刑、死刑的案件。"本案中，尽管被告人之一是外国人，属于外国人犯罪的刑事案件，但是按照 2018 年修改后的规定，该种犯罪也不属于中级人民法院管辖。而且，私藏枪支、弹药罪和妨碍公务罪都不属于可能判处无期徒刑以上刑罚的案件，所以 A 正确，选项 BCD 均错误。故本题答案为 A。

二、多项选择题

1. 答案：D（司法部答案为 AD）。本题考查立案管辖、期间的计算、审查起诉后的处理方式。重婚案件如果是公诉案件，则由公安机关侦查，检察院无管辖权。故 A 不正确。《公安机关办理刑事案件程序规定》第 151 条规定："在侦查期间，发现犯罪嫌疑人另有重要罪行的，应当自发现之日起五日以内报县级以上公安机关负责人批准后，重新计算侦查羁押期限，制作重新计算侦查羁押期限通知书，送达看守所，并报批准逮捕的人民检察院备案。前款规定的'另有重要罪行'，是指与逮捕时的罪行不同种的重大犯罪以及同种犯罪并将影响罪名认定、量刑档次的重大犯罪。"但是，B 项中的重婚罪并非重大罪行，故 B 项不正确。因为不起诉针对人，而不是行为，所以，尽管田某不构成重婚罪，但构成挪用公款罪，所以，对田某只能起诉，故 C 项不正确。因为重婚罪属于"被害人有证据证明的轻微刑事案件"，既可以公诉，也可以自诉，故 D 项表述正确。

2. 答案：ABCD。本题考查的是刑事案件主要由犯罪地人民法院管辖的理由。根据《刑事诉讼法》第 25 条的规定，刑事案件一般应由犯罪地人民法院管辖，这是确定地域管辖的首要原则。地域管辖之所以要以犯罪地人民法院管辖为主，是因为犯罪地是进行犯罪活动的地方，便于依靠群众；便于人民法院就地调查核实有关证据，迅速查明案情，及时审判；便于就地传唤和通知诉讼参与人出庭参与诉讼，节约诉讼成本；便于当地群众旁听案件的审理，平息民愤；便于通过审判当地发生的案件，教育群众自觉遵守法律，积极同犯罪行为作斗争，扩大法制宣传效果。综上，本题应当全选。

3. 答案：CD。本题考查的是公安机关和人民检察院管辖的案件有交叉时的处理。《六机关规定》② 第 1 条规定："公安机关侦查刑事案件涉及人民检察院管辖的贪污贿赂案件时，应当将贪污贿赂案件移送人民检察院；人民检察院侦查贪污贿赂案件

---

① 编者注：为行文简洁，方便读者阅读，以下简称《高检规则》（高检发释字〔2019〕4 号）。

② 编者注：指《最高人民法院、最高人民检察院、公安部、国家安全部、司法部、全国人大常委会法制工作委员会关于实施刑事诉讼法若干问题的规定》，以下简称《六机关规定》，下同。

涉及公安机关管辖的刑事案件，应当将属于公安机关管辖的刑事案件移送公安机关。在上述情况中，如果涉嫌主罪属于公安机关管辖，由公安机关为主侦查，人民检察院予以配合；如果涉嫌主罪属于人民检察院管辖，由人民检察院为主侦查，公安机关予以配合。”据此，可知本题正确答案为CD。

4. **答案**：BCD。本题考查的是对单位犯罪的管辖。《刑事诉讼法解释》第3条第2款规定：“被告单位登记的住所地为其居住地。主要营业地或者主要办事机构所在地与登记的住所地不一致的，主要营业地或者主要办事机构所在地为其居住地。”据此，可知本题BC项正确。《刑事诉讼法》第27条规定：“上级人民法院可以指定下级人民法院审判管辖不明的案件，也可以指定下级人民法院将案件移送其他人民法院审判。”据此，可知本题D项正确。本题A项于法无据，不当选。

5. **答案**：ABC。本题考查的是中级人民法院管辖第一审刑事案件的范围。《刑事诉讼法》第21条规定：“中级人民法院管辖下列第一审刑事案件：（一）危害国家安全、恐怖活动案件；（二）可能判处无期徒刑、死刑的案件。”据此，本题ABC项正确。D项“涉外刑事案件”不准确，因为中国人对外国人犯罪的案件也属于涉外案件，但却属于该条所规定应由中级人民法院管辖的范围，只有外国人犯罪的涉外案件才属于中级人民法院管辖的范围。

6. **答案**：BD。本题考查的是刑事案件的立案管辖。《刑事诉讼法》第19条第1款规定：“刑事案件的侦查由公安机关进行，法律另有规定的除外。”据此，凡法律没有特别规定的刑事案件，都由公安机关管辖。因此，本题实际上考查的是人民法院和人民检察院直接受理案件的范围。BD项不属于根据有关规定应由人民法院或者人民检察院管辖的案件范围，因而应由公安机关立案侦查。故本题正确答案为BD。

7. **答案**：ABC。本题考查的是人民法院审判刑事案件的级别管辖以及移送管辖。《刑事诉讼法》第20条规定：“基层人民法院管辖第一审普通刑事案件，但是依照本法由上级人民法院管辖的除外。”第21条规定：“中级人民法院管辖下列第一审刑事案件：（一）危害国家安全、恐怖活动案件；（二）可能判处无期徒刑、死刑的案件。”据此，可知本题BC项都属于中级人民法院管辖的案件范围，故基层人民法院需要将其移送给中级人民法院。《刑事诉讼法》第24条规定：“上级人民法院在必要的时候，可以审判下级人民法院管辖的第一审刑事案件；下级人民法院认为案情重大、复杂需要由上级人民法院审判的第一审刑事案件，可以请求移送上一级人民法院审判。”据此，本题ABC三项正确。

8. **答案**：BCD。本题考查的是人民法院审理刑事案件的地域管辖。《刑事诉讼法》第25条规定：“刑事案件由犯罪地的人民法院管辖。如果由被告人居住地的人民法院审判更为适宜的，可以由被告人居住地的人民法院管辖。”第27条规定：“上级人民法院可以指定下级人民法院审判管辖不明的案件，也可以指定下级人民法院将案件移送其他人民法院审判。”据此，本案应由犯罪行为实施地伊春市人民法院管辖，但如由被告人居住地黑河市人民法院管辖更为适宜，则可以由黑河市人民法院管辖。故BC项正确。另外，黑龙江省高级人民法院也可以指定本案的管辖法院，故D项正确。

9. **答案**：ACD。本题考查的是须由省级以上人民检察院决定，人民检察院才能直接受理的案件的条件。《刑事诉讼法》第19条第2款规定，人民检察院在对诉讼活动实行法律监督中发现的司法工作人员利用职权实施的非法拘禁、刑讯逼供、非法搜查等侵犯公民权利、损害司法公正的犯罪，可以由人民检察院立案侦查。对于公安机关管辖的国家机关工作人员利用职权实施的重大犯罪案件，需要由人民检察院直接受理的时候，经省级以上人民检察院决定，可以由人民检察院立案侦查。据此，本题正确答案为ACD。

10. **答案**：BCD。本题既考查审判组织，又涉及中级人民法院管辖案件的范围。《刑事诉讼法》第183条第1款规定：“基层人民法院、中级人民法院审判第一审案件，应当由审判员三人或者由审判员和人民陪审员共三人或者七人组成合议庭进行，但是基层人民法院适用简易程序、速裁程序的案件可以由审判员一人独任审判。”第4款规定：“人民法院审判上诉和抗诉案件，由审判员三人或者五人组成合议庭进行。”据此，由中级人民法院审判的第一审案件和第二审案件，不适用独任制审判。而根据《刑事诉讼法》第21条的规定，中级人民法院审判的第一审案件包括危害国家安全案和可能判处死刑的案件。综上，本题BCD项案件都不能适用独任制，故为本题正确答案。

11. **答案**：ACD。本题考查的是地域管辖。《刑事诉讼法》第25条规定：“刑事案件由犯罪地的人民法院管辖。如果由被告人居住地的人民法院审判更为适宜的，可以由被告人居住地的人民法院管辖。”所谓“由被告人居住地的人民法院审判更为适宜”的情形，法律没有作出规定，从实际情况看，被告人流窜作案或者有其他难以确定犯罪地的情形，由居住地法院管辖更为适宜。此外，如对被告人可能判处管制，由居住地法院管辖也更为适宜，因为这有利于执行。综上，本题正确答案为ACD。

12. **答案**：AD。本题考查的是人民法院管辖争议的解决方式。《刑事诉讼法》第27条规定："上级人民法院可以指定下级人民法院审判管辖不明的案件，也可以指定下级人民法院将案件移送其他人民法院审判。"据此，本题正确答案为AD。

13. **答案**：CD。《刑事诉讼法解释》第17条第1款规定，基层人民法院对可能判处无期徒刑、死刑的第一审刑事案件，应当移送中级人民法院审判。《刑事诉讼法解释》第15条规定，一人犯数罪、共同犯罪和其他需要并案审理的案件，其中一人或者一罪属于上级人民法院管辖的，全案由上级人民法院管辖。但是，本题题干是未成年人和成年人共同犯罪。依据《刑事诉讼法解释》第551条第1款规定，对分案起诉至同一人民法院的未成年人与成年人共同犯罪案件，可以由同一个审判组织审理；不宜由同一个审判组织审理的，可以分别审理。所以，可以将赵某移送中级法院审理，其余被告人继续在县法院审理，也可以将全案一并移送中级法院审理。故AB两项的错误在于，不是"应当"，而是"可以"。《刑事诉讼法解释》第17条第3款规定，需要将案件移送中级人民法院审判的，应当在报请院长决定后，至迟于案件审理期限届满15日前书面请求移送。中级人民法院应当在接到申请后10日内作出决定。不同意移送的，应当下达不同意移送决定书，由请求移送的人民法院依法审判；同意移送的，应当下达同意移送决定书，并书面通知同级人民检察院。故CD两项正确。本题的正确答案为CD两项。

14. **答案**：ABC。《刑事诉讼法解释》第10条规定："中国公民在中华人民共和国领域外的犯罪，由其登陆地、入境地、离境前居住地或者现居住地的人民法院管辖，被害人是中国公民的，也可由被害人离境前居住地或者现居住地的人民法院管辖。"由于张三、李四离境前的居住地均是甲市，被告人张三的入境地是乙市，所以AB项正确。另外，《刑事诉讼法解释》第11条规定："外国人在中华人民共和国领域外对中华人民共和国国家或者公民犯罪，根据《中华人民共和国刑法》应当受处罚的，由该外国人登陆地、入境地或者入境后居住地的人民法院管辖，也可以由被害人离境前居住地或者是现居住地的人民法院管辖。"结合本题，丙市是共同犯罪案件中外国人入境后的居住地，所以C项正确。综上，本题正确答案是ABC。

三、不定项选择题

1. **答案**：(1) ACD。在地域管辖问题上，我国刑事诉讼法是实行以犯罪地法院管辖为主，被告人居住地法院管辖为辅的原则，因此B市法院和A市法院都有权管辖，而且我国刑事诉讼法还规定了指定管辖制度，即在发生人民法院因管辖不明出现争议或推诿或者有人民法院不宜行使管辖权的现象时，立法上赋予了上级人民法院确定或改变管辖的权力。因此本题应该选ACD。

   (2) C。按照《刑事诉讼法解释》第17条规定，基层人民法院对可能判处无期徒刑、死刑的第一审刑事案件，应当移送中级人民法院审判。因此应该选择C项。

   (3) A。这是考查了在共同犯罪中由于量刑的差异而导致的管辖问题，《刑事诉讼法解释》第15条规定："一人犯数罪、共同犯罪和其他需要并案审理的案件，其中一人或者一罪属于上级人民法院管辖的，全案由上级人民法院管辖。"因此本案应该由中级人民法院管辖。

2. **答案**：BC。本题考查级别管辖、地区管辖。《刑事诉讼法解释》第15条规定，一人犯数罪、共同犯罪和其他需要并案审理的案件，其中一人或者一罪属于上级人民法院管辖的，全案由上级人民法院管辖。A项中故意杀人案和非法拘禁案均由中级法院审理，该项错误。《刑事诉讼法》第25条规定，刑事案件由犯罪地的人民法院管辖。如果由被告人居住地的人民法院审判更为适宜的，可以由被告人居住地的人民法院管辖。非法拘禁属于持续犯，其所经过的地方均是犯罪地，因此，B项正确。

   《刑事诉讼法解释》第7条规定，在中华人民共和国领域外的中国船舶内的犯罪，由该船舶最初停泊的中国口岸所在地的人民法院管辖。故C项正确，D项错误。

四、名词解释

1. **答案**：优先管辖是指几个同级人民法院都有权管辖的案件，由最初受理的人民法院审判的一种管辖制度。优先管辖并非绝对，在必要的时候，最初受理的人民法院可以将案件移送主要犯罪地的人民法院审判。所谓必要的时候，一般应从是否有利于准确及时查明案情，正确处理案件，是否有利于同犯罪作斗争，是否更有利于发挥审判活动的教育作用，以及是否有利于有关群众参加诉讼活动等方面来考虑确定。所谓主要犯罪地是指数个罪行中的主要罪行的犯罪地，也包括一种罪行的某个主要事实情节的犯罪地。如犯罪行为的实施地，或者犯罪行为所造成的结果地等。

2. **答案**：移送管辖是指没有管辖权的公安司法机关将案件移送至有管辖权的机关立案或者审判的一种管辖制度。移送管辖既体现在立案管辖上，也体现在审判管辖上。立案管辖中的移送管辖是指：公安机关、人民检察院、人民法院对于报案、控告、检举和犯罪人的自首等立案材料，都应当接受，对于不属于自己管辖的，应当移送主管机关或者有管辖权的机关进行处理。审判管辖中的移送管辖是指：人民法院经过审查，将不属于自己管辖的刑事案件，移送给有管辖权的人民法院审判。

3. **答案**：指定管辖是指上级人民法院在管辖不明或者管辖存在争议等特殊情况下，将某一案件指定由下级人民法院进行审判的一种管辖制度。指定管辖是级别管辖和地域管辖的一种变通规定，一般适用于两类刑事案件：一类为地区管辖不明的刑事案件，另一类为由于各种原因，原来有管辖权的法院不适宜或者不能审判的刑事案件。

4. **答案**：共同管辖又称为竞合管辖，是指按照法律的规定，两个以上的公安司法机关对同一个案件都有管辖权。在刑事诉讼中，共同管辖常常发生在以下场合：犯罪地不在同一个立案侦查或者审判管辖区域之内；同一犯罪人在不同地区犯同一罪行。《刑事诉讼法》第 26 条的规定是共同管辖的一种体现，即几个同级人民法院都有权管辖的案件，由最初受理的人民法院审判。在必要的时候，可以移送主要犯罪地的人民法院审判。

5. **答案**：合并管辖又称为牵连管辖，是指对某个案件有管辖权的公安司法机关可以一并立案侦查或者审判与该案件有牵连的其他案件。合并管辖是因为对某个案件有管辖权的公安司法机关，基于另外案件与该案件存在某种牵连关系，有必要进行合并立案侦查或者审判而获得对该另外案件管辖权的管辖。合并管辖的一般原则是：在级别管辖上就高不就低，在地域管辖上适用从犯随主犯，在罪行上适用次罪随主罪，在法院属性上适用普通法院随专门法院。

6. **答案**：专属管辖是指法律强制规定某些特殊案件由特定的专门机关负责立案侦查或者审判的一种管辖制度。专属管辖具有排他性，即凡是法律规定专属管辖的案件只能由特定的专门机关负责管辖。专属管辖可以分为立案侦查中的专属管辖和审判中的专属管辖两种。

7. **答案**：管辖权的转移是指经上级人民法院决定或者同意，将某个案件的管辖权由上级人民法院转交给下级人民法院，或者由下级人民法院转交给上级人民法院。管辖权的转移有两种情况：一个是提审，即上级人民法院在必要的时候，可以审判下级人民法院管辖的第一审刑事案件；另一个是报请，即下级人民法院认为案情重大、复杂需要由上级人民法院审判的第一审刑事案件，可以请求移送上一级人民法院审判。

8. **答案**：立案管辖是专门机关依法行使职权原则在直接受理刑事案件问题上的具体体现。它根据侦察、检察、审判三机关的不同职能和刑事案件的不同情况，解决哪些案件应由公安机关、安全机关、军队保卫部门、监狱或者人民检察院立案侦查，哪些案件应由人民法院直接受理的问题。因此，立案管辖又称为职能管辖或部门管辖。

9. **答案**：地区管辖，是指同级人民法院之间在审判第一审刑事案件权限上的划分。根据法律的规定，地区管辖的划分原则如下：（1）以犯罪地人民法院管辖为主，被告人居住地人民法院管辖为辅。所谓犯罪地，一般是指实施犯罪的一切必要行为的地点，具体包括犯罪行为预备地、犯罪行为实施地、犯罪结果发生地和销赃地等。（2）以最初受理的人民法院审判为主，主要犯罪地人民法院审判为辅。

五、简答题

1. **答案**：刑事诉讼中的管辖一般是根据刑事案件的性质、情节的轻重、复杂程度、发生地点、影响大小等不同特点和司法机关在刑事诉讼中的职责确定的。我国刑事诉讼法关于公、检、法机关管辖权划分的基本出发点是保证刑事诉讼任务的顺利实现。确立管辖应当遵循的原则有依法管辖的原则、准确及时的原则、便利诉讼的原则、维护合法权益的原则、原则性与灵活性相结合的原则。

2. **答案**：刑事诉讼中的立案管辖，在诉讼理论上又称为职能管辖或部门管辖，是指人民法院、人民检察院和公安机关各自直接受理刑事案件的职权范围，也就是人民法院、人民检察院和公安机关之间，在直接受理刑事案件范围上的权限划分。立案管辖主要解决的是哪类刑事案件应当由公安司法机关中的哪一个机关立案受理的问题。具体地讲也就是确定哪些刑事案件不需要侦查，而由人民法院直接受理；哪些案件由人民检察院直接受理立案侦查；哪些案件由公安机关立案侦查。立案管辖主要是根据司法机关在刑事诉讼中的职责分工，以及刑事案件的性质、案情的轻重、复杂程度等不同情况确定的。

六、论述题

答案：审判管辖就是指人民法院组织系统内在审判第一审刑事案件上的分工，它包括级别管辖、地区管辖和专门管辖。

级别管辖是指各级人民法院之间，即基层人民法院、中级人民法院、高级人民法院和最高人民法院之间，在审判第一刑事案件上的分工。确定级别管辖要考虑的因素有法院级别之高低、案件性质、可以判处刑罚的轻重、社会影响的大小。级别管辖的特点是：法律对中级人民法院的管辖范围规定得比较具体，对其他各级法院的管辖范围只作了概括的规定；大量的第一审刑事案件，由基层人民法院审判；原则性和灵活性相结合。地区管辖，是指同级的人民法院之间在审判第一审刑事案件上的分工。确定地区管辖主要考虑是否有利于人民法院就地调查，节约人力、时间，及时查明案情，便于诉讼参与人出庭和扩大宣传教育等。地区管辖实行以犯罪地人民法院为主；以被告人居住地人民法院管辖为辅的原则。

专门管辖，即专门人民法院的管辖范围，它所要解决的是专门人民法院同地方人民法院之间、专门法院之间以及各专门法院系统内部在受理刑事案件上的分工。

七、案例分析题

1. 答案：根据刑事诉讼法的有关规定，本案在以下方面违背了《刑事诉讼法》的规定：

(1) 黄某的行为构成间谍罪，依法应由国家安全机关立案侦查，不应由公安机关立案侦查；

(2) 危害国家安全案件以及可能判处无期徒刑的案件应由中级人民法院管辖，不能由B区人民法院管辖；

(3) 中级人民法院审理二审案件，认为应当判处死刑的，应当按照管辖规定，作为第一审案件审理；

(4) 如果被告人不上诉或者检察机关不抗诉，应当在上诉期满后立即报请高级人民法院复核；

(5) 执行死刑，应当由最高人民法院院长签发执行死刑的命令。

2. 答案：(1) 市公安局对本案的侦查不正确，本案应由检察机关立案侦查。根据我国《刑事诉讼法》第19条的规定，贪污贿赂犯罪，国家工作人员的渎职犯罪，国家机关工作人员利用职权实施的非法拘禁、刑讯逼供、报复陷害、非法搜查的侵犯公民人身权利的犯罪以及侵犯公民民主权利的犯罪，由人民检察院立案侦查。对于国家机关工作人员利用职权实施的其他重大的犯罪案件，需要由人民检察院直接受理的时候，经省级以上人民检察院决定，可以由人民检察院立案侦查。自诉案件，由人民法院直接受理。除了上述由检察机关立案侦查的案件和人民法院直接受理的案件，其他刑事案件全部由公安机关（包括国家安全机关）进行侦查。本案中，付某身为国家机关工作人员，利用职务之便，非法收取他人财物，为请托人牟取不正当利益，已构成受贿罪。根据《刑事诉讼法》的规定，付某的涉嫌犯罪的行为属于检察机关立案侦查的范围，因此，市公安局对该案进行侦查是不正确的。

(2) 市人民检察院的不起诉决定不正确。根据《刑事诉讼法》第177条的规定，犯罪嫌疑人没有犯罪事实，或者有本法第16条规定的情形之一的，人民检察院应当作出不起诉决定。对于犯罪情节轻微，依照刑法规定不需要判处刑罚或者免除刑罚的，人民检察院可以作出不起诉决定。而本案中，付某收受巨额贿赂，给国家造成重大损失，且不属于《刑事诉讼法》第16条规定的情形，也不是犯罪情节轻微，所以不能对其作出不起诉决定。市人民检察院认为付某曾经为本市经济发展作出过重大贡献，因而可以将功赎罪，是错误的。我国刑事诉讼法确立了“对一切公民在适用法律上一律平等”的原则，据此，不能以过去功劳有多大，只要触犯了刑律，就应当依法惩处，对任何人不允许有例外。因此，人民检察院应当依法作出对付某提起公诉的决定。

3. 答案：(1) 审判管辖包括级别管辖、地域管辖、专门管辖和指定管辖。本案与军队和铁路运输无关，也未发生管辖不明，需要指定管辖的情形，因而不存在专门管辖和指定管辖问题。

关于级别管辖，综合立案的情况和《刑法》的有关规定，赵某、李某、孙某的犯罪行为不足以判处无期徒刑或死刑，因此，本案的级别管辖应为基层人民法院。

关于地域管辖，我国刑事案件的地域管辖以犯罪地为主，以被告居住地为辅。本案中，城西区、城南区、城北区均为犯罪地。此时，管辖地的确定应采取另一原则：以最初受理地为主，以主要犯罪地为辅。本案中，被告人在城北区被捕，城北区人民法院成为最初受理地法院，且被告人在城北区盗窃数额最大，该区又是本案的主要犯罪地。因而本案的审判管辖应该是龙山市城北区基层人民法院。

(2) 根据本题假设，孙某放火，使商场损失20余万元，且烧死一人，其性质严重、影响恶劣，是有可能被判处无期徒刑或死刑的犯罪。根据《刑事诉讼法》的规定，本案应由龙山市中级人民法院管辖。城北区人民法院应将案件移送，实行级别管辖上的“就高不就低”原则。

保安人员姜某、井某的犯罪地，应是城北区某商场。玩忽职守罪属不作为犯罪，依照相关的法律规定，不作为犯罪的犯罪地是其应作为的地点。

(3) 服刑地法院的做法是错误的，本案应由罪犯服刑地即江北市某基层法院管辖。具体理由如下：

其一，根据《最高人民法院、最高人民检察院关于罪犯减刑、假释和又犯罪等案件的管辖和处理程序问题的通知》的精神，发现服刑罪犯在判决时没有发现的罪行，并需要审理的案件，应由服刑地法院受理。

其二，由服刑地人民法院受理，可以提高诉讼效率，省去往返押送罪犯的麻烦，有利于对罪犯的教育和改造，因而由服刑地人民法院管辖无疑是更为适宜的。

因此，服刑地法院的做法是错误的，是不符合《刑事诉讼法》第 25 条的规定的。

4. **答案**：(1) 根据《刑事诉讼法》的有关司法解释，故意伤害案（轻伤）由人民法院直接受理。但本案中尚某左眼失明，脑功能严重受损，属于重伤案，应当由公安机关立案管辖。

(2) 根据《刑事诉讼法》的规定，被害人有证据证明对被告人侵犯自己人身、财产权利的行为，应当依法追究刑事责任，而公安机关或人民检察院不予追究被告人刑事责任的案件，被害人可以直接向人民法院起诉。本案中，公安机关在接到人民检察院的立案通知后，仍不予立案的做法是错误的，被害人可以依法直接向人民法院起诉，又根据刑事诉讼法的规定，对于自诉案件，被害人有权向人民法院直接起诉，被害人死亡或丧失行为能力的，被害人的法定代理人、近亲属有权向人民法院起诉，人民法院应当受理。所以，本案中，尚父可以直接向人民法院起诉。

(3)《刑事诉讼法》规定："被害人由于被告人的犯罪行为而遭受物质损失的，在刑事诉讼过程中，有权提起附带民事诉讼。"所以在本案中，尚父有权提起附带民事诉讼，请求法院判决梁某赔偿尚某被伤而造成的经济损失，但无权就精神损害而提起附带民事诉讼。

(4)《刑事诉讼法》第 212 条第 1 款规定："人民法院对自诉案件，可以进行调解；自诉人在宣告判决前，可以同被告人自行和解或者撤回自诉。本法第二百一十条第三项规定的案件不适用调解。"本案属于《刑事诉讼法》第 210 条第 3 项规定的案件，因此不适用调解。尚父不可以在宣告判决前撤回自诉。

(5)《刑事诉讼法》规定了三种可以适用简易程序的案件：第一类是特定的公诉案件；第二类是告诉才处理的案件；第三类是被害人起诉的有证据证明的轻微刑事案件。本案不属于这三类案件之一，所以不能适用简易程序。

5. **答案**：根据刑事诉讼法的有关规定，刑事案件由犯罪地的人民法院管辖，相应地，刑事案件也应由犯罪地的公安机关或者人民检察院立案侦查并由犯罪地的人民检察院提起公诉。同时，任何一级公安机关、人民检察院或者人民法院对于报案、控告、举报、犯罪人的自首，都应当接受。即使案件不属于自己管辖，也应当先接受后，再按照级别管辖、立案管辖、地区管辖的分工移送主管机关处理，同时通知报案人、控告人、举报人等。

本案中，甲县公安局对于不属于自己管辖的案件，应该移送乙县公安局，但其不应该先立案再移送，而应该接受后即告知乙县公安局。甲县公安局对不属于自己管辖的案件行使了立案管辖权，其做法是错误的，此案应经甲县公安局移送后，由乙县公安局立案侦查。

第八章　回　避

基础知识图解

回避
- 回避的概念及其意义
- 回避的种类：自行回避、申请回避、指令回避
- 回避的人员：审判人员、检察人员、侦查人员、书记员、翻译人员以及鉴定人
- 回避的理由：《刑事诉讼法》第 29 条、《刑事诉讼法》第 30 条
- 回避的提出：审判阶段以书面或者口头提出，但应说明理由
- 回避的决定
  - 侦查阶段的相关人员，由县级以上公安机关负责人决定
  - 检察阶段的相关人员，由检察长决定
  - 审判阶段的相关人员，由法院院长决定
  - 公安机关负责人，检察长，由同级人民检察院检察委员会决定
  - 法院院长，由本院审判委员长决定
- 形式：决定
- 效力
  - 1. 在作出决定前，应当暂停参与本案；但侦查人员不能停止对案件的侦查
  - 2. 检察阶段取得证据的效力，由检察长或检察委员会决定
- 驳回申请回避的复议：当事人及其法定代理人在收到决定书后 5 日内可向原决定机关申请复议一次，决定机关应在3 日内作出复议决定并书面通知申请人

配套测试

一、单项选择题

1. 王某原是一名鉴定人，其刚刚办理完毕一件故意杀人案的鉴定工作，马上就被调入同级人民法院工作。恰好其曾经办理过的那件故意杀人案被移送至该法院审判。王某所在庭的庭长认为王某熟悉此案，让其参与审理此案，下列做法正确的是(　　)。

A. 没有违背我国有关回避的规定

B. 王某可以回避，也可以不回避

C. 王某应是回避的对象

D. 当事人如果申请王某回避，法院可以让其回避

2. 刑事诉讼中的回避制度是指(　　)。

A. 有关人员因某种情况而不得参加某件具体案件处理工作的诉讼制度

B. 有关司法工作人员到场时，闲杂人员必须退让避开的一种制度

C. 有关司法工作人员到场时，当事人及其他诉讼参与人必须退让避开的一种制度

D. 有关司法工作人员不得在某个地域任职的一种制度

3. 某区人民法院在审理宋某故意伤害（重伤）一案时，被害人冯某提出，该法院院长是被告人宋某的姨夫，因此申请该院长在审判委员会讨论该案件时回避。对冯某的这一申请，有权作出决定的主体是(　　)。

A. 同级人民代表大会

B. 本院审判委员会

C. 同级检察委员会

D. 上一级人民法院

4. 根据有关规定，当事人申请审判人员回避的(　　)。

A. 应当在开庭之前提出

B. 可以不提出理由

C. 应当以书面提出

D. 可以以口头方式提出

5. 万某是一起诈骗案的被害人，在该案的侦查阶段，万某申请某侦查人员回避，但被驳回，对此，万

某可以(　　)。

A. 向作出决定的机关申请复议一次

B. 向作出决定的机关的上一级机关申请复议一次

C. 向人民检察院申请复议一次

D. 向人民法院申诉

6. 在一起公诉案件开庭审理过程中，被告人以“公诉人发表的都是对我不利的意见，法院听了之后肯定会从重判处”为由，在法庭辩论阶段申请出庭的公诉人回避，对该回避申请，审判长应当如何处理？(　　)

A. 宣布休庭，向院长请示

B. 宣布休庭，向检察长汇报

C. 由法庭当庭驳回，不允许申请复议

D. 由法庭当庭驳回，但允许申请复议

7. 甲为报复某县人民法院审判员乙，绑架了乙不满5岁的女儿丙，丙的母亲丁向县公安局控告甲有绑架嫌疑，公安局立案侦查。甲的妻子戊向公安局反映甲在案发后突然去某地，公安局根据这一线索侦破了此案。对于此案，下列各项观点中哪一个是正确的(　　)。

A. 甲、乙是本案当事人，其他人可作为诉讼参与人

B. 如果某县人民法院审理此案，那么乙应当自行回避

C. 如果某县人民法院审理此案，那么乙可以不回避，因为是甲蓄谋报复乙

D. 甲是被告人，乙和丁是被害人，戊是本案证人

8. 刘某担任盗窃案被告人王某一案的辩护律师。按照我国法律，在诉讼过程中，刘某不享有(　　)。

A. 申请回避权

B. 拒绝辩护权

C. 申请延期审理权

D. 申请通知新的证人到庭、调取新的物证权

9. 担任过本案侦查员、检察员、审判员以及充当过本案证人、辩护人的(　　)。

A. 可以担任本案鉴定人

B. 不能担任本案鉴定人

C. 有时可以担任鉴定人

D. 有权担任本案鉴定人

10. 对人民法院书记员的回避，有权作出决定的人员是(　　)。

A. 审判长　　B. 本院院长

C. 审判人员　　D. 本庭庭长

11. 赵某涉嫌报复陷害罪被检察机关立案侦查，在侦查即将终结时，赵某得知负责办理该案的侦查人员蔡某是被害人的胞兄，遂申请其回避。检察长经审查作出了蔡某回避的决定。对于蔡某在侦查阶段收集的证据，下列哪一选项是正确的？(　　)

A. 应当排除，不得用作认定案件事实的根据

B. 由检察机关侦查部门负责人根据情况决定

C. 由检察委员会或者检察长根据案件具体情况决定

D. 在审判时，由人民法院根据案件具体情况作出裁判

12. 甲涉嫌刑讯逼供罪被立案侦查。甲以该案侦查人员王某与被害人存在近亲属关系为由，提出回避申请。对此，下列哪一选项是错误的？(　　)（司考2010.2.21）

A. 王某可以口头提出自行回避的申请

B. 作出回避决定以前，王某不能停止案件的侦查工作

C. 王某的回避由公安机关负责人决定

D. 如甲的回避申请被驳回，甲有权申请复议一次

13. 郭某（16岁）与罗某发生争执，被打成轻伤，遂向法院提起自诉。法庭审理中，罗某提出，审判员李某曾在开庭前违反规定与自诉人父亲及姐姐会见，要求李某回避，但郭某父亲及姐姐均否认此事。法院院长经过审查作出李某回避的决定。下列何人有权要求对回避决定进行复议？(　　)（司考2011.2.24）

A. 郭某　　B. 郭某父亲

C. 郭某姐姐　　D. 李某

14. 齐某在A市B区利用网络捏造和散布虚假事实，宣称刘某系当地黑社会组织“大哥”，A市中级法院院长王某为其“保护伞”。刘某以齐某诽谤为由，向B区法院提起自诉。关于本案处理，下列哪一选项是正确的？(　　)（司考2017.2.24）

A. B区法院可以该案涉及王某为由裁定不予受理

B. B区法院受理该案后应请求上级法院指定管辖

C. B区法院受理该案后，王某应自行回避

D. 齐某可申请A市中级法院及其下辖的所有基层法院法官整体回避

二、多项选择题

1. 适用回避制度的诉讼参与人有(　　)。

A. 证人　　B. 辩护人

C. 鉴定人　　D. 翻译人员

2. 根据刑事诉讼法的规定和有关的司法解释，我国刑事诉讼中的回避种类有(　　)。

A. 自行回避　　B. 申请回避

C. 指令回避　　D. 无因回避

3. 下列人员中，有申请回避权的是(　　)。
A. 被害人
B. 被害人的诉讼代理人
C. 被告人
D. 未成年被告人的父母

4. 申请回避的方式是(　　)。
A. 可以以口头方式
B. 可以以书面方式
C. 应当以口头方式
D. 应当以书面方式

5. 除办理案件的侦查人员、检察人员和审判人员外，同样适用回避制度的人员还包括(　　)。
A. 法庭的书记员
B. 人民检察院的书记员
C. 证人
D. 鉴定人

6. 林某盗版销售著名作家黄某的小说涉嫌侵犯著作权罪，经一审和二审后，二审法院裁定撤销原判，发回原审法院重新审判。关于该案的回避，下列哪些选项是正确的？(　　)（司考 2014. 2. 67）
A. 一审法院审判委员会委员甲系林某辩护人妻子的弟弟，黄某的代理律师可申请其回避
B. 一审书记员乙系林某的表弟而未回避，二审法院可以此为由裁定发回原审法院重审
C. 一审合议庭审判长丙系黄某的忠实读者，应当回避
D. 丁系二审合议庭成员，如果林某对一审法院重新审判作出的裁判不服再次上诉至二审法院，丁应当自行回避

7. 回避制度适用的检察人员包括(　　)。
A. 直接负责本案审查批捕的检察员
B. 直接负责本案的审查决定起诉的检察员
C. 对本案有权参与讨论和作出决定的检察长
D. 对本案有权参与讨论和作出决定的检察委员会成员

8. 回避制度适用的审判人员包括(　　)。
A. 直接负责审判本案的审判员
B. 对本案有权参与讨论和作出决定的院长
C. 对本案有权参与讨论和作出决定的庭长
D. 对本案有权参与讨论和作出决定的审判委员会成员

9. 人民检察院的检察委员会，有权决定下列哪些人员回避(　　)。
A. 本检察院的检察长
B. 本检察院的检察人员
C. 同级法院的院长
D. 同级公安机关负责人

10. 未成年人小付涉嫌故意伤害袁某，袁某向法院提起自诉。小付的父亲委托律师黄某担任辩护人，袁某委托其在法学院上学的儿子担任诉讼代理人。本案中，下列哪些人有权要求审判人员回避？(　　)（司考 2015. 2. 68）
A. 黄某
B. 袁某
C. 袁某的儿子
D. 小付的父亲

三、名词解释

1. 自行回避
2. 申请回避
3. 指令回避
4. 有因回避
5. 无因回避

四、简答题

1. 简述刑事诉讼法回避的基本情形。（2017 年华东政法大学考研真题）
2. 简述被申请回避的人员范围。

五、论述题

试论述回避制度的意义。

六、案例分析题

1. 甲男系大桥村农民，25 岁，于 2000 年进城在工地上当小工赚钱。干活儿当中，与工地外摆摊卖早餐的乙女慢慢熟识了。甲男自称来自河南省，虽家在农村，但家里承包有几百亩果园，自己在那儿也开设有工厂，工人有三百多人。乙女便求甲男为其找一份工作，甲男答应了。乙女未告诉家里人，第二天便收拾行李与甲男上了火车。后甲男将乙女带至自己住处，强行奸污乙女多次。后公安机关根据群众举报，将甲男抓获，并将乙女解救出来。法院在审理此案过程中，甲男提出申请，要求审判员丙回避，理由是丙与乙女都是同一个城里的人，丙肯定会在审案过程中偏向乙女。甲男的回避申请被审判长当庭驳回。经查，乙女与丙素不相识。问：
（1）甲男提出的回避理由是否充分？
（2）审判员丙的回避应由谁决定？

2. 胡某故意伤害范某一案，由某县公安局负责侦查，胡某在第一次被讯问后，发现负责本案侦查的侦查员代某是自己伤害范某的现场目击者，于是胡某提出申请，要求代某回避。但代某表示自己一定会公正处理案件，因此坚决不回避。后此案被

起诉到人民法院，在开庭审理前，范某的诉讼代理人张某请该案合议庭审判员雷某到饭店吃饭，边吃边向雷某介绍案情。开庭审理时，胡某以此为由申请雷某回避。审判长以该理由不合法当庭驳回了胡某的申请。

问：

(1) 代某是否应当回避？为什么？

(2) 代某是否应当回避的决定应由谁作出？回避决定作出前，代某是否应当停止本案的侦查工作？为什么？

(3) 胡某申请雷某回避的理由是否符合法定情形？

(4) 审判长有无权力当庭驳回胡某的回避申请？

(5) 胡某如不服驳回申请的决定，可否申请复议？

(6) 胡某提出申请后，法院作出决定前，雷某是否应当暂停对本案的审判工作？

参考答案

一、单项选择题

1. **答案**：C。我国刑事诉讼法规定，担任过本案的证人、鉴定人、辩护人、诉讼代理人的属于回避的法定情形。本案中，王某先前担任过鉴定人当然就不能再担任审判人员。

2. **答案**：A。本题考查的是回避的概念。根据我国有关法律的规定，刑事诉讼中的回避是指，侦查人员、检察人员、审判人员等如与案件有法定的利害关系或者其他可能影响案件公正处理的关系，即不得参与办理该案件或者参与该案件的其他诉讼活动的制度。所谓"不得参与办理该案件"，即不得参与该案件的立案、侦查、批捕、预审、审查起诉、提起公诉、出庭支持公诉、审判，也不得在上述活动中担任记录工作。所谓"不得参与该案的其他诉讼活动"，是指不得以诉讼参与人的身份从事该案的翻译与鉴定工作。由此可见，本题A项正确。

3. **答案**：B。本题考查的是对特定人员的回避问题有权作出决定的主体。我国《刑事诉讼法》第28条规定："专门人民法院案件的管辖另行规定。"据此，本题正确答案为B。

4. **答案**：D。本题考查的是申请回避的时间和方式。我国《刑事诉讼法》没有对当事人申请审判人员回避的时间作出任何要求，因此可以认为，当事人在法庭审理的任何阶段都可以提出回避申请。故A项不正确。我国实行有因回避，当事人申请回避必须说明理由，而且必须属于法定理由。故B项不正确。《刑事诉讼法解释》第32条第1款规定："审判人员自行申请回避，或者当事人及其法定代理人申请审判人员回避的，可以口头或者书面提出，并说明理由，由院长决定。"据此，C项不正确，D项正确。

5. **答案**：A。本题考查的是侦查人员的回避程序。我国《刑事诉讼法》第31条第3款规定："对驳回申请回避的决定，当事人及其法定代理人可以申请复议一次。"但没有明确应向哪一个机关申请复议。《公安机关办理刑事案件程序规定》第35条规定："当事人及其法定代理人对驳回申请回避的决定不服的，可以在收到驳回申请回避决定书后五日以内向作出决定的公安机关申请复议。公安机关应当在收到复议申请后五日以内作出复议决定并书面通知申请人。"据此，本题正确答案为A。

6. **答案**：C。本题考查的是对不具有法定理由的回避申请的处理。《刑事诉讼法解释》第35条第2款规定："……不属于刑事诉讼法第二十九条、第三十条规定情形的回避申请，由法院当庭驳回，并不得申请复议。"根据《刑事诉讼法》第29条和第30条的规定，本题被告人的回避申请理由不属于法定情形，应由法庭当庭驳回，并不得申请复议。故本题正确答案为C。

7. **答案**：B。本题考查的是应当自行回避的情况。《刑事诉讼法》第29条规定："审判人员、检察人员、侦查人员有下列情形之一的，应当自行回避，当事人及其法定代理人也有权要求他们回避：（一）是本案的当事人或者是当事人的近亲属的……"本案中，某县人民法院审判员乙某是被害人丙的父亲，属于当事人的近亲属，故在该案的审判中应自行回避。故本题B项正确，C项不正确。因乙不是本案的当事人，丁不是本案的被害人，故本题AD项不正确。

8. **答案**：A。本题考查的是辩护律师的权利，兼及申请回避权的主体。根据刑事诉讼法的有关规定，辩护律师享有拒绝辩护权、申请延期审理权以及申请通知新的证人到庭、调取新的物证权。而根据《刑事诉讼法》第29条的规定，只有当事人及其法定代理人才有权申请回避，辩护律师不享有这项权利。故本题正确答案为A。

9. **答案**：B。本题考查的是鉴定人的回避。《刑事诉讼法》第29条规定："审判人员、检察人员、侦查人员有下列情形之一的，应当自行回避，当事人及其法定代理人也有权要求他们回避：……（三）担任过本案的证人、鉴定人、辩护人、诉讼代理人的……”第32条第1款规定：“本章关于回避的规定适用于书记员、翻译人员和鉴定人。”据此，第29条规定的回避理由也适用于鉴定人。故本题正确答案为B。

10. 答案：B。本题考查的是对特定人员的回避问题有权作出决定的人员。我国《刑事诉讼法》第29条和第30条规定了适用回避的人员范围和法定理由。第31条第1款规定：“审判人员、检察人员、侦查人员的回避，应当分别由院长、检察长、公安机关负责人决定……”第32条第1款规定：“本章关于回避的规定也适用于书记员、翻译人员和鉴定人。”据此，人民法院的书记员应适用对审判人员回避的规定，即其回避问题由本院院长决定。故本题正确答案为B。

11. 答案：C。《高检规则》第36条规定：“被决定回避的检察长在回避决定作出以前所取得的证据和进行的诉讼行为是否有效，由检察委员会根据案件具体情况决定。被决定回避的其他检察人员在回避决定作出以前所取得的证据和进行的诉讼行为是否有效，由检察长根据案件具体情况决定。被决定回避的公安机关负责人在回避决定作出以前所进行的诉讼行为是否有效，由作出决定的人民检察院检察委员会根据案件具体情况决定。”本题中，蔡某因是被害人的胞兄而经申请被决定回避，对于其在侦查阶段收集的证据，应由检察长根据案件具体情况决定，所以正确答案是C。

12. 答案：C。选项A说法正确。《高检规则》第21条规定，检察人员自行回避的，可以口头或者书面提出，并说明理由。口头提出申请的，应当记录在案。据此可知，王某自行回避的，可以以口头方式提出申请。选项B说法正确。《刑事诉讼法》第31条第2款规定，对侦查人员的回避作出决定前，侦查人员不能停止对案件的侦查。选项C说法错误。根据人民检察院《高检规则》第13条第1款规定可知，刑讯逼供罪由检察院直接立案侦查。因此，王某是检察院的工作人员，而不是公安机关的工作人员。《刑事诉讼法》第31条第1款规定，审判人员、检察人员、侦查人员的回避，应当分别由院长、检察长、公安机关负责人决定。据此可知，王某的回避应由检察长决定，而不是由公安机关负责人决定。选项D说法正确。《刑事诉讼法》第31条第3款规定，对驳回申请回避的决定，当事人及其法定代理人可以申请复议一次。

13. 答案：无答案。《刑事诉讼法解释》第35条规定：“对当事人及其法定代理人提出的回避申请，人民法院可以口头或者书面作出决定，并将决定告知申请人。当事人及其法定代理人申请回避被驳回的，可以在接到决定时申请复议一次。不属于刑事诉讼法第二十九条、第三十条规定情形的回避申请，由法庭当庭驳回，并不得申请复议。”由此法条可见，该法条取消了被决定回避的人员的申请复议的权利。故本题无正确答案。

14. 答案：B。本题考查的是指定管辖与回避问题。《刑事诉讼法解释》第18条规定，有管辖权的人民法院因案件涉及本院院长需要回避等原因，不宜行使管辖权的，可以请求移送上一级人民法院管辖。上一级人民法院可以管辖，也可以指定与提出请求的人民法院同级的其他人民法院管辖。本题中，王某与本案有利害关系，所以，B区法院受理该案后应请求上级法院指定管辖。故B项正确。

二、多项选择题

1. 答案：CD。本题考查的是适用回避制度的诉讼参与人。《刑事诉讼法》第29条规定：“审判人员、检察人员、侦查人员有下列情形之一的，应当自行回避，当事人及其法定代理人也有权要求他们回避：……”第32条第1款规定：“本章关于回避的规定适用于书记员、翻译人员和鉴定人。”据此，本题正确答案为CD。

2. 答案：ABC。本题考查的是我国刑事诉讼中回避的种类。我国《刑事诉讼法》第29条规定：“审判人员、检察人员、侦查人员有下列情形之一的，应当自行回避，当事人及其法定代理人也有权要求他们回避：……”据此，我国刑事诉讼法规定了两种回避：自行回避和申请回避。此外，《刑事诉讼法解释》第34条规定：“应当回避的审判人员没有自行回避，当事人及其法定代理人也没有申请其回避的，院长或者审判委员会应当决定其回避。”据此，我国刑事诉讼中还存在一种“指令回避”。综上，本题正确答案为ABC，D项不正确，我国不实行无因回避。

3. 答案：ABCD。本题考查的是申请回避权的主体。我国《刑事诉讼法》第29条规定：“审判人员、检察人员、侦查人员有下列情形之一的，应当自行回避，当事人及其法定代理人也有权要求他们回避：……”据此，申请回避权的主体是当事人及其法定代理人。另外，《刑事诉讼法》第108条规定：“本法下列用语的含意是：……（二）‘当事人’是指被害人、自诉人、犯罪嫌疑人、被告人、附带民事诉讼的原告人和被告人；（三）‘法定代理人’是指被代理人的父母、养父母、监护人和负有保护责任的机关、团体的代表……”据此，被害人、被告人作为当事人有权申请回避，未成年被告人的父母作为法定代理人有权申请回避。故本题正确答案为ABCD。

4. **答案**：AB。本题考查的是提出回避申请的方式。《刑事诉讼法解释》第35条第1款规定：“对当事人及其法定代理人提出的回避申请，人民法院可以口头或者书面作出决定，并将决定告知申请人。”据此，本题正确答案为AB。

5. **答案**：ABD。本题考查的是适用回避制度的人员范围。《刑事诉讼法》第29条规定：“审判人员、检察人员、侦查人员有下列情形之一的，应当自行回避，当事人及其法定代理人也有权要求他们回避：……”第32条第1款规定：“本章关于回避的规定适用于书记员、翻译人员和鉴定人。”据此，本题ABD项正确。由于证人是以其所感知的案件事实向公安司法机关提供证据的人员，具有不可替代性，故证人不适用回避制度，否则会给查明案件事实带来很大困难，故本题C项不正确。

6. **答案**：AB。《刑事诉讼法解释》第27条规定，审判人员具有下列情形之一的，应当自行回避，当事人及其法定代理人有权申请其回避：(1) 是本案的当事人或者是当事人的近亲属的；(2) 本人或者其近亲属与本案有利害关系的；(3) 担任过本案的证人、鉴定人、辩护人、诉讼代理人、翻译人员的；(4) 与本案的辩护人、诉讼代理人有近亲属关系的；(5) 与本案当事人有其他利害关系，可能影响公正审判的。《最高人民法院关于审判人员在诉讼活动中执行回避制度若干问题的规定》第1条规定，审判人员具有下列情形之一的，应当自行回避，当事人及其法定代理人有权以口头或者书面形式申请其回避：(1) 是本案的当事人或者与当事人有近亲属关系的；(2) 本人或者其近亲属与本案有利害关系的；(3) 担任过本案的证人、翻译人员、鉴定人、勘验人、诉讼代理人、辩护人的；(4) 与本案的诉讼代理人、辩护人有夫妻、父母、子女或者兄弟姐妹关系的；(5) 与本案当事人之间存在其他利害关系，可能影响案件公正审理的。本规定所称近亲属，包括与审判人员有夫妻、直系血亲、三代以内旁系血亲及近姻亲关系的亲属。通过这两个规定可以发现，A项属于“与本案的辩护人、诉讼代理人有近亲属关系的”情形，故A项正确。C项中审判长丙尽管与当事人黄某有其他利害关系，但是没有达到可能影响公正审判的程度，故C项不正确。B项中“一审书记员乙系林某的表弟”属于法定回避理由，乙应当回避，但是其没有回避，依据《刑事诉讼法》第238条的规定，第二审人民法院发现第一审人民法院的审理有下列违反法律规定的诉讼程序的情形之一的，应当裁定撤销原判，发回原审人民法院重新审判：(1) 违反本法有关公开审判的规定的；(2) 违反回避制度的；(3) 剥夺或者限制了当事人的法定诉讼权利，可能影响公正审判的；(4) 审判组织的组成不合法的；(5) 其他违反法律规定的诉讼程序，可能影响公正审判的。所以，二审法院可以此为由裁定发回原审法院重审。故B项正确。《刑事诉讼法解释》第29条规定，参与过本案调查、侦查、审查起诉工作的监察、侦查、检察人员，调至人民法院工作的，不得担任本案的审判人员。在一个审判程序中参与过本案审判工作的合议庭组成人员或者独任审判员，不得再参与本案其他程序的审判。但是，发回重新审判的案件，在第一审人民法院作出裁判后又进入第二审程序或者死刑复核程序的，原第二审程序或者死刑复核程序中的合议庭组成人员不受本款规定的限制。故D项不正确。本题的正确答案为AB两项。

7. **答案**：ABCD。本题考查的是适用回避制度的检察人员范围。由于回避制度的目的是通过与案件法定利害关系或其他可能影响案件公正审理的关系的人不参加对案件的处理，来保证案件的公正处理，故凡负责、参与案件处理工作的人员都应属于回避制度的适用范围。故本题正确答案为ABCD。

8. **答案**：ABCD。本题考查的是回避制度适用的审判人员范围。由于回避制度的目的是通过与案件法定利害关系或其他可能影响案件公正审理的关系的人不参加对案件的处理，来保证案件的公正处理，故凡有权参与对案件的处理的人员，都应属于回避制度适用的范围。据此，本题正确答案为ABCD。

9. **答案**：AD。本题考查的是由检察委员会决定回避的人员范围。《刑事诉讼法》第31条第1款规定：“审判人员、检察人员、侦查人员的回避，应当分别由院长、检察长、公安机关负责人决定；院长的回避，由本院审判委员会决定；检察长和公安机关负责人的回避，由同级人民检察院检察委员会决定。”据此，本题正确答案为AD。

10. **答案**：ABCD。《刑事诉讼法》第29条规定，审判人员、检察人员、侦查人员有下列情形之一的，应当自行回避，当事人及其法定代理人也有权要求他们回避：(1) 是本案的当事人或者是当事人的近亲属的；(2) 本人或者他的近亲属和本案有利害关系的；(3) 担任过本案的证人、鉴定人、辩护人、诉讼代理人的；(4) 与本案当事人有其他关系，可能影响公正处理案件的。《刑事诉讼法》第32条规定，本章关于回避的规定适用于书记员、翻译人员和鉴定人。辩护人、诉讼代理人可以依照本章的规定要求回避、申请复议。本题中，黄某是辩护人，袁某是自诉人（属于当事人之一），袁某的儿子是诉讼代理人，小付的父亲是被告人的法定代理人，这四个人均有权申请回避。故本题的正确答案为ABCD四项。

三、名词解释

1. **答案**：自行回避是指审判人员、检察人员、侦查人员等在诉讼过程中遇有法定回避情形时，自行主动地要求退出刑事诉讼活动的制度。这种制度的实质是通过司法人员的职业自律和自我约束意识，消除可能导致案件得到不公正处理的可能性，使符合法定回避情形的司法人员自觉退出诉讼活动。
2. **答案**：申请回避是指案件当事人及其法定代理人认为审判人员、检察人员、侦查人员等具有法定回避情形，而向他们所在的机关提出申请，要求他们回避。申请司法人员回避，是当事人及其诉讼代理人的一项重要的诉讼权利。公安司法机关有义务保证当事人及其法定代理人充分有效地行使这一权利。
3. **答案**：指令回避是指审判人员、检察人员、侦查人员等遇有法定的回避情形而没有自行回避，当事人及其法定代理人也没有申请其回避，人民法院、人民检察、公安机关等有关组织或行政负责人有权作出决定，令其退出诉讼活动。指令回避是回避制度的重要组成部分，是对自行回避和申请回避的必要补充。
4. **答案**：有因回避又称为附理由的回避，是指拥有回避申请权的诉讼参与者只有在案件具备法定的回避理由的情况下，才能提出要求有关司法人员回避的申请。我国刑事诉讼法规定的回避属于有因回避。
5. **答案**：无因回避又可称为强制回避或不附理由的回避，是指有权提出回避申请的人无须提出任何理由，即可要求法定数量的司法人员回避，这种申请一旦提出，即可导致这些司法人员回避。

四、简答题

1. **答案**：回避制度，是指法律所规定的与案件当事人有某种利害关系的审判人员、检察人员、侦查人员，以及书记员、鉴定人、翻译人员，不得参加该案件诉讼活动的一种诉讼制度。回避的适用情形包括：

   （1）是本案的当事人或者是当事人的近亲属的；

   （2）本人或者他的近亲属和本案有利害关系的；

   （3）担任过本案的证人、鉴定人、辩护人、诉讼代理人的；

   （4）与本案当事人有其他关系，可能影响公正处理案件的；

   （5）审判人员、检察人员、侦查人员等接受当事人及其委托人的请客送礼，违反规定会见当事人及其委托人的。
2. **答案**：回避的人员范围是指在法律明确规定的回避情形下应当回避的公安司法人员的范围。只有属于这一范围的人员才可以自行主动回避，或者被当事人等申请回避。根据《刑事诉讼法》第29条和第32条的规定，适用回避的人员包括审判人员、检察人员、侦查人员以及参加侦查、起诉、审判活动的书记员、翻译人员和鉴定人。对于检察委员会委员和审判委员会委员的回避问题，我国刑事诉讼法没有作出明确的规定。但从理论上讲，检察委员会委员和审判委员会委员也应当被列入回避的人员范围。因为他们分别作为对检察工作和审判工作集体领导的检察组织和审判组织，他们所进行的讨论案件的活动具有正式的检察活动和审判活动的性质。如果某一检察委员会委员或审判委员会委员与当事人或案件有某种利害关系或其他特殊关系，他在讨论和决定案件时就很难做到公正无私，以至于影响案件进行公正、客观的处理。

五、论述题

答案：（1）回避的概念

刑事诉讼中的回避，是指侦查人员、检察人员和审判人员，因与案件或案件的当事人具有某种利害关系或其他特殊关系，可能影响刑事案件的公正处理，而不得参加对该案进行的诉讼活动的一项诉讼制度。

回避制度是现代各国刑事诉讼法普遍确立的一项诉讼制度。西方诉讼理论中有一项著名的“自然公正”原则，即要求任何人也不得担任自己为当事人的案件的裁判者，否则由他主持进行的诉讼活动不具备法律效力。回避制度的建立，旨在确保法官、陪审员在诉讼中保持中立无偏的地位，使当事人受到公正的对待，尤其获得公正审判的机会。因而，回避的对象主要限于那些制作裁判的法官和陪审员，回避也主要在法庭审判阶段适用。

（2）回避的意义

①确保刑事案件得到客观公正的处理。这是回避制度的实体意义。刑事诉讼的主要目的之一在于，确保司法人员在及时、准确地查明案件事实真相的前提下，正确适用刑事实体法，使有罪的被告人受到公正的定罪和判刑，使无罪者免受定

罪的判刑。建立回避制度，使与案件或当事人存有法定利害关系或其他可能影响案件公正处理关系的司法人员及时退出诉讼过程，将有利于案件得到公正、客观的处理，避免案件误判的发生。

②确保当事人在刑事诉讼中受到公正的对待。这是回避制度的程序意义。为确保刑事诉讼程序的公正性，法律必须建立一种旨在使公安司法人员中立无偏的机制，回避制度即为这一机制的一个重要环节。通过确保那些与案件有利害关系或其他不当关系的司法人员及时退出诉讼的进程，当事人各方将可能免受其偏袒、歧视或其他不公正对待，从而平等地、充分地享受诉讼权利、参与诉讼活动。回避制度正是通过对司法人员中立性以及当事人各方的平等参与性的维护，来确保刑事诉讼过程的公正性的。

③确保法律制度和法律实施过程得到当事人和社会公正的普遍尊重。“正义不仅要得到实现，而且要以人们都能看得见的方式得到实现。”回避制度的实施，使当事人拥有对他们不信任的司法人员申请回避的机会，这在一定程度上可以使当事人拥有对主持或参与案件侦查、起诉或审判的司法人员进行选择的权利。这会消除当事人对司法人员的不信任感，有助于他们对司法程序和裁判结果的尊重和自愿接受，即使这种结果事实上对其不利。同时，回避制度的实施及其所保障的程序公正价值，还可唤起社会公众对法律制度和法律实施过程的普遍尊重，从而有助于法治秩序的建立和维护。

六、案例分析题

1. **答案**：(1) 不充分。根据我国《刑事诉讼法》第29条的规定，审判人员、检察人员、侦查人员有下列情形之一的，应当自行回避，当事人及其法定代理人也有权要求他人回避：①是本案当事人或当事人的近亲属；②本人或他的近亲属和本案有利害关系的；③担任过本案的证人、鉴定人、辩护人、诉讼代理人的；④与本案当事人有其他关系，可能影响公正处理案件的。由于乙女与丙并不认识，虽然生活在同一个县城里，这一事实却不可能影响案件的公正审理，因而甲男提出的回避理由并不充分。

(2) 应由法院院长决定。我国《刑事诉讼法》规定，审判人员、检察人员、侦查人员的回避，应当分别由院长、检察长、公安机关负责人决定；院长的回避，由本院审判委员会决定；检察长和公安机关负责人的回避，由同级人检察院检察委员会决定。因而本案中，审判长直接驳回甲男对审判员丙的回避申请的做法是错误的，正确的做法应当是由法庭报请该法院院长决定审判员丙是否继续担任该合议庭的组成人员。

2. **答案**：(1) 代某应当回避。因为代某是本案的证人。根据《刑事诉讼法》第29条规定，其应当回避。

(2) 代某的回避决定应由公安机关的负责人作出。在回避决定作出前，根据《刑事诉讼法》第31条第2款的规定，侦查人员代某不能停止对本案的侦查。

(3) 雷某是承办该案的审判人员，其接受当事人一方请客吃饭的行为是违反法律规定的，胡某申请其回避符合《刑事诉讼法》第30条的规定。

(4) 因为胡某的申请理由是法律规定的情形之一，因此，对雷某是否回避应由院长作出决定，审判长无权驳回申请。《刑事诉讼法》第31条第1款规定，审判人员、检察人员、侦查人员的回避，应当分别由院长、检察长、公安机关负责人决定；院长的回避，由本院审判委员会决定；检察长和公安机关负责人的回避，由同级人民检察院检察委员会决定。

(5) 关于回避申请的复议，《刑事诉讼法》第31条第3款规定，对驳回申请回避的决定，当事人及其法定代理人可以申请复议一次。因此，胡某如不服驳回申请回避的决定，有权申请复议。

(6) 胡某提出申请后，法院作出决定前，雷某应当暂停审判工作。

第九章　辩护与代理

基础知识图解

辩护与代理
- 辩护
  - 辩护、辩护权以及辩护制度的概念
  - 辩护制度
    - 历史发展
      - 西方现代意义上的辩护产生于资产阶级革命胜利后
      - 我国辩护制度的确立经过漫长的发展道路
    - 理论基础
    - 意义：更大程度上对人权的保护
  - 种类：自行辩护、委托辩护、法律援助辩护
  - 辩护人
    - 范围：律师，人民团体或犯罪嫌疑人、被告人单位推荐的人以及其监护人、亲友
    - 责任：从实体、程序上为犯罪嫌疑人、被告人进行辩护并提供其他法律帮助
    - 诉讼地位：独立的主体
    - 诉讼权利和诉讼义务：（《刑事诉讼法》第38条、第39条、第40条、第41条、第42条、第43条、第191条、第192条、第227条以及《律师法》第33条~第38条规定）
- 代理
  - 概念：代理人接受公诉案件的被害人及其法定代理人或其近亲属、自诉案件的自诉人及其法定代理人、附带民事诉讼的当事人及其法定代理人的委托，以被代理人名义参加诉讼，由被代理人承担代理的法律后果的一项诉讼活动
  - 类型
    - 自诉案件的代理
    - 公诉案件中被害人代理
    - 附带民事诉讼的代理

配套测试

一、单项选择题

1. 某监狱的一名管教因涉嫌体罚、虐待被监管人员被人民检察院立案侦查，侦查终结后，案件由人民检察院的侦查部门移送至本院的审查起诉部门审查起诉，继而向人民法院提起公诉。本案中，这名管教打算委托一名辩护人，则他从什么时候起可以委托辩护人？（　　）
   A. 自案件进入人民检察院之日起
   B. 自其被第一次讯问或者采取强制措施之日起
   C. 自案件由人民检察院的侦查部门移送至审查起诉部门之日起
   D. 自案件起诉至人民法院之日起
2. 李某与赵某是邻居，平时关系紧张，一日两人因琐事发生争吵，进而互殴，李某将赵某打伤，经法医鉴定为轻微伤。赵某对李某提起了刑事自诉，则李某何时可以聘请辩护人？（　　）
   A. 自法院向其送达起诉书副本之日起
   B. 在本案开庭审理之后
   C. 自其被采取强制措施之日起
   D. 可以随时委托辩护人
3. 在刑事诉讼中，犯罪嫌疑人、被告人除自己行使辩护权外，还可以委托他人作为自己的辩护人。关于一名犯罪嫌疑人或者被告人可以委托的辩护人的人数，下列哪种说法是正确的？（　　）
   A. 只能是一名
   B. 可以是两名
   C. 只能是两名
   D. 犯罪嫌疑人最多委托一名，被告人可以委托两名
4. 在刑事诉讼中，辩护人享有的权利是比较广泛的，根据我国法律的规定，下列说法正确的是(　　)。

A. 辩护人可以直接向被害人收集有关的证据材料
B. 辩护人经被害人提供的证人同意，可以直接向他们收集有关证据材料
C. 辩护人在法庭审理过程中，有权申请通知新的证人出庭作证
D. 辩护律师有权查阅、摘抄、复制司法人员关于案件的讨论记录

5. 我国刑事诉讼法规定了刑事代理制度，下列人员中不能委托诉讼代理人的是(　　)。
A. 自诉人的近亲属
B. 被害人的近亲属
C. 附带民事诉讼的原告人
D. 附带民事诉讼的被告人

6. 一日夜间，江某和贺某共同潜入一家商店，盗窃了价值2万余元的皮大衣。事发后，二人被依法提起公诉。江某聘请了一名律师担任其辩护人，而贺某没有委托辩护人。对此，人民法院(　　)。
A. 应当要求贺某委托辩护人
B. 必须通知法律援助机构为贺某指派辩护人
C. 可以通知法律援助机构为贺某指派辩护人，即使贺某本人并非经济困难
D. 只有当贺某因经济困难而没有委托辩护人时，才应通知法律援助机构为其指派辩护人

7. 郭某涉嫌招摇撞骗罪。在检察机关审查起诉时，郭某希望委托辩护人。下列哪一人员可以被委托担任郭某的辩护人？(　　)(司考2009.2.23)
A. 郭某的爷爷，美籍华人
B. 郭某的儿子，16岁
C. 郭某的朋友甲，曾为郭某招摇撞骗伪造国家机关证件
D. 郭某的朋友乙，司法行政部门负责人

8. 法官齐某从A县法院辞职后，在其妻洪某开办的律师事务所从业。关于齐某与洪某的辩护人资格，下列哪一选项是正确的？(　　)(司考2016.2.25)
A. 齐某不得担任A县法院审理案件的辩护人
B. 齐某和洪某不得分别担任同案犯罪嫌疑人的辩护人
C. 齐某和洪某不得同时担任同一犯罪嫌疑人的辩护人
D. 洪某可以律师身份担任A县法院审理案件的辩护人

9. 在整个刑事诉讼中，犯罪嫌疑人、被告人实现其辩护权的基本方式是(　　)。
A. 委托律师辩护
B. 委托亲友辩护
C. 自行辩护
D. 法律援助辩护

10. 下列人员中不能担任辩护人的是(　　)。
A. 曾受刑罚处罚的人
B. 正在被执行刑罚或者依法被剥夺、限制人身自由的人
C. 曾被剥夺政治权利的人
D. 三年前曾在审理该案的法院任审判员的人

11. 小亮今年22岁，在一家公司打工，因为交通肇事而被推上了法院的刑事被告席。小亮打算委托一人作为自己的辩护人，在他提出的下列人选中，人民法院可以准许的有(　　)。
A. 他的好朋友，公司的法律部负责人，美国人史密斯
B. 他在监狱工作的表姨夫
C. 他的一位在人民检察院工作的哥哥
D. 目睹了他交通肇事行为的好朋友小张

12. 自诉案件的被告人有权随时委托辩护人，人民法院也有义务告知被告人有权委托辩护人，其告知时间是(　　)。
A. 在接到案件后3日内
B. 在决定受理案件后3日内
C. 在接到案件后7日内
D. 在决定受理案件后7日内

13. 在审查起诉阶段，人民检察院有义务保证犯罪嫌疑人行使辩护权，其应当告知犯罪嫌疑人有权委托辩护人的时间是(　　)。
A. 在收到移送审查起诉的案件材料后7日以内
B. 在收到移送审查起诉的案件材料之日起3日以内
C. 在收到移送审查起诉的案件材料后10日以内
D. 在收到移送审查起诉的案件材料后至决定提起公诉前的任何时候

14. C市人民法院受理陈某盗窃案后，因陈某系未成年人，即通知法律援助机构指派律师高某作为陈某的辩护人。开庭审理时，陈某以刚刚知道自己的父亲与辩护人高某的姐姐在一个单位且向来关系不好为理由，拒绝高某继续为其辩护，同时提出不需要辩护人而由自己自行辩护。对此，C市人民法院应按下列哪个选项处理？(　　)
A. 应当准许，并记录在案
B. 准许陈某拒绝高某继续辩护，但要求陈某另行委托辩护人或者通知法律援助机构另行为陈某指派辩护人
C. 通知陈某的近亲属，由其亲属决定是否需要辩护人辩护
D. 不准陈某拒绝高某继续辩护

15. 郭某因盗窃罪被人民法院提起公诉，但因为经济困难所以无力聘请律师，于是其向人民法院申请

法律援助。下列对刑事诉讼中法律援助的陈述中不正确的是(　　)。

A. 公民在刑事诉讼方面需要获得律师帮助，但是无力支付律师费用的，可以按照国家规定获得法律援助

B. 被告人可能被判处无期徒刑、死刑而没有委托辩护人的，人民法院应当通知法律援助机构指派律师为其提供辩护

C. 被告人是盲、聋、哑或者未成年人而没有委托辩护人的，人民法院应当通知法律援助机构指派律师为其提供辩护

D. 被告人没有委托辩护人的，法律援助机构应当指派律师为其提供辩护

16. 郭某涉嫌参加恐怖组织罪被逮捕，随后委托律师姜某担任辩护人。关于姜某履行辩护职责，下列哪一选项是正确的？(　　)（司考 2016. 2. 26）

A. 姜某到看守所会见郭某时，可带 1 ~ 2 名律师助理协助会见

B. 看守所可对姜某与郭某的往来信件进行必要的检查，但不得截留、复制

C. 姜某申请法院收集、调取证据而法院不同意的，法院应书面说明不同意的理由

D. 法庭审理中姜某作无罪辩护的，也可当庭对郭某从轻量刑的问题发表辩护意见

17. 根据《刑事诉讼法》的规定，辩护律师收集到的下列哪一证据应及时告知公安机关、检察院？(　　)（司考 2016. 2. 27）

A. 强奸案中被害人系精神病人的证据

B. 故意伤害案中犯罪嫌疑人系正当防卫的证据

C. 投放危险物质案中犯罪嫌疑人案发时在外地出差的证据

D. 制造毒品案中犯罪嫌疑人犯罪时刚满 16 周岁的证据

18. 马某盗窃案被公安机关立案侦查关于本案侦查阶段辩护人的行为合法的是(　　)。

A. 找目击证人核实证据

C. 侦查终结找侦查机关复制起诉意见书

C. 检察院审查批捕期间申请检察院调查嫌疑人无罪的证据

D. 将获得的犯罪嫌疑人不在犯罪现场的证据告知公安机关

二、多项选择题

1.《刑事诉讼法》中的“诉讼代理人”是指(　　)。

A. 犯罪嫌疑人、被告人委托的辩护人

B. 公诉案件的被害人及其法定代理人或者近亲属委托的代为参加诉讼的人

C. 自诉案件的自诉人及其法定代理人委托的代为参加诉讼的人

D. 附带民事诉讼的当事人及其法定代理人委托的代为参加诉讼的人

2. 关于有效辩护原则，下列哪些理解是正确的？(　　)（司考 2015. 2. 69）

A. 有效辩护原则的确立有助于实现控辩平等对抗

B. 有效辩护是一项主要适用于审判阶段的原则，但侦查、审查起诉阶段对辩护人权利的保障是审判阶段实现有效辩护的前提

C. 根据有效辩护原则的要求，法庭审理过程中一般不应限制被告人及其辩护人发言的时间

D. 指派没有刑事辩护经验的律师为可能被判处无期徒刑、死刑的被告人提供法律援助，有违有效辩护原则

3. 刘某涉嫌特别重大贿赂犯罪被指定居所监视居住，律师洪某担任其辩护人。关于洪某在侦查阶段参与刑事诉讼，下列哪些选项是正确的？(　　)（司考 2014. 2. 68）

A. 会见刘某应当经公安机关许可

B. 可申请将监视居住的地点变更为刘某的住处

C. 可向刘某核实有关证据

D. 会见刘某不受监听

4. 辩护律师取证的方式有(　　)。

A. 强制收集证人证言

B. 经证人或者其他有关单位和个人同意，向他们收集与本案有关的材料

C. 申请人民检察院、人民法院收集、调取证据

D. 申请人民法院通知证人出庭作证

5. 常某因故意杀人罪被起诉至人民法院，辩护人认为本案事实清楚，证据确实充分，定性准确，辩护人没有异议。常某于是当庭拒绝辩护人继续为其辩护。对此，下列哪些说法是正确的？(　　)

A. 人民法院不应准许

B. 人民法院应当准许

C. 拒绝辩护人为其辩护是被告人的权利

D. 被告人可以另行委托辩护人

6. 根据《刑事诉讼法》和有关的司法解释，被告人没有委托辩护人而又具有哪些情形的，人民法院应当通知法律援助机构为其指派辩护律师？(　　)

A. 犯罪时不满 18 周岁，开庭审理时已满 18 周岁

B. 可能被判处死刑的人

C. 盲人

D. 聋哑人

7. 根据我国刑事诉讼法的规定，在审查起诉阶段，辩护律师可以查阅、摘抄、复制的材料是(　　)。

A. 证人证言　　B. 鉴定意见
C. 批准逮捕决定书　　D. 起诉意见书

8. 徐某17岁时抢劫他人财物，2年后被公安机关立案侦查。同他一起被立案侦查的还有其朋友阮某。公安机关经侦查查明阮某并未参与抢劫行为，只是经常和徐某在一起厮混而已，因而撤销了关于阮某的案件部分。徐某最终被起诉至人民法院。人民法院开庭审理了此案。对于此案，下列说法正确的是(　　)。
A. 当徐某未委托辩护人时，人民法院也可以不通知法律援助机构为其指派律师提供辩护
B. 徐某可以委托阮某作为他的辩护人
C. 徐某可以委托他的一位在人民检察院工作的表兄作为辩护人
D. 徐某可以委托他的正在该人民法院任法官的姐姐作为辩护人

9. 段某因受人侮辱而向人民法院提起诉讼，要求追究行为人杨某的刑事责任。人民法院受理案件后，段某委托了一名律师代理自己诉讼。对此，下列说法正确的有(　　)。
A. 该律师必须向人民法院提交由段某签名或者盖章的委托书
B. 该律师可以代段某出庭参加法庭审理
C. 该律师可以在法庭上与被告人杨某及其辩护人进行辩论
D. 该律师可以在一审判决作出后，提出上诉

10. 在人民法院审理的一件案子中，被告人王某刚满17周岁，人民法院依法通知法律援助机构为其指派了辩护律师，但是被告人王某坚持自己行使辩护权，拒绝法律援助律师为其辩护，则下列说法符合有关规定的是(　　)。
A. 被告人无权拒绝法律援助辩护
B. 人民法院应当不予准许
C. 人民法院应当先审查，被告人有正当理由的，应当准许
D. 人民法院准许后，应当通知法律援助机构为其另行指派辩护律师或者由被告人另行委托辩护人

11. 在人民检察院对案件审查起诉期间，关于辩护律师的诉讼权利，下列哪些说法是正确的？(　　)
A. 可以不经人民检察院许可，同在押的犯罪嫌疑人会见
B. 必须经人民检察院许可，才能同在押的犯罪嫌疑人会见
C. 可以不经人民检察院许可，同在押的犯罪嫌疑人通信
D. 必须经人民检察院许可，才能同在押的犯罪嫌疑人通信

12. 张律师的父亲被指控犯有受贿罪，张律师(　　)。
A. 可以律师身份接受委托，担任辩护人
B. 不可以接受委托
C. 可以经其父亲同意后委托其他律师作辩护人
D. 可以近亲属身份接受委托担任辩护人

13. 对辩护人资格的特殊限制和要求有(　　)。
A. 剥夺政治权利的人，在被剥夺政治权利期间，除非是被告人的近亲属、监护人，不能担任辩护人
B. 辩护人不能是本案的证人、鉴定人
C. 可能被判处死刑的被告人的辩护人要由法律援助机构指派
D. 公、检、法机关的现职工作人员，以及人民陪审员，除非是被告人的近亲属、监护人，不宜担任辩护人

14. 马某被人民检察院指控犯有抢劫罪，同他一起被指控的还有谢某某。在人民法院受理案件后，马某的辩护律师黄某，提出要向被害人收集一些材料。身为某公司职员的谢某某的哥哥谢某，由于被谢某某委托为辩护人，因而以辩护人的身份提出要向被害人所提供的一名证人夏某收集一些材料。对于上述情况的处理，下述说法正确的是(　　)。
A. 黄某和谢某都无权直接向被害人或夏某收集与案件有关的材料
B. 谢某向夏某收集有关材料需经过夏某的同意，而黄某向被害人收集有关材料则不需被害人的同意
C. 黄某可以申请人民法院向被害人收集有关材料，而谢某则无权向人民法院提出类似的申请
D. 谢某向夏某收集有关材料要经过夏某的同意和人民法院的许可，而黄某向被害人收集有关材料也需要经过被害人的同意和人民法院的许可

15. 辩护律师有权从事下列哪些活动？(　　)
A. 说服证人改变证言以利于辩护工作的开展
B. 自人民检察院对案件审查起诉之日起，查阅、摘抄、复制本案的案卷材料，同在押的犯罪嫌疑人会见和通信
C. 持律师执业证书、律师事务所证明和委托书或者法律援助公函会见在押的犯罪嫌疑人
D. 经证人或者其他有关单位和个人同意，向他们收集与本案有关的材料；申请人民检察院、人民法院收集、调取证据，或者申请人民法院通知证人出庭作证

16. 马某因故意伤害而被人民检察院依法起诉至人民法院。案件进入人民法院后，马某一直想委托辩护人，在他的脑子里有这样几位人选，甲，本单位有名的“小能人”，懂法律，但半年前被法院判处管制 10 个月；乙，自己的一位朋友，曾因打架而被判处有期徒刑 1 年，半年前刑满释放，现为个体户；丙，自己的一位亲戚，国家干部；丁，某法律刊物的撰稿人，因非法出版刊物而在 3 个月前被人民法院判处剥夺政治权利 10 个月。在这四个人当中，能够被马某委托为辩护人的是(　　)。

A. 甲　　B. 乙
C. 丙　　D. 丁

17. 陈律师接受犯罪嫌疑人丁某的委托，在案件的侦查阶段作为丁某的辩护人为其提供法律帮助。在此阶段，陈律师可以履行哪些职责？(　　)

A. 向侦查机关了解丁某涉嫌的罪名
B. 为丁某提供法律咨询
C. 了解案件有关情况
D. 代理丁某申诉和控告

18. 被告人郑某因故意杀人罪被起诉，因为郑某符合法律援助的条件，法院通知法律援助机构给他指派了辩护律师，但郑某坚持要自己进行辩护。下列有关刑事诉讼中拒绝辩护的表述中正确的是(　　)。

A. 在刑事审判过程中，被告人可以拒绝辩护律师为其辩护，这种拒绝一经提出，就应当生效
B. 被告人坚持自己行使辩护权，拒绝法律援助机构指派的辩护律师为其辩护的，人民法院一般不予准许
C. 辩护律师接受委托之后，没有正当理由，不得拒绝辩护
D. 如果委托事项违法，委托人利用律师提供的服务从事违法活动或者委托人隐瞒事实的，律师有权拒绝辩护

19. 某市法院审理被告人赵某故意伤害案，通知法律援助机构为其指派了辩护律师。庭审中，赵某拒绝辩护律师为其辩护，合议庭的下列哪些做法是正确的？(　　)

A. 赵某要求另行委托辩护人时，应当同意，并宣布延期审理
B. 赵某要求另行指派辩护律师时，应当同意，并宣布延期审理
C. 赵某要求另行指派辩护律师时，不应当同意，并宣布继续审理
D. 赵某另行委托辩护人的，自宣布延期审理之日起至第十日止，准备辩护时间不计入审限

20. 下列关于辩护人介入刑事诉讼的时间的有关陈述中，正确的是(　　)。

A. 被告人有权随时委托辩护人
B. 人民检察院自收到移送审查起诉的案件材料之日起 3 日以内，应当告知犯罪嫌疑人有权委托辩护人。人民法院自受理自诉案件之日起 3 日以内，应当告知被告人有权委托辩护人
C. 侦查机关在第一次讯问犯罪嫌疑人或者对其采取强制措施时应当告知犯罪嫌疑人有权委托辩护人
D. 犯罪嫌疑人在被侦查机关第一次讯问或者采取强制措施之日起，有权委托辩护人

21. 关于辩护人的辩护主张与司法机关及犯罪嫌疑人、被告人的关系，下列哪些说法是正确的？(　　)

A. 独立于公安机关
B. 独立于检察机关
C. 独立于审判机关
D. 独立于犯罪嫌疑人和被告人

22. 关于刑事诉讼法定代理人与诉讼代理人的区别，下列哪些选项是正确的？(　　)(司考 2009. 2. 67)

A. 法定代理人基于法律规定或法定程序产生，诉讼代理人基于被代理人委托产生
B. 法定代理人的权利源于法律授权，诉讼代理人的权利源于委托协议授权
C. 法定代理人可以违背被代理人的意志进行诉讼活动，诉讼代理人的代理活动不得违背被代理人的意志
D. 法定代理人可以代替被代理人陈述案情，诉讼代理人不能代替被代理人陈述案情

23. 在刑事诉讼中，下列哪些诉讼参与人可以由他人代理实施诉讼行为？(　　)

A. 附带民事诉讼当事人的近亲属
B. 被害人
C. 自诉人
D. 证人

24. 审理一起团伙犯罪案时，因涉及多个罪名和多名被告人、被害人，审判长为保障庭审秩序，提高效率，在法庭调查前告知控辩双方注意事项。下列哪些做法是错误的？(　　)(司考 2012. 2. 69)

A. 公诉人和被告人仅就刑事部分进行辩论，被害人和被告人仅就附带民事部分进行辩论
B. 控辩双方仅在法庭辩论环节就证据的合法性、相关性问题进行辩论
C. 控辩双方可就证据问题、事实问题、程序问题以及法律适用问题进行辩论

D. 为保证控方和每名辩护人都有发言时间，控方和辩方发表辩论意见时间不超过 30 分钟

三、不定项选择题

小张因故意伤害行为而被公安机关立案侦查，在公安机关侦查期间，小张委托了律师王某担任辩护人为其提供帮助，王某在接受委托后就向公安机关提出要会见小张；后来该案件被移送人民检察院审查起诉，在此期间，小张委托他的好朋友小刘作为他的辩护人。小刘是一所中学的政治老师，接受委托后，他向人民检察院提出要同小张会见并通信。

（1）本案中，关于说法不正确的是(　　)。

A. 公安机关可以拒绝小张委托律师的申请

B. 公安机关应当拒绝小张委托律师的申请

C. 公安机关应当拒绝王某要会见小张的申请

D. 公安机关可以拒绝王某要会见小张的申请

（2）关于小刘提出的申请，下列说法正确的是(　　)。

A. 人民检察院应当拒绝小刘的申请

B. 人民检察院可以拒绝小刘的申请

C. 人民检察院不能拒绝小刘的申请

D. 人民检察院可以以案件事实不清，证据不足为由拒绝小刘的申请

四、名词解释

1. 刑事法律援助制度
2. 辩护权（西北政法大学 2005 年考研题）

五、简答题

1. 简析题：1990 年哈瓦那里第 8 届联合国预防犯罪与罪犯待遇大会通过的《关于律师作用的基本原则》（我国是成员国）第 8 条规定：遭逮捕、拘留或监禁的所有的人应有充分机会、时间和便利条件，毫不延迟地……接受律师来访和与律师协商。这种协商可在执法人员看得见但听不着的范围内进行。

   问：请从理论上简析上述规定，并结合这句话对我国刑事诉讼中犯罪嫌疑人的律师会见权进行简要的评析。
2. 简述刑事诉讼中的代理。
3. 简述我国刑事诉讼中哪些人可以充当辩护人。

六、论述题

试论刑事诉讼中的控辩平等对抗。

七、案例分析题

1. 在一起放火案中，红叶造纸厂的一个仓库被他人放火焚烧，造成直接经济损失达 50 万元。事后经查明，放火者是另一个造纸厂的厂长。案件经公安机关侦查终结后，移送人民检察院审查起诉，红叶造纸厂提出要委托诉讼代理人。人民检察院则说：公诉案件的被害人指的是自然人，不包括单位，因而法律上所说的“被害人及其法定代理人或者近亲属有权委托诉讼代理人”不能适用于红叶造纸厂。如果红叶造纸厂确实要委托诉讼代理人，也只能提起附带民事诉讼，以附带民事诉讼原告人的身份委托诉讼代理人，并且要在人民法院受理案件之后才能委托诉讼代理人。无奈，红叶造纸厂只好提起了附带民事诉讼，并在案件起诉至人民法院后委托了在某监狱任职的严某作为诉讼代理人。在法院审判过程中，严某去人民法院查阅、复制案件有关材料，了解案情，人民法院没有准许。严某因此辞去了诉讼代理人的职务。红叶造纸厂要求另行委托诉讼代理人，被人民法院告知：只能在法庭开庭审理之前委托诉讼代理人，现在已进入法庭审理中的阶段，因而红叶造纸厂不能再委托诉讼代理人了。人民法院最后作出了刑事附带民事判决。

   问：

   （1）本案中，人民检察院的说法是否正确？

   （2）本案中，人民法院是否有权不允许严某查阅、复制有关材料？

   （3）最后，法院不允许红叶造纸厂再次委托诉讼代理人的理由是否正确？
2. 吕某（17 岁）因抢劫被公安机关抓获，在侦查过程中，吕某提出要求委托一名律师，并且要求在侦查期间与律师会见。侦查人员答复说，公诉案件中的犯罪嫌疑人只有在案件移送审查起诉之日起才能委托辩护人，侦查阶段不能委托律师。后此案经公安机关侦查终结，移送人民检察院审查起诉。人民检察院在收到移送审查起诉的案件材料后的第 6 天，告知吕某有权委托辩护人。吕某说自己是未成年人，根据法律规定，应当由国家为他提供律师，因此他不想自己花钱请，要求人民检察院为他提供法律援助辩护。人民检察院拒绝了他的这一要求。后市人民检察院向市中级人民法院提起公诉。市中级人民法院在开庭前 10 日将起诉书副本送达了吕某，发现他还没有委托辩护人，于是通知法律援助机构指派律师董某为吕某辩护。在法院开庭审理过程中，吕某提出董某对案情根本不熟，纯属应付，拒绝董某继续为他辩护。市中级人民法院经劝说无效，同意吕某在没有律师辩护的情况下接受审判，并作出了一审判决。

问：

(1) 吕某在侦查阶段是否有权委托律师并与律师会见？侦查人员的说法正确与否？

(2) 人民检察院在收到移送审查起诉的案件材料之日起第6日告知犯罪嫌疑人委托辩护人的权利，是否违反了法律的规定？

(3) 在审查起诉阶段，人民检察院是否有义务为吕某提供法律援助辩护？

(4) 市中级人民法院在审判阶段为吕某提供法律援助辩护，是否正确，为什么？

(5) 吕某拒绝律师董某为其辩护，法院在吕某没有律师的情况下进行审判是否合法？

参考答案

一、单项选择题

1. **答案：**B。本题考查的是犯罪嫌疑人可以委托辩护人的时间。我国《刑事诉讼法》第34条第1款规定："犯罪嫌疑人自被侦查机关第一次讯问或者采取强制措施之日起，有权委托辩护人；在侦查期间，只能委托律师作为辩护人。被告人有权随时委托辩护人。"本案是由人民检察院立案侦查的案件，正确答案为B。

2. **答案：**D。本题考查的是自诉案件被告人可以委托辩护人的时间。我国《刑事诉讼法》第34条第1款规定："犯罪嫌疑人自被侦查机关第一次讯问或者采取强制措施之日起，有权委托辩护人；在侦查期间，只能委托律师作为辩护人。被告人有权随时委托辩护人。"故本题正确答案为D。

3. **答案：**B。本题考查的是犯罪嫌疑人、被告人可以委托的辩护人的人数。我国《刑事诉讼法》第33条规定："犯罪嫌疑人、被告人除自己行使辩护权以外，还可以委托一至二人作为辩护人……"据此，本题正确答案为B。

4. **答案：**C。本题考查的是辩护人的诉讼权利。根据《刑事诉讼法》第43条第2款的规定，辩护人不能直接向被害人或被害人提供的证人直接收集证据，而是必须经人民检察院或者人民法院的许可。故本题AB项不正确。根据《刑事诉讼法解释》第53条的规定，辩护人不得查阅、摘抄、复制司法人员关于案件的讨论记录。故本题D项不正确。《刑事诉讼法》第197条第1款规定："法庭审理过程中，当事人和辩护人、诉讼代理人有权申请通知新的证人到庭，调取新的物证，申请重新鉴定或者勘验。"据此，辩护人在法庭审理过程中，有权申请通知新的证人出庭作证。故本题C项正确。

5. **答案：**A。本题考查的是有权委托诉讼代理人的人员范围。我国《刑事诉讼法》第46条第1款规定："公诉案件的被害人及其法定代理人或者近亲属，附带民事诉讼的当事人及其法定代理人，自案件移送审查起诉之日起，有权委托诉讼代理人。自诉案件的自诉人及其法定代理人，附带民事诉讼的当事人及其法定代理人，有权随时委托诉讼代理人。"据此，本题BCD所述人员都有权委托诉讼代理人。根据上述规定，自诉人的法定代理人有权委托诉讼代理人，而自诉人的近亲属无此权利。故本题正确答案为A。

6. **答案：**C。本题考查的是法律援助辩护的情形。《刑事诉讼法解释》第48条第1项规定："共同犯罪案件中，其他被告人已经委托辩护人。"本案为共同犯罪案件，因为被告人江某已委托辩护人，所以人民法院可以为另一被告人贺某指定辩护人，而不论其是否因经济困难而未委托辩护人。故本题正确答案为C。

7. **答案：**D。本题考核辩护人的范围。《刑事诉讼法解释》第40条规定，人民法院审判案件，应当充分保障被告人依法享有的辩护权利。

被告人除自己行使辩护权外，还可以委托辩护人辩护。下列人员不得担任辩护人：(1) 正在被执行刑罚或者处于缓刑、假释考验期间的人；(2) 依法被剥夺、限制人身自由的人；(3) 被开除公职或者被吊销律师、公证员执业证书的人；(4) 人民法院、人民检察院、监察机关、公安机关、国家安全机关、监狱的现职人员；(5) 人民陪审员；(6) 与本案审理结果有利害关系的人；(7) 外国人或者无国籍人；(8) 无行为能力或者限制行为能力的人。前款第三项至第七项规定的人员，如果是被告人的监护人、近亲属，由被告人委托担任辩护人的，可以准许。A项中，刑事诉讼中的"近亲属"是指夫、妻、父、母、子、女、同胞兄弟姊妹。故郭某的爷爷不是郭某的近亲属，不能被委托担任辩护人。B项郭某16岁的儿子属于限制行为能力人，依法不能担任辩护人。C项甲属于与本案审理结果有利害关系的人，不能担任辩护人。D项乙是司法行政部门负责人，不属于人民法院、人民检察院、公安机关、国家安全机关、监狱的现职人员，可以担任辩护人，D项正确。

8. **答案**：D。本题考查辩护人的范围和人数。根据《刑事诉讼法》第33条第1款规定，犯罪嫌疑人、被告人除自己行使辩护权外，还可以委托一人至二人作为辩护人。故C项错误。《六机关规定》第4条第2款规定，一名辩护人不得为两名以上的同案犯罪嫌疑人、被告人辩护，不得为两名以上的未同案处理但实施的犯罪存在关联的犯罪嫌疑人、被告人辩护。故B项错误。《刑事诉讼法解释》第41条规定，审判人员和人民法院其他工作人员从人民法院离任后二年内，不得以律师身份担任辩护人。审判人员和人民法院其他工作人员从人民法院离任后，不得担任原任职法院所审理案件的辩护人，但作为被告人的监护人、近亲属进行辩护的除外。审判人员和人民法院其他工作人员的配偶、子女或者父母不得担任其任职法院所审理案件的辩护人，但作为被告人的监护人、近亲属进行辩护的除外。故A项错误，D项正确。本题的正确选项为D项。

9. **答案**：C。本题考查的是犯罪嫌疑人、被告人实现其辩护权的基本方式。根据我国刑事诉讼法的规定，犯罪嫌疑人、被告人实现其辩护权有三种：自行辩护、委托辩护和法律援助辩护。自行辩护是指犯罪嫌疑人、被告人自己针对指控进行反驳、申辩和辩解的行为。自行辩护是最基本的辩护方式，可以在刑事诉讼的各个阶段进行。而其他种类的辩护都受到各种限制，如犯罪嫌疑人在侦查阶段，只能委托律师作为辩护人为其提供法律帮助；法律援助辩护只适用于具有法定情形的被告人。故本题正确答案为C。

10. **答案**：B。本题考查的是辩护人的资格。《刑事诉讼法》第33条第1款、第2款规定："犯罪嫌疑人、被告人除自己行使辩护权以外，还可以委托一至二人作为辩护人。下列的人可以被委托为辩护人：（一）律师；（二）人民团体或者犯罪嫌疑人、被告人所在单位推荐的人；（三）犯罪嫌疑人、被告人的监护人、亲友。正在被执行刑罚或者依法被剥夺、限制人身自由的人，不得担任辩护人。"据此，本题正确答案为B。

11. **答案**：C。按照我国《刑事诉讼法》第33条和《刑事诉讼法解释》第40条的规定，人民法院、人民检察院、公安机关、国家安全机关、监狱的现职人员以及外国人或者无国籍人不得被委托担任辩护人，但是如果是被告人的近亲属或者监护人，由被告人委托担任辩护人的，人民法院可以准许。对于C项，其哥哥虽为人民检察院的现职人员但是为其近亲属，因此可以担任其辩护人。

12. **答案**：B。本题考查的是人民法院应当告知自诉案件的被告人有权委托辩护人的时间。《刑事诉讼法》第34条第2款规定："……人民法院自受理案件之日起三日以内，应当告知被告人有权委托辩护人……"据此，本题正确答案为B。

13. **答案**：B。本题考查的是人民检察院应当告知犯罪嫌疑人有权委托辩护人的时间。《刑事诉讼法》第34条第2款规定："……人民检察院自收到移送审查起诉的案件材料之日起三日以内，应当告知犯罪嫌疑人有权委托辩护人……"据此，本题正确答案为B。

14. **答案**：B。本题考查的是应当提供法律援助辩护的情形以及对被告人当庭拒绝法律援助辩护的处理方式。我国《刑事诉讼法》第45条规定："在审判过程中，被告人可以拒绝辩护人继续为他辩护，也可以另行委托辩护人辩护。"《刑事诉讼法解释》第564条规定："审判时不满十八周岁的未成年被告人没有委托辩护人的，人民法院应当通知法律援助机构指派熟悉未成年人身心特点的律师为其提供辩护。"第50条规定："被告人拒绝法律援助机构指派的律师为其辩护，坚持自己行使辩护权的，人民法院应当准许。属于应当提供法律援助的情形，被告人拒绝指派的律师为其辩护的，人民法院应当查明原因。理由正当的，应当准许，但被告人应当在五日以内另行委托辩护；被告人未另行委托辩护人的，人民法院应当在三日内书面通知法律援助机构另行指派律师为其提供辩护。"故本题正确答案为B。

15. **答案**：D。本题考查刑事诉讼中的法律援助。刑事法律援助是指刑事案件中的犯罪嫌疑人、被告人，如果符合法律规定的具体条件，可以申请法律援助。根据《律师法》第42条、《刑事诉讼法》第35条的规定，前三项的陈述与法律规定都是相符合的；"犯罪嫌疑人、被告人因经济困难或者其他原因没有委托辩护人的，本人及其近亲属可以向法律援助机构提出申请。对符合法律援助条件的，法律援助机构应当指派律师为其提供辩护"。这里是"符合法律援助案件的"，才应当提供法律援助。

16. **答案**：D。本题考查辩护律师的会见权、通信权、调查取证权、提出量刑意见的权利。根据《关于依法保障律师执业权利的规定》第7条第4款规定，辩护律师可以带一名律师助理协助会见。故A项错误。《关于依法保障律师执业权利的规定》第13条规定，看守所应当及时传递辩护律师同犯罪嫌疑人、被告人的往来信件。看守所可以对信件进行必要的检查，但不得截留、复制、删改信件，不得向办案机关提供信件内容，但信件内容涉及危害国家安全、公共安全、严重危害他人人身安全以及涉嫌串供、毁灭证据等情形的除外。故B项的表述有例外，该项错误。《关于依法保障律师执业权利的规定》第18条规定，辩护律师申请人民检察院、人民法院收集、调取证据的，人民检察院、人民法院应当在三日以内作出是否同意的决定，并通知辩护律师。辩护律师书面提出有关申请时，办案机关不同意的，应当书面说明理由；辩护律师口头提出申请的，办案机关可以口头答复。故C项错误。《关于依法保障律师执业权利的规定》第35条规定，辩护律师作无罪辩护的，可以当庭就量刑问题发表辩护意见，也可以庭后提交量刑辩护意见。故D项正确。

17. **答案**：C。本题考查辩护人的特定证据开示义务。《刑事诉讼法》第42条规定，辩护人收集的有关犯罪嫌疑人不在犯罪现场、未达到刑事责任年龄、属于依法不负刑事责任的精神病人的证据，应当及时告知公安机关、人民检察院。故C项正确。A项的错误在于，应当告知的内容不是被害人而是犯罪嫌疑人属于依法不负刑事责任的精神病人的证据。B项不需要告知。D项的错误在于，该项不属于未达到刑事责任年龄的证据。

18. **答案**：D。综合刑事诉讼法、相关司法解释和司法文件的规定，在侦查阶段，辩护律师不享有阅卷权、调查取证权（含申请检察院、法院调取证据）以及核实证据的权利，ABC明显错误，不选择。《刑事诉讼法》第42条规定：“辩护人收集的有关犯罪嫌疑人不在犯罪现场、未达到刑事责任年龄、属于依法不负刑事责任的精神病人的证据，应当及时告知公安机关、人民检察院。”可见，D正确。综上，本题正确答案为D。

二、多项选择题

1. **答案**：BCD。本题考查的是刑事诉讼法规定的含义。《刑事诉讼法》第108条第5项规定：“‘诉讼代理人’是指公诉案件的被害人及其法定代理人或者近亲属、自诉案件的自诉人及其法定代理人委托代为参加诉讼的人和附带民事诉讼的当事人及其法定代理人委托代为参加诉讼的人。”据此，本题正确答案为BCD。

2. **答案**：ACD。有效辩护原则的确立，体现了犯罪嫌疑人、被告人刑事诉讼主体地位的确立和人权保障的理念，有助于维系控辩平等对抗和审判方居中“兼听则明”的刑事诉讼构造。故A项正确。有效辩护原则应包括以下几个方面的内容：(1) 犯罪嫌疑人、被告人作为刑事诉讼的当事人在整个诉讼过程中应当享有充分的辩护权。(2) 允许犯罪嫌疑人、被告人聘请合格的能够有效履行辩护职责的辩护人为其辩护，这种辩护同样应当覆盖从侦查到审判甚至执行阶段的整个刑事诉讼过程。(3) 国家应当保障犯罪嫌疑人、被告人自行辩护权的充分行使，并通过设立法律援助制度确保犯罪嫌疑人、被告人能够获得符合最低标准并具有实质意义的律师帮助。故B项错误、D项正确。辩护应当对保护犯罪嫌疑人、被告人的权利具有实质意义，而不仅仅是形式上的，这就是有效辩护原则的基本要求。故C项正确。

3. **答案**：BD。《刑事诉讼法》第38条规定，辩护律师在侦查期间可以为犯罪嫌疑人提供法律帮助；代理申诉、控告；申请变更强制措施；向侦查机关了解犯罪嫌疑人涉嫌的罪名和案件有关情况，提出意见。《刑事诉讼法》第39条第3款至第5款规定，危害国家安全犯罪、恐怖活动犯罪、特别重大贿赂犯罪案件，在侦查期间辩护律师会见在押的犯罪嫌疑人，应当经侦查机关许可。上述案件，侦查机关应当事先通知看守所。辩护律师会见在押的犯罪嫌疑人、被告人，可以了解案件有关情况，提供法律咨询等；自案件移送审查起诉之日起，可以向犯罪嫌疑人、被告人核实有关证据。辩护律师会见犯罪嫌疑人、被告人时不被监听。辩护律师同被监视居住的犯罪嫌疑人、被告人会见、通信，适用第1款、第3款、第4款的规定。本题中，A项的错误在于，贿赂犯罪由检察院侦查，而不是公安机关，所以，会见刘某应当经检察院许可。B项属于申请变更强制措施。C项的错误在于，在侦查阶段，律师会见被监视居住的犯罪嫌疑人，不能向其核实有关证据。D项表述正确。本题的正确答案为BD两项。

4. **答案**：BCD。本题考查的是辩护律师可以采用的取证方式。《刑事诉讼法》第43条规定：“辩护律师经证人或者其他有关单位和个人同意，可以向他们收集与本案有关的材料，也可以申请人民检察院、人民法院收集、调取证据，或者申请人民法院通知证人出庭作证……”据此，本题BCD项是辩护律师可以采用的取证方式。A项不正确，辩护律师向证人收集证据必须经证人本人同意，而不能强制收集。

5. **答案**：BCD。本题考查的是被告人拒绝辩护人继续为其辩护的权利。《刑事诉讼法》第45条规定：“在审判过程中，被告人可以拒绝辩护人继续为他辩护，也可以另行委托辩护人辩护。”据此，本题正确答案为BCD。

6. **答案**：BCD。本题考查的是对于未委托辩护人的被告人，人民法院应当提供法律援助的情形。《刑事诉讼法》第35条第2款规定：“犯罪嫌疑人、被告人是盲、聋、哑人，或者是尚未完全丧失辨认或者控制自己行为能力的精神病人，没有委托辩护人的，人民法院、人民检察院和公安机关应当通知法律援助机构指派律师为其提供辩护。”《刑事诉讼法解释》第47条规定：“对下列没有委托辩护人的被告人，人民法院应当通知法律援助机构指派律师为其提供辩护：（一）盲、聋、哑人；（二）尚未完全丧失辨认或者控制自己行为能力的精神病人；（三）可能被判处无期徒刑、死刑的人。高级人民法院复核死刑案件，被告人没有委托辩护人的，应当通知法律援助机构指派律师为其提供辩护……”据此，本题BCD项属于人民法院应当提供法律援助的情形，为本题正确答案。

7. **答案**：ABCD。本题考查的是在审查起诉阶段，辩护律师可以查阅、摘抄、复制的材料范围。我国《刑事诉讼法》第40条规定：“辩护律师自人民检察院对案件审查起诉之日起，可以查阅、摘抄、复制本案的案卷材料。其他辩护人经人民法院、人民检察院许可，也可以查阅、摘抄、复制上述材料。”据此，辩护律师自人民检察院对案件审查起诉之日起，可以查阅、摘抄、复制的材料是本案的案卷材料。故应全选。

8. **答案**：ABD。本题考查的是法律援助辩护的条件以及可以担任辩护人的人员范围。我国《刑事诉讼法》第35条第2款规定：“犯罪嫌疑人、被告人是盲、聋、哑人，或者是尚未完全丧失辨认或者控制自己行为能力的精神病人，没有委托辩护人的，人民法院、人民检察院和公安机关应当通知法律援助机构指派律师为其提供辩护。”《刑事诉讼法解释》第564条规定：“审判时不满十八周岁的未成年被告人没有委托辩护人的，人民法院应当通知法律援助机构指派熟悉未成年人身心特点的律师为其提供辩护。”据此，犯罪时未满18周岁，但开庭时已满18周岁的被告人，如未委托辩护人，不属于法律援助辩护的范围。故本题中，人民法院可以不为徐某提供法律援助辩护。故本题A项正确。《刑事诉讼法》第33条第1款规定：“犯罪嫌疑人、被告人除自己行使辩护权以外，还可以委托一至二人作为辩护人。下列的人可以被委托为辩护人：……（三）犯罪嫌疑人、被告人的监护人、亲友。”据此，徐某可以委托其朋友阮某为辩护人。故本题B项正确。《刑事诉讼法解释》第40条规定：“人民法院审判案件，应当充分保障被告人依法享有的辩护权利。被告人除自己行使辩护权以外，还可以委托辩护人辩护。下列人员不得担任辩护人：（一）正在被执行刑罚或者处于缓刑、假释考验期间的人；（二）依法被剥夺、限制人身自由的人；（三）被开除公职或者被吊销律师、公证员执业证书的人；（四）人民法院、人民检察院、监察机关、公安机关、国家安全机关、监狱的现职人员；（五）人民陪审员；（六）与本案审理结果有利害关系的人；（七）外国人或者无国籍人；（八）无行为能力或者限制行为能力的人。前款第三项至第七项规定的人员，如果是被告人的监护人、近亲属，由被告人委托担任辩护人的，可以准许。”据此，虽然徐某的姐姐是人民法院的现职工作人员，但其可以以被告人近亲属的身份担任辩护人。故本题D项正确。C项不正确，因为“表兄”不属于近亲属，只要在人民检察院工作，就属于不得担任辩护人的人员范围。

9. **答案**：ABC。本题考查的是自诉案件委托诉讼代理人的手续以及诉讼代理人的诉讼权利。《刑事诉讼法解释》第66条规定：“诉讼代理人接受当事人委托或者法律援助机构指派后，应当在三日以内将委托手续或者法律援助手续提交人民法院。”据此，本题A项正确。根据刑事诉讼代理的一般理论，诉讼代理人可以代被代理人出庭参加法庭审理。故本题B项正确。《刑事诉讼法》第198条第2款规定：“经审判长许可，公诉人、当事人和辩护人、诉讼代理人可以对证据和案件情况发表意见并且可以互相辩论。”据此，本题C项正确。根据《刑事诉讼法》第227条的规定，有权对一审判决提出上诉的人员不包括自诉案件的诉讼代理人，故本题D项不正确。

10. **答案**：CD。本题考查了拒绝辩护和强制辩护问题，根据《刑事诉讼法》第278条的规定，不满18周岁的未成年人属于强制辩护的对象，因此其拒绝辩护之后，必须另行委托或接受法律援助机构另行指派律师为其提供辩护，对此《刑事诉讼法解释》第50条有详细规定。

11. **答案**：AC。本题考查的是辩护律师在审查起诉阶段的诉讼权利。《刑事诉讼法》第39条第1款规定：“辩护律师可以同在押的犯罪嫌疑人、被告人会见和通信。其他辩护人经人民法院、人民检察院许可，也可以同在押的犯罪嫌疑人、被告人会见和通信。”据此，辩护律师同在押的犯罪嫌疑人会见和通信都不需经人民检察院许可。故本题正确答案为AC。

12. **答案**：CD。本题考查的是可以担任辩护人的人员范围。《刑事诉讼法》第33条第1款规定：“犯罪嫌疑人、被告人除自己行使辩护权以外，还可以委托一至二人作为辩护人。下列的人可以被委托为辩护人：（一）律师；（二）人民团体或者犯罪嫌疑人、被告人所在单位推荐的人；（三）犯罪嫌疑人、被告人的监护人、亲友。”据此，本题正确答案为CD。

13. **答案**：BD。本题考查的是对辩护人资格的限制和要求。《刑事诉讼法》第33条第2款规定：“正在被执行刑罚或者依法被剥夺、限制人身自由的人，不得担任辩护人。”剥夺政治权利也是一种刑罚，因此正在被剥夺政治权利的人员，即使被告人的近亲属、监护人，也不得担任辩护人，故本题A项不正确。由于证人和辩护人的职责有冲突，鉴定人属于法定应当回避的人员，这两种人都不能担任辩护人，故B项正确。可能被判处死刑的被告人只有在其没有委托辩护人的情况下，才由法律援助机构指派律师为其提供辩护，故本题C项不正确。根据《刑事诉讼法解释》第40条的规定，公、检、法机关的现职工作人员，以及人民陪审员，不得担任辩护人，但如果是被告人的近亲属或者监护人，则可以担任辩护人，故D项正确。

14. **答案**：AC。本题是考查了律师的调查取证权，我国《刑事诉讼法》第43条：“辩护律师经证人或者其他有关单位和个人同意，可以向他们收集与本案有关的材料，也可以申请人民检察院、人民法院收集、调取证据，或者申请人民法院通知证人出庭作证。辩护律师经人民检察院或者人民法院许可，并且经被害人或者其近亲属、被害人提供的证人同意，可以向他们收集与本案有关的材料。”《刑事诉讼法解释》第58条规定：“辩护律师申请向被害人及其近亲属、被害人提供的证人收集与本案有关的材料，人民法院认为确有必要的，应当签发准许调查书。”第59条规定：“辩护律师向证人或者有关单位、个人收集、调取与本案有关的证据材料，因证人或者有关单位、个人不同意，申请人民法院收集、调取，或者申请通知证人出庭作证，人民法院认为确有必要的，应当同意。”另外我们应该注意律师取证权是其他辩护人所不具有的。

15. **答案**：BCD。本题考查的是辩护律师的诉讼权利。《刑事诉讼法》第39条、第40条规定：“辩护律师可以同在押的犯罪嫌疑人、被告人会见和通信。其他辩护人经人民法院、人民检察院许可，也可以同在押的犯罪嫌疑人、被告人会见和通信。辩护律师持律师执业证书、律师事务所证明和委托书或者法律援助公函要求会见在押的犯罪嫌疑人、被告人的，看守所应当及时安排会见，至迟不得超过四十八小时。危害国家安全犯罪、恐怖活动犯罪案件，在侦查期间辩护律师会见在押的犯罪嫌疑人，应当经侦查机关许可。上述案件，侦查机关应当事先通知看守所。辩护律师会见在押的犯罪嫌疑人、被告人，可以了解案件有关情况，提供法律咨询等；自案件移送审查起诉之日起，可以向犯罪嫌疑人、被告人核实有关证据。辩护律师会见犯罪嫌疑人、被告人时不被监听。辩护律师同被监视居住的犯罪嫌疑人、被告人会见、通信，适用第一款、第三款、第四款的规定。”“辩护律师自人民检察院对案件审查起诉之日起，可以查阅、摘抄、复制本案的案卷材料。其他辩护人经人民法院、人民检察院许可，也可以查阅、摘抄、复制上述材料。”《刑事诉讼法》第43条第1款规定：“辩护律师经证人或者其他有关单位和个人同意，可以向他们收集与本案有关的材料，也可以申请人民检察院、人民法院收集、调取证据，或者申请人民法院通知证人出庭作证。”据此，本题BCD项正确。根据《刑事诉讼法》第44条的规定，辩护律师不得威胁、引诱证人改变证言，违者追究法律责任。故本题A项不正确。

16. **答案**：BC。按照我国《刑事诉讼法》第33条和《刑事诉讼法解释》第40条的规定，被宣告缓刑和刑罚尚未执行完毕的人、依法被剥夺或限制人身自由的人不得被委托为辩护人，因此我们应该排除甲和丁，而乙和丙为马某的亲友，是可以被委托为辩护人的。

17. **答案**：ABCD。本题考查的是律师在侦查阶段的权利。我国《刑事诉讼法》第34条规定：“犯罪嫌疑人自被侦查机关第一次讯问或者采取强制措施之日起，有权委托辩护人；在侦查期间，只能委托律师作为辩护人。被告人有权随时委托辩护人。侦查机关在第一次讯问犯罪嫌疑人或者对犯罪嫌疑人采取强制措施的时候，应当告知犯罪嫌疑人有权委托辩护人。人民检察院自收到移送审查起诉的案件材料之日起三日以内，应当告知犯罪嫌疑人有权委托辩护人。人民法院自受理案件之日起三日以内，应当告知被告人有权委托辩护人。犯罪嫌疑人、被告人在押期间要求委托辩护人的，人民法院、人民检察院和公安机关应当及时转达其要求。犯罪嫌疑人、被告人在押的，也可以由其监护人、近亲属代为委托辩护人。辩护人接受犯罪嫌疑人、被告人委托后，应当及时告知办理案件的机关。”第38条规定：“辩护律师在侦查期间可以为犯罪嫌疑人提供法律帮助；代理申诉、控告；申请变更强制措施；向侦查机关了解犯罪嫌疑人涉嫌的罪名和案件有关情况，提出意见。”据此，本题ABCD项正确。

18. **答案**：ACD。本题考查刑事诉讼中拒绝辩护的相关规定。根据《刑事诉讼法》《律师法》以及最高人民法院的司法解释，ACD三项的表述都是正确的；被告人坚持自己行使辩护权，拒绝法律援助机构指派的律师为其辩护的，人民法院应当准许，并记录在案。

19. **答案**：AD。《刑事诉讼法》第45条规定：“在审判过程中，被告人可以拒绝辩护人继续为他辩护，也可以另行委托辩护人辩护。”《刑事诉讼法解释》第311条规定，被告人当庭拒绝辩护人辩护，要求另行委托辩护人或者指派律师的，合议庭应当准许。被告人拒绝辩护人辩护后，没有辩护人的，应当宣布休庭；仍有辩护人的，庭审可以继续进行。有多名被告人的案件，部分被告人拒绝辩护人辩护后，没有辩护人的，根据案件情况，可以对该被告人另案处理，对其他被告人的庭审继续进行。重新开庭后，被告人再次当庭拒绝辩护人辩护的，可以准许，但被告人不得再次另行委托辩护人或者要求另行指派律师，由其自行辩护。被告人属于应当提供法律援助的情形，重新开庭后再次当庭拒绝辩护人辩护的，不予准许。被告人要求人民法院另行指定辩护律师，合议庭同意的，应当宣布延期审理。因此在审判过程中被告人要求另行委托辩护人的，法庭应当准许，而被告人要求另行指定的不是应当同意，只有根据《刑事诉讼法》符合应当指定辩护人情形，经审查拒绝的理由正当的才应当同意并宣布延期审理。因此选项A正确，BC错误。根据《刑事诉讼法解释》第313条第1款规定：“依照前两条规定另行委托辩护人或者指派律师的，自案件宣布休庭之日起至第十五日止，由辩护人准备辩护，但被告人及其辩护人自愿缩短时间的除外。”因此D项也正确。

20. **答案**：ABCD。本题考查辩护人介入刑事诉讼的时间。根据《刑事诉讼法》第34条、第38条的规定，题目中四个选项的陈述都是符合法律规定的。

21. **答案**：ABCD。《刑事诉讼法》第37条规定，辩护人的责任是根据事实和法律，提出犯罪嫌疑人、被告人无罪、罪轻或者减轻、免除其刑事责任的材料和意见，维护犯罪嫌疑人、被告人的合法权益。辩护人在刑事诉讼中的法律地位是独立的诉讼参与人，是犯罪嫌疑人、被告人合法权益的专门维护者。辩护人具有独立的诉讼参与人的身份，依自己的意志依法进行辩护，独立履行职责，维护犯罪嫌疑人、被告人的合法权益，但不得为委托人谋取非法利益。由此，辩护人独立于公安司法机关，也独立于犯罪嫌疑人和被告人。

22. **答案**：ABC。诉讼代理人与法定代理人不同，诉讼代理人参与刑事诉讼是基于被代理人的委托，在双方签订的委托协议授权范围内进行代理，而不是依据法律的规定。诉讼代理人只能在被代理人授权范围内进行诉讼活动，既不得超越代理范围，也不能违背被代理人的意志。而法定代理人具有独立的法律地位，不受被代理人意志的约束，在行使代理权限时无须经过被代理人同意，故ABC说法正确。法定代理人享有广泛的与被代理人相同的诉讼权利，但法定代理人不能代替被代理人作陈述，也不能代替被代理人承担与人身自由相关联的义务，如服刑等，故D项错误。

23. **答案**：BC。《刑事诉讼法》第46条第1款规定，公诉案件的被害人及其法定代理人或者近亲属，附带民事诉讼的当事人及其法定代理人，自案件移送审查起诉之日起，有权委托诉讼代理人。自诉案件的自诉人及其法定代理人，附带民事诉讼的当事人及其法定代理人，有权随时委托诉讼代理人。因此正确答案为BC。

24. **答案**：ABD。《刑事诉讼法》第198条第1款、第2款规定：“法庭审理过程中，对与定罪、量刑有关的事实、证据都应当进行调查、辩论。经审判长许可，公诉人、当事人和辩护人、诉讼代理人可以对证据和案件情况发表意见并且可以互相辩论。”据此，选项AB表述错误，选项C表述正确。《刑事诉讼法》中，并没有对控方和辩方发表辩论意见时间作出明确规定，所以选项D表述错误。综上，由于本题为选非题，本题正确答案为ABD。

三、不定项选择题

答案：（1）ABCD。按照我国法律的有关规定，犯罪嫌疑人要委托律师，无须经过侦查机关的批准，故公安机关不得拒绝其委托律师的申请。对于不属于《刑事诉讼法》第39条第3款所列情形的案件，律师要会见犯罪嫌疑人，不需要经过许可。

（2）B。关于辩护律师之外的其他辩护人的会见通信权是受到一定的限制的。我国《刑事诉讼法》第40条规定：“辩护律师自人民检察院对案件审查起诉之日起，可以查阅、摘抄、复制本案的案卷材料。其他辩护人经人民法院、人民检察院许可，也可以查阅、摘抄、复制上述材料。”故人民检察院可以拒绝小刘的申请所以B项正确。

四、名词解释

1. **答案**：刑事法律援助制度是指在刑事诉讼过程中，

国家对因经济困难或者其他因素而难以聘请律师的犯罪嫌疑人和被告人，减少或者免除收费，为其提供法律帮助的一项法律保障制度。由于被牵涉进刑事诉讼的人是最需要法律帮助的，因此刑事法律援助制度也是法律援助制度中最重要的组成部分。

2. **答案**：辩护权是法律赋予犯罪嫌疑人、被告人的一项专属的诉讼权利，即犯罪嫌疑人、被告人针对指控进行辩解，以维护自己合法权益的一种诉讼权利。辩护权是犯罪嫌疑人、被告人所享有的最基本、最关键的一项诉讼权利。在犯罪嫌疑人、被告人的各项诉讼权利中，辩护权居于核心地位。犯罪嫌疑人、被告人有权获得辩护是世界各国公认的一项宪法性原则。犯罪嫌疑人、被告人既可以自行行使辩护权，也可以委托辩护人帮助其行使辩护权。

五、简答题

1. **答案**：接受律师来访和与律师协商，一方面这是律师行使职务的权利，也是当事人的重要权利。律师只有会见这些遭逮捕、拘留或监禁的人，才能履行提供法律咨询、代理申诉、控告、代理取保候审等职能，以保护遭逮捕、拘留或监禁的人的合法权益。但同时这种权利的行使又是受一定的限制的，在这个《基本原则》里即规定了“这种协商可在执法人员看得见但听不着的范围内进行”。

另一方面是指执法人员有在旁监督的权利。但从根本上说，律师与在押犯罪嫌疑人会见的权利是为了保护犯罪嫌疑人的合法权益，保证追诉和被追诉双方的平衡，避免无辜的人被追究刑事责任。

我国《刑事诉讼法》规定，犯罪嫌疑人在被侦查机关第一次讯问或者采取强制措施之日起，就有权委托辩护人为其提供法律帮助，包括代理申诉、控告；申请变更强制措施；向侦查机关了解犯罪嫌疑人涉嫌的罪名和案件有关情况，提出意见。犯罪嫌疑人的律师会见权就是保障这一权利得以实现必备的权利，这也是犯罪嫌疑人的律师会见权的法律依据之所在。《刑事诉讼法》还规定，辩护律师会见犯罪嫌疑人、被告人时不被监听。

但是在实践中，律师在侦查和审查起诉阶段会见犯罪嫌疑人受到了种种限制。其一，律师会见犯罪嫌疑人，必须向侦查机关申请经过其审批，而且是多重审批。实践中这一审批过程常常需要很长的时间。而在自侦案件中，许多会见申请往往不被批准。其二，一些地方侦查机关要求律师会见犯罪嫌疑人向看守所提供会见内容提纲，限定咨询的范围，甚至监控犯罪嫌疑人和律师的会见过程，设置种种障碍，致使律师和犯罪嫌疑人无法进行正常的会见和交谈。其三，公安机关、检察机关一般都对律师会见犯罪嫌疑人的次数和时间作出限制，使律师很难了解案情。

对此，我国有关的司法解释明确指出，辩护律师持律师执业证书、律师事务所证明和委托书或者法律援助公函要求会见在押的犯罪嫌疑人、被告人的，看守所应当及时安排会见，至迟不得超过四十八小时。危害国家安全犯罪、恐怖活动犯罪，在侦查期间辩护律师会见在押的犯罪嫌疑人，应当经侦查机关许可。上述案件，侦查机关应当事先通知看守所。这样使犯罪嫌疑人会见律师的权利得到了最基本的保障。

因此，可以说我国对犯罪嫌疑人的律师会见权有一定的法律上的保障，但缺乏具体制度的确立和规范，因而在实践中很难贯彻，还需要进一步完善有关的制度规定，特别是减少对这一权利的限制，以更好地保护犯罪嫌疑人的合法权益。

2. **答案**：(1) 刑事诉讼中的代理，是指诉讼代理人接受公诉案件的被害人及其法定代理人或者近亲属，附带民事诉讼的当事人及其法定代理人的委托，以被代理人的名义参加诉讼，在授权范围内进行活动，由被代理人承担代理行为法律后果的一项法律制度。

(2) 代理的特征是：①诉讼代理人必须以被代理人的名义而不是以自己的名义进行诉讼；②诉讼代理人必须在被代理人的授权范围内进行诉讼，超过授权范围进行诉讼活动所产生的结果，除非得到被代理人的追认，否则被代理人不予承担；③诉讼代理人必须根据被代理人的意志，为维护他们的合法权益而进行诉讼。

(3) 我国刑事代理的种类有：①公诉案件被害人的代理，即公诉案件被害人及其法定代理人或者近亲属的代理；②自诉案件自诉人的代理，即自诉案件自诉人及其法定代理人的代理；③附带民事诉讼当事人的代理，即附带民事诉讼原告人和被告人及其法定代理人的代理。在我国，刑事代理人的范围包括律师和其他公民。根据刑事代理种类的不同，被代理人身份的不同，刑事代理人的诉讼地位、权利和义务有所不同。

(4) 刑事代理不同于刑事辩护，代理人的诉讼权利依赖于当事人的授权，受当事人授权范围的制约。

(5) 建立和完善一国的刑事代理制度对于保障刑事诉讼的顺利进行非常重要。首先，刑事代理有利于及时、准确地惩罚犯罪；其次，有利于保护当事人的合法权益；最后，有利于诉讼活动的顺利进行。

3. **答案**：刑事诉讼中哪些人可以充当辩护人也即辩护人的范围问题。辩护人的范围是指哪些人可以接受犯罪嫌疑人、被告人的委托，担任他们的辩护人。我国《刑事诉讼法》第33条和相关司法解释对辩护人的范围作了全面的规定，既规定了辩护人的正面范围，又规定了辩护人的禁止范围。首先我国刑事辩护人的正面范围包括：律师，人民团体或者犯罪嫌疑人、被告人所在单位推荐的人，犯罪嫌疑人、被告人的监护人、亲友。同时我国的刑事诉讼法还规定了辩护人的消极范围即下列人员不得担任辩护人：正在被执行刑罚或者依法被剥夺、限制人身自由的人；被宣告缓刑的人；无行为能力或限制行为能力的人；与本案审理结果有利害关系的人；外国人或无国籍人；律师担任各级人大常委会组成人员期间，不得执业；法院、检察院、公安机关、国家安全机关、监狱的现职人员；人民陪审员；曾担任法官检察官的律师，离任后两年内。

除上述法律规定外，学术界还普遍认为本案的证人、鉴定人、翻译人员不宜同时担任本案的辩护人，因为这些人与辩护人的诉讼地位、诉讼权利和诉讼义务是相矛盾的。

六、论述题

答案：1. 控辩平衡的内涵

（1）控辩平衡之内涵的要点在于：必须以辩方为出发点，即基于控辩双方在刑事诉讼中已存在的不平衡，首先考虑如何使辩方有能力与控方对抗。

（2）控辩平衡的基本要求在于：尽量为辩方提高地位、创造条件、提供机会，即赋予被告人一系列权利甚至“特殊权利”；同时，限制控方的一些权利，以达到让辩方具有与控方均衡对抗能力的目的。这一点，为控辩平衡原则的实质内涵，即先有权利之对等，才有对抗之均衡，如无对抗能力而谈均衡对抗是空谈。

（3）赋予辩方更广泛的权利及“特殊权利”，其根据在于现实中控辩双方的不平衡。控辩平衡原则，必须以辩方（相对于控方为弱者）为出发点，其具体要求为赋予其更多权利，提高其抗辩能力。

2. 实现控辩平衡的途径

实现控辩平衡的要旨是鉴于控辩双方在刑事诉讼中实质上的不平等，而强化辩方之对抗力，同时适当限制控方之权力行使。要实现控辩平衡，应在刑事诉讼中确立以下原则和制度：

（1）无罪推定原则。无罪推定作为一项保障被告人权利的假设性法律推定，其根本要义在于通过赋予被告人在审判机关对其作出有罪判决之前处于无罪公民的推定身份与地位，确保其享有一系列的特殊权利和保障，使其拥有足以与控方相抗衡的能力。同时，无罪推定要求在刑事诉讼中，证明被告人有罪的责任由控方承担且不可移转，被告人不得被强迫自证其罪。

（2）犯罪嫌疑人、被告人及时获知被控罪名和理由。保证被告人及时获知被控的性质和原因有两个基本目的：一是通过使被告人及时了解被控的罪名和理由，确保其有效地进行防御准备；二是确保被告人切实有效地行使这一权利。

（3）辩护权的保障。这一保障原则是实现控辩平衡最根本、最主要的途径。结合我国刑事诉讼立法与司法实践，从以下几个方面进行探讨：①辩护权的及时告知。②侦查阶段律师法律帮助权的实现。③辩护律师调查取证权的实现。④证据开示，或称为“证据预先展示”“证据先悉”。这是对控辩平衡具有重大意义的一种制度。在美国，所谓“证据开示”的做法是，由检察官和被告方互相向对方提出各种问题，要求提供各种文件和其他证据。通过审查对方提供的回答和文件证据，双方可以了解对方掌握的证据及对方在审判中将被询问的证人等，并因此做好应对准备。⑤庭审中的公平质证。质证之公平其实是建立在前述的取证平衡基础之上的，具体而言，在保障、扩大辩护律师取证权、取证范围、确立证据开示制度的基础上，排除控方书面证言，保证、协助辩方证人出庭，确立交叉询问规则等。⑥不得强迫自证其罪。

既然控方在实质上与辩方是不平等的，而如果一味强调限制控方权力，与惩罚犯罪、保障无辜的实体正义要求不符，但建立在这种不平等基础上的控辩对抗仍然无法达到实体真实之要求，更不符合程序正义之要求。唯一的途径在于加强对被告人的特殊保护，强化其诉讼权利，加强其对抗力，同时，适当限制控方权力，使双方趋于平衡，即通过“平等武装”，达到“均衡对抗”，最终达到“控辩平衡”，从而实现实体正义与程序正义。

七、案例分析题

1. **答案**：（1）人民检察院不允许红叶造纸厂以被害人的身份委托诉讼代理人是不对的。刑事诉讼法规定的被害人并没有排除单位，也没有规定被害单位不能委托诉讼代理人。另外，人民检察院认为以附带民事诉讼原告人的身份委托诉讼代理人只能等到人民法院受理案件之后，也是不对的。根据《刑事诉讼法》第46条的规定，公诉案件中，附带民事诉讼的当事人及其法定代理人自案件移送审查起诉之日起即有权委托诉讼代理人。

（2）人民法院有权不允许严某查阅、复制有关资料。因为严某是监狱的现职工作人员，且不是委托人的近亲属或者监护人，根据《刑事诉讼法解释》第35条的规定，不能担任诉讼代理人。

（3）不正确。法律上并无此规定。根据《刑事诉讼法》第46条的规定，可知公诉案件中附带民事诉讼的当事人及其法定代理人自案件移送审查起诉之日起即有权委托诉讼代理人。在进入法庭审理阶段后，红叶造纸厂理应有权再委托诉讼代理人。

2. 答案：（1）在侦查阶段，自吕某第一次被讯问或者采取强制措施之日起，吕某有权委托律师，被委托的律师有权同在押的犯罪嫌疑人会见或者通信。侦查人员的说法是错误的。

（2）人民检察院应当在收到移送审查起诉的案件材料之日起3日以内告知犯罪嫌疑人有权委托辩护人，本案在第6日告知，违反了法律的规定。

（3）在审查起诉阶段，人民检察院有义务通知法律援助机构为吕某指派辩护律师。法律援助辩护发生在刑事诉讼全过程。

（4）人民法院为吕某提供法律援助辩护是正确的，因为吕某是未成年人，依照《刑事诉讼法》的规定，人民法院应当为其提供法律援助。

（5）人民法院在吕某没有律师的情况下进行审判是错误的。被告人在开庭审理时是不满18周岁的未成年人，拒绝法律援助机构指派的辩护律师为其辩护，有正当理由的，人民法院应当准许，但被告人须另行委托辩护人，或者人民法院应当通知法律援助机构为其另行指派辩护律师。

第十章 证据概述

基础知识图解

证据概述
- 刑事诉讼证据：是指以法律规定的形式表现出来的，能够证明案件真实情况的一切事实（《刑事诉讼法》第49条）
- 刑事证据的本质特征：客观性、关联性、合法性
- 刑事证据的意义：是整个刑事诉讼活动的基础和核心；是公安司法机关进行立案、侦查、起诉和审理，以及定罪判刑的依据；是迫使犯罪分子认罪服法，接受改造的有力武器；是保障无罪的人不受刑事追究，实行辩护的重要手段；是对群众进行法制教育的工具
- 证据制度的理论基础
  - 辩证唯物主义认识论
  - 程序主义
- 证据的种类：物证、书证、证人证言、被害人陈述、犯罪嫌疑人、被告人的供述和辩解、鉴定意见、勘验、检查笔录、视听资料
- 证据的分类
  - 概念：在理论上将刑事证据按照不同的标准划分为不同类别
  - 具体分类
    - 言词证据 VS 实物证据：证据形成的方法、表现形式、存在状况、提供方式不同
    - 有罪证据 VS 无罪证据：证据对案件事实的证明作用不同
    - 原始证据 VS 传来证据：证据来源、出处的不同
    - 直接证据 VS 间接证据：证据能不能独立证明案件的主要事实

配套测试

一、单项选择题

1. 关于《刑事诉讼法》规定的证明责任分担，下列哪一选项是正确的？(　　)（司考2016.2.30）

A. 公诉案件中检察院负有证明被告人有罪的责任，证明被告人无罪的责任由被告方承担

B. 自诉案件的证明责任分配依据“谁主张，谁举证”的法则确定

C. 巨额财产来源不明案中，被告人承担说服责任

D. 非法持有枪支案中，被告人负有提出证据的责任

2. 在一起水上浮尸案的现场，侦查人员发现了一封遗书，根据遗书记载的内容，侦查人员推断出死者的家庭、身份，同时，又根据笔迹鉴定，推断出此遗书确系死者所写。本案中的遗书，属于下列哪种证据？(　　)

A. 书证

B. 物证

C. 既是书证，又是物证

D. 被害人陈述

3. 某公安机关通过小区内的闭路监视系统破获一盗窃团伙，收缴赃款10万元，缴获大量金戒指、金项链、光盘等赃物。下列选项中错误的是(　　)。

A. 现金、金项链、金戒指等属于物证

B. 光盘属于物证

C. 监视系统拍摄的资料属于视听资料

D. 光盘和监视系统拍摄的图像属于视听资料

4. 在一起故意伤害案中，被害人头部受伤。公安机关派法医对被害人进行了伤情鉴定。由于被害人被打后精神恍惚，父母带其到省级人民政府指定的医院对伤害情况及精神状况进行了检查，并由医院出具了伤害情况和精神状况的诊断书，本案中，哪些属于证据种类中的鉴定意见？(　　)

A. 医院出具的伤情诊断书

B. 法医出具的伤情鉴定书

C. 医院出具的精神状况诊断书

D. 医院出具的伤情诊断书、精神状况诊断书和伤情鉴定书

5. 下列有关被害人陈述的有关表述中错误的是( )。
   A. 被害人陈述有两种：一种是与犯罪分子有直接接触或耳闻目睹犯罪行为的被害人陈述，另一种是与犯罪分子没有直接接触或耳闻目睹犯罪行为的被害人陈述
   B. 在单位成为刑事被害人的时候，单位法定代表或部门负责人的陈述即属于被害人陈述
   C. 被害人陈述必须经过与犯罪嫌疑人、被告人的对质之后，才能作为定案的证据
   D. 被害人陈述收集的程序与证人证言的收集程序基本相同
6. 下列有关鉴定意见的表述中，不正确的是( )。
   A. 鉴定意见不同于证人证言，证人不能兼作鉴定人，如果被指派或聘请的人在诉讼之前已经了解了案件的情况，则只能作证人，不能作鉴定人
   B. 医疗单位的诊断证明书是鉴定意见的一种
   C. 鉴定人必须是与案件没有利害关系的
   D. 用作定案根据的鉴定意见必须告知被告人，被告人有权提出重新鉴定和补充鉴定
7. 关于证据的关联性，下列哪一选项是正确的？( )（司考 2014. 2. 27）
   A. 关联性仅指证据事实与案件事实之间具有因果关系
   B. 具有关联性的证据即具有可采性
   C. 证据与待证事实的关联度决定证据证明力的大小
   D. 类似行为一般具有关联性
8. 下列证据中，可能成为直接证据的是( )。
   A. 杀人凶器
   B. 血迹
   C. 指纹
   D. 被害人陈述
9. 甲听乙说，乙亲眼看到张三用刀将被害人砍伤，甲提供的证言是( )。
   A. 直接证据　　B. 间接证据
   C. 原始证据　　D. 辩护证据
10. 公安机关勘验杀人现场时，提取了插在被害人胸部上的一把匕首。从证据分类的角度看，该匕首属于下列哪种分类？( )（司考 2007. 2. 24）
    A. 原始证据、直接证据
    B. 传来证据、间接证据
    C. 实物证据、直接证据
    D. 原始证据、间接证据
11. 下列证据中，既属于直接证据又属于原始证据的是( )。
    A. 证人关于被害人品德的证言
    B. 被害人关于张某抢劫其财物的陈述
    C. 鉴定意见
    D. 杀人凶器
12. 甲涉嫌盗窃室友乙存放在储物柜中的笔记本电脑一台并转卖他人，但甲辩称该电脑系其本人所有，只是暂存于乙处。下列哪一选项既属于原始证据，又属于直接证据？( )（司考 2015. 2. 25）
    A. 侦查人员在乙储物柜的把手上提取的甲的一枚指纹
    B. 侦查人员在室友丙手机中直接提取的视频，内容为丙偶然拍下的甲打开储物柜取走电脑的过程
    C. 室友丁的证言，内容是曾看到甲将一台相同的笔记本电脑交给乙保管
    D. 甲转卖电脑时出具的现金收条
13. 公安机关发现一具被焚烧过的尸体，因地处偏僻且天气恶劣，无法找到见证人，于是对勘验过程进行了全程录像，并在笔录中注明原因。法庭审理时，辩护人以勘验时没有见证人在场为由，申请排除勘验现场收集的物证。关于本案证据，下列哪一选项是正确的？( )（司考 2016. 2. 29）
    A. 因违反取证程序的一般规定，应当排除
    B. 应予以补正或者作出合理解释，否则予以排除
    C. 不仅物证应当排除，对物证的鉴定意见等衍生证据也应排除
    D. 有勘验过程全程录像并在笔录中已注明理由，不予排除
14. 法院审理一起受贿案时，被告人石某称因侦查人员刑讯不得已承认犯罪事实，并讲述受到刑讯的具体时间。检察机关为证明侦查讯问程序合法，当庭播放了有关讯问的录音录像，并提交了书面说明。关于该录音录像的证据种类，下列哪一选项是正确的？( )（司考 2010. 2. 23）
    A. 犯罪嫌疑人供述和辩解
    B. 视听资料
    C. 书证
    D. 物证
15. 关于网络犯罪案件证据的收集与审查，下列哪一选项是正确的？( )（司考 2015. 2. 24）
    A. 询问异地证人、被害人的，应由办案地公安机关通过远程网络视频等方式进行
    B. 收集、提取电子数据，能够获取原始存储介质的应封存原始存储介质，并对相关活动录像
    C. 远程提取电子数据的，应说明原因，并对相关活动录像

D. 对电子数据涉及的专门性问题难以确定的，可由公安部指定的机构出具检验报告

16. 下列哪一选项属于传闻证据？（　　）（司考 2015. 2. 26）

A. 甲作为专家辅助人在法庭上就一起伤害案的鉴定意见提出的意见

B. 乙了解案件情况但因重病无法出庭，法官自行前往调查核实的证人证言

C. 丙作为技术人员“就证明讯问过程合法性的同步录音录像是否经过剪辑”在法庭上所作的说明

D. 丁曾路过发生杀人案的院子，其开庭审理时所作的“当时看到一个人从那里走出来，好像喝了许多酒”的证言

17. 张某伪造、变造国家机关公文、证件、印章案的下列哪一证据既属于言词证据，又属于间接证据？（　　）（司考 2011. 2. 25）

A. 用于伪造、变造国家机关公文、证件、印章的设备、工具

B. 伪造、变造的国家机关公文、证件、印章

C. 张某关于实施伪造、变造行为的供述

D. 判别国家机关公文、证件、印章真伪的鉴定意见

18. 关于证据的审查判断，下列哪一说法是正确的？（　　）（司考 2011. 2. 27）

A. 被害人有生理缺陷，对案件事实的认知和表达存在一定困难，故其陈述在任何情况下都不得采信

B. 与被告人有利害冲突的证人提供的对被告人不利的证言，在任何情况下都不得采信

C. 公安机关制作的放火案的勘验、检查笔录没有见证人签名，一律不得采信

D. 搜查获得的杀人案凶器，未附搜查笔录，不能证明该凶器来源，一律不得采信

19. 某地发生一起以爆炸手段故意杀人致多人伤亡的案件。公安机关立案侦查后，王某被确定为犯罪嫌疑人。关于本案辨认，下列哪一选项是正确的？（　　）（司考 2016. 2. 34）

A. 证人甲辨认制造爆炸物的工具时，混杂了另外4套同类工具

B. 证人乙辨认犯罪嫌疑人时未同步录音或录像，辨认笔录不得作为定案的依据

C. 证人丙辨认犯罪现场时没有见证人在场，辨认笔录不得作为定案的依据

D. 王某作为辨认人时，陪衬物不受数量的限制

20. 下列哪一证据规则属于调整证据证明力的规则？（　　）（司考 2017. 2. 26）

A. 传闻证据规则

B. 非法证据排除规则

C. 关联性规则

D. 意见证据规则

二、多项选择题

1. 公安机关在一起案件的侦查过程中，收集到的证据有犯罪嫌疑人对其犯罪行为的供述，被害人妻子提供的证言，为判断被告人精神是否正常所作的鉴定，现场勘验、检查笔录、凶器。以上证据中，哪些属于言词证据？（　　）

A. 犯罪嫌疑人对其犯罪行为的供述

B. 被害人妻子提供的证言

C. 鉴定意见

D. 勘验、检查笔录

2. 下列哪些选项属于刑事诉讼中的证明对象？（　　）（司考 2016. 2. 69）

A. 行贿案中，被告人知晓其谋取的系不正当利益的事实

B. 盗窃案中，被告人的亲友代为退赃的事实

C. 强奸案中，用于鉴定的体液检材是否被污染的事实

D. 侵占案中，自诉人申请期间恢复而提出的其突遭车祸的事实，且被告人和法官均无异议

3. 公安司法机关运用鉴定意见，应当遵循哪些规定？（　　）

A. 将用作证据的鉴定意见告知犯罪嫌疑人、被告人、被害人

B. 将用作证据的鉴定意见告知诉讼代理人

C. 在开庭审理时，鉴定意见必须当庭宣读

D. 鉴定人一般应当出庭对鉴定过程和内容作出说明

4. 甲驾车将昏迷的乙送往医院，并垫付了医疗费用。随后赶来的乙的家属报警称甲驾车撞倒乙。急救中，乙曾短暂清醒并告诉医生自己系被车辆撞倒。医生将此话告知警察，并称从甲送乙入院时的神态看，甲应该就是肇事者。关于本案证据，下列哪些选项是正确的？（　　）（司考 2016. 2. 67）

A. 甲垫付医疗费的行为与交通肇事不具有关联性

B. 乙告知医生“自己系被车辆撞倒”属于直接证据

C. 医生基于之前乙的陈述，告知警察乙系被车辆撞倒，属于传来证据

D. 医生认为甲是肇事者的证词属于符合一般生活经验的推断性证言，可作为定案依据

5. 张某向侦查人员说，他和李某在喝酒时，李某曾经无意中提起其曾经强奸过一个女孩的经过。张某向侦查机关提供的证据，属于证据分类中的哪

一种？（ ）
A. 间接证据
B. 传来证据
C. 有罪证据
D. 言词证据

6. 2013年2月，某市发生一起投毒案件，刘某被公安机关列为犯罪嫌疑人，刘某的邻居张某在案发前一小时左右看到刘某鬼鬼祟祟地离家而去，在诉讼中，张某被控方列为证人。下列属于刑事诉讼中证人张某应当承担的诉讼义务的是（ ）。
A. 如实提供证言，如果有意作伪证或者隐匿罪证，应当承担法律责任
B. 出席法庭审判并接受控辩双方的询问和质证
C. 遵守法庭纪律，听从审判人员的指挥
D. 对于公安司法人员询问的内容予以保密

7. 某地法院审理齐某组织、领导、参加黑社会性质组织罪，关于对作证人员的保护，下列哪些选项是正确的？（ ）（司考2014.2.69）
A. 可指派专人对被害人甲的人身和住宅进行保护
B. 证人乙可申请不公开真实姓名、住址等个人信息
C. 法院通知侦查人员丙出庭说明讯问的合法性，为防止黑社会组织报复，对其采取不向被告人暴露外貌、真实声音的措施
D. 为保护警方卧底丁的人身安全，丁可不出庭作证，由审判人员在庭外核实丁的证言

8. 甲涉嫌利用木马程序盗取Q币并转卖他人，公安机关搜查其住处时，发现一个U盘内存储了用于盗取账号密码的木马程序。关于该U盘的处理，下列哪些选项是正确的？（ ）（司考2017.2.69）
A. 应扣押U盘并制作笔录
B. 检查U盘内的电子数据时，应将U盘拆分过程进行录像
C. 公安机关移送审查起诉时，对U盘内提取的木马程序，应附有该木马程序如何盗取账号密码的说明
D. 如U盘未予封存，且不能补正或作出合理解释的，U盘内提取的木马程序不得作为定案的根据

三、不定项选择题

1. 王华（化名）是一所大学的学生，21岁。某日他到某家录像厅看录像，发现这里竟然组织播放内容极其下流的淫秽录像，于是王华将此事告诉了他的老师夏某。夏某就向公安机关报告了此事。公安机关经过审查后决定立案侦查此案。此后，王华又匿名向公安机关寄去了书面证明材料，陈述了自己的所见所闻。夏某也向公安机关写了一份书面材料，将王华告诉给自己的情况提供给了公安局。公安局将录像厅的老板传唤至公安机关讯问。该老板许某承认了自己以营利为目的而播放淫秽录像的事实。公安机关也从许某的录像厅里搜出多盘淫秽录像带。公安机关将许某的录像设备及录像带全部拍成照片以便移送人民检察院审查起诉。

（1）本案的证据中，属于证人证言这类证据的有（ ）。
A. 王华报告给夏某的话
B. 夏某向公安机关提交的书面材料
C. 许某在公安机关的陈述
D. 王华匿名向公安机关寄去的书面材料

（2）本案中，公安机关从许某的录像厅里搜出的淫秽录像带（ ）。
A. 属于勘验笔录
B. 属于书证
C. 属于视听资料
D. 属于犯罪嫌疑人供述

（3）本案中，公安机关将许某的录像设备及录像带拍成了照片，这些照片是（ ）。
A. 物证
B. 书证
C. 原始证据
D. 传来证据

（4）在本案的证据中，属于间接证据的有下述几种（ ）。
A. 夏某向公安局提供的书面材料
B. 许某在公安局的陈述
C. 搜出的淫秽录像带
D. 所拍的照片

（5）在本案中，夏某根据王华的汇报而提交给公安机关的书面材料属于（ ）。
A. 直接证据
B. 间接证据
C. 原始证据
D. 传来证据

2. 在一起银行抢劫案发生之后，银行被抢走大量现金，而且有三名银行保安和一名银行工作人员在抢劫过程中遭到了不同程度的伤害。公安机关在立案后，马上开始了侦查工作，对抢劫现场进行了勘验、检查，对四名被害人进行了人身伤害鉴定。此外，公安机关还收集到了银行当天的录像资料。据此，请回答下列问题。

（1）本案的证据中，既有勘验、检查笔录，又有鉴定意见。下列有关勘验、检查笔录与鉴定意见的

区别描述中，哪一项的描述是不准确的(　　)。

A. 勘验、检查笔录由办案人员制作，鉴定意见则由办案人员指派或者聘请的鉴定人制作

B. 勘验、检查笔录是对所见情况的客观记录，鉴定意见的主要内容是科学的分析判断意见

C. 勘验、检查笔录大多是解决一般性问题，鉴定意见则是解决案件中的专门性问题

D. 勘验、检查笔录无须经过审查核定即可发挥其作用作为定案的根据，鉴定意见则需要经过进一步的审查核定

(2) 下列不属于勘验笔录的是(　　)。

A. 现场勘验笔录

B. 身体伤害笔录

C. 物证检验笔录

D. 侦查实验笔录

(3) 本案涉及鉴定意见这一证据形式，下列有关鉴定意见的表述中哪些是正确的(　　)。

A. 鉴定意见的形式必须是书面《鉴定书》，由鉴定人本人签名，单位公章只能用于证明鉴定人的身份，不能代替个人签名

B. 鉴定意见有肯定性意见和倾向性意见两种，两种都可以作为定案的根据

C. 鉴定意见必须当庭宣布，鉴定人一般应当出庭，对鉴定过程和内容、结论作出说明，接受质证

D. 刑事诉讼中需要进行鉴定的专门性问题非常广泛，常见的有法医学鉴定、司法精神病学鉴定、书法笔迹鉴定、痕迹鉴定、化学鉴定、会计鉴定等

(4) 在本案中，银行录像在刑事诉讼上是属于一种视听资料，下列有关刑事诉讼中视听资料的陈述中，正确的是(　　)。

A. 视听资料形式多样，直观性强，客观实在，内容丰富

B. 视听资料易于保存，占用空间少，传送和运输方便

C. 视听资料可以反复重现，作为证据易于使用，审查核实时便于操作

D. 视听资料对技术要求高，伴随科学技术的发展而不断更新、变化

3. 甲女与乙男在某社交软件互加好友，手机网络聊天过程中，甲女多次向乙男发送暧昧言语和色情图片，表示可以提供有偿性服务。二人于酒店内见面后因价钱谈不拢而争吵，乙男强行将甲女留在房间内，并采用胁迫手段与其发生性关系。后甲女向公安机关报案，乙男则辩称双方系自愿发生性关系。

乙男提供了二人之前的网络聊天记录。关于这一网络聊天记录，下列选项正确的是(　　)。(司考 2016. 2. 95)

A. 属电子数据的一种

B. 必须随原始的聊天时使用的手机移送才能作为定案的依据

C. 只有经甲女核实认可后才能作为定案的依据

D. 因不具有关联性而不得作为本案定罪量刑的依据

4. 某小学发生一起猥亵儿童案件，三年级女生甲向校长许某报称被老师杨某猥亵。许某报案后，侦查人员通过询问许某了解了甲向其陈述的被杨某猥亵的经过。侦查人员还通过询问甲了解到，另外两名女生乙和丙也可能被杨某猥亵，乙曾和甲谈到被杨某猥亵的经过，甲曾目睹杨某在课间猥亵丙。讯问杨某时，杨某否认实施猥亵行为，并表示他曾举报许某贪污，许某报案是对他的打击报复。

关于本案证据，下列选项正确的是(　　)。(司考 2017. 2. 96)

A. 甲向公安机关反映的情况，既是被害人陈述，也是证人证言

B. 关于甲被猥亵的经过，许某的证言可作为甲陈述的补强证据

C. 关于乙被猥亵的经过，甲的证言属于传闻证据，不得作为定案的依据

D. 甲、乙、丙因年幼，其陈述或证言必须有其他证据印证才能采信

5. 甲、乙二人系药材公司仓库保管员，涉嫌 5 次共同盗窃其保管的名贵药材，涉案金额 40 余万元。一审开庭审理时，药材公司法定代表人丙参加庭审。经审理，法院认定了其中 4 起盗窃事实，另 1 起因证据不足未予认定，甲和乙以职务侵占罪分别被判处有期徒刑 3 年和 1 年。

关于本案证据，下列选项正确的是(　　)。(司考 2017. 2. 92)

A. 侦查机关制作的失窃药材清单是书证

B. 为查实销赃情况而从通信公司调取的通话记录清单是书证

C. 甲将部分销赃所得 10 万元存入某银行的存折是物证

D. 因部分失窃药材不宜保存而在法庭上出示的药材照片是物证

四、名词解释

1. 内心确信证据制度

2. 自由心证（中国政法大学 2009 年考研题）

五、简答题

1. 证人证言和鉴定意见有何区别？
2. 我国《刑法》第395条规定："国家工作人员的财产、支出明显超过合法收入，差额巨大的，可以责令该国家工作人员说明来源，不能说明来源的，差额部分以非法所得论。"请结合这一规定，回答下列问题：

    （1）刑事诉讼中证明责任的一般分配原则是什么？

    （2）在"巨额财产来源不明"案件中，被告人应否承担证明责任？如果应当承担，被告人与公诉人是如何分担证明责任的？
3. 无罪推定的产生与发展经过是什么？怎样保障该原则的实施？
4. 根据我国《刑事诉讼法》第61条关于证人证言的规定"证人证言必须在法庭上经过公诉人、被害人和被告人、辩护人双方询问、质证，听取各方证人的证言并且经过查实以后，才能作为定案的根据。"

    （1）何谓证据能力？何谓证明力？结合证人证言谈谈两者之间的关系。

    （2）根据证人证言的特征，说说证人证言转化为定案依据的条件。

六、论述题

1. 试述间接证据的特点和运用。
2. 论我国刑事证据制度的立法完善。

七、案例分析题

1. 某日清晨，在距离某市15公里的国道上，发生了一起交通肇事案。肇事车辆逃逸，事故现场有被害人的尸体和被害人骑的摩托车，尸体旁边有被害人的血迹，尸体不远处有汽车急刹车留下的痕迹。被害人手腕上的手表已被摔坏，时针指在5点50分。侦查人员对现场进行了勘验，拍摄了一些现场全景照片。法医鉴定意见：被害人系被汽车撞击而死。有位妇女张某对侦查人员说，事故发生时，她行走在离事故现场50米处，目击一辆解放牌大卡车撞倒被害人后逃离而去。事故现场不远处有里程碑记明事故发生地距某市15公里。某市交通管理局查明，5点50分左右曾有两辆解放牌大卡车经过事故现场，其中一辆为该市某运输公司车辆。经侦查人员察看，该车上有一处漆皮新脱落的痕迹。公司调度证明司机刘某事故发生的那天早上回到公司，下车后脸上有慌张的神色。出车登记表证明司机刘某早上5点55分回到公司。侦查人员询问与司机同车的赵某，两人均否认他们当天早上发生过交通肇事。

    问：在本案所述证据中，哪些属于物证？哪些属于书证？哪些属于直接证据？哪些属于无罪证据？
2. 2012年3月14日上午六时，某县公安局接到群众报案，在该县火车站附近一废弃的工棚中，发现一具年轻女尸。经现场勘验检查，认定死者是被他人用手卡住咽喉，造成窒息而死亡的。后经鉴定，发现死者已有二个月的身孕，且死亡时间为13日晚7时至10时之间。另外还在工棚发现一女用挎包，内有一空钱包及一张纸条。纸条上的内容是：约定3月13日晚上与被害人面谈。署名为李某。公安机关据此逮捕了李某。李某承认其与被害人在谈恋爱，并有两性关系，但其父母并不同意这门亲事。废工棚是他们约会的固定地点。在13日晚上的约会中，被害人以她怀孕为由，要李同意与其马上结婚，李不允，被害人即又吵又闹，还打了李两耳光，李一怒之下，独自回家。其坚决否认是他杀的人。经过进一步侦查，公安机关又掌握了如下证据：在李某家的录音电话中，有被害人指责其不回电话、不负责任的录音。关于纸条上字迹的鉴定意见，证明是李某的笔迹；李某的邻居王某证明13日晚七时许看见二人一起出去了，但一个小时左右，只有李某一人回来。

    问：

    （1）我国刑事诉讼法规定了七种法定证据，在本案中存在哪几种？它们分别包括本案中收集到的哪些证据？

    （2）依照有关证据理论，根据本案现有的证据，能否认定李某有罪？为什么？

参考答案

一、单项选择题

1. **答案**：D。本题考查证明责任分担。证明责任是提供证据责任与说服责任的统一。所谓提供证据的责任，即双方当事人在诉讼过程中，应当根据诉讼进行的状态，就主张的事实或者反驳的事实提供证据加以证明。所谓说服责任，即负有证明责任的诉讼当事人应当承担运用证据对案件事实进行说明、论证，使法官形成对案件事实的确信的责任。由此可见，仅仅提出证据并不等于履行了证明责任，还必须尽可能地说服裁判者相信所主张的事实存在或不存在。在我国，证明责任的承担主体首先是控诉机关和负有证明责任的当事人，即公诉案件中的公诉人和自诉案件中的自诉人，只有他们才应依照法定程序承担证明犯罪事实是否发生、被告人有罪、无罪以及犯罪情节轻重的责任，这是证明责任理论中“谁主张，谁举证”的古老法则在刑事诉讼中的直接体现。此外，根据“否认者不负证明责任”的古老法则和现代无罪推定原则的要求，犯罪嫌疑人、被告人不负证明自己无罪的责任。故AB两项错误。从整体上看，刑事诉讼中的证明责任是一个专属于控诉方的概念。但是，在少数持有类的特定案件，如巨额财产来源不明、非法持有枪支等案件中，犯罪嫌疑人、被告人也负有提出证据的责任。故C项错误，D项正确。
2. **答案**：C。本题考查的是证据的分类和种类。根据刑事诉讼证据理论，物证是指以其外部特征、存在场所和物质属性证明案件事实的实物和痕迹。书证是指以文字、符号、图画等记载的内容和表达的思想来证明案件事实的书面文件和其他物品。本题中，侦查人员根据遗书记载的内容，推断出死者的家庭、身份，此时遗书是以其所记载的内容来证明案件事实的，故属于书证。同时，侦查人员又根据笔迹鉴定，推断出遗书确系死者所写，此时遗书是以其外部特征对案件事实起证明作用的，故又属于物证。故本题C项正确。
3. **答案**：D。本题考查的是证据的种类。根据我国《刑事诉讼法》第50条的规定，物证和视听资料都属于法定证据种类。物证是指以其外部特征、存在场所和物质属性证明案件事实的一切物品和痕迹。故本题AB项说法正确。视听资料，是指以录音、录像、电子计算机以及其他高科技设备所储存的信息证明案件情况的资料。本题中，监视系统所拍摄的资料正是以其所储存的信息来证明案件事实，故属于视听资料，故本题C项说法正确。光盘是盗窃的赃物，以其外部特征、存在场所和物质属性证明案件事实的，而不是以其所记载的内容来证明案件事实，故属于物证而不属于视听资料。故本题D项说法错误，当选。
4. **答案**：B。本题考查的是法定证据种类中鉴定意见的概念。鉴定意见，是指公安机关、人民检察院、人民法院为了解决案件中某些专门性问题，指派或聘请具有专门知识和技能的人，对这些问题进行分析判断后所作的书面意见。应当注意的是，被害人自己到医院所作的有关伤害情况的诊断书、鉴定书，不属于鉴定意见。故本题正确答案为B。
5. **答案**：C。本题考查被害人陈述的特点、类别以及认证程序等。作为定罪根据的被害人陈述，必须经过法庭审理中的审查核实，接受当庭质证，必要时也可以在有充分准备的前提下与犯罪嫌疑人、被告人进行对质。可见，与犯罪嫌疑人、被告人进行对质并不是认定被害人陈述的必要条件。
6. **答案**：B。本题考查刑事诉讼中鉴定意见的概念和特点。鉴定意见是指受公安司法机关指派或聘请的鉴定人，对案件的专门性问题进行鉴定后作出的书面意见。鉴定意见与医疗单位的诊断证明在产生的程序上有原则的区别，目的和作用也完全不同，在刑事诉讼中，简单地以诊断证明代替鉴定意见是不允许的。
7. **答案**：C。证据的关联性，是指证据必须与案件事实有客观联系，对证明刑事案件事实具有某种实际意义；反之，与本案无关的事实或者材料，都不能成为刑事证据。故A项错误。证据的关联性是证据证明力的原因。所谓证明力，也就是证据对证明案件事实的证明作用和证据对证明案件事实的价值。证据对案件事实有无证明力以及证明力的大小，取决于证据本身与案件事实有无联系以及联系的紧密、强弱程度。一般来说，如果证据与案件事实之间的联系紧密，则该证据的证明力较强，在诉讼中所起的作用也较大。故C项正确。没有关联性的证据不具有可采性，但具有关联性的证据未必都具有可采性，仍有可能出于利益考虑，或者由于某种特殊规则，而不具有可采性。故B项不正确。一般而言，英美证据法认为下列几种证据不具有关联性，不得作为认定案件事实的依据：(1) 品格证据；(2) 类似行为；(3) 特定的诉讼行为；(4) 特定的事实行为；(5) 被害人过去的行为。故D项不正确。本题正确答案为C项。

8. 答案：D。本题考查的是证据的分类。根据证据与案件主要事实的证明关系的不同，可以将证据划分为直接证据和间接证据。刑事案件的主要事实就是犯罪嫌疑人、被告人是否实施了犯罪行为。凡可以单独直接证明案件主要事实的证据，就属于直接证据。而间接证据是不能独立地直接证明案件的主要事实，只能证明案件事实的某种情况的证据。本题中，D项“被害人陈述”可以单独直接证明案件主要事实，因而属于直接证据。故本题正确答案为D。

9. 答案：A。本题考查的是刑事证据的分类和具体判断。根据证据与案件主要事实的证明关系的不同，可以将证据划分为直接证据和间接证据。凡可以单独直接证明案件主要事实的证据，就属于直接证据。而间接证据是不能独立地直接证明案件的主要事实，只能证明案件事实的某种情况的证据。本题中，甲的证言可以单独直接证明张三实施犯罪行为的事实，因而属于直接证据。故本题A项正确。

10. 答案：D。原始证据是直接来源于案件事实的证据材料，凡不是直接来源于案件事实而是从间接的非第一来源获得的证据材料，称为传来证据。直接证据是指可以单独直接证明案件事实，不必经过推理过程就可以直观地说明指控的犯罪行为是否发生的证据，反之，必须与其他证据结合才能证明案件主要事实的证据，属于间接证据。本题中，作为证据的匕首是公安机关直接从杀人现场提取的，因此属于原始证据；单凭匕首不辅以其他证据，不进行推理，不能直接说明犯罪行为是何人所为，因此属于间接证据。由此可知答案D正确。

11. 答案：B。本题考查的是证据的分类。根据证据与案件主要事实的证明关系的不同，可以将证据划分为直接证据和间接证据。凡可以单独直接证明案件主要事实的证据，就属于直接证据。而间接证据是不能独立地直接证明案件的主要事实，只能证明案件事实的某种情况的证据。根据证据来源的不同，可以将证据划分为原始证据和传来证据。凡直接来自原始出处，即直接来源于案件事实的证据，叫作原始证据。凡不是直接来源于案件事实，而是从间接的非第一来源获得的证据，称为传来证据。本题中，B项“被害人关于张某抢劫其财物的陈述”，能够直接证明案件主要事实，又是直接来源于案件事实的，故既属于直接证据，又属于原始证据，故为本题正确答案。

12. 答案：C。根据证据材料的来源的不同，可以分为原始证据和传来证据。凡是来自原始出处，即直接来源于案件事实的证据材料，叫作原始证据，也称为第一手材料；凡是不直接来源于案件事实，而是从间接的非第一来源获得的证据材料，称为传来证据，即通常所称的第二手材料。ACD三项均属于原始证据，B项属于传来证据。根据证据与案件主要事实的证明关系的不同，可以将证据划分为直接证据与间接证据。刑事案件的主要事实就是犯罪嫌疑人、被告人是否实施了犯罪行为。证明关系的不同，是指某一证据是不是可以单独地、直接地证明案件的主要事实。凡是可以单独直接证明案件主要事实的证据，属于直接证据。它的含义是指某一项证据的内容，不必经过推理过程就可以直观地说明指控的犯罪行为是否发生，这种犯罪行为是否为正在被追诉的人所实施的。凡是必须与其他证据相结合才能证明案件主要事实的证据，属于间接证据。ABD三项均属于间接证据，C项则能直接否定犯罪的发生，属于直接证据。故本题的正确答案为C项。

13. 答案：D。本题考查见证人、物证的排除。根据《刑事诉讼法解释》第80条规定：“下列人员不得担任见证人：（一）生理上、精神上有缺陷或者年幼，不具有相应辨别能力或者不能正确表达的人；（二）与案件有利害关系，可能影响案件公正处理的人；（三）行使勘验、检查、搜查、扣押、组织辨认等监察调查、刑事诉讼职权的监察、公安、司法机关的工作人员或者其聘用的人员……由于客观原因无法由符合条件的人员担任见证人的，应当在笔录材料中注明情况，并对相关活动进行全程录音录像。”故本题中的情形下虽无见证人到场，但有勘验过程全程录像并在笔录中已注明理由，因此不予排除。故D项正确。

14. 答案：B。以录音磁带、录像带、电影胶片或电子计算机相关设备存储的作为证明案件事实的音响、活动影像和图形，统称为“视听资料”。本题中，检察机关播放的录音录像是以音响、图像等动态的方式来证明案件事实的，属于视听资料。

15. 答案：D。《关于办理网络犯罪案件适用刑事诉讼程序若干问题的意见》第12条规定，询（讯）问异地证人、被害人以及与案件有关联的犯罪嫌疑人的，可以由办案地公安机关通过远程网络视频等方式进行询（讯）问并制作笔录。故A项的错误在于，不是“应”，而是“可以”。《关于办理网络犯罪案件适用刑事诉讼程序若干问题的意见》第15条规定，具有下列情形之一，无法获取原始存储介质的，可以提取电子数据，但应当在笔录中注明不能获取原始存储介质的原因、原始存储介质的存放地点等情况，并由侦查人员、电子数据持有人、提供人签名或者盖章；持有人、提供人无法签名或者拒绝签名的，应当在笔录中注明，由见证人签名或者盖章；有条件的，侦查人员应当对相关活动进行录像：(1) 原始存储介质不便封存的；(2) 提取计算机内存存储的数据、网络传输的数据等不是存储在存储介质上的电子数据的；(3) 原始存储介质位于境外的；(4) 其他无法获取原始存储介质的情形。故B项错误。《关于办理网络犯罪案件适用刑事诉讼程序若干问题的意见》第16条规定，远程提取电子数据的，应当说明原因，有条件的，应当对相关活动进行录像。故C项错误。《关于办理网络犯罪案件适用刑事诉讼程序若干问题的意见》第18条规定，对电子数据涉及的专门性问题难以确定的，由司法鉴定机构出具鉴定意见，或者由公安部指定的机构出具检验报告。故D项正确。

16. **答案**：B。传闻证据规则，即如无法定理由，任何人在庭审期间以外及庭审准备期间以外的陈述，不得作为认定被告人有罪的证据。本题的B项即属于庭审期间以外证人所做的证言，系传闻证据，当选。ACD三项均是在法庭上所做的陈述，不属于传闻证据。

17. **答案**：D。言词证据，是指凡是表现为人的陈述，即以言词作为表现形式的证据。实物证据是指，凡是表现为物品、痕迹和以其内容具有证据价值的书面文件，即以实物作为表现形式的证据。直接证据是指能够单独、直接证明案件主要事实的证据。间接证据是不能单独、直接证明刑事案件的主要事实，需要与其他证据相结合才能证明的证据。由于A选项是物品，因此属于实物证据，故而A选项错误。而B同样属于实物的范畴，仍然属于实物证据，故B选项错误。而对于C选项，由于是犯罪嫌疑人的供述，能够直接证明案件的主要事实，因此属于直接证据，故C选项错误。对于D选项，由于其不能单独证明案件的主要事实，因此属于间接证据。同时，由于鉴定意见仍然是以鉴定人的言词为其表现形式，因此鉴定意见归属于言词证据。综上，本题的正确答案为D。

18. **答案**：D。最高人民法院等五部门《关于办理死刑案件审查判断证据若干问题的规定》第37条规定：对于有下列情形的证据应当慎重使用，有其他证据印证的，可以采信：（一）生理上、精神上有缺陷的被害人、证人和被告人，在对案件事实的认知和表达上存在一定困难，但尚未丧失正确认知、正确表达能力而作的陈述、证言和供述；（二）与被告人有亲属关系或者其他密切关系的证人所作的对该被告人有利的证言，或者与被告人有利害冲突的证人所作的对该被告人不利的证言。据此，选项AB的说法错误。第26条规定：勘验、检查笔录存在明显不符合法律及有关规定的情形，并且不能做出合理解释或者说明的，不能作为证据使用。勘验、检查笔录存在勘验、检查没有见证人的，勘验、检查人员和见证人没有签名、盖章的，勘验、检查人员违反回避规定的等情形，应当结合案件其他证据，审查其真实性和关联性。据此，选项C中的情况，并非一律不得采信，故而选项C错误。第9条规定：经勘验、检查、搜查提取、扣押的物证、书证，未附有勘验、检查笔录，搜查笔录，提取笔录，扣押清单，不能证明物证，书证来源的，不能作为定案的根据。因此，选项D正确。

19. **答案**：A。本题考查辨认、辨认笔录的排除。《刑事诉讼法解释》第105条规定："辨认笔录具有下列情形之一的，不得作为定案的根据：（一）辨认不是在调查人员、侦查人员主持下进行的；（二）辨认前使辨认人见到辨认对象的；（三）辨认活动没有个别进行的；（四）辨认对象没有混杂在具有类似特征的其他对象中，或者供辨认的对象数量不符合规定的；（五）辨认中给辨认人明显暗示或者明显有指认嫌疑的；（六）违反有关规定、不能确定辨认笔录真实性的其他情形。"故BC两项错误。《公安机关办理刑事案件程序规定》第260条规定，辨认时，应当将辨认对象混杂在特征相类似的其他对象中，不得在辨认前向辨认人展示辨认对象及其影像资料，不得给辨认人任何暗示。辨认犯罪嫌疑人时，被辨认的人数不得少于七人；对犯罪嫌疑人照片进行辨认的，不得少于十人的照片；辨认物品时，混杂的同类物品不得少于五件；对物品的照片进行辨认的，不得少于十个物品的照片。对场所、尸体等特定辨认对象进行辨认，或者辨认人能够准确描述物品独有特征的，陪衬物不受数量的限制。故A项正确，D项错误。

20. **答案**：C。本题考查刑事证据规则、证据能力和证明力的问题。从内容上看，证据规则大体包括两类：一类是调整证据能力的规则，如传闻证据规则、非法证据排除规则、意见证据规则、最佳证据规则等；另一类是调整证明力的规则，如关联性规则、补强证据规则等。故本题的C项中"关联性规则"是调整证明力的规则。而传闻证据规则、非法证据排除规则、意见证据规则都是调整证据能力的规则。本题的正确答案为 C 项。

二、多项选择题

1. **答案**：ABC。本题考查的是刑事证据的分类和具体判断。根据证据事实的表现形式可以将证据分为言词证据和实物证据。凡是通过人的陈述，即以言词作为表现形式的证据，就是言词证据。证人证言，被害人陈述，犯罪嫌疑人、被告人的供述和辩解，显然属于言词证据。鉴定意见虽然具有书面形式，但是按其本质来说，是鉴定人就鉴定的专门性问题所表达的个人意见，而且在法庭审理时要求鉴定人对鉴定意见作口头解释，并当庭回答当事人和辩护人等的发问。所以，鉴定意见属于言词证据。故本题 ABC 项正确。

2. **答案**：AB。本题考查证明对象和免证事项。《刑事诉讼法解释》第 72 条规定："应当运用证据证明的案件事实包括：（一）被告人、被害人的身份；（二）被指控的犯罪是否存在；（三）被指控的犯罪是否为被告人所实施；（四）被告人有无刑事责任能力，有无罪过，实施犯罪的动机、目的；（五）实施犯罪的时间、地点、手段、后果以及案件起因等；（六）是否系共同犯罪或者犯罪事实存在关联，以及被告人在犯罪中的地位、作用；（七）被告人有无从重、从轻、减轻、免除处罚情节；（八）有关涉案财物处理的事实；（九）有关附带民事诉讼的事实；（十）有关管辖、回避、延期审理等的程序事实；（十一）与定罪量刑有关的其他事实。认定被告人有罪和对被告人从重处罚，适用证据确实、充分的证明标准。"故本题的 AB 均属于证明对象，当选。C 项属于证据事实，不是证明对象，故不当选。《高检规则》第 401 条规定："在法庭审理中，下列事实不必提出证据进行证明：（一）为一般人共同知晓的常识性事实；（二）人民法院生效裁判所确认并且未依审判监督程序重新审理的事实；（三）法律、法规的内容以及适用等属于审判人员履行职务所应当知晓的事实；（四）在法庭审理中不存在异议的程序事实；（五）法律规定的推定事实；（六）自然规律或者定律。"本题的 D 属于上述第 4 项规定的免证事项，不当选。

3. **答案**：ACD。本题考查的是有关鉴定意见的规定。《刑事诉讼法》第 148 条规定，侦查机关应当将用作证据的鉴定意见告知犯罪嫌疑人、被害人。据此，本题 A 项正确。《刑事诉讼法》第 195 条规定："公诉人、辩护人应当向法庭出示物证，让当事人辨认，对未到庭的证人的证言笔录、鉴定人的鉴定意见、勘验笔录和其他作为证据的文书，应当当庭宣读……"据此，本题 C 项正确。《刑事诉讼法》第 192 条第 3 款规定："公诉人、当事人或者辩护人、诉讼代理人对鉴定意见有异议，人民法院认为鉴定人有必要出庭的，鉴定人应当出庭作证。经人民法院通知，鉴定人拒不出庭作证的，鉴定意见不得作为定案的根据。"从该条可以看出，鉴定人一般应当出庭对鉴定过程和内容作出说明，故本题 D 项正确。法律没有要求公安司法机关将鉴定意见告知诉讼代理人，故本题 B 项不正确。

4. **答案**：AC。本题考查证据的关联性、证据的理论分类、意见证据规则。《刑事诉讼法解释》第 88 条第 2 款规定，证人的猜测性、评论性、推断性的证言，不得作为证据使用，但根据一般生活经验判断符合事实的除外。本题的 D 项属于不符合一般生活经验的推断性的证言，应排除，该项不当选。直接证据是能够单独、直接证明案件主要事实的证据。也就是说，某一项证据的内容，无须经过推理过程，即可以直观地说明犯罪行为是否犯罪嫌疑人、被告人所实施。故 B 项属于间接证据。凡是来自原始出处，即直接来源于案件事实的证据材料，是原始证据。凡是不直接来源于案件事实，而是从间接的非第一来源获得的证据材料，称为传来证据。故 C 项正确。关联性也称为相关性，是指证据必须与案件事实有客观联系，对证明刑事案件事实具有某种实际意义；反之，与本案无关的事实或材料，都不能成为刑事证据。在理论上，特定的事实行为不具有关联性。例如，关于事件发生后某人实施补救措施的事实，一般情况下不得作为行为人对该事实负有责任的证据加以采用。故 A 项的行为不具有关联性。

5. **答案**：BCD。本题是考查了对几个证据分类的理解。传来证据是间接来源于案件事实，经过复制、转述的证据；有罪证据是指凡是能够证明犯罪事实存在和犯罪行为系犯罪嫌疑人、被告人所为的证据；言词证据是指表现为人的陈述，即以言词作为表现形式的证据。直接证据是指能够单独的直接证明案件主要事实的证据；间接证据是指不能单独的直接指明案件主要事实，需要和其他证据结合才能证明的证据。从这里我们可以看出，张某的言论为直接证据，而非间接证据，故应该排除 A 项。

6. **答案**：ABCD。本题考查刑事诉讼中证人的义务。根据刑事诉讼法的相关规定，四个选项的陈述都是刑事诉讼中证人的义务。除此之外，证人还有义务回答公安司法人员的询问。

7. **答案**：ABD。《刑事诉讼法》第 64 条规定，对于危害国家安全犯罪、恐怖活动犯罪、黑社会性质的组织犯罪、毒品犯罪等案件，证人、鉴定人、被害人因在诉讼中作证，本人或者其近亲属的人身安全面临危险的，人民法院、人民检察院和公安机关应当采取以下一项或者多项保护措施：(1) 不公开真实姓名、住址和工作单位等个人信息；(2) 采取不暴露外貌、真实声音等出庭作证措施；(3) 禁止特定的人员接触证人、鉴定人、被害人及其近亲属；(4) 对人身和住宅采取专门性保护措施；(5) 其他必要的保护措施。故本题中的AB两项均正确。C项中的侦查人员是"出庭说明情况"，而并非作为证人"出庭作证"，所以，不受证人保护法律规范的约束。故C项不正确。《刑事诉讼法》第154条规定，依照本节规定采取侦查措施收集的材料在刑事诉讼中可以作为证据使用。如果使用该证据可能危及有关人员的人身安全，或者可能产生其他严重后果的，应当采取不暴露有关人员身份、技术方法等保护措施，必要的时候，可以由审判人员在庭外对证据进行核实。故D项也正确。本题的正确答案为ABD三项。

8. 答案：ABCD。本题考查电子数据的收集、提取、移送和运用。《关于办理刑事案件收集提取和审查判断电子数据若干问题的规定》第8条第1款规定，收集、提取电子数据，能够扣押电子数据原始存储介质的，应当扣押、封存原始存储介质，并制作笔录，记录原始存储介质的封存状态。故A项正确。

《关于办理刑事案件收集提取和审查判断电子数据若干问题的规定》第16条第2款规定，电子数据检查，应当对电子数据存储介质拆封过程进行录像，并将电子数据存储介质通过写保护设备接入到检查设备进行检查；有条件的，应当制作电子数据备份，对备份进行检查；无法使用写保护设备且无法制作备份的，应当注明原因，并对相关活动进行录像。故B项正确。

《关于办理刑事案件收集提取和审查判断电子数据若干问题的规定》第19条规定，对侵入、非法控制计算机信息系统的程序、工具以及计算机病毒等无法直接展示的电子数据，应当附电子数据属性、功能等情况的说明。对数据统计量、数据同一性等问题，侦查机关应当出具说明。本题中，甲涉嫌利用木马程序盗取Q币并转卖他人，就属于本条规定的情形，所以应当附有该木马程序如何盗取账号密码的说明。故C项正确。

《关于办理刑事案件收集提取和审查判断电子数据若干问题的规定》第27条规定，电子数据的收集、提取程序有下列瑕疵，经补正或者作出合理解释的，可以采用；不能补正或者作出合理解释的，不得作为定案的根据：(1) 未以封存状态移送的；(2) 笔录或者清单上没有侦查人员、电子数据持有人（提供人）、见证人签名或者盖章的；(3) 对电子数据的名称、类别、格式等注明不清的；(4) 有其他瑕疵的。故D项正确。

本题的正确答案为ABCD四项。

三、不定项选择题

1. 答案：(1) BD。证人证言是指证人就自己所知道的案件情况向公安司法机关所做的陈述。证人证言一般是口头陈述，以证人证言笔录加以固定；经办案人员同意由证人亲笔书写的书面证词，也是证人证言。

(2) C。视听资料是指以录音录像、电子计算机以及其他高科技设备储存的信息证明案件情况的资料。勘验笔录是指办案人员对与犯罪有关的场所、物品、尸体等进行勘察、检验后所做的记录。而淫秽录像带就是以录像制品这一高科技设备将里面的画面表现出的，因此是视听资料。

(3) AD。物证是指以其外部特征、存在场所和物质属性证明案件事实的实物和痕迹。本案中对许某的录像设备及录像带拍成的照片是固定物证的一种形式，依然属于物证。传来证据是指间接来源于案件事实，经过复制、转述的证据，如物证的复制品等。

(4) CD。间接证据是指不能单独的直接证明案件主要事实，需要和其他证据结合才能证明的证据。

(5) AD。传来证据是间接来源于案件事实，经过复制、转述的证据；有罪证据是指凡是能够证明犯罪事实存在和犯罪行为系犯罪嫌疑人、被告人所为的证据；言词证据是指表现为人的陈述，即以言词作为表现形式的证据。直接证据是指能够单独的直接证明案件主要事实的证据；间接证据是指不能单独的直接证明案件主要事实，需要和其他证据结合才能证明的证据。而夏某的书面材料是能够直接证明案件事实的，因此属于直接证据。

2. 答案：(1) D。本题考查刑事诉讼中勘验、检查笔录的概念及其与鉴定意见的区别。勘验、检查笔录作为一种独立的证据形式，在概念上、适用上有其自身的特点，与鉴定意见相比，两种证据的制作主体、主要内容、针对问题都是不一样的。但两者同样都需要进一步的审查核实之后，才能作为定案的证据。

(2) B。本题考查刑事诉讼中勘验笔录的概念和种类。勘验笔录，是指办案人员对于与犯罪有关的场所、物品、痕迹、尸体等勘查、检验中所作的记载。勘验笔录可以分为现场勘验笔录、物证检验笔录、尸体检验笔录、侦查实验笔录等。对于人身的某些特征、伤害情况或生理状态所作的记载是检查笔录。

(3) ACD。本题考查鉴定意见的种类、形式、适用等。运用鉴定意见要注意肯定性意见和倾向性意见两种鉴定意见。实践中大多数鉴定书都是对鉴定问题提出肯定性意见，但有时因为材料不充分或鉴定条件不能满足等原因，鉴定人只能提出倾向性意见而不能作出肯定性结论。后者不是严格意义上的鉴定意见，不能作为定案的根据使用，只能供办案人员参考。

(4) ABCD。本题考查刑事诉讼中视听资料作为证据的特点。视听资料，是指以录音、录像、电子计算机或其他高科技设备所存储的信息证明案件真实情况的资料。题目中对其特点的描述都是正确的。

3. **答案**：A。本题考查电子数据的认定和提取、证据的关联性。《关于办理刑事案件收集提取和审查判断电子数据若干问题的规定》第1条规定："电子数据是案件发生过程中形成的，以数字化形式存储、处理、传输的，能够证明案件事实的数据。电子数据包括但不限于下列信息、电子文件：(一) 网页、博客、微博客、朋友圈、贴吧、网盘等网络平台发布的信息；(二) 手机短信、电子邮件、即时通信、通讯群组等网络应用服务的通信信息；(三) 用户注册信息、身份认证信息、电子交易记录、通信记录、登录日志等信息；(四) 文档、图片、音视频、数字证书、计算机程序等电子文件。以数字化形式记载的证人证言、被害人陈述以及犯罪嫌疑人、被告人供述和辩解等证据，不属于电子数据。确有必要的，对相关证据的收集、提取、移送、审查，可以参照适用本规定。"故A项正确。第9条规定："具有下列情形之一，无法扣押原始存储介质的，可以提取电子数据，但应当在笔录中注明不能扣押原始存储介质的原因、原始存储介质的存放地点或者电子数据的来源等情况，并计算电子数据的完整性校验值：(一) 原始存储介质不便封存的；(二) 提取计算机内存数据、网络传输数据等不是存储在存储介质上的电子数据的；(三) 原始存储介质位于境外的；(四) 其他无法扣押原始存储介质的情形。对于原始存储介质位于境外或者远程计算机信息系统上的电子数据，可以通过网络在线提取。为进一步查明有关情况，必要时，可以对远程计算机信息系统进行网络远程勘验。进行网络远程勘验，需要采取技术侦查措施的，应当依法经过严格的批准手续。"故B项错误。C项不是该电子数据作为定案根据的必备条件。D项中该电子数据是具有关联性的，故不当选。

4. **答案**：A。本题考查证据的法定种类、传闻证据规则、补强证据规则、特殊人提供的言词证据的采信。甲向公安机关反映的既有另外两名女生乙和丙被害的经过，也有自己被害的经过。所以，既是被害人陈述，也是证人证言。故A项正确。

补强证据要有独立的来源，许某的证言来自甲，不能作为甲的补强证据。故B项错误。

传闻证据规则，也称为传闻证据排除规则，即法律排除传闻证据作为认定犯罪事实的根据的规则。根据这一规则，如无法定理由，任何人在庭审期间以外及庭审准备期间以外的陈述，不得作为认定被告人有罪的证据。本题中，甲的证言虽属于传闻证据，但是，在我国，该传闻证据仍然可能作为定案的根据。故C项错误。

《刑事诉讼法解释》第143条规定："下列证据应当慎重使用，有其他证据印证的，可以采信：(一) 生理上、精神上有缺陷，对案件事实的认知和表达存在一定困难，但尚未丧失正确认知、表达能力的被害人、证人和被告人所作的陈述、证言和供述；(二) 与被告人有亲属关系或者其他密切关系的证人所作的有利被告人的证言，或者与被告人有利害冲突的证人所作的不利于被告人的证言。"此法条中未提到年幼，所以D项表述错误。

本题的正确答案为A项。

5. **答案**：B。本题考查证据的法定种类。物证是指证明案件真实情况的一切物品和痕迹。书证是指以记载的内容和反映的思想来证明案件真实情况的书面材料或其他物质材料。本题中A项是扣押清单，不是书证。B项和C项均属于书证。因此，AC两项错误。B项正确。D项中因部分失窃药材不宜保存而在法庭上出示的药材照片，这种照片是以其内容证明案件真实情况，因而属于书证。故D项错误。本题的正确答案为B项。

四、名词解释

1. **答案**：内心确信证据制度是指苏联以及东欧国家所采用的一种证据制度。所谓内心确信是指审判员心理上对案件所作的结论的正确性和可靠性的信念。审判员的内心确信是主客观因素互相作用的结果。内心确信证据制度是在废除法定证据制度之后，批判地继承自由心证证据制度基础上逐渐形成的。内心确信证据制度以辩证唯物主义为指导，以社会主义法律意识为依据，具有一定的进步性，但仍然没有超越主观意识的范畴，难以避免司法者的主观臆断。

2. **答案**：自由心证是指证据的取舍以及证明力的大小及其如何运用，法律不作预先规定，而是由法官根据法庭审判的结果，根据自己的良心、理性进行自由判断，并根据其形成的内心确信，对案件事实作出相应的结论。自由心证是西方国家普遍实行的一项关于法官自由评价证据证明力的原则和制度。

五、简答题

1. **答案**：证人证言，就是证人把自己所知道的有关案件的情况向司法机关所作的陈述。鉴定意见，是具有专门知识和技能的人，根据司法机关的指派或聘请，对诉讼中需要解决的某些专门性问题进行鉴定后所提出的结论性意见。二者存在重大的差别：

(1) 鉴定意见的证据价值在于对案件中的专门性问题进行分析判断后作出的符合事实和科学的结论，而不在于对所见事实的客观描述；但证人证言的证据价值则恰恰为所感知或亲历事实的描述，而对描述的事实发表看法则毫无证据价值。

(2) 为保证鉴定意见的科学性，弥补司法人员有关专门知识的不足，首先要求鉴定人具有有关的专门知识和技能；而证人证言的提供者则不要求具有专门知识和技能，即使是生理上、精神上有缺陷或者年幼的人，只要能够辨别是非，能够正确表达，同样可以作证人。

(3) 鉴定人事先并不了解案件事实，他是在案件发生后的诉讼中，由司法机关根据需要指派或者聘请以解决所遇到的专门性问题的，他既可以选择，也可以更换。当鉴定人与本案或本案当事人有利害关系或其他法定情况时，便应当回避，不能接受指派或聘请作鉴定人。而证人由于感知案件事实而参与诉讼，陈述其所感知的案件事实，是由案件本身决定的，具有不可选择和不可替代性。不论其与案件有无利害关系或与当事人、被害人有无利害关系，都应依法作证，不发生回避的问题。

(4) 鉴定人为了提供科学的结论，可以要求了解有关案情或阅览有关的案卷材料，几个鉴定人共同鉴定时，可以相互讨论，如果意见一致，可以共同写出鉴定意见，共同签名。证人没有阅卷的权利，对于询问证人，法律明确规定应当个别进行，不能互相讨论，以免相互影响，导致证言失实。

2. **答案**：(1) 证明责任是指对于被告人是否有罪以及犯罪情节轻重，应由谁提出证据并加以证明的责任，也叫举证责任。证明责任经过长期的发展，形成了由控诉一方承担的规则。在我国体现在下面三个方面：

第一，证明犯罪嫌疑人、被告人有罪的责任，由执行控诉职能的国家专门机关承担，即由人民检察院和公安机关承担。承担证明犯罪嫌疑人、被告人有罪的责任就是提出证据并证实犯罪嫌疑人、被告人有罪的责任。如果不能做到，其后果就是犯罪嫌疑人、被告人无罪的结论当然成立。具体说就是人民检察院对公诉案件负有证明责任，公安机关只对其立案侦查的案件负有证明责任，依法应由监狱或军队保卫部门负责侦察的案件自然由监狱或军队保卫部门承担证明责任；

第二，自诉案件的自诉人应对控诉承担证明责任。在自诉案件中，自诉人处于原告的地位，独立地执行控诉职能，对自己提出的指控被告人犯有某种罪行的主张，理应承担证明责任；

第三，犯罪嫌疑人、被告人应当如实陈述，但除法律另有规定的外，不承担证明自己无罪的责任。

犯罪嫌疑人、被告人虽然不承担证明自己无罪的责任，但也不享有沉默权，不享有可以拒绝回答与案件有关的问题的权利。《刑事诉讼法》第120条第1款规定，犯罪嫌疑人对侦查人员的提问，应当如实回答。但是这绝不意味着法律要求犯罪嫌疑人、被告人承担证明责任。我国《刑事诉讼法》第52条规定，不得强迫任何人证实自己有罪。犯罪嫌疑人、被告人如果要拒绝回答向其提出的与案件有关的问题或者在侦查和审判中一直保持沉默，仅仅这种行为本身并不构成犯罪。如果最终证明是有罪的，则上述行为应当是从重量刑的一个情节。如果最终没能证明其有罪，则不能因其没有如实回答或者一直保持沉默，而要其承担刑事责任。

(2) 在“巨额财产来源不明”案件中，具体适用的就是上述第三点——“法律另有规定的除外”(除外条款)，即“国家工作人员的财产或者支出明显超过合法收入，差额巨大的，可以责令说明来源”，即犯罪嫌疑人要承担证明自己无罪的责任。如果不能说明其来源是合法的，则犯有巨额财产来源不明罪的结论当然成立。

在这里公诉人要证明犯罪嫌疑人、被告人的财产或者支出的具体数额和其合法收入及支出的具体数额，以验证其是否有巨额财产。而犯罪嫌疑人、被告人则要承担证明自己的财产来源的责任。

3. **答案**：无罪推定原则是在否定以犯罪嫌疑人或者被告人有罪为出发点的纠问制刑事程序的基础上形成并发展起来的一项法律原则，是现代刑事诉讼制度的基础之一。它首先出现于英国普通法的诉讼理论中，后来为美国宪法及其诉讼实务所采用。在大陆法系国家，意大利法学家贝卡里亚最早在理论上提出了无罪推定的思想。他指出："在法官判决之前，一个人是不能被称为罪犯的。"法国1789年《人权宣言》第9条规定，"任何人在其未被宣告为犯罪以前，应当被假定为无罪"，从而把无罪推定正式确定为一项法治原则。1948年联合国《世界人权宣言》第11条第1款规定："凡受刑事控告者，在未经获得辩护上所需的一切保障的公开审判而依法证实有罪以前，有权被视为无罪。"这是首次在联合国文件中确认无罪推定原则，为在全球范围内贯彻这一原则提供了法律依据。1966年联合国《公民权利与政治权利国际公约》再次确认了无罪推定原则，在第14条第2款规定，"凡受刑事控告者，在未依法证实有罪之前，应有权被视为无罪"，要求各缔约国采取必要措施予以保障。

我国《刑事诉讼法》第12条吸取了无罪推定原则的基本精神，确立了未经人民法院依法判决不得确定有罪的原则。从理论和世界各国的法律规定中看，要保障无罪推定原则的实施，至少应在以下几个方面加以落实。

（1）在宪法中明确规定无罪推定原则。宪法作为国家的根本大法，在法律体系中处于母法的地位，各部门法包括刑事诉讼法都要以宪法为依据，各部门法包括刑事诉讼法中重要的法律原则都应该在宪法中得到体现。从我国现状看，作为国家根本大法的宪法中没有规定无罪推定原则，实际上就出现一种局面，那就是刑事诉讼法对于无罪推定的规定缺乏宪法依据。

（2）赋予公民沉默权。所谓沉默权，指的是犯罪嫌疑人、被告人有权决定是否进行陈述或保持沉默，而控诉机关不得以国家强制权迫使犯罪嫌疑人和被告人就自己是否犯罪进行不利于自己的陈述。沉默权是无罪推定原则派生出来的重要规则之一，也是保证无罪推定的基础性条件。关于犯罪嫌疑人、被告人的陈述，我国《刑事诉讼法》第52条规定，不得强迫任何人证实自己有罪，第120条第1款规定："侦查人员在讯问犯罪嫌疑人的时候，应当首先讯问犯罪嫌疑人是否有犯罪行为，让他陈述有罪的情节或者无罪的辩解，然后向他提出问题。犯罪嫌疑人对侦查人员的提问，应当如实回答……"显然，这与沉默权的规则是背道而驰的。从举证责任上看，我国刑事诉讼法规定了"谁主张，谁举证"，而犯罪嫌疑人如实陈述规定实际上要求犯罪嫌疑人证明自己有罪，变相地让犯罪嫌疑人承担了举证的责任。

（3）确立非法证据排除制度。所谓非法证据排除规则一般是指拥有证据调查权的主体违反法律规定的权限和程序所取得的证据材料不具有可采性，不能作为定罪与量刑的根据。这也是无罪推定原则的重要保障。从我国刑事诉讼的实践来看，刑讯逼供、非法扣押、非法搜查等情况依然大量存在，以这些手段获取被告人口供和其他证据材料仍然在案件的侦查、审判中发挥作用。我国《刑事诉讼法》第52条规定"严禁刑讯逼供和以威胁、引诱、欺骗以及其他非法方法收集证据"，同时，2012年《刑事诉讼法》第54条就已经明确规定，以刑讯逼供或者威胁、引诱、欺骗等非法方法收集的犯罪嫌疑人、被告人供述等，不得作为指控犯罪的根据。对于犯罪嫌疑人、被告人提出的对控诉方证据的合法性的合理怀疑，由控诉方承担举证责任。

4. 答案：（1）证据能力是大陆法系证据理论的概念，相当于英美法系证据理论的"可采性"，也就是有无充当证据的资格。某一材料是否在严格的证明中用来证明控辩双方所主张的，并且需要由事实的裁判者加以判断的事实，完全由充当证据的证据能力来决定。在司法实践中，一般要求证据能力具有证据的合法性：一是证据必须具有合法的形式；二是证据必须经法定人员依法定程序收集和提取；三是证据的内容和来源必须合法。对证据"可采性"的判断就是对证据能力的判断，对证据合法性的判断。

证据的证明力表现证据的价值，是证据在认定事实上发挥作用的力量，是证据对于待证事实有无证明作用以及证明作用有多大的表现。证明力包含证据的可信性和狭义的证明力两个方面。可信性是撇开证据与待证事实之间的关系，来判断证据本身是否值得相信；狭义证明力则是指证据在同待证事实的关系上，能否证明待证事实以及在多大程度上证明待证事实。

它们之间的联系表现在，一个证据是否具有证据能力和证明力，最终都取决于证据与待证事实之间的关联性。证据能力与证明力的区别在于：证据能力是从形式上解决证据资格问题，证明力则是从实质上解决证据有无价值以及有多大价值的问题。有证据能力的证据不一定有证明力，如被告人的口供虽然出于本人的自愿，但却是虚假的；而没有证据能力的证据可能具有证明力，如运用刑讯的方法获得的真实口供。作为定案根据的证据必须既有证据能力，又有证明力。审判人员在审查判断证据时，应当先审查证据有无证据能力，然后再对确认有证据能力的证据的证明力进行判断，对于没有证据能力的证据，不必考虑其有无证明力。在英美法系陪审团参加的审判程序中，关于证据能力的问题，由职业法官裁定；证明力则由陪审团本着理性和经验自由判断。在大陆法系及我国的参审制下，证据能力与证明力都由法官与陪审员共同审查判断。

（2）证人证言的特征：

①由知晓案件情况的当事人以外的第三人陈述的内容；

②所陈述的内容必须与案件有关；

③应当就案件有关情况向承办案件的人员陈述。

由此可见，证人证言转化为定案依据的条件：

①法律规定证据必须经过庭审质证，才能作为定案的依据。

②该证人证言具有证明能力，即形式合法、收集程序合法。

③该证人证言具有证明力，即能够证明待证事实。

④证人必须出庭，尤其是警察应该出庭，建立警察出庭作证制度。

⑤不存在其他违反证据取得以及效力的情况，不存在刑讯逼供等。

六、论述题

1. **答案**：间接证据具有以下特点：

（1）任何一个间接证据，都不能直接和单独地对案件主要事实作出说明，只有把它同案件内其他证据联系起来，经过综合判断，才能说明案件的主要事实。这是最显著的特点。

（2）间接证据一般比直接证据更容易获得。无论犯罪行为多么诡秘和隐蔽，都不可避免地留下某些物质痕迹，只要犯罪事实存在，它的某些情况就不可避免地会被人们察觉。

（3）有些案件，没有证人、没有被害人或被害人死亡，同时被告人、犯罪嫌疑人拒绝供认，这样，收集到的证据可能只是间接证据。间接证据有足够数量，经过查证属实，达到充分确实的要求，可以用其定罪判刑。

正由于以上间接证据的特点，运用间接证据应当注意：由于间接证据都是个别的、局部的案件事实的反映，都是一些“片段”，所以，各个证据之间反映犯罪客观过程的联系，就只有通过正确的理性思维来把握，正确运用推理，才能将“片段”的若干间接证据连接起来，形成证据体系或证据锁链，进而证明案件事实。所以必须注意：① 每个间接证据都必须客观、确实可靠。证据体系中不允许有虚假的证据存在。②每个间接证据同案情之间必须有某种客观联系。③间接证据之间必须协调一致，不能有矛盾。④对若干协调一致的间接证据进行综合分析之后，所得出的结论只有一个。

间接证据必须构成完整严密的证据体系，并排除一切合理怀疑，才能得出只有犯罪嫌疑人、被告人实施了犯罪的结论。

2. **答案**：刑事证据制度是指由国家法律规定或者确定的关于刑事诉讼中的证据、证据种类、证明对象、举证责任和证明责任，证明标准与证明要求，以及如何收集、审查、判断证据，如何运用证据认定案情的一整套规则体系。我国的刑事证据制度是建立在辩证唯物主义认识论基础上的实事求是的证据制度。但我国有关刑事证据的法律规定散见于刑事诉讼法条文之中，没有形成完整的体系，有些规定还欠成熟，有些各国通行的原则、制度、规则没有规定。随着审判方式改革的进行和证据法学理论的兴起、繁荣，我国刑事证据制度的不足日益明显，有待完善。我们认为，我国刑事证据制度应从以下几个方面进行完善：

（1）制定一部单独的刑事证据法典，从刑事诉讼法中独立出来。有关刑事证据的相关制度，包括证据种类，证明对象，举证、质证、认证规则等都规定在该部刑事证据法典中。

（2）关于刑事证据的定义和种类的改善问题。我国刑事诉讼法规定的刑事证据定义为：证明案件真实情况的一切事实。该定义实际上是作为记录犯罪过程的证据，而不是诉讼证明过程的证据和法院作出裁决的证据，应该加以完善。而我国刑事诉讼法规定的七种证据形式，并不是按同一标准划分的，有重复的地方。随着实践的发展，对于“电子证据”应否列为单独的一种形式，应予考虑。我们认为，可参照美国的做法，划分为实物证据、言词证据和书面证据三类。

（3）关于证人作证的问题。我国刑事诉讼法对证人作证的规定比较简单，缺乏可操作性规定。我们认为，应当对证人的权利和义务及相关问题作进一步的规定。具体来说，应当规定“强制证人出庭作证”制度、“免证权”制度、“证人宣誓”制度、“证人作证经济补偿制度”。此外，还应对伪证罪作进一步的规定，证人宣誓后作伪证的方承担刑事责任。

（4）关于犯罪嫌疑人、被告人沉默权问题。沉默权，是指犯罪嫌疑人、被告人不能被强迫作不利于自己的供述。很多国家都规定了沉默权制度。我国刑事诉讼法定，犯罪嫌疑人对侦查人员的提问，应当如实回答。可见，我国没有规定沉默权。从保护犯罪嫌疑人和被告人合法权利的角度来看，我们认为应当赋予犯罪嫌疑人、被告人沉默权。

(5) 关于庭前证据展示问题。证据展示，也称为证据开示，其基本含义是庭审前控辩双方之间相互获取有关案件的信息。证据展示，可以防止出现“伏击审判”“证据突袭”等情况，提高诉讼效率，保障被告人合法权益。我们认为，我国刑事证据法应规定庭前证据展示制度。

(6) 关于传闻证据规则。传闻证据排除规则是英美证据法的规定，即鉴定人、证人在法庭外所作的陈述不得用来证明其在法庭上所作陈述内容的真实性。现阶段，我国证人、鉴定人不出庭现象普遍存在，使质证流于形式。为了改变这种状况，我国应该确立传闻证据排除规则，证人、鉴定人必须在法庭上经过控辩双方的质证。

(7) 关于证人保护的问题。我国刑事诉讼法和刑法只规定了对证人的事后保护措施，而且规定也特别简单。我们认为，我国应建立专门的证人保护机制，对证人及其近亲属的人身安全、财产安全和名誉进行事前、事后的周全保护。

(8) 关于证明标准问题。我国现行的证明标准是：事实清楚，证据确实、充分。但在实践中，事实清楚不大可能也没有必要达到。我们认为，应参照英美证据法的规定，确立“排除合理怀疑”的证明标准。

(9) 关于举证责任的问题。我国关于举证责任倒置的明确规定就只有“巨额财产来源不明罪”一种。我们认为，适应实践的需要，“刑讯逼供罪”也应当适用举证责任倒置的原则。

(10) 关于意见证据规则。意见证据规则即证人只能就所感知的事实提供证言，不可以提供意见、推论或结论。我们认为，证人的意见侵犯了事实审理者的职权，有影响公正认定事实的危险。我国应确立意见证据规则。

七、案例分析题

1. **答案**：本案中，属于物证的有：①被害人的尸体；②被害人的血迹；③被害人骑的摩托车；④被害人手上被摔坏的手表；⑤路面上刹车的痕迹；⑥解放牌大卡车；⑦解放牌大卡车漆皮脱落的痕迹。

属于书证的证据有：①被害人手上指明时间的手表；②该市某运输公司的出车表；③表明离某市15公里的里程碑。

直接证据有：①妇女张某的证言；②司机刘某的供述；③与司机同车的赵某的证言；④勘验现场的事故全景照片。

无罪证据有：①路面上刹车的痕迹；②摔坏的手表、里程碑和出车表三个书证所证明的内容(共同构成一个无罪证据)；③某市交通管理局查明5点50分左右共有两辆解放牌大卡车经过事故现场；④司机刘某的陈述；⑤与司机同车的赵某的证言。

2. **答案**：(1) 本案有六种法定证据：①物证：女尸，纸条，挎包，空钱包；②犯罪嫌疑人的供述和辩解：李的供述；③证人证言：被告人的邻居王某的证言；④勘验、检查笔录：现场勘验检查记录；⑤鉴定意见：怀孕死亡时间、字迹鉴定；⑥视听资料：电话录音带。

(2) 不能。本案缺乏直接证据，只有间接证据，根据本案现有的间接证据不能定案。具体是：间接证据不具有一致性，空钱包仅表明本案有图财性，而其他证据则指向情杀方面，间接证据不能形成锁链。即对在废弃工棚中的事实缺乏证据加以证明，间接证据不具有排他性。依靠现有证据，不能排除他人13日晚8~10时之间杀人的可能性。

第十一章 证 明

基础知识图解

证明
- 刑事证明的概念：侦查、检察、审判人员或当事人及其委托的辩护人、代理人依法收集、审查判断和运用证据，认定犯罪是否发生、谁是犯罪分子，罪责轻重以及其他有关案件事实的活动
- 刑事证明的意义：不仅是刑事诉讼的核心和基本环节，而且也是防止冤假错案的关键，还体现刑事诉讼的价值
- 刑事证明对象
  - 概念：需要运用证据以证明的案件事实
  - 范围：有关犯罪构成案件的事实、犯罪嫌疑人、被告人主体方面的事实
- 刑事证明标准
  - 概念：司法工作人员以及当事人、辩护人、诉讼代理人在诉讼活动中运用案件事实需要达到的程度
  - 证明标准
    - 必须达到案件事实、情节清楚
    - 证明案件事实情节的证据必须达到确实、充分的程度
    - 我国刑事诉讼法不同阶段对证据的证明标准也不同
  - 疑案处理原则：我国现行法律并没有确定疑罪从无原则
- 刑事证明责任
  - 概念：由公安司法机关或某些当事人负责，他们必须提供证据证明自己所主张的案件事实
  - 公诉、自诉案件证明责任的承担：控诉方对其指控的犯罪事实始终负有证明责任，犯罪嫌疑人、被告人在一般情况下不负证明责任
- 收集证据和审查证据

配套测试

一、单项选择题

1. 在一起诽谤案中，夏某以苏某捏造事实，诽谤自己，致使自己的名誉受到巨大损害为由，向人民法院提起刑事自诉，要求人民法院追究苏某的刑事责任。在法庭审理过程中，夏某和苏某都向法庭提出申请，要求调取新的证据。据此，对于本案，负有证明责任的人员应当是(　　)。

A. 夏某

B. 苏某

C. 夏某和苏某

D. 苏某仅有责任证明自己不构成犯罪

2. 某县公安局接到群众报案，在一块稻田边发现一具男尸。刑警大队马上派人到现场勘验、检查，以收集证据。根据有关法律规定，侦查人员收集的证据能够将案件事实证明到何种程度，公安机关就能对此案立案侦查？(　　)

A. 有犯罪事实需要追究刑事责任

B. 有明确的犯罪嫌疑人

C. 应当判处有期徒刑以上刑罚

D. 犯罪事实清楚，证据确实充分

3. 证人程某目睹了一歹徒持刀抢劫的作案过程。该歹徒被公安机关抓捕归案后，侦查人员找到程某，要求其提供某些案情。侦查人员在询问时，下列哪些说法是不正确的？(　　)

A. 应当采用个别和口头的方式进行

B. 先由办案人员介绍案情，然后向证人提出问题

C. 证言中的矛盾，由证人自己作出解释

D. 严禁采用拘留、刑讯、威胁、利诱、欺骗等非法方法

4. 下列对证人证言收集程序的表述中不正确的是(　　)。

A. 询问证人，应当首先告知证人一定要如实提供证言，如有意作伪证或者隐匿罪证要负法律责任

B. 询问证人应当个别进行和口头进行
C. 严禁对证人采用拘留、刑讯、威胁、利诱、欺骗等非法方法收集证言，但在询问证人前，可以先由办案人员具体介绍案情
D. 询问时，应当全面、如实地对证言内容进行客观记录，不能加入办案人员的主观想象和个人理解，即使证言中存在自相矛盾的地方

5. 1999年3月，厦门市发生一起连环爆炸案，厦门市公安局迅速对此进行了立案侦查，并收集证据。下列对于证据收集的表述中不符合法律规定的是(　　)。
A. 人民法院、人民检察院和公安机关有权向有关单位和个人收集、调取证据，有关单位和个人应当如实提供证据
B. 辩护律师经证人或者其他有关单位和个人同意，可以向他们收集与本案有关的材料，也可以申请人民检察院、人民法院收集、调取证据，或者申请人民法院通知证人出庭作证
C. 审判人员、检察人员、侦查人员必须依照法定程序，收集能够证实犯罪嫌疑人、被告人有罪的各种证据
D. 严禁刑讯逼供和以威胁、引诱、欺骗以及其他非法的方法收集证据

6. 2003年5月，某县公安局对一起交通肇事案件进行了侦查，在侦查过程中，涉及人证、物证等各种证据形式的保全。下列有关刑事诉讼中的证据保全的说法中错误的是(　　)。
A. 证据保全是指司法机关或者当事人在刑事诉讼过程中，为了保持证据的真实性和完整性，对已经收集到的证据材料，通过法定的保全方法使其稳定化、固定化
B. 对于证人证言、被害人陈述、犯罪嫌疑人、被告人的供述和辩解，主要采取笔录和录音的方法加以保全
C. 对于一般物证，应当开列清单附卷保存，移送案件时，随同案件一并移送
D. 对于各种痕迹证据所采用的方法要能够防止其变质、变形或被污染、损害

7. 某甲以某乙犯暴力干涉婚姻自由罪提起自诉，在某甲举证证明达到何种程度时，人民法院才能受理此案？(　　)
A. 有犯罪事实需要追究刑事责任
B. 有证据证明被告人有犯罪事实
C. 犯罪事实清楚，证据确实充分
D. 有证据证明有犯罪事实发生

8. 某市检察分院的反贪局侦查员李某，在办理自侦案件的过程中，认为本案中存在专门性问题，需要由本检察院的技术部门进行鉴定。下列什么人员或机构有权批准进行该项鉴定？(　　)
A. 侦查员李某
B. 市检察分院反贪局领导
C. 市检察分院检察长
D. 市检察分院检察委员会

9. 甲乙两家曾因宅基地纠纷诉至法院，尽管有法院生效裁判，但甲、乙两家关于宅基地的争议仍未得到根本解决。一日，甲、乙因各自车辆谁先过桥引发争执继而扭打，甲拿起车上的柴刀砍中乙颈部，乙当场死亡。对此，下列哪一选项是不需要用证据证明的免证事实？(　　)(司考2010.2.25)
A. 甲的身份状况
B. 甲用柴刀砍乙颈部的时间、地点、手段、后果
C. 甲用柴刀砍乙颈部时精神失常
D. 法院就甲、乙两家宅基地纠纷所作出的裁判事项

10. 关于鉴定人与鉴定意见，下列哪一选项是正确的？(　　)(司考2014.2.29)
A. 经法院通知，鉴定人无正当理由拒不出庭的，可由院长签发强制令强制其出庭
B. 鉴定人有正当理由无法出庭的，法院可中止审理，另行聘请鉴定人重新鉴定
C. 经辩护人申请而出庭的具有专门知识的人，可向鉴定人发问
D. 对鉴定意见的审查和认定，受到意见证据规则的规制

二、多项选择题

1. 邢某因参与赌博于2000年2月被某县公安机关拘留。拘留期间，邢某主动交代其曾于1998年10月在本县某中学附近抢劫一次，劫得人民币500元，已被其挥霍。公安机关据此进行立案侦查，但没有找到任何证据。于是按照邢某交代的犯罪事实移送人民检察院审查起诉，人民检察院审查后提起公诉，人民法院最后以抢劫罪判处邢某有期徒刑5年。下列说法正确的是(　　)。
A. 公安机关没有找到有关邢某抢劫的其他证据就不应移送审查起诉
B. 检察机关应当联合公安机关进行重新侦查
C. 法院没有尽到“犯罪事实清楚，证据确实充分”的举证责任
D. 人民法院不应对邢某定罪量刑

2. 在我国刑事诉讼理论中，证明要求指的是法律规定的，运用证据证明案件事实所要达到的程度。根据《刑事诉讼法》的规定，下列各项所述的诉

讼行为，需要达到“犯罪事实清楚，证据确实充分”的证明要求的有(　　)。

A. 公安机关侦查终结移送审查起诉时

B. 人民检察院经审查，作出批准逮捕决定时

C. 人民检察院提起公诉时

D. 人民法院作出有罪判决时

3. 收集、调取物证，应遵循下列哪些规则？(　　)

A. 收集、调取的物证应当是原物

B. 在原物不便搬运、不易保存或者依法应当返还被害人时，可拍摄足以反映原物外形或者内容的照片、录像

C. 拍摄原物的照片、录像，制作人不得少于2人

D. 拍摄照片、录像，应当附有关于制作过程的文字说明及原件、原物存放何处的说明，并由制作人签名或者盖章

4. 在一起敲诈勒索案中，公安机关决定对犯罪嫌疑人蔡某实施逮捕，于是向人民检察院提交了批准逮捕申请书。人民检察院经审查后，作出了批准逮捕决定。在本案中，对逮捕蔡某的决定负有证明责任的有(　　)。

A. 本案的被害人

B. 公安机关

C. 人民检察院

D. 蔡某

5. 石某杀人后弃尸河中。在法庭审理中，对下列哪些事实不必提出证据证明？(　　)(司考2008.2.69)

A. 被弃尸的河流从案发村镇穿过的事实

B. 刑法关于杀人罪的法律规定

C. 检察机关和石某都没有异议的案件基本事实

D. 石某的精神状态

6. 证人证言必须在法庭上经过(　　)的讯问、质证，并经过查实以后，方能作为定案的根据。

A. 公诉人

B. 被告人

C. 被害人

D. 辩护人

7. 下列有关刑事诉讼中证据审查的表述中正确的是(　　)。

A. 刑事证据的审查，是指司法人员对于已经收集到的各种证据材料，进行审查判断，以确定各个证据有无证明力以及证明力的大小

B. 刑事证据的审查主要有两个方面的内容：一是对每个证据逐一地进行审查核实；二是在对每个证据审查判断的基础上，进行综合分析

C. 刑事证据的审查应当包括以下三个步骤：单独审查、对比审查和综合审查

D. 刑事证据的审查主要是审查证据的来源是否可靠、具体内容是否真实、各个证据之间的关系以及证据是否充分

8. 关于刑事诉讼中的证明责任，下列哪些选项是正确的？(　　)(司考2009.2.70)

A. 总是与一定的积极诉讼主张相联系，否认一方不负证明责任

B. 总是与一定的不利诉讼后果相联系，受到不利裁判的不一定承担证明责任

C. 是提出证据责任与说服责任的统一，提出证据并非完全履行了证明责任

D. 是专属于控诉方独自承担的责任，具有一定的责任排他性

9. 关于吴某涉嫌故意泄露国家秘密罪，下列哪些选项属于需要运用证据加以证明的事实？(　　)(司考2009.2.71)

A. 吴某是否为国家机关工作人员

B. 是否存在为吴某所实施的被指控事实

C. 被指控事实是否情节严重

D. 是否具有法定或酌定从重、从轻、减轻及免除处罚的情节

10. 关于死刑案件的证明对象的表述，下列哪些选项是正确的？(　　)(司考2011.2.74)

A. 被指控的犯罪事实的发生

B. 被告人实施犯罪的时间、地点、手段、后果以及其他情节

C. 被害人有无过错及过错程度

D. 被告人的近亲属是否协助抓获被告人

11. 关于我国刑事诉讼的证明主体，下列哪些选项是正确的？(　　)(司考2017.2.70)

A. 故意毁坏财物案中的附带民事诉讼原告人是证明主体

B. 侵占案中提起反诉的被告人是证明主体

C. 妨害公务案中就执行职务时目击的犯罪情况出庭作证的警察是证明主体

D. 证明主体都是刑事诉讼主体

三、名词解释

1. 免证事实

2. 司法认知

3. 证明责任

4. 推定

5. 认证

6. 证据保全

四、简答题

1. 简述我国刑事诉讼中的疑案及其处理原则。

2. 简述我国刑事诉讼中的证明责任和相关法律规定。

五、论述题

1. 客观真实、法律真实及其与刑事诉讼证明标准的关系。
2. 论推定与证明责任的关系。（北京大学2006年考研真题）

六、案例分析题

何某，男，35岁，农民。与邻居沙某因为宅基地界线问题发生纠纷。争吵中何某顺手拾起一块石块，击中沙某头部。沙某当场休克，被送进附近的一小卫生所进行了急救。何某则在事发当晚连夜逃出了该县。县公安局接到报案后对案情进行分析，以为何某肯定跑不远，其范围就划定在3个邻县与另外一个与该县相邻的其他地区的市。为了赶时间，该县公安局决定直接在此范围内发布通缉令，通缉捉拿何某。另让县人民医院对沙某的伤情进行了鉴定。人民医院对该人身伤害的医学鉴定意见为轻伤。但是，由于沙某被何某击伤后，昏迷七天，后一直脑袋疼痛难忍。因此沙某的近亲属要求重新鉴定，而何某的家属坚决反对，认为这一结论是公安局让人民医院做的，不可能有错，坚持要公安机关把这份鉴定意见作为证据使用。公安机关看双方争执不下，于是出面调解，决定由县二医院再鉴定一回，被害人沙某这才不闹了。问：

该县公安局的做法是否正确？为什么？如有错误，应当如何改正？

参考答案

一、单项选择题

1. **答案**：A。本题考查的是刑事自诉案件中的举证责任。在自诉案件中，自诉人负有举证责任。根据《刑事诉讼法》第210条、第211条的规定，自诉人在向人民法院提出自诉时，必须提出证据来支持自己的控诉。如果人民法院认为缺乏罪证，而自诉人又提不出补充证据时，人民法院应当说服自诉人撤回自诉，或者裁定驳回自诉。在自诉案件中，被告人不承担举证责任，也就是说没有提出证据证明自己无罪的义务。据此，本题正确答案为A。
2. **答案**：A。本题考查的是立案的证明要求。我国《刑事诉讼法》第112条规定："人民法院、人民检察院或者公安机关对于报案、控告、举报和自首的材料，应当按照管辖范围，迅速进行审查，认为有犯罪事实需要追究刑事责任的时候，应当立案……"据此，立案的证明要求是"有犯罪事实需要追究刑事责任"，故本题正确答案为A。
3. **答案**：B。本题考查的是询问证人应当遵循的规则。《公安机关办理刑事案件程序规定》第210条第2款规定："询问证人、被害人应当个别进行。"第211条规定："询问前，应当了解证人、被害人的身份，证人、被害人、犯罪嫌疑人之间的关系。询问时，应当告知证人、被害人必须如实地提供证据、证言和有意作伪证或者隐匿罪证应负的法律责任。侦查人员不得向证人、被害人泄露案情或者表示对案件的看法，严禁采用暴力、威胁等非法方法询问证人、被害人。"根据上述规定的精神，证言中的矛盾，自然应由证人自己解释；另外，因为证人证言属于言词证据，自然应以口头方式取证。综上，本题ACD项说法都是正确的。而B项说法不正确，当选。
4. **答案**：C。本题考查证人证言的收集程序。收集证人证言的方法是询问证人，收集证人证言必须依法定程序进行，必须保证证人提供证言的真实性。严禁对证人采用拘留、刑讯、威胁、利诱、欺骗等非法方法收集证言，在询问证人前，不得先由办案人员具体介绍案情，以暗示证人如何提供证言。
5. **答案**：C。本题考查刑事诉讼中证据收集的合法性要求。根据《刑事诉讼法》第43条第1款、第52条、第54条第1款的规定："辩护律师经证人或者其他有关单位和个人同意，可以向他们收集与本案有关的材料，也可以申请人民检察院、人民法院收集、调取证据，或者申请人民法院通知证人出庭作证。""审判人员、检察人员、侦查人员必须依照法定程序，收集能够证实犯罪嫌疑人、被告人有罪或者无罪、犯罪情节轻重的各种证据。严禁刑讯逼供和以威胁、引诱、欺骗以及其他非法方法收集证据……""人民法院、人民检察院和公安机关有权向有关单位和个人收集、调取证据。有关单位和个人应当如实提供证据。"因此答案为C。
6. **答案**：A。本题考查刑事诉讼证据收集中的证据保全的概念和方法。证据保全是和证据收集密切相关的一项主要工作，从一般意义上讲，证据保全是指司法机关在刑事诉讼过程中，为了保持证据的真实性和完整性，对已经收集到的证据材料，通过法定的保全方法使其稳定化、固定化。这里，当事人收集、保全证据的行为不属于严格意义上的证据保全。

7. **答案**：B。本题考查的是人民法院受理自诉案件的证明要求。《刑事诉讼法解释》第316条规定："人民法院受理的自诉案件必须符合下列条件：(一) 符合刑事诉讼法第二百一十条、本解释第一条的规定；(二) 属于本院管辖；(三) 被害人告诉；(四) 有明确的被告人、具体的诉讼请求和证明被告人犯罪事实的证据。"据此，本题正确答案为B。

8. **答案**：C。本题考查的是人民检察院自侦案件中有权批准进行鉴定的主体。《高检规则》第218条规定："人民检察院为了查明案情，解决案件中某些专门性的问题，可以进行鉴定。鉴定由人民检察院有鉴定资格的人员进行。必要时，也可以聘请其他有鉴定资格的人员进行，但是应当征得鉴定人所在单位同意。"据此，本题正确答案为C。

9. **答案**：D。《刑事诉讼法解释》第72条规定，"应当运用证据证明的案件事实包括：(一) 被告人、被害人的身份；(二) 被指控的犯罪是否存在；(三) 被指控的犯罪是否为被告人所实施；(四) 被告人有无刑事责任能力，有无罪过，实施犯罪的动机、目的；(五) 实施犯罪的时间、地点、手段、后果以及案件起因等；(六) 是否系共同犯罪或者犯罪事实存在关联，以及被告人在犯罪中的地位、作用；(七) 被告人有无从重、从轻、减轻、免除处罚情节；(八) 有关涉案财物处理的事实；(九) 有关附带民事诉讼的事实；(十) 有关管辖、回避、延期审理等的程序事实；(十一) 与定罪量刑有关的其他事实。认定被告人有罪和对被告人从重处罚，适用证据确实、充分的证明标准。"因此，选项ABC都不属于免证事实。《高检规则》第401条第2项规定，人民法院生效裁判所确认并且未依审判监督程序重新审理的事实不必提出证据进行证明。此题正确答案为D。

10. **答案**：C。《刑事诉讼法》第192条第3款规定，公诉人、当事人或者辩护人、诉讼代理人对鉴定意见有异议，人民法院认为鉴定人有必要出庭的，鉴定人应当出庭作证。经人民法院通知，鉴定人拒不出庭作证的，鉴定意见不得作为定案的根据。《刑事诉讼法》第193条第1款规定，经人民法院通知，证人没有正当理由不出庭作证的，人民法院可以强制其到庭，但是被告人的配偶、父母、子女除外。由此可知，不能强制鉴定人出庭，只能强制证人出庭作证。故A项不正确。《刑事诉讼法解释》第99条第1款、第2款规定，经人民法院通知，鉴定人拒不出庭作证的，鉴定意见不得作为定案的根据。鉴定人由于不能抗拒的原因或者有其他正当理由无法出庭的，人民法院可以根据情况决定延期审理或者重新鉴定。故B项的错误在于，不是"中止审理"，而是"延期审理"。《刑事诉讼法》第197条第2款规定，公诉人、当事人和辩护人、诉讼代理人可以申请法庭通知有专门知识的人出庭，就鉴定人作出的鉴定意见提出意见。故C项正确。意见证据规则，是指证人只能陈述自己亲自感受和经历的事实，而不得陈述对该事实的意见或者结论。对鉴定意见的审查和认定，不受到意见证据规则的规制。故D项不正确。本题正确答案为C项。

二、多项选择题

1. **答案**：AD。本题考查的范围较广，涉及证明要求、举证责任和证据的运用规则。我国《刑事诉讼法》第162条第1款规定："公安机关侦查终结的案件，应当做到犯罪事实清楚，证据确实、充分，并且写出起诉意见书；连同案卷材料、证据一并移送同级人民检察院审查决定，同时将案件移送情况告知犯罪嫌疑人及其辩护律师。"由于本案公安机关没有做到犯罪事实清楚，证据确实、充分，故公安机关不应对本案移送审查起诉，故本题A项正确。《刑事诉讼法》第55条第1款规定："……只有被告人供述，没有其他证据的，不能认定被告人有罪和处以刑罚……"本案即属"只有被告人陈述，没有其他证据"的情况，故人民法院不应对其定罪量刑，故本题D项正确。

2. **答案**：ACD。本题考查的是刑事诉讼的证明要求。我国《刑事诉讼法》第162条规定："公安机关侦查终结的案件，应当做到犯罪事实清楚，证据确实、充分，并且写出起诉意见书，连同案卷材料、证据一并移送同级人民检察院审查决定，同时将案件移送情况告知犯罪嫌疑人及其辩护律师。"第171条规定："人民检察院审查案件的时候，必须查明：(一) 犯罪事实、情节是否清楚，证据是否确实、充分，犯罪性质和罪名的认定是否正确……"第200条规定"……(一) 案件事实清楚，证据确实、充分，依据法律认定被告人有罪的，应当作出有罪判决……"故本题ACD项正确。

3. **答案**：ABCD。本题考查的是收集调取物证的规则。《刑事诉讼法解释》第83条规定："据以定案的物证应当是原物。原物不便搬运，不易保存，依法应当返还的或者依法应当由有关部门保管、处理，可以拍摄、制作足以反映原物外形和特征的照片、录像、复制品。必要时，审判人员可以前往保管场所查看原物。物证的照片、录像、复制品，不能反映原物的外形和特征的，不得作为定案的根据。物证的照片、录像、复制品，经与原物核对无误、经鉴定或者以其他方式确认真实的，可以作为定案的根据。”

4. **答案**：BC。本题考查的是刑事诉讼的证明责任。在我国，根据刑事诉讼法的有关规定和司法实践经验，证明责任是指公安司法机关应当收集证据、提供证据证明案件事实的责任。公安机关在提请批准逮捕时，应当提供能够证明应当逮捕犯罪嫌疑人的证据，也即公安机关负有证明责任。相应地，人民检察院对这些案卷材料、证据进行审查，认为应当逮捕的，作出批准逮捕的决定，这也是一个运用证据进行证明的过程。故本题 BC 项正确。

5. **答案**：AB。《高检规则》第 401 条规定：“在法庭审理中，下列事实不必提出证据进行证明：(一) 为一般人共同知晓的常识性事实；(二) 人民法院生效裁判所确认并且未依审判监督程序重新审理的事实；(三) 法律、法规的内容以及适用等属于审判人员履行职务所应当知晓的事实；(四) 在法庭审理中不存在异议的程序事实；(五) 法律规定的推定事实；(六) 自然规律或者定律。”被弃尸的河流从案发村镇穿过的事实属于一般人共同知晓的常识性事实，故 A 项正确。刑法关于杀人罪的法律规定属于审判人员履行职务所应当知晓的事实，故 B 项正确。检察机关和石某都没有异议的案件基本事实涉及的是犯罪构成事实而非程序事实，需要证明，故 C 项不正确。石某的精神状态关系到其是否具备刑事责任能力，属于犯罪构成事实，需要证明，故 D 项不正确。本题正确答案是 AB。

6. **答案**：ABCD。本题考查的是证人证言作为定案根据的条件。《刑事诉讼法》第 61 条规定：“证人证言必须在法庭上经过公诉人、被害人和被告人、辩护人双方质证并且查实以后，才能作为定案的根据……”据此，本题正确答案为 ABCD。

7. **答案**：ABCD。本题考查刑事证据的审查。刑事证据的审查是运用证据查明案件事实的重要活动，对正确运用证据查明案件有重要意义。题目中对于刑事证据审查的概念、主要内容、步骤以及对象的表述都是正确的。

8. **答案**：ABC。证明责任具有以下特点：(1) 证明责任总是与一定的诉讼主张相联系；(2) 证明责任是提供证据责任和说服责任的统一；(3) 证明责任总是和一定的不利诉讼后果相联系。根据上述证明责任的特点可知，ABC 项正确。在我国，刑事诉讼证明责任的承担主体首先是控诉机关和负有证明责任的当事人。此外，犯罪嫌疑人、被告人不负证明自己无罪的责任。从整体上看，刑事诉讼中的证明责任是一个专属于控诉方的概念。但是，在少数法律推定其有罪的特点案件，如巨额财产来源不明案件及非法持有属于国家绝密、机密文件、资料、物品罪中，犯罪嫌疑人、被告人也负有提出证据的责任。故 D 项错误。

9. **答案**：ABC。《刑事诉讼法解释》第 72 条规定，应当运用证据证明的案件事实包括：应当运用证据证明的案件事实包括：(一) 被告人、被害人的身份；(二) 被指控的犯罪是否存在；(三) 被指控的犯罪是否为被告人所实施；(四) 被告人有无刑事责任能力，有无罪过，实施犯罪的动机、目的；(五) 实施犯罪的时间、地点、手段、后果以及案件起因等；(六) 是否系共同犯罪或者犯罪事实存在关联，以及被告人在犯罪中的地位、作用；(七) 被告人有无从重、从轻、减轻、免除处罚情节；(八) 有关涉案财物处理的事实；(九) 有关附带民事诉讼的事实；(十) 有关管辖、回避、延期审理等的程序事实；(十一) 与定罪量刑有关的其他事实。认定被告人有罪和对被告人从重处罚，适用证据确实、充分的证明标准。《刑法》第 398 条规定，国家机关工作人员违反保守国家秘密法的规定，故意或者过失泄露国家秘密，情节严重的，处三年以下有期徒刑或者拘役；情节特别严重的，处三年以上七年以下有期徒刑。非国家机关工作人员犯前款罪的，依照前款的规定酌情处罚。非国家机关工作人员犯故意泄露秘密罪的，依照国家机关工作人员犯故意泄露秘密罪的规定酌情处罚。所以根据上述规定，处罚的结果可能会根据案情有所区别，故本题吴某是否为国家机关工作人员需加以证明，A 项正确。BC 两项分别属于上述第（二）（五）两种情形，也需运用证据加以证明。证明的相关事实是围绕吴某是否涉嫌故意泄露国家秘密罪这个中心，而 D 项主要是关于定罪量刑需要证明的内容，故 D 不符合题意。

10. **答案**：ABCD。最高人民法院、最高人民检察院、公安部等《关于办理死刑案件审查判断证据若干问题的规定》第 5 条第 2 款规定：“证据确实、充分是指：(一) 被指控的犯罪事实的发生；(二) 被告人实施了犯罪行为与被告人实施犯罪行为的时间、地点、手段、后果以及其他情节；(三) 影响被告人定罪的身份情况；(四) 被告人有刑事责任能力；(五) 被告人的罪过；(六) 是否共同犯罪及被告人在共同犯罪中的地位、作用；（七）对被告人从重处罚的事实。”由此可知，选项 AB 正确。第 36 条规定“在对被告人作出有罪认定后，人民法院认定被告人的量刑事实，除审查法定情节外，还应审查以下影响量刑的情节：（一）案件起因；（二）被害人有无过错及过错程度，是否对矛盾激化负有责任及责任大小；（三）被告人的近亲属是否协助抓获被告人；（四）被告人平时表现及有无悔罪态度；（五）被害人附带民事诉讼赔偿情况，被告人是否取得被害人或者被害人近亲属谅解；（六）其他影响量刑的情节。”因此，选项 CD 正确。综上，本题答案为 ABCD。

11. **答案**：ABD。本题考查刑事诉讼的证明主体。刑事诉讼证明的主体是国家公诉机关和诉讼当事人。公安机关和人民法院不是证明的主体。A 项中的附带民事诉讼原告人和 B 项的反诉人（即反诉中的自诉人）都是当事人，是证明主体。故 AB 都是证明主体。C 项中的警察是公安机关的侦查人员，不是证明主体。故 C 项错误。刑事诉讼主体是所有参与刑事诉讼活动，在刑事诉讼中享有一定权利、承担一定义务的国家专门机关和诉讼参与人。其中承担基本诉讼职能的专门机关和当事人是主要的诉讼主体，其他诉讼参与人是一般诉讼主体。故 D 项中的证明主体包括公诉机关和当事人，都是刑事诉讼主体。D 项正确。本题的正确答案为 ABD 三项。

三、名词解释

1. **答案**：免证事实是指在诉讼过程中，当事人无须证明的事实。理论界一般认为，下列事实属于免证事实：众所周知的事实；自然规律与定理；生效裁判认定的事实；推定的事实；经过公证证明的事实；当事人承认的事实；司法认知的事实等。
2. **答案**：司法认知又称为审判上的认知，是指在案件审判过程中，法官对于某些特定的事项直接确认其真实性，而无须证据证明的一种诉讼证明方式。
3. **答案**：在刑事诉讼中，证明责任可界定为：由公安司法机关或某些当事人负责，他们必须提供证据证明自己所主张的案件事实。否则，他们将承担其控告、认定或主张不能成立的后果。具体而言，我国刑事诉讼中的证明责任，可以从两个层面上去理解：（1）在法庭审判阶段，控诉方（公诉人或自诉人）负有证明被告人有罪的责任，被告人原则上不负有证明自己无罪的责任。（2）在整个刑事诉讼过程中，公安司法机关及其司法工作人员在追究犯罪嫌疑人、被告人的刑事责任时，应当负职务上的证明责任。
4. **答案**：推定在诉讼理论上是一个颇具争议的概念。代表性的观点认为，推定是指依照法律规定或者由法院按照经验法则，从已知的基础事实推断未知的推定事实存在，并允许当事人提出反证予以推翻的一种证据法则。推定的基本要素包括：（1）推定涉及两种事实，即已知事实和未知事实，或者基础事实和推定事实。（2）推定发生的根据是法律的规定或者经验法则。（3）推定的救济方法是反证。即允许当事人提出反证，推翻推定事实，进而使推定规则失去效用。
5. **答案**：认证是指法官在法庭审判过程中，对诉讼双方当事人提供的证据，或者法官自行收集的证据，进行审查判断，确认其证据能力和证明力的诉讼活动。其主要特点是：（1）认证的主体是法官；（2）认证的客体是双方当事人向法庭提交的证据；（3）认证的内容是证据的证据能力和证明力。
6. **答案**：证据保全是指在诉讼过程中，对于可能灭失、失真或以后难以取得的证据，司法机关根据当事人的申请，或者主动依照职权，采取一定的措施先行加以固定和保护的诉讼行为。证据保全的目的在于保持证据被发现时的原状，防止证据因时过境迁或者人为的干扰、破坏，而不能或者难以取得或者发生变化。

四、简答题

1. **答案**：（1）疑案是指刑事诉讼中对案件事实的证明证据不足，没有达到证明标准，因而难以决断的案件的简称。在司法实践中有时由于条件的限制或出于各种主客观原因，有些案件虽然有一定的有罪证据，但未能查得水落石出，或因案情错综复杂，一时难以查清，法定期限已过，因而出现疑案是不可避免的。

　　（2）对于疑案的处理，在实行有罪推定的封建专制主义诉讼制度下按照“疑罪从有”来处理；与有罪推定相对的是无罪推定，即被告人有罪无罪难以确定时，按被告人无罪来处理；被告人罪重罪轻难以确定时，按被告人罪轻处理。我国在相当长的时间里没有确认无罪推定的原则，有罪推定的影响还比较严重，在疑案的处理上，常有“久押不决”甚至“挂”起来、“留尾巴”的情况发生。《刑事诉讼法》第 12 条明确规定，“未经人民法院依法判决，对任何人都不得确定有罪”。这一规定吸收了“疑罪从无”的疑案处理精神，具体来讲在新修改的刑事诉讼法中关于疑案处理方式体现在，不仅明确规定，把退回补充侦查限制在二次各一个月的时间里，而且规定对于补充侦查的案件，人民检察院仍然认为证据不足、不符合起诉条件的、可以作出不起诉的决定；另外人民法院移送起诉的案件，经法庭审理后，对于证据不足，不能认定被告人有罪的，应当作出证据不足、指控的犯罪不能成立的无罪判决。
2. **答案**：我国刑事诉讼中的证明责任可界定为：由

公安司法机关或某些当事人负责，他们必须提供证据证明自己所主张的案件事实。否则，他们将承担其控告、认定或主张不能成立的后果。

具体而言，我国刑事诉讼中的证明责任，可以从两个层面上去理解：

（1）在法庭审判阶段，控诉方（公诉人或自诉人）负有证明被告人有罪的责任，被告人原则上不负有证明自己无罪的责任。

（2）在整个刑事诉讼过程中，公安司法机关及其司法工作人员在追究犯罪嫌疑人、被告人的刑事责任时，应当负职务上的证明责任。犯罪嫌疑人、被告人原则上不负证明自己无罪的责任。

我国《刑事诉讼法》第52条规定："审判人员、检察人员、侦查人员必须依照法定程序，收集能够证实犯罪嫌疑人、被告人有罪或者无罪、犯罪情节轻重的各种证据。严禁刑讯逼供和以威胁、引诱、欺骗以及其他非法方法收集证据，不得强迫任何人证实自己有罪……"第54条规定："人民法院、人民检察院和公安机关有权向有关单位和个人收集、调取证据……"从以上规定中我们可以清楚地看到，刑事诉讼证明责任的原则主要是：（1）证明责任首先应当由提出诉讼主张的侦查人员和检察人员共同负担；（2）否定诉讼主张的犯罪嫌疑人、被告人没有证明责任；（3）侦查人员、检察人员、审判人员不仅调查、收集有罪和罪重的证据，同时还调查、收集无罪和罪轻的证据；（4）犯罪嫌疑人、被告人提出无罪、罪轻和免予刑事处罚的证据，是他们依法行使辩护权利，而不是义务，不能把证明责任转移到犯罪嫌疑人、被告人身上；（5）不能用刑讯逼供等非法手段强迫犯罪嫌疑人、被告人证明自己有罪。

五、论述题

1. 答案：（1）刑事诉讼证明标准的概念和意义

刑事诉讼证明标准，也叫作审查判断证据的标准，是指认定证据是否确实、充分时所依据的原则或尺度。任何证明或判断都必须依据一定的标准进行，没有标准就没有证明，没有判断，这是思维形式逻辑的一条普遍规律。对证据的审查判断也必须依据一定的标准。所以，确立证明或判断证据的标准就成为证据制度的核心问题之一。

（2）客观真实与法律真实

我国《刑事诉讼法》规定的刑事诉讼证明标准是"案件事实清楚、证据确实充分"，对此如何理解以及应该确立何种的刑事诉讼证明标准，学界有客观真实和法律真实两种对立的观点。

传统观点认为，"客观真实"是诉讼证明的标准，这种标准不但有必要达到，而且完全可能达到。这种观点提出，要按照"物质存在第一，认识第二"的辩证唯物主义基本观点，把客观真实作为判断证据的标准。其客观真实的含义有二：案件事实、情节清楚；证据确实充分。所谓案件事实、情节清楚就是指有关案件事实、情节已经查清。所谓证据确实充分是指：①据此定案的每一个证据都已查证属实，具有客观真实性；②据以定案的证据与案件事实之间存在着客观联系；③证据和证据之间、证据与案件事实之间的矛盾得到合理排除；④案件的事实情节都有相应的一定数量的证据予以证明。其证明标准可以表述为"排他性"的证明标准。

所谓法律真实，则是指在实现和认定案件事实过程中，必须尊重体现一定价值的刑事程序的要求，在对案件事实的认识达到法律要求的标准时，即可定罪量刑，否则应当宣布被追诉人无罪。所谓法律要求的标准，是指法律认为对事实的认识达到据此可以对被告人定罪的标准，这种标准可以表述为"排除合理怀疑的标准"，但不要求是绝对的客观上的真实。

客观真实和法律真实所对应的证明目标——客观事实和法律事实是两种性质不同的事实。诉讼过程中，实际上存在着三种事实状态，即客观事实、主观事实和法律事实。客观事实是发生在过去的事实，具有不可回复性；主观事实是发生在参加诉讼人员头脑中的事实，具有多变性；法律事实则是指通过诉讼程序最终认定的事实，具有"合理的可接受性"。这三种事实之间存在着密切的内在联系，主观事实、法律事实，都从客观事实衍生而来；这三种事实在很大程度上应当是重合的。但要注意它们具有不同的性质和特征，不能互相取代。由于客观事实是不可回复的，因此如果坚持客观真实的标准观，最后只能陷入对主观事实的追求当中，而只有法律真实具有的合理的可接受性，既包含了与客观事实相一致的极大可能性，也包含了通过程序而获得的正当性，还包含了国家为定分止争所表现出来的强制性。

（3）选择法律真实的依据和意义

我国刑事诉讼证明的任务和要求应该确定为法律真实，这也有着理论和实践上的依据：

①诉讼证明追求法律真实与我国《刑事诉讼法》规定的宗旨和任务相一致。从《刑事诉讼法》的规定来看，我国刑事诉讼的首要功能和根本任务，就是为了保证我国《刑法》的正确实施，以准确、及时地惩罚犯罪，保护人民，保障无罪的人不受刑事追究。诉讼证明的任务和要求必须与刑事诉讼的宗旨与任务相一致，整个证明活动

必须紧紧围绕我国刑法所规定的各种犯罪构成要件进行，对于各种证据的收集、调查和审查判断，最终结果必须符合刑法各罪要件的标准和要求。因此，以法律真实作为刑事诉讼证明的任务和要求，不仅于法有据，而且符合情理。

②法律真实简明扼要，具体明确，可操作性强，易于实用。法律真实的标准明确，易于操作，整个证明活动只需围绕构成本罪的实体要件进行，并且符合刑事诉讼法的规定就可以了。

③法律真实为证据的调查和运用指明了方向，澄清了在运用证据过程中容易混淆的环节和概念。凡是与刑事实体法各罪的构成要件相关的证据，并且符合刑事诉讼法、证据法的规定，均具有可采性。

④法律事实与客观事实有着密切联系，法律真实的证明要求和任务为客观事实向法律事实转化提供了明确的标准。实现法律真实，诉讼证明活动在某种程序上只需紧紧围绕实体法事实的有无进行就可以了。

⑤采用客观真实的证明标准观，在实践中不但无法实现，而且会带给我们一系列的严重后果，如任意司法、蔑视法律和法治等。当前我国出现的上访、告状等社会问题，很多就与客观真实无法验证，从而使公民与司法机关产生分歧有关。

（4）刑事诉讼证明的标准

如上所述，客观真实观提供的证明标准不但实现不了，而且在现实中还有消极影响。法律真实观则必然要求“排除合理怀疑的证明标准”，即要具有合理的可接受性。这一标准一方面可以使案件结论达到一定的确定性，另一方面又尊重了法律尤其是刑事程序的规定及其价值。它也更能精确地说明《刑事诉讼法》中规定的“案件事实清楚、证据确实充分”的含义：

①排除合理怀疑的标准本身就不低于案件事实清楚的标准，因为案件事实中的合理怀疑被排除之后，它就应该也必然是清楚的。

②案件事实清楚，从正面很难把握，如果不经过合理怀疑的排除过程，这种确实性就可能是不完善的。

③排除合理怀疑的证明标准更加注意被告人对案件事实的发现和形成的参与，更重视法律程序的作用和价值。

④在司法实践中，很多司法人员正是依据排除合理怀疑这一思路进行判断的。

所以说，用排除合理怀疑的标准来解释我国《刑事诉讼法》规定的证明标准，是非常贴切的，这对于我国的刑事诉讼的司法实践也具有重要的指导作用。

2. **答案**：证明责任是有控方证明被告有罪的一种举证责任。

刑事推定的实质，是刑事诉讼中证明责任与证明方式的问题，是部分减轻控方的证明责任和证明难度，并将部分证明义务转移由被告人承担。

有关二者之间关系的争论主要体现在三个方面：第一，推定是不是证明责任存在的前提。第二，推定能不能决定证明责任的分配。第三，推定能不能引起证明责任的转移。

推定与证明责任关系密切，推定的类别不同对证明责任的影响则不同。我国法学界一般把推定区分为法律上的推定与事实上的推定，法律上的推定可以分为推论推定与直接推定两种。法律上的推论推定是指法律规定应当从某一已知事实的存在，作出与之相关的另一未知事实存在（或不存在）的假定，这种推定在各类推定中最具有典型性，而直接推定是一种暂定的真实，即法律不依赖于任何基础事实，便假定某一事实存在的推定，如刑事诉讼中的无罪推定，因此二者的显著区别在于推定是否依据基础事实。

另外，还可以结合刑法中的持有型犯罪和巨额财产来源不明罪来分析推定与证明责任的关系。

六、案例分析题

答案：该县公安局的做法存在两处错误：

（1）超越自己的管辖范围发出通缉令。我国《刑事诉讼法》第155条规定：“应当逮捕的犯罪嫌疑人如果在逃，公安机关可以发布通缉令，采取有效措施，追捕归案。各级公安机关在自己管辖的地区以内，可以直接发布通缉令；超出自己管辖的地区，应当报请有权决定的上级机关发布。”本案中，通缉范围不仅涉及邻县，而且涉及其他地区的城市，因而该县公安局决定直接在这些范围内发布通缉令是不符合上述规定的，该县公安局应报有权决定的上级机关发布。具体来说，应该由该县所在省的公安机关来发布。

（2）决定由该县第二医院重新对人身伤害作出医学鉴定。我国《刑事诉讼法》第147条规定：“鉴定人进行鉴定后，应当写出鉴定意见，并且签名。鉴定人故意作虚假鉴定的，应当承担法律责任。”而在本案中，省级人民政府指定的医院是地区二院。该县公安局没有将该鉴定任务交给地区二院，即没有交给法律规定的由省级政府指定的医院，而是仅仅交给了该县二医院进行鉴定，是不符合上述规定的，应将该案的鉴定交由地区二院来进行。

第十二章 证据规则

基础知识图解

若干证据规则
- 关联性规则
  - 概念：只有与案件事实有关的材料才能作为证据使用
  - 对应法条：《刑事诉讼法》第120条、第141条
- 非法证据排除规则
  - 概念：在刑事诉讼中，对侦控与审判机关采用非法手段收集的证据应当予以排除，不得作为证据采纳
  - 对应法条：《刑事诉讼法解释》第61条
- 传闻证据规则
  - 概念：用以证明所述内容是否真实的目击证人当庭陈述以外的口头或书面证言原则上不能作为认定事实的依据
  - 对应法条：《刑事诉讼法》第61条、第195条
- 补强证据规则
  - 概念：禁止以被告人口供作为定案的唯一依据而必须有其他证据对其予以补强的规则
  - 对应法条：《刑事诉讼法》第55条

配套测试

一、单项选择题

1. 作为定案根据的证据应当具有的基本特征是(　　)。

A. 属于物品或痕迹

B. 由当事人提供

C. 经过鉴定

D. 具有证明力和证据能力

2. 下列案件能够作出有罪认定的是哪一选项？(　　)

A. 甲供认自己强奸了乙，乙否认，该案没有其他证据

B. 甲指认乙强奸了自己，乙坚决否认，该案没有其他证据

C. 某单位资金30万元去向不明，会计说局长用了，局长说会计用了，该案没有其他证据

D. 甲、乙二人没有通谋，各自埋伏，几乎同时向丙开枪，后查明丙身中一弹，甲、乙对各自犯罪行为供认不讳，但收集到的证据无法查明这一枪到底是谁打中的

3. 赵某因绑架罪被公安机关侦查终结移送人民检察院审查起诉。如果人民检察院决定对赵某提起公诉，本案证据应当到什么程度？(　　)

A. 能够证明有犯罪事实发生

B. 能够证明赵某实施了犯罪

C. 犯罪事实清楚，证据确实充分

D. 犯罪事实清楚，有足够证据

4. 根据刑事诉讼法的原理和有关规定，逮捕应符合“有证据证明有犯罪事实”的法定证据条件。这一法定证据条件的完整、准确含义是指什么？(　　)

A. 有证据证明发生了犯罪事实并有证据证明犯罪事实系该犯罪嫌疑人实施

B. 证明犯罪嫌疑人实施犯罪行为的证据已经查证属实

C. 上述A、B两项条件至少应具备其中的一项

D. 上述A、B两项条件应同时具备

5. 下列关于证据理论的说法错误的是(　　)。

A. 在英美法系国家证据除了具有关联性以外，还必须具有可采性

B. 在我国，凡是客观的并具有关联性的证据都可以作为定案证据

C. 程序正义是刑事证据制度赖以存在的理论基础

D. 程序正义直接关系到实体正义

6. “证人猜测性、评论性、推断性的证言，不能作为证据使用”，系下列哪一证据规则的要求？(　　)(司考2011.2.26)

A. 传闻证据规则

B. 意见证据规则
C. 补强证据规则
D. 最佳证据规则

7. 下列哪一选项所列举的证据属于补强证据？（　　）（司考 2014. 2. 28）
A. 证明讯问过程合法的同步录像材料
B. 证明获取被告人口供过程合法，经侦查人员签名并加盖公章的书面说明材料
C. 根据被告人供述提取到的隐蔽性极强、并能与被告人供述和其他证据相印证的物证
D. 对与被告人有利害冲突的证人所作的不利被告人的证言的真实性进行佐证的书证

8. 以下证据属于非法证据应予以排除的是（　　）。
A. 公安机关凌晨抓住犯罪嫌疑人突击审讯到天亮获取的供述
B. 犯罪嫌疑人被呛水无法忍受痛苦作了有罪供述
C. 侦查人员威胁犯罪嫌疑人说：如果不说就通知税务部门调查你的偷税漏税情况
D. 证人的辨认笔录未经证人签字

二、多项选择题

1. 人民法院在运用证据认定被告人有罪时，应遵循下列哪些原则？（　　）
A. 只有口供，没有其他证据的，不能认定被告人有罪
B. 当被告人有犯罪嫌疑而不能证明时，以无罪处理
C. 当被告人罪重罪轻难以确定时，只认定证据充足的轻罪
D. 当被告人有犯罪嫌疑而不能证明时，既不作有罪判决，又不作无罪判决，作出疑罪判决

2. 犯罪嫌疑人王某，因涉嫌故意杀人被公安机关逮捕。在侦查过程中，侦查人员依法对王某的住处进行了搜查，搜得匕首三把，其中一把匕首上沾有血迹。经过鉴定，这把匕首上的血迹与死者的血型和 DNA 都相符，王某也承认该匕首为作案工具。该匕首被认定为作案工具，是因为这把匕首有下列不同于另外两把的基本属性（　　）。
A. 匕首上血迹的客观存在性
B. 匕首上的血迹与死者血液的相关性
C. 收集程序的合法性
D. 收集人员的合法性

3. 1998 年 7 月，甲、乙、丙三人因为涉嫌共同盗窃被公安机关逮捕，三人被分别关押，并作出了认罪的口供。下列表述中，哪些属于共犯口供作为定案根据所必须具备的条件（　　）。
A. 各被告人的口供都是在没有任何违法的条件下取得的，能够排除刑讯逼供或引诱、欺骗的因素
B. 各被告人分别关押，能够排除串供的可能性
C. 各共犯供述的犯罪事实细节有一定差异
D. 共犯只有二人时原则上不能仅凭口供的相互印证定案，共犯为三人以上时，才可慎重行事

4. 具有特定情形的下列哪些证据不能作为定案的根据？（　　）（司考 2011. 2. 66）
A. 视听资料的制作时间、地点存有异议，不能作出合理解释，也没有提供必要证明的
B. 在做 DNA 检测时送检材料与比对样本属于同一个来源的
C. 证人在犯罪现场听到被告人喊“给他点厉害瞧瞧”的陈述
D. 犯罪嫌疑人拒绝签名、盖章而由侦查人员在笔录上注明情况的讯问笔录

5. 关于非法证据的排除，下列哪些说法是正确的？（　　）
A. 非法证据排除的程序，可以根据当事人等申请而启动，也可以由法庭依职权启动
B. 申请排除以非法方法收集的证据的，应当提供相关线索或者材料
C. 检察院应当对证据收集的合法性加以证明
D. 只有确认存在《刑事诉讼法》第 54 条规定的以非法方法收集证据情形时，才可以对有关证据应当予以排除

6. 在朱某危险驾驶案的辩护过程中，辩护律师查看了侦查机关录制的讯问同步录像。同步录像中的下列哪些行为违反法律规定？（　　）（司考 2017. 2. 73）
A. 后续讯问的侦查人员与首次讯问的侦查人员完全不同
B. 朱某请求自行书写供述，侦查人员予以拒绝
C. 首次讯问时未告知朱某可聘请律师
D. 其中一次讯问持续了 14 个小时

三、名词解释

1. 关联性规则
2. 传闻证据规则
3. 自白规则
4. 品格证据规则
5. 补强证据规则

四、论述题

试述英美法系国家的证据规则。

参考答案

一、单项选择题

1. **答案**：D。本题考查的是证据的基本特征。根据证据的一般原理，证据的特征表现在两个基本的方面，一是证据的证明力，二是证据的证明能力。证据的证明力，是指证据事实对案件事实是否具有证明作用和作用的程度。证据的证明力是证据本身固有的属性，是客观存在的。证据的证明能力，即证明资格，是指证据资料在法律上允许其作为证据的资格。在英美法系国家，则称为证据的可采性，指证据必须为法律所允许，可用于证明诉讼中的待证事实。据此，本题正确答案为D。

2. **答案**：D。《刑事诉讼法》第55条规定，对一切案件的判处都要重证据，重调查研究，不轻信口供。只有被告人供述，没有其他证据的，不能认定被告人有罪和处以刑罚，由此延伸出了证据法学上的“补强证据规则”和“孤证不能定案”的规则。A项中甲供认自己强奸了乙，乙否认，该案没有其他证据，即仅有甲的供述，而无其他证据验证，故不能作出有罪认定，A不选。B项中甲指认乙强奸了自己，乙坚决否认，该案没有其他证据，即仅有被害人陈述，而无其他证据验证，同样不能作出有罪认定，B不选。《刑事诉讼法》第200条规定：“在被告人最后陈述后，审判长宣布休庭，合议庭进行评议，根据已经查明的事实、证据和有关的法律规定，分别作出以下判决：（一）案件事实清楚，证据确实、充分，依据法律认定被告人有罪的，应当作出有罪判决……”据此，有罪认定的标准是“犯罪事实清楚，证据确实充分”。C项中某单位资金30万元去向不明，会计说局长用了，局长说会计用了，该案没有其他证据，犯罪主体这一要件无法查清，未能达到“事实清楚”的证明标准。D项中虽然无法确定打伤丙的是谁，但故意杀人或故意伤害案的构成要件不要求犯罪结果，故只要证明两人均实施故意杀人或伤害之行为即可，现足以证明两人均向丙开枪，已经达到“犯罪事实清楚”之定罪标准，故D为正确答案。

3. **答案**：C。本题考查的是人民检察院决定提起公诉的证明要求。《高检规则》第355条第1款规定，人民检察院认为犯罪嫌疑人的犯罪事实已经查清，证据确实、充分，依法应当追究刑事责任的，应当作出起诉决定。据此，人民检察院决定提起公诉的证明要求是：犯罪事实清楚，证据确实充分。故本题正确答案为C。

4. **答案**：D。本题考查的是证据的完整性、准确性。《公安机关办理刑事案件程序规定》第134条规定：“有证据证明有犯罪事实，是指同时具备下列情形：（一）有证据证明发生了犯罪事实；（二）有证据证明该犯罪事实是犯罪嫌疑人实施的；（三）证明犯罪嫌疑人实施犯罪行为的证据已有查证属实的。前款规定的‘犯罪事实’既可以是单一犯罪行为的事实，也可以是数个犯罪行为中任何一个犯罪行为的事实。”据此，本题正确答案为D。

5. **答案**：B。我国要求作为诉讼证据，必须保证具有三性，即客观性、关联性、合法性，合法性要求收集运用证据必须依法进行，主体、来源、程序、形式都要合法，所以B的陈述是错误的。

6. **答案**：B。传闻证据规则，也称为传闻证据排除规则，即法律排除传闻证据作为认定犯罪事实的根据的规则。根据这一规则，如无法定理由，任何人在庭审期间以外及庭审准备期间以外的陈述，不得作为认定被告人有罪的证据。意见证据规则，是指证人只能陈述自己的亲身感受和经历的事实，而不得陈述对该事实的意见或者结论。补强证据规则，是指为了防止误认事实或发生其他危险性，而在运用某些证明力显然薄弱的证据认定案情时，必须有其他证据补强其证明力，才能被法庭采信为定案根据。最佳证据规则，又称为原始证据规则，是指以文字、符号、图形等方式记载的内容来证明案情时，其原件才是最佳证据。而根据本题的叙述，证人猜测性、评论性、推断性的证言属于证人的意见的范畴，因此其不能作为证据使用，应当是属于意见证据规则规范的范围。故选项ACD错误，本题正确答案为B。

7. **答案**：D。补强证据规则是指为了防止误认事实或发生其他危险性，而在运用某些证明力显然薄弱的证据认定案情时，必须有其他证据补强其证明力，才能被法庭采信为定案根据。

   一般来说，在刑事诉讼中需要补强的不仅包括被追诉人的供述，而且包括证人证言、被害人陈述等特定证据。补强证据必须满足以下条件：(1)补强证据必须具有证据能力；(2)补强证据本身必须具有担保补强对象真实的能力；(3)补强证据必须具有独立的来源。本题中AB两项均是证明证据的合法性，即证据能力，而非补强证据的证明力。C项与补强对象之间重叠，不具有独立来源，因此不属于补强证据。D项属于补强证据。本题正确答案为D项。

8. **答案**：B。按照《刑事诉讼法》第86条、第94条的规定，不论是拘留还是逮捕，都应当在抓捕后24小时内讯问，而且讯问时间一般不超过12小时，从凌晨到天亮显然没有超过12小时，因此，A选项的供述合法，不予排除。最高人民法院、最高人民检察院、公安部等《关于办理刑事案件严格排除非法证据若干问题的规定》第2条规定："采取殴打、违法使用戒具等暴力方法或者变相肉刑的恶劣手段，使犯罪嫌疑人、被告人遭受难以忍受的痛苦而违背意愿作出的供述，应当予以排除。"呛水属于变相肉刑，由此获得的供述应当排除，符合题意，B选项当选。《关于办理刑事案件严格排除非法证据若干问题的规定》第3条规定："采用以暴力或者严重损害本人及其近亲属合法权益等进行威胁的方法，使犯罪嫌疑人、被告人遭受难以忍受的痛苦而违背意愿作出的供述，应当予以排除。"C选项的威胁只是普通的威胁，没有达到"难以忍受的痛苦"的标准，C选项错误。证人证言如果没有证人核对确认并签字的，应当不采信，即予以排除。但是就辨认笔录而言，没有签字，可以补正或者合理解释，不是必须排除，D选项错误。综上，本题正确答案为B。

二、多项选择题

1. **答案**：ABC。本题考查的是人民法院运用证据的规则。我国《刑事诉讼法》第55条规定："……只有被告人供述，没有其他证据的，不能认定被告人有罪和处以刑罚……"据此，本题A项正确。《刑事诉讼法》第200条规定："……（三）证据不足，不能认定被告人有罪的，应当作出证据不足、指控的犯罪不能成立的无罪判决。"据此，本题B项正确。《刑事诉讼法解释》第295条第5项规定："案件部分事实清楚，证据确实、充分的，应当作出有罪或者无罪的判决；对事实不清，证据不足部分，不予认定。"据此，当被告人罪重罪轻难以确定时，人民法院应当只认定有充足证据证明的案件事实部分，从而作出轻罪判决，故本题C项正确。

2. **答案**：AB。本题考查的是证据的特性。根据刑事证据理论，证据具有客观性、相关性和法律性。客观性是指，证据是客观存在的事实。相关性是指，证据是同案件事实有某种关联并对证明案情有实际意义的事实。法律性是指，证据是依法收集、依法查证属实并以合法形式表现出来的事实。本题中带有血迹的匕首不同于其他两把的特点是其带有血迹的客观性，以及血迹与死者血液的血型和DNA相符这种相关性，因而能够作为本案的证据。故本题AB项正确。因为这三把匕首是在同一次搜查中被一起搜得的，故均有收集程序的合法性和收集人员的合法性特征，故本题CD项不正确。

3. **答案**：ABD。本题考查共犯口供的适用问题。共犯口供的性质仍然是口供，共犯不能互为证人，对待共犯口供同样适用《刑事诉讼法》第55条的规定。但是，当确实无法取得其他证据的情况下，如果同时具备下列情形，可以将共犯口供作为定案依据：各被告人分别关押；各被告人的口供都是在没有任何违法的条件下取得的；各共犯供述的犯罪事实细节基本一致；共犯为三人以上；有其他种类的证据加以补强。

4. **答案**：ABD。根据《关于办理死刑案件审查判断证据若干问题的规定》第28条的规定：具有下列情形之一的视听资料，不能作为定案的根据：(1) 视听资料经审查或者鉴定无法确定真伪的；(2) 对视听资料的制作和取得的时间、地点、方式等有异议，不能作出合理解释或者提供必要证明的。因此选项A不能作为定案的根据，选项A正确。根据第24条之规定：鉴定意见具有下列情形之一的，不能作为定案的根据：(1) 鉴定机构不具备法定的资格和条件，或者鉴定事项超出本鉴定机构项目范围或者鉴定能力的；(2) 鉴定人不具备法定的资格和条件、鉴定人不具有相关专业技术或者职称、鉴定人违反回避规定的；(3) 鉴定程序、方法有错误的；(4) 鉴定意见与证明对象没有关联的；(5) 鉴定对象与送检材料、样本不一致的；(6) 送检材料、样本来源不明或者确实被污染且不具备鉴定条件的；(7) 违反有关鉴定特定标准的；(8) 鉴定文书缺少签名、盖章的；(9) 其他违反有关规定的情形。在做DNA检测时，送检材料与比对样本属于同一个来源，属于前述第3项鉴定程序和方法有误，故不能作为定案依据，选项B正确。根据《刑事诉讼法》第56条第1款的规定，采用刑讯逼供等非法方法收集的犯罪嫌疑人、被告人供述和采用暴力、威胁等非法方法收集的证人证言、被害人陈述，应当予以排除。而C中的情况不属于该条所规定的情况，因此选项C并非不能作为定案的根据。选项C错误。最高人民法院等五部门《关于办理死刑案件审查判断证据若干问题的规定》第20条规定：具有下列情形之一的被告人供述，不能作为定案的根据：(1) 讯问笔录没有经被告人核对确认并签名（盖章）、捺指印的；(2) 讯问聋哑人、不通晓当地通用语言、文字的人员时，应当提供通晓聋、哑手势的人员或者翻译人员而未提供的。因此，选项D不能作为定案根据，选项D正确。综上，本题答案为ABD。

5. **答案**：ABC。《刑事诉讼法》第58条规定："法庭审理过程中，审判人员认为可能存在本法第五十六条规定的以非法方法收集证据情形的，应当对证据收集的合法性进行法庭调查。当事人及其辩护人、诉讼代理人有权申请人民法院对以非法方法收集的证据依法予以排除。申请排除以非法方法收集的证据的，应当提供相关线索或者材料。"第59条第1款规定："在对证据收集的合法性进行法庭调查的过程中，人民检察院应当对证据收集的合法性加以证明。"故ABC选项符合法律规定。第60条规定："对于经过法庭审理，确认或者不能排除存在本法第五十六条规定的以非法方法收集证据情形的，对有关证据应当予以排除。"选项D不包含不能排除存在的情形，说法错误。综上，本题正确答案为ABC。

6. **答案**：BCD。依据《刑事诉讼法》以及《公安机关办理刑事案件程序规定》，在侦查中可以更换侦查人员进行讯问。故A项未违法。

依据《公安机关办理刑事案件程序规定》第207条的规定，犯罪嫌疑人请求自行书写供述的，应当准许；必要时，侦查人员也可以要求犯罪嫌疑人亲笔书写供词。犯罪嫌疑人应当在亲笔供词上逐页签名、捺指印。侦查人员收到后，应当在首页右上方写明"于某年某月某日收到"，并签名。故B项违法。

依据《刑事诉讼法》第34条第2款的规定，侦查机关在第一次讯问犯罪嫌疑人或者对犯罪嫌疑人采取强制措施的时候，应当告知犯罪嫌疑人有权委托辩护人。故C项违法。

《刑事诉讼法》第119条第2款规定，传唤、拘传持续的时间不得超过12小时；案情特别重大、复杂，需要采取拘留、逮捕措施的，传唤、拘传持续的时间不得超过24小时。本案属于危险驾驶案件，不属于案情特别重大、复杂，持续时间不超过12小时。故D项属于违法。

本题的正确答案为BCD三项。

三、名词解释

1. **答案**：关联性规则又称相关性规则，是指只有与诉讼中待定事实具有关联性的证据才可以采纳，一切没有关联性的证据均不予采纳。检验证据的关联性通常有以下几个标准：第一，所提出的证据是用来证明什么的？第二，这是本案的实质性问题吗？第三，所提的证据对该问题有证明性吗？一般而言，除非法律另有特殊规定，具有关联性的证据一般都具有可采性。

2. **答案**：传闻证据排除规则又称传闻法则。根据该项法则，传闻证据一般不具有可采性，不得提交法庭进行调查质证；已经在法庭上出示的，不得提交陪审团作为评议的根据。之所以排除传闻证据，一般是因为：传闻证据有误传的危险，其内容的真实性值得怀疑；传闻证据是未经宣誓提出的，又不受交叉询问，其真实性无法得到证实，因而无法保障审判的公正性和证据的可靠性；传闻证据并非在裁判官面前的陈述，如果传闻证据可以采纳，势必造成诉讼的拖延和司法资源的浪费。

3. **答案**：自白规则又称为非任意自白排除规则，是指在刑事诉讼中，只有基于被追诉人自由意志而做出的自白（承认有罪的陈述），才具有证据能力；缺乏任意性或者具有非任意性怀疑的口供，均不具有可采性。自白规则是英美证据法中的一项传统证据法则。最初排除非任意自白是基于证明力的考虑，目的在于排除虚假陈述。后来，随着被告人人权保障问题日益受到重视，自白规则开始与沉默权以及正当程序理念联系在一起。

4. **答案**：品格证据规则是指一个人的品格或者品格特征方面的证据在证明这个人与特定环境实施了与此品格相一致的行为问题上不具有关联性。但是如果被告人首先提出了关于其品格或者被害人品格方面的证据，那么控诉方提出的反驳被告人的品格证据具有可采性。品格证据规则是关联性规则的限制。

5. **答案**：补强证据规则是指为了防止误认事实或发生其他危险性，而在运用某些证明力显然薄弱的证据认定案情时，必须有其他证据补强其证明力，才可以作为定案根据的规则。

四、论述题

答案：英美法系国家在长期的诉讼发展中并没有形成严格的法定证据制度，而是确立一套证据规则用来规范采用证据和判断证据的活动。证据规则复杂而精密是英美法系证据制度的突出特点。英美法系国家的证据规则可以追溯到中世纪，绝大多数的证据规则是以17世纪至18世纪的判例为基础的。19世纪和20世纪，英美国家进行了一系列法律改革，证据制度得到进一步发展。英美国家的证据法并不预先具体规定各种证据的证明力，而是确立一整套证据规则用以规范采用证据和判断证据的活动。证据规则复杂而精密是英美法系证据制度的突出特点。

在英美法系国家，证据规则主要是由排除规则构成的。排除规则通常适用于两种情况：一是排除那些与争议事实无关的材料；二是排除那些虽然具有相关性，但与案件事实只有微弱的联系、不值得花费时间去核实的证据，或者与案件事实相关甚至也很重要，但由于其自身的特点，往往会使一般人误以为其对事实的证明力比其实际具有的更大的证据以及违反正当程序、损害公民受法律保障的权利而取得的证据。

在英美法系国家，证据规则主要有：诱导性询问规则、意见证据规则、证据的相关性规则、最佳证据规则、传闻证据规则、自白和沉默权规则、非法证据排除规则等。

英美法系国家的一整套证据规则，通常是在解决具体问题中确立起来的，其宗旨是保障发现案件的真实，防止冤枉无辜。英美法系国家的证据规则具有严格性，而且常常有利于确保被刑事追诉者的权益，这被认为具有极大的法制价值。一些证据规则，如米兰达规则，体现了当实质真实与正当程序存在矛盾时将正当程序置于实质真实之上的价值取向，反映出英美国家对诉讼中人权保障的重视。另外，证据规则与诉讼机制的设置存在密切关系，在英美国家，由于陪审团成员的非专业化，使法庭不得不建立起许多规则，以排除某些看起来容易使他们受到错误引导的证据。

证据规则通常由相应的判例所确立，这些证据规则内容烦琐、复杂，而且至今仍在不断地丰富和发展。英美法系国家通过一系列判例确立的证据规则，极大地丰富了诉讼证据法和诉讼证据法学，并对英美法系以外的国家的立法和司法实践产生了积极的影响。

第十三章 强制措施

基础知识图解

强制措施
- 概念：是指公安机关、人民检察院和人民法院为了保证刑事诉讼的顺利进行，依法对刑事案件的犯罪嫌疑人、被告人的人身自由进行限制或者剥夺的各种强制性方法
- 特点：适用主体是公检法；适用对象是犯罪嫌疑人、被告人；内容是限制人身的；性质是预备性措施；是一种法定的、临时性措施
- 同刑罚、行政处罚的区别：性质不同；对象不同；法律根据不同，适用机关不同；稳定性不同
- 适用原则：合法性；必要性；相当性
- 意义：对保证刑事诉讼的顺利进行、规范公安司法机关的行为具有重要的意义
- 种类：拘传、取保候审、监视居住、拘留、逮捕

配套测试

一、单项选择题

1. 我国刑事诉讼法规定了刑事诉讼的强制措施，对于刑事诉讼强制措施的适用对象，下列说法正确的是(　　)。
   A. 只能适用于公诉案件的犯罪嫌疑人和被告人
   B. 可以适用于自诉案件的被告人
   C. 可以适用于自诉人
   D. 可以适用于证人

2. 白某是一起销售伪劣商品案的犯罪嫌疑人，公安机关侦查终结后，将案件移送人民检察院审查起诉，人民检察院为了审查案件，将白某拘传至人民检察院接受了 1 日的讯问。白某对此提出了申诉。他可以对人民检察院以何种理由提出申诉？(　　)
   A. 拘传应由公安机关决定
   B. 拘传应由公安机关执行
   C. 拘传时间长至 1 日
   D. 未经传唤，直接拘传

3. 甲与邻居乙发生冲突致乙轻伤，甲被刑事拘留期间，甲的父亲代其与乙达成和解，公安机关决定对甲取保候审。关于甲在取保候审期间应遵守的义务，下列哪一选项是正确的？(　　)(司考 2016. 2. 31)
   A. 将驾驶证件交执行机关保存
   B. 不得与乙接触
   C. 工作单位调动的，在 24 小时内报告执行机关
   D. 未经公安机关批准，不得进入特定的娱乐场所

4. 关某在公共汽车上与人发生争执而将对方打成轻伤，其本人被当场抓获，并由公安机关依法先行拘留。后来公安机关决定对关某取保候审，此时，关某应当(　　)。
   A. 提出保证人
   B. 交纳保证金
   C. 提出保证人并交纳保证金
   D. 提出保证人或交纳保证金

5. 公安机关对于人民检察院不批准逮捕的决定，认为有错误的，可以要求复议。如果意见不被接受，可以向上一级人民检察院要求复核。在此期间，对被拘留人，应当(　　)。
   A. 在接到不批准逮捕决定时立即释放
   B. 复议意见不被接受后立即释放
   C. 如不提请复核立即释放
   D. 待上一级人民检察院作出复核决定后，决定是否释放

6. 某县人民法院在审判臧某盗窃一案的过程中，根据案件情况。决定对臧某采取某种强制措施，下列哪一项是不允许采取的？(　　)
   A. 对已被检察机关取保候审的被告人臧某重新取保候审
   B. 对臧某监视居住
   C. 在臧某可能逃避审判时，决定将其拘留

D. 在臧某符合逮捕条件的情况下，决定将其逮捕

7. 刘某因组织卖淫被公安机关抓获，这时刘某已怀孕 4 个月，公安机关对其(　　)。

A. 应当逮捕

B. 应当取保候审或者监视居住

C. 可以取保候审或者监视居住

D. 不应当采取强制措施

8. 犯罪嫌疑人、被告人被羁押而尚未被逮捕。下列哪一类人员无权为其申请取保候审(　　)。

A. 犯罪嫌疑人、被告人自己

B. 犯罪嫌疑人、被告人的妻子

C. 犯罪嫌疑人、被告人的哥哥

D. 犯罪嫌疑人、被告人的叔叔

9. 关于犯罪嫌疑人的审前羁押，下列哪一选项是错误的？(　　)。(司考2014. 2. 31)

A. 基于强制措施适用的必要性原则，应当尽量减少审前羁押

B. 审前羁押是临时性的状态，可根据案件进展和犯罪嫌疑人的个人情况予以变更

C. 经羁押必要性审查认为不需要继续羁押的，检察院应及时释放或变更为其他非羁押强制措施

D. 案件不能在法定办案期限内办结的，应当解除羁押

10. 公安机关对于现行犯或者重大嫌疑分子，如有下列情形之一的，可以先行拘留(　　)。

A. 在身边或者住处发现有犯罪证据的

B. 从教养场所逃跑的

C. 拒不执行法院裁定的

D. 干扰公安机关侦查活动的

11. 公安机关对于被拘留的人，应当在拘留后的(　　)以内进行讯问。

A. 12 小时　　B. 24 小时

C. 48 小时　　D. 3 日

12. 公安机关在异地执行拘留、逮捕时，(　　)通知被拘留、逮捕人所在地的公安机关。

A. 应当

B. 不应当

C. 可以

D. 执行拘留不必通知，执行逮捕时应当通知

13. 公安机关对被拘留的人提请批捕的时间可以延长至 30 日的情况是(　　)。

A. 在身边或者住处发现有犯罪证据

B. 不讲真实姓名、住址，身份不明的

C. 有多次作案、流窜作案、结伙作案重大嫌疑的

D. 严重破坏工作、生产、社会秩序的

14. 公安机关对犯罪嫌疑人拘留的最长时间可达(　　)。

A. 10 天　　B. 14 天

C. 30 天　　D. 37 天

15. 公安机关发现对犯罪嫌疑人的逮捕不当时，(　　)。

A. 应及时释放被逮捕的人或者变更逮捕措施，并应通知原批准的人民检察院

B. 应及时撤销或变更逮捕措施，但须经原批准的人民检察院批准

C. 应及时撤销或变更逮捕措施，且无须通知原批准的人民检察院

D. 应及时提请原批准的人民检察院批准撤销或变更逮捕措施

16. 郭某涉嫌报复陷害申诉人蒋某，侦查机关因郭某可能毁灭证据将其拘留。在拘留期限即将届满时，因逮捕郭某的证据尚不充足，侦查机关责令其交纳 2 万元保证金取保候审。关于本案处理，下列哪一选项是正确的？(　　)(司考 2015. 2. 27)

A. 取保候审由本案侦查机关执行

B. 如郭某表示无力全额交纳保证金，可降低保证金数额，同时责令其提出保证人

C. 可要求郭某在取保候审期间不得进入蒋某居住的小区

D. 应要求郭某在取保候审期间不得变更住址

17. 章某涉嫌故意伤害致人死亡，因犯罪后企图逃跑被公安机关先行拘留。关于本案程序，下列哪一选项是正确的？(　　)(司考 2015. 2. 28)

A. 拘留章某时，必须出示拘留证

B. 拘留章某后，应在 12 小时内将其送看守所羁押

C. 拘留后对章某的所有讯问都必须在看守所内进行

D. 因怀疑章某携带管制刀具，拘留时公安机关无须搜查证即可搜查其身体

18. 甲、乙二人涉嫌猥亵儿童，甲被批准逮捕，乙被取保候审。案件起诉到法院后，乙被法院决定逮捕。关于本案羁押必要性审查，下列哪一选项是正确的？(　　)(司考2016. 2. 32)

A. 在审查起诉阶段对甲进行审查，由检察院公诉部门办理

B. 对甲可进行公开审查并听取被害儿童法定代理人的意见

C. 检察院可依职权对乙进行审查

D. 经审查发现乙系从犯、具有悔罪表现且可能宣告缓刑，不予羁押不致发生社会危险性的，检察院应要求法院变更强制措施

19. 检察院审查批准逮捕时，遇有下列哪一情形依法

应当讯问犯罪嫌疑人？（ ）（司考2012.2.26）

A. 辩护律师提出要求的

B. 犯罪嫌疑人要求向检察人员当面陈述的

C. 犯罪嫌疑人要求会见律师的

D. 共同犯罪的

20. 甲涉嫌黑社会性质组织犯罪，10月5日上午10时被刑事拘留。下列哪一处置是违法的？（ ）（司考2012.2.29）

A. 甲于当月6日上午10时前被送至看守所羁押

B. 甲涉嫌黑社会性质组织犯罪，因考虑通知家属有碍进一步侦查，决定暂不通知

C. 甲在当月6日被送至看守所之前，公安机关对其进行了讯问

D. 讯问后，发现甲依法需要逮捕，当月8日提请检察院审批

21. 成年人钱甲教唆未成年人小沈实施诈骗犯罪，钱甲委托其在邻市检察院担任检察官助理的哥哥钱乙担任辩护人，小沈由法律援助律师武某担任辩护人。关于本案处理，下列哪一选项是正确的？（ ）（司考2017.2.25）

A. 钱甲被拘留后，钱乙可为其申请取保候审

B. 本案移送审查起诉时，公安机关应将案件移送情况告知钱乙

C. 检察院讯问小沈时，武某可在场

D. 如检察院对钱甲和小沈分案起诉，法院可并案审理

22. 甲涉嫌盗窃罪被逮捕。在侦查阶段，甲父向检察院申请进行羁押必要性审查。关于羁押必要性审查的程序，下列哪一选项是正确的？（ ）（司考2017.2.27）

A. 由检察院侦查监督部门负责

B. 审查应不公开进行

C. 检察院可向公安机关了解本案侦查取证的进展情况

D. 如对甲父的申请决定不予立案的，应由检察长批准

二、多项选择题

1. 下列机关中不具有执行取保候审、监视居住职能的是（ ）。

A. 公安机关　　B. 国家安全机关

C. 人民法院　　D. 人民检察院

2. 贾某因涉嫌诈骗罪被D县公安机关依法拘传讯问。自被拘传之日起，贾某在侦查阶段享有下列哪些诉讼权利？（ ）

A. 自行辩护的权利

B. 聘请律师提供法律咨询

C. 另行委托辩护人

D. 对与本案无关的问题拒绝回答

3. 公安机关将正在进行盗窃的卫某先行拘留后，经审查认为需要逮捕，于是依法提请人民检察院批准逮捕。人民检察院在对本案进行审查后，可以依法作出（ ）。

A. 批准逮捕的决定

B. 不批准逮捕的决定

C. 退回补充侦查的决定

D. 采取取保候审或监视居住的决定

4. 居住在A市的张某因涉嫌挪用公款罪被人民检察院立案侦查并决定监视居住，张某因此应遵守下列哪些规定？（ ）

A. 在传讯的时候及时到案

B. 未经执行机关批准，不得离开住处

C. 不得以任何形式干扰证人作证

D. 未经执行机关批准不得会见他人

5. 关于公安机关拘留人，下列哪些选项符合刑事诉讼法的规定？（ ）

A. 应当在拘留后24小时内进行讯问

B. 发现不应当拘留的时候，必须立即释放，并发给释放证明

C. 对需要逮捕而证据还不充分的，取保候审或者监视居住

D. 应当在拘留后24小时内无条件地立即通知被拘留人的家属或者所在单位

6. 对下列哪些重大犯罪嫌疑分子，公安机关可以执行先行拘留？（ ）

A. 为投毒而买毒药的甲

B. 在其住处发现被盗金项链的乙

C. 被举报挪用公款企图逃跑的丙

D. 不讲真实姓名、住址，身份不明的丁

7. 关于我国刑事诉讼法中规定的取保候审和监视居住这两种强制措施，下列说法中正确的是（ ）。

A. 二者都只能适用于可能被判处管制、拘役或者独立适用附加刑的犯罪嫌疑人、被告人

B. 二者都有可能适用于某些杀人、放火的犯罪嫌疑人

C. 二者都必须由公安机关执行

D. 公安机关、人民检察院、人民法院都有权决定采取这两种措施

8. 下列哪些情形，法院应当变更或解除强制措施？（ ）（司考2016.2.70）

A. 甲涉嫌绑架被逮捕，案件起诉至法院时发现怀有身孕

B. 乙涉嫌非法拘禁被逮捕，被法院判处有期徒刑

2年，缓期2年执行，判决尚未发生法律效力

C. 丙涉嫌妨害公务被逮捕，在审理过程中突发严重疾病

D. 丁涉嫌故意伤害被逮捕，因对被害人伤情有异议而多次进行鉴定，致使该案无法在法律规定的一审期限内审结

9. 甲涉嫌盗窃罪被逮捕。甲父为其申请取保候审，公安机关要求甲父交纳10万元保证金。甲父请求减少保证金的数额。公安机关在确定保证金数额时应当考虑下列哪些情况？（ ）（司考2009. 2.72）

A. 当地经济水平落后

B. 甲和甲父靠种地为生且无其他收入，生活贫困

C. 甲只偷他人一头牛，可能判处的刑罚不重

D. 甲无前科，社会危险性小，妨碍诉讼可能性小

10. 某天一村民向公安机关报案，说在村头小溪边发现了一具女尸，有人怀疑是刚出狱不久的庄某所为，因为这几天庄某神色慌张，魂不守舍。公安机关很快获得了这一线索，认为庄某嫌疑很大。在本案中，如果公安机关想对庄某实施逮捕，至少还应当具备什么条件？（ ）

A. 有证据证明这是一起犯罪案件而不是意外事件或自杀行为

B. 有证据证明这起犯罪案件是庄某实施的而不仅仅是猜测

C. 证明犯罪嫌疑人实施犯罪的证据，已有查证属实的

D. 庄某实施该杀人行为的事实清楚，证据确实充分

11. 某城建局局长赵某因涉嫌受贿被人民检察院立案侦查并被逮捕。赵某的父亲为其申请取保候审，得到准许，赵父即担任赵某的保证人。取保候审期间，公安机关发现赵某有串供行为而赵父对此知情，则公安机关可以作出下列哪些决定？（ ）

A. 责令赵某重新提出保证人

B. 责令赵某具结悔过

C. 对赵父处以罚款

D. 决定对赵某转为监视居住

12. 对于公安司法机关采取强制措施超过法定期限的，（ ）有权要求解除强制措施。

A. 犯罪嫌疑人、被告人

B. 犯罪嫌疑人、被告人的法定代理人

C. 犯罪嫌疑人、被告人的辩护人

D. 犯罪嫌疑人、被告人的近亲属

13. 被告人某甲在取保候审期间，（ ）违反了规定。

A. 某甲以重金邀请某乙为其作假口供

B. 某甲要到外县看望重病的父亲，和保证人商定3日内必回，但因父亲死亡，5日后方回

C. 某甲将作案工具投到一口废井中，并投入石块掩埋

D. 执行机关传讯时，某甲因赌博未到

14. 下列各种属于保证人应当履行的义务是（ ）。

A. 保证被保证人在传讯的时候及时到案

B. 保证被保证人未经执行机关批准不得离开所居住的市、县

C. 为被保证人交纳保证金提供担保

D. 发现被保证人有毁灭、伪造证据或者串供行为时，及时向执行机关报告

15. 被取保候审的犯罪嫌疑人、被告人违反《刑事诉讼法》第56条第1款规定的，可以对其作出下列哪些处理（ ）。

A. 已交纳保证金的，没收保证金

B. 责令犯罪嫌疑人、被告人具结悔过

C. 责令犯罪嫌疑人、被告人重新交纳保证金或者提出保证人

D. 对犯罪嫌疑人、被告人予以监视居住或逮捕

16. 无权执行刑事拘留的机关是（ ）。

A. 人民法院　　B. 人民检察院

C. 公安机关　　D. 国家安全机关

17. 在侦查中，下列哪些情形，检察院有权对犯罪嫌疑人决定拘留？（ ）

A. 张某刑讯逼供案，在场的人指认他犯罪

B. 姚某徇私枉法案，在取保候审期间企图自杀

C. 王某贪污案，在取保候审期间毁灭证据并串供

D. 高某受贿案，在其家中发现赃款、赃物

18. 对于公安机关通缉在案的犯罪分子，任何公民都可以扭送到（ ）处理。

A. 公安机关　　B. 人民法院

C. 人民检察院　　D. 司法行政机关

19. 对犯罪嫌疑人、被告人采取下列哪些强制措施后，除有碍侦查或者无法通知的情形外，应当把采取该强制措施的原因和羁押的处所在24小时以内通知犯罪嫌疑人、被告人的家属或者他的所在单位（ ）。

A. 拘留　　B. 逮捕

C. 取保候审　　D. 监视居住

20. 公安机关要求逮捕犯罪嫌疑人的时候，（ ）。

A. 应对被告人先行拘留

B. 应写出提请批准逮捕书

C. 将提请批准逮捕书连同案卷材料证据一并移送同级人民检察院

D. 必要时公安机关派员到人民检察院参加关于批捕的讨论

21. 关于被法院决定取保候审的被告人在取保候审期间应当遵守的法定义务，下列哪些选项是正确的？（ ）

A. 未经法院批准不得离开所居住的市、县

B. 未经公安机关批准不得会见他人

C. 在传讯的时候及时到案

D. 不得以任何形式干扰证人作证

22. 公安局长王某涉嫌非法拘禁罪被立案侦查。在决定是否逮捕王某时，应当具备下列哪些条件？（ ）

A. 有证据能够证明王某实施了非法拘禁犯罪

B. 王某可能被判处徒刑以上的刑罚

C. 王某具有很大的社会危险性

D. 王某在境外有住宅

23. 公安机关对涉嫌抢劫、已被拘留的张某提请检察院批准逮捕。检察院审查后，可以作出哪些处理决定？（ ）（司考 2008. 四川 . 72）

A. 退回补充侦查

B. 另行侦查

C. 不批准逮捕

D. 批准逮捕

24. 关于拘传，下列哪些说法是正确的？（ ）（司考 2012. 2. 66）

A. 对在现场发现的犯罪嫌疑人，经出示工作证件可以口头拘传，并在笔录中注明

B. 拘传持续的时间不得超过 12 小时

C. 案情特别重大、复杂，需要采取拘留、逮捕措施的，拘传持续的时间不得超过 24 小时

D. 对于被拘传的犯罪嫌疑人，可以连续讯问 24 小时

25. 在符合逮捕条件时，对下列哪些人员可以适用监视居住措施？（ ）（司考 2012. 2. 68）

A. 甲患有严重疾病、生活不能自理

B. 乙正在哺乳自己的婴儿

C. 丙系生活不能自理的人的唯一扶养人

D. 丁系聋哑人

26. 我国强制措施的适用应遵循变更性原则。下列哪些情形符合变更性原则的要求？（ ）（司考 2017. 2. 71）

A. 拘传期间因在身边发现犯罪证据而直接予以拘留

B. 犯罪嫌疑人在取保候审期间被发现另有其他罪行，要求其相应地增加保证金的数额

C. 犯罪嫌疑人在取保候审期间违反规定后对其先行拘留

D. 犯罪嫌疑人被羁押的案件，不能在法律规定的侦查羁押期限内办结的，予以释放

27. 甲、乙涉嫌非法拘禁罪被取保候审。本案提起公诉后，法院认为对甲可继续适用取保候审，乙因有伪造证据的行为而应予逮捕。对于法院适用强制措施，下列哪些选项是正确的？（ ）（司考 2017. 2. 72）

A. 对甲可变更为保证人保证

B. 决定逮捕之前可先行拘留乙

C. 逮捕乙后应在 24 小时内讯问

D. 逮捕乙后，同级检察院可主动启动对乙的羁押必要性审查

28. 赵某、钱某、孙某、李某四人抢劫商场，赵某被逮捕钱某被拘留孙某和李某被取保候审后法院一审宣判赵某无期徒刑，钱某 10 年有期徒刑孙某免予刑事处罚李某无罪四名被告人均未上诉检察院未抗诉。法院宣判后下列强制措施的处理正确的是（ ）。

A. 对孙某应当释放或者变更强制措施

B. 对李某应当释放

C. 对赵某逮捕羁押的期间折抵刑期

D. 对钱某拘留的期间折抵刑期

三、不定项选择题

1. 甲、乙、丙三人实施信用证诈骗。侦查过程中，某地级市公安机关向该市检察院提请批准逮捕甲、乙、丙三人。其中，甲系省、市两级人民代表大会代表；乙系自由职业者；丙系无国籍人士。在审查批捕过程中，检察院查明：乙已怀有两个月身孕。

关于检察院对丙审查批捕，下列选项正确的是（ ）。

A. 市检察院认为不需要逮捕的，可以自行作出决定

B. 市检察院认为需要逮捕的，报省检察院审查

C. 省检察院征求同级政府外事部门的意见后，决定批准逮捕

D. 省检察院批准逮捕的，应同时报最高人民检察院备案

2. 王某系某市国有企业领导，后被人举报收受贿赂。市人民检察院经过一系列的调查取证之后，认为有相当的证据可以证明王某确实有收受贿赂的行为，而且有迹象表明其可能潜逃国外，市人民检察院于是决定对王某进行逮捕。据此，请回答下列问题。

（1）在准备对王某批准逮捕的时候，市人民检察院获悉王某系人民代表大会代表，对此，人民检

察院应当如何处理(　　)。

A. 如果王某担任本市人民代表大会代表，应当报请该市人民代表大会主席团或者常务委员会许可

B. 如果王某担任上级人民代表大会代表，则应当层报该代表所属的人民代表大会同级的人民检察院报请许可

C. 如果王某担任下级人民代表大会代表，则可以直接批准逮捕

D. 如果王某担任本单位所在市以外的其他地区人民代表大会代表，则应当委托该代表所属的人民代表大会同级的人民检察院报请许可

(2) 除有碍侦查和无法通知的情况外，有关部门对王某因涉嫌受贿罪执行逮捕后，下列什么机关应在24小时以内将逮捕王某的原因和羁押场所通知王某的家属或者所在单位(　　)。

A. 决定逮捕的人民检察院

B. 负责羁押的部门

C. 提请批准逮捕的公安机关

D. 批准逮捕的人民法院

(3) 王某有下列哪些情形时，公安司法机关应当对逮捕决定进行变更或撤销(　　)。

A. 患有严重疾病的

B. 正在怀孕或哺乳自己婴儿的妇女

C. 案件不能在法律规定的期限内办结

D. 王某可能判处拘役

(4) 如果王某被逮捕之后，经过第一审人民法院的审理，被判处管制，这时公安司法机关可能的处理是(　　)。

A. 可以变更逮捕决定

B. 可以解除逮捕决定

C. 应当撤销逮捕决定

D. 应当解除逮捕决定

3. 甲、乙（户籍地均为M省A市）共同运营一条登记注册于A市的远洋渔船。某次在公海捕鱼时，甲、乙二人共谋杀害了与他们素有嫌隙的水手丙。该船回国后首泊于M省B市港口以作休整，然后再航行至A市。从B市起航后，在途经M省C市航行至A市过程中，甲因害怕乙投案自首一直将乙捆绑拘禁于船舱。该船于A市靠岸后案发。

关于本案强制措施的适用，下列选项正确的是（　　）。(司考2016.2.93)

A. 拘留甲后，应在送看守所羁押后24小时以内通知甲的家属

B. 如有证据证明甲参与了故意杀害丙，应逮捕甲

C. 拘留乙后，应在24小时内进行讯问

D. 如乙因捆绑拘禁时间过长致身体极度虚弱而生活无法自理的，可在拘留后转为监视居住

四、简答题

1. 刑事拘留与逮捕有何区别？

2. 简述取保候审的适用对象。

3. 简述我国刑事诉讼强制措施的特点。

4. 简述刑事诉讼中保证人应当具备的条件和应当履行的义务。

5. 简述刑事拘留与行政拘留、民事拘留的区别。

6. 简述强制措施与刑罚的区别。

7. 简述公安机关采取拘留的条件。(中南财经政法大学2010年考研真题)

五、论述题

试论述拘传与传唤的关系。

六、案例分析题

1. 某县公安局接到人民群众举报，于2012年5月4日将涉嫌杀丁的犯罪嫌疑人甲、乙（甲的父亲）拘留。2012年5月6日提讯甲与乙（第一次）。5月7日，向人民检察院提请批准逮捕。人民检察院接到公安机关的提请批准逮捕书后，于5月17日作出批准逮捕的决定。之后，公安机关在继续侦查中发现：乙只是案发时现场的目击者，并没有实施，也没有参与杀人行为，这一点可由许多证据得到证明；只有甲有犯罪嫌疑，但鉴于已经批捕、若释放乙将产生许多麻烦。因而公安机关便将二人的全部案卷材料直接移送给了县检察院。县检察院于是以甲、乙二人为被告人提起公诉。在法庭审理过程中，合议庭将乙当庭释放。问：

(1) 司法机关在处理本案的过程中，所为行为是否恰当？

(2) 合议庭是否有权当庭释放乙，为什么？

2. 公安机关接到群众举报后，将几天来一直在某居民小区外徘徊、游荡的辛某带至派出所盘问。辛某吞吞吐吐，顾左右而言其他，而且拒不讲明他的姓名、住址，后经公安机关多番做思想工作，辛某说他叫张强，住该小居外的一条小巷内。公安机关从辛某身上搜出一把菜刀与一袋老鼠药。辛某假称，他来到该小区是想揽点活儿，给人做些修理门窗、擦洗厨房之类的杂活。由于不知该小区有谁需要修理，所以没敢进小区，只是在外面徘徊，准备再过两天就回老家。后经公安机关了解情况，辛某家并不在该省，而且其暂时住所也不在该小区附近，而是在离小区很远的高家屯内。因而，公安机关准备对其采取逮捕措施，并已报请人民检察院批准逮捕。问：

(1) 人民检察院是否会批准逮捕辛某？

(2) 公安机关应对辛某采取什么措施比较恰当?

3. 刘某，男，53岁，某市市委常委，组织部长，市人大代表。2010年6月至2011年12月，先后受熟人所托，指示市公安局为不具备条件的4个人办理农转非手续，其间，共收受请托人现金4万元。另外，还两次写条子给土地管理局的领导要求给某投机商低价批地。事后，投机商从倒卖地皮的收入中拿出6万元送刘某以表谢意。案发后，检察机关对其立案侦查，并依法办理了逮捕手续。刘某对上述事实供认不讳。拘押期间，刘某心脏病发作，检察机关决定对其取保候审，责令其交纳保证金。问:
(1) 根据刑法的规定，刘某的行为构成何种罪?
(2) 对刘某进行逮捕，需要履行何种手续?
(3) 对刘某取保候审是否正确? 保证金由哪个机关收取和保管?

4. 潘某，涉嫌盗窃、抢劫、强奸犯罪。现已查明潘某多次入室行窃，盗窃款物折合人民币4000余元。但有关抢劫、强奸犯罪，卷中证据材料不全，公安机关尚在侦查中。检察院认为主罪尚未查清，遂作出不批准逮捕决定，并通知公安机关补充侦查。
问: 检察院的决定是否正确，为什么?

5. 被告人崔某，1982年出生。2011年5月7日晚在一路口抢走了下班女工的提包，后被过路群众抓获，扭送到附近的某人民法院。法院同志认为这是公安机关管辖的案件，告诉群众应将其扭送到公安局。崔某被扭送到公安局后，公安人员认为崔某符合拘留条件，遂将其拘留。后公安局于5月16日向检察机关提请批准逮捕，但未获批准。公安局认为这一决定是错误的，于是向检察机关提出复议，但仍未被接受，遂向上一级检察机关申请复核；同时认为崔某态度恶劣，随时可能逃跑，而且刑事诉讼法规定拘留最长期限为37天，因此尽管崔某多次提出应当释放，一直未予批准。直至5月25日，上级检察机关作出不批准逮捕的决定，才将其释放。该案于6月20日由人民检察院提起公诉，在法庭审理中，人民法院认为，应对崔某实施逮捕，于是派法警将其逮捕归案。在庭审过程中，崔某嫌律师辩护不力，拒绝其继续辩护，要求自行辩护获得批准。法庭经审理认为崔某构成抢夺罪，判处有期徒刑2年，缓刑3年。判决生效后，法院将其交给其所在单位负责执行。但同级人民检察院认为该案判决有误，崔某应定为抢劫罪，遂按审判监督程序向同级人民法院提起抗诉。法院为了更好地审理该案，指派原合议庭庭长和另外两名审判员组成合议庭审理该案，最后维持原判。
试分析案例中公、检、法机关行为的不当之处，并说明理由。

6. 刘某，男，27岁，有多次犯罪的记录，2012年6月，又涉嫌强奸被公安机关立案侦查。公安机关在侦查过程中拘留了刘某，但经过对案件情况以及刘某个人的了解，认为应当对刘某进行逮捕，于是向同级人民检察院提请逮捕刘某。人民检察院最后批准了逮捕刘某的申请，公安机关继而对刘某执行了逮捕。问:
(1) 人民检察院在本案中对公安机关的逮捕申请应如何处理?
(2) 简述公安机关执行逮捕的程序。

参考答案

一、单项选择题

1. **答案**: B。本题考查的是刑事诉讼强制措施适用的对象。《刑事诉讼法》第66条规定:“人民法院、人民检察院和公安机关根据案件情况，对犯罪嫌疑人、被告人可以拘传、取保候审或者监视居住。”可见，刑事诉讼强制措施只对犯罪嫌疑人、被告人适用，不能对自诉人和证人适用，故本题CD项不正确。该条规定的“犯罪嫌疑人、被告人”不限于公诉案件的犯罪嫌疑人、被告人，故本题A项不正确，B项正确。

2. **答案**: C。本题考查的是拘传的适用。《刑事诉讼法》第66条规定:“人民法院、人民检察院和公安机关根据案件情况，对犯罪嫌疑人、被告人可以拘传、取保候审或者监视居住。”据此，人民检察院有权决定拘传，故A项不正确。《刑事诉讼法》没有规定拘传应由公安机关执行，因此，拘传可以由作出拘传决定的人民检察院执行，故B项不正确。刑事诉讼不同于民事诉讼，可以不经过传唤而直接拘传，故D项不正确。《刑事诉讼法》第119条第2款规定:“传唤、拘传持续的时间不得超过十二小时……”故人民检察院对白某的拘传长至1日是错误的，白某可以以此为由提出申诉。故本题正确答案为C。

3. **答案**: C。本题考查被取保候审人的法定义务和酌定义务。《刑事诉讼法》第71条第1款、第2款规定:“被取保候审的犯罪嫌疑人、被告人应当遵守以下规定：（一）未经执行机关批准不得离开所居住的市、县；（二）住址、工作单位和联系方式发生变动的，在二十四小时以内向执行机关报告；（三）在传讯的时候及时到案；（四）不得以任何形式干扰证人作证；（五）不得毁灭、伪造证据或者串供。人民法院、人民检察院和公安机关可以根据案件情况，责令被取保候审的犯罪嫌疑人、被告人遵守以下一项或者多项规定：（一）不得进入特定的场所；（二）不得与特定的人员会见或者通信；（三）不得从事特定的活动；（四）将护照等出入境证件、驾驶证件交执行机关保存。”其中，第 1 款规定了 5 项法定义务，第 2 款规定了 4 项酌定义务。本题中的 ABD 三项均属于被取保候审人的酌定义务，不当选，C 项属于被取保候审人的法定义务，当选。

4. **答案**：D。本题考查的是取保候审的实施方式。《刑事诉讼法》第 68 条规定：“人民法院、人民检察院和公安机关决定对犯罪嫌疑人、被告人取保候审，应当责令犯罪嫌疑人、被告人提出保证人或者交纳保证金。”据此，本题正确答案为 D。

5. **答案**：A。本题考查的是公安机关提请批准逮捕的程序。《刑事诉讼法》第 91 条第 3 款规定：“人民检察院应当自接到公安机关提请批准逮捕书后的七日以内，作出批准逮捕或者不批准逮捕的决定。人民检察院不批准逮捕的，公安机关应当在接到通知后立即释放，并且将执行情况及时通知人民检察院。对于需要继续侦查，并且符合取保候审、监视居住条件的，依法取保候审或者监视居住。”据此，本题正确答案为 A。

6. **答案**：C。本题考查的是人民法院可以采取的强制措施。根据《刑事诉讼法》第 66 条和《刑事诉讼法解释》第 150 条的规定，本题中人民法院可以对被告人臧某取保候审、监视居住或者决定逮捕，并且可以对已被检察机关取保候审的臧某重新取保候审。《刑事诉讼法》第 82 条规定：“公安机关对于现行犯或者重大嫌疑分子，如果有下列情形之一的，可以先行拘留……”而该法未规定人民法院有权决定拘留，故人民法院不能对被告人臧某决定拘留。综上，本题正确答案为 C。

7. **答案**：C。本题考查的是强制措施的适用。《刑事诉讼法》第 67 条第 2 项、第 74 条第 2 项和第 81 条规定：“可能判处有期徒刑以上刑罚，采取取保候审不致发生社会危险性的；”“怀孕或者正在哺乳自己婴儿的妇女；”“对有证据证明有犯罪事实，可能判处徒刑以上刑罚的犯罪嫌疑人、被告人，采取取保候审尚不足以防止发生下列社会危险性的，应当予以逮捕：（一）可能实施新的犯罪的；（二）有危害国家安全、公共安全或者社会秩序的现实危险的；（三）可能毁灭、伪造证据，干扰证人作证或者串供的；（四）可能对被害人、举报人、控告人实施打击报复的；（五）企图自杀或者逃跑的……对有证据证明有犯罪事实，可能判处十年有期徒刑以上刑罚的，或者有证据证明有犯罪事实，可能判处徒刑以上刑罚，曾经故意犯罪或者身份不明的，应当予以逮捕。被取保候审、监视居住的犯罪嫌疑人、被告人违反取保候审、监视居住规定，情节严重的，可以予以逮捕。”本题中，刘某涉嫌组织卖淫罪，可能被判处有期徒刑以上刑罚，属于应当逮捕的情况，但因其正在怀孕，可以采取取保候审或者监视居住。故本题 C 项正确。应当注意的是，这里是“可以”，而不是“应当”。

8. **答案**：D。本题考查的是有权为被羁押的犯罪嫌疑人、被告人申请取保候审的人员范围。《刑事诉讼法》第 97 条规定：“犯罪嫌疑人、被告人及其法定代理人、近亲属或者辩护人有权申请变更强制措施。”根据《刑事诉讼法》第 108 条的规定，“近亲属”是指夫、妻、父、母、子、女、同胞兄弟姊妹。综上，本题正确答案为 D。

9. **答案**：C。适用强制措施应当遵循必要性原则和相当性原则。必要性原则是指只有在为保证刑事诉讼的顺利进行而有必要时方能采取，若无必要，不得随意适用强制措施。相当性原则，又称为比例原则，是指适用何种强制措施，应当与犯罪嫌疑人、被告人的人身危险性程度和涉嫌犯罪的轻重程度相适应。故 AB 项表述均正确。《刑事诉讼法》第 95 条规定，犯罪嫌疑人、被告人被逮捕后，人民检察院仍应当对羁押的必要性进行审查。对不需要继续羁押的，应当建议予以释放或者变更强制措施。有关机关应当在 10 日以内将处理情况通知人民检察院。因此，C 项错误在于，检察院经羁押必要性审查认为不需要继续羁押的，无权直接决定释放或变更为其他非羁押强制措施，而应当建议予以释放或者变更强制措施。《刑事诉讼法解释》第 170 条规定，被逮捕的被告人具有下列情形之一的，人民法院应当立即释放；必要时，可以依法变更强制措施：(1) 第一审人民法院判决被告人无罪、不负刑事责任或者免予刑事处罚的；(2) 第一审人民法院判处管制、宣告缓刑、单独适用附加刑，判决尚未发生法律效力的；(3) 被告人被羁押的时间已到第一审人民法院对其判处的刑期期限的；(4) 案件不能在法律规定的期限内审结的。故 D 项的表述正确。本题符合题意的选项为 C 项。

10. **答案**：A。本题考查的是拘留的条件。《刑事诉讼法》第82条规定："公安机关对于现行犯或者重大嫌疑分子，如果有下列情形之一的，可以先行拘留：……（三）在身边或者住处发现有犯罪证据的……"据此，本题正确答案为A。

11. **答案**：B。本题考查的是有关拘留后讯问的规定。《刑事诉讼法》第86条规定："公安机关对被拘留的人，应当在拘留后的二十四小时以内进行讯问……"据此，本题正确答案为B。

12. **答案**：A。本题考查的是关于公安机关异地执行拘留、逮捕的规定。《刑事诉讼法》第83条规定："公安机关在异地执行拘留、逮捕的时候，应当通知被拘留、逮捕人所在地的公安机关，被拘留、逮捕人所在地的公安机关应当予以配合。"据此，本题正确答案为A。

13. **答案**：C。本题考查的是提请批准逮捕期限的延长。《刑事诉讼法》第91条规定："公安机关……对于流窜作案、多次作案、结伙作案的重大嫌疑分子，提请审查批准的时间可以延长至三十日……"据此，本题正确答案为C。

14. **答案**：D。本题考查的是公安机关对犯罪嫌疑人可以拘留的最长时限。《刑事诉讼法》第91条规定："公安机关……对于流窜作案、多次作案、结伙作案的重大嫌疑分子，提请审查批准的时间可以延长至三十日。人民检察院应当自接到公安机关提请批准逮捕书后的七日以内，作出批准逮捕或者不批准逮捕的决定。"据此，对于流窜作案、多次作案、结伙作案的重大嫌疑分子，提请批准逮捕的时间加上人民检察院作出决定的时间，共37日，即犯罪嫌疑人在这种情况下可以被拘留37日。故本题正确答案为D。

15. **答案**：A。本题考查的是公安机关发现逮捕不当时的处理方式。《刑事诉讼法》第96条规定："人民法院、人民检察院和公安机关如果发现对犯罪嫌疑人、被告人采取强制措施不当的，应当及时撤销或者变更。公安机关释放被逮捕的人或者变更逮捕措施的，应当通知原批准的人民检察院。"据此，本题正确答案为A。

16. **答案**：C。本题中提到的报复陷害罪，由检察院立案侦查。而且，依据《刑事诉讼法》第67条的规定，本题中的取保候审应由公安机关执行，故A项错误。《关于取保候审若干问题的规定》第4条第2款规定，对同一犯罪嫌疑人、被告人决定取保候审的，不得同时使用保证人保证和保证金保证。故B项错误。《刑事诉讼法》第71条第1款规定，被取保候审的犯罪嫌疑人、被告人应当遵守以下规定：……（2）住址、工作单位和联系方式发生变动的，在24小时以内向执行机关报告……故D项错误。《刑事诉讼法》第71条第2款规定，人民法院、人民检察院和公安机关可以根据案件情况，责令被取保候审的犯罪嫌疑人、被告人遵守以下一项或者多项规定：（1）不得进入特定的场所……故C项正确。

17. **答案**：D。《公安机关办理刑事案件程序规定》第124条规定，公安机关对于现行犯或者重大嫌疑分子，有下列情形之一的，可以先行拘留：（1）正在预备犯罪、实行犯罪或者在犯罪后即时被发觉的；（2）被害人或者在场亲眼看见的人指认他犯罪的；（3）在身边或者住处发现有犯罪证据的；（4）犯罪后企图自杀、逃跑或者在逃的；（5）有毁灭、伪造证据或者串供可能的；（6）不讲真实姓名、住址，身份不明的；（7）有流窜作案、多次作案、结伙作案重大嫌疑的。《公安机关办理刑事案件程序规定》第125条规定，拘留犯罪嫌疑人，应当填写呈请拘留报告书，经县级以上公安机关负责人批准，制作拘留证。执行拘留时，必须出示拘留证，并责令被拘留人在拘留证上签名、捺指印，拒绝签名、捺指印的，侦查人员应当注明。紧急情况下，对于符合本规定第124条所列情形之一的，经出示人民警察证，可以将犯罪嫌疑人口头传唤至公安机关后立即审查，办理法律手续。故A项的错误在于，紧急情况下，对于符合先行拘留情形的，可以不用出示拘留证即可拘留。《刑事诉讼法》第85条第2款规定，拘留后，应当立即将被拘留人送看守所羁押，至迟不得超过24小时。故B项错误。《刑事诉讼法》第118条第2款规定，犯罪嫌疑人被送交看守所羁押以后，侦查人员对其进行讯问，应当在看守所内进行。该条只是要求侦查人员讯问应当在看守所内进行，故C项的表述过于绝对。《刑事诉讼法》第138条规定，进行搜查，必须向被搜查人出示搜查证。在执行逮捕、拘留的时候，遇有紧急情况，不另用搜查证也可以进行搜查。《公安机关办理刑事案件程序规定》第219条规定，执行拘留、逮捕的时候，遇有下列紧急情况之一的，不用搜查证也可以进行搜查：（1）可能随身携带凶器的；（2）可能隐藏爆炸、剧毒等危险物品的；（3）可能隐匿、毁弃、转移犯罪证据的；（4）可能隐匿其他犯罪嫌疑人的；（5）其他突然发生的紧急情况。章某携带管制刀具，即属于紧急情况，故D项正确。

18. **答案**：C。本题考查逮捕后的羁押必要性审查。《人民检察院办理羁押必要性审查案件规定（试行）》第3条规定，羁押必要性审查案件由办案机关对应的同级人民检察院刑事执行检察部门统一办理，侦查监督、公诉、侦查、案件管理、检察技术等部门予以配合。故A项错误。

《人民检察院办理羁押必要性审查案件规定（试行）》第13条规定：“人民检察院进行羁押必要性审查，可以采取以下方式：（一）审查犯罪嫌疑人、被告人不需要继续羁押的理由和证明材料；（二）听取犯罪嫌疑人、被告人及其法定代理人、辩护人的意见；（三）听取被害人及其法定代理人、诉讼代理人的意见，了解是否达成和解协议；（四）听取现阶段办案机关的意见；（五）听取侦查监督部门或者公诉部门的意见；（六）调查核实犯罪嫌疑人、被告人的身体状况；（七）其他方式。”本题B项中的可听取被害儿童法定代理人的意见，是正确的。但是，《人民检察院办理羁押必要性审查案件规定（试行）》第14条第1款规定，人民检察院可以对羁押必要性审查案件进行公开审查。但是，涉及国家秘密、商业秘密、个人隐私的案件除外。本案属于涉及个人隐私的案件，故B项中可公开审查的表述错误。

《人民检察院办理羁押必要性审查案件规定（试行）》第18条规定：“经羁押必要性审查，发现犯罪嫌疑人、被告人具有下列情形之一，且具有悔罪表现，不予羁押不致发生社会危险性的，可以向办案机关提出释放或者变更强制措施的建议：（一）预备犯或者中止犯；（二）共同犯罪中的从犯或者胁从犯；（三）过失犯罪的；（四）防卫过当或者避险过当的；（五）主观恶性较小的初犯；（六）系未成年人或者年满七十五周岁的人；（七）与被害方依法自愿达成和解协议，且已经履行或者提供担保的；（八）患有严重疾病、生活不能自理的；（九）系怀孕或者正在哺乳自己婴儿的妇女；（十）系生活不能自理的人的唯一扶养人；（十一）可能被判处一年以下有期徒刑或者宣告缓刑的；（十二）其他不需要继续羁押犯罪嫌疑人、被告人的情形。”故D项的错误在于，不是“应当要求”而是“可以建议”法院变更强制措施。

《人民检察院办理羁押必要性审查案件规定（试行）》第11条规定：“刑事执行检察部门对本院批准逮捕和同级人民法院决定逮捕的犯罪嫌疑人、被告人，应当依职权对羁押必要性进行初审。”第12条规定：“经初审，对于犯罪嫌疑人、被告人可能具有本规定第十七条、第十八条情形之一的，检察官应当制作立案报告书，经检察长或者分管副检察长批准后予以立案。对于无理由或者理由明显不成立的申请，或者经人民检察院审查后未提供新的证明材料或者没有新的理由而再次申请的，由检察官决定不予立案，并书面告知申请人。”可见在初审后符合法定条件的，检察院才会进行立案，然后进行审查，故C项正确。

19. **答案**：B。本题直接考查法条。《刑事诉讼法》第88条规定：“人民检察院审查批准逮捕，可以讯问犯罪嫌疑人；有下列情形之一的，应当讯问犯罪嫌疑人：（一）对是否符合逮捕条件有疑问的；（二）犯罪嫌疑人要求向检察人员当面陈述的；（三）侦查活动可能有重大违法行为的。人民检察院审查批准逮捕，可以询问证人等诉讼参与人，听取辩护律师的意见；辩护律师提出要求的，应当听取辩护律师的意见。”另外，第280条第1款规定：“对未成年犯罪嫌疑人、被告人应当严格限制适用逮捕措施。人民检察院审查批准逮捕和人民法院决定逮捕，应当讯问未成年犯罪嫌疑人、被告人，听取辩护律师的意见。”故本题正确答案为B选项。

20. **答案**：B。《刑事诉讼法》第85条规定：“公安机关拘留人的时候，必须出示拘留证。拘留后，应当立即将被拘留人送看守所羁押，至迟不得超过二十四小时。除无法通知或者涉嫌危害国家安全犯罪、恐怖活动犯罪通知可能有碍侦查的情形以外，应当在拘留后二十四小时以内，通知被拘留人的家属。有碍侦查的情形消失以后，应当立即通知被拘留人的家属。”第86条规定：“公安机关对于被拘留的人，应当在拘留后的二十四小时以内进行讯问……”第91条规定：“公安机关对被拘留的人，认为需要逮捕的，应当在拘留后的三日以内，提请人民检察院审查批准……”题中ACD项皆符合《刑事诉讼法》的相关规定。需要注意的是，2012年《刑事诉讼法》第83条将有碍侦查情形细化为涉嫌危害国家安全犯罪、恐怖活动犯罪通知可能有碍侦查的情形，B选项中黑社会性质组织犯罪不属于不予通知的情形，故“决定暂不通知”违法，综上，本题为选非题，正确答案为B。

21. **答案**：A。本题考查申请变更强制措施的主体、移送审查起诉的告知、讯问犯罪嫌疑人、分案起诉、审理。对于A项，《刑事诉讼法》第97条规定，犯罪嫌疑人、被告人及其法定代理人、近亲属或者辩护人有权申请变更强制措施。钱乙作为钱甲的非律师辩护人，可以申请取保候审即变更强制措施。故A项正确。《刑事诉讼法》第162条第1款规定，公安机关侦查终结的案件，应当做到犯罪事实清楚，证据确实、充分，并且写出起诉意见书，连同案卷材料、证据一并移送同级人民检察院审查决定；同时将案件移送情况告知犯罪嫌疑人及其辩护律师。本题中钱乙是不是律师，不得在侦查阶段担任钱甲的辩护人，公安机关也无须将案件移送情况告知钱乙。故B项错误。我国刑事诉讼法未规定检察人员讯问犯罪嫌疑人时律师在场。故C项中武某不得在场。因此C项错误。《刑事诉讼法解释》第551条第1款规定，对分案起诉至同一人民法院的未成年人与成年人共同犯罪案件，可以由同一个审判组织审理；不宜由同一个审判组织审理的，可以分别审理。故D项错误在于，如检察院对钱甲和小沈分案起诉，法院可以由同一审判组织审理而不是"可并案审理"。本题的正确答案为A项。

22. 答案：C。本题考查逮捕后的羁押必要性审查。依据《人民检察院办理羁押必要性审查案件规定（试行）》第3条的规定，羁押必要性审查案件由办案机关对应的同级人民检察院刑事执行检察部门统一办理，侦查监督、公诉、侦查、案件管理、检察技术等部门予以配合。故A项错误。

依据《人民检察院办理羁押必要性审查案件规定（试行）》第14条第1款的规定，人民检察院可以对羁押必要性审查案件进行公开审查。但是，涉及国家秘密、商业秘密、个人隐私的案件除外。本案是盗窃案，不涉及国家秘密、商业秘密、个人隐私。故B项错误。

依据《人民检察院办理羁押必要性审查案件规定（试行）》第13条的规定，人民检察院进行羁押必要性审查，可以采取以下方式：（1）审查犯罪嫌疑人、被告人不需要继续羁押的理由和证明材料；（2）听取犯罪嫌疑人、被告人及其法定代理人、辩护人的意见；（3）听取被害人及其法定代理人、诉讼代理人的意见，了解是否达成和解协议；（4）听取现阶段办案机关的意见；（5）听取侦查监督部门或者公诉部门的意见；（6）调查核实犯罪嫌疑人、被告人的身体状况；（7）其他方式。故C项正确。

依据《人民检察院办理羁押必要性审查案件规定（试行）》第12条的规定，经初审，对于犯罪嫌疑人、被告人可能具有本规定第17条、第18条情形之一的，检察官应当制作立案报告书，经检察长或者分管副检察长批准后予以立案。对于无理由或者理由明显不成立的申请，或者经人民检察院审查后未提供新的证明材料或者没有新的理由而再次申请的，由检察官决定不予立案，并书面告知申请人。由此可见，对甲父的申请决定不予立案，检察官就可以决定，无须检察长批准。故D项错误。

因此，本题的正确答案为C项。

二、多项选择题

1. 答案：CD。本题考查的是具有执行取保候审、监视居住职能的机关。《刑事诉讼法》第67条第2款和第74条第2款规定，取保候审、监视居住由公安机关执行。第4条规定："国家安全机关依照法律规定，办理危害国家安全的刑事案件，行使与公安机关相同的职权。"据此，国家安全机关在办理危害国家安全的刑事案件中，也应具有执行取保候审、监视居住的职权。而人民法院和人民检察院不具有这种职权。故本题正确答案为CD。

2. 答案：ABCD。本题考查的是犯罪嫌疑人在侦查阶段享有的诉讼权利。根据《刑事诉讼法》第33条规定，贾某作为本案犯罪嫌疑人，在侦查阶段享有自行辩护的权利，故本题A项正确。根据《刑事诉讼法》第34条的规定，贾某自被拘传之日起，可以聘请律师为其提供法律咨询，故本题B项正确。根据《刑事诉讼法》第118条第1款的规定，贾某对与本案无关的问题，可以拒绝回答。故本题D项正确。根据《刑事诉讼法》第34条的规定，贾某在侦查阶段有权委托辩护人，因此也可以另行委托辩护人。故本题C项正确。

3. 答案：AB。本题考查的是人民检察院对提请批准逮捕可以作出的决定。《刑事诉讼法》第90条规定："人民检察院对于公安机关提请批准逮捕的案件进行审查后，应当根据情况分别作出批准逮捕或者不批准逮捕的决定……"《六机关规定》第17条规定："对于人民检察院批准逮捕的决定，公安机关应当立即执行，并将执行回执及时送达批准逮捕的人民检察院。如果未能执行，也应当将回执送达人民检察院，并写明未能执行的原因。对于人民检察院决定不批准逮捕的，公安机关在收到不批准逮捕决定书后，应当立即释放在押的犯罪嫌疑人或者变更强制措施，并将执行回执在收到不批准逮捕决定书后的3日内送达作出不批准逮捕决定的人民检察院。"据此，本题正确答案为AB。

4. 答案：ABCD。本题考查的是被监视居住人应遵守的规定。《刑事诉讼法》第77条规定："被监视居住的犯罪嫌疑人、被告人应当遵守以下规定：（一）未经执行机关批准不得离开执行监视居住的住处；（二）未经执行机关批准不得会见他人或者通信；（三）在传讯的时候及时到案；（四）不得以任何形式干扰证人作证；（五）不得毁灭、伪造证据或者串供。（六）将护照等出入境证件、身份证件、驾驶证件交执行机关保存。被监视居住的犯罪嫌疑人、被告人违反前款规定，情节严重的，可以予以逮捕；需要予以逮捕的，可以对犯罪嫌疑人、被告人先行拘留。”据此，本题正确答案为ABCD。

5. **答案**：AB。本题考查的是刑事拘留的适用。《刑事诉讼法》第86条规定：“公安机关对被拘留的人，应当在拘留后的二十四小时以内进行讯问。在发现不应当拘留的时候，必须立即释放，发给释放证明。”据此，本题AB项正确。根据《刑事诉讼法》第85条第2款的规定，拘留后24小时内的通知不是无条件的，必须是在不妨碍侦查的情况下，才应当通知；在有碍侦查的情况下，可以不通知。故本题D项不正确。

6. **答案**：ABCD。《刑事诉讼法》第82条规定：“公安机关对于现行犯或者重大嫌疑分子，如果有下列情形之一的，可以先行拘留：（一）正在预备犯罪、实行犯罪或者在犯罪后即时被发觉的；（二）被害人或者在场亲眼看见的人指认他犯罪的；（三）在身边或者住处发现有犯罪证据的；（四）犯罪后企图自杀、逃跑或者在逃的；（五）有毁灭、伪造证据或者串供可能的；（六）不讲真实姓名、住址，身份不明的；（七）有流窜作案、多次作案、结伙作案重大嫌疑的。”为投毒而买毒药的甲属于第1项规定的重大嫌疑分子，故A正确。在其住处发现被盗金项链的乙，符合第3项规定的重大嫌疑分子，故B正确。被举报挪用公款企图逃跑的丙，符合第4项规定的重大嫌疑分子，故C正确。不讲真实姓名、住址，身份不明的丁属于第6项规定的重大嫌疑分子，故D正确。本题正确答案是ABCD。

7. **答案**：BCD。本题考查的是刑事诉讼强制措施中的取保候审和监视居住。《刑事诉讼法》第66条规定：“人民法院、人民检察院和公安机关根据案件情况，对犯罪嫌疑人、被告人可以拘传、取保候审或者监视居住。”根据《刑事诉讼法》第67条和第74条的规定，取保候审可以适用于可能判处有期徒刑以上刑罚的犯罪嫌疑人、被告人，故本题A项不正确。刑事诉讼法没有对这两种措施适用的犯罪作出限制，故B项正确。取保候审只能由公安机关执行，故C项正确。公安机关、人民检察院、人民法院都有权采取取保候审和监视居住措施，故D项正确。

8. **答案**：BD。本题考查强制措施的变更和解除。《刑事诉讼法解释》第169条规定：“被逮捕的被告人具有下列情形之一的，人民法院可以变更强制措施：（一）患有严重疾病、生活不能自理的；（二）怀孕或者正在哺乳自己婴儿的；（三）系生活不能自理的人的唯一扶养人。”《刑事诉讼法解释》第170条规定：“被逮捕的被告人具有下列情形之一的，人民法院应当立即释放；必要时，可以依法变更强制措施：（一）第一审人民法院判决被告人无罪、不负刑事责任或者免予刑事处罚的；（二）第一审人民法院判处管制、宣告缓刑、单独适用附加刑，判决尚未发生法律效力的；（三）被告人被羁押的时间已到第一审人民法院对其判处的刑期期限的；（四）案件不能在法律规定的期限内审结的。”故BD两项当选。

9. **答案**：ABCD。《关于取保候审若干问题的规定》第5条第2款规定，决定机关应当以保证被取保候审人不逃避、不妨碍刑事诉讼活动为原则，综合考虑犯罪嫌疑人、被告人的社会危险性，案件的情节、性质，可能判处刑罚的轻重，犯罪嫌疑人、被告人经济状况，当地的经济发展水平等情况，确定收取保证金的数额。故ABCD均符合题意。

10. **答案**：ABC。本题考查的是逮捕的条件和证明要求。根据《刑事诉讼法》第81条第1款第1项的规定：“有证据证明犯罪事实，可能判处徒刑以上刑罚的犯罪嫌疑人、被告人，采取取保候审尚不足以防止发生下列社会危险性的，应当予以逮捕。由此可见，逮捕的证明要求是“有证据证明有犯罪事实”。《高检规则》第128条规定，“有证据证明有犯罪事实是指同时具备下列情形：（1）有证据证明发生了犯罪事实；（2）有证据证明该犯罪事实是犯罪嫌疑人实施的；（3）证明犯罪嫌疑人实施犯罪行为的证据已查证属实。据此，本题ABC项正确。

11. **答案**：ABC。本题考查的是对被取保候审人违反规定的处理。《刑事诉讼法》第70条第2款规定：“被保证人有违反本法第七十一条规定的行为，保证人未履行保证义务的，对保证人处以罚款，构成犯罪的，依法追究刑事责任。”根据《刑事诉讼法》第71条的规定，赵某的串供行为违反了被取保候审人的法定义务，而保证人赵父对此知情不报，也违反了保证人的义务。根据《刑事诉讼法》第67条的规定，取保候审由公安机关执行，故公安机关应当对保证人处以罚款；可以责令赵某具结悔过；重新提出保证人。由于本案是人民检察院立案侦查的案件，采取强制措施的职权属于人民检察院，变更强制措施的决定权也应当在人民检察院，故公安机关不能决定对赵某转为监视居住。综上，本题正确答案为ABC。

12. **答案**：ABCD。本题考查的是有权要求解除超过法定期限的强制措施的人员范围。《刑事诉讼法》第99条规定："……犯罪嫌疑人、被告人及其法定代理人、近亲属或者辩护人对于人民法院、人民检察院或者公安机关采取强制措施法定期限届满的，有权要求解除强制措施。"据此，本题正确答案为ABCD。

13. **答案**：ABCD。本题考查的是被取保候审人应遵守的规定。《刑事诉讼法》第71条第1款规定："被取保候审的犯罪嫌疑人、被告人应当遵守以下规定：（一）未经执行机关批准不得离开所居住的市、县；（二）住址、工作单位和联系方式发生变动的，在二十四小时以内向执行机关报告；（三）在传讯的时候及时到案；（四）不得以任何形式干扰证人作证；（五）不得毁灭、伪造证据或者串供。"本题中A项违反第3项，B项违反第1项，C项违反第4项，D项违反第2项，故本题正确答案为全选。

14. **答案**：ABD。本题考查的是保证人的义务。《刑事诉讼法》第70条第1款规定："保证人应当履行以下义务：（一）监督被保证人遵守本法第七十一条的规定；（二）发现被保证人可能发生或者已经发生违反本法第七十一条规定的行为的，应当及时向执行机关报告。"第71条第1款规定："被取保候审的犯罪嫌疑人、被告人应当遵守以下规定：（一）未经执行机关批准不得离开所居住的市、县；（二）住址、工作单位和联系方式发生变动的，在二十四小时以内向执行机关报告；（三）在传讯的时候及时到案；（四）不得以任何形式干扰证人作证；（五）不得毁灭、伪造证据或者串供。"据此，本题正确答案为ABD。

15. **答案**：ABCD。本题考查的是对被取保候审人违反规定的处理。《刑事诉讼法》第71条第3款规定："被取保候审的犯罪嫌疑人、被告人违反前两款规定，已交纳保证金的，没收部分或者全部保证金，并且区别情形，责令犯罪嫌疑人、被告人具结悔过，重新交纳保证金、提出保证人，或者监视居住、予以逮捕。"据此，本题正确答案为ABCD。

16. **答案**：AB。本题考查的是刑事拘留的执行机关。《刑事诉讼法》第3条第1款规定："对刑事案件的侦查、拘留、执行逮捕、预审，由公安机关负责……除法律特别规定的以外，其他任何机关、团体和个人都无权行使这些权力。"第4条规定："国家安全机关依照法律规定，办理危害国家安全的刑事案件，行使与公安机关相同的职权。"据此，具有刑事拘留权的机关有公安机关和国家安全机关。据此，本题正确答案为AB。

17. **答案**：BC。根据《刑事诉讼法》第19条第2款之规定："人民检察院在对诉讼活动实行法律监督中发现的司法工作人员利用职权实施的非法拘禁、刑讯逼供、非法搜查等侵犯公民权利、损害司法公正的犯罪，可以由人民检察院立案侦查。对于公安机关管辖的国家机关工作人员利用职权实施的重大犯罪案件，需要由人民检察院直接受理的时候，经省级以上人民检察院决定，可以由人民检察院立案侦查。"本题四个选项中的案件都属于人民检察院直接立案侦查的范围，又根据《高检规则》第120条第6项规定，对被监视居住人刑讯逼供、体罚、虐待或者变相体罚、虐待的；第7项规定，有其他侵犯被监视居住人合法权利行为或者其他违法行为的。可以判断选项BC为正确答案。AD项是《刑事诉讼法》第82条规定的公安机关侦查的案件中适用拘留的情形，故不应入选。因此本题正确答案为BC。

18. **答案**：ABC。本题考查的是受理公民扭送的机关。《刑事诉讼法》第84条规定："对于有下列情形的人，任何公民都可以立即扭送公安机关、人民检察院或者人民法院处理：……"据此，公安机关、人民检察院和人民法院可以受理公民的扭送。故本题正确答案为ABC。

19. **答案**：AB。本题考查的是采取特定强制措施的通知。《刑事诉讼法》第85条规定："公安机关拘留人的时候，必须出示拘留证。拘留后，应当立即将被拘留人送看守所羁押，至迟不得超过二十四小时。除无法通知或者涉嫌危害国家安全犯罪、恐怖活动犯罪通知可能有碍侦查的情形以外，应当在拘留后二十四小时以内，通知被拘留人的家属。有碍侦查的情形消失以后，应当立即通知被拘留人的家属。"第93条规定："公安机关逮捕人的时候，必须出示逮捕证。逮捕后，应当立即将被逮捕人送看守所羁押。除无法通知的以外，应当在逮捕后二十四小时以内，通知被逮捕人的家属。"据此，本题正确答案为AB。

20. **答案**：BC。本题考查的是逮捕的程序。《刑事诉讼法》第87条规定："公安机关要求逮捕犯罪嫌疑人的时候，应当写出提请批准逮捕书，连同案卷材料、证据，一并移送同级人民检察院审查批准。必要的时候，人民检察院可以派人参加公安机关对于重大案件的讨论。"据此，本题正确答案为BC。

21. **答案**：CD。《刑事诉讼法》第71条第1款规定，被取保候审的犯罪嫌疑人、被告人应当遵守以下规定：（一）未经执行机关批准不得离开所居住的市、县；（二）住址、工作单位和联系方式发生变动的，在二十四小时以内向执行机关报告；（三）在传讯的时候及时到案；（四）不得以任何形式干扰证人作证；（五）不得毁灭、伪造证据或者串供。选项A错误，执行机关是公安机关，不是法院。选项B错误，“未经执行机关批准不得会见他人”是被监视居住的犯罪嫌疑人、被告人应当遵守的义务，而不是取保候审的犯罪嫌疑人、被告人应当遵守的义务。

22. 答案：BC。《刑事诉讼法》第81条规定，“对有证据证明有犯罪事实，可能判处徒刑以上刑罚的犯罪嫌疑人、被告人，采取取保候审尚不足以防止发生下列社会危险性的，应当予以逮捕：（一）可能实施新的犯罪的；（二）有危害国家安全、公共安全或者社会秩序的现实危险的；（三）可能毁灭、伪造证据，干扰证人作证或者串供的；（四）可能对被害人、举报人、控告人实施打击报复的；（五）企图自杀或者逃跑的……对有证据证明有犯罪事实，可能判处十年有期徒刑以上刑罚的，或者有证据证明有犯罪事实，可能判处徒刑以上刑罚，曾经故意犯罪或者身份不明的，应当予以逮捕。被取保候审、监视居住的犯罪嫌疑人、被告人违反取保候审、监视居住规定，情节严重的，可以予以逮捕。”因此，BC项说法正确。A项说法之所以错误是因为，逮捕只是要求“有证据证明王某实施了非法拘禁行为”，而不要求“有证据证明王某实施了非法拘禁犯罪”。对于王某是否构成犯罪，在逮捕的时候不需要证明，因为逮捕的标准低于定罪的标准。

23. 答案：CD。《六机关规定》第17条规定，对于人民检察院批准逮捕的决定，公安机关应当立即执行，并将执行回执及时送达批准逮捕的人民检察院。如果未能执行，也应当将回执送达人民检察院，并写明未能执行的原因。对于人民检察院决定不批准逮捕的，公安机关在收到不批准逮捕决定书后，应当立即释放在押的犯罪嫌疑人或者变更强制措施，并将执行回执在收到不批准逮捕决定书后的三日内送达作出不批准逮捕决定的人民检察院。因此，本题的正确答案是CD。

24. 答案：BC。《刑事诉讼法》第119条规定：“对不需要逮捕、拘留的犯罪嫌疑人，可以传唤到犯罪嫌疑人所在市、县内的指定地点或者到他的住处进行讯问，但是应当出示人民检察院或者公安机关的证明文件。对在现场发现的犯罪嫌疑人，经出示工作证件，可以口头传唤，但应当在讯问笔录中注明。传唤、拘传持续的时间不得超过十二小时；案情特别重大、复杂，需要采取拘留、逮捕措施的，传唤、拘传持续的时间不得超过二十四小时。不得以连续传唤、拘传的形式变相拘禁犯罪嫌疑人。传唤、拘传犯罪嫌疑人，应当保证犯罪嫌疑人的饮食和必要的休息时间。”据此，A选项应为口头“传唤”而不是口头“拘传”，D选项连续讯问24小时违反法律规定，B选项和C选项符合法律规定。综上，本题正确答案为BC。

25. 答案：ABC。《刑事诉讼法》第74条第1款规定：“人民法院、人民检察院和公安机关对符合逮捕条件，有下列情形之一的犯罪嫌疑人、被告人，可以监视居住：（一）患有严重疾病、生活不能自理的；（二）怀孕或者正在哺乳自己婴儿的妇女；（三）系生活不能自理的人的唯一扶养人；（四）因为案件的特殊情况或者办理案件的需要，采取监视居住措施更为适宜的；（五）羁押期限届满，案件尚未办结，需要采取监视居住措施的。”据此，ABC选项符合法律规定，D选项中聋哑人不属于法定监视居住的对象。综上，本题正确答案为ABC。

26. 答案：ACD。本题考查强制措施适用的变更性原则。变更性原则是指强制措施的适用，需要随着诉讼的进展、犯罪嫌疑人、被告人及案件情况的变化而及时变更或解除。本题的B项只是改变了取保候审的保证方式，并没有改变强制措施的种类或者解除，所以，未体现强制措施的变更性原则。本题的ACD三项符合强制措施变更性原则的要求。本题正确答案为ACD三项。

27. 答案：ACD。本题考查取保候审、逮捕及逮捕后的羁押必要性审查。《刑事诉讼法》第68条规定，人民法院、人民检察院和公安机关决定对犯罪嫌疑人、被告人取保候审，应当责令犯罪嫌疑人、被告人提出保证人或者交纳保证金。而且，公安司法机关可以根据案情对保证方式进行变更。故A项正确。

《刑事诉讼法》第71条第4款规定，对违反取保候审规定，需要予以逮捕的，可以对犯罪嫌疑人、被告人先行拘留。故B项中法院决定逮捕是正确的，但是法院先行拘留是错误，应当由公安机关先行拘留。故B项错误。

《刑事诉讼法》第94条规定，人民法院、人民检察院对于各自决定逮捕的人，公安机关对于经人民检察院批准逮捕的人，都必须在逮捕后的24小时以内进行讯问。在发现不应当逮捕的时候，必须立即释放，发给释放证明。故C项正确。

《人民检察院办理羁押必要性审查案件规定

（试行）》第11条规定，刑事执行检察部门对本院批准逮捕和同级人民法院决定逮捕的犯罪嫌疑人、被告人，应当依职权对羁押必要性进行初审。《人民检察院办理羁押必要性审查案件规定（试行）》第12条第1款规定，经初审，对于犯罪嫌疑人、被告人可能具有本规定第17条、第18条情形之一的，检察官应当制作立案报告书，经检察长或者分管副检察长批准后予以立案。本题中，法院决定逮捕乙后，同级检察院可主动启动对乙的羁押必要性审查。故D项正确。

本题的正确答案为ACD三项。

28. 答案：BD。《刑事诉讼法解释》第170条第1项规定："被逮捕的被告人有下列情形之一的，人民法院应当立即释放；必要时，可以依法变更强制措施：（一）第一审人民法院判决被告人无罪、不负刑事责任或者免除刑事处罚的。……"可见，A选项错误。B选项正确。《刑法》第47条规定："有期徒刑的刑期，从判决执行之日起计算，判决执行以前先行羁押的，羁押一日折抵刑期一日。"可见，D选项正确。赵某被判处无期徒刑，不存在折抵刑期的问题，C选项错误。综上，本题正确答案为BD。

三、不定项选择题

1. 答案：ABCD。《高检规则》第294条规定："外国人、无国籍人涉嫌危害国家安全犯罪的案件或者涉及国与国之间政治、外交关系的案件以及在适用法律上确有疑难的案件，需要逮捕犯罪嫌疑人的，按照刑事诉讼法关于管辖的规定，分别由基层人民检察院或者设区的市级人民检察院审查并提出意见，层报最高人民检察院审查。最高人民检察院认为需要逮捕的，经征求外交部的意见后，作出批准逮捕的批复；认为不需要逮捕的，作出不批准逮捕的批复。基层人民检察院或者设区的市级人民检察院根据最高人民检察院的批复，依法作出批准或者不批准逮捕的决定。层报过程中，上级人民检察院认为不需要逮捕的，应当作出不批准逮捕的批复。报送的人民检察院根据批复依法作出不批准逮捕的决定。基层人民检察院或者设区的市级人民检察院认为不需要逮捕的，可以直接依法作出不批准逮捕的决定。外国人、无国籍人涉嫌本条第一款规定以外的其他犯罪案件，决定批准逮捕的人民检察院应当在作出批准逮捕决定后四十八小时以内报上一级人民检察院备案，同时向同级人民政府外事部门通报。上一级人民检察院经审查发现批准逮捕决定错误的，应当依法及时纠正。"因此ABCD全部为正确答案。

2. 答案：（1）ABD。本题考查逮捕的批准、决定程序。《高检规则》第148条、第294条、第295条规定了对几类特殊犯罪嫌疑人进行逮捕的审批程序。其中第148条第4款规定："对担任下级人民代表大会代表的犯罪嫌疑人决定采取强制措施的，可以直接报请该代表所属的人民代表大会主席团或者常务委员会许可，也可以委托该代表所属的人民代表大会同级的人民检察院报请许可。"其他三项的表述都符合这一条的规定。

（2）ACD。本题考查逮捕的批准、决定程序。《刑事诉讼法》第93条规定："公安机关逮捕人的时候，必须出示逮捕证。逮捕后，应当立即将被逮捕人送看守所羁押。除无法通知的以外，应当在逮捕后二十四小时以内，通知被逮捕人的家属。"负责将逮捕王某的原因和羁押场所通知王某的家属或者所在单位的机关包括：提请批准逮捕的公安机关、执行逮捕的公安机关、批准或决定逮捕的人民检察院或人民法院。

（3）ABC。本题考查逮捕的变更、撤销、解除。根据《刑事诉讼法解释》第169条规定："被逮捕的被告人具有下列情形之一的，人民法院可以变更强制措施：（一）患有严重疾病、生活不能自理的；（二）怀孕或者正在哺乳自己婴儿的；（三）系生活不能自理的人的唯一扶养人。"第170条规定："被逮捕的被告人具有下列情形之一的，人民法院应当立即释放；必要时，可以依法变更强制措施：（一）第一审人民法院判决被告人无罪、不负刑事责任或者免予刑事处罚的；（二）第一审人民法院判处管制、宣告缓刑、单独适用附加刑，判决尚未发生法律效力的；（三）被告人被羁押的时间已到第一审人民法院对其判处的刑期期限的；（四）案件不能在法律规定的期限内审结的。"此外，对于不符合逮捕条件的也应当变更、撤销、解除。

（4）CD。本题考查逮捕的变更、撤销、解除。《刑事诉讼法解释》第170条规定："被逮捕的被告人具有下列情形之一的，人民法院应当立即释放；必要时，可以依法变更强制措施：（一）第一审人民法院判决被告人无罪、不负刑事责任或者免予刑事处罚的；（二）第一审人民法院判处管制、宣告缓刑、单独适用附加刑，判决尚未发生法律效力的；（三）被告人被羁押的时间已到第一审人民法院对其判处的刑期期限的；（四）案件不能在法律规定的期限内审结的。"

3. 答案：BCD。本题考查强制措施的适用。《刑事诉讼法》第85条规定，公安机关拘留人的时候，必须出示拘留证。拘留后，应当立即将被拘留人送看守所羁押，至迟不得超过二十四小时。除无法通知或者涉嫌危害国家安全犯罪、恐怖活动犯罪通知可能有碍侦查的情形以外，应当在拘留后二十四小时以内，通知被拘留人的家属。有碍侦查的情形消失以后，应当立即通知被拘留人的家属。第 86 条规定，公安机关对被拘留的人，应当在拘留后的二十四小时以内进行讯问。在发现不应当拘留的时候，必须立即释放，发给释放证明。故 A 错误，C 正确。《刑事诉讼法》第 81 条第 2 款规定，对有证据证明有犯罪事实，可能判处十年有期徒刑以上刑罚的，或者有证据证明有犯罪事实，可能判处徒刑以上刑罚，曾经故意犯罪或者身份不明的，应当予以逮捕。故 B 项正确。《刑事诉讼法》第 74 条第 1 款规定："人民法院、人民检察院和公安机关对符合逮捕条件，有下列情形之一的犯罪嫌疑人、被告人，可以监视居住：(一) 患有严重疾病、生活不能自理的；(二) 怀孕或者正在哺乳自己婴儿的妇女；(三) 系生活不能自理的人的唯一扶养人；(四) 因为案件的特殊情况或者办理案件的需要，采取监视居住措施更为适宜的；(五) 羁押期限届满，案件尚未办结，需要采取监视居住措施的。"故 D 项正确。

四、简答题

1. **答案：** 逮捕是在一定时间内完全剥夺犯罪嫌疑人、被告人的人身自由并解送到一定场所予以羁押的一种强制措施。它在各种强制措施中是最严厉的。刑事拘留是指公安机关、人民检察院遇有紧急情况，暂时限制现行犯或重大嫌疑人的人身自由的一种强制措施。

   逮捕与刑事拘留都是刑事诉讼中采用羁押方法，由公安机关执行的强制措施。但两者有所区别：

   (1) 实施的对象和条件不同。逮捕是对有证据证明有犯罪事实，可能判处徒刑以上刑罚，又有逮捕必要的犯罪嫌疑人、被告人采用的一种强制措施；刑事拘留是对罪该逮捕的现行犯或重大嫌疑人在紧急情况下采用的一种强制措施。

   (2) 批准和决定的机关不同。逮捕的批准或决定权在检察院和法院，刑事拘留的决定权在公安机关。

   (3) 羁押期限不同。逮捕的羁押期限较长，虽然现行法律没有规定最长的期限，但一般逮捕的羁押期限都以数月计算；刑事拘留的羁押期限较短，一般为 14 日，最长不超过 37 日。

2. **答案：** 取保候审是指人民法院、人民检察院、公安机关依法责令犯罪嫌疑人或者被告人提供保证人或者交纳保证金并出具保证书，保证其不逃避或者妨碍侦查、起诉、审判并随传随到的一种强制措施。根据我国刑事诉讼法的规定，对于具有下列情形之一的犯罪嫌疑人、被告人，可以取保候审：① 可能判处管制、拘役或者独立适用附加刑的；② 可能判处有期徒刑以上刑罚，采取取保候审不致发生社会危险性的；③ 应当逮捕的犯罪嫌疑人、被告人患有严重疾病，或者是正在怀孕、哺乳自己婴儿的妇女的；④ 对被拘留的犯罪嫌疑人需要逮捕而证据还不充足的；⑤ 法定羁押期限届满尚不能结案的。

3. **答案：** 刑事诉讼中的强制措施是指公安机关、人民检察院和人民法院为了保证刑事诉讼的顺利进行，依法对刑事案件的犯罪嫌疑人、被告人的人身自由进行限制或剥夺的各种强制性方法。我国刑事诉讼中的强制措施具有以下几个特点：(1) 有权适用强制措施的主体是公安机关（包括其他侦查机关）、人民检察院和人民法院，其他任何国家机关、团体或个人都无权采取强制措施。(2) 强制措施适用对象是犯罪嫌疑人、被告人，对于诉讼参与人和案外人不得采用强制措施。公安司法机关在适用强制措施的过程中，要严格控制强制措施的适用对象，不得扩大其适用范围。(3) 强制措施的内容是限制或者剥夺犯罪嫌疑人、被告人的人身自由，而不包括对物的强制处分。(4) 强制措施的性质是预防性措施，而不是惩戒性措施。即适用强制措施的目的是保证刑事诉讼的顺利进行，防止犯罪嫌疑人、被告人逃避侦查、起诉和审判，进行毁灭、伪造证据、继续犯罪等妨害刑事诉讼的行为。(5) 强制措施是一种法定措施，我国刑事诉讼法对各种强制措施的适用机关、适用条件和程序都进行了严格的规定。(6) 强制措施是一种临时性措施，随着刑事诉讼的进程，强制措施可根据案件的进展情况而予以变更或者解除。

4. **答案：** 犯罪嫌疑人、被告人或其法定代理人、近亲属、被聘请的律师提出取保候审的申请后对符合条件的应当责令提出保证人。保证人的特点是以保证人的信誉来保证，不涉及金钱。根据《刑事诉讼法》第 69 条的规定，保证人的条件是：(1) 与本案无牵连；(2) 有能力履行保证义务；(3) 享有政治权利，人身自由未受限制；(4) 有固定的住处和收入。公安司法机关对于保证人的这四个方面的条件要严格审查，只有经审查合格的，才有资格作保证人。被确定为犯罪嫌疑人、被告人的保证人应当保证承担如下义务：监督被保证人遵守《刑事诉讼法》第 71 条规定的在取保候审期间应当遵守的规定；发现被保证人可能发生或已经发生违反《刑事诉讼法》第 71 条规定的，及时向执行机关报告。同时执行机关发现保证人丧失了担保条件时，应书面通知决定机关，决定机关收到书面通知后，应当责令被取保候审人重新提出保证人。

5. **答案**：刑事拘留与行政拘留的区别：(1) 法律性质不同。刑事拘留是刑事诉讼中的保障性措施，是一种诉讼行为，本身不具有惩罚性；行政拘留是治安管理的一种处罚方式，实质上是一种行政制裁。(2) 法律根据不同。刑事拘留是依据刑事诉讼法的规定而采用的；行政拘留则是根据治安管理处罚条例等行政法规而采用的。(3) 适用对象不同。刑事拘留适用于刑事诉讼中的现行犯或者重大嫌疑分子；行政拘留则适用于尚未构成犯罪的一般违法行为人。(4) 羁押期限不同。刑事拘留一般不超过10日，案件重大、复杂的不超过14日，对流窜作案、多次作案、结伙作案的重大嫌疑分子的拘留期限，不超过37日；行政拘留的期限则为1日至15日。

刑事拘留与民事拘留的区别：(1) 法律性质不同。刑事拘留是一种预防性措施，它是针对可能出现妨碍刑事诉讼的行为而采用的；民事拘留则是一种排除性措施，是针对已经出现的妨碍民事诉讼程序的严重行为而采取的。(2) 法律根据不同。刑事拘留是根据刑事诉讼法的规定采用的；民事拘留则是根据民事诉讼法的规定而采用的。(3) 适用机关不同。刑事拘留由公安机关或人民检察院决定，由公安机关执行；民事拘留则由人民法院决定，并由人民法院的司法警察执行，然后交公安机关有关场所看管。(4) 适用对象不同。刑事拘留只适用于现行犯或重大嫌疑分子；民事拘留则适用于实施了妨碍民事诉讼程序行为的所有人员。(5) 羁押期限不同。刑事拘留期限已于前述；民事拘留则最长为15日。(6) 与判决的关系不同。刑事拘留的羁押期限可以折抵刑期；民事拘留与判决结果不发生关系。

6. **答案**：强制措施，是指公安机关、人民检察院和人民法院为保证刑事诉讼的顺利进行，依法对犯罪嫌疑人、被告人所采取的在一定期限内暂时限制或剥夺其人身自由的强制方法。刑罚，是指国家为惩罚犯罪而制定的、由专门机关对犯罪分子适用的处罚方法。管制、拘役、有期徒刑等刑罚与强制措施有许多共同点：如均以国家权力为后盾，均限制或剥夺适用对象的人身自由，均是同犯罪作斗争的手段。但是，二者有着以下重大区别：

(1) 适用目的不同。适用强制措施的目的在于保障侦查、起诉和审判的顺利进行，具有程序上的保障和防范作用；而适用刑罚是为了惩罚和改造已经确定有罪的犯罪分子，使其不再犯罪，同时也警戒社会上的潜在犯罪人。

(2) 适用依据不同。适用强制措施的法律依据是程序法，要严格按照刑事诉讼法规定的程序实施；适用刑罚的法律依据是实体法，定罪科刑必须以刑法为依据。

(3) 适用对象不同。强调措施适用于被公、检、法机关追诉但没有被人民法院确定为有罪的犯罪嫌疑人、被告人；而刑罚只能适用于经人民法院审判确定为有罪的人。

(4) 适用机关不同。除拘留由公安机关和人民检察院行使外，公安机关、人民检察院和人民法院均有权决定是否对犯罪嫌疑人、被告人采用强制措施；而刑罚依法只有人民法院才有权判处。

(5) 适用时间不同。强制措施适用于整个刑事诉讼过程中，始于立案、止于人民法院作出生效裁判；而刑罚的适用时间是人民法院确定的有罪判决生效之后。

(6) 适用后果不同。被采取强制措施的人，最终不一定有罪，不能成为以后犯罪的从重处罚的条件；而刑罚的后果，使受刑罚的人有了刑法上的前科，可能成为构成累犯的条件，导致从重处罚的后果。

7. **答案**：拘留必须同时符合两个条件：一是拘留的对象是现行犯或者是重大嫌疑分子。现行犯是指正在进行犯罪的人，重大嫌疑分子是指有证据证明其有重大犯罪嫌疑的人。二是具有法定的紧急情形之一，即符合《刑事诉讼法》第82条规定的7种情形之一：(1) 正在预备犯罪、实行犯罪或者在犯罪后即时被发觉的；(2) 被害人或者在场亲眼看到的人指认他犯罪的；(3) 在身边或者住处发现有犯罪证据的；(4) 犯罪后企图自杀、逃跑或者在逃的；(5) 有毁灭、伪造证据或者串供可能的；(6) 不讲真实姓名、住址，身份不明的；(7) 有流窜作案、多次作案、结伙作案重大嫌疑的。

五、论述题

答案：拘传，是指公安机关、人民检察院和人民法院对于未被羁押的犯罪嫌疑人、被告人，依法强制其到案接受讯问的一种强制方法，它是我国刑事诉讼强制措施体系中最轻的一种。拘传的特点是：(1) 拘传的对象是未被羁押的犯罪嫌疑人、被告人，对已被拘留、逮捕的犯罪嫌疑人、被告人可以直接讯问，不需要经过拘传程序；(2) 拘传的目的是强制就讯，而不是强制待侦、待诉、待审，因此拘传没有羁押的效力，在讯问后，应当将被拘传人立即放回。拘传不同于传唤，传唤是指人民法院、人民检察院和公安机关使用传票通知犯罪嫌疑人、被告人在指定的时间自行到指定的地点接受讯问。拘传和传唤的目的是一致的，即都是要求犯罪嫌疑人、被告人按指定的时间、地点接受讯问。但两者具有很大的不同：首先，强制力不同，传唤是自动到案，拘传则是强制到案，拘传的强度要比传唤的强度大得多；其次，适用的对象不同，传唤适用于所有当事人，包括犯罪嫌疑人、被告人、自诉人、被害人、附带民事诉讼的原告人和被告人。拘传则仅适用于犯罪嫌疑人、被告人。

在实践中，拘传一般是在传唤以后采用的，即当传唤以后，犯罪嫌疑人、被告人无正当理由而不到案时，才使用拘传。所谓正当理由是指被传唤人患有重病、出门在外或因不可抗力的理由被阻断交通等。但是根据《刑事诉讼法》第 66 条规定的精神，也可以根据案件的具体情况，不经传唤，直接拘传犯罪嫌疑人、被告人，即由于案件侦查、起诉和审理的需要，为防止犯罪嫌疑人、被告人毁灭或隐匿证据、与他人互相串通、订立攻守同盟，阻挠或妨碍诉讼活动，可以不经传唤而直接拘传犯罪嫌疑人、被告人。

六、案例分析题

1. **答案**：(1) 司法机关在处理本案时存在以下错误：

①在拘留的第二天也就是 5 月 6 日才进行第一次讯问。我国《刑事诉讼法》第 86 条规定："公安机关对被拘留的人，应当在拘留后的二十四小时以内进行讯问……" 因而本案中，公安机关于 5 月 4 日拘留，5 月 6 日才第一次提讯的做法显然是错误的。

②人民检察院审查批准逮捕的时间超过了法定期限。《刑事诉讼法》第 91 条第 3 款规定："人民检察院应当自接到公安机关提请批准逮捕书后的七日以内，作出批准逮捕或者不批准逮捕的决定……" 本案中公安机关在 5 月 7 日向人民检察院提请逮捕，人民检察院在 5 月 17 日才作出逮捕决定，用了十天时间，显然违法。

③在发现乙无罪之后，公安机关、人民检察院都没有释放乙。《刑事诉讼法》第 163 条规定："在侦查过程中，发现不应对犯罪嫌疑人追究刑事责任的，应当撤销案件；犯罪嫌疑人已被逮捕的，应当立即释放，发给释放证明，并且通知原批准逮捕的人民检察院。" 本案中的公安机关既没有释放无罪公民乙，又没有通知县人民检察院，显然违法。

根据《刑事诉讼法》第 177 条第 1 款规定，犯罪嫌疑人属于依法不应追究刑事责任的，人民检察院应当作出不起诉决定。第 178 条规定："……如果被不起诉人在押，应当立即释放。" 而本案中，人民检察院在接到公安机关移送的全部案卷材料（包含证明乙无罪的材料）后，没有决定将乙释放，而是直接向人民法院提起公诉，使无罪的公民乙受到司法机关的追究、面临被判刑的风险。人民检察院的这种行为显然违法。

(2) 合议庭有权当庭释放乙，但程序不合法。《刑事诉讼法》第 200 条第 2 项规定："依据法律认定被告人无罪的，应当作出无罪判决。"《刑事诉讼法》第 260 条规定："第一审人民法院判决被告人无罪、免除刑事处罚的，如果被告人在押，在宣判后应当立即释放。" 根据上述规定，由于乙没有犯罪事实，依法不应当追究刑事责任，合议庭应当作出无罪判决，并有权当庭释放乙。但在法庭审理该案的过程中，不得将被告人乙释放；只有在法庭作出无罪判决并依法宣判之后，才可以将乙释放。这是国家司法权神圣的一种体现。

2. **答案**：(1) 不会。《刑事诉讼法》第 81 条规定："对有证据证明有犯罪事实，可能判处徒刑以上刑罚的犯罪嫌疑人、被告人，采取取保候审尚不足以防止发生下列社会危险性的，应当予以逮捕：(一) 可能实施新的犯罪的；(二) 有危害国家安全、公共安全或者社会秩序的现实危险的；(三) 可能毁灭、伪造证据，干扰证人作证或者串供的；(四) 可能对被害人、举报人、控告人实施打击报复的；(五) 企图自杀或者逃跑的……对有证据证明有犯罪事实，可能判处十年有期徒刑以上刑罚的，或者有证据证明有犯罪事实，可能判处徒刑以上刑罚，曾经故意犯罪或者身份不明的，应当予以逮捕。被取保候审、监视居住的犯罪嫌疑人、被告人违反取保候审、监视居住规定，情节严重的，可以予以逮捕。" 因而，逮捕应同时具备以下几个条件：①有证据证明有犯罪事实、有证据证明发生了犯罪、有证据证明犯罪事实是犯罪嫌疑人所为、证明犯罪嫌疑人实施犯罪行为的证据有的已查属实；②可能判处有期徒刑以上刑罚；③采取取保候审、监视居住等方法尚不足以防止发生社会危险性，而有逮捕必要的。而在本案中，辛某只是不讲真实姓名，住址，身份不明有重大嫌疑，但公安机关还尚未掌握其他与犯罪事实有关的任何材料。因此，辛某并不符合逮捕的条件。所以，检察院不会批准逮捕。

(2) 对辛某采取刑事拘留措施更恰当一些。刑事拘留是刑事诉讼强制措施的一种，是指公安机关、人民检察院对于现行犯或重大犯罪嫌疑分子，在遇到法定的紧急情况下依法采取的临时剥

高校法学专业核心课程配套测试

中华人民共和国
刑事诉讼法

中国法制出版社

中华人民共和国刑事诉讼法

（1979年7月1日第五届全国人民代表大会第二次会议通过　根据1996年3月17日第八届全国人民代表大会第四次会议《关于修改〈中华人民共和国刑事诉讼法〉的决定》第一次修正　根据2012年3月14日第十一届全国人民代表大会第五次会议《关于修改〈中华人民共和国刑事诉讼法〉的决定》第二次修正　根据2018年10月26日第十三届全国人民代表大会常务委员会第六次会议《关于修改〈中华人民共和国刑事诉讼法〉的决定》第三次修正）

目　　录

第一编　总　　则

第一章　任务和基本原则

第一条　为了保证刑法的正确实施，惩罚犯罪，保护人民，保障国家安全和社会公共安全，维护社会主义社会秩序，根据宪法，制定本法。

第二条　中华人民共和国刑事诉讼法的任务，是保证准确、及时地查明犯罪事实，正确应用法律，惩罚犯罪分子，保障无罪的人不受刑事追究，教育公民自觉遵守法律，积极同犯罪行为作斗争，维护社会主义法制，尊重和保障人权，保护公民的人身权利、财产权利、民主权利和其他权利，保障社会主义建设事业的顺利进行。

第三条　对刑事案件的侦查、拘留、执行逮捕、预审，由公安机关负责。检察、批准逮捕、检察机关直接受理的案件的侦查、提起公诉，由人民检察院负责。审判由人民法院负责。除法律特别规定的以外，其他任何机关、团体和个人都无权行使这些权力。

人民法院、人民检察院和公安机关进行刑事诉讼，必须严格遵守本法和其他法律的有关规定。

第四条 国家安全机关依照法律规定，办理危害国家安全的刑事案件，行使与公安机关相同的职权。

第五条 人民法院依照法律规定独立行使审判权，人民检察院依照法律规定独立行使检察权，不受行政机关、社会团体和个人的干涉。

第六条 人民法院、人民检察院和公安机关进行刑事诉讼，必须依靠群众，必须以事实为根据，以法律为准绳。对于一切公民，在适用法律上一律平等，在法律面前，不允许有任何特权。

第七条 人民法院、人民检察院和公安机关进行刑事诉讼，应当分工负责，互相配合，互相制约，以保证准确有效地执行法律。

第八条 人民检察院依法对刑事诉讼实行法律监督。

第九条 各民族公民都有用本民族语言文字进行诉讼的权利。人民法院、人民检察院和公安机关对于不通晓当地通用的语言文字的诉讼参与人，应当为他们翻译。

在少数民族聚居或者多民族杂居的地区，应当用当地通用的语言进行审讯，用当地通用的文字发布判决书、布告和其他文件。

第十条 人民法院审判案件，实行两审终审制。

第十一条 人民法院审判案件，除本法另有规定的以外，一律公开进行。被告人有权获得辩护，人民法院有义务保证被告人获得辩护。

第十二条 未经人民法院依法判决，对任何人都不得确定有罪。

第十三条 人民法院审判案件，依照本法实行人民陪审员陪审的制度。

第十四条 人民法院、人民检察院和公安机关应当保障犯罪嫌疑人、被告人和其他诉讼参与人依法享有的辩护权和其他诉讼权利。

诉讼参与人对于审判人员、检察人员和侦查人员侵犯公民诉讼权利和人身侮辱的行为，有权提出控告。

第十五条 犯罪嫌疑人、被告人自愿如实供述自己的罪行，承认指控的犯罪事实，愿意接受处罚的，可以依法从宽处理。

第十六条 有下列情形之一的，不追究刑事责任，已经追究的，应当撤销案件，或者不起诉，或者终止审理，或者宣告无罪：

（一）情节显著轻微、危害不大，不认为是犯罪的；

（二）犯罪已过追诉时效期限的；

（三）经特赦令免除刑罚的；

（四）依照刑法告诉才处理的犯罪，没有告诉或者撤回告诉的；

（五）犯罪嫌疑人、被告人死亡的；

（六）其他法律规定免予追究刑事责任的。

第十七条 对于外国人犯罪应当追究刑事责任的，适用本法的规定。

对于享有外交特权和豁免权的外国人犯罪应当追究刑事责任的，通过外交途径解决。

第十八条 根据中华人民共和国缔结或者参加的国际条约，或者按照互惠原则，我国司法机关和外国司法机关可以相互请求刑事司法协助。

第二章 管 辖

第十九条 刑事案件的侦查由公安机关进行，法律另有规定的除外。

人民检察院在对诉讼活动实行法律监督中发现的司法工作人员利用职权实施的非法拘禁、刑讯逼供、非法搜查等侵犯公民权利、损害司法公正的犯罪，可以由人民检察院立案侦查。对于公安机关管辖的国家机关工作人员利用职权实施的重大犯罪案件，需要由人民检察院直接受理的时候，经省级以上人民检察院决定，可以由人民检察院立案侦查。

自诉案件，由人民法院直接受理。

第二十条　基层人民法院管辖第一审普通刑事案件，但是依照本法由上级人民法院管辖的除外。

第二十一条　中级人民法院管辖下列第一审刑事案件：

（一）危害国家安全、恐怖活动案件；

（二）可能判处无期徒刑、死刑的案件。

第二十二条　高级人民法院管辖的第一审刑事案件，是全省（自治区、直辖市）性的重大刑事案件。

第二十三条　最高人民法院管辖的第一审刑事案件，是全国性的重大刑事案件。

第二十四条　上级人民法院在必要的时候，可以审判下级人民法院管辖的第一审刑事案件；下级人民法院认为案情重大、复杂需要由上级人民法院审判的第一审刑事案件，可以请求移送上一级人民法院审判。

第二十五条　刑事案件由犯罪地的人民法院管辖。如果由被告人居住地的人民法院审判更为适宜的，可以由被告人居住地的人民法院管辖。

第二十六条　几个同级人民法院都有权管辖的案件，由最初受理的人民法院审判。在必要的时候，可以移送主要犯罪地的人民法院审判。

第二十七条　上级人民法院可以指定下级人民法院审判管辖不明的案件，也可以指定下级人民法院将案件移送其他人民法院审判。

第二十八条 专门人民法院案件的管辖另行规定。

第三章 回 避

第二十九条 审判人员、检察人员、侦查人员有下列情形之一的，应当自行回避，当事人及其法定代理人也有权要求他们回避：

（一）是本案的当事人或者是当事人的近亲属的；

（二）本人或者他的近亲属和本案有利害关系的；

（三）担任过本案的证人、鉴定人、辩护人、诉讼代理人的；

（四）与本案当事人有其他关系，可能影响公正处理案件的。

第三十条 审判人员、检察人员、侦查人员不得接受当事人及其委托的人的请客送礼，不得违反规定会见当事人及其委托的人。

审判人员、检察人员、侦查人员违反前款规定的，应当依法追究法律责任。当事人及其法定代理人有权要求他们回避。

第三十一条 审判人员、检察人员、侦查人员的回避，应当分别由院长、检察长、公安机关负责人决定；院长的回避，由本院审判委员会决定；检察长和公安机关负责人的回避，由同级人民检察院检察委员会决定。

对侦查人员的回避作出决定前，侦查人员不能停止对案件的侦查。

对驳回申请回避的决定，当事人及其法定代理人可以申请复议一次。

第三十二条 本章关于回避的规定适用于书记员、翻译人员和鉴定人。

辩护人、诉讼代理人可以依照本章的规定要求回避、申请复议。

第四章 辩护与代理

第三十三条 犯罪嫌疑人、被告人除自己行使辩护权以外，还可以委托一至二人作为辩护人。下列的人可以被委托为辩护人：

（一）律师；

（二）人民团体或者犯罪嫌疑人、被告人所在单位推荐的人；

（三）犯罪嫌疑人、被告人的监护人、亲友。

正在被执行刑罚或者依法被剥夺、限制人身自由的人，不得担任辩护人。

被开除公职和被吊销律师、公证员执业证书的人，不得担任辩护人，但系犯罪嫌疑人、被告人的监护人、近亲属的除外。

第三十四条 犯罪嫌疑人自被侦查机关第一次讯问或者采取强制措施之日起，有权委托辩护人；在侦查期间，只能委托律师作为辩护人。被告人有权随时委托辩护人。

侦查机关在第一次讯问犯罪嫌疑人或者对犯罪嫌疑人采取强制措施的时候，应当告知犯罪嫌疑人有权委托辩护人。人民检察院自收到移送审查起诉的案件材料之日起三日以内，应当告知犯罪嫌疑人有权委托辩护人。人民法院自受理案件之日起三日以内，应当告知被告人有权委托辩护人。犯罪嫌疑人、被告人在押期间要求委托辩护人的，人民法院、人民检察院和公安机关应当及时转达其要求。

犯罪嫌疑人、被告人在押的，也可以由其监护人、近亲属代为委托辩护人。

辩护人接受犯罪嫌疑人、被告人委托后，应当及时告知办理案件的机关。

第三十五条 犯罪嫌疑人、被告人因经济困难或者其他原因没有委托辩护人的，本人及其近亲属可以向法律援助机构提出申请。对符合法律援助条件的，法律援助机构应当指派律师为其提供辩护。

犯罪嫌疑人、被告人是盲、聋、哑人，或者是尚未完全丧失辨认或者控制自己行为能力的精神病人，没有委托辩护人的，人民法院、人民检察院和公安机关应当通知法律援助机构指派律师为其提供辩护。

犯罪嫌疑人、被告人可能被判处无期徒刑、死刑，没有委托辩护人的，人民法院、人民检察院和公安机关应当通知法律援助机构指派律师为其提供辩护。

第三十六条　法律援助机构可以在人民法院、看守所等场所派驻值班律师。犯罪嫌疑人、被告人没有委托辩护人，法律援助机构没有指派律师为其提供辩护的，由值班律师为犯罪嫌疑人、被告人提供法律咨询、程序选择建议、申请变更强制措施、对案件处理提出意见等法律帮助。

人民法院、人民检察院、看守所应当告知犯罪嫌疑人、被告人有权约见值班律师，并为犯罪嫌疑人、被告人约见值班律师提供便利。

第三十七条　辩护人的责任是根据事实和法律，提出犯罪嫌疑人、被告人无罪、罪轻或者减轻、免除其刑事责任的材料和意见，维护犯罪嫌疑人、被告人的诉讼权利和其他合法权益。

第三十八条　辩护律师在侦查期间可以为犯罪嫌疑人提供法律帮助；代理申诉、控告；申请变更强制措施；向侦查机关了解犯罪嫌疑人涉嫌的罪名和案件有关情况，提出意见。

第三十九条　辩护律师可以同在押的犯罪嫌疑人、被告人会见和通信。其他辩护人经人民法院、人民检察院许可，也可以同在押的犯罪嫌疑人、被告人会见和通信。

辩护律师持律师执业证书、律师事务所证明和委托书或者法律援助公函要求会见在押的犯罪嫌疑人、被告人的，看守所应当及时安排会见，至迟不得超过四十八小时。

危害国家安全犯罪、恐怖活动犯罪案件，在侦查期间辩护律师会见在押的犯罪嫌疑人，应当经侦查机关许可。上述案件，侦查机关应当事先通知看守所。

辩护律师会见在押的犯罪嫌疑人、被告人，可以了解案件有关情况，提供法律咨询等；自案件移送审查起诉之日起，可以向犯罪嫌疑人、被告人核实有关证据。辩护律师会见犯罪嫌疑人、被告人时不被监听。

辩护律师同被监视居住的犯罪嫌疑人、被告人会见、通信，适用第一款、第三款、第四款的规定。

第四十条　辩护律师自人民检察院对案件审查起诉之日起，可以查阅、摘抄、复制本案的案卷材料。其他辩护人经人民法院、人民检察院许可，也可以查阅、摘抄、复制上述材料。

第四十一条 辩护人认为在侦查、审查起诉期间公安机关、人民检察院收集的证明犯罪嫌疑人、被告人无罪或者罪轻的证据材料未提交的，有权申请人民检察院、人民法院调取。

第四十二条 辩护人收集的有关犯罪嫌疑人不在犯罪现场、未达到刑事责任年龄、属于依法不负刑事责任的精神病人的证据，应当及时告知公安机关、人民检察院。

第四十三条 辩护律师经证人或者其他有关单位和个人同意，可以向他们收集与本案有关的材料，也可以申请人民检察院、人民法院收集、调取证据，或者申请人民法院通知证人出庭作证。

辩护律师经人民检察院或者人民法院许可，并且经被害人或者其近亲属、被害人提供的证人同意，可以向他们收集与本案有关的材料。

第四十四条 辩护人或者其他任何人，不得帮助犯罪嫌疑人、被告人隐匿、毁灭、伪造证据或者串供，不得威胁、引诱证人作伪证以及进行其他干扰司法机关诉讼活动的行为。

违反前款规定的，应当依法追究法律责任，辩护人涉嫌犯罪的，应当由办理辩护人所承办案件的侦查机关以外的侦查机关办理。辩护人是律师的，应当及时通知其所在的律师事务所或者所属的律师协会。

第四十五条 在审判过程中，被告人可以拒绝辩护人继续为他辩护，也可以另行委托辩护人辩护。

第四十六条 公诉案件的被害人及其法定代理人或者近亲属，附带民事诉讼的当事人及其法定代理人，自案件移送审查起诉之日起，有权委托诉讼代理人。自诉案件的自诉人及其法定代理人，附带民事诉讼的当事人及其法定代理人，有权随时委托诉讼代理人。

人民检察院自收到移送审查起诉的案件材料之日起三日以内，应当告知被害人及其法定代理人或者其近亲属、附带民事诉讼的当事人及其法定代理人有权委托诉讼代理人。人民法院自受理自诉案件之日起三日以内，应当告知自诉人及其法定代理人、附带民事诉讼的当事人及其法定代理人有权委托诉讼代理人。

第四十七条 委托诉讼代理人，参照本法第三十三条的规定执行。

第四十八条 辩护律师对在执业活动中知悉的委托人的有关情况和信息，有权予以保密。但是，辩护律师在执业活动中知悉委托人或者其他人，准备或者正在实施危害国家安全、公共安全以及严重危害他人人身安全的犯罪的，应当及时告知司法机关。

第四十九条 辩护人、诉讼代理人认为公安机关、人民检察院、人民法院及其工作人员阻碍其依法行使诉讼权利的，有权向同级或者上一级人民检察院申诉或者控告。人民检察院对申诉或者控告应当及时进行审查，情况属实的，通知有关机关予以纠正。

第五章 证　　据

第五十条 可以用于证明案件事实的材料，都是证据。

证据包括：

（一）物证；

（二）书证；

（三）证人证言；

（四）被害人陈述；

（五）犯罪嫌疑人、被告人供述和辩解；

（六）鉴定意见；

（七）勘验、检查、辨认、侦查实验等笔录；

（八）视听资料、电子数据。

证据必须经过查证属实，才能作为定案的根据。

第五十一条 公诉案件中被告人有罪的举证责任由人民检察院承担，自诉案件中被告人有罪的举证责任由自诉人承担。

第五十二条 审判人员、检察人员、侦查人员必须依照法定程序，收集能够证实犯罪嫌疑人、被告人有罪或者无罪、犯罪情节轻重的各种证据。严禁刑讯逼供和以威胁、引诱、欺骗以及其他非法方法收集证据，不得强迫任何人证实自己有罪。必须保证一切与案件有关或者了解案情的公民，有客观地充分地提供证据的条件，除特殊情况外，可以吸收他们协助调查。

第五十三条 公安机关提请批准逮捕书、人民检察院起诉书、人民法院判决书，必须忠实于事实真象。故意隐瞒事实真象的，应当追究责任。

第五十四条 人民法院、人民检察院和公安机关有权向有关单位和个人收集、调取证据。有关单位和个人应当如实提供证据。

行政机关在行政执法和查办案件过程中收集的物证、书证、视听资料、电子数据等证据材料，在刑事诉讼中可以作为证据使用。

对涉及国家秘密、商业秘密、个人隐私的证据，应当保密。

凡是伪造证据、隐匿证据或者毁灭证据的，无论属于何方，必须受法律追究。

第五十五条 对一切案件的判处都要重证据，重调查研究，不轻信口供。只有被告人供述，没有其他证据的，不能认定被告人有罪和处以刑罚；没有被告人供述，证据确实、充分的，可以认定被告人有罪和处以刑罚。

证据确实、充分，应当符合以下条件：

（一）定罪量刑的事实都有证据证明；

（二）据以定案的证据均经法定程序查证属实；

（三）综合全案证据，对所认定事实已排除合理怀疑。

第五十六条 采用刑讯逼供等非法方法收集的犯罪嫌疑人、被告人供述和采用暴力、威胁等非法方法收集的证人证言、被害人陈述，应当予以排除。收集物证、书证不符合法定程序，可能严重影响司法公正的，应当予以补正或者作出合理解释；不能补正或者作出合理解释的，对该证据应当予以排除。

在侦查、审查起诉、审判时发现有应当排除的证据的，应当依法予以排除，不得作为起诉意见、起诉决定和判决的依据。

第五十七条 人民检察院接到报案、控告、举报或者发现侦查人员以非法方法收集证据的，应当进行调查核实。对于确有以非法方法收集证据情形的，应当提出纠正意见；构成犯罪的，依法追究刑事责任。

第五十八条 法庭审理过程中，审判人员认为可能存在本法第五十六条规定的以非法方法收集证据情形的，应当对证据收集的合法性进行法庭调查。

当事人及其辩护人、诉讼代理人有权申请人民法院对以非法方法收集的证据依法予以排除。申请排除以非法方法收集的证据的，应当提供相关线索或者材料。

第五十九条 在对证据收集的合法性进行法庭调查的过程中，人民检察院应当对证据收集的合法性加以证明。

现有证据材料不能证明证据收集的合法性的，人民检察院可以提请人民法院通知有关侦查人员或者其他人员出庭说明情况；人民法院可以通知有关侦查人员或者其他人员出庭说明情况。有关侦查人员或者其他人员也可以要求出庭说明情况。经人民法院通知，有关人员应当出庭。

第六十条 对于经过法庭审理，确认或者不能排除存在本法第五十六条规定的以非法方法收集证据情形的，对有关证据应当予以排除。

第六十一条 证人证言必须在法庭上经过公诉人、被害人和被告人、辩护人双方质证并且查实以后，才能作为定案的根据。法庭查明证人有意作伪证或者隐匿罪证的时候，应当依法处理。

第六十二条 凡是知道案件情况的人，都有作证的义务。

生理上、精神上有缺陷或者年幼，不能辨别是非、不能正确表达的人，不能作证人。

第六十三条 人民法院、人民检察院和公安机关应当保障证人及其近亲属的安全。

对证人及其近亲属进行威胁、侮辱、殴打或者打击报复，构成犯罪的，依法追究刑事责任；尚不够刑事处罚的，依法给予治安管理处罚。

第六十四条 对于危害国家安全犯罪、恐怖活动犯罪、黑社会性质的组织犯罪、毒品犯罪等案件，证人、鉴定人、被害人因在诉讼中作证，本人或者其近亲属的人身安全面临危险的，人民法院、人民检察院和公安机关应当采取以下一项或者多项保护措施：

（一）不公开真实姓名、住址和工作单位等个人信息；

（二）采取不暴露外貌、真实声音等出庭作证措施；

（三）禁止特定的人员接触证人、鉴定人、被害人及其近亲属；

（四）对人身和住宅采取专门性保护措施；

（五）其他必要的保护措施。

证人、鉴定人、被害人认为因在诉讼中作证，本人或者其近亲属的人身安全面临危险的，可以向人民法院、人民检察院、公安机关请求予以保护。

人民法院、人民检察院、公安机关依法采取保护措施，有关单位和个人应当配合。

第六十五条 证人因履行作证义务而支出的交通、住宿、就餐等费用，应当给予补助。证人作证的补助列入司法机关业务经费，由同级政府财政予以保障。

有工作单位的证人作证，所在单位不得克扣或者变相克扣其工资、奖金及其他福利待遇。

第六章 强制措施

第六十六条 人民法院、人民检察院和公安机关根据案件情况，对犯罪嫌疑人、被告人可以拘传、取保候审或者监视居住。

第六十七条 人民法院、人民检察院和公安机关对有下列情形之一的犯罪嫌疑人、被告人，可以取保候审：

（一）可能判处管制、拘役或者独立适用附加刑的；

（二）可能判处有期徒刑以上刑罚，采取取保候审不致发生社会危险性的；

（三）患有严重疾病、生活不能自理，怀孕或者正在哺乳自己婴儿的妇女，采取取保候审不致发生社会危险性的；

（四）羁押期限届满，案件尚未办结，需要采取取保候审的。

取保候审由公安机关执行。

第六十八条 人民法院、人民检察院和公安机关决定对犯罪嫌疑人、被告人取保候审，应当责令犯罪嫌疑人、被告人提出保证人或者交纳保证金。

第六十九条 保证人必须符合下列条件：

（一）与本案无牵连；

（二）有能力履行保证义务；

（三）享有政治权利，人身自由未受到限制；

（四）有固定的住处和收入。

第七十条 保证人应当履行以下义务：

（一）监督被保证人遵守本法第七十一条的规定；

（二）发现被保证人可能发生或者已经发生违反本法第七十一条规定的行为的，应当及时向执行机关报告。

被保证人有违反本法第七十一条规定的行为，保证人未履行保证义务的，对保证人处以罚款，构成犯罪的，依法追究刑事责任。

第七十一条 被取保候审的犯罪嫌疑人、被告人应当遵守以下规定：

（一）未经执行机关批准不得离开所居住的市、县；

（二）住址、工作单位和联系方式发生变动的，在二十四小时以内向执行机关报告；

（三）在传讯的时候及时到案；

（四）不得以任何形式干扰证人作证；

（五）不得毁灭、伪造证据或者串供。

人民法院、人民检察院和公安机关可以根据案件情况，责令被取保候审的犯罪嫌疑人、被告人遵守以下一项或者多项规定：

（一）不得进入特定的场所；

（二）不得与特定的人员会见或者通信；

（三）不得从事特定的活动；

（四）将护照等出入境证件、驾驶证件交执行机关保存。

被取保候审的犯罪嫌疑人、被告人违反前两款规定，已交纳保证金的，没收部分或者全部保证金，并且区别情形，责令犯罪嫌疑人、被告人具结悔过，重新交纳保证金、提出保证人，或者监视居住、予以逮捕。

对违反取保候审规定，需要予以逮捕的，可以对犯罪嫌疑人、被告人先行拘留。

第七十二条 取保候审的决定机关应当综合考虑保证诉讼活动正常进行的需要，被取保候审人的社会危险性，案件的性质、情节，可能判处刑罚的轻重，被取保候审人的经济状况等情况，确定保证金的数额。

提供保证金的人应当将保证金存入执行机关指定银行的

专门账户。

第七十三条 犯罪嫌疑人、被告人在取保候审期间未违反本法第七十一条规定的，取保候审结束的时候，凭解除取保候审的通知或者有关法律文书到银行领取退还的保证金。

第七十四条 人民法院、人民检察院和公安机关对符合逮捕条件，有下列情形之一的犯罪嫌疑人、被告人，可以监视居住：

（一）患有严重疾病、生活不能自理的；

（二）怀孕或者正在哺乳自己婴儿的妇女；

（三）系生活不能自理的人的唯一扶养人；

（四）因为案件的特殊情况或者办理案件的需要，采取监视居住措施更为适宜的；

（五）羁押期限届满，案件尚未办结，需要采取监视居住措施的。

对符合取保候审条件，但犯罪嫌疑人、被告人不能提出保证人，也不交纳保证金的，可以监视居住。

监视居住由公安机关执行。

第七十五条 监视居住应当在犯罪嫌疑人、被告人的住处执行；无固定住处的，可以在指定的居所执行。对于涉嫌危害国家安全犯罪、恐怖活动犯罪，在住处执行可能有碍侦查的，经上一级公安机关批准，也可以在指定的居所执行。

但是，不得在羁押场所、专门的办案场所执行。

指定居所监视居住的，除无法通知的以外，应当在执行监视居住后二十四小时以内，通知被监视居住人的家属。

被监视居住的犯罪嫌疑人、被告人委托辩护人，适用本法第三十四条的规定。

人民检察院对指定居所监视居住的决定和执行是否合法实行监督。

第七十六条 指定居所监视居住的期限应当折抵刑期。被判处管制的，监视居住一日折抵刑期一日；被判处拘役、有期徒刑的，监视居住二日折抵刑期一日。

第七十七条 被监视居住的犯罪嫌疑人、被告人应当遵守以下规定：

（一）未经执行机关批准不得离开执行监视居住的处所；

（二）未经执行机关批准不得会见他人或者通信；

（三）在传讯的时候及时到案；

（四）不得以任何形式干扰证人作证；

（五）不得毁灭、伪造证据或者串供；

（六）将护照等出入境证件、身份证件、驾驶证件交执行机关保存。

被监视居住的犯罪嫌疑人、被告人违反前款规定，情节严重的，可以予以逮捕；需要予以逮捕的，可以对犯罪嫌疑人、被告人先行拘留。

第七十八条 执行机关对被监视居住的犯罪嫌疑人、被告人，可以采取电子监控、不定期检查等监视方法对其遵守监视居住规定的情况进行监督；在侦查期间，可以对被监视居住的犯罪嫌疑人的通信进行监控。

第七十九条 人民法院、人民检察院和公安机关对犯罪嫌疑人、被告人取保候审最长不得超过十二个月，监视居住最长不得超过六个月。

在取保候审、监视居住期间，不得中断对案件的侦查、起诉和审理。对于发现不应当追究刑事责任或者取保候审、监视居住期限届满的，应当及时解除取保候审、监视居住。解除取保候审、监视居住，应当及时通知被取保候审、监视居住人和有关单位。

第八十条 逮捕犯罪嫌疑人、被告人，必须经过人民检察院批准或者人民法院决定，由公安机关执行。

第八十一条 对有证据证明有犯罪事实，可能判处徒刑以上刑罚的犯罪嫌疑人、被告人，采取取保候审尚不足以防止发生下列社会危险性的，应当予以逮捕：

（一）可能实施新的犯罪的；

（二）有危害国家安全、公共安全或者社会秩序的现实危险的；

（三）可能毁灭、伪造证据，干扰证人作证或者串供的；

（四）可能对被害人、举报人、控告人实施打击报复的；

（五）企图自杀或者逃跑的。

批准或者决定逮捕，应当将犯罪嫌疑人、被告人涉嫌犯罪的性质、情节，认罪认罚等情况，作为是否可能发生社会危险性的考虑因素。

对有证据证明有犯罪事实，可能判处十年有期徒刑以上刑罚的，或者有证据证明有犯罪事实，可能判处徒刑以上刑罚，曾经故意犯罪或者身份不明的，应当予以逮捕。

被取保候审、监视居住的犯罪嫌疑人、被告人违反取保候审、监视居住规定，情节严重的，可以予以逮捕。

第八十二条 公安机关对于现行犯或者重大嫌疑分子，如果有下列情形之一的，可以先行拘留：

（一）正在预备犯罪、实行犯罪或者在犯罪后即时被发觉的；

（二）被害人或者在场亲眼看见的人指认他犯罪的；

（三）在身边或者住处发现有犯罪证据的；

（四）犯罪后企图自杀、逃跑或者在逃的；

（五）有毁灭、伪造证据或者串供可能的；

（六）不讲真实姓名、住址，身份不明的；

（七）有流窜作案、多次作案、结伙作案重大嫌疑的。

第八十三条 公安机关在异地执行拘留、逮捕的时候，应当通知被拘留、逮捕人所在地的公安机关，被拘留、逮捕人所在地的公安机关应当予以配合。

第八十四条 对于有下列情形的人，任何公民都可以立即扭送公安机关、人民检察院或者人民法院处理：

（一）正在实行犯罪或者在犯罪后即时被发觉的；

（二）通缉在案的；

（三）越狱逃跑的；

（四）正在被追捕的。

第八十五条 公安机关拘留人的时候，必须出示拘留证。

拘留后，应当立即将被拘留人送看守所羁押，至迟不得超过二十四小时。除无法通知或者涉嫌危害国家安全犯罪、恐怖活动犯罪通知可能有碍侦查的情形以外，应当在拘留后二十四小时以内，通知被拘留人的家属。有碍侦查的情形消失以后，应当立即通知被拘留人的家属。

第八十六条 公安机关对被拘留的人，应当在拘留后的二十四小时以内进行讯问。在发现不应当拘留的时候，必须立即释放，发给释放证明。

第八十七条 公安机关要求逮捕犯罪嫌疑人的时候，应当写出提请批准逮捕书，连同案卷材料、证据，一并移送同级人民检察院审查批准。必要的时候，人民检察院可以派人参加公安机关对于重大案件的讨论。

第八十八条 人民检察院审查批准逮捕，可以讯问犯罪嫌疑人；有下列情形之一的，应当讯问犯罪嫌疑人：

（一）对是否符合逮捕条件有疑问的；

（二）犯罪嫌疑人要求向检察人员当面陈述的；

（三）侦查活动可能有重大违法行为的。

人民检察院审查批准逮捕，可以询问证人等诉讼参与人，听取辩护律师的意见；辩护律师提出要求的，应当听取辩护律师的意见。

第八十九条 人民检察院审查批准逮捕犯罪嫌疑人由检察长决定。重大案件应当提交检察委员会讨论决定。

第九十条 人民检察院对于公安机关提请批准逮捕的案件进行审查后，应当根据情况分别作出批准逮捕或者不批准逮捕的决定。对于批准逮捕的决定，公安机关应当立即执行，并且将执行情况及时通知人民检察院。对于不批准逮捕的，人民检察院应当说明理由，需要补充侦查的，应当同时通知公安机关。

第九十一条　公安机关对被拘留的人，认为需要逮捕的，应当在拘留后的三日以内，提请人民检察院审查批准。在特殊情况下，提请审查批准的时间可以延长一日至四日。

对于流窜作案、多次作案、结伙作案的重大嫌疑分子，提请审查批准的时间可以延长至三十日。

人民检察院应当自接到公安机关提请批准逮捕书后的七日以内，作出批准逮捕或者不批准逮捕的决定。人民检察院不批准逮捕的，公安机关应当在接到通知后立即释放，并且将执行情况及时通知人民检察院。对于需要继续侦查，并且符合取保候审、监视居住条件的，依法取保候审或者监视居住。

第九十二条　公安机关对人民检察院不批准逮捕的决定，认为有错误的时候，可以要求复议，但是必须将被拘留的人立即释放。如果意见不被接受，可以向上一级人民检察院提请复核。上级人民检察院应当立即复核，作出是否变更的决定，通知下级人民检察院和公安机关执行。

第九十三条　公安机关逮捕人的时候，必须出示逮捕证。

逮捕后，应当立即将被逮捕人送看守所羁押。除无法通知的以外，应当在逮捕后二十四小时以内，通知被逮捕人的家属。

第九十四条 人民法院、人民检察院对于各自决定逮捕的人，公安机关对于经人民检察院批准逮捕的人，都必须在逮捕后的二十四小时以内进行讯问。在发现不应当逮捕的时候，必须立即释放，发给释放证明。

第九十五条 犯罪嫌疑人、被告人被逮捕后，人民检察院仍应当对羁押的必要性进行审查。对不需要继续羁押的，应当建议予以释放或者变更强制措施。有关机关应当在十日以内将处理情况通知人民检察院。

第九十六条 人民法院、人民检察院和公安机关如果发现对犯罪嫌疑人、被告人采取强制措施不当的，应当及时撤销或者变更。公安机关释放被逮捕的人或者变更逮捕措施的，应当通知原批准的人民检察院。

第九十七条 犯罪嫌疑人、被告人及其法定代理人、近亲属或者辩护人有权申请变更强制措施。人民法院、人民检察院和公安机关收到申请后，应当在三日以内作出决定；不同意变更强制措施的，应当告知申请人，并说明不同意的理由。

第九十八条 犯罪嫌疑人、被告人被羁押的案件，不能在本法规定的侦查羁押、审查起诉、一审、二审期限内办结的，对犯罪嫌疑人、被告人应当予以释放；需要继续查证、审理的，对犯罪嫌疑人、被告人可以取保候审或者监视居住。

第九十九条 人民法院、人民检察院或者公安机关对被采取强制措施法定期限届满的犯罪嫌疑人、被告人，应当予以释放、解除取保候审、监视居住或者依法变更强制措施。犯罪嫌疑人、被告人及其法定代理人、近亲属或者辩护人对于人民法院、人民检察院或者公安机关采取强制措施法定期限届满的，有权要求解除强制措施。

第一百条 人民检察院在审查批准逮捕工作中，如果发现公安机关的侦查活动有违法情况，应当通知公安机关予以纠正，公安机关应当将纠正情况通知人民检察院。

第七章　附带民事诉讼

第一百零一条 被害人由于被告人的犯罪行为而遭受物质损失的，在刑事诉讼过程中，有权提起附带民事诉讼。被害人死亡或者丧失行为能力的，被害人的法定代理人、近亲属有权提起附带民事诉讼。

如果是国家财产、集体财产遭受损失的，人民检察院在提起公诉的时候，可以提起附带民事诉讼。

第一百零二条 人民法院在必要的时候，可以采取保全措施，查封、扣押或者冻结被告人的财产。附带民事诉讼原告人或者人民检察院可以申请人民法院采取保全措施。人民法院采取保全措施，适用民事诉讼法的有关规定。

第一百零三条 人民法院审理附带民事诉讼案件，可以进行调解，或者根据物质损失情况作出判决、裁定。

第一百零四条 附带民事诉讼应当同刑事案件一并审判，只有为了防止刑事案件审判的过分迟延，才可以在刑事案件审判后，由同一审判组织继续审理附带民事诉讼。

第八章 期间、送达

第一百零五条 期间以时、日、月计算。

期间开始的时和日不算在期间以内。

法定期间不包括路途上的时间。上诉状或者其他文件在期满前已经交邮的，不算过期。

期间的最后一日为节假日的，以节假日后的第一日为期满日期，但犯罪嫌疑人、被告人或者罪犯在押期间，应当至期满之日为止，不得因节假日而延长。

第一百零六条 当事人由于不能抗拒的原因或者有其他正当理由而耽误期限的，在障碍消除后五日以内，可以申请继续进行应当在期满以前完成的诉讼活动。

前款申请是否准许，由人民法院裁定。

第一百零七条 送达传票、通知书和其他诉讼文件应当交给收件人本人；如果本人不在，可以交给他的成年家属或者所在单位的负责人员代收。

收件人本人或者代收人拒绝接收或者拒绝签名、盖章的时候，送达人可以邀请他的邻居或者其他见证人到场，说明情况，把文件留在他的住处，在送达证上记明拒绝的事由、送达的日期，由送达人签名，即认为已经送达。

第九章 其他规定

第一百零八条 本法下列用语的含意是：

（一）“侦查”是指公安机关、人民检察院对于刑事案件，依照法律进行的收集证据、查明案情的工作和有关的强制性措施；

（二）“当事人”是指被害人、自诉人、犯罪嫌疑人、被告人、附带民事诉讼的原告人和被告人；

（三）“法定代理人”是指被代理人的父母、养父母、监护人和负有保护责任的机关、团体的代表；

（四）“诉讼参与人”是指当事人、法定代理人、诉讼代理人、辩护人、证人、鉴定人和翻译人员；

（五）“诉讼代理人”是指公诉案件的被害人及其法定代理人或者近亲属、自诉案件的自诉人及其法定代理人委托代为参加诉讼的人和附带民事诉讼的当事人及其法定代理人委托代为参加诉讼的人；

（六）“近亲属”是指夫、妻、父、母、子、女、同胞兄弟姊妹。

第二编　立案、侦查和提起公诉

第一章　立　　案

第一百零九条　公安机关或者人民检察院发现犯罪事实或者犯罪嫌疑人，应当按照管辖范围，立案侦查。

第一百一十条　任何单位和个人发现有犯罪事实或者犯罪嫌疑人，有权利也有义务向公安机关、人民检察院或者人民法院报案或者举报。

被害人对侵犯其人身、财产权利的犯罪事实或者犯罪嫌疑人，有权向公安机关、人民检察院或者人民法院报案或者控告。

公安机关、人民检察院或者人民法院对于报案、控告、举报，都应当接受。对于不属于自己管辖的，应当移送主管机关处理，并且通知报案人、控告人、举报人；对于不属于自己管辖而又必须采取紧急措施的，应当先采取紧急措施，然后移送主管机关。

犯罪人向公安机关、人民检察院或者人民法院自首的，适用第三款规定。

第一百一十一条 报案、控告、举报可以用书面或者口头提出。接受口头报案、控告、举报的工作人员，应当写成笔录，经宣读无误后，由报案人、控告人、举报人签名或者盖章。

接受控告、举报的工作人员，应当向控告人、举报人说明诬告应负的法律责任。但是，只要不是捏造事实，伪造证据，即使控告、举报的事实有出入，甚至是错告的，也要和诬告严格加以区别。

公安机关、人民检察院或者人民法院应当保障报案人、控告人、举报人及其近亲属的安全。报案人、控告人、举报人如果不愿公开自己的姓名和报案、控告、举报的行为，应当为他保守秘密。

第一百一十二条 人民法院、人民检察院或者公安机关对于报案、控告、举报和自首的材料，应当按照管辖范围，迅速进行审查，认为有犯罪事实需要追究刑事责任的时候，应当立案；认为没有犯罪事实，或者犯罪事实显著轻微，不需要追究刑事责任的时候，不予立案，并且将不立案的原因通知控告人。控告人如果不服，可以申请复议。

第一百一十三条 人民检察院认为公安机关对应当立案侦查的案件而不立案侦查的，或者被害人认为公安机关对应当立案侦查的案件而不立案侦查，向人民检察院提出的，人民检察院应当要求公安机关说明不立案的理由。人民检察院认为公安机关不立案理由不能成立的，应当通知公安机关立案，公安机关接到通知后应当立案。

第一百一十四条 对于自诉案件，被害人有权向人民法院直接起诉。被害人死亡或者丧失行为能力的，被害人的法定代理人、近亲属有权向人民法院起诉。人民法院应当依法受理。

第二章 侦 查

第一节 一般规定

第一百一十五条 公安机关对已经立案的刑事案件，应当进行侦查，收集、调取犯罪嫌疑人有罪或者无罪、罪轻或者罪重的证据材料。对现行犯或者重大嫌疑分子可以依法先行拘留，对符合逮捕条件的犯罪嫌疑人，应当依法逮捕。

第一百一十六条 公安机关经过侦查，对有证据证明有犯罪事实的案件，应当进行预审，对收集、调取的证据材料予以核实。

第一百一十七条 当事人和辩护人、诉讼代理人、利害关系人对于司法机关及其工作人员有下列行为之一的，有权向该机关申诉或者控告：

（一）采取强制措施法定期限届满，不予以释放、解除或者变更的；

（二）应当退还取保候审保证金不退还的；

（三）对与案件无关的财物采取查封、扣押、冻结措施的；

（四）应当解除查封、扣押、冻结不解除的；

（五）贪污、挪用、私分、调换、违反规定使用查封、扣押、冻结的财物的。

受理申诉或者控告的机关应当及时处理。对处理不服的，可以向同级人民检察院申诉；人民检察院直接受理的案件，可以向上一级人民检察院申诉。人民检察院对申诉应当及时进行审查，情况属实的，通知有关机关予以纠正。

第二节　讯问犯罪嫌疑人

第一百一十八条　讯问犯罪嫌疑人必须由人民检察院或者公安机关的侦查人员负责进行。讯问的时候，侦查人员不得少于二人。

犯罪嫌疑人被送交看守所羁押以后，侦查人员对其进行讯问，应当在看守所内进行。

第一百一十九条　对不需要逮捕、拘留的犯罪嫌疑人，可以传唤到犯罪嫌疑人所在市、县内的指定地点或者到他的住处进行讯问，但是应当出示人民检察院或者公安机关的证明文件。对在现场发现的犯罪嫌疑人，经出示工作证件，可以口头传唤，但应当在讯问笔录中注明。

传唤、拘传持续的时间不得超过十二小时；案情特别重大、复杂，需要采取拘留、逮捕措施的，传唤、拘传持续的时间不得超过二十四小时。

不得以连续传唤、拘传的形式变相拘禁犯罪嫌疑人。传唤、拘传犯罪嫌疑人，应当保证犯罪嫌疑人的饮食和必要的休息时间。

第一百二十条 侦查人员在讯问犯罪嫌疑人的时候，应当首先讯问犯罪嫌疑人是否有犯罪行为，让他陈述有罪的情节或者无罪的辩解，然后向他提出问题。犯罪嫌疑人对侦查人员的提问，应当如实回答。但是对与本案无关的问题，有拒绝回答的权利。

侦查人员在讯问犯罪嫌疑人的时候，应当告知犯罪嫌疑人享有的诉讼权利，如实供述自己罪行可以从宽处理和认罪认罚的法律规定。

第一百二十一条 讯问聋、哑的犯罪嫌疑人，应当有通晓聋、哑手势的人参加，并且将这种情况记明笔录。

第一百二十二条 讯问笔录应当交犯罪嫌疑人核对，对于没有阅读能力的，应当向他宣读。如果记载有遗漏或者差错，犯罪嫌疑人可以提出补充或者改正。犯罪嫌疑人承认笔录没有错误后，应当签名或者盖章。侦查人员也应当在笔录上签名。犯罪嫌疑人请求自行书写供述的，应当准许。必要的时候，侦查人员也可以要犯罪嫌疑人亲笔书写供词。

第一百二十三条 侦查人员在讯问犯罪嫌疑人的时候，可以对讯问过程进行录音或者录像；对于可能判处无期徒刑、死刑的案件或者其他重大犯罪案件，应当对讯问过程进行录音或者录像。

录音或者录像应当全程进行，保持完整性。

第三节 询问证人

第一百二十四条 侦查人员询问证人，可以在现场进行，也可以到证人所在单位、住处或者证人提出的地点进行，在必要的时候，可以通知证人到人民检察院或者公安机关提供证言。在现场询问证人，应当出示工作证件，到证人所在单位、住处或者证人提出的地点询问证人，应当出示人民检察院或者公安机关的证明文件。

询问证人应当个别进行。

第一百二十五条 询问证人，应当告知他应当如实地提供证据、证言和有意作伪证或者隐匿罪证要负的法律责任。

第一百二十六条 本法第一百二十二条的规定，也适用于询问证人。

第一百二十七条 询问被害人，适用本节各条规定。

第四节 勘验、检查

第一百二十八条 侦查人员对于与犯罪有关的场所、物品、人身、尸体应当进行勘验或者检查。在必要的时候，可以指派或者聘请具有专门知识的人，在侦查人员的主持下进行勘验、检查。

第一百二十九条 任何单位和个人，都有义务保护犯罪现场，并且立即通知公安机关派员勘验。

第一百三十条 侦查人员执行勘验、检查，必须持有人民检察院或者公安机关的证明文件。

第一百三十一条 对于死因不明的尸体，公安机关有权决定解剖，并且通知死者家属到场。

第一百三十二条 为了确定被害人、犯罪嫌疑人的某些特征、伤害情况或者生理状态，可以对人身进行检查，可以提取指纹信息，采集血液、尿液等生物样本。

犯罪嫌疑人如果拒绝检查，侦查人员认为必要的时候，可以强制检查。

检查妇女的身体，应当由女工作人员或者医师进行。

第一百三十三条 勘验、检查的情况应当写成笔录，由参加勘验、检查的人和见证人签名或者盖章。

第一百三十四条 人民检察院审查案件的时候，对公安机关的勘验、检查，认为需要复验、复查时，可以要求公安机关复验、复查，并且可以派检察人员参加。

第一百三十五条 为了查明案情，在必要的时候，经公安机关负责人批准，可以进行侦查实验。

侦查实验的情况应当写成笔录，由参加实验的人签名或者盖章。

侦查实验，禁止一切足以造成危险、侮辱人格或者有伤风化的行为。

第五节 搜 查

第一百三十六条 为了收集犯罪证据、查获犯罪人，侦查人员可以对犯罪嫌疑人以及可能隐藏罪犯或者犯罪证据的人的身体、物品、住处和其他有关的地方进行搜查。

第一百三十七条 任何单位和个人，有义务按照人民检察院和公安机关的要求，交出可以证明犯罪嫌疑人有罪或者无罪的物证、书证、视听资料等证据。

第一百三十八条 进行搜查，必须向被搜查人出示搜查证。

在执行逮捕、拘留的时候，遇有紧急情况，不另用搜查证也可以进行搜查。

第一百三十九条 在搜查的时候，应当有被搜查人或者他的家属，邻居或者其他见证人在场。

搜查妇女的身体，应当由女工作人员进行。

第一百四十条 搜查的情况应当写成笔录，由侦查人员和被搜查人或者他的家属，邻居或者其他见证人签名或者盖章。如果被搜查人或者他的家属在逃或者拒绝签名、盖章，应当在笔录上注明。

第六节 查封、扣押物证、书证

第一百四十一条 在侦查活动中发现的可用以证明犯罪嫌疑人有罪或者无罪的各种财物、文件，应当查封、扣押；与案件无关的财物、文件，不得查封、扣押。

对查封、扣押的财物、文件，要妥善保管或者封存，不得使用、调换或者损毁。

第一百四十二条 对查封、扣押的财物、文件，应当会同在场见证人和被查封、扣押财物、文件持有人查点清楚，当场开列清单一式二份，由侦查人员、见证人和持有人签名或者盖章，一份交给持有人，另一份附卷备查。

第一百四十三条 侦查人员认为需要扣押犯罪嫌疑人的邮件、电报的时候，经公安机关或者人民检察院批准，即可通知邮电机关将有关的邮件、电报检交扣押。

不需要继续扣押的时候，应即通知邮电机关。

第一百四十四条 人民检察院、公安机关根据侦查犯罪的需要，可以依照规定查询、冻结犯罪嫌疑人的存款、汇款、债券、股票、基金份额等财产。有关单位和个人应当配合。

犯罪嫌疑人的存款、汇款、债券、股票、基金份额等财产已被冻结的，不得重复冻结。

第一百四十五条 对查封、扣押的财物、文件、邮件、电报或者冻结的存款、汇款、债券、股票、基金份额等财产，经查明确实与案件无关的，应当在三日以内解除查封、扣押、冻结，予以退还。

第七节 鉴 定

第一百四十六条 为了查明案情，需要解决案件中某些专门性问题的时候，应当指派、聘请有专门知识的人进行鉴定。

第一百四十七条 鉴定人进行鉴定后，应当写出鉴定意见，并且签名。

鉴定人故意作虚假鉴定的，应当承担法律责任。

第一百四十八条 侦查机关应当将用作证据的鉴定意见

告知犯罪嫌疑人、被害人。如果犯罪嫌疑人、被害人提出申请，可以补充鉴定或者重新鉴定。

第一百四十九条 对犯罪嫌疑人作精神病鉴定的期间不计入办案期限。

第八节 技术侦查措施

第一百五十条 公安机关在立案后，对于危害国家安全犯罪、恐怖活动犯罪、黑社会性质的组织犯罪、重大毒品犯罪或者其他严重危害社会的犯罪案件，根据侦查犯罪的需要，经过严格的批准手续，可以采取技术侦查措施。

人民检察院在立案后，对于利用职权实施的严重侵犯公民人身权利的重大犯罪案件，根据侦查犯罪的需要，经过严格的批准手续，可以采取技术侦查措施，按照规定交有关机关执行。

追捕被通缉或者批准、决定逮捕的在逃的犯罪嫌疑人、被告人，经过批准，可以采取追捕所必需的技术侦查措施。

第一百五十一条 批准决定应当根据侦查犯罪的需要，确定采取技术侦查措施的种类和适用对象。批准决定自签发之日起三个月以内有效。对于不需要继续采取技术侦查措施的，应当及时解除；对于复杂、疑难案件，期限届满仍有必要继续采取技术侦查措施的，经过批准，有效期可以延长，每次不得超过三个月。

第一百五十二条 采取技术侦查措施，必须严格按照批准的措施种类、适用对象和期限执行。

侦查人员对采取技术侦查措施过程中知悉的国家秘密、商业秘密和个人隐私，应当保密；对采取技术侦查措施获取的与案件无关的材料，必须及时销毁。

采取技术侦查措施获取的材料，只能用于对犯罪的侦查、起诉和审判，不得用于其他用途。

公安机关依法采取技术侦查措施，有关单位和个人应当配合，并对有关情况予以保密。

第一百五十三条 为了查明案情，在必要的时候，经公安机关负责人决定，可以由有关人员隐匿其身份实施侦查。但是，不得诱使他人犯罪，不得采用可能危害公共安全或者发生重大人身危险的方法。

对涉及给付毒品等违禁品或者财物的犯罪活动，公安机关根据侦查犯罪的需要，可以依照规定实施控制下交付。

第一百五十四条 依照本节规定采取侦查措施收集的材料在刑事诉讼中可以作为证据使用。如果使用该证据可能危及有关人员的人身安全，或者可能产生其他严重后果的，应当采取不暴露有关人员身份、技术方法等保护措施，必要的时候，可以由审判人员在庭外对证据进行核实。

第九节　通　　缉

第一百五十五条　应当逮捕的犯罪嫌疑人如果在逃，公安机关可以发布通缉令，采取有效措施，追捕归案。

各级公安机关在自己管辖的地区以内，可以直接发布通缉令；超出自己管辖的地区，应当报请有权决定的上级机关发布。

第十节　侦查终结

第一百五十六条　对犯罪嫌疑人逮捕后的侦查羁押期限不得超过二个月。案情复杂、期限届满不能终结的案件，可以经上一级人民检察院批准延长一个月。

第一百五十七条　因为特殊原因，在较长时间内不宜交付审判的特别重大复杂的案件，由最高人民检察院报请全国人民代表大会常务委员会批准延期审理。

第一百五十八条　下列案件在本法第一百五十六条规定的期限届满不能侦查终结的，经省、自治区、直辖市人民检察院批准或者决定，可以延长二个月：

（一）交通十分不便的边远地区的重大复杂案件；

（二）重大的犯罪集团案件；

（三）流窜作案的重大复杂案件；

（四）犯罪涉及面广，取证困难的重大复杂案件。

第一百五十九条 对犯罪嫌疑人可能判处十年有期徒刑以上刑罚，依照本法第一百五十八条规定延长期限届满，仍不能侦查终结的，经省、自治区、直辖市人民检察院批准或者决定，可以再延长二个月。

第一百六十条 在侦查期间，发现犯罪嫌疑人另有重要罪行的，自发现之日起依照本法第一百五十六条的规定重新计算侦查羁押期限。

犯罪嫌疑人不讲真实姓名、住址，身份不明的，应当对其身份进行调查，侦查羁押期限自查清其身份之日起计算，但是不得停止对其犯罪行为的侦查取证。对于犯罪事实清楚，证据确实、充分，确实无法查明其身份的，也可以按其自报的姓名起诉、审判。

第一百六十一条 在案件侦查终结前，辩护律师提出要求的，侦查机关应当听取辩护律师的意见，并记录在案。辩护律师提出书面意见的，应当附卷。

第一百六十二条 公安机关侦查终结的案件，应当做到犯罪事实清楚，证据确实、充分，并且写出起诉意见书，连同案卷材料、证据一并移送同级人民检察院审查决定；同时将案件移送情况告知犯罪嫌疑人及其辩护律师。

犯罪嫌疑人自愿认罪的，应当记录在案，随案移送，并在起诉意见书中写明有关情况。

第一百六十三条 在侦查过程中，发现不应对犯罪嫌疑人追究刑事责任的，应当撤销案件；犯罪嫌疑人已被逮捕的，应当立即释放，发给释放证明，并且通知原批准逮捕的人民检察院。

第十一节 人民检察院对直接受理的案件的侦查

第一百六十四条 人民检察院对直接受理的案件的侦查适用本章规定。

第一百六十五条 人民检察院直接受理的案件中符合本法第八十一条、第八十二条第四项、第五项规定情形，需要逮捕、拘留犯罪嫌疑人的，由人民检察院作出决定，由公安机关执行。

第一百六十六条 人民检察院对直接受理的案件中被拘留的人，应当在拘留后的二十四小时以内进行讯问。在发现不应当拘留的时候，必须立即释放，发给释放证明。

第一百六十七条 人民检察院对直接受理的案件中被拘留的人，认为需要逮捕的，应当在十四日以内作出决定。在特殊情况下，决定逮捕的时间可以延长一日至三日。对不需要逮捕的，应当立即释放；对需要继续侦查，并且符合取保候审、监视居住条件的，依法取保候审或者监视居住。

第一百六十八条 人民检察院侦查终结的案件，应当作出提起公诉、不起诉或者撤销案件的决定。

第三章 提起公诉

第一百六十九条 凡需要提起公诉的案件，一律由人民检察院审查决定。

第一百七十条 人民检察院对于监察机关移送起诉的案件，依照本法和监察法的有关规定进行审查。人民检察院经审查，认为需要补充核实的，应当退回监察机关补充调查，必要时可以自行补充侦查。

对于监察机关移送起诉的已采取留置措施的案件，人民检察院应当对犯罪嫌疑人先行拘留，留置措施自动解除。人民检察院应当在拘留后的十日以内作出是否逮捕、取保候审或者监视居住的决定。在特殊情况下，决定的时间可以延长一日至四日。人民检察院决定采取强制措施的期间不计入审查起诉期限。

第一百七十一条 人民检察院审查案件的时候，必须查明：

（一）犯罪事实、情节是否清楚，证据是否确实、充分，犯罪性质和罪名的认定是否正确；

（二）有无遗漏罪行和其他应当追究刑事责任的人；

（三）是否属于不应追究刑事责任的；

（四）有无附带民事诉讼；

（五）侦查活动是否合法。

第一百七十二条 人民检察院对于监察机关、公安机关移送起诉的案件，应当在一个月以内作出决定，重大、复杂的案件，可以延长十五日；犯罪嫌疑人认罪认罚，符合速裁程序适用条件的，应当在十日以内作出决定，对可能判处的有期徒刑超过一年的，可以延长至十五日。

人民检察院审查起诉的案件，改变管辖的，从改变后的人民检察院收到案件之日起计算审查起诉期限。

第一百七十三条 人民检察院审查案件，应当讯问犯罪嫌疑人，听取辩护人或者值班律师、被害人及其诉讼代理人的意见，并记录在案。辩护人或者值班律师、被害人及其诉讼代理人提出书面意见的，应当附卷。

犯罪嫌疑人认罪认罚的，人民检察院应当告知其享有的诉讼权利和认罪认罚的法律规定，听取犯罪嫌疑人、辩护人或者值班律师、被害人及其诉讼代理人对下列事项的意见，并记录在案：

（一）涉嫌的犯罪事实、罪名及适用的法律规定；

（二）从轻、减轻或者免除处罚等从宽处罚的建议；

（三）认罪认罚后案件审理适用的程序；

（四）其他需要听取意见的事项。

人民检察院依照前两款规定听取值班律师意见的，应当提前为值班律师了解案件有关情况提供必要的便利。

第一百七十四条 犯罪嫌疑人自愿认罪，同意量刑建议和程序适用的，应当在辩护人或者值班律师在场的情况下签署认罪认罚具结书。

犯罪嫌疑人认罪认罚，有下列情形之一的，不需要签署认罪认罚具结书：

（一）犯罪嫌疑人是盲、聋、哑人，或者是尚未完全丧失辨认或者控制自己行为能力的精神病人的；

（二）未成年犯罪嫌疑人的法定代理人、辩护人对未成年人认罪认罚有异议的；

（三）其他不需要签署认罪认罚具结书的情形。

第一百七十五条 人民检察院审查案件，可以要求公安机关提供法庭审判所必需的证据材料；认为可能存在本法第五十六条规定的以非法方法收集证据情形的，可以要求其对证据收集的合法性作出说明。

人民检察院审查案件，对于需要补充侦查的，可以退回公安机关补充侦查，也可以自行侦查。

对于补充侦查的案件，应当在一个月以内补充侦查完毕。补充侦查以二次为限。补充侦查完毕移送人民检察院后，人民检察院重新计算审查起诉期限。

对于二次补充侦查的案件，人民检察院仍然认为证据不足，不符合起诉条件的，应当作出不起诉的决定。

第一百七十六条 人民检察院认为犯罪嫌疑人的犯罪事实已经查清，证据确实、充分，依法应当追究刑事责任的，应当作出起诉决定，按照审判管辖的规定，向人民法院提起公诉，并将案卷材料、证据移送人民法院。

犯罪嫌疑人认罪认罚的，人民检察院应当就主刑、附加刑、是否适用缓刑等提出量刑建议，并随案移送认罪认罚具结书等材料。

第一百七十七条 犯罪嫌疑人没有犯罪事实，或者有本法第十六条规定的情形之一的，人民检察院应当作出不起诉决定。

对于犯罪情节轻微，依照刑法规定不需要判处刑罚或者免除刑罚的，人民检察院可以作出不起诉决定。

人民检察院决定不起诉的案件，应当同时对侦查中查封、扣押、冻结的财物解除查封、扣押、冻结。对被不起诉人需要给予行政处罚、处分或者需要没收其违法所得的，人民检察院应当提出检察意见，移送有关主管机关处理。有关主管机关应当将处理结果及时通知人民检察院。

第一百七十八条 不起诉的决定，应当公开宣布，并且将不起诉决定书送达被不起诉人和他的所在单位。如果被不起诉人在押，应当立即释放。

第一百七十九条 对于公安机关移送起诉的案件，人民检察院决定不起诉的，应当将不起诉决定书送达公安机关。公安机关认为不起诉的决定有错误的时候，可以要求复议，如果意见不被接受，可以向上一级人民检察院提请复核。

第一百八十条 对于有被害人的案件，决定不起诉的，人民检察院应当将不起诉决定书送达被害人。被害人如果不服，可以自收到决定书后七日以内向上一级人民检察院申诉，请求提起公诉。人民检察院应当将复查决定告知被害人。对人民检察院维持不起诉决定的，被害人可以向人民法院起诉。被害人也可以不经申诉，直接向人民法院起诉。人民法院受理案件后，人民检察院应当将有关案件材料移送人民法院。

第一百八十一条 对于人民检察院依照本法第一百七十七条第二款规定作出的不起诉决定，被不起诉人如果不服，可以自收到决定书后七日以内向人民检察院申诉。人民检察院应当作出复查决定，通知被不起诉的人，同时抄送公安机关。

第一百八十二条 犯罪嫌疑人自愿如实供述涉嫌犯罪的事实，有重大立功或者案件涉及国家重大利益的，经最高人民检察院核准，公安机关可以撤销案件，人民检察院可以作出不起诉决定，也可以对涉嫌数罪中的一项或者多项不起诉。

根据前款规定不起诉或者撤销案件的，人民检察院、公安机关应当及时对查封、扣押、冻结的财物及其孳息作出处理。

第三编　审　　判

第一章　审判组织

第一百八十三条　基层人民法院、中级人民法院审判第一审案件，应当由审判员三人或者由审判员和人民陪审员共三人或者七人组成合议庭进行，但是基层人民法院适用简易程序、速裁程序的案件可以由审判员一人独任审判。

高级人民法院审判第一审案件，应当由审判员三人至七人或者由审判员和人民陪审员共三人或者七人组成合议庭进行。

最高人民法院审判第一审案件，应当由审判员三人至七人组成合议庭进行。

人民法院审判上诉和抗诉案件，由审判员三人或者五人组成合议庭进行。

合议庭的成员人数应当是单数。

第一百八十四条 合议庭进行评议的时候，如果意见分歧，应当按多数人的意见作出决定，但是少数人的意见应当写入笔录。评议笔录由合议庭的组成人员签名。

第一百八十五条 合议庭开庭审理并且评议后，应当作出判决。对于疑难、复杂、重大的案件，合议庭认为难以作出决定的，由合议庭提请院长决定提交审判委员会讨论决定。审判委员会的决定，合议庭应当执行。

第二章 第一审程序

第一节 公诉案件

第一百八十六条 人民法院对提起公诉的案件进行审查后，对于起诉书中有明确的指控犯罪事实的，应当决定开庭审判。

第一百八十七条 人民法院决定开庭审判后，应当确定合议庭的组成人员，将人民检察院的起诉书副本至迟在开庭十日以前送达被告人及其辩护人。

在开庭以前，审判人员可以召集公诉人、当事人和辩护人、诉讼代理人，对回避、出庭证人名单、非法证据排除等与审判相关的问题，了解情况，听取意见。

人民法院确定开庭日期后，应当将开庭的时间、地点通知人民检察院，传唤当事人，通知辩护人、诉讼代理人、证人、鉴定人和翻译人员，传票和通知书至迟在开庭三日以前送达。公开审判的案件，应当在开庭三日以前先期公布案由、被告人姓名、开庭时间和地点。

上述活动情形应当写入笔录，由审判人员和书记员签名。

第一百八十八条 人民法院审判第一审案件应当公开进行。但是有关国家秘密或者个人隐私的案件，不公开审理；涉及商业秘密的案件，当事人申请不公开审理的，可以不公开审理。

不公开审理的案件，应当当庭宣布不公开审理的理由。

第一百八十九条 人民法院审判公诉案件，人民检察院应当派员出席法庭支持公诉。

第一百九十条 开庭的时候，审判长查明当事人是否到庭，宣布案由；宣布合议庭的组成人员、书记员、公诉人、辩护人、诉讼代理人、鉴定人和翻译人员的名单；告知当事人有权对合议庭组成人员、书记员、公诉人、鉴定人和翻译人员申请回避；告知被告人享有辩护权利。

被告人认罪认罚的，审判长应当告知被告人享有的诉讼权利和认罪认罚的法律规定，审查认罪认罚的自愿性和认罪认罚具结书内容的真实性、合法性。

第一百九十一条 公诉人在法庭上宣读起诉书后，被告人、被害人可以就起诉书指控的犯罪进行陈述，公诉人可以讯问被告人。

被害人、附带民事诉讼的原告人和辩护人、诉讼代理人，经审判长许可，可以向被告人发问。

审判人员可以讯问被告人。

第一百九十二条 公诉人、当事人或者辩护人、诉讼代理人对证人证言有异议，且该证人证言对案件定罪量刑有重大影响，人民法院认为证人有必要出庭作证的，证人应当出庭作证。

人民警察就其执行职务时目击的犯罪情况作为证人出庭作证，适用前款规定。

公诉人、当事人或者辩护人、诉讼代理人对鉴定意见有异议，人民法院认为鉴定人有必要出庭的，鉴定人应当出庭作证。经人民法院通知，鉴定人拒不出庭作证的，鉴定意见不得作为定案的根据。

第一百九十三条 经人民法院通知，证人没有正当理由不出庭作证的，人民法院可以强制其到庭，但是被告人的配偶、父母、子女除外。

证人没有正当理由拒绝出庭或者出庭后拒绝作证的，予以训诫，情节严重的，经院长批准，处以十日以下的拘留。被处罚人对拘留决定不服的，可以向上一级人民法院申请复议。复议期间不停止执行。

第一百九十四条 证人作证，审判人员应当告知他要如实地提供证言和有意作伪证或者隐匿罪证要负的法律责任。公诉人、当事人和辩护人、诉讼代理人经审判长许可，可以对证人、鉴定人发问。审判长认为发问的内容与案件无关的时候，应当制止。

审判人员可以询问证人、鉴定人。

第一百九十五条 公诉人、辩护人应当向法庭出示物证，让当事人辨认，对未到庭的证人的证言笔录、鉴定人的鉴定意见、勘验笔录和其他作为证据的文书，应当当庭宣读。审判人员应当听取公诉人、当事人和辩护人、诉讼代理人的意见。

第一百九十六条 法庭审理过程中，合议庭对证据有疑问的，可以宣布休庭，对证据进行调查核实。

人民法院调查核实证据，可以进行勘验、检查、查封、扣押、鉴定和查询、冻结。

第一百九十七条 法庭审理过程中，当事人和辩护人、诉讼代理人有权申请通知新的证人到庭，调取新的物证，申请重新鉴定或者勘验。

公诉人、当事人和辩护人、诉讼代理人可以申请法庭通知有专门知识的人出庭，就鉴定人作出的鉴定意见提出意见。

法庭对于上述申请，应当作出是否同意的决定。

第二款规定的有专门知识的人出庭，适用鉴定人的有关规定。

第一百九十八条 法庭审理过程中，对与定罪、量刑有关的事实、证据都应当进行调查、辩论。

经审判长许可，公诉人、当事人和辩护人、诉讼代理人可以对证据和案件情况发表意见并且可以互相辩论。

审判长在宣布辩论终结后，被告人有最后陈述的权利。

第一百九十九条 在法庭审判过程中，如果诉讼参与人或者旁听人员违反法庭秩序，审判长应当警告制止。对不听制止的，可以强行带出法庭；情节严重的，处以一千元以下的罚款或者十五日以下的拘留。罚款、拘留必须经院长批准。被处罚人对罚款、拘留的决定不服的，可以向上一级人民法院申请复议。复议期间不停止执行。

对聚众哄闹、冲击法庭或者侮辱、诽谤、威胁、殴打司法工作人员或者诉讼参与人，严重扰乱法庭秩序，构成犯罪的，依法追究刑事责任。

第二百条 在被告人最后陈述后，审判长宣布休庭，合议庭进行评议，根据已经查明的事实、证据和有关的法律规定，分别作出以下判决：

（一）案件事实清楚，证据确实、充分，依据法律认定被告人有罪的，应当作出有罪判决；

（二）依据法律认定被告人无罪的，应当作出无罪判决；

（三）证据不足，不能认定被告人有罪的，应当作出证据不足、指控的犯罪不能成立的无罪判决。

第二百零一条 对于认罪认罚案件，人民法院依法作出判决时，一般应当采纳人民检察院指控的罪名和量刑建议，但有下列情形的除外：

（一）被告人的行为不构成犯罪或者不应当追究其刑事责任的；

（二）被告人违背意愿认罪认罚的；

（三）被告人否认指控的犯罪事实的；

（四）起诉指控的罪名与审理认定的罪名不一致的；

（五）其他可能影响公正审判的情形。

人民法院经审理认为量刑建议明显不当，或者被告人、辩护人对量刑建议提出异议的，人民检察院可以调整量刑建议。人民检察院不调整量刑建议或者调整量刑建议后仍然明显不当的，人民法院应当依法作出判决。

第二百零二条 宣告判决，一律公开进行。

当庭宣告判决的，应当在五日以内将判决书送达当事人和提起公诉的人民检察院；定期宣告判决的，应当在宣告后立即将判决书送达当事人和提起公诉的人民检察院。判决书应当同时送达辩护人、诉讼代理人。

第二百零三条 判决书应当由审判人员和书记员署名，并且写明上诉的期限和上诉的法院。

第二百零四条 在法庭审判过程中，遇有下列情形之一，影响审判进行的，可以延期审理：

（一）需要通知新的证人到庭，调取新的物证，重新鉴定或者勘验的；

（二）检察人员发现提起公诉的案件需要补充侦查，提出建议的；

（三）由于申请回避而不能进行审判的。

第二百零五条 依照本法第二百零四条第二项的规定延期审理的案件，人民检察院应当在一个月以内补充侦查完毕。

第二百零六条 在审判过程中，有下列情形之一，致使案件在较长时间内无法继续审理的，可以中止审理：

（一）被告人患有严重疾病，无法出庭的；

（二）被告人脱逃的；

（三）自诉人患有严重疾病，无法出庭，未委托诉讼代理人出庭的；

（四）由于不能抗拒的原因。

中止审理的原因消失后，应当恢复审理。中止审理的期间不计入审理期限。

第二百零七条 法庭审判的全部活动，应当由书记员写成笔录，经审判长审阅后，由审判长和书记员签名。

法庭笔录中的证人证言部分，应当当庭宣读或者交给证人阅读。证人在承认没有错误后，应当签名或者盖章。

法庭笔录应当交给当事人阅读或者向他宣读。当事人认为记载有遗漏或者差错的，可以请求补充或者改正。当事人承认没有错误后，应当签名或者盖章。

第二百零八条 人民法院审理公诉案件，应当在受理后二个月以内宣判，至迟不得超过三个月。对于可能判处死刑的案件或者附带民事诉讼的案件，以及有本法第一百五十八条规定情形之一的，经上一级人民法院批准，可以延长三个月；因特殊情况还需要延长的，报请最高人民法院批准。

人民法院改变管辖的案件，从改变后的人民法院收到案件之日起计算审理期限。

人民检察院补充侦查的案件，补充侦查完毕移送人民法院后，人民法院重新计算审理期限。

第二百零九条 人民检察院发现人民法院审理案件违反法律规定的诉讼程序，有权向人民法院提出纠正意见。

第二节　自 诉 案 件

第二百一十条　自诉案件包括下列案件：

（一）告诉才处理的案件；

（二）被害人有证据证明的轻微刑事案件；

（三）被害人有证据证明对被告人侵犯自己人身、财产权利的行为应当依法追究刑事责任，而公安机关或者人民检察院不予追究被告人刑事责任的案件。

第二百一十一条　人民法院对于自诉案件进行审查后，按照下列情形分别处理：

（一）犯罪事实清楚，有足够证据的案件，应当开庭审判；

（二）缺乏罪证的自诉案件，如果自诉人提不出补充证据，应当说服自诉人撤回自诉，或者裁定驳回。

自诉人经两次依法传唤，无正当理由拒不到庭的，或者未经法庭许可中途退庭的，按撤诉处理。

法庭审理过程中，审判人员对证据有疑问，需要调查核实的，适用本法第一百九十六条的规定。

第二百一十二条　人民法院对自诉案件，可以进行调解；自诉人在宣告判决前，可以同被告人自行和解或者撤回自诉。本法第二百一十条第三项规定的案件不适用调解。

人民法院审理自诉案件的期限，被告人被羁押的，适用本法第二百零八条第一款、第二款的规定；未被羁押的，应当在受理后六个月以内宣判。

第二百一十三条 自诉案件的被告人在诉讼过程中，可以对自诉人提起反诉。反诉适用自诉的规定。

第三节 简易程序

第二百一十四条 基层人民法院管辖的案件，符合下列条件的，可以适用简易程序审判：

（一）案件事实清楚、证据充分的；

（二）被告人承认自己所犯罪行，对指控的犯罪事实没有异议的；

（三）被告人对适用简易程序没有异议的。

人民检察院在提起公诉的时候，可以建议人民法院适用简易程序。

第二百一十五条 有下列情形之一的，不适用简易程序：

（一）被告人是盲、聋、哑人，或者是尚未完全丧失辨认或者控制自己行为能力的精神病人的；

（二）有重大社会影响的；

（三）共同犯罪案件中部分被告人不认罪或者对适用简易程序有异议的；

（四）其他不宜适用简易程序审理的。

第二百一十六条 适用简易程序审理案件，对可能判处三年有期徒刑以下刑罚的，可以组成合议庭进行审判，也可以由审判员一人独任审判；对可能判处的有期徒刑超过三年的，应当组成合议庭进行审判。

适用简易程序审理公诉案件，人民检察院应当派员出席法庭。

第二百一十七条 适用简易程序审理案件，审判人员应当询问被告人对指控的犯罪事实的意见，告知被告人适用简易程序审理的法律规定，确认被告人是否同意适用简易程序审理。

第二百一十八条 适用简易程序审理案件，经审判人员许可，被告人及其辩护人可以同公诉人、自诉人及其诉讼代理人互相辩论。

第二百一十九条 适用简易程序审理案件，不受本章第一节关于送达期限、讯问被告人、询问证人、鉴定人、出示证据、法庭辩论程序规定的限制。但在判决宣告前应当听取被告人的最后陈述意见。

第二百二十条 适用简易程序审理案件，人民法院应当在受理后二十日以内审结；对可能判处的有期徒刑超过三年的，可以延长至一个半月。

第二百二十一条 人民法院在审理过程中，发现不宜适用简易程序的，应当按照本章第一节或者第二节的规定重新审理。

第四节　速裁程序

第二百二十二条　基层人民法院管辖的可能判处三年有期徒刑以下刑罚的案件，案件事实清楚，证据确实、充分，被告人认罪认罚并同意适用速裁程序的，可以适用速裁程序，由审判员一人独任审判。

人民检察院在提起公诉的时候，可以建议人民法院适用速裁程序。

第二百二十三条　有下列情形之一的，不适用速裁程序：

（一）被告人是盲、聋、哑人，或者是尚未完全丧失辨认或者控制自己行为能力的精神病人的；

（二）被告人是未成年人的；

（三）案件有重大社会影响的；

（四）共同犯罪案件中部分被告人对指控的犯罪事实、罪名、量刑建议或者适用速裁程序有异议的；

（五）被告人与被害人或者其法定代理人没有就附带民事诉讼赔偿等事项达成调解或者和解协议的；

（六）其他不宜适用速裁程序审理的。

第二百二十四条　适用速裁程序审理案件，不受本章第一节规定的送达期限的限制，一般不进行法庭调查、法庭辩论，但在判决宣告前应当听取辩护人的意见和被告人的最后陈述意见。

适用速裁程序审理案件，应当当庭宣判。

第二百二十五条 适用速裁程序审理案件，人民法院应当在受理后十日以内审结；对可能判处的有期徒刑超过一年的，可以延长至十五日。

第二百二十六条 人民法院在审理过程中，发现有被告人的行为不构成犯罪或者不应当追究其刑事责任、被告人违背意愿认罪认罚、被告人否认指控的犯罪事实或者其他不宜适用速裁程序审理的情形的，应当按照本章第一节或者第三节的规定重新审理。

第三章 第二审程序

第二百二十七条 被告人、自诉人和他们的法定代理人，不服地方各级人民法院第一审的判决、裁定，有权用书状或者口头向上一级人民法院上诉。被告人的辩护人和近亲属，经被告人同意，可以提出上诉。

附带民事诉讼的当事人和他们的法定代理人，可以对地方各级人民法院第一审的判决、裁定中的附带民事诉讼部分，提出上诉。

对被告人的上诉权，不得以任何借口加以剥夺。

第二百二十八条 地方各级人民检察院认为本级人民法院第一审的判决、裁定确有错误的时候，应当向上一级人民法院提出抗诉。

第二百二十九条 被害人及其法定代理人不服地方各级人民法院第一审的判决的，自收到判决书后五日以内，有权请求人民检察院提出抗诉。人民检察院自收到被害人及其法定代理人的请求后五日以内，应当作出是否抗诉的决定并且答复请求人。

第二百三十条 不服判决的上诉和抗诉的期限为十日，不服裁定的上诉和抗诉的期限为五日，从接到判决书、裁定书的第二日起算。

第二百三十一条 被告人、自诉人、附带民事诉讼的原告人和被告人通过原审人民法院提出上诉的，原审人民法院应当在三日以内将上诉状连同案卷、证据移送上一级人民法院，同时将上诉状副本送交同级人民检察院和对方当事人。

被告人、自诉人、附带民事诉讼的原告人和被告人直接向第二审人民法院提出上诉的，第二审人民法院应当在三日以内将上诉状交原审人民法院送交同级人民检察院和对方当事人。

第二百三十二条 地方各级人民检察院对同级人民法院第一审判决、裁定的抗诉，应当通过原审人民法院提出抗诉书，并且将抗诉书抄送上一级人民检察院。原审人民法院应当将抗诉书连同案卷、证据移送上一级人民法院，并且将抗诉书副本送交当事人。

上级人民检察院如果认为抗诉不当，可以向同级人民法院撤回抗诉，并且通知下级人民检察院。

第二百三十三条 第二审人民法院应当就第一审判决认定的事实和适用法律进行全面审查，不受上诉或者抗诉范围的限制。

共同犯罪的案件只有部分被告人上诉的，应当对全案进行审查，一并处理。

第二百三十四条 第二审人民法院对于下列案件，应当组成合议庭，开庭审理：

（一）被告人、自诉人及其法定代理人对第一审认定的事实、证据提出异议，可能影响定罪量刑的上诉案件；

（二）被告人被判处死刑的上诉案件；

（三）人民检察院抗诉的案件；

（四）其他应当开庭审理的案件。

第二审人民法院决定不开庭审理的，应当讯问被告人，听取其他当事人、辩护人、诉讼代理人的意见。

第二审人民法院开庭审理上诉、抗诉案件，可以到案件发生地或者原审人民法院所在地进行。

第二百三十五条 人民检察院提出抗诉的案件或者第二审人民法院开庭审理的公诉案件，同级人民检察院都应当派员出席法庭。第二审人民法院应当在决定开庭审理后及时通知人民检察院查阅案卷。人民检察院应当在一个月以内查阅完毕。人民检察院查阅案卷的时间不计入审理期限。

第二百三十六条 第二审人民法院对不服第一审判决的上诉、抗诉案件，经过审理后，应当按照下列情形分别处理：

（一）原判决认定事实和适用法律正确、量刑适当的，应当裁定驳回上诉或者抗诉，维持原判；

（二）原判决认定事实没有错误，但适用法律有错误，或者量刑不当的，应当改判；

（三）原判决事实不清楚或者证据不足的，可以在查清事实后改判；也可以裁定撤销原判，发回原审人民法院重新审判。

原审人民法院对于依照前款第三项规定发回重新审判的案件作出判决后，被告人提出上诉或者人民检察院提出抗诉的，第二审人民法院应当依法作出判决或者裁定，不得再发回原审人民法院重新审判。

第二百三十七条 第二审人民法院审理被告人或者他的法定代理人、辩护人、近亲属上诉的案件，不得加重被告人的刑罚。第二审人民法院发回原审人民法院重新审判的案件，除有新的犯罪事实，人民检察院补充起诉的以外，原审人民法院也不得加重被告人的刑罚。

人民检察院提出抗诉或者自诉人提出上诉的，不受前款规定的限制。

第二百三十八条 第二审人民法院发现第一审人民法院的审理有下列违反法律规定的诉讼程序的情形之一的，应当裁定撤销原判，发回原审人民法院重新审判：

（一）违反本法有关公开审判的规定的；

（二）违反回避制度的；

（三）剥夺或者限制了当事人的法定诉讼权利，可能影响公正审判的；

（四）审判组织的组成不合法的；

（五）其他违反法律规定的诉讼程序，可能影响公正审判的。

第二百三十九条 原审人民法院对于发回重新审判的案件，应当另行组成合议庭，依照第一审程序进行审判。对于重新审判后的判决，依照本法第二百二十七条、第二百二十八条、第二百二十九条的规定可以上诉、抗诉。

第二百四十条 第二审人民法院对不服第一审裁定的上诉或者抗诉，经过审查后，应当参照本法第二百三十六条、第二百三十八条和第二百三十九条的规定，分别情形用裁定驳回上诉、抗诉，或者撤销、变更原裁定。

第二百四十一条 第二审人民法院发回原审人民法院重新审判的案件，原审人民法院从收到发回的案件之日起，重新计算审理期限。

第二百四十二条 第二审人民法院审判上诉或者抗诉案件的程序，除本章已有规定的以外，参照第一审程序的规定进行。

第二百四十三条 第二审人民法院受理上诉、抗诉案件，应当在二个月以内审结。对于可能判处死刑的案件或者附带民事诉讼的案件，以及有本法第一百五十八条规定情形之一的，经省、自治区、直辖市高级人民法院批准或者决定，可以延长二个月；因特殊情况还需要延长的，报请最高人民法院批准。

最高人民法院受理上诉、抗诉案件的审理期限，由最高人民法院决定。

第二百四十四条 第二审的判决、裁定和最高人民法院的判决、裁定，都是终审的判决、裁定。

第二百四十五条 公安机关、人民检察院和人民法院对查封、扣押、冻结的犯罪嫌疑人、被告人的财物及其孳息，应当妥善保管，以供核查，并制作清单，随案移送。任何单位和个人不得挪用或者自行处理。对被害人的合法财产，应当及时返还。对违禁品或者不宜长期保存的物品，应当依照国家有关规定处理。

对作为证据使用的实物应当随案移送，对不宜移送的，应当将其清单、照片或者其他证明文件随案移送。

人民法院作出的判决，应当对查封、扣押、冻结的财物及其孳息作出处理。

人民法院作出的判决生效以后，有关机关应当根据判决对查封、扣押、冻结的财物及其孳息进行处理。对查封、扣押、冻结的赃款赃物及其孳息，除依法返还被害人的以外，一律上缴国库。

司法工作人员贪污、挪用或者私自处理查封、扣押、冻结的财物及其孳息的，依法追究刑事责任；不构成犯罪的，给予处分。

第四章　死刑复核程序

第二百四十六条　死刑由最高人民法院核准。

第二百四十七条　中级人民法院判处死刑的第一审案件，被告人不上诉的，应当由高级人民法院复核后，报请最高人民法院核准。高级人民法院不同意判处死刑的，可以提审或者发回重新审判。

高级人民法院判处死刑的第一审案件被告人不上诉的，和判处死刑的第二审案件，都应当报请最高人民法院核准。

第二百四十八条　中级人民法院判处死刑缓期二年执行的案件，由高级人民法院核准。

第二百四十九条　最高人民法院复核死刑案件，高级人民法院复核死刑缓期执行的案件，应当由审判员三人组成合议庭进行。

第二百五十条 最高人民法院复核死刑案件，应当作出核准或者不核准死刑的裁定。对于不核准死刑的，最高人民法院可以发回重新审判或者予以改判。

第二百五十一条 最高人民法院复核死刑案件，应当讯问被告人，辩护律师提出要求的，应当听取辩护律师的意见。

在复核死刑案件过程中，最高人民检察院可以向最高人民法院提出意见。最高人民法院应当将死刑复核结果通报最高人民检察院。

第五章 审判监督程序

第二百五十二条 当事人及其法定代理人、近亲属，对已经发生法律效力的判决、裁定，可以向人民法院或者人民检察院提出申诉，但是不能停止判决、裁定的执行。

第二百五十三条 当事人及其法定代理人、近亲属的申诉符合下列情形之一的，人民法院应当重新审判：

（一）有新的证据证明原判决、裁定认定的事实确有错误，可能影响定罪量刑的；

（二）据以定罪量刑的证据不确实、不充分、依法应当予以排除，或者证明案件事实的主要证据之间存在矛盾的；

（三）原判决、裁定适用法律确有错误的；

（四）违反法律规定的诉讼程序，可能影响公正审判的；

（五）审判人员在审理该案件的时候，有贪污受贿，徇私舞弊，枉法裁判行为的。

第二百五十四条 各级人民法院院长对本院已经发生法律效力的判决和裁定，如果发现在认定事实上或者在适用法律上确有错误，必须提交审判委员会处理。

最高人民法院对各级人民法院已经发生法律效力的判决和裁定，上级人民法院对下级人民法院已经发生法律效力的判决和裁定，如果发现确有错误，有权提审或者指令下级人民法院再审。

最高人民检察院对各级人民法院已经发生法律效力的判决和裁定，上级人民检察院对下级人民法院已经发生法律效力的判决和裁定，如果发现确有错误，有权按照审判监督程序向同级人民法院提出抗诉。

人民检察院抗诉的案件，接受抗诉的人民法院应当组成合议庭重新审理，对于原判决事实不清楚或者证据不足的，可以指令下级人民法院再审。

第二百五十五条 上级人民法院指令下级人民法院再审的，应当指令原审人民法院以外的下级人民法院审理；由原审人民法院审理更为适宜的，也可以指令原审人民法院审理。

第二百五十六条 人民法院按照审判监督程序重新审判的案件，由原审人民法院审理的，应当另行组成合议庭进行。如果原来是第一审案件，应当依照第一审程序进行审判，所作的判决、裁定，可以上诉、抗诉；如果原来是第二审案件，或者是上级人民法院提审的案件，应当依照第二审程序进行审判，所作的判决、裁定，是终审的判决、裁定。

人民法院开庭审理的再审案件，同级人民检察院应当派员出席法庭。

第二百五十七条 人民法院决定再审的案件，需要对被告人采取强制措施的，由人民法院依法决定；人民检察院提出抗诉的再审案件，需要对被告人采取强制措施的，由人民检察院依法决定。

人民法院按照审判监督程序审判的案件，可以决定中止原判决、裁定的执行。

第二百五十八条 人民法院按照审判监督程序重新审判的案件，应当在作出提审、再审决定之日起三个月以内审结，需要延长期限的，不得超过六个月。

接受抗诉的人民法院按照审判监督程序审判抗诉的案件，审理期限适用前款规定；对需要指令下级人民法院再审的，应当自接受抗诉之日起一个月以内作出决定，下级人民法院审理案件的期限适用前款规定。

第四编　执　　行

第二百五十九条　判决和裁定在发生法律效力后执行。

下列判决和裁定是发生法律效力的判决和裁定：

（一）已过法定期限没有上诉、抗诉的判决和裁定；

（二）终审的判决和裁定；

（三）最高人民法院核准的死刑的判决和高级人民法院核准的死刑缓期二年执行的判决。

第二百六十条　第一审人民法院判决被告人无罪、免除刑事处罚的，如果被告人在押，在宣判后应当立即释放。

第二百六十一条　最高人民法院判处和核准的死刑立即执行的判决，应当由最高人民法院院长签发执行死刑的命令。

被判处死刑缓期二年执行的罪犯，在死刑缓期执行期间，如果没有故意犯罪，死刑缓期执行期满，应当予以减刑的，由执行机关提出书面意见，报请高级人民法院裁定；如果故意犯罪，情节恶劣，查证属实，应当执行死刑的，由高级人民法院报请最高人民法院核准；对于故意犯罪未执行死刑的，死刑缓期执行的期间重新计算，并报最高人民法院备案。

第二百六十二条 下级人民法院接到最高人民法院执行死刑的命令后，应当在七日以内交付执行。但是发现有下列情形之一的，应当停止执行，并且立即报告最高人民法院，由最高人民法院作出裁定：

（一）在执行前发现判决可能有错误的；

（二）在执行前罪犯揭发重大犯罪事实或者有其他重大立功表现，可能需要改判的；

（三）罪犯正在怀孕。

前款第一项、第二项停止执行的原因消失后，必须报请最高人民法院院长再签发执行死刑的命令才能执行；由于前款第三项原因停止执行的，应当报请最高人民法院依法改判。

第二百六十三条 人民法院在交付执行死刑前，应当通知同级人民检察院派员临场监督。

死刑采用枪决或者注射等方法执行。

死刑可以在刑场或者指定的羁押场所内执行。

指挥执行的审判人员，对罪犯应当验明正身，讯问有无遗言、信札，然后交付执行人员执行死刑。在执行前，如果发现可能有错误，应当暂停执行，报请最高人民法院裁定。

执行死刑应当公布，不应示众。

执行死刑后，在场书记员应当写成笔录。交付执行的人民法院应当将执行死刑情况报告最高人民法院。

执行死刑后，交付执行的人民法院应当通知罪犯家属。

第二百六十四条 罪犯被交付执行刑罚的时候，应当由交付执行的人民法院在判决生效后十日以内将有关的法律文书送达公安机关、监狱或者其他执行机关。

对被判处死刑缓期二年执行、无期徒刑、有期徒刑的罪犯，由公安机关依法将该罪犯送交监狱执行刑罚。对被判处有期徒刑的罪犯，在被交付执行刑罚前，剩余刑期在三个月以下的，由看守所代为执行。对被判处拘役的罪犯，由公安机关执行。

对未成年犯应当在未成年犯管教所执行刑罚。

执行机关应当将罪犯及时收押，并且通知罪犯家属。

判处有期徒刑、拘役的罪犯，执行期满，应当由执行机关发给释放证明书。

第二百六十五条 对被判处有期徒刑或者拘役的罪犯，有下列情形之一的，可以暂予监外执行：

（一）有严重疾病需要保外就医的；

（二）怀孕或者正在哺乳自己婴儿的妇女；

（三）生活不能自理，适用暂予监外执行不致危害社会的。

对被判处无期徒刑的罪犯，有前款第二项规定情形的，可以暂予监外执行。

对适用保外就医可能有社会危险性的罪犯，或者自伤自残的罪犯，不得保外就医。

对罪犯确有严重疾病，必须保外就医的，由省级人民政府指定的医院诊断并开具证明文件。

在交付执行前，暂予监外执行由交付执行的人民法院决定；在交付执行后，暂予监外执行由监狱或者看守所提出书面意见，报省级以上监狱管理机关或者设区的市一级以上公安机关批准。

第二百六十六条 监狱、看守所提出暂予监外执行的书面意见的，应当将书面意见的副本抄送人民检察院。人民检察院可以向决定或者批准机关提出书面意见。

第二百六十七条 决定或者批准暂予监外执行的机关应当将暂予监外执行决定抄送人民检察院。人民检察院认为暂予监外执行不当的，应当自接到通知之日起一个月以内将书面意见送交决定或者批准暂予监外执行的机关，决定或者批准暂予监外执行的机关接到人民检察院的书面意见后，应当立即对该决定进行重新核查。

第二百六十八条 对暂予监外执行的罪犯，有下列情形之一的，应当及时收监：

（一）发现不符合暂予监外执行条件的；

（二）严重违反有关暂予监外执行监督管理规定的；

（三）暂予监外执行的情形消失后，罪犯刑期未满的。

对于人民法院决定暂予监外执行的罪犯应当予以收监的，由人民法院作出决定，将有关的法律文书送达公安机关、监狱或者其他执行机关。

不符合暂予监外执行条件的罪犯通过贿赂等非法手段被暂予监外执行的，在监外执行的期间不计入执行刑期。罪犯在暂予监外执行期间脱逃的，脱逃的期间不计入执行刑期。

罪犯在暂予监外执行期间死亡的，执行机关应当及时通知监狱或者看守所。

第二百六十九条 对被判处管制、宣告缓刑、假释或者暂予监外执行的罪犯，依法实行社区矫正，由社区矫正机构负责执行。

第二百七十条 对被判处剥夺政治权利的罪犯，由公安机关执行。执行期满，应当由执行机关书面通知本人及其所在单位、居住地基层组织。

第二百七十一条 被判处罚金的罪犯，期满不缴纳的，人民法院应当强制缴纳；如果由于遭遇不能抗拒的灾祸等原因缴纳确实有困难的，经人民法院裁定，可以延期缴纳、酌情减少或者免除。

第二百七十二条 没收财产的判决，无论附加适用或者独立适用，都由人民法院执行；在必要的时候，可以会同公安机关执行。

第二百七十三条 罪犯在服刑期间又犯罪的，或者发现了判决的时候所没有发现的罪行，由执行机关移送人民检察院处理。

被判处管制、拘役、有期徒刑或者无期徒刑的罪犯，在执行期间确有悔改或者立功表现，应当依法予以减刑、假释的时候，由执行机关提出建议书，报请人民法院审核裁定，并将建议书副本抄送人民检察院。人民检察院可以向人民法院提出书面意见。

第二百七十四条　人民检察院认为人民法院减刑、假释的裁定不当，应当在收到裁定书副本后二十日以内，向人民法院提出书面纠正意见。人民法院应当在收到纠正意见后一个月以内重新组成合议庭进行审理，作出最终裁定。

第二百七十五条　监狱和其他执行机关在刑罚执行中，如果认为判决有错误或者罪犯提出申诉，应当转请人民检察院或者原判人民法院处理。

第二百七十六条　人民检察院对执行机关执行刑罚的活动是否合法实行监督。如果发现有违法的情况，应当通知执行机关纠正。

第五编　特别程序

第一章　未成年人刑事案件诉讼程序

第二百七十七条　对犯罪的未成年人实行教育、感化、挽救的方针，坚持教育为主、惩罚为辅的原则。

人民法院、人民检察院和公安机关办理未成年人刑事案件，应当保障未成年人行使其诉讼权利，保障未成年人得到法律帮助，并由熟悉未成年人身心特点的审判人员、检察人员、侦查人员承办。

第二百七十八条 未成年犯罪嫌疑人、被告人没有委托辩护人的，人民法院、人民检察院、公安机关应当通知法律援助机构指派律师为其提供辩护。

第二百七十九条 公安机关、人民检察院、人民法院办理未成年人刑事案件，根据情况可以对未成年犯罪嫌疑人、被告人的成长经历、犯罪原因、监护教育等情况进行调查。

第二百八十条 对未成年犯罪嫌疑人、被告人应当严格限制适用逮捕措施。人民检察院审查批准逮捕和人民法院决定逮捕，应当讯问未成年犯罪嫌疑人、被告人，听取辩护律师的意见。

对被拘留、逮捕和执行刑罚的未成年人与成年人应当分别关押、分别管理、分别教育。

第二百八十一条 对于未成年人刑事案件，在讯问和审判的时候，应当通知未成年犯罪嫌疑人、被告人的法定代理人到场。无法通知、法定代理人不能到场或者法定代理人是共犯的，也可以通知未成年犯罪嫌疑人、被告人的其他成年亲属，所在学校、单位、居住地基层组织或者未成年人保护组织的代表到场，并将有关情况记录在案。到场的法定代理人可以代为行使未成年犯罪嫌疑人、被告人的诉讼权利。

到场的法定代理人或者其他人员认为办案人员在讯问、审判中侵犯未成年人合法权益的，可以提出意见。讯问笔录、法庭笔录应当交给到场的法定代理人或者其他人员阅读或者向他宣读。

讯问女性未成年犯罪嫌疑人，应当有女工作人员在场。

审判未成年人刑事案件，未成年被告人最后陈述后，其法定代理人可以进行补充陈述。

询问未成年被害人、证人，适用第一款、第二款、第三款的规定。

第二百八十二条 对于未成年人涉嫌刑法分则第四章、第五章、第六章规定的犯罪，可能判处一年有期徒刑以下刑罚，符合起诉条件，但有悔罪表现的，人民检察院可以作出附条件不起诉的决定。人民检察院在作出附条件不起诉的决定以前，应当听取公安机关、被害人的意见。

对附条件不起诉的决定，公安机关要求复议、提请复核或者被害人申诉的，适用本法第一百七十九条、第一百八十条的规定。

未成年犯罪嫌疑人及其法定代理人对人民检察院决定附

条件不起诉有异议的，人民检察院应当作出起诉的决定。

第二百八十三条 在附条件不起诉的考验期内，由人民检察院对被附条件不起诉的未成年犯罪嫌疑人进行监督考察。未成年犯罪嫌疑人的监护人，应当对未成年犯罪嫌疑人加强管教，配合人民检察院做好监督考察工作。

附条件不起诉的考验期为六个月以上一年以下，从人民检察院作出附条件不起诉的决定之日起计算。

被附条件不起诉的未成年犯罪嫌疑人，应当遵守下列规定：

（一）遵守法律法规，服从监督；

（二）按照考察机关的规定报告自己的活动情况；

（三）离开所居住的市、县或者迁居，应当报经考察机关批准；

（四）按照考察机关的要求接受矫治和教育。

第二百八十四条 被附条件不起诉的未成年犯罪嫌疑人，在考验期内有下列情形之一的，人民检察院应当撤销附条件不起诉的决定，提起公诉：

（一）实施新的犯罪或者发现决定附条件不起诉以前还有其他犯罪需要追诉的；

（二）违反治安管理规定或者考察机关有关附条件不起诉的监督管理规定，情节严重的。

被附条件不起诉的未成年犯罪嫌疑人，在考验期内没有上述情形，考验期满的，人民检察院应当作出不起诉的决定。

第二百八十五条 审判的时候被告人不满十八周岁的案件，不公开审理。但是，经未成年被告人及其法定代理人同意，未成年被告人所在学校和未成年人保护组织可以派代表到场。

第二百八十六条 犯罪的时候不满十八周岁，被判处五年有期徒刑以下刑罚的，应当对相关犯罪记录予以封存。

犯罪记录被封存的，不得向任何单位和个人提供，但司法机关为办案需要或者有关单位根据国家规定进行查询的除外。依法进行查询的单位，应当对被封存的犯罪记录的情况予以保密。

第二百八十七条 办理未成年人刑事案件，除本章已有规定的以外，按照本法的其他规定进行。

第二章 当事人和解的公诉案件诉讼程序

第二百八十八条 下列公诉案件，犯罪嫌疑人、被告人真诚悔罪，通过向被害人赔偿损失、赔礼道歉等方式获得被害人谅解，被害人自愿和解的，双方当事人可以和解：

（一）因民间纠纷引起，涉嫌刑法分则第四章、第五章规定的犯罪案件，可能判处三年有期徒刑以下刑罚的；

（二）除渎职犯罪以外的可能判处七年有期徒刑以下刑罚的过失犯罪案件。

犯罪嫌疑人、被告人在五年以内曾经故意犯罪的，不适用本章规定的程序。

第二百八十九条 双方当事人和解的，公安机关、人民检察院、人民法院应当听取当事人和其他有关人员的意见，对和解的自愿性、合法性进行审查，并主持制作和解协议书。

第二百九十条 对于达成和解协议的案件，公安机关可以向人民检察院提出从宽处理的建议。人民检察院可以向人民法院提出从宽处罚的建议；对于犯罪情节轻微，不需要判处刑罚的，可以作出不起诉的决定。人民法院可以依法对被告人从宽处罚。

第三章 缺席审判程序

第二百九十一条 对于贪污贿赂犯罪案件，以及需要及时进行审判，经最高人民检察院核准的严重危害国家安全犯罪、恐怖活动犯罪案件，犯罪嫌疑人、被告人在境外，监察机关、公安机关移送起诉，人民检察院认为犯罪事实已经查清，证据确实、充分，依法应当追究刑事责任的，可以向人民法院提起公诉。人民法院进行审查后，对于起诉书中有明确的指控犯罪事实，符合缺席审判程序适用条件的，应当决定开庭审判。

前款案件，由犯罪地、被告人离境前居住地或者最高人民法院指定的中级人民法院组成合议庭进行审理。

第二百九十二条 人民法院应当通过有关国际条约规定的或者外交途径提出的司法协助方式，或者被告人所在地法律允许的其他方式，将传票和人民检察院的起诉书副本送达被告人。传票和起诉书副本送达后，被告人未按要求到案的，人民法院应当开庭审理，依法作出判决，并对违法所得及其他涉案财产作出处理。

第二百九十三条 人民法院缺席审判案件，被告人有权委托辩护人，被告人的近亲属可以代为委托辩护人。被告人及其近亲属没有委托辩护人的，人民法院应当通知法律援助机构指派律师为其提供辩护。

第二百九十四条 人民法院应当将判决书送达被告人及其近亲属、辩护人。被告人或者其近亲属不服判决的，有权向上一级人民法院上诉。辩护人经被告人或者其近亲属同意，可以提出上诉。

人民检察院认为人民法院的判决确有错误的，应当向上一级人民法院提出抗诉。

第二百九十五条 在审理过程中，被告人自动投案或者被抓获的，人民法院应当重新审理。

罪犯在判决、裁定发生法律效力后到案的，人民法院应当将罪犯交付执行刑罚。交付执行刑罚前，人民法院应当告知罪犯有权对判决、裁定提出异议。罪犯对判决、裁定提出异议的，人民法院应当重新审理。

依照生效判决、裁定对罪犯的财产进行的处理确有错误的，应当予以返还、赔偿。

第二百九十六条 因被告人患有严重疾病无法出庭，中止审理超过六个月，被告人仍无法出庭，被告人及其法定代理人、近亲属申请或者同意恢复审理的，人民法院可以在被告人不出庭的情况下缺席审理，依法作出判决。

第二百九十七条 被告人死亡的，人民法院应当裁定终止审理，但有证据证明被告人无罪，人民法院经缺席审理确认无罪的，应当依法作出判决。

人民法院按照审判监督程序重新审判的案件，被告人死亡的，人民法院可以缺席审理，依法作出判决。

第四章 犯罪嫌疑人、被告人逃匿、死亡案件违法所得的没收程序

第二百九十八条 对于贪污贿赂犯罪、恐怖活动犯罪等重大犯罪案件，犯罪嫌疑人、被告人逃匿，在通缉一年后不

能到案，或者犯罪嫌疑人、被告人死亡，依照刑法规定应当追缴其违法所得及其他涉案财产的，人民检察院可以向人民法院提出没收违法所得的申请。

公安机关认为有前款规定情形的，应当写出没收违法所得意见书，移送人民检察院。

没收违法所得的申请应当提供与犯罪事实、违法所得相关的证据材料，并列明财产的种类、数量、所在地及查封、扣押、冻结的情况。

人民法院在必要的时候，可以查封、扣押、冻结申请没收的财产。

第二百九十九条 没收违法所得的申请，由犯罪地或者犯罪嫌疑人、被告人居住地的中级人民法院组成合议庭进行审理。

人民法院受理没收违法所得的申请后，应当发出公告。公告期间为六个月。犯罪嫌疑人、被告人的近亲属和其他利害关系人有权申请参加诉讼，也可以委托诉讼代理人参加诉讼。

人民法院在公告期满后对没收违法所得的申请进行审理。利害关系人参加诉讼的，人民法院应当开庭审理。

第三百条 人民法院经审理，对经查证属于违法所得及其他涉案财产，除依法返还被害人的以外，应当裁定予以没收；对不属于应当追缴的财产的，应当裁定驳回申请，解除查封、扣押、冻结措施。

对于人民法院依照前款规定作出的裁定，犯罪嫌疑人、被告人的近亲属和其他利害关系人或者人民检察院可以提出上诉、抗诉。

第三百零一条 在审理过程中，在逃的犯罪嫌疑人、被告人自动投案或者被抓获的，人民法院应当终止审理。

没收犯罪嫌疑人、被告人财产确有错误的，应当予以返还、赔偿。

第五章 依法不负刑事责任的精神病人的强制医疗程序

第三百零二条 实施暴力行为，危害公共安全或者严重危害公民人身安全，经法定程序鉴定依法不负刑事责任的精神病人，有继续危害社会可能的，可以予以强制医疗。

第三百零三条 根据本章规定对精神病人强制医疗的，由人民法院决定。

公安机关发现精神病人符合强制医疗条件的，应当写出强制医疗意见书，移送人民检察院。对于公安机关移送的或者在审查起诉过程中发现的精神病人符合强制医疗条件的，人民检察院应当向人民法院提出强制医疗的申请。人民法院在审理案件过程中发现被告人符合强制医疗条件的，可以作出强制医疗的决定。

对实施暴力行为的精神病人，在人民法院决定强制医疗前，公安机关可以采取临时的保护性约束措施。

第三百零四条 人民法院受理强制医疗的申请后，应当组成合议庭进行审理。

人民法院审理强制医疗案件，应当通知被申请人或者被告人的法定代理人到场。被申请人或者被告人没有委托诉讼代理人的，人民法院应当通知法律援助机构指派律师为其提供法律帮助。

第三百零五条 人民法院经审理，对于被申请人或者被告人符合强制医疗条件的，应当在一个月以内作出强制医疗的决定。

被决定强制医疗的人、被害人及其法定代理人、近亲属对强制医疗决定不服的，可以向上一级人民法院申请复议。

第三百零六条 强制医疗机构应当定期对被强制医疗的人进行诊断评估。对于已不具有人身危险性，不需要继续强制医疗的，应当及时提出解除意见，报决定强制医疗的人民法院批准。

被强制医疗的人及其近亲属有权申请解除强制医疗。

第三百零七条 人民检察院对强制医疗的决定和执行实行监督。

附　　则

第三百零八条　军队保卫部门对军队内部发生的刑事案件行使侦查权。

中国海警局履行海上维权执法职责，对海上发生的刑事案件行使侦查权。

对罪犯在监狱内犯罪的案件由监狱进行侦查。

军队保卫部门、中国海警局、监狱办理刑事案件，适用本法的有关规定。

夺人身自由的一种强制措施。根据《刑事诉讼法》第82条规定，有下列情形之一的，公安机关可以先行拘留：①正在预备犯罪、实施犯罪或者在犯罪后即时被发觉的；②被害人或者在场亲眼看见的人指认他犯罪的；③在身边或住处发现有犯罪证据的；④犯罪后企图自杀、逃跑或者在逃的；⑤有毁灭、伪造证据或串供可能的；⑥不讲真实姓名、住址，身份不明的；⑦有流窜作案、多次作案、结伙作案重大嫌疑的。在本案中，辛某不讲真实姓名、住址，身份不明，身上又携带菜刀等危险工具，因而有重大嫌疑，所以公安机关对其采取刑事拘留措施更恰当一些。

3. **答案**：(1) 刘某的行为构成受贿罪。我国《刑法》第385条第1款规定："国家工作人员利用职务上的便利，索取他人财物的，或者非法收受他人财物，为他人谋取利益的，是受贿罪。"第388条规定："国家工作人员利用本人职权或者地位形成的便利条件，通过其他国家工作人员职务上的行为，为请托人谋取不正当利益，索取请托人财物或者收受请托人财物的，以受贿论处。"本案中，刘某身为国家机关工作人员，虽然不是直接利用自己的职务之便，为请托人谋取不正当利益，却利用自己担任市委领导的便利条件，通过其他国家工作人员职务上的行为，为请托人谋取不正当利益，并收受请托人财物，依《刑法》第388条的规定，已构成受贿罪。

(2) 对刘某进行逮捕，首先应报请市人民代表大会主席团或者常务委员会许可。《中华人民共和国地方各级人民代表大会和地方各级人民政府组织法》第35条的规定："县级以上的地方各级人民代表大会代表，非经本级人民代表大会主席团许可，在大会闭会期间，非经本级人民代表大会常务委员会许可，不受逮捕或者刑事审判。"因为刘某是市人大代表，所以对他的逮捕首先应报请市人民代表大会主席团或者常务委员会许可。经许可后，应由负责案件侦查的业务部门提出逮捕犯罪嫌疑人的意见和理由，连同案卷材料和证据，送交本院负责审查批捕的业务部门进行审查。审查批捕部门的办案人员应当审阅案卷材料，制作阅卷笔录，提出决定逮捕的意见，经部门负责人审核后，报请检察长决定。经检察长决定后，制作《决定逮捕书》，通知公安机关执行。

(3) 对刘某的取保候审是正确的。根据《刑事诉讼法》第67条的规定，对应当逮捕的犯罪嫌疑人，如果患有严重疾病，可以采取取保候审的办法。本案中，虽然作出取保候审的机关是人民检察院，但由公安机关执行，所以取保候审的保证金应由执行机关公安机关收取和保管。

4. **答案**：检察院的决定不正确，检察院应当批准逮捕，即使不批准逮捕，也无须将该案退回公安机关补充侦查。理由如下：

第一，我国《刑事诉讼法》第81条第1款规定："对有证据证明有犯罪事实，可能判处徒刑以上刑罚的犯罪嫌疑人、被告人，采取取保候审尚不足以防止发生下列社会危险性的，应当予以逮捕：(一) 可能实施新的犯罪的；(二) 有危害国家安全、公共安全或者社会秩序的现实危险的；(三) 可能毁灭、伪造证据，干扰证人作证或者串供的；(四) 可能对被害人、举报人、控告人实施打击报复的；(五) 企图自杀或者逃跑的。"可见，逮捕的条件有三：有证据证明有犯罪事实；可能判处徒刑以上刑罚；有逮捕必要，即指在具备前两个条件的基础上，采取取保候审或者监视居住等方法尚不足以防止发生社会危险性的。在本案中，潘某涉嫌盗窃犯罪，且已查明盗窃4000余元的事实，由于他还涉嫌抢劫、强奸犯罪，完全符合《刑事诉讼法》第81条的规定，人民检察院应当批准逮捕。

第二，我国《刑事诉讼法》第90条规定："……对于不批准逮捕的，人民检察院应当说明理由，需要补充侦查的，应当同时通知公安机关。"

5. **答案**：(1) 法院不接受群众扭送归案的崔某的行为是错误的，法院首先应当依法接受。我国《刑事诉讼法》第110条第3款规定："公安机关、人民检察院或者人民法院对于报案、控告、举报，都应当接受。对于不属于自己管辖的，应当移送主管机关处理，并且通知报案人、控告人、举报人；对于不属于自己管辖而又必须采取紧急措施的，应当先采取紧急措施，然后移送主管机关。"故本案中人民法院应当接受群众对崔某的扭送，先采取必要措施，防止其逃跑，再将其移送公安机关。

(2) 公安人员认为崔某符合拘留条件遂将其拘留是错误的，公安机关执行拘留时，应当持有县级以上公安机关负责人签发的拘留证并向被拘留人出示。《刑事诉讼法》第85条第1款规定："公安机关拘留人的时候，必须出示拘留证。"

(3) 公安局于5月16日才向检察机关提请批准逮捕是错误的。公安机关应当在拘留后的3天内、在特殊情况下也不得超过7天必须向检察机关提请批准逮捕。而本题中公安局在对崔某拘留9日后才向检察机关提请批准逮捕，显然是错误的。

(4) 公安局提请批准逮捕的请求未获批准后，不释放崔某是错误的。根据刑事诉讼法的有关规定，公安机关接到检察机关不批准逮捕的决定后，必须立即释放被拘留人或者变更强制措施。

(5) 上一级检察机关作出不批准逮捕的决定是错误的。上一级检察机关应当立即复核，作出是否变更的决定而非是否批准逮捕的决定。

(6) 人民法院认为应对崔某实施逮捕而派法警将其逮捕归案是错误的。逮捕应当由公安机关执行。

(7) 庭审过程中，崔某拒绝辩护律师的辩护并要求自行辩护时，法庭批准了其这一要求是错误的。因为崔某是未成年人，根据刑事诉讼法的规定，必须有人为其辩护，人民法院应当为其再另行指定辩护律师。

(8) 判决生效后，法院将其交给所在单位负责执行的做法是错误的，缓刑依法应当由公安机关交所在单位或者基层组织予以考察。

(9) 同级人民检察院认为该案判决有误而按审判监督程序向同级人民法院提起抗诉是错误的，应当由该级检察院报请上一级人民检察院按审判监督程序向同级人民法院提起抗诉。

(10) 法院指派原合议庭庭长组成合议庭并参加本案的再审是错误的。根据法律规定，法院应当另行组织合议庭，原参加本案审理工作的人员不得再次参加。

6. 答案：(1) 本题考查人民检察院对公安机关提请逮捕的批准程序。

该人民检察院在接到公安机关的报捕材料后，由审查逮捕部门指定办案人员进行审查。办案人员应当审阅案件材料，制作案卷笔录，提出批准或不批准逮捕的意见，经部门负责人审核后，报请检察长批准或决定；重大案件应当经检察委员会讨论决定。

因为在本案中，公安机关已经拘留了刘某，所以人民检察院应当在7日内作出是否批准逮捕的决定。

检察机关经审查应当作出以下决定：①对于符合逮捕条件的，作出批准逮捕的决定，制作批准逮捕决定书；②对于不符合逮捕条件的，作出不批准的决定，制作不批准逮捕决定书，并说明不批准逮捕的理由。需要补充侦查的，应当同时通知公安机关。

(2) 本题考察公安机关执行逮捕的程序。

公安机关执行逮捕的程序主要是：

①对于人民检察院批准或者决定，人民法院决定逮捕的犯罪嫌疑人、被告人，应当由县级以上公安机关负责人签发逮捕证，立即执行。

②执行逮捕的人员不得少于2人，执行逮捕时，必须向被逮捕人出示逮捕证，并责令被逮捕人在逮捕证上签名（盖章）或按手印。

③逮捕后，除有碍侦查或者无法通知的情形外，应当把逮捕的原因和羁押的处所，在24小时以内通知被逮捕人的家属或者他的所在单位。

④人民法院、人民检察院对于各自决定逮捕的人，公安机关对于经人民检察院批准逮捕的人，都必须在逮捕后的24小时以内进行讯问。在发现不应当逮捕的时候，必须立即释放，发给释放证明。

⑤人民法院、人民检察院和公安机关如果发现对犯罪嫌疑人、被告人采取强制措施不当的，应当及时撤销或者变更。公安机关释放被逮捕的人或者变更逮捕措施的，应当通知原批准的人民检察院。

第十四章　附带民事诉讼

基础知识图解

附带民事诉讼
- 概念：是指公安司法机关在刑事诉讼过程中，在解决被告人刑事责任的同时，附带解决被告人的犯罪行为所造成的物质损失的赔偿问题而进行的诉讼活动
- 特点：解决问题是民事诉讼性质；法律依据的复合性；对刑事案件的附属性
- 成立条件
  - 刑事诉讼成立
  - 犯罪行为使公民遭受直接物质损失
  - 有明确的被告和具体的诉讼请求
- 程序
  - 提起
    - 时间：必须在刑事案件立案后，第一审判决宣告前提起
    - 方式：一般是书面，特殊情况下也可以口头起诉
  - 审判
    - 一般原则：应同刑事案件一并审判，只有为防止刑事案件过分迟延，才可在刑事案件审判后，由同一审判组织继续审理附带民事诉讼
    - 可以进行审理，不收取诉讼费

配套测试

一、单项选择题

1. 犯罪分子非法占有、处置被害人财产而使其遭受物质损失的，人民法院应当(　　)。

A. 告知被害人有权提起附带民事诉讼

B. 应当先行调解

C. 依法予以追缴或责令退赔

D. 作出附带民事判决

2. 人民法院审理刑事附带民事诉讼案件(　　)。

A. 按照民事诉讼法规定收取诉讼费

B. 参照民事诉讼法规定收取诉讼费

C. 适当收取诉讼费

D. 不收取诉讼费

3. 在我国，人民法院审理刑事附带民事诉讼案件时(　　)。

A. 都应当进行调解

B. 都应当进行和解

C. 调解达成协议即发生法律效力

D. 有的可以不制作调解书

4. 在一起故意伤害案中，附带民事诉讼的原告人权某在法庭审理过程中，未经法庭许可中途退庭，对此，人民法院应当(　　)。

A. 用传票将权某传唤至法庭

B. 将权某拘传至法庭

C. 延期审理

D. 按权某自行撤诉处理

5. 人民检察院提起附带民事诉讼的条件是(　　)。

A. 被害人死亡

B. 作为被害人的国有组织或集体组织因被告人的犯罪行为遭受物质损失而未提起附带民事诉讼

C. 被害人死亡，无法定代理人或其他近亲属代其提起附带民事诉讼的

D. 国有财产因犯罪行为遭受损失的

6. 可以先审理刑事案件，后审理附带民事诉讼的情况是(　　)。

A. 为了防止刑事案件审判的拖延

B. 为了防止刑事案件审判的过分迟延

C. 为了防止附带民事诉讼审判的拖延

D. 为了防止附带民事诉讼审判的过分迟延

7. 提起附带民事诉讼必须在(　　)。

A. 立案、侦查之前

B. 审查起诉之前

C. 一审开庭审理之前

D. 立案之后，一审审结之前

8. 附带民事诉讼在审结之前，原告人要求撤诉，对此，人民法院(　　)。

A. 应当允许
B. 不应当允许
C. 一般不允许
D. 应视案件的具体情况决定允许还是不允许

9. 法院可以受理被害人提起的下列哪一附带民事诉讼案件？(　　)（司考 2015. 2. 30）
A. 抢夺案，要求被告人赔偿被夺走并变卖的手机
B. 寻衅滋事案，要求被告人赔偿所造成的物质损失
C. 虐待被监管人案，要求被告人赔偿因体罚虐待致身体损害所产生的医疗费
D. 非法搜查案，要求被告人赔偿因非法搜查所导致的物质损失

10. 在罗某放火案中，钱某、孙某和吴某 3 家房屋均被烧毁。一审时，钱某和孙某提起要求罗某赔偿损失的附带民事诉讼，吴某未主张。一审判决宣告后，吴某欲让罗某赔偿财产损失。下列哪一说法是正确的？(　　)（司考 2011. 2. 28）
A. 吴某可另行提起附带民事诉讼
B. 吴某不得再提起附带民事诉讼，可在刑事判决生效后另行提起民事诉讼
C. 吴某可提出上诉，请求法院在二审程序中判令罗某予以赔偿
D. 吴某既可另行提起附带民事诉讼，也可单独提起民事诉讼

11. 关于附带民事诉讼案件诉讼程序中的保全措施，下列哪一说法是正确的？(　　)（司考 2012. 2. 30）
A. 法院应当采取保全措施
B. 附带民事诉讼原告人和检察院都可以申请法院采取保全措施
C. 采取保全措施，不受《民事诉讼法》规定的限制
D. 财产保全的范围不限于犯罪嫌疑人、被告人的财产或与本案有关的财产

12. 甲系某地交通运输管理所工作人员，在巡查执法时致一辆出租车发生重大交通事故，司机乙重伤，乘客丙当场死亡，出租车严重受损。甲以滥用职权罪被提起公诉。关于本案处理，下列哪一选项是正确的？(　　)（司考 2017. 2. 28）
A. 乙可成为附带民事诉讼原告人
B. 交通运输管理所可成为附带民事诉讼被告人
C. 丙的妻子提起附带民事诉讼的，法院应裁定不予受理
D. 乙和丙的近亲属可与甲达成刑事和解

13. 董某（17 岁）在某景点旅游时，点燃荒草不慎引起大火烧毁集体所有的大风公司林地，致大风公司损失 5 万元，被检察院提起公诉。关于本案处理，下列哪一选项是正确的？(　　)（司考 2017. 2. 40）
A. 如大风公司未提起附带民事诉讼，检察院可代为提起，并将大风公司列为附带民事诉讼原告人
B. 董某与大风公司既可就是否对董某免除刑事处分达成和解，也可就民事赔偿达成和解
C. 双方刑事和解时可约定由董某在 1 年内补栽树苗 200 棵
D. 如双方达成刑事和解，检察院经法院同意可撤回起诉并对董某适用附条件不起诉

二、多项选择题

1. 犯罪嫌疑人卢某因故意伤害邵某一案被某县公安机关立案侦查，在侦查过程中，被害人邵某提出了赔偿医药费的要求。下列选项中公安机关的正确做法有(　　)。
A. 告知邵某必须提交附带民事诉状
B. 可以进行调解
C. 记录在案
D. 告知邵某向人民法院提起附带民事诉讼

2. 在一起破坏生产罪的案件中，被告人的行为造成甲国有企业重大物质损失，在审理此案时，有权提起刑事附带民事诉讼的主体有哪些？(　　)
A. 提起公诉的人民检察院
B. 审理此案的人民法院
C. 甲企业
D. 甲企业的职工代表

3. 可以提起附带民事诉讼的“物质损失”是指(　　)。
A. 被害人因人身权利受到犯罪侵犯而遭受的物质损失
B. 被害人的财物被犯罪分子毁坏而遭受的物质损失
C. 被害人因犯罪行为已经遭受的实际损失和必然遭受的损失
D. 犯罪分子非法占有、处置被害人的财产而使其遭受的物质损失

4. 唐某，32 岁，完全行为能力人。因违章驾车撞死元某而被以交通肇事罪提起公诉，同时元某的妻子也提起了附带民事诉讼。最后人民法院判决唐某有期徒刑 3 年，并赔偿元某妻子各种费用人民币 9 万元。但是唐某一时拿不出全部赔偿金，而他还要去服 3 年刑，对此民事赔偿(　　)。
A. 必须由唐某个人承担
B. 可以由其亲属代为承担
C. 应当由其父母代为承担

D. 元某的妻子可以自愿同意唐某出狱后再赔偿

5. 张某为16岁的学生，在一起抢劫案件中被打成重伤，请问下列哪些人有权提起附带民事诉讼？(　　)

A. 张某的母亲

B. 张某的哥哥

C. 为张某住院交纳部分医药费的王某

D. 张某的老师

6. 审理刑事附带民事诉讼的案件，人民法院在必要的时候，可以对被告人的财产进行(　　)。

A. 拍卖　　B. 查封

C. 没收　　D. 扣押

7. 下列案件中，可以提起附带民事诉讼的有(　　)。

A. 控告重婚提出离婚请求

B. 控告伤害罪提出经济损害赔偿

C. 控告诬告陷害罪提出精神损害赔偿

D. 控告诈骗罪提出经济损害赔偿

8. 甲、乙殴打丙，致丙长期昏迷，乙在案发后潜逃，检察院以故意伤害罪对甲提起公诉。关于本案，下列哪些选项是正确的？(　　)

A. 丙的妻子、儿子和弟弟都可成为附带民事诉讼原告人

B. 甲、乙可作为附带民事诉讼共同被告人，对故意伤害丙造成的物质损失承担连带赔偿责任

C. 丙因昏迷无法继续履行与某公司签订的合同造成的财产损失不属于附带民事诉讼的赔偿范围

D. 如甲的朋友愿意代为赔偿，法院可以准许并可作为酌定量刑情节考虑

9. 附带民事诉讼中依法负有赔偿责任的人包括(　　)。

A. 刑事被告人及没有被追究刑事责任的其他共同致害人

B. 未成年刑事被告人的监护人

C. 已被执行死刑的罪犯的遗产继承人

D. 对刑事被告人的犯罪行为应当承担民事赔偿责任的企业、事业单位、机关和团体

10. 在刑事附带民事诉讼案件中，只有附带民事诉讼的当事人就附带民事诉讼上诉时，该案件应当如何处理？(　　)

A. 二审案件只需审查附带民事诉讼

B. 在上诉期满后，第一审刑事判决部分生效

C. 如果第一审附带民事部分事实清楚，适用法律正确，刑事部分亦无不当，则应以附带民事裁定维持原判，驳回上诉

D. 第一审刑事判决需要第二审判决或裁定作出之后，才能确定其效力

11. 附带民事诉讼的被告人的权利有(　　)。

A. 委托代理人

B. 提起反诉

C. 参加法庭调查和辩论

D. 要求司法机关采取保全措施

12. 刑事附带民事诉讼判决书的内容主要包括(　　)。

A. 标题　　B. 事实

C. 理由和判决结果　　D. 尾部

三、不定项选择题

甲市人民法院在审理被告人邹某故意伤害一案时，被害人刘某准备提出赔偿医疗费、误工费等费用的附带民事诉讼的请求。

(1) 依照刑事诉讼法及相关司法解释的规定，对于允许刘某提出附带民事诉讼请求的期间，下列表述中正确的是(　　)。

A. 刑事案件立案后至法庭调查结束之前均可提起

B. 刑事案件立案后至被告人最后陈述之前均可提起

C. 刑事案件立案后至二审开庭审判之前均可提起

D. 刑事案件立案后至第一审判决宣告以前均可提起

(2) 如果刘某提出的附带民事诉讼人民法院依法受理，在审判过程中，出现下列哪些情形时人民法院可以决定在刑事案件审判后由同一审判组织继续审理？(　　)

A. 被害人刘某的伤情较为严重，治疗仍在进行，治疗费用一时难以确定

B. 被告人邹某的财产在案件审判之前已被转移，公安机关正在追查

C. 在审判中，邹某的父亲提出愿意为儿子承担赔偿责任

D. 法庭在审理中认定被告人邹某的行为并不构成犯罪

(3) 如果人民法院在2009年5月29日作出了被告人犯故意伤害罪的判决，而又于2009年6月7日就附带民事部分作出判决，被告人邹某如果仅对民事赔偿部分不服而提出上诉，那么其最后提出上诉的日期为哪一天？(　　)

A. 2009年6月22日　　B. 2009年6月3日

C. 2009年6月12日　　D. 2009年6月17日

(4) 在审理民事赔偿部分时，被告人邹某对被害人刘某提出的殴打刘某的事实没有异议，但合议庭认为邹某是否参与殴打有待查实，此时法庭应当如何处理？(　　)

A. 宣布休庭，就有疑问的证据进行核实

B. 要求刘某提供证据证明邹某参与殴打的事实

C. 免除刘某的举证责任，直接认定该事实

D. 交检察机关补充侦查

四、名词解释

附带民事诉讼的先予执行

五、简答题

1. 简述附带民事诉讼的原告人享有哪些诉讼权利？
2. 怎样理解刑事附带民事诉讼的性质？刑事附带民事诉讼有何条件？

六、论述题

试论述刑事附带民事诉讼。

七、案例分析题

甲、乙二人系同胞兄弟，其父死后，留下一套房子和10万元的存折。兄弟二人为遗产之事引起纠纷，甲为人十分霸道，和其妻商量，欲独占财产，乙自然是不依。于是，在一次争执中，甲将乙打伤。乙向人民法院起诉甲，控告甲对其人身权利造成损害，同时提出遗产继承一事，要求法院一并解决。

问：乙的诉讼请求是否能作为刑事附带民事诉讼来处理？

参考答案

一、单项选择题

1. **答案**：C。本题考查的是刑事诉讼中对被害人遭受的物质损失的处理。根据《刑事诉讼法解释》第176条的规定，被告人非法占有、处置被害人财产的，应当依法予以追缴或者责令退赔。被害人提起附带民事诉讼的，人民法院不予受理。追缴、退赔的情况，可以作为量刑情节考虑。据此，本题正确答案为C。
2. **答案**：D。本题考查的是刑事附带民事诉讼诉讼费用的收取。《刑事诉讼法解释》第199条规定："人民法院审理刑事附带民事诉讼案件，不收取诉讼费。"据此，本题正确答案为D。
3. **答案**：D。本题考查的是人民法院对刑事附带民事诉讼案件的处理方式。《刑事诉讼法解释》第190条第1款规定："人民法院审理附带民事诉讼案件，可以根据自愿、合法的原则进行调解。经调解达成协议的，应当制作调解书。调解书经双方当事人签收后即具有法律效力。"《刑事诉讼法解释》第193条规定："人民检察院提起附带民事诉讼的，人民法院经审理，认为附带民事诉讼被告人依法应当承担赔偿责任的，应当判令附带民事诉讼被告人直接向遭受损失的单位作出赔偿；遭受损失的单位已经终止，有权利义务继受人的，应当判令其向继受人作出赔偿；没有权利义务继受人的，应当判令其向人民检察院交付赔偿款，由人民检察院上缴国库。"据此，A项不正确，因为人民检察院提起的附带民事诉讼不能调解。C项不正确，因为调解达成协议还要经过双方当事人签收才发生法律效力。D项符合上述规定，正确。B项不正确，因为即使是民事诉讼案件，也不是"应当"和解，而是"可以"和解，刑事附带民事诉讼案件更是如此。
4. **答案**：D。本题考查的是刑事附带民事诉讼按自行撤诉处理的情形。《刑事诉讼法解释》第195条第1款规定："附带民事诉讼的原告人经传唤，无正当理由拒不到庭，或者未经法庭许可中途退庭的，应当按撤诉处理。"据此，本题正确答案为D。
5. **答案**：B。本题考查的是人民检察院提起附带民事诉讼的条件。《刑事诉讼法》第101条第2款规定："如果是国家财产、集体财产遭受损失的，人民检察院在提起公诉的时候，可以提起附带民事诉讼。"《刑事诉讼法解释》第179条第1款规定："国家财产、集体财产遭受损失，受损失的单位未提起附带民事诉讼，人民检察院在提起公诉时提起附带民事诉讼的，人民法院应当受理。"据此，本题正确答案为B。
6. **答案**：B。本题考查的是先审理刑事案件，后审理附带民事诉讼的情况。《刑事诉讼法》第104条规定："附带民事诉讼应当同刑事案件一并审判，只有为了防止刑事案件审判的过分迟延，才可以在刑事案件审判后，由同一审判组织继续审理附带民事诉讼。"据此，本题正确答案为B。
7. **答案**：无。本题考查的是附带民事诉讼提起的时间。《刑事诉讼法解释》第198条规定："第一审期间未提起附带民事诉讼，在第二审期间提起的，第二审人民法院可以依法进行调解；调解不成的，告知当事人可以在刑事判决、裁定生效后另行提起民事诉讼。"据此，本题没有正确答案。
8. **答案**：A。本题考查的是附带民事诉讼原告人的处分权。附带民事诉讼本质上属于民事诉讼，应当适用民事诉讼的一般原理。《刑事诉讼法解释》第201条规定："人民法院审理附带民事诉讼案件，除刑法、刑事诉讼法以及刑事司法解释已有规定的以外，适用民事法律的有关规定。"而根据

《民事诉讼法》的规定，原告是有权撤诉的。故刑事附带民事诉讼原告人在审结之前要求撤诉的，人民法院应当允许，故本题正确答案为A。

9. **答案**：B。《刑事诉讼法解释》第176条规定，被告人非法占有、处置被害人财产的，应当依法予以追缴或者责令退赔。被害人提起附带民事诉讼的，人民法院不予受理。追缴、退赔的情况，可以作为量刑情节考虑。故A项错误。《刑事诉讼法解释》第175条规定，被害人因人身权利受到犯罪侵犯或者财物被犯罪分子毁坏而遭受物质损失的，有权在刑事诉讼过程中提起附带民事诉讼；被害人死亡或者丧失行为能力的，其法定代理人、近亲属有权提起附带民事诉讼。故B项正确。D项中的非法搜查罪侵犯的犯罪客体是他人的隐私权，所造成的物质损失，不属于附带民事诉讼赔偿的范围。《刑事诉讼法解释》第177条规定，国家机关工作人员在行使职权时，侵犯他人人身、财产权利构成犯罪，被害人或者其法定代理人、近亲属提起附带民事诉讼的，人民法院不予受理，但应当告知其可以依法申请国家赔偿。本题中C项即属于国家机关工作人员行使职权时实施的犯罪，故C项错误。

10. **答案**：B。《刑事诉讼法解释》第184条第1款规定："附带民事诉讼应当在刑事案件立案后及时提起。"第198条规定："第一审期间未提起附带民事诉讼，在第二审期间提起的，第二审人民法院可以依法进行调解；调解不成的，告知当事人可以在刑事判决、裁定生效后另行提起民事诉讼。"因此，选项ACD错误。选项B正确。

11. **答案**：B。《刑事诉讼法》第102条规定："人民法院在必要的时候，可以采取保全措施，查封、扣押或者冻结被告人的财产。附带民事诉讼原告人或者人民检察院可以申请人民法院采取保全措施。人民法院采取保全措施，适用民事诉讼法的有关规定。"《刑事诉讼法解释》第189条第1款规定："人民法院对可能因被告人的行为或者其他原因，使附带民事判决难以执行的案件，根据附带民事诉讼原告人的申请，可以裁定采取保全措施，查封、扣押或者冻结被告人的财产；附带民事诉讼原告人未提出申请的，必要时，人民法院也可以采取保全措施。"据此，选项B正确。法院"可以"采取保全措施而非"应当"，故A项错误。采取保全措施适用《民事诉讼法》规定，故C项错误。被保全财产只能是被告人的财产，故D选项错误。综上，本题正确答案为B。

12. **答案**：C。本题考查附带民事诉讼原告人、被告人的范围、附带民事诉讼赔偿范围、刑事和解的适用范围。依据《刑事诉讼法解释》第177条的规定，国家机关工作人员在行使职权时，侵犯他人人身、财产权利构成犯罪，被害人或者其法定代理人、近亲属提起附带民事诉讼的，人民法院不予受理，但应当告知其可以依法申请国家赔偿。甲涉嫌滥用职权罪，该罪是国家机关工作人员在行使职权时实施的犯罪，故乙不能提起附带民事诉讼，丙的妻子也不能提起附带民事诉讼，因此A项、B项错误，C项正确。《刑事诉讼法》第288条第1款规定，下列公诉案件，犯罪嫌疑人、被告人真诚悔罪，通过向被害人赔偿损失、赔礼道歉等方式获得被害人谅解，被害人自愿和解的，双方当事人可以和解：(1) 因民间纠纷引起，涉嫌刑法分则第4章、第5章规定的犯罪案件，可能判处3年有期徒刑以下刑罚的；(2) 除渎职犯罪以外的可能判处7年有期徒刑以下刑罚的过失犯罪案件。本题中甲涉嫌的滥用职权罪属于渎职犯罪，因而不能适用刑事和解程序，乙和丙的近亲属不得与甲达成刑事和解。故D项错误。本题的正确答案为C项。

13. **答案**：C。本题考查附带民事诉讼的提起和刑事和解程序。《刑事诉讼法解释》第179条第1款、第2款规定，国家财产、集体财产遭受损失，受损失的单位未提起附带民事诉讼，人民检察院在提起公诉时提起附带民事诉讼的，人民法院应当受理。人民检察院提起附带民事诉讼的，应当列为附带民事诉讼原告人。本题中A项错误在于，不是将大风公司列为附带民事诉讼原告人，而是将检察院列为附带民事诉讼原告人。《高检规则》第495条规定，双方当事人可以就赔偿损失、赔礼道歉等民事责任事项进行和解，并且可以就被害人及其法定代理人或者近亲属是否要求或者同意公安机关、人民检察院、人民法院对犯罪嫌疑人依法从宽处理进行协商，但不得对案件的事实认定、证据采信、法律适用和定罪量刑等依法属于公安机关、人民检察院、人民法院职权范围的事宜进行协商。故B项的错误在于，"是否对董某免除刑事处分"这是量刑问题，不得和解。《刑事诉讼法》第288条规定："下列公诉案件，犯罪嫌疑人、被告人真诚悔罪，通过向被害人赔偿损失、赔礼道歉等方式获得被害人谅解，被害人自愿和解的，双方当事人可以和解：……"由此可见，这里的和解方式包括向被害人赔偿损失、赔礼道歉等方式，这里的"等方式"就包括提供劳务的方式。故C项正确。《刑事诉讼法解释》第596条第1款规定，对达成和解协议的案件，人民法院应当对被告人从轻处罚；符合非监禁刑适用条件的，应当适用非监禁刑；判处法定最低刑仍然过重的，可以减轻处罚；综合全案认为犯罪情节轻微不需要判处刑罚的，可以免除刑事处罚。故D项表述错误。本题的正确答案为C项。

二、多项选择题

1. **答案**：BCD。本题考查的是公安机关对被害人赔偿要求的处理。《刑事诉讼法解释》第185条规定："侦查、审查起诉期间，有权提起附带民事诉讼的人提出赔偿要求，经公安机关、人民检察院调解，当事人双方已经达成协议并全部履行，被害人或者其法定代理人、近亲属又提起附带民事诉讼的，人民法院不予受理，但有证据证明调解违反自愿、合法原则的除外。"据此，本题BCD项正确。

2. **答案**：AC。本题考查的是有权提起刑事附带民事诉讼的主体。《刑事诉讼法》第101条规定："被害人由于被告人的犯罪行为而遭受物质损失的，在刑事诉讼过程中，有权提起附带民事诉讼……"《刑事诉讼法解释》第179条规定："国家财产、集体财产遭受损失，受损失的单位未提起附带民事诉讼，人民检察院在提起公诉时提起附带民事诉讼的，人民法院应当受理。"根据上述规定，因本题中被害人是甲企业，故甲企业有权提起附带民事诉讼；如甲企业未提起附带民事诉讼，人民检察院有权提起。故本题AC项正确。

3. **答案**：ABC。本题考查的是可以提起附带民事诉讼的"物质损失"的范围。根据《刑事诉讼法解释》第175条的规定，被害人因人身权利受到犯罪侵犯或者财物被犯罪分子毁坏而遭受物质损失的，有权在刑事诉讼过程中提起附带民事诉讼；被害人死亡或者丧失行为能力的，其法定代理人、近亲属有权提起附带民事诉讼。因受到犯罪侵犯，提起附带民事诉讼或者单独提起民事诉讼要求赔偿精神损失的，人民法院一般不予受理。据此，本题正确答案为ABC。

4. **答案**：BD。本题考查的是附带民事诉讼赔偿承担问题的处理。《刑事诉讼法解释》第180条第1款第1项、第2款规定："附带民事诉讼中依法负有赔偿责任的人包括：（一）刑事被告人以及未被追究刑事责任的其他共同侵害人；""附带民事诉讼被告人的亲友自愿代为赔偿的，可以准许。"据此，B项正确，A项不正确。因为唐某是完全行为能力人，故其父母不是必须代其承担赔偿责任，故C项不正确。因为附带民事诉讼本质上是民事诉讼，当事人对自己的权利有权处分，故元某的妻子可以自愿同意唐某出狱后再赔偿，故D项正确。

5. **答案**：ABC。有权提起附带民事诉讼的人，除了被害人本人以外，还包括被害人之外的因犯罪行为遭受物质损失的人，另外在被害人为限制行为能力人或者无行为能力人时，其法定代理人和近亲属也有权提起。

6. **答案**：BD。本题考查的是刑事附带民事诉讼案件中，人民法院可以对被告人的财产采取的强制措施。《刑事诉讼法解释》第189条第1款规定："人民法院对可能因被告人的行为或者其他原因，使附带民事判决难以执行的案件，根据附带民事诉讼原告人的申请，可以裁定采取保全措施，查封、扣押或者冻结被告人的财产；附带民事诉讼原告人未提出申请的，必要时，人民法院也可以采取保全措施。"据此，本题正确答案为BD。

7. **答案**：BD。本题考查的是提起附带民事诉讼的条件。《刑事诉讼法》第101条第1款规定："被害人由于被告人的犯罪行为而遭受物质损失的，在刑事诉讼过程中，有权提起附带民事诉讼。"据此，提起附带民事诉讼必须是请求赔偿因犯罪行为遭受的物质损失，故本题BD项正确。A项不是要求赔偿损失，故不正确。C项要求赔偿精神损失，故也不正确。

8. **答案**：ACD。本题考查附带民事诉讼原告人的范围、附带民事诉讼赔偿范围、附带民事审理程序。《刑事诉讼法解释》第175条第1款规定，被害人因人身权利受到犯罪侵犯或者财物被犯罪分子毁坏而遭受物质损失的，有权在刑事诉讼过程中提起附带民事诉讼；被害人死亡或者丧失行为能力的，其法定代理人、近亲属有权提起附带民事诉讼。《刑事诉讼法》第108条第6项规定，"近亲属"是指夫、妻、父、母、子、女、同胞兄弟姊妹。故A项正确。C项属于可得利益，不能提起附带民事诉讼。C项表述正确。《刑事诉讼法解释》第181条第1款规定，被害人或者其法定代理人、近亲属仅对部分共同侵害人提起附带民事诉讼的，人民法院应当告知其可以对其他共同侵害人，包括没有被追究刑事责任的共同侵害人，一并提起附带民事诉讼，但共同犯罪案件中同案犯在逃的除外。故B项错误。《刑事诉讼法解释》第180条第2款规定，附带民事诉讼被告人的亲友自愿代为赔偿的，可以准许。《刑事诉讼法解释》第194条规定，审理刑事附带民事诉讼案件，人民法院应当结合被告人赔偿被害人物质损失的情况认定其悔罪表现，并在量刑时予以考虑。故D项正确。

9. **答案**：ABCD。本题考查的是附带民事诉讼中依法负有赔偿责任的人。《刑事诉讼法解释》第180条第 1 款规定："附带民事诉讼中依法负有赔偿责任的人包括：（一）刑事被告人以及未被追究刑事责任的其他共同侵害人；（二）刑事被告人的监护人；（三）死刑罪犯的遗产继承人；（四）共同犯罪案件中，案件审结前死亡的被告人的遗产继承人；（五）对被害人的物质损失依法应当承担赔偿责任的其他单位和个人。"据此，本题正确答案为 ABCD。

10. 答案：BC。本题考查的是刑事附带民事诉讼的上诉。《刑事诉讼法解释》第 409 条规定："第二审人民法院审理对附带民事部分提出上诉，刑事部分已经发生法律效力的案件，应当对全案进行审查，并按照下列情形分别处理：（一）第一审判决的刑事部分并无不当的，只需就附带民事部分作出处理；（二）第一审判决的刑事部分确有错误的，依照审判监督程序对刑事部分进行再审，并将附带民事部分与刑事部分一并审理。"第 408 条第 1 款规定："刑事附带民事诉讼案件，只有附带民事诉讼当事人及其法定代理人上诉的，第一审刑事部分的判决在上诉期满后即发生法律效力。"根据上述规定，当事人就附带民事诉讼上诉的，第二审应当对全案进行审查，故本题 A 项不正确。只有附带民事诉讼当事人提出上诉的，第一审刑事部分判决在上诉期满后，即生效，故本题 B 项正确，D 项不正确。C 项符合上述规定，正确。综上，本题正确答案为 BC。

11. 答案：ABC。本题考查的是附带民事诉讼被告人的诉讼权利。根据《刑事诉讼法》第 46 条第 1 款的规定，附带民事诉讼被告人有权委托诉讼代理人，故本题 A 项正确。《刑事诉讼法解释》第 201 条规定："人民法院审理附带民事诉讼案件，除刑法、刑事诉讼法以及刑事司法解释已有规定的以外，适用民事法律的有关规定。"附带民事诉讼本质上属于民事诉讼，附带民事诉讼被告人应当享有《民事诉讼法》规定的被告的诉讼权利。根据《民事诉讼法》的有关规定，被告有权参加法庭调查和辩论，有权提起反诉。故本题 BC 项正确。

12. 答案：BCD。本题考查刑事附带民事诉讼判决书的内容。刑事附带民事诉讼判决书的内容包括首部、事实、理由、判决结果和尾部五部分。标题只是首部的一个内容，说它是判决书的主要内容不尽准确。

三、不定项选择题

答案：(1) 无。本题考查附带民事诉讼的提起期间。可参见《刑事诉讼法解释》第 198 条。

(2) AB。本题考查合并审理与分别审理。可参见《刑事诉讼法解释》第 195 条、第 196 条、第 201 条。

(3) 无。本题考查附带民事诉讼的上诉期间。可参见《刑事诉讼法解释》第 299 条第 2 款、第 301 条。

(4) C。根据《刑事诉讼法解释》第 201 条，《最高人民法院关于民事诉讼证据的若干规定》第 8 条。本题为附带民事诉讼审理过程中适用民事诉讼证据规定。

四、名词解释

答案：附带民事诉讼的先予执行是指人民法院受理附带民事诉讼之后、做出判决之前根据民事原告的请求决定民事被告人先给付民事原告人一定款项或特定物并立即执行的措施。采取先予执行时，既要考虑被害人的需要，又要兼顾被告人的实际能力。

五、简答题

1. 答案：根据我国《刑事诉讼法》和有关法律规定，附带民事诉讼的原告人享有下列诉讼权利：

(1) 在诉讼过程中，依法有权提起附带民事诉讼，并有权委托诉讼代理人。

(2) 为了保证赔偿的实现，有权要求司法机关采取保全措施。

(3) 有权申请审判人员、书记员、翻译人员、鉴定人等回避，有权参加附带民事诉讼部分审判的法庭调查和辩论。

(4) 对人民法院关于附带民事部分的判决不服，依法有权提起上诉。

(5) 在案件审结之前，有权就附带民事部分与被告人和解或者撤诉。

2. 答案：附带民事诉讼，是指公安司法机关在刑事诉讼过程中，在解决被告人刑事责任的同时，附带解决由遭受物质损失的被害人或者其法定代理人、近亲属向人民检察院提起的、由于被告人的犯罪行为所引起的物质损失的赔偿而进行的诉讼活动。

附带民事诉讼是一种特殊的民事诉讼。之所以说其是一种民事诉讼，是因为它要解决的问题是民事赔偿问题，而赔偿的确定，适用民事实体法的规定；说其特殊，是因为这种赔偿是由于刑事被告人的犯罪行为引起的，并要求在刑事诉讼过程中予以解决。正是被告人的犯罪行为引发了这两种不同性质的诉讼，而这两种诉讼又存在内在的联系，所以，附带民事诉讼在适用刑事诉讼法有关规定的同时，也适用民事诉讼法的有关规定，如诉讼原则、强制措施、诉讼保全、先予执行等。也正是这种联系性，才将这种诉讼称为刑事附带民事诉讼。

根据附带民事诉讼的性质和刑事诉讼法规定，附带民事诉讼的条件是：

(1) 附带民事诉讼以刑事诉讼为前提。附带民事诉讼是在解决被告人刑事责任的同时，解决因被告人的犯罪行为造成的损失的赔偿问题，因此，附带民事诉讼以刑事诉讼的开展为前提。刑事案件成立，开始刑事诉讼，才能进行附带民事诉讼；如果刑事案件不成立，不展开刑事诉讼，遭受物质损失的人只能是提起单纯的民事诉讼。

(2) 被害人的损失是被告人的犯罪行为造成的。这里的犯罪行为，是指被告人在刑事诉讼中被指控的犯罪行为，而不是人民法院以生效判决确定的犯罪行为。只要行为人被公安司法机关进行刑事追诉，因其行为遭受损失的人就可以提起附带民事诉讼。如果被告人的行为最终没有被人民法院以生效判决确定为实体法意义上的犯罪行为，不影响附带民事诉讼的提起和进行。被害人的损失与被告人的犯罪行为之间必须具有因果关系。被害人因犯罪行为遭受的损失，是指被害人因犯罪行为已经遭受的实际损失和必然遭受的损失。

(3) 被害人的损失必须是物质损失。根据《刑事诉讼法》第 101 条第 1 款以及有关司法解释的规定，附带民事诉讼请求赔偿的损失仅限于物质损失，精神损失不包括在内。

(4) 有赔偿请求权的人在刑事诉讼中提出了赔偿请求。由于附带民事诉讼是遭受物质损失的被害人的一项权利，其可以行使，也可以许诺放弃。因此，只有在有附带民事诉讼请求权的人提起附带民事诉讼时，附带民事诉讼才能成立。人民法院在受理刑事案件后，可以告知有赔偿请求权的人提起附带民事诉讼。如其放弃诉讼权利的，法院应当准许，并记录在案。

六、论述题

答案：刑事附带民事诉讼，是指人民法院、人民检察院在当事人及其他诉讼参与人的参加下在依法追究被告人刑事责任的同时，附带解决被告人的犯罪行为而使被害人遭受物质损失的赔偿问题所进行的诉讼活动，简称为附带民事诉讼。

(1) 附带民事诉讼的性质和意义

附带民事诉讼活动本质上是具有民事诉讼特征的经济损害赔偿，属于民事诉讼，但它又是不同于一般的民事诉讼的损害赔偿。附带民事诉讼是由犯罪行为引起的，是在刑事诉讼过程中提起并且同刑事案件一并解决的，其成立与解决都依附于刑事诉讼，和刑事诉讼紧密联系，不可分割，因此附带民事诉讼是一种依附于刑事诉讼的特殊的民事诉讼。

附带民事诉讼在刑事诉讼中具有重要的意义，主要体现在以下几个方面：

①保障国家、集体和公民个人的合法财产；②合理、准确地惩罚、教育、改造犯罪人，从而预防和减少犯罪；③节约诉讼成本，提高诉讼效率。

(2) 附带民事诉讼成立的条件

根据刑事诉讼法的规定和附带民事诉讼的特点，附带民事诉讼的成立必须具备以下条件：

其一，附带民事诉讼的提起必须以刑事案件成立为前提。即以被告人的行为要构成犯罪为前提，但不以是否对被告人科处刑罚为标准。

其二，必须是犯罪行为给被害人造成了物质损失。这是附带民事诉讼成立的必备条件。这里的物质损失通常包括犯罪行为侵害被害人的财产权利和人身权利造成的经济损失两类。

需要注意的是，刑事诉讼法中仅规定对于给被害人造成的物质损失可以提起附带民事诉讼，而对精神损失未作任何规定，因此通行的做法是对于精神损失不能提起附带民事诉讼要求赔偿。对此理论上尚存在争论，但实践中已有判处精神损害补偿的做法了。

其三，被害人的物质损失必须是被告人的犯罪行为直接造成的。即被告人的犯罪行为与被害人的物质损失存在直接的因果关系。

其四，附带民事诉讼必须是在刑事诉讼过程中提起。即指从刑事案件立案开始，到刑事案件审结之前，在刑事诉讼进行的任何阶段都可以提起附带民事诉讼。在其他阶段被害人要求赔偿的，只能通过一般的民事诉讼解决。而且一般应在一审法庭辩论程序结束之前提起附带民事诉讼，否则会造成诉讼的拖延。

(3) 附带民事诉讼的当事人

①附带民事诉讼的原告人

根据刑事诉讼法和有关的司法解释，附带民事诉讼的原告人包括以下几类：a. 因犯罪行为而遭受物质损失的被害公民和单位。对被害人应该作广义理解，不仅限于自然人，还应包括法人和企事业单位、机关、团体和其他组织。b. 已死亡被害人的近亲属。c. 无行为能力或者限制行为能力被害人的法定代理人。d. 人民检察院。如果是国家财产、集体财产遭受损失，受损失的单位没有提起附带民事诉讼，在这种场合下，人民检察院在提起公诉时提起附带民事诉讼的，人民法院应当受理。但是人民检察院无权就赔偿问题同被告人通过调解达成协议或自行和解。

②附带民事诉讼中的被告人

根据刑事诉讼法和有关的司法解释，附带民事诉讼中依法负有赔偿责任的被告人包括以下几类：a. 刑事被告人及没有被追究刑事责任的其他共同致害人。这里的被告人也不限于自然人；没有被追究刑事责任的其他共同致害人，由于其致害行为造成物质损失，仍然负有赔偿责任。b. 未成年人、精神病人的法定代理人或者监护人。c. 已被执行死刑的罪犯的遗产继承人。d. 共同犯罪案件中案件审结前已死亡的被告人的遗产继承人。e. 其他对刑事被告人的犯罪行为依法应当承担民事赔偿责任的单位和个人。

(4) 附带民事诉讼的程序

①附带民事诉讼的提起和审理

提起附带民事诉讼的条件与民事诉讼的条件相似，应当在刑事案件立案以后，第一审判决宣告以前提起；一般应当提交附带民事诉状，确有困难的可以口头起诉。另外，在侦查、预审、审查起诉阶段，有权提起附带民事诉讼的人向公安机关、人民检察院提出赔偿要求，已经公安机关、检察院记录在案的，刑事案件起诉后，人民法院应当按附带民事诉讼案件受理；经公安机关、检察院调解，当事人双方达成协议并已给付，被害人又坚持向法院提起附带民事诉讼的，人民法院也可以受理。

人民法院在审理附带民事诉讼案件时，除人民检察院提起的案件外，可以调解。

②附带民事诉讼审理上与刑事案件的协调

附带民事诉讼应当同刑事案件一并审判，这是审理附带民事诉讼案件的一项基本原则，也是附带民事诉讼制度的价值所在。刑事诉讼部分是基本的和主要的，附带民事诉讼是附带的和相对次要的。因此，应当先进行刑事诉讼部分，再进行附带民事诉讼的审理。尤其是为了防止刑事案件审判的过分延迟，附带民事诉讼可以在刑事案件审判之后，由同一审判组织继续审理。

③附带民事诉讼的上诉

对附带民事诉讼的上诉不影响刑事判决部分的生效，但是二审法院应当对第一审判决中的刑事和民事部分全面审查，审查后仅对其中的附带民事诉讼部分作出终审判决。

七、案例分析题

答案：不能，乙关于遗产继承一事的请求应作为单独的民事诉讼向人民法院民事审判庭提出。

本案涉及刑事附带民事诉讼中民事诉讼的范围的确定。《刑事诉讼法》第101条规定："被害人由于被告人的犯罪行为而遭受物质损失的，在刑事诉讼过程中，有权提起附带民事诉讼。被害人死亡或者丧失行为能力的，被害人的法定代理人、近亲属有权提起附带民事诉讼。如果是国家财产、集体财产遭受损失的，人民检察院在提起公诉的时候，可以提起附带民事诉讼。"根据这一法律规定，附带民事诉讼是指司法机关在刑事诉讼过程中，在解决被告人刑事责任的同时，解决因被告人的犯罪行为所造成的物质损失的赔偿而进行的诉讼活动。附带民事诉讼在性质上，是一种特殊的民事诉讼，它的成立有以下三个条件：第一，以刑事诉讼的存在为前提；第二，被告人的犯罪行为对被害人或国家、集体造成了物质损失，应当负赔偿责任；第三，具有赔偿请求权的人在刑事诉讼过程中向司法机关提出了损害赔偿的诉讼请求。附带民事诉讼的原告人，就是《刑事诉讼法》第101条中的"被害人"，包括公民、法人和其他组织，已死亡被害人的近亲属，无行为能力人或限制行为能力人的法定代理人。

本案被告人甲虽然构成伤害罪，但继承遗产并不是甲犯罪行为造成的物质损失的损害赔偿，它和甲的犯罪行为没有直接的因果关系，因而不能作为附带民事诉讼一并解决。

第十五章　期间、送达

基础知识图解

期间与送达
- 期间
  - 概念：公安司法机关和诉讼参与人完成某项刑事诉讼行为必须遵守的法定期限
  - 计算
    - 单位：时、日、月
    - 方法
      - 开始的时、日不计算在内
      - 最后一日为节假日的，以节假日后的第一日届满，但在押期间不得顺延
      - 期满前交邮的，不算过期
      - 法定期间不包括在途时期
  - 耽误是指司法机关或诉讼参与人没有在法定期限内完成应当进行的诉讼行为
  - 恢复是指当事人由于不能抗拒的原因或有其他正当理由而耽误期限的，在障碍消除后5日以内，可以申请继续进行应当在期满以前完成的诉讼活动的补救措施
  - 延长：司法机关在规定的办案期限内不能完成应该完成的诉讼行为，而往后续展期限的办法
  - 重新计算：因法定情况使原已进行的期间归于无效，从新发生之日重新计算
- 送达
  - 概念：公检法依照法定程序和方式，将诉讼文件送交诉讼参与人、有关机关和单位的诉讼活动
  - 送达回证：司法机关依法将诉讼文件送达收件人的凭证
  - 送达方式
    - 直接送达，委托送达，转交送达
    - 留置送达，邮寄送达

配套测试

一、单项选择题

1. 我国刑事诉讼期间中，“半月”的计算(　　)。

A. 一律按15日计算期限

B. 有时按15日计算期限

C. 按期间开始当月的日数计算期限

D. 没有具体明确的规定

2. 按照刑事诉讼法的规定，当事人提出恢复诉讼期间的申请，应当在障碍消除后的何时提出？(　　)

A. 在障碍消除后的合理期间内提出

B. 在障碍消除后5日以内

C. 在障碍消除后10日以内

D. 在障碍消除后15日以内

3. 某市公安机关在侦查乔某盗窃一案时，需要对乔某窃得的一件文物进行鉴定，鉴定共耗费了2个月的时间。依照刑事诉讼法的规定，以下对这段鉴定时间的看法正确的是(　　)。

A. 该段鉴定时间应当计入办案期限

B. 该段时间可以计入办案期限

C. 该段鉴定时间不应当计入办案期限

D. 该段鉴定时间可以不计入办案期限

4. 犯罪嫌疑人李某因涉嫌抢劫罪被某县公安机关立案侦查，公安机关在侦查过程中发现李某还涉嫌贩卖毒品罪，需要另行计算侦查羁押期限，为此该县公安机关应履行下列哪一程序？(　　)

A. 由同级人民检察院决定重新计算侦查羁押期限

B. 由公安机关决定重新计算侦查羁押期限，报同级人民检察院批准

C. 由公安机关决定重新计算侦查羁押期限，报上一级人民检察院批准

D. 由公安机关决定重新计算侦查羁押期限，报同级人民检察院备案

5. 某甲因盗窃罪被判处有期徒刑5年，他于2009年4月30日收到判决书，他在(　　)享有上诉权。

A. 4月30日~5月9日　B. 5月1日~5月10日

C. 4月30日~5月10日　D. 5月1日~5月11日

6. 有关刑事诉讼中期间的计算，下列说法中错误的是(　　)。

A. 在侦查期间，发现犯罪嫌疑人另有重要罪行的，重新计算侦查羁押期限
B. 犯罪嫌疑人不讲真实姓名、住址，身份不明的，侦查羁押期限照样计算，但是不得停止对其犯罪行为的侦查取证
C. 公安机关或者人民检察院补充侦查完毕后移送人民检察院或者人民法院的，人民检察院或者人民法院重新计算审查起诉或者审理期限
D. 第二审人民法院发回原审人民法院重新审判的案件，原审法院从收到发回案件之日起，重新计算审理期限

7. 关于办案期限重新计算的说法，下列哪一选项是正确的？(　　)(司考 2015. 2. 31)
A. 甲盗窃汽车案，在侦查过程中发现其还涉嫌盗窃 1 辆普通自行车，重新计算侦查羁押期限
B. 乙受贿案，检察院审查起诉时发现一笔受贿款项证据不足，退回补充侦查后再次移送审查起诉时，重新计算审查起诉期限
C. 丙聚众斗殴案，在处理完丙提出的有关检察院书记员应当回避的申请后，重新计算一审审理期限
D. 丁贩卖毒品案，二审法院决定开庭审理并通知同级检察院阅卷，检察院阅卷结束后，重新计算二审审理期限

8. 卢某妨害公务案于 2016 年 9 月 21 日一审宣判，并当庭送达判决书。卢某于 9 月 30 日将上诉书交给看守所监管人员黄某，但黄某因忙于个人事务直至 10 月 8 日上班时才寄出，上诉书于 10 月 10 日寄到法院。关于一审判决生效，下列哪一选项是正确的？(　　)(司考 2017. 2. 29)
A. 一审判决于 9 月 30 日生效
B. 因黄某耽误上诉期间，卢某将上诉书交予黄某时，上诉期间中止
C. 因黄某过失耽误上诉期间，卢某可申请期间恢复
D. 上诉书寄到法院时一审判决尚未生效

二、多项选择题

1. 我国刑事诉讼中的期间包括法定期间和指定期间。对于法定期间，下列说法正确的有(　　)。
A. 期间开始的时和日不计算在内
B. 路途上的时间应当扣除
C. 节假日必须计算在内
D. 节假日在某些特殊情况下，应不计算在内

2. 刑事诉讼中的期间以(　　)计算。
A. 时　　B. 日
C. 月　　D. 年

3. 期间的计算应注意(　　)。
A. 法定的时、日、月为计算单位
B. 法定期间不包括在路途上的时间
C. 当事人耽误期间有正当理由的，可以依法申请恢复期间
D. 期间开始的时和日不算在期间以内

4. 期间的计算，不包括(　　)。
A. 开始的时和日
B. 开始的月
C. 路途上的时间
D. 期满前将诉讼材料交邮后邮递途中的时间

5. 以月为计算标准的期间有(　　)。
A. 侦查中羁押被告人的期限
B. 被告人申诉的期限
C. 人民检察院审查起诉和人民法院一、二审办案期限
D. 退回补充侦查的期限

6. 司法机关送达诉讼文书的程序和要求有(　　)。
A. 依照法律规定的期限送达
B. 由本案审判人员亲自送交收件人本人
C. 遵守法定的方式
D. 履行法定的手续

7. 在刑事诉讼中，下列哪些期限不计入审理期限(　　)。
A. 刑事案件应另行委托、指定辩护人，法院决定延期审理的，自案件决定延期审理之日至第 7 日之准备辩护的时间
B. 公诉人发现案件需要补充侦查，提出延期审理建议后，合议庭同意延期审理的期间
C. 刑事案件二审期间，检察院查阅案卷超过 10 日后的时间
D. 因当事人、诉讼代理人、辩护人申请通知新的证人到庭、调取新的证据、申请重新鉴定或者勘验，法院决定延期审理 1 个月之内的期间

8. 下列有关刑事诉讼中送达的表述中，正确的是(　　)。
A. 送达只能是由公安司法机关向当事人和其他诉讼参与人以及有关机关实施的诉讼行为。诉讼参与人向公安司法机关递交诉讼文书，不属于送达
B. 送达的内容是诉讼文书，包括传票、通知书、不起诉决定书、起诉书、判决书、自诉状副本、附带民事诉讼状、答辩状副本、上诉状副本等
C. 送达的方式和程序是法定的，送达方式包括直接送达、留置送达、委托送达、邮寄送达、转交送达等

D. 送达诉讼文书必须有送达回证，送达回证的印刷有固定的格式

三、名词解释

1. 期间的耽误
2. 直接送达
3. 间接送达
4. 留置送达
5. 委托送达

四、简答题

1. 简述期间与期日的区别。
2. 简述申请恢复逾期的诉讼活动的条件。

五、论述题

试论述刑事诉讼期间的计算。

六、案例分析题

被告人戚某，女，23 岁。戚某于 2012 年 5 月 4 日在火车上认识一准备去深圳找工作的女青年甲。二人经相互介绍和一晚上的聊天，熟了起来。戚某见状，就告诉甲，其实她们家乡也有许多去深圳打工的，但都比较累，工资又很低，又觉得回家乡后见不得人，因而只有在深圳苦熬。戚某劝甲别去深圳了，并称因自己丈夫是 A 县县委副书记，一定能帮她找份好工作。甲信以为真，便随戚某去了该县。到后，戚某将甲灌醉，卖给了自己老家的一个村民当媳妇。此案经该县法院依法公开审理，并由法庭决定休庭后第 5 天宣告判决。至第五天即 8 月 6 日该县人民法院当场宣读了对戚某的判决结果，判处戚某因拐卖妇女罪被判处有期徒刑十年，但戚某 8 月 7 日才收到书面的判决。戚某不服，认为一审判的太重，于 8 月 15 日将判决书通过邮局寄出，可人民法院收到上诉状时，已是判决宣告后的第 15 天。该法院以上诉状提出已过了上诉期限为由，驳回了戚某的上诉。问：本案在程序上存在哪些问题？

参考答案

一、单项选择题

1. **答案**：A。本题考查的是特定期间的计算方式。《刑事诉讼法解释》第 202 条规定："……半个月一律按十五日计算。"据此，本题正确答案为 A。
2. **答案**：B。本题考查的是期间的恢复。《刑事诉讼法》第 106 条第 1 款规定："当事人由于不能抗拒的原因或者有其他正当理由而耽误期限的，在障碍消除后五日以内，可以申请继续进行应当在期满以前完成的诉讼活动。"据此，本题正确答案为 B。
3. **答案**：A。本题考查的是一般鉴定期间与办案期限的关系。《六机关规定》第 40 条规定："刑事诉讼法第一百四十七条规定：'对犯罪嫌疑人作精神病鉴定的期间不计入办案期限。'根据上述规定，犯罪嫌疑人、被告人在押的案件，除对犯罪嫌疑人、被告人的精神病鉴定时间不计入办案期限外，其他鉴定时间都应当计入办案期限。对于因鉴定时间较长，办案期限届满仍不能终结的案件，自期限届满之日起，应当对被羁押的犯罪嫌疑人、被告人变更强制措施，改为取保候审或者监视居住。"据此，本题正确答案为 A。
4. **答案**：D。本题考查的是决定重新计算侦查羁押期限的程序。《六机关规定》第 22 条规定："刑事诉讼法第一百五十八条第一款规定：'在侦查期间，发现犯罪嫌疑人另有重要罪行的，自发现之日起依照本法第一百五十四条的规定重新计算侦查羁押期限。'公安机关依照上述规定重新计算侦查羁押期限的，不需要经人民检察院批准，但应当报人民检察院备案，人民检察院可以进行监督。"据此，公安机关在发现犯罪嫌疑人另有重要罪行时，可以自行决定重新计算侦查羁押期限，报人民检察院备案，这里没有特别规定报哪一级人民检察院备案，应理解为报同级人民检察院备案。故本题正确答案为 D。
5. **答案**：B。本题考查的是期间的计算，兼及刑事判决的上诉期限。《刑事诉讼法》第 105 条规定："期间以时、日、月计算。期间开始的时和日不算在期间以内……"第 230 条规定："不服判决的上诉和抗诉的期限为十日，不服裁定的上诉和抗诉的期限为五日，从接到判决书、裁定书的第二日起算。"据此，本题中上诉期限应从收到判决书的第二天起算，即从 5 月 1 日到 5 月 10 日，故本题正确答案为 B。
6. **答案**：B。本题考查刑事诉讼中特殊情况的期间计算。犯罪嫌疑人不讲真实姓名、住址，身份不明的，侦查羁押期限自查清其身份之日起开始计算。
7. **答案**：B。《刑事诉讼法》第 160 条第 1 款规定，在侦查期间，发现犯罪嫌疑人另有重要罪行的，

自发现之日起依照本法第156条的规定重新计算侦查羁押期限。A项中的“盗窃1辆普通自行车”不属于重要罪行。故A项错误。《高检规则》第346条规定，对于退回公安机关补充侦查的案件，应当在1个月以内补充侦查完毕。补充调查、侦查以二次为限。补充调查、侦查完毕移送审查起诉后，人民检察院重新计算审查起诉期限。人民检察院负责捕诉的部门退回本院负责侦查的部门补充侦查的期限、次数按照本条第1款至第3款的规定执行。故B项正确。C项中申请回避导致延期审理，无须重新计算审理期限。该项错误。《刑事诉讼法》第235条规定，人民检察院提出抗诉的案件或者第二审人民法院开庭审理的公诉案件，同级人民检察院都应当派员出席法庭。第二审人民法院应当在决定开庭审理后及时通知人民检察院查阅案卷。人民检察院应当在1个月以内查阅完毕。人民检察院查阅案卷的时间不计入审理期限。故D项错误。

8. **答案**：D。本题考查期间的计算和上诉期限。《刑事诉讼法》第230条规定，不服判决的上诉和抗诉的期限为十日，不服裁定的上诉和抗诉的期限为五日，从接到判决书、裁定书的第二日起算。《刑事诉讼法》第105条第2款、第3款、第4款规定，期间开始的时和日不算在期间以内。法定期间不包括路途上的时间。上诉状或者其他文件在期满前已经交邮的，不算过期。期间的最后一日为节假日的，以节假日后的第一日为期满日期，但犯罪嫌疑人、被告人或者罪犯在押期间，应当至期满之日为止，不得因节假日而延长。故本题中9月21日一审宣判，并当庭送达判决书，上诉期从9月22日开始计算，最后一日是10月1日，因为10月1日是法定节假日，上诉期限顺延至法定节假日之后的第一个工作日即10月8日。看守所监管人员10月8日上班时才寄出，该上诉仍然有效，故上诉书寄到法院时一审判决尚未生效。因此，D项正确。

二、多项选择题

1. **答案**：AB。本题考查的是期间的计算方式。《刑事诉讼法》第105条规定：“期间以时、日、月计算。期间开始的时和日不算在期间以内。法定期间不包括路途上的时间。上诉状或者其他文件在期满前已经交邮的，不算过期。期间的最后一日为节假日的，以节假日后的第一日为期满日期，但犯罪嫌疑人、被告人或者罪犯在押期间，应当至期满之日为止，不得因节假日而延长。”根据上述规定，本题AB项显然正确。
2. **答案**：ABC。本题考查的是期间的计算单位。《刑事诉讼法》第105条第1款规定：“期间以时、日、月计算。”据此，本题正确答案为ABC。
3. **答案**：ABCD。本题考查的是期间的计算。《刑事诉讼法》第105条规定：“期间以时、日、月计算。期间开始的时和日不算在期间以内。法定期间不包括路途上的时间……”第106条第1款规定：“当事人由于不能抗拒的原因或者有其他正当理由而耽误期限的，在障碍消除后五日以内，可以申请继续进行应当在期满以前完成的诉讼活动。”据此，本题正确答案为ABCD。
4. **答案**：ACD。本题考查的是期间的计算。《刑事诉讼法》第105条规定：“期间以时、日、月计算。期间开始的时和日不算在期间以内。法定期间不包括路途上的时间。上诉状或者其他文件在期满前已经交邮的，不算过期……”据此，本题正确答案为ACD。
5. **答案**：ACD。本题考查的是期间的计算标准。《刑事诉讼法》第156条规定：“对犯罪嫌疑人逮捕后的侦查羁押期限不得超过二个月……”第172条第1款规定：“人民检察院对于监察机关、公安机关移送起诉的案件，应当在一个月以内作出决定，重大、复杂的案件，可以延长十五日。”第208条第1款规定：“人民法院审理公诉案件，应当在受理后二个月以内宣判，至迟不得超过三个月……”第243条第1款规定：“第二审人民法院受理上诉、抗诉案件，应当在二个月以内审结。对于可能判处死刑的案件或者附带民事诉讼的案件，以及有本法第一百五十八条规定情形之一的，经省、自治区、直辖市高级人民法院批准或者决定，可以延长二个月；因特殊情况还需要延长的，报请最高人民法院批准。”第175条规定：“……人民检察院审查案件，对于需要补充侦查的，可以退回公安机关补充侦查，也可以自行侦查。对于补充侦查的案件，应当在一个月以内补充侦查完毕……”根据上述规定，对被告人的侦查羁押期限、人民检察院审查起诉的期限、人民法院一、二审的办案期限和人民检察院退回公安机关补充侦查的期限，都是以月为单位计算的。可见，本题ACD项正确。
6. **答案**：ACD。本题考查的是送达的程序和要求。刑事诉讼文书送达，是指公安司法机关按照法定的程序和方式将诉讼文书送交收件人的诉讼活动。根据送达的定义，公安司法机关送达诉讼文书，必须遵守法定的方式，本题C项正确；同时送达还必须履行法定的程序，而法定的手续和期限是包含在“程序”之中的，故本题AD项正确。B项不正确，因为我国刑事诉讼法除直接送达外，还规定了留置送达、委托送达、邮寄送达、转交送达等方式，故送达诉讼文书不是必须送交收件人本人。

7. **答案**：BD。本题考查刑事诉讼中特殊情况的期间计算。根据《刑事诉讼法》的相关规定，刑事案件应另行委托、指定辩护人，法院决定延期审理的，自案件决定延期审理之日至第10日之准备辩护的时间不计入审理期限；刑事案件二审期间，检察院查阅案卷超过七日后的时间不计入审理期限。

8. **答案**：ABCD。本题考查刑事诉讼中送达的概念和特点。刑事诉讼文书送达，是指公安机关、人民检察院、人民法院按照法定的程序和方式将诉讼文书送交收件人的诉讼活动。题目中有关送达的特点表述都是正确的。

三、名词解释

1. **答案**：期间的耽误是指司法机关或诉讼参与人没有在法定期限内完成应当进行的诉讼行为。其中，对于当事人没有在法定期限内完成应当进行的诉讼行为，可以依照法定程序申请继续进行应当在期满以前完成的诉讼活动。

2. **答案**：直接送达又称为交付送达，是指公安司法机关派员将诉讼文件直接交给收件人的一种送达方式。直接送达的特点是承办案件的司法机关将诉讼文件直接送达收件人，而不通过中介人或中间环节。对传票、通知书、判决书、裁定书、调解书等具有重要法律后果的诉讼文件，公安司法机关通常采用直接送达的方式。

3. **答案**：间接送达是指送达人员将诉讼文件交给收件人本人，收件人本人在送达回证上记明收到日期，并且签名或者盖章的一种送达方式。如果收件人本人不在，由他的成年家属或所在单位的负责人代收，代收人也应当在送达回证上记明收到日期，并且签名或者盖章。收件人本人或者代收人在送达回证上签收的日期为送达的日期。间接送达与直接送达具有相同的效力。

4. **答案**：留置送达是指收件人本人或者代收人拒绝接收诉讼文件或者拒绝签名、盖章时，送达人员将诉讼文件放置在收件人或代收人的住处的一种送达方式。留置送达必须具备一定条件，即收件人或代收人拒绝接受诉讼文件或者拒绝签名、盖章时才能采用。找不到收件人，同时也找不到代收人时，不能采用留置送达。此外，并非所有诉讼文件都可以适用留置送达，如调解书不适用留置送达。

5. **答案**：委托送达是指承办案件的司法机关委托收件人所在地的司法机关代为送达的一种方式。委托送达一般是在收件人不住在承办案件的司法机关所在地，而且直接送达有困难的情况下所采用的送达方式。

四、简答题

1. **答案**：所谓刑事诉讼的期间，是指公、检、法三机关和诉讼参与人完成某项刑事诉讼行为必须遵守的法定期限。

期日是司法机关与诉讼当事人或其他诉讼参与人共同进行某种诉讼行为的时间。

二者的区别在于：(1) 期间是指一定的时间段而言，包含时间的数量与限度；而期日为一特定的单位时间。(2) 期间原则上由法律明确规定，具有原则性、指导性，普遍适用于一切刑事诉讼案件；期日由司法机关据特定个案之具体刑事诉讼进程指定，可根据实际情况予以变更。(3) 期间有的只对司法机关起约束力，如关于拘留、逮捕的期限，有的只对诉讼参与人起约束力，如关于上诉的期限；期日是司法机关与诉讼参与人共同进行诉讼活动的时间，均应受其约束。

2. **答案**：期间的恢复是指当事人由于不能抗拒的原因或其他正当理由而耽误的，在障碍消除后5日内，可以申请继续进行应当在期满以前完成的诉讼活动的一种补救措施。期间的恢复应当具备一定的条件。

第一，只有当事人才能提出恢复期间的申请。刑事诉讼法将提出申请期间恢复的主体限定为当事人，而不是所有的诉讼参与人。然而，由于不可抗拒的原因或有其他正当理由耽误期限的不只是当事人，还有其他诉讼参与人，因此，刑事诉讼法应当将期间恢复的申请权既赋予当事人，又给予其他诉讼参与人。

第二，期间的耽误是由于不能抗拒的原因或有其他正当理由。

第三，当事人的申请应当在障碍消除后的5日以内提出。这是对当事人申请恢复期间的时间要求。

第四，期间恢复的申请经人民法院裁定批准后才能恢复期间。当事人的申请是否准许，需经人民法院裁定。对有些当事人的申请，人民法院可能认为不符合法定条件，于是作出裁定不予批准。

五、论述题

答案：所谓刑事诉讼的期间是指公、检、法三机关和诉讼参与人完成某项刑事诉讼行为必须遵守的法定期限。刑事诉讼中期间的正确计算关系看刑事诉讼能否顺利进行，当事人权益能否得到保障等问题。期间的计算单位有时、日、月三个。

至于年、分钟等其他时间计算单位不是刑事诉讼期间的计算单位。期间的计算方法涉及两个技术问题：一是起算，即期间从什么时候算起；二是届满，即期间到什么时候为终止。期间的计算方法是：

以时为计算单位的期间，从期间开始的下一时起算，期间开始的时间不计算在期间以内。它的届满以法定期间时数的最后一时完了为止。

以日为计算单位的期间，从期间开始的次日起算，期间开始的日不计算在期间以内。它的届满以法定期间日数的最后一日完了为止。

以月为计算单位的期间，从什么时候起算，法律没有规定。期间开始的月应计算在期间以内。理由是，从立法上看，刑事诉讼法只规定期间开始的时和日不计算在期间以内，并没有包括月。从理论上讲，如果将期间的开始月不计算在期间以内，会带来两个弊端，一是有的期间实际上大大延长了；二是造成不同案件之间实际期限的悬殊。

六、案例分析题

答案：(1) 该县人民法院 8 月 6 日宣告判决时，没有将判决书送达给被告人戚某。我国《刑事诉讼法》第 202 条第 2 款规定："当庭宣告判决的，应当在五日以内将判决书送达当事人和提起公诉的人民检察院；定期宣告判决的，应当在宣告后立即将判决书送达当事人和提起公诉的人民检察院。"在本案中，法庭是在合议庭闭庭后第五天才宣判的判决结果，因而属于定期宣告，但在 8 月 6 日法院宣判时只是进行了口头宣读，而没有将判决书立即送达戚某。这一做法不恰当。

(2) 二审法院驳回戚某上诉的做法是错误的。按照《刑事诉讼法》第 230 条规定："不服判决的上诉和抗诉的期限为十日，不服裁定的上诉和抗诉的期限为五日，从接到判决书、裁定书的第二日起算。"《刑事诉讼法》第 105 条第 3 款规定："法定期间不包括路途上的时间。上诉状或者其他文件在期满前已经交邮的，不算过期。"根据这款规定，上诉状在邮递途中的时间不计算在期间以内。本案中被告人戚某是在判决宣告后的第九天将上诉状交邮。二审法院接到时虽然已超过 10 天，但不能按超期对待。因而，二审法院驳回戚某上诉的做法是错误的。

第十六章　刑事诉讼的中止和终止

基础知识图解

- 中止
  - 概念：是指在刑事诉讼过程中，由于发生某种情况或出现某种障碍影响诉讼的正常进行而将诉讼暂时停止，待有关情况或障碍消失后，再恢复诉讼的制度
  - 特点
    - 可发生在诉讼的任何阶段
    - 行为暂时停止
    - 之前的行为仍有效
    - 中止期间不计入办案期限
  - 条件
    - 中止侦查：长期潜逃；患病；丧失诉讼行为能力
    - 中止审查：潜逃；患病；丧失诉讼行为能力
    - 中止审理：患病；脱逃
- 终止
  - 概念：在刑事诉讼过程中，因出现某种法定情形，致使诉讼不必要或不应当继续进行，从而结束诉讼的制度
  - 与中止的区别
    - 条件不同：终止适用各种法定情形 VS 中止适用于特殊情况
    - 结果不同：终止是不再追诉 VS 中止还应当恢复
    - 程序不同：终止应制作正式的法律文书 VS 除了中止审查一般只需记录在案
  - 适用情形
    - 情节显著轻微、危害不大，不认为是犯罪的
    - 犯罪已过追诉时效期限的
    - 经特赦令免除刑罚的
    - 依照刑法告诉才处理的犯罪，没有告诉或者撤回告诉的
    - 犯罪嫌疑人、被告人死亡的

配套测试

一、单项选择题

1. 公安机关在立案后的侦查过程中，发现犯罪嫌疑人死亡，应作出(　　)决定。

A. 撤销案件　　B. 侦查终结

C. 不起诉　　D. 宣告无罪

2. 沙某受聘担任王某故意伤害案被告人的辩护律师。在庭审过程中，沙某就被害人的伤害程度提出重新鉴定申请。此时，人民法院可以对故意伤害案(　　)。

A. 中止审理　　B. 延期审理

C. 暂停诉讼　　D. 终结审理

3. 下列哪一选项属于刑事诉讼中适用中止审理的情形？(　　)

A. 由于申请回避而不能进行审判的

B. 需要重新鉴定的

C. 被告人患有严重疾病，长时间无法出庭的

D. 检察人员发现提起公诉的案件需要补充侦查，提出建议的

二、多项选择题

1. 关于刑事案件的延期审理和中止审理，下列哪些说法是正确的？(　　)（司考 2008.2.70）

A. 延期审理适用于法庭审理过程中，中止审理适用于法院受理案件后至作出判决前

B. 导致延期审理的原因是庭审自身出现障碍，因而不停止法庭审理以外的诉讼活动，导致中止审理的原因是出现了不能抗拒的情况，使诉讼活动无法正常进行，因而暂停诉讼活动

C. 延期审理的案件再行开庭的时间具有可预见性，中止审理的案件再行开庭的时间往往无法预见

D. 不论延期审理还是中止审理，其时间都计入审理期限

2. 被害人向检察院投诉，公安机关对于他遭受犯罪侵害的线索应当立案侦查而未立案侦查。检察院的下列哪些做法是正确的？（　　）（司考 2011. 2. 68）

A. 公安机关尚未作出不立案决定的，移送公安机关处理

B. 不属于被投诉的公安机关管辖的，应当告知投诉人有管辖权的机关并建议向该机关控告

C. 公安机关应当立案而作出不立案决定的，经检察长批准，应当要求公安机关书面说明不立案的理由

D. 认为犯罪情节显著轻微不需追究刑事责任的，应当要求公安机关向被害人说明不立案的理由

三、名词解释

1. 中止侦查
2. 中止审查
3. 中止审理

四、简答题

1. 简述我国刑事诉讼终止的基本特点。
2. 简述我国刑事诉讼中止的基本特点。

五、论述题

试论述我国刑事诉讼中诉讼终止与诉讼中止的区别。

参考答案

一、单项选择题

1. **答案**：A。本题考查的是对具有法定不予追究刑事责任情形的处理。《刑事诉讼法》第 16 条规定："有下列情形之一的，不追究刑事责任，已经追究的，应当撤销案件，或者不起诉，或者终止审理，或者宣告无罪：……（五）犯罪嫌疑人、被告人死亡的……"因本案处于侦查阶段，故公安机关应当作出撤销案件的决定。故本题正确答案为 A。

2. **答案**：B。本题考查的是法庭审理过程中辩护人申请重新鉴定的处理。《刑事诉讼法》第 204 条规定："在法庭审判过程中，遇有下列情形之一，影响审判进行的，可以延期审理：（一）需要通知新的证人到庭，调取新的物证，重新鉴定或者勘验的……"据此，本题正确答案为 B。

3. **答案**：C。《刑事诉讼法》第 204 条规定："在法庭审判过程中，遇有下列情形之一，影响审判进行的，可以延期审理：（一）需要通知新的证人到庭，调取新的物证，重新鉴定或者勘验的；（二）检察人员发现提起公诉的案件需要补充侦查，提出建议的；（三）由于申请回避而不能进行审判的。"故 ABD 选项为延期审理的情形。第 206 条第 1 款规定："在审判过程中，有下列情形之一，致使案件在较长时间内无法继续审理的，可以中止审理：（一）被告人患有严重疾病，无法出庭的；（二）被告人脱逃的；（三）自诉人患有严重疾病，无法出庭，未委托诉讼代理人出庭的；（四）由于不能抗拒的原因。"据此，C 选项符合中止审理的法定情形。综上，本题正确答案为 C。

二、多项选择题

1. **答案**：ABC。延期审理与中止审理的区别主要有三：（1）时间不同。延期审理适用于法庭审理过程中，中止审理适用于法院受理案件后至作出判决前。（2）原因不同。导致延期审理的原因是庭审自身出现障碍，因而不停止法庭审理以外的诉讼活动，导致中止审理的原因是出现了不能抗拒的情况，使诉讼活动无法正常进行，因而暂停诉讼活动。（3）延期审理的案件再行开庭的时间具有可预见性，中止审理的案件再行开庭的时间往往无法预见。故 ABC 正确。但是，《刑事诉讼法》第 206 条规定"……中止审理的期间不计入审理期限"，故 D 不正确。正确答案是 ABC。

2. **答案**：ABC。根据《最高人民检察院、公安部关于刑事立案监督有关问题的规定（试行）》第 5 条规定：人民检察院对于公安机关应当立案侦查而不立案侦查的线索进行审查后，应当根据不同情况分别作出处理：（1）没有犯罪事实发生，或者犯罪情节显著轻微不需要追究刑事责任，或者具有其他依法不追究刑事责任情形的，及时答复投诉人或者行政执法机关；（2）不属于被投诉的公安机关管辖的，应当将有管辖权的机关告知投诉人或者行政执法机关，并建议向该机关控告或者移送；（3）公安机关尚未作出不予立案决定的，移送公安机关处理；（4）有犯罪事实需要追究刑事责任，属于被投诉的公安机关管辖，且公安机关已作出不立案决定的，经检察长批准，应当要

求公安机关书面说明不立案理由。据此，根据第2项、第3项、第4项的规定，选项ABC正确。根据第1项的规定，人民检察院应当及时答复投诉人或者行政执法机关，故选项D错误。综上，本题答案为ABC。

三、名词解释

1. **答案**：中止侦查是指在侦查过程中，由于出现特殊原因影响侦查的正常进行而暂时停止侦查活动，待原因消失后，再恢复侦查活动的制度。根据最高人民检察院的司法解释，侦查过程中，犯罪嫌疑人长期潜逃，采取有效追捕措施仍不能缉拿归案的，或者犯罪嫌疑人患有精神病及其他严重疾病不能接受讯问，丧失诉讼行为能力的，经检察长决定，中止侦查。中止侦查的理由和条件消失后，经检察长决定，应当撤销原中止侦查决定，恢复侦查。
2. **答案**：中止审查是指在审查起诉过程中，由于出现特殊原因影响审查起诉工作的正常进行而暂时停止审查起诉，待原因消失后，再恢复审查的制度。根据最高人民检察院的司法解释，在审查起诉过程中，犯罪嫌疑人潜逃或者患有精神病及其他严重疾病不能接受讯问，丧失诉讼行为能力的，人民检察院可以中止审查。共同犯罪中的部分犯罪嫌疑人潜逃的，对潜逃犯罪嫌疑人可以中止审查，但对其他犯罪嫌疑人的审查起诉应当照常进行，不能中止。
3. **答案**：中止审理是指人民法院在审判过程中，因出现使案件在较长时间内无法积极审理的情形，而决定暂停审理，待该项原因消失以后，再行恢复审理。中止审理的日期不计入办案期限。中止审理的裁定或决定应当通知同级人民检察院或者自诉案件的对方当事人；中止审理的原因消失后，应当恢复审理；中止审理的期间不计入审理期限。

四、简答题

1. **答案**：刑事诉讼的终止，是指在刑事诉讼过程中因出现某种法定情形致使诉讼不必要或不应当继续进行，从而结束诉讼的制度。刑事诉讼终止应符合两个条件：第一，必须是在刑事诉讼过程中。第二，必须具有不追究刑事责任的法定情形之一，才能终止诉讼。刑事诉讼终止的基本特点是：一旦作出诉讼终止的决定，所有诉讼活动都要立即停止进行，已经对犯罪嫌疑人、被告人采取的各种强制措施也因诉讼终止的决定而失效。刑事诉讼终止有利于节省司法资源，集中力量打击犯罪，有重要意义。
2. **答案**：刑事诉讼的中止，是指在刑事诉讼过程中由于出现某种情况或出现某种障碍影响诉讼的正常进行而将诉讼暂时停止，待有关情况或障碍消失后再恢复诉讼的制度。刑事诉讼中止制度的基本特点有：（1）刑事诉讼中止可以发生在诉讼的任何阶段，既可以发生在侦查阶段，又可以发生在起诉阶段，还可以发生在审判阶段；（2）刑事诉讼中止后，既不能撤销案件，也不能终止诉讼，而只是将诉讼程序暂时地、不定期地停止，直到引起诉讼中止的原因消失以后，诉讼才恢复进行；（3）刑事诉讼中止前所进行的诉讼活动仍然有效，有关专门机关和诉讼参与人有权利也有义务继续完成法定的诉讼行为；（4）刑事诉讼中止的期间不计入专门机关的办案期限，也不影响当事人行使其依法享有的诉讼权利。刑事诉讼中止制度可以提高诉讼效率，打击犯罪保障无辜，从而提高办案质量。

五、论述题

答案：刑事诉讼终止和刑事诉讼中止都具有停止诉讼进行的效力但两者有着明显的区别。

刑事诉讼的中止，是指在刑事诉讼过程中，由于发生某种情况或出现某种障碍影响诉讼的正常进行而将诉讼暂时停止，待有关情况或障碍消失后，再恢复诉讼的制度。

刑事诉讼中止的意义在于：第一，可以促使公安司法机关采取措施努力消除引起诉讼中止的原因，尽快恢复诉讼的进行，及时打击犯罪，保护无辜；第二，可以保证公安司法机关集中力量办理其他的刑事案件，提高诉讼效率；第三，可以保证当事人特别是犯罪嫌疑人或被告人到案参加诉讼，从而保障其诉讼权利的行使，提高办案质量。

刑事诉讼的终止，是指在刑事诉讼过程中，因出现某种法定情形，致使诉讼不必要或者不应当继续进行，从而结束诉讼的制度。

刑事诉讼终止和刑事诉讼中止都具有停止诉讼进行的效力，但两者有着明显的区别。主要表现在：（1）条件不同。刑事诉讼终止适用于不必要或者不应当进行诉讼的各种法定情形；刑事诉讼中止则适用于出现了致使诉讼无法继续进行的特殊情况或客观障碍。（2）结果不同。刑事诉讼终止是终结案件，不再追诉，即依法不必要或不应当追究犯罪嫌疑人或被告人的刑事责任；刑事诉讼中止则只是暂停诉讼，待特殊情况或客观障碍消除后再恢复诉讼，继续对犯罪嫌疑人或被告人进行追诉活动。（3）程序不同。出现刑事诉讼终止的法定情形时，由侦查机关、人民检察院和人民法院三机关分别作出撤销案件的决定、不起诉的决定或者中止审理的裁定，并应制作正式的法律文书，送达犯罪嫌疑人、被告人及他们所在单位和家属，如果犯罪嫌疑人、被告人在押，应当立即释放，并且发给释放证明；出现刑事诉讼法中止的特殊情况或客观障碍时，则由侦查机关、人民检察院和人民法院分别作出中止侦查的决定、中止审查的决定或者中止审理的裁定，除中止审理的裁定需制作正式的法律文书并送达人民检察院或者自诉案件的对方当事人外，中止侦查、中止审查的决定一般只需记录在案即可。

第十七章 立 案

基础知识图解

立案
- 概念：公安司法机关对于报案、举报、自首以及自诉人起诉等材料，按照各自的职能管辖范围进行审查后，认为有犯罪事实发生并需要追究刑事责任时，决定将其作为刑事案件进行侦查或审判的一种诉讼活动
- 任务：决定是否开始追究刑事犯罪
- 材料来源
  - 单位或者个人的报案或者举报
  - 被害人的报案或者控告
  - 犯罪人的自首
  - 公安机关、人民检察院自行主动获取的材料
  - 其他途径
- 条件
  - 有犯罪事实
  - 需要追究刑事责任
  - 符合管辖的规定
- 程序
  - 立案材料的接受
  - 立案材料的审查
  - 处理
    - 立案
    - 不立案
  - 人民检察院对不立案的监督

配套测试

一、单项选择题

1. 某县公安局接到甲的报案，称乙、丙放火杀人，依法对报案材料进行立案前的审查。下列选项哪个是某县公安局决定立案的条件？(　　)

A. 认为有犯罪事实需要追究刑事责任

B. 案件事实已基本查清

C. 报案人提供了充分的证据

D. 有明确的犯罪嫌疑人

2. 甲是一大学教员，早起时发现邻居家被盗。此时，甲向有关机关报案是他的(　　)。

A. 权利

B. 义务

C. 既是权利又是义务

D. 既非权利又非义务

3. 根据刑事诉讼法的规定，公检法机关按照管辖范围，对于报案、控告、举报和自首的材料进行审查后决定不予立案的(　　)。

A. 应当将不立案的原因通知报案人

B. 应当将不立案的原因通知控告人

C. 应当将不立案的原因通知举报人

D. 应当将不立案的原因通知自首人

4. 某地发生了盗窃案，公民当即将罪犯扭送到当地人民检察院，该人民检察院应当(　　)。

A. 不立案侦查

B. 对公民的扭送不予理睬

C. 先采取紧急措施，然后将该案移送公安机关立案侦查

D. 立案侦查

5. 张某被王某殴打致重伤，但是张某的母亲向公安机关报案后，公安机关却迟迟不予立案，张某于是向检察院申诉，检察院向公安机关发出《要求说明不立案理由通知书》此时公安机关应当(　　)。

A. 公安机关在收到通知书后 3 日内书面答复检察院
B. 公安机关在收到通知书后 7 日内书面答复检察院
C. 公安机关在收到通知书后 10 日内书面答复检察院
D. 公安机关在收到通知书后 15 日内书面答复检察院

6. 公安机关、人民检察院或者人民法院对于不属于自己管辖的报案、控告、举报应如何处理？(　　)
A. 不应当受理
B. 应当受理，并展开侦查或者审判
C. 不应当受理，告知其应向主管机关报案
D. 应当接受，然后移送主管机关处理

7. 甲、乙二人在餐厅吃饭时言语不合进而互相推搡，乙突然倒地死亡，县公安局以甲涉嫌过失致人死亡立案侦查。经鉴定乙系特殊体质，其死亡属意外事件，县公安局随即撤销案件。关于乙的近亲属的诉讼权利，下列哪一选项是正确的？(　　)(司考2016. 2. 33)
A. 就撤销案件向县公安局申请复议
B. 就撤销案件向县公安局的上一级公安局申请复核
C. 向检察院侦查监督部门申请立案监督
D. 直接向法院对甲提起刑事附带民事诉讼

8. 环卫工人马某在垃圾桶内发现一名刚出生的婴儿后向公安机关报案，公安机关紧急将婴儿送医院成功抢救后未予立案。关于本案的立案程序，下列哪一选项是正确的？(　　)(司考 2017. 2. 30)
A. 确定遗弃婴儿的原因后才能立案
B. 马某对公安机关不予立案的决定可申请复议
C. 了解婴儿被谁遗弃的知情人可向检察院控告
D. 检察院可向公安机关发出要求说明不立案的理由通知书

9. 李某认为一个企业生产不符合安全标准的食品遂将该企业告到了市场监督管理局，市场监督管理局审查后认为可能涉及犯罪就移送给了公安局，公安局审查后决定不立案下列说法正确的是(　　)。
A. 李某向作出不立案决定的公安机关申请复议
B. 李某对复议不服向上级公安机关申请复核
C. 市场监督管理局向不立案的公安机关申请复议
D. 市场监督管理局对不立案决定不服向上级公安机关申请复核

二、多项选择题

1. 立案是刑事诉讼中的(　　)。
A. 特殊程序
B. 必经程序
C. 开端程序
D. 独立程序

2. 任何单位和个人发现有犯罪事实或者犯罪嫌疑人，有权利也有义务向公安司法机关(　　)。
A. 报案　　B. 上诉
C. 举报　　D. 申诉

3. 公安机关获知有多年吸毒史的王某近期可能从事毒品制售活动，遂对其展开初步调查工作。关于这一阶段公安机关可以采取的措施，下列哪些选项是正确的？(　　)(司考2016. 2. 72)
A. 监听
B. 查询王某的银行存款
C. 询问王某
D. 通缉

4. 下列说法正确的是(　　)。
A. 对于控告人的控告，公安机关或人民检察院不予立案的，应当将不立案的理由及时通知控告人
B. 控告人对不立案决定不服的，可以申请复议
C. 人民检察院认为公安机关不立案理由不能成立的，应当通知公安机关立案或自己直接立案后交公安机关侦查
D. 被害人认为公安机关对应当立案侦查的案件而不立案侦查的，可以向人民检察院提出，人民检察院应当要求公安机关说明不立案的理由

三、不定项选择题

甲在公共汽车上因抢座位与乙发生争执，被乙打伤，甲告到大梁区公安局。

(1) 本案中，大梁区公安局在接待甲时，正确的做法有(　　)。
A. 要求甲必须写出详细的报案材料
B. 告知甲诬告应负的法律责任
C. 告知甲到法院去起诉乙
D. 应当保障甲的安全

(2) 本案中，如果大梁区公安局决定不立案，应当(　　)。
A. 在 10 日内通知甲
B. 在 7 日内通知甲
C. 在 15 日内通知甲
D. 在 30 日内通知甲

(3) 本案中，如果大梁区公安局决定不立案，大梁区人民检察院认为应当立案时，下列哪些做法是正确的？(　　)
A. 大梁区人民检察院应当向大梁区公安局发出《要求说明不立案理由通知书》

B. 大梁区公安局应当在收到《要求说明不立案理由通知书》后7日内将说明情况书面答复检察院

C. 大梁区人民检察院认为大梁区公安局不立案理由不能成立，发出《通知立案书》时，应将有关证明应该立案的材料同时移送公安机关

D. 大梁区公安局在收到《通知立案书》后应当在15日内决定立案

四、名词解释

1. 立案

2. 自首

五、简答题

简述立案的材料来源。

六、论述题

论人民检察院对不立案的监督。

七、案例分析题

1. 郭女，10岁，某农村小学四年级学生。一天，郭女在去上学的路上被一陌生男子逼迫至一无人处后奸淫。郭女来到学校后，班主任霍老师见她不仅迟到了，而且双眼红肿，目光呆滞，神情恍惚，便将其带到办公室询问出了什么事。郭女将被奸淫的经过说了一遍。霍老师立即到较近的乡派出所报案。派出所的值班员告知霍老师，其没有报案的资格，因为她不是被害人的法定代理人，也不是近亲属，因此对她的报案不予接受。无奈，霍老师只好回去将此事告诉了郭女的父母，让他们带着郭女去报案。郭女的父亲郭某带着郭女到派出所讲述案情，但派出所的人员却让郭某写一份书面材料，他们才能受理。后来，公安机关对此案迟迟不予立案，郭某将此情况反映给了人民检察院，人民检察院要求公安机关说明为何不予立案，公安机关答复说：尽管郭女被奸淫这一事实属于犯罪，且应给予刑罚处罚，但犯罪嫌疑人不明确，而且没有丝毫线索，因而不能立案。人民检察院认为该理由不成立，通知公安机关立案，但公安机关仍拒不立案。最后人民检察院自己对此案立案侦查。

问：本案中的公安机关和人民检察院有哪些地方违反了刑事诉讼法的规定？

2. 被告人王明，国有宏源股份有限公司经理。1998年，市检察院收到一封检举信，揭露该公司偷税100万元的事实。检察院经调查后，认为该公司确有偷税事实，依法应追究刑事责任，遂经检察长批准对该公司立案侦查。1998年7月2日，检察院批准逮捕王明，并派检察院侦查人员将其逮捕。7月8日，犯罪嫌疑人王明聘请的律师向检察院提出取保候审的申请，检察院提出需缴纳5万元保证金，并提供保证人。7月9日，律师向检察院缴纳了5万元的保证金，并且提供了保证人，王明被取保候审。后经侦查发现，该公司自1996年到1998年，共偷税漏税50万元，检察院冻结该公司账户，并将50万元作为税款上缴国库。该案于1999年8月1日，向区人民法院提起公诉，经法庭审理，认为该公司的行为已构成偷税罪，判处被告人王明有期徒刑3年，缓刑3年，对该公司判处200万元的罚金。检察院认为一审法院对被告人王明量刑过轻，直接向二审法院提交抗诉状，提起抗诉。抗诉期满后，对该公司判处的罚金即交付执行。二审法院经不开庭审理后，认为一审法院认定事实正确，但量刑过轻，裁定撤销原判，改判被告人王明有期徒刑7年。现问：

（1）该案中，人民检察院有哪些程序不合法？

（2）该案中，二审人民法院有哪些程序不合法？

参考答案

一、单项选择题

1. 答案：A。本题考查的是公安机关立案的条件。我国《刑事诉讼法》第112条规定：“人民法院、人民检察院或者公安机关对于报案、控告、举报和自首的材料，应当按照管辖范围，迅速进行审查，认为有犯罪事实需要追究刑事责任的时候，应当立案……”据此，决定立案的条件是：（1）有犯罪事实；（2）需要追究刑事责任。故本题正确答案为A。

2. 答案：C。本题考查的是公民报案的权利和义务。我国《刑事诉讼法》第110条第1款规定：“任何单位和个人发现有犯罪事实或者犯罪嫌疑人，有权利也有义务向公安机关、人民检察院或者人民法院报案或者举报。”故本题正确答案为C。

3. 答案：B。本题考查的是公安司法机关对报案、控告或举报的处理。根据《刑事诉讼法》第112条

的规定，公、检、法机关按照管辖范围，对于报案、控告、举报和自首的材料进行审查后，决定不予立案的，应当将不立案的原因通知控告人。控告人如果不服，可以申请复议。故本题正确答案为B。

4. **答案**：C。本题考查的是公安司法机关对于不属于自己管辖范围的公民扭送的处理。《刑事诉讼法》第110条第3款规定："公安机关、人民检察院或者人民法院对于报案、控告、举报，都应当接受。对于不属于自己管辖的，应当移送主管机关处理，并且通知报案人、控告人、举报人；对于不属于自己管辖而又必须采取紧急措施的，应当先采取紧急措施，然后移送主管机关。"该款虽未提及扭送，但扭送作为一种立案材料的来源，应视同控告处理；盗窃案不属于人民检察院立案侦查的范围，但人民检察院应当接受扭送，先采取紧急措施，然后将该案移送公安机关立案侦查。据此，本题正确答案为C。

5. **答案**：B。《六机关规定》第18条规定："刑事诉讼法第一百一十一条规定：'人民检察院认为公安机关对应当立案侦查的案件而不立案侦查的，或者被害人认为公安机关对应当立案侦查的案件而不立案侦查，向人民检察院提出的，人民检察院应当要求公安机关说明不立案的理由。人民检察院认为公安机关不立案理由不能成立的，应当通知公安机关立案，公安机关接到通知后应当立案。'根据上述规定，公安机关收到人民检察院要求说明不立案理由通知书后，应当在七日内将说明情况书面答复人民检察院。人民检察院认为公安机关不立案理由不能成立，发出通知立案书时，应当将有关证明应当立案的材料同时移送公安机关。公安机关收到通知立案书后，应当在十五日内决定立案，并将立案决定书送达人民检察院。"

6. **答案**：D。本题考查的是对报案、控告、举报的处理。《刑事诉讼法》第110条第3款规定："公安机关、人民检察院或者人民法院对于报案、控告、举报，都应当接受。对于不属于自己管辖的，应当移送主管机关处理，并且通知报案人、控告人、举报人；对于不属于自己管辖而又必须采取紧急措施的，应当先采取紧急措施，然后移送主管机关。"故本题正确答案为D。

7. **答案**：D。本题考查被害方对撤销案件的救济方式。《刑事诉讼法》第210条规定："自诉案件包括下列案件：（一）告诉才处理的案件；（二）被害人有证据证明的轻微刑事案件；（三）被害人有证据证明对被告人侵犯自己人身、财产权利的行为应当依法追究刑事责任，而公安机关或者人民检察院不予追究被告人刑事责任的案件。"《刑事诉讼法》第101条第1款规定，被害人由于被告人的犯罪行为而遭受物质损失的，在刑事诉讼过程中，有权提起附带民事诉讼。被害人死亡或者丧失行为能力的，被害人的法定代理人、近亲属有权提起附带民事诉讼。本案中，公安局撤销案件属于不予追究刑事责任的处理方式，被害人的近亲属可以向法院提起自诉的同时提起附带民事诉讼。故D项正确。

8. **答案**：D。本题考查立案监督、报案和控告的区别、立案的条件。《刑事诉讼法》第112条规定，人民法院、人民检察院或者公安机关对于报案、控告、举报和自首的材料，应当按照管辖范围，迅速进行审查，认为有犯罪事实需要追究刑事责任的时候，应当立案；认为没有犯罪事实，或者犯罪事实显著轻微，不需要追究刑事责任的时候，不予立案，并且将不立案的原因通知控告人。控告人如果不服，可以申请复议。故A项的错误在于，立案时无须确定遗弃婴儿的原因，只需查清是否有犯罪事实需要追究刑事责任即可。B项的错误在于，马某是报案人，不是控告人，其无权申请复议。C项的错误在于，控告的主体是被害人，第三人无权控告，只能报案或者举报。《刑事诉讼法》第113条规定，人民检察院认为公安机关对应当立案侦查的案件而不立案侦查的，或者被害人认为公安机关对应当立案侦查的案件而不立案侦查，向人民检察院提出的，人民检察院应当要求公安机关说明不立案的理由。人民检察院认为公安机关不立案理由不能成立的，应当通知公安机关立案，公安机关接到通知后应当立案。故D项正确。本题的正确答案为D选项。

9. **答案**：C。《公安机关办理刑事案件程序规定》第179条规定："控告人对不予立案决定不服的，可以在收到不予立案通知书后七日以内向作出决定的公安机关申请复议……控告人对不予立案的复议决定不服的，可以在收到复议决定书后七日以内向上一级公安机关申请复核……"由于题干并未明确李某是控告人（即被害人），所以，AB表述均错误。《公安机关办理刑事案件程序规定》第181条规定："移送案件的行政执法机关对不予立案决定不服的，可以在收到不予立案通知书后三日以内向作出决定的公安机关申请复议；公安机关应当在收到行政执法机关的复议申请后三日以内作出决定，并书面通知移送案件的行政执法机关。"可见，市场监管局依法只能向不予立案的公安局申请复议，法律上并未规定行政机关可以向上级公安机关申请复核，所以C表述正确，D表述错误。综上，本题正确答案为C。

二、多项选择题

1. **答案**：BCD。本题考查的是立案程序的概念和地位。立案，即立案程序，是指公安机关、人民检察院或者人民法院对接受的报案、控告、举报或自首以及自己发现的材料进行审查，判明有无犯罪事实和应否追究刑事责任，并决定是否作为刑事案件进行侦查或审理的活动。立案是刑事诉讼的必经程序，没有立案，就没有接下来的侦查、提起公诉、审判和执行等程序。立案是刑事诉讼的开端程序，标志着刑事诉讼的开始。立案是刑事诉讼中的独立诉讼阶段。立案不隶属于任何诉讼程序，而是与其他诉讼程序如侦查、起诉、审判等程序并列，具有相对的独立性。综上，本题正确答案为BCD。

2. **答案**：AC。本题考查的是公民在对刑事案件进行报案或者举报的义务。《刑事诉讼法》第110条第1款规定："任何单位和个人发现有犯罪事实或者犯罪嫌疑人，有权利也有义务向公安机关、人民检察院或者人民法院报案或者举报。"据此，本题正确答案为AC。

3. **答案**：BC。本题考查初查措施。《公安机关办理刑事案件程序规定》第174条第2款规定，调查核定过程中，公安机关可以依照有关法律和规定采取询问、查询、勘验、鉴定和调取证据材料等不限制被调查对象人身、财产权利的措施。故本题选项BC正确。A项属于技术侦查，A项和D项均在立案后的侦查阶段才能采用。

4. **答案**：ABD。本题考查的是有关立案的规定。《刑事诉讼法》第112条规定："人民法院、人民检察院或者公安机关对于报案、控告、举报和自首的材料，应当按照管辖范围，迅速进行审查，认为有犯罪事实需要追究刑事责任的时候，应当立案；认为没有犯罪事实，或者犯罪事实显著轻微，不需要追究刑事责任的时候，不予立案，并且将不立案的原因通知控告人。控告人如果不服，可以申请复议。"据此，本题ABD项正确。因为立案应当按照管辖范围，人民检察院对于公安机关应当立案而不立案的案件，不能自己直接立案，故本题C项不正确。

三、不定项选择题

答案：（1）BD。本小题考查的是公安机关对报案的处理。根据《刑事诉讼法》第111条第1款的规定，报案人不需要写出详细的报案材料，而且可以口头报案。故本题A项不正确。《刑事诉讼法》第111条第2款规定："接受控告、举报的工作人员，应当向控告人、举报人说明诬告应负的法律责任……"故本题B项正确。《刑事诉讼法》第110条第3款规定："公安机关、人民检察院或者人民法院对于报案、控告、举报，都应当接受……"故本题C项不正确。《刑事诉讼法》第111条第3款规定："公安机关、人民检察院或者人民法院应当保障报案人、控告人、举报人及其近亲属的安全……"故本题D项正确。综上，本题正确答案为BD。

（2）B。本小题考查的是公安机关对不立案的通知。《公安机关办理刑事案件程序规定》第178条第2款规定："对有控告人的案件，决定不予立案的，公安机关应当制作不予立案通知书，并在三日以内送达控告人。"故本题正确答案为B。

（3）ABCD。本小题考查的是人民检察院对公安机关的立案监督。《六机关规定》第18条规定，"刑事诉讼法第一百一十一条①规定：'人民检察院认为公安机关对应当立案侦查的案件而不立案侦查的，或者被害人认为公安机关对应当立案侦查的案件而不立案侦查，向人民检察院提出的，人民检察院应当要求公安机关说明不立案的理由。人民检察院认为公安机关不立案理由不能成立的，应当通知公安机关立案，公安机关接到通知后应当立案。'根据上述规定，公安机关收到人民检察院要求说明不立案理由通知书后，应当在七日内将说明情况书面答复人民检察院。人民检察院认为公安机关不立案理由不能成立，发出通知立案书时，应当将有关证明应当立案的材料同时移送公安机关。公安机关收到通知立案书后，应当在十五日内决定立案，并将立案决定书送达人民检察院。"综上，本题正确答案为ABCD。

四、名词解释

1. **答案**：刑事诉讼中的立案是指公安司法机关对于报案、控告、举报、自首以及自诉人起诉等材料，按照各自的职能管辖范围进行审查后，认为有犯罪事实发生并且需要追究刑事责任时，决定将其作为刑事案件进行侦查或者审判的一种诉讼活动。立案的显著特点表现在：（1）立案是法律赋予公安机关、人民检察院、人民法院特有的权力和职责，其他任何机关和个人都无权立案。（2）立案是我国刑事诉讼一个独立、必经的诉讼阶段，是刑事诉讼活动开始的标志。

2. **答案**：自首是指犯罪分子犯罪以后，在犯罪行为

① 编者注：指《刑事诉讼法》（2012年）第111条，对应现行《刑事诉讼法》第113条。

未被司法机关发觉之前，自动投案，如实交代自己的罪行，接受司法机关审查和裁判的行为。被采取强制措施的犯罪嫌疑人、被告人、正在执行刑罚的罪犯如实向司法机关供述司法机关还未掌握的其他罪行的，也是自首，提供的材料也是立案的材料来源之一。

五、简答题

答案：立案材料是指公安机关、人民检察院发现的或者有关单位、组织或个人向司法机关提交的有关犯罪事实和犯罪嫌疑人情况的材料。它是司法机关进行审查，决定是否立案的事实材料。根据我国刑事诉讼法的规定和司法实践中的情况，作为立案的材料来源主要有以下几个方面：

（1）单位或者个人的报案或者举报；（2）被害人的报案或者控告；（3）犯罪人的自首；（4）公安机关、人民检察院自行主动获取的材料；（5）其他途径：在司法实践中，立案材料来源常见的还有以下几种：①上级机关交办的案件；②群众的扭送；③党的纪检部门查处后移送追究刑事责任的案件等。

六、论述题

答案：人民检察院是国家的法律监督机关，有权力对整个刑事诉讼活动实行法律监督，立案是刑事诉讼程序中的一个相对独立的诉讼阶段，理应在人民检察院的法律监督范围之内。《刑事诉讼法》第113条规定："人民检察院认为公安机关对应当立案侦查的案件而不立案侦查的，或者被害人认为公安机关对应当立案侦查的案件而不立案侦查，向人民检察院提出的，人民检察院应当要求公安机关说明不立案的理由。人民检察院认为公安机关不立案理由不能成立的，应当通知公安机关立案，公安机关接到通知后应当立案。"具体而言，人民检察院对不立案监督有以下几点：

（1）人民检察院对不立案实施监督的材料来源主要有两个方面：一是通过人民检察院的各种业务活动发现公安机关有应当立案而不立案的情况；二是通过被害人的申诉获得，被害人认为公安机关应当立案而不立案，向人民检察院提出的，人民检察院都应当接受，不得以任何理由拒绝。

（2）人民检察院获取不立案监督的材料后，应当根据事实和法律进行审查。审查中可以要求被害人提供有关的材料，进行必要的调查、核实。认为需要公安机关说明不立案理由的，经检察长批准后，可以要求公安机关在7日内书面说明不立案的理由。公安机关应当在收到人民检察院要求说明不立案理由的通知后7日内制作《不立案理由说明书》，经县级以上公安机关负责人批准后，送达人民检察院。

（3）人民检察院通过必要的调查、认真审查后，认为公安机关不立案的理由不能成立的，应当通知公安机关立案。人民检察院通知公安机关立案应当由检察长决定；重大、疑难、复杂的案件，由检察长提交检察委员会讨论决定。人民检察院通知公安机关立案时，应当制作《通知立案书》，送达公安机关，同时抄送上一级人民检察院备案。送达时，还应当将有关证明应该立案的材料同时移送公安机关，并且告知公安机关应在15日以内立案和将立案决定书送达人民检察院。

（4）公安机关在接到人民检察院要求立案的通知后，应当在15日内决定立案，并将立案决定书送达人民检察院。同时人民检察院也应当采取措施，依法对通知立案书的执行情况进行监督。对于由公安机关管辖的国家机关工作人员利用职权实施的重大犯罪案件，人民检察院通知公安机关立案，公安机关不予立案的，经省级以上人民检察院决定，人民检察院可以直接立案侦查。

根据刑事诉讼法的规定，无论公诉、自诉案件，人民检察院都有监督的权利，但是，对人民检察院直接受理案件和人民法院自诉案件的立案监督，法律没有具体规定。

七、案例分析题

1. 答案：（1）公安机关的错误：

①本案中，公安派出所以霍老师不是被害人的法定代理人、近亲属作为理由，认为霍老师没有报案资格，这是错误的。根据我国刑事诉讼法的规定，任何个人和单位有权利，也有义务报案或者举报。

②本案中，公安派出所的人员让报案的郭氏父女写一份书面材料，然后他们才能受理，这种做法是错误的。根据我国刑事诉讼法及有关规定，报案可以用书面提出，也可以口头提出。

③本案中，公安机关以犯罪嫌疑人不明确为由不予立案是错误的。根据我国刑事诉讼法及有关规定，刑事案件立案的条件是：发现犯罪事实和需要追究刑事责任。本案符合立案条件。

④本案中，人民检察院通知公安机关立案后，公安机关仍不立案的做法是错误的。根据刑事诉讼法的规定，此时，公安机关应当立案。

（2）人民检察院的错误：本案中，人民检察院直接对这起奸淫幼女案立案侦查是违反立案管辖规定的。人民检察院应当行使立案监督权，通知公安机关立案。

2. 答案：（1）人民检察院程序不合法之处：

①人民检察院立案侦查此案不合法。偷税罪

应当由公安机关立案侦查。参见《六机关规定》第1条。

②人民检察院批准逮捕王明不合法。本案中，人民检察院对此案进行了立案侦查，如果需要逮捕犯罪嫌疑人的，应当由其决定逮捕而非批准。参见《刑事诉讼法》第80条。

③人民检察院派检察人员逮捕王明不合法。逮捕应当由公安机关执行。

④王明的律师申请取保候审时，人民检察院要求其缴纳保证金并提供保证人不合法。不能要求同时缴纳保证金和提供保证人。参见《刑事诉讼法》第68条。

⑤人民检察院收取律师的5万元保证金不合法，应当由执行机关即公安机关统一收取后管理。

⑥人民检察院在侦查阶段即直接将该公司账户上50万元赃款上缴国库不合法。赃款只有在人民法院作出的判决生效后，才能由人民法院通知查封、扣押机关上缴国库。参见《刑事诉讼法》第142条。

⑦人民检察院于1998年7月9日对王明取保候审，到1999年8月1日才向法院提起公诉不合法。依照法律规定，取保候审的期限不得超过12个月。参见《刑事诉讼法》第79条。

⑧人民检察院直接向上一级人民法院提出抗诉不合法。人民检察院应当通过原审人民法院提出抗诉。参见《刑事诉讼法》第232条。

(2) 二审人民法院程序不合法之处：

①抗诉期满后，人民法院即将该公司的罚金交付执行不合法。因为第二审程序启动后，第一审的判决不发生法律效力，不能作为执行的根据。参见《刑事诉讼法》第259条。

②第二审人民法院不开庭审理此案不合法。对于人民检察院抗诉的案件，第二审人民法院都应当开庭审理。参见《刑事诉讼法》第234条。

第十八章　侦　　查

基础知识图解

侦查
- 概念：公安机关、人民检察院在办理案件过程中，依照法律进行的专门调查工作和有关的强制性措施
- 侦查组织体系：我国是以侦诉分离为主，侦诉一体为辅
- 侦查行为：讯问犯罪嫌疑人、询问证人、被害人、勘验、检查、侦查实验、查封、搜查、扣押物证、书证、查询、冻结存款、汇款、鉴定、技术侦查措施、辨认、通缉
- 律师对犯罪嫌疑人的法律帮助：在侦查阶段律师接受犯罪嫌疑人的聘请，为其提供法律咨询，代理申诉，控告，申请取保候审的活动
- 移送审查起诉的条件：犯罪事实清楚；证据确实、充分；犯罪的性质和罪名认定正确；法律手续完备；依法应当追究刑事责任
- 侦查羁押期限：一般是2个月，特殊情况不可以延长
- 补充侦查
  - 不同阶段：审查退捕阶段；审查起诉阶段；法庭审判阶段
  - 方式：退回补充侦查和自行补充侦查
- 侦查监督：检察院依法对侦查机关的批捕，审查起诉以及其他侦查活动合法性监督

配套测试

一、单项选择题

1. 关于人民检察院直接受理案件的侦查，下列说法正确的是(　　)。

A. 上级人民检察院不能侦查由下级人民检察社会关注度高院管辖的案件

B. 下级人民检察院可以将认为社会关注度高的案件请求上级人民检察院侦查

C. 下级人民检察院可以请求将案件移送上级人民检察院侦查

D. 下级人民检察院不能请求将案件移送上级人民检察院侦查

2. 在侦查的过程中，侦查机关对犯罪嫌疑人传唤、拘传所能够持续的最长时限是(　　)。

A. 传唤不得超过 24 小时；拘传不得超过 8 小时

B. 传唤、拘传均不得超过 8 小时

C. 传唤不得超过 24 小时，拘传不得超过 12 小时

D. 传唤、拘传均不得超过 12 小时

3. 侦查人员在必要时，可以强制检查下述哪类人员的人身？(　　)

A. 任何与案件有关的人

B. 犯罪嫌疑人

C. 犯罪嫌疑人、被害人和证人

D. 犯罪嫌疑人、被害人

4. 公安机关对甲涉嫌走私一案立案侦查时，甲突然死亡。对死因不明的尸体，有权决定解剖的机关是(　　)。

A. 人民法院　　B. 公安机关

C. 司法局　　D. 人民检察院

5. 在一起受贿案件的侦查过程中，侦查人员获悉，犯罪嫌疑人接受财物时，他家的保姆赵某曾经在场，遂决定对赵某进行调查。本案中，办案机关的下列哪种做法是错误的？(　　)

A. 到赵某的住处进行询问

B. 到赵某所属的家政公司进行询问

C. 通知赵某到检察机关提供证言

D. 通知赵某到公安机关提供证言

6. 对于扣押的邮件、电报，经查明确与案件无关的，应在几日以内退还给原邮电机关？(　　)

A. 5 日　　B. 7 日

C. 3 日　　D. 10 日

7. 关于辨认规则，下列哪一说法是正确的？(　　)

A. 检察院侦查的案件，可以让犯罪嫌疑人对其他犯罪嫌疑人进行辨认

B. 为了辨认需要，可以让辨认人在辨认前见到被辨认对象

C. 有多个辨认人时，根据需要可以集体进行辨认

D. 为了进行辨认，必要时证人可以在场

8. 甲县公安局在进行侦查时，如果需要进行侦查实验，应经过谁的许可？(　　)

A. 甲县人民检察院检察长

B. 甲县司法局长

C. 甲县人民法院院长

D. 甲县公安局长

9. 甲是某国家安全机关干部，涉嫌危害国家安全犯罪被国家安全机关立案侦查。在侦查过程中，甲的律师要求会见甲，应经过谁许可？(　　)

A. 国家安全机关　　B. 公安机关

C. 人民检察院　　D. 看守所

10. 甲因故意伤害他人被某区公安机关依法逮捕羁押。后因案情复杂需要依法延长羁押1个月，有权批准的机关是(　　)。

A. 该公安机关

B. 该公安机关的上级公安机关

C. 该公安机关的同级人民检察院

D. 该公安机关的上级人民检察院

11. 张某因涉嫌放火罪被批准逮捕。公安机关在侦查过程中，发现张某另有抢劫罪的重大嫌疑，决定依照刑事诉讼法的规定重新计算羁押期限。关于重新计算羁押期限，下列哪一选项是正确的？(　　)

A. 报同级检察院批准

B. 报同级检察院备案

C. 报上一级公安机关批准

D. 报上一级公安机关备案

12. 通江市人民检察院对本市市长甲贪污一案正式立案侦查，并且依照有关法律规定对甲实施了拘留。如果人民检察院认为其需要逮捕，则应当在拘留之日起几日内作出逮捕的决定？(　　)

A. 应当在3日内作出决定，但是可以延长1日至4日

B. 应当在14日内作出决定，但是可以延长1日至4日

C. 应当在30日内作出决定，但是可以延长7日

D. 应在7日内作出决定，但是可以延长1日至4日

13. 下列有关人民检察院的拘留权的说法，正确的是(　　)。

A. 人民检察院不享有拘留的决定权和拘留的执行权

B. 人民检察院享有拘留的决定权，但是应由公安机关执行

C. 人民检察院享有与公安机关相同的拘留的决定权，但没有执行权

D. 人民检察院享有拘留的决定权和拘留的执行权

14. 在侦查阶段，律师会见在押的犯罪嫌疑人，侦查机关(　　)。

A. 应当派员在场

B. 不派员在场

C. 根据案件情况和需要可以派员在场

D. 由侦查机关负责人决定是否派员在场

15. 人民检察院对其直接受理的案件中被拘留的人，认为需要逮捕而证据还不充足的，(　　)。

A. 可以先行决定逮捕

B. 只能取保候审

C. 可以取保候审或监视居住

D. 只能监视居住

16. 重大的犯罪集团案件，在《刑事诉讼法》第124条规定的侦查羁押期限内不能办结的，按规定批准或者决定后，可以延长(　　)。

A. 1个月　　B. 2个月

C. 3个月　　D. 5个月

17. 对可能判处10年有期徒刑以上刑罚的重大、复杂案件经上一级人民检察院，省、自治区、直辖市人民检察院批准或决定，侦查中羁押犯罪嫌疑人的期限经过3次延长后，最高可达(　　)。

A. 2个月　　B. 3个月

C. 5个月　　D. 7个月

18. 某市检察分院的反贪局侦查员李某，在办理自侦案件的过程中，认为本案中存在专门性问题，需要由本检察院的技术部门进行鉴定。下列什么人员或机构有权决定进行该项鉴定？(　　)

A. 侦查员李某

B. 市检察分院反贪局领导

C. 市检察分院检察长

D. 市检察分院检察委员会

19. 对外国驻我国的外交机构或住宅进行搜查时必须经(　　)。

A. 上一级公安机关批准

B. 同级人民检察院批准

C. 该外交机构的同意

D. 我国外交部门批准

20. 犯罪嫌疑人不讲真实姓名、住址，身份不明的，其侦查羁押期限的计算应从(　　)。

A. 拘留之日起计算

B. 逮捕之日起计算

C. 查清身份之日起计算

D. 查清全部犯罪事实之日起计算

21. 关于勘验、检查，下列哪一选项是正确的？（　　）（司考 2014. 2. 34）

A. 为保证侦查活动的规范性与合法性，只有侦查人员可进行勘验、检查

B. 侦查人员进行勘验、检查，必须持有侦查机关的证明文件

C. 检查妇女的身体，应当由女工作人员或者女医师进行

D. 勘验、检查应当有见证人在场，勘验、检查笔录上没有见证人签名的，不得作为定案的根据

22. 黄某住甲市 A 区，因涉嫌诈骗罪被甲市检察院批准逮捕。由于案情复杂，期限届满侦查不能终结，侦查机关报请有关检察机关批准延长一个月。其后，由于该案重大复杂，涉及面广，取证困难，侦查机关报请有关检察机关批准后，又延长了二个月。但是，延长二个月后，仍不能侦查终结，且根据已查明的犯罪事实，对黄某可能判处无期徒刑，侦查机关第三次报请检察院批准再延长二个月。在报请延长手续问题上，下列哪一选项是错误的？（　　）

A. 第一次延长，须经甲市检察院批准

B. 第二次延长，须经甲市检察院的上一级检察院批准

C. 第二次延长，须经甲市所属的省检察院批准

D. 第三次延长，须经甲市所属的省检察院批准

23. 法院在审理一起抢夺案时，发现被告人朱某可能有自首情节，但起诉书和移送材料中没有相关证据材料。关于法院应当如何处理，下列哪一选项是正确的？（　　）（司考 2010. 2. 33）

A. 运用庭外调查权调查核实

B. 建议检察院补充侦查

C. 裁定驳回起诉

D. 根据已有证据定罪量刑

24. 关于侦查中的检查与搜查，下列哪一说法是正确的？（　　）

A. 搜查的对象可以是活人的身体，检查只能对现场、物品、尸体进行

B. 搜查只能由侦查人员进行，检查可以由具有专门知识的人在侦查人员主持下进行

C. 搜查应当出示搜查证，检查不需要任何证件

D. 搜查和检查对任何对象都可以强制进行

25. 法院在审理案件过程中发现被告人可能有立功情节，而起诉书和移送的证据材料中没有此种材料，下列哪一处理是正确的？（　　）（司考 2012. 2. 41）

A. 将全部案卷材料退回提起公诉的检察院

B. 建议提起公诉的检察院补充侦查

C. 建议公安机关补充侦查

D. 宣布休庭，进行庭外调查

26. 关于侦查辨认，下列哪一选项是正确的？（　　）（司考 2017. 2. 31）

A. 强制猥亵案，让犯罪嫌疑人对被害人进行辨认

B. 盗窃案，让犯罪嫌疑人到现场辨认藏匿赃物的房屋

C. 故意伤害案，让犯罪嫌疑人和被害人一起对凶器进行辨认

D. 刑讯逼供案，让被害人在 4 张照片中辨认犯罪嫌疑人

二、多项选择题

1. 下列各项中符合刑事诉讼法规定的有（　　）。

A. 讯问聋、哑犯罪嫌疑人，应当有通晓聋、哑手势的人参加，并将这种情况记入笔录

B. 讯问未成年犯罪嫌疑人时，应当通知其法定代理人到场

C. 讯问犯罪嫌疑人应当制作讯问笔录。笔录应当交犯罪嫌疑人核对，对于没有阅读能力的，可以向他宣读

D. 如果记录有遗漏或差错，犯罪嫌疑人可以提出补充或改正。犯罪嫌疑人承认笔录没有错误后，应当签名或盖章，侦查人员也应当在笔录上签名

2. 某公安机关接到群众报案，有人在街上打死某储蓄所提款员并抢走现金 10 万元后逃离现场。此案中，正确的做法是（　　）。

A. 知道犯罪现场的任何单位和个人，都有义务保护犯罪现场，并且立即通知公安机关派员勘验

B. 侦查人员进行现场勘验时，必须持有公安机关的证明文件

C. 公安机关必要时可以指派或聘请具有专门知识的人主持进行勘验

D. 对于死因不明的尸体，经县级以上公安机关负责人批准，可以解剖尸体，并通知死者家属到场

3. 下列选项中，侦查人员应当进行勘验、检查的有（　　）。

A. 与犯罪有关的尸体

B. 与犯罪有关的场所

C. 与犯罪有关的物品

D. 与犯罪有关的人身

4. 关于勘验、检查，下列哪些说法是正确的？（　　）

A. 侦查人员执行勘验、检查，必须持有检察院或

者公安机关的证明文件

B. 为了发现犯罪的证据，如果犯罪嫌疑人、被害人拒绝检查的，可以强制检查

C. 在必要的时候，可以指派或者聘请具有专门知识的人，在侦查人员的主持下进行勘验、检查

D. 勘验和检查的对象是相同的

5. 公安机关欲对犯罪嫌疑人甲（男）、被害人乙（女）进行人身检查，下列正确的是(　　)。

A. 只有为了确定被害人、犯罪嫌疑人的某些特征、伤害情况或者生理状态，才可以进行人身检查

B. 对甲进行人身检查，必要时，可以强制进行，对乙的人身检查，不得强制进行

C. 检查乙的身体，应当由侦查人员、女工作人员或者医师进行

D. 检查乙的身体，应当由侦查人员或者医师进行

6. 侦查实验，要禁止下列哪些行为？(　　)

A. 足以造成危险的行为

B. 侮辱人格的行为

C. 有伤风化的行为

D. 伤害他人的行为

7. 下述说法中正确的有(　　)。

A. 在任何时候进行搜查时，都必须出示搜查证

B. 搜查应当作笔录

C. 在执行逮捕时搜查，有时可以不另用搜查证

D. 在执行拘留时搜查，有时可以不另用搜查证

8. 人民检察院、公安机关在侦查案件的过程中，对犯罪嫌疑人的存款、汇款可以采取的措施有(　　)。

A. 可以查询　　B. 可以冻结

C. 可以划拨　　D. 可以重复冻结

9. 甲因涉嫌贩毒被公安机关依法立案侦查，下列选项中正确的有(　　)。

A. 犯罪嫌疑人甲在第一次被讯问后或采取强制措施之日起，可以委托律师作为辩护人为其提供法律咨询，代理申诉、控告

B. 犯罪嫌疑人甲若要求委托律师，可以自己委托，也可以由其亲属代为委托

C. 如果犯罪嫌疑人甲在被拘留或逮捕后提出委托律师，看守机关应当及时将其请求转达办理案件的有关侦查机关，侦查机关应当及时向其所委托的人员或者所在的律师事务所转达该项请求

D. 在押中的犯罪嫌疑人甲仅有委托律师的要求，但提不出具体对象的，侦查机关应当及时通知当地律师协会或者司法行政机关为其推荐律师

10. 关于讯问犯罪嫌疑人，下列哪些选项是正确的？(　　)（司考 2014. 2. 70）

A. 在拘留犯罪嫌疑人之前，一律不得对其进行讯问

B. 在拘留犯罪嫌疑人之后，可在送看守所羁押前进行讯问

C. 犯罪嫌疑人被拘留送看守所之后，讯问应当在看守所内进行

D. 对于被指定居所监视居住的犯罪嫌疑人，应当在指定的居所进行讯问

11. 下列关于侦查羁押期限的选项中，正确的有(　　)。

A. 侦查期间发现犯罪嫌疑人另有重要罪行的，重新计算羁押期限

B. 犯罪嫌疑人不讲真实姓名，身份不明的，自查清其身份之日起计算羁押期限

C. 对犯罪嫌疑人作笔迹鉴定的期间不计入侦查羁押期限

D. 对犯罪嫌疑人作精神病鉴定的时间不计入羁押期限

12. 下列选项中，符合刑事诉讼法规定的有(　　)。

A. 犯罪嫌疑人可以申请补充鉴定或者重新鉴定，被害人也可以提出同样的申请

B. 对精神病的医学鉴定，由省级人民政府指定的医院进行

C. 对犯罪嫌疑人作精神病鉴定的期间不计入办案期限

D. 对人身伤害的医学鉴定，由省级人民政府指定的医院进行

13. 公安机关侦查终结并移送审查起诉的案件，应当做到(　　)。

A. 有证据证明犯罪嫌疑人实施了犯罪行为即可

B. 犯罪事实清楚

C. 证据确实、充分

D. 犯罪嫌疑人需要被判处刑罚

14. 讯问犯罪嫌疑人由(　　)进行。讯问的时候，不得少于2人。

A. 人民检察院的侦查人员

B. 人民法院的审判员

C. 治安联防队员

D. 公安机关的侦查人员

15. 侦查中的勘验检查分为(　　)。

A. 人身检查　　B. 人身搜查

C. 侦查实验　　D. 物证检验

16. 为了收集犯罪证据、查获犯罪嫌疑人，侦查人员可以对下列哪些对象进行搜查(　　)。

A. 犯罪嫌疑人的身体

B. 可能隐藏犯罪或者犯罪证据的人的身体、物品、住处

C. 犯罪嫌疑人近亲属的住所

D. 其他有关地方

17. 搜查的目的是( )。

A. 收集犯罪证据

B. 查对物证特征

C. 查获犯罪人

D. 扣押物证

18. 任何单位和个人，有义务按照人民检察院和公安机关的要求，交出下列哪些材料( )。

A. 证明犯罪嫌疑人有罪的物证、书证

B. 证明犯罪嫌疑人无罪的物证、书证

C. 证明犯罪嫌疑人有罪的视听资料

D. 证明犯罪嫌疑人无罪的视听资料

19. 在搜查的时候，应当有下列哪些人员之一在场？( )

A. 被搜查人　　B. 被搜查人的家属

C. 邻居　　D. 其他见证人

20. 对精神病、人身伤害的医学鉴定应符合以下规定( )。

A. 须由省级以上人民政府指定的医院进行

B. 须写出鉴定意见

C. 鉴定意见须有鉴定人签名

D. 鉴定意见应有医院公章

21.《刑事诉讼法》规定，犯罪嫌疑人应当如实回答侦查人员有关本案的提问。该项规定意味着犯罪嫌疑人不享有沉默权。嫌疑人如果始终保持沉默将会产生什么样的后果？( )

A. 在对其定罪以后，可以作为从重处罚的根据

B. 可以将其沉默直接作为定罪的根据

C. 由于没有犯罪嫌疑人的供述故不能终结刑事侦查

D. 如果其他证据充分确实，足以认定被告人有罪，仍然可以侦查终结

22. 刑事诉讼法规定，对犯罪嫌疑人逮捕后的侦查羁押期限不得超过 2 个月，下列哪些案件在侦查羁押期限内不能侦查终结的，经省级人民检察院批准或者决定，可以延长 2 个月的侦查羁押期限？( )

A. 涉外刑事案件

B. 重大的犯罪集团案件

C. 流窜作案的重大复杂案件

D. 犯罪涉及面广，取证困难的重大复杂案件

23. 关于补充侦查，下列哪些选项是正确的？( )(司考 2015. 2. 70)

A. 审查批捕阶段，只有不批准逮捕的，才能通知公安机关补充侦查

B. 审查起诉阶段的补充侦查以两次为限

C. 审判阶段检察院应自行侦查，不得退回公安机关补充侦查

D. 审判阶段法院不得建议检察院补充侦查

24. 关于刑事诉讼中查封、扣押、冻结在案财物的处理，下列哪些选项是正确的？( )

A. 张三盗窃李四电视机一台，公安机关在侦查过程中将电视机发还李四

B. 王五被控贩卖毒品，作为证据使用的海洛因应当随案移送当庭出示质证

C. 马六被控受贿金条若干，未随案移送，判决生效后，根据法院通知该金条由查封、扣押的检察机关上缴国库

D. 牛七涉嫌受贿罪，在侦查期间自杀身亡，检察机关应当通知金融机构将冻结的牛七的存款、汇款上缴国库

25. 关于技术侦查，下列哪些说法是正确的？( )(司考 2012. 2. 71)

A. 适用于严重危害社会的犯罪案件

B. 必须在立案后实施

C. 公安机关和检察院都有权决定并实施

D. 获得的材料需要经过转化才能在法庭上使用

三、不定项选择题

1. 张某因为涉嫌强奸被市公安机关立案侦查并被逮捕，但是在侦查羁押期限已经届满的时候，又发现张某涉嫌盗窃。

(1) 市公安机关的侦查机关到张某盗窃的现场进行侦查，在现场，侦查人员应如何处置？( )

A. 应进行勘验

B. 应进行检查

C. 应制作笔录

D. 可以指派非公安机关的专业人员进行勘验

(2) 本案中，如果市公安局决定继续对张某实施羁押时，需要履行哪些手续？( )

A. 须报上级公安机关批准

B. 须报上级人民检察院批准

C. 须报同级人民检察院备案

D. 无须告知人民检察院

(3) 张某被逮捕后，哪些人员可以为他取保候审？( )

A. 张某聘请的律师　　B. 张某的父亲

C. 张某　　D. 张某的朋友

(4) 关于张某聘请的律师在侦查阶段的行为，符合法律规定的有哪些？( )

A. 向公安机关了解张某涉嫌的罪名

B. 经公安机关同意，向被害人取证

C. 会见在押的张某

D. 代理张某申诉

2. 赵某、石某抢劫杀害李某，被路过的王某、张某看见并报案。赵某、石某被抓获后，2名侦查人员负责组织辨认。请回答第（1）—（2）题。

（1）关于辨认的程序，下列选项正确的是（　　）。（司考2014.2.92）

A. 在辨认尸体时，只将李某尸体与另一尸体作为辨认对象

B. 在2名侦查人员的主持下，将赵某混杂在9名具有类似特征的人员中，由王某、张某个别进行辨认

C. 在对石某进行辨认时，9名被辨认人员中的4名民警因紧急任务离开，在2名侦查人员的主持下，将石某混杂在5名人员中，由王某、张某个别进行辨认

D. 根据王某、张某的要求，辨认在不暴露他们身份的情况下进行

（2）关于辨认笔录的审查与认定，下列选项正确的是（　　）。（司考2014.2.93）

A. 如对尸体的辨认过程没有录像，则辨认结果不得作为定案证据

B. 如侦查人员组织辨认时没有见证人在场，则辨认结果不得作为定案的根据

C. 如在辨认前没有详细向辨认人询问被辨认对象的具体特征，则辨认结果不得作为定案证据

D. 如对赵某的辨认只有笔录，没有赵某的照片，无法获悉辨认真实情况的，也可补正或进行合理解释

3. 鲁某与关某涉嫌贩卖冰毒500余克，B省A市中级法院开庭审理后，以鲁某犯贩卖毒品罪，判处死刑立即执行，关某犯贩卖毒品罪，判处死刑缓期二年执行。一审宣判后，关某以量刑过重为由向B省高级法院提起上诉，鲁某未上诉，检察院也未提起抗诉。

关于本案侦查，下列选项正确的是（　　）。（司考2015.2.94）

A. 本案经批准可采用控制下交付的侦查措施

B. 对鲁某采取技术侦查的期限不得超过9个月

C. 侦查机关只有在对鲁某与关某立案后，才能派遣侦查人员隐匿身份实施侦查

D. 通过技术侦查措施收集到的证据材料可作为定案的依据，但须经法庭调查程序查证属实或由审判人员在庭外予以核实

4. 甲、乙（户籍地均为M省A市）共同运营一条登记注册于A市的远洋渔船。某次在公海捕鱼时，甲乙二人共谋杀害了与他们素有嫌隙的水手丙。该船回国后首泊于M省B市港口以作休整，然后再航行至A市。从B市起航后，在途经M省C市航行至A市过程中，甲因害怕乙投案自首一直将乙捆绑拘禁于船舱。该船于A市靠岸后案发。

本案公安机关开展侦查。关于侦查措施，下列选项正确的是（　　）。（司考2016.2.94）

A. 讯问甲的过程中应当同步录音或录像

B. 可在讯问乙的过程中一并收集乙作为非法拘禁案的被害人的陈述

C. 在该船只上进行犯罪现场勘查时，应邀请见证人在场

D. 可查封该船只进一步收集证据

5. 某小学发生一起猥亵儿童案件，三年级女生甲向校长许某报称被老师杨某猥亵。许某报案后，侦查人员通过询问许某了解了甲向其陈述的被杨某猥亵的经过。侦查人员还通过询问甲了解到，另外两名女生乙和丙也可能被杨某猥亵，乙曾和甲谈到被杨某猥亵的经过，甲曾目睹杨某在课间猥亵丙。讯问杨某时，杨某否认实施猥亵行为，并表示他曾举报许某贪污，许某报案是对他的打击报复。

关于本案侦查措施，下列选项正确的是（　　）。（司考2017.2.95）

A. 经出示工作证件，侦查人员可在学校询问甲

B. 询问乙时，可由学校的其他老师在场并代行乙的诉讼权利

C. 可通过侦查实验确定甲能否在其所描述的时间、地点看到杨某猥亵丙

D. 搜查杨某在学校内的宿舍时，可由许某在场担任见证人

四、名词解释

1. 侦查模式
2. 勘验、检查
3. 现场勘查
4. 侦查实验
5. 辨认

五、简答题

1. 简述我国刑事诉讼中侦查权的划分。
2. 简述我国刑事诉讼中的退回补充侦查的适用。

六、论述题

1. 试述对犯罪嫌疑人的侦查羁押期限。
2. 试述侦查终结的条件。
3. 试析我国刑事诉讼法关于犯罪嫌疑人对侦查人员的提问应当如实回答的规定。
4. 试述律师在侦查阶段的权利。

七、案例分析题

1. 某市检察机关接到群众的举报，称该市工商局局长张某曾挪用一笔国有巨款用于个人炒股。检察机关接到举报后，立刻展开侦查，通过查询刘某个人银行存款、询问相关知情人并未发现重要线索。检察人员为突破此案，未申请搜查证而径行搜查了张某的住宅，结果发现了巨额的股票凭证和其他贵重礼品、存折等物品。基于此，检察机关决定以在其住处发现犯罪证据为由对张某实施刑事拘留，由于时间紧急，检察人员来不及申请拘留证就前往张某的住处将其拘留。拘留后2天，两名检察人员对其进行了讯问，在讯问中张某提出了聘请律师的要求，但提不出聘请的对象，侦查人员认为此种情况可以不予理睬。在张某被拘留过程中，张某的妻子提出由其本人作为张某的辩护人的要求，侦查人员再次以法律不允许为由加以拒绝。为进一步搜集证据，检察人员还将张某的妻子传唤到市招待所内进行了询问，后又以协助调查为由将其软禁在房间内，对外名义为采取监视居住，后由于家属强烈反对和申诉，才予以释放。该案经过几天的侦查，办案人员发现张某并不符合逮捕的条件，遂决定对其取保候审，自行向其家属索要1万元保证金，而将其取保候审。

　　依据刑事诉讼法及相关司法解释，上述检察机关在侦查张某挪用公款一案中有哪些程序错误？

2. 某市检察院反贪局接到一举报线索，局长决定交给检察员张某等人。经过一段时间调查，张某即对被查对象王某进行拘传，后正式对王某立案，并于当日对王某拘留。2日后，张某等办案人员在看守所内对王某进行了第一次讯问，查明王某的基本情况、有无犯罪行为后，讯问结束，张某让王某核对笔录后，在最后一页纸上签字。问：上述张某等办案人员的行为有何违反刑事程序之处？

参考答案

一、单项选择题

1. **答案**：C。本题考查的是各级人民检察院之间对直接受理案件的管辖权转移。《高检规则》第16条规定：“上级人民检察院在必要的时候，可以直接立案侦查或者组织、指挥、参与侦查下级人民检察院管辖的案件。下级人民检察院认为案情重大、复杂，需要由上级人民检察院立案侦查的案件，可以请求移送上级人民检察院立案侦查。”据此，本题BD项说法都是错误的。本题正确答案为C。
2. **答案**：D。本题考查的是传唤和拘传的最长时限。《刑事诉讼法》第119条第2款规定：“传唤、拘传持续的时间不得超过十二小时；案情特别重大、复杂，需要采取拘留、逮捕措施的，传唤、拘传持续的时间不得超过二十四小时。”据此，本题正确答案为D。
3. **答案**：B。本题考查的是强制检查适用的对象。《刑事诉讼法》第132条第1款规定：“为了确定被害人、犯罪嫌疑人的某些特征、伤害情况或者生理状态，可以对人身进行检查，可以提取指纹信息，采集血液、尿液等生物样本。”《刑事诉讼法》第132条第2款规定：“犯罪嫌疑人如果拒绝检查，侦查人员认为必要的时候，可以强制检查。”据此，对被害人，可以进行人身检查，但不能强制检查；对犯罪嫌疑人，可以强制检查。故本题正确答案为B。
4. **答案**：B。本题考查的是有权对尸体决定解剖的机关。《刑事诉讼法》第131条规定：“对于死因不明的尸体，公安机关有权决定解剖，并且通知死者家属到场。”故本题正确答案为B。
5. **答案**：D。《刑事诉讼法》第124条第1款规定：“侦查人员询问证人，可以在现场进行，也可以到证人所在单位、住处或者证人提出的地点进行，在必要的时候，可以通知证人到人民检察院或者公安机关提供证言。在现场询问证人，应当出示工作证件，到证人所在单位、住处或者证人提出的地点询问证人，应当出示人民检察院或者公安机关的证明文件。”对于本题，由于受贿罪属于人民检察院受案范围，因此在本题中，侦查机关是人民检察院，只能通知证人到检察院作证而不能到公安机关作证。所以，通知作为家政服务人员的赵某作证可以到其住所或工作单位，即其所属的家政服务公司，也可以到检察机关，但是不能到公安机关，因此，ABC正确，D项错误。本题为选非题，正确答案为D。
6. **答案**：C。本题考查的是刑事诉讼中的扣押程序。《刑事诉讼法》第145条规定：“对查封、扣押的财物、文件、邮件、电报或者冻结的存款、汇款、债券、股票、基金份额等财产，经查明确实与案件无关的，应当在三日以内解除查封、扣押、冻结，予以退还。”故本题正确答案为C。

7. **答案**：D。选项A错误。《高检规则》第223条规定，为了查明案情，必要时，检察人员可以让被害人、证人和犯罪嫌疑人对与犯罪有关的物品、文件、尸体或场所进行辨认；也可以让被害人、证人对犯罪嫌疑人进行辨认，或者让犯罪嫌疑人对其他犯罪嫌疑人进行辨认。选项B错误。《高检规则》第224条规定，辨认应当在检察人员的主持下进行，主持辨认的检察人员不得少于二人。在辨认前，应当向辨认人详细询问被辨认对象的具体特征，避免辨认人见到被辨认对象，并应当告知辨认人有意作虚假辨认应负的法律责任。据此可知，在辨认前，禁止辨认人见到被辨认的人或被辨认的物。选项C错误，选项D正确。《高检规则》第225条规定，几名辨认人对同一被辨认对象进行辨认时，应当由每名辨认人单独进行。必要时，可以有见证人在场。注意：选项D严格来说不是很严谨，应是必要时"见证人"可以在场，而不是"证人"。

8. **答案**：D。本题考查的是有权批准进行侦查实验的主体。《刑事诉讼法》第135条第1款规定："为了查明案情，在必要的时候，经公安机关负责人批准，可以进行侦查实验。"据此，公安机关受理侦查的案件需要进行侦查实验的，应当由该公安局负责人批准。故本题正确答案为D。

9. **答案**：A。本题考查的是侦查程序。《刑事诉讼法》第39条第3款规定："危害国家安全犯罪、恐怖活动犯罪案件，在侦查期间辩护律师会见在押的犯罪嫌疑人，应当经侦查机关许可。上述案件，侦查机关应当事先通知看守所。"本案甲涉嫌危害国家安全犯罪，律师会见在押的犯罪嫌疑人，应经侦查机关许可，又因本案的侦查机关是国家安全机关，故本题正确答案为A。

10. **答案**：D。本题考查的是有权批准延长侦查羁押期限的机关。《刑事诉讼法》第156条规定："对犯罪嫌疑人逮捕后的侦查羁押期限不得超过二个月。案情复杂、期限届满不能终结的案件，可以经上一级人民检察院批准延长一个月。"故本题正确答案为D。

11. **答案**：B。《六机关规定》第22条规定，根据《刑事诉讼法》第158条①的规定，公安机关在侦查期间，发现犯罪嫌疑人另有重要罪行……重新计算侦查羁押期限的，由公安机关决定，不需要经人民检察院批准，但应当报人民检察院备案，人民检察院可以进行监督。又根据同级原则，关于公安机关在侦查过程中因发现犯罪嫌疑人另有重要罪行需要重新计算侦查羁押期限时，可以自己决定，不需报上级或检察院批准，但是需要报同级人民检察院备案。因此B项正确，ACD错误。故本题正确答案为B。

12. **答案**：B。本题考查的是人民检察院直接受理案件中对被拘留人作出逮捕决定的期限。《刑事诉讼法》第167条规定："人民检察院对直接受理的案件中被拘留的人，认为需要逮捕的，应当在十四日以内作出决定。在特殊情况下，决定逮捕的时间可以延长一日至三日……"故本题正确答案为B。

13. **答案**：B。本题考查的是人民检察院的拘留权。《刑事诉讼法》第165条规定："人民检察院直接受理的案件中符合本法第八十一条、第八十二条第四项、第五项规定情形，需要逮捕、拘留犯罪嫌疑人的，由人民检察院作出决定，由公安机关执行。"据此，人民检察院享有拘留的决定权，但是应由公安机关执行。故本题AD项不正确。C项表述容易让人进入误区，关键点在于"相同"二字，因公安机关与人民检察院决定拘留的期限不同，故C项也不正确。故本题正确答案为B。

14. **答案**：B。本题考查的是有关侦查阶段律师会见在押的犯罪嫌疑人的规定。《刑事诉讼法》第39条第4款规定："辩护律师会见在押的犯罪嫌疑人、被告人，可以了解案件有关情况，提供法律咨询等；自案件移送审查起诉之日起，可以向犯罪嫌疑人、被告人核实有关证据。辩护律师会见犯罪嫌疑人、被告人时不被监听。"据此，本题正确答案为B。

15. **答案**：C。本题考查的是人民检察院对于被拘留人逮捕证据不足的处理。《刑事诉讼法》第166条、第167条规定："人民检察院对直接受理的案件中被拘留的人，应当在拘留后的二十四小时以内进行讯问。在发现不应当拘留的时候，必须立即释放，发给释放证明。""人民检察院对直接受理的案件中被拘留的人，认为需要逮捕的，应当在十四日以内作出决定。在特殊情况下，决定逮捕的时间可以延长一日至三日。对不需要逮捕的，应当立即释放；对需要继续侦查，并且符合取保候审、监视居住条件的，依法取保候审或者监视居住。"据此，本题正确答案为C。

16. **答案**：B。本题考查的是侦查羁押期限的延长。《刑事诉讼法》第158条规定："下列案件在本法

① 编者注：指《刑事诉讼法》（2012年）第158条，对应现行《刑事诉讼法》第160条。

第一百五十六条规定的期限届满不能侦查终结的，经省、自治区、直辖市人民检察院批准或者决定，可以延长二个月：……（二）重大的犯罪集团案件……”据此，本题正确答案为B。

17. 答案：D。本题考查的是侦查羁押期限的延长。《刑事诉讼法》第156条规定：“对犯罪嫌疑人逮捕后的侦查羁押期限不得超过二个月。案情复杂、期限届满不能终结的案件，可以经上一级人民检察院批准延长一个月。”第158条规定：“下列案件在本法第一百五十六条规定的期限届满不能侦查终结的，经省、自治区、直辖市人民检察院批准或者决定，可以延长二个月：……”第159条规定：“对犯罪嫌疑人可能判处十年有期徒刑以上刑罚，依照本法第一百五十八条规定延长期限届满，仍不能侦查终结的，经省、自治区、直辖市人民检察院批准或者决定，可以再延长二个月。”据此，可能判处10年有期徒刑以上刑罚的犯罪嫌疑人经过3次延长后，最长可羁押7个月。故本题正确答案为D。

18. 答案：C。本题考查的是有权决定鉴定的主体。《高检规则》第218条第2款规定：“鉴定由人民检察院有鉴定资格的人员进行。必要时，也可以聘请其他有鉴定资格的人员进行，但是应当征得鉴定人所在单位同意。”据此，本题正确答案为C。

19. 答案：C。本题考查的是刑事诉讼中的外交特权与豁免。根据有关公约和国际习惯法的规定，一国的驻外外交机构如使馆享有不可侵犯权和豁免权。未经该机构负责人的同意，所在国司法、警察人员不得擅自闯入，即使是为了执行职务，也没有例外。故本题正确答案为C。

20. 答案：C。本题考查的是特殊情况下侦查羁押期限的计算。《刑事诉讼法》第160条第2款规定：“犯罪嫌疑人不讲真实姓名、住址，身份不明的，应当对其身份进行调查，侦查羁押期限自查清其身份之日起计算，但是不得停止对其犯罪行为的侦查取证。对于犯罪事实清楚，证据确实、充分，确实无法查明其身份的，也可以按其自报的姓名起诉、审判。”故本题正确答案为C。

21. 答案：B。《刑事诉讼法》第128条规定，侦查人员对于与犯罪有关的场所、物品、人身、尸体应当进行勘验或者检查。在必要的时候，可以指派或者聘请具有专门知识的人，在侦查人员的主持下进行勘验、检查。故A项的错误在于，具有专门知识的人，也可以进行勘验、检查。《刑事诉讼法》第130条规定，侦查人员执行勘验、检查，必须持有人民检察院或者公安机关的证明文件。故B项正确。《刑事诉讼法》第132条第3款规定，检查妇女的身体，应当由女工作人员或者医师进行。故C项的错误在于，不是“女医师”，而是“医师”。《刑事诉讼法解释》第86条第1款、第2款规定，在勘验、检查、搜查过程中提取、扣押的物证、书证，未附笔录或者清单，不能证明物证、书证来源的，不得作为定案的根据。物证、书证的收集程序、方式有下列瑕疵，经补正或者作出合理解释的，可以采用：(1) 勘验、检查、搜查、提取笔录或者扣押清单上没有侦查人员、物品持有人、见证人签名，或者对物品的名称、特征、数量、质量等注明不详的；(2) 物证的照片、录像、复制品，书证的副本、复制件未注明与原件核对无异，无复制时间，或者无被收集、调取人签名的；(3) 物证的照片、录像、复制品，书证的副本、复制件没有制作人关于制作过程和原物、原件存放地点的说明，或者说明中无签名的；(4) 有其他瑕疵的。故D项不正确。本题的正确答案为B项。

22. 答案：A。侦查羁押期限延长的批准。根据《刑事诉讼法》第156条规定，对犯罪嫌疑人逮捕后的侦查羁押期限不得超过2个月。案情复杂、期限届满不能终结的案件，可以经上一级人民检察院批准延长1个月。第158条规定，下列案件在本法第156条规定的期限届满不能侦查终结的，经省、自治区、直辖市人民检察院批准或者决定，可以延长2个月：(1) 交通十分不便的边远地区的重大复杂案件；(2) 重大的犯罪集团案件；(3) 流窜作案的重大复杂案件；(4) 犯罪涉及面广，取证困难的重大复杂案件。黄某的批捕决定由甲市检察院作出，因此第一次延长应当由甲市检察院的上级检察院作出。故本题选A。

23. 答案：B。《刑事诉讼法解释》第277条规定，审判期间，合议庭发现被告人可能有自首、坦白、立功等法定量刑情节，而人民检察院移送的案卷中没有相关证据材料的，应当通知人民检察院移送。审判期间，被告人提出新的立功线索的，人民法院可以建议人民检察院补充侦查。

24. 答案：B。A项说法错误。搜查可以对人身进行，也可以对被搜查人的住处、物品和其他有关场所进行。检查的对象是活人的身体，勘验的对象是现场、物品和尸体。B项说法正确。搜查只能由公安机关或者人民检察院的侦查人员进行，其他任何机关、单位和个人都无权对公民人身和住宅进行搜查。对被害人、犯罪嫌疑人进行人身检查，必须由侦查人员进行。必要时也可以在侦查人员主持下，聘请法医或医师严格依法进行。C项说法错误。《刑事诉讼法》第130条规定，侦查人员执行勘验、检查，必须持有人民检察院或者公安机关的证明文件。D项说法错误。《刑事诉讼法》第132条第2款规定，犯罪嫌疑人如果拒绝检查，侦查人员认为必要的时候，可以强制检查。可见，并不是对任何对象都可以强制进行。

25. 答案：B。依据《刑事诉讼法解释》第277条规定："审判期间，合议庭发现被告人可能有自首、坦白、立功等法定量刑情节，而人民检察院移送的案卷中没有相关证据材料的，应当通知人民检察院移送。审判期间，被告人提出新的立功线索的，人民法院可以建议人民检察院补充侦查。"从法条直接可知本题正确答案为B。

26. 答案：B。本题考查辨认。依据《公安机关办理刑事案件程序规定》第260条的规定，辨认时，应当将辨认对象混杂在特征相类似的其他对象中，不得在辨认前向辨认人展示辨认对象及其影像资料，不得给辨认人任何暗示。辨认犯罪嫌疑人时，被辨认的人数不得少于7人；对犯罪嫌疑人照片进行辨认的，不得少于10人的照片。辨认物品时，混杂的同类物品不得少于5件；对物品的照片进行辨认的，不得少于10个物品的照片。对场所、尸体等特定辨认对象进行辨认，或者辨认人能够准确描述物品独有特征的，陪衬物不受数量的限制。本题的A项中让犯罪嫌疑人对被害人进行"一对一"的辨认，被辨认的对象不符合规定，该项错误。B项辨认的对象是现场，无须混杂辨认，该项正确。依据《公安机关办理刑事案件程序规定》第259条第2款的规定，几名辨认人对同一辨认对象进行辨认时，应当由辨认人个别进行。故C项中集体辨认是错误的，应当个别辨认。依据《高检规则》第226条第1款、第2款、第3款的规定，辨认时，应当将辨认对象混杂在其他对象中，不得给辨认人任何暗示。辨认犯罪嫌疑人时，被辨认的人数不得少于7人，照片不得少于10张。辨认物品时，同类物品不得少于5件，照片不得少于5张。D项中的刑讯逼供案是检察院侦查的案件，被辨认的照片只有4张，不符合规定，该项错误。本题的正确答案为B项。

二、多项选择题

1. 答案：ABD。本题考查的是讯问的程序和方法。《刑事诉讼法》第121条规定："讯问聋、哑的犯罪嫌疑人，应当有通晓聋、哑手势的人参加，并且将这种情况记明笔录。"故本题A项正确。《刑事诉讼法》第281条第1款规定："对于未成年人刑事案件，在讯问和审判的时候，应当通知未成年犯罪嫌疑人、被告人的法定代理人到场。无法通知、法定代理人不能到场或者法定代理人是共犯的，也可以通知未成年犯罪嫌疑人、被告人的其他成年亲属，所在学校、单位、居住地基层组织或者未成年人保护组织的代表到场，并将有关情况记录在案。到场的法定代理人可以代为行使未成年犯罪嫌疑人、被告人的诉讼权利。"故本题B项正确。《刑事诉讼法》第122条规定："讯问笔录应当交犯罪嫌疑人核对，对于没有阅读能力的，应当向他宣读。如果记载有遗漏或者差错，犯罪嫌疑人可以提出补充或者改正。犯罪嫌疑人承认笔录没有错误后，应当签名或者盖章。侦查人员也应当在笔录上签名……"据此，对于没有阅读能力的犯罪嫌疑人，"应当"向他宣读，而不是"可以"，故本题C项不正确，D项正确。综上，本题正确答案为ABD。

2. 答案：ABD。本题考查的是某些侦查活动的程序。《刑事诉讼法》第129条规定："任何单位和个人，都有义务保护犯罪现场，并且立即通知公安机关派员勘验。"故本题A项正确。《刑事诉讼法》第130条规定：侦查人员执行勘验、检查，必须持有人民检察院或者公安机关的证明文件。故本题B项正确。根据《刑事诉讼法》第128条的规定，公安机关必要时可以指派或聘请具有专门知识的人进行勘验，但必须是在侦查人员的主持下进行。故本题C项不正确。《刑事诉讼法》第131条规定："对于死因不明的尸体，公安机关有权决定解剖，并且通知死者家属到场。"故本题D项正确。

3. 答案：ABCD。本题考查的是勘验、检查的对象。《刑事诉讼法》第128条规定："侦查人员对于与犯罪有关的场所、物品、人身、尸体应当进行勘验或者检查。在必要的时候，可以指派或者聘请具有专门知识的人，在侦查人员的主持下进行勘验、检查。"据此，勘验、检查的对象包括：与犯罪有关的场所、物品、人身、尸体。故本题正确答案为ABCD。

4. 答案：AC。《刑事诉讼法》第130条规定，侦查人员执行勘验、检查，必须持有人民检察院或者公安机关的证明文件。因此，A项说法正确。第132条第2款规定，犯罪嫌疑人如果拒绝检查，侦查人员认为必要的时候，可以强制检查。据此，对犯罪嫌疑人在必要的时候可以强制检查，但是对于被害人不能强制检查。因此，B项说法错误。第128条规定，侦查人员对于与犯罪有关的场所、物品、人身、尸体应当进行勘验或者检查。在必要的时候，可以指派或者聘请具有专门知识的人，在侦查人员的主持下进行勘验、检查。勘验和检查的性质相同，但是对象不同，勘验的对象是现场、物品和尸体，而检查的对象是活人的身体。因此，C 项说法正确，D 项说法错误。综上，本题的正确答案是 AC。

5. **答案**：AB。本题考查的是检查程序。《刑事诉讼法》第 132 条第 1 款规定："为了确定被害人、犯罪嫌疑人的某些特征、伤害情况或者生理状态，可以对人身进行检查，可以提取指纹信息，采集血液、尿液等生物样本。"据此，只有为了确定被害人、犯罪嫌疑人的某些特征、伤害情况或者生理状态，才可以进行人身检查。故本题 A 项正确。《刑事诉讼法》第 132 条第 2 款规定："犯罪嫌疑人如果拒绝检查，侦查人员认为必要的时候，可以强制检查。"据此，对被害人进行人身检查，不得强制进行；对犯罪嫌疑人进行人身检查，在必要时可以强制进行。故本题 B 项正确。《刑事诉讼法》第 132 条第 3 款规定："检查妇女的身体，应当由女工作人员或者医师进行。"故本题 CD 项错误。

6. **答案**：ABCD。本题考查的是刑事诉讼中侦查实验的要求。《刑事诉讼法》第 135 条第 1 款规定："为了查明案情，在必要的时候，经公安机关负责人批准，可以进行侦查实验。"故本题正确答案为 ABCD。

7. **答案**：BCD。本题考查的是搜查程序。《刑事诉讼法》第 138 条规定："进行搜查，必须向被搜查人出示搜查证。在执行逮捕、拘留的时候，遇有紧急情况，不另用搜查证也可以进行搜查。"故本题 A 项不正确，CD 项正确。《刑事诉讼法》第 140 条规定："搜查的情况应当写成笔录，由侦查人员和被搜查人或者他的家属，邻居或者其他见证人签名或者盖章。如果被搜查人或者他的家属在逃或者拒绝签名、盖章，应当在笔录上注明。"故本题 B 项正确。综上，本题正确答案为 BCD。

8. **答案**：AB。本题考查的是侦查措施。《刑事诉讼法》第 144 条规定："人民检察院、公安机关根据侦查犯罪的需要，可以依照规定查询、冻结犯罪嫌疑人的存款、汇款、债券、股票、基金份额等财产。有关单位和个人应当配合。犯罪嫌疑人的存款、汇款、债券、股票、基金份额等财产已被冻结的，不得重复冻结。"故本题正确答案为 AB。

9. **答案**：ABCD。本题考查的是侦查中委托律师的程序。《刑事诉讼法》第 34 条第 1 款规定："犯罪嫌疑人自被侦查机关第一次讯问或者采取强制措施之日起，有权委托辩护人；在侦查期间，只能委托律师作为辩护人。被告人有权随时委托辩护人。"本题 ABCD 项正确。综上，本题全选。

10. **答案**：BC。《刑事诉讼法》第 86 条规定，公安机关对被拘留的人，应当在拘留后的 24 小时以内进行讯问。在发现不应当拘留的时候，必须立即释放，发给释放证明。《刑事诉讼法》第 118 条第 2 款规定，犯罪嫌疑人被送交看守所羁押以后，侦查人员对其进行讯问，应当在看守所内进行。所以，BC 项均正确。《刑事诉讼法》第 119 条第 1 款规定，对不需要逮捕、拘留的犯罪嫌疑人，可以传唤到犯罪嫌疑人所在市、县内的指定地点或者到他的住处进行讯问，但是应当出示人民检察院或者公安机关的证明文件。对在现场发现的犯罪嫌疑人，经出示工作证件，可以口头传唤，但应当在讯问笔录中注明。由此可见，在拘留犯罪嫌疑人之前，可以对其进行传唤并讯问，故 A 项不正确。对于被指定居所监视居住的犯罪嫌疑人，是"可以"而不是"应当"在指定的居所进行讯问。故 D 项不正确。本题的正确答案为 BC 两项。

11. **答案**：ABD。本题考查的是侦查羁押期限的计算。根据《刑事诉讼法》第 160 条的规定，如果侦查期间发现犯罪嫌疑人另有重要罪行的，重新计算羁押期限。故本题 A 项正确。《刑事诉讼法》第 160 条第 2 款规定："犯罪嫌疑人不讲真实姓名、住址，身份不明的，应当对其身份进行调查，侦查羁押期限自查清其身份之日起计算……"故本题 B 项正确。《六机关规定》第 40 条规定："刑事诉讼法第一百四十七条规定：'对犯罪嫌疑人作精神病鉴定的期间不计入办案期限。'根据上述规定，犯罪嫌疑人、被告人在押的案件，除对犯罪嫌疑人、被告人的精神病鉴定期间不计入办案期限外，其他鉴定期间都应当计入办案期限。对于因鉴定时间较长，办案期限届满仍不能终结的案件，自期限届满之日起，应当对被羁押的犯罪嫌疑人、被告人变更强制措施，改为取保候审或者监视居住。"故本题 C 项不正确，D 项正确。

12. **答案**：AC。本题考查的是鉴定程序。根据《刑事诉讼法》第 148 条的规定，犯罪嫌疑人可以申请补充鉴定或者重新鉴定，被害人也可以提出同样的申请。故本题 A 项、B 项正确，D 项不正确。《刑事诉讼法》第 149 条规定："对犯罪嫌疑人作精神病鉴定的期间不计入办案期限。"故本题 C 项正确。

13. **答案**：BC。本题考查的是公安机关侦查终结、移送审查起诉的证明要求。《刑事诉讼法》第 162 条规定："公安机关侦查终结的案件，应当做到犯罪事实清楚，证据确实、充分，并且写出起诉意见书，连同案卷材料、证据一并移送同级人民检察院审查决定；同时将案件移送情况告知犯罪嫌疑人及其辩护律师……”据此，本题正确答案为BC。

14. **答案**：AD。本题考查的是讯问犯罪嫌疑人的主体。《刑事诉讼法》第118条规定：“讯问犯罪嫌疑人必须由人民检察院或者公安机关的侦查人员负责进行。讯问的时候，侦查人员不得少于二人……”据此，本题正确答案为AD。

15. **答案**：ACD。本题考查的是侦查中的勘验检查的种类。《刑事诉讼法》第128条规定：“侦查人员对于与犯罪有关的场所、物品、人身、尸体应当进行勘验或者检查……”第135条第1款规定：“为了查明案情，在必要的时候，经公安机关负责人批准，可以进行侦查实验。”据此，侦查中的勘验检查可以分为：人身检查、物证检查、侦查实验。故本题正确答案为ACD。

16. **答案**：ABD。本题考查的是搜查的对象。《刑事诉讼法》第136条规定：“为了收集犯罪证据、查获犯罪人，侦查人员可以对犯罪嫌疑人以及可能隐藏罪犯或者犯罪证据的人的身体、物品、住处和其他有关的地方进行搜查。”据此，本题正确答案为ABD。

17. **答案**：AC。本题考查的是搜查的目的。《刑事诉讼法》第136条规定：“为了收集犯罪证据、查获犯罪人，侦查人员可以对犯罪嫌疑人以及可能隐藏罪犯或者犯罪证据的人的身体、物品、住处和其他有关的地方进行搜查。”据此，本题正确答案为AC。

18. **答案**：ABCD。本题考查的是任何单位和个人提供证据材料的义务。《刑事诉讼法》第137条规定：“任何单位和个人，有义务按照人民检察院和公安机关的要求，交出可以证明犯罪嫌疑人有罪或者无罪的物证、书证、视听资料等证据。”据此，本题正确答案为ABCD。

19. **答案**：ABCD。本题考查的是搜查程序。《刑事诉讼法》第139条第1款规定：“在搜查的时候，应当有被搜查人或者他的家属，邻居或者其他见证人在场。”据此，本题正确答案为ABCD。

20. **答案**：BC。本题考查的是精神病和人身伤害的医学鉴定程序。《刑事诉讼法》第147条规定：“鉴定人进行鉴定后，应当写出鉴定意见，并且签名。鉴定人故意作虚假鉴定的，应当承担法律责任。”据此，本题正确答案为BC。

21. **答案**：AD。本题考查的是沉默权。犯罪嫌疑人始终保持沉默，只能表明其认罪态度不好，而不能成为定罪的根据。始终沉默不影响定罪，但如果构成犯罪的，可能影响量刑。故本题A项正确，B项不正确。《刑事诉讼法》第55条规定：“……没有被告人供述，证据确实、充分的，可以认定被告人有罪和处以刑罚……”故本题C项不正确，D项正确。

22. **答案**：BCD。本题考查的是延长侦查羁押期限的情况。《刑事诉讼法》第158条规定：“下列案件在本法第一百五十六条规定的期限届满不能侦查终结的，经省、自治区、直辖市人民检察院批准或者决定，可以延长二个月：（一）交通十分不便的边远地区的重大复杂案件；（二）重大的犯罪集团案件；（三）流窜作案的重大复杂案件；（四）犯罪涉及面广，取证困难的重大复杂案件。”故本题正确答案为BCD。

23. **答案**：ABC。《刑事诉讼法》第90条规定，人民检察院对于公安机关提请批准逮捕的案件进行审查后，应当根据情况分别作出批准逮捕或者不批准逮捕的决定。对于批准逮捕的决定，公安机关应当立即执行，并且将执行情况及时通知人民检察院。对于不批准逮捕的，人民检察院应当说明理由，需要补充侦查的，应当同时通知公安机关。故A项正确。《刑事诉讼法》第175条第2款规定，人民检察院审查案件，对于需要补充侦查的，可以退回公安机关补充侦查，也可以自行侦查。第3款规定，对于补充侦查的案件，应当在1个月以内补充侦查完毕。补充侦查以二次为限。补充侦查完毕移送人民检察院后，人民检察院重新计算审查起诉期限。故B项正确。《高检规则》第422条规定，在审判过程中，对于需要补充提供法庭审判所必需的证据或者补充侦查的，人民检察院应当自行收集证据和进行侦查，必要时可以要求监察机关或者公安机关提供协助；也可以书面要求监察机关或者公安机关补充提供证据。人民检察院补充侦查，适用本规则第六章、第九章、第十章的规定。补充侦查不得超过1个月。C项正确。《刑事诉讼法解释》第277条第2款规定，审判期间，被告人提出新的立功线索的，人民法院可以建议人民检察院补充侦查。故D项错误。

24. **答案**：AC。《刑事诉讼法》第245条第1款规定，公安机关、人民检察院和人民法院对查封、扣押、冻结的犯罪嫌疑人、被告人的财物及其孳息，应当妥善保管，以供核查，并制作清单，随案移送。任何单位和个人不得挪用或者自行处理。对被害人的合法财产，应当及时返还。对违禁品或者不宜长期保存的物品，应当依照国家有关规定处理。第2款规定，对作为证据使用的实物应当随案移送，对不宜移送的，应当将其清单、照片或者其他证明文件随案移送。第3款规定，人民法院作出的判决，应当对查封、扣押、冻结的财物及其孳息作出处理。第4款规定，人民法院作出的判决生效以后，有关机关应当根据判决对查封、扣押、冻结的财物及其孳息进行处理。对查封、扣押、冻结的赃款赃物及其孳息，除依法返还被害人的以外，一律上缴国库。选项C正确。B项中海洛因作为违禁品应当按照国家规定及时处理而不能随案移送，故B项错误。A项中，被害人李四的电视机应当及时返还，正确。《高检规则》第248条规定："人民检察院撤销案件时，对犯罪嫌疑人的违法所得及其他涉案财产应当区分不同情形，作出相应处理：(一) 因犯罪嫌疑人死亡而撤销案件，依照刑法规定应当追缴其违法所得及其他涉案财产的，按照本规则第十二章第四节的规定办理。(二) 因其他原因撤销案件，对于查封、扣押、冻结的犯罪嫌疑人违法所得及其他涉案财产需要没收的，应当提出检察意见，移送有关主管机关处理。(三) 对于冻结的犯罪嫌疑人存款、汇款、债券、股票、基金份额等财产需要返还被害人的，可以通知金融机构、邮政部门返还被害人；对于查封、扣押的犯罪嫌疑人的违法所得及其他涉案财产需要返还被害人的，直接决定返还被害人。人民检察院申请人民法院裁定处理犯罪嫌疑人涉案财产的，应当向人民法院移送有关案卷材料。"D项中因犯罪嫌疑人死亡而撤销案件，可以申请法院裁定，而不是应当由检察院直接做出处理，因此D项错误。综上，本题正确答案为AC。

25. 答案：AB。《刑事诉讼法》第150条规定："公安机关在立案后，对于危害国家安全犯罪、恐怖活动犯罪、黑社会性质的组织犯罪、重大毒品犯罪或者其他严重危害社会的犯罪案件，根据侦查犯罪的需要，经过严格的批准手续，可以采取技术侦查措施。人民检察院在立案后，对于利用职权实施的严重侵犯公民人身权利的重大犯罪案件，根据侦查犯罪的需要，经过严格的批准手续，可以采取技术侦查措施，按照规定交有关机关执行。追捕被通缉或者批准、决定逮捕的在逃的犯罪嫌疑人、被告人，经过批准，可以采取追捕所必需的技术侦查措施。"故选项AB符合相关法律规定。人民检察院有决定权，但没有执行权，故选项C错误。第154条规定："依照本节规定采取侦查措施收集的材料在刑事诉讼中可以作为证据使用。如果使用该证据可能危及有关人员的人身安全，或者可能产生其他严重后果的，应当采取不暴露有关人员身份、技术方法等保护措施，必要的时候，可以由审判人员在庭外对证据进行核实。"选项D不符合法律规定。综上，本题正确答案为AB。

三、不定项选择题

1. 答案：(1) ABCD。公安机关在进行现场勘验时，在必要时可以聘请或指派具有专业知识的人员在侦查人员的主持下进行勘验。

(2) C。公安机关在侦查过程中，发现犯罪嫌疑人有重要罪行的，重新计算羁押期限的，无须检察院批准，但是要报人民检察院备案。

(3) ABC。犯罪嫌疑人及其法定代理人、近亲属可以为之申请取保候审。犯罪嫌疑人被逮捕的，聘请的律师可以为其申请取保候审。

(4) ACD。律师在侦查阶段的权利是极为有限的，我国《刑事诉讼法》第34条、第38条和第39条规定："犯罪嫌疑人自被侦查机关第一次讯问或者采取强制措施之日起，有权委托辩护人；在侦查期间，只能委托律师作为辩护人。被告人有权随时委托辩护人。侦查机关在第一次讯问犯罪嫌疑人或者对犯罪嫌疑人采取强制措施的时候，应当告知犯罪嫌疑人有权委托辩护人。人民检察院自收到移送审查起诉的案件材料之日起三日以内，应当告知犯罪嫌疑人有权委托辩护人。人民法院自受理案件之日起三日以内，应当告知被告人有权委托辩护人。犯罪嫌疑人、被告人在押期间要求委托辩护人的，人民法院、人民检察院和公安机关应当及时转达其要求。犯罪嫌疑人、被告人在押的，也可以由其监护人、近亲属代为委托辩护人。辩护人接受犯罪嫌疑人、被告人委托后，应当及时告知办理案件的机关。""辩护律师在侦查期间可以为犯罪嫌疑人提供法律帮助；代理申诉、控告；申请变更强制措施；向侦查机关了解犯罪嫌疑人涉嫌的罪名和案件有关情况，提出意见。""辩护律师可以同在押的犯罪嫌疑人、被告人会见和通信。其他辩护人经人民法院、人民检察院许可，也可以同在押的犯罪嫌疑人、被告人会见和通信。辩护律师持律师执业证书、律师事务所证明和委托书或者法律援助公函要求会见在押的犯罪嫌疑人、被告人的，看守所应当及时安排会见，至迟不得超过四十八小时。危害国家安全犯罪、恐怖活动犯罪案件，在侦查期间辩护律师会见在押的犯罪嫌疑人，应当经侦查机关许可。上述案件，侦查机关应当事先通知看守所。辩护律师会见在押的犯罪嫌疑人、被告人，可以了解案件有关情况，提供法律咨询等；自案件移送审查起诉之日起，可以向犯罪嫌疑人、被告人核实有关证据。辩护律师会见犯罪嫌疑人、被告人时不被监听。辩护律师同被监视居住的犯罪嫌疑人、被告人会见、通信，适用第一款、第三款、第四款的规定。”

2. 答案：（1）ABD。《公安机关办理刑事案件程序规定》第259条规定，辨认应当在侦查人员的主持下进行。主持辨认的侦查人员不得少于2人。几名辨认人对同一辨认对象进行辨认时，应当由辨认人个别进行。《公安机关办理刑事案件程序规定》第260条规定，辨认时，应当将辨认对象混杂在特征相类似的其他对象中，不得在辨认前向辨认人展示辨认对象及其影像资料，不得给辨认人任何暗示。辨认犯罪嫌疑人时，被辨认的人数不得少于7人；对犯罪嫌疑人照片进行辨认的，不得少于10人的照片。辨认物品时，混杂的同类物品不得少于5件；对物品的照片进行辨认的，不得少于10个物品的照片。对场所、尸体等特定辨认对象进行辨认，或者辨认人能够准确描述物品独有特征的，陪衬物不受数量的限制。本题A项中，在辨认尸体时，只将李某尸体与另一尸体作为辨认对象，这种做法是合法的，故A项正确。B项表述也正确。C项的错误在于，“将石某混杂在5名人员中”，被辨认对象的数量不符合规定。《公安机关办理刑事案件程序规定》第261条规定，对犯罪嫌疑人的辨认，辨认人不愿意公开进行时，可以在不暴露辨认人的情况下进行，并应当为其保守秘密。故D项正确。本题的正确答案为ABD三项。

（2）D。《刑事诉讼法解释》第104条、第105条规定，对辨认笔录应当着重审查辨认的过程、方法，以及辨认笔录的制作是否符合有关规定。辨认笔录具有下列情形之一的，不得作为定案的根据：①辨认不是在调查人员、侦查人员主持下进行的；②辨认前使辨认人见到辨认对象的；③辨认活动没有个别进行的；④辨认对象没有混杂在具有类似特征的其他对象中，或者供辨认的对象数量不符合规定的；⑤辨认中给辨认人明显暗示或者明显有指认嫌疑的；⑥违反有关规定、不能确定辨认笔录真实性的其他情形。《关于办理死刑案件审查判断证据若干问题的规定》第30条规定，侦查机关组织的辨认，存在下列情形之一的，应当严格审查，不能确定其真实性的，辨认结果不能作为定案的根据：①辨认不是在侦查人员主持下进行的；②辨认前使辨认人见到辨认对象的；③辨认人的辨认活动没有个别进行的；④辨认对象没有混杂在具有类似特征的其他对象中，或者供辨认的对象数量不符合规定的；尸体、场所等特定辨认对象除外。⑤辨认中给辨认人明显暗示或者明显有指认嫌疑的。有下列情形之一的，通过有关办案人员的补正或者作出合理解释的，辨认结果可以作为证据使用：①主持辨认的侦查人员少于二人的；②没有向辨认人详细询问辨认对象的具体特征的；③对辨认经过和结果没有制作专门的规范的辨认笔录，或者辨认笔录没有侦查人员、辨认人、见证人的签名或者盖章的；④辨认记录过于简单，只有结果没有过程的；⑤案卷中只有辨认笔录，没有被辨认对象的照片、录像等资料，无法获悉辨认的真实情况的。故ABC三项均错误。D项正确。

3. 答案：ACD。《刑事诉讼法》第151条规定，批准决定应当根据侦查犯罪的需要，确定采取技术侦查措施的种类和适用对象。批准决定自签发之日起3个月以内有效。对于不需要继续采取技术侦查措施的，应当及时解除；对于复杂、疑难案件，期限届满仍有必要继续采取技术侦查措施的，经过批准，有效期可以延长，每次不得超过3个月。故B项错误。《刑事诉讼法》第153条规定，为了查明案情，在必要的时候，经公安机关负责人决定，可以由有关人员隐匿其身份实施侦查。但是，不得诱使他人犯罪，不得采用可能危害公共安全或者发生重大人身危险的方法。对涉及给付毒品等违禁品或者财物的犯罪活动，公安机关根据侦查犯罪的需要，可以依照规定实施控制下交付。因此，A项正确。C项的表述也正确，因为只有在立案之后的侦查阶段，才可以实施控制下交付这一秘密侦查手段。《刑事诉讼法》第154条规定，依照本节规定采取侦查措施收集的材料在刑事诉讼中可以作为证据使用。如果使用该证据可能危及有关人员的人身安全，或者可能产生其他严重后果的，应当采取不暴露有关人员身份、技术方法等保护措施，必要的时候，可以由审判人员在庭外对证据进行核实。故D项表述正确。

4. 答案：ACD。本题考查讯问犯罪嫌疑人、询问被害人、勘查、查封。《公安机关办理刑事案件程序规定》第208条第1款、第2款规定，讯问犯罪嫌疑人，在文字记录的同时，可以对讯问过程进行录音录像。对于可能判处无期徒刑、死刑的案件或者其他重大犯罪案件，应当对讯问过程进行录音录像。前款规定的“可能判处无期徒刑、死刑的案件”，是指应当适用的法定刑或者量刑档次包含无期徒刑、死刑的案件。“其他重大犯罪案件”，是指致人重伤、死亡的严重危害公共安全犯罪、严重侵犯公民人身权利犯罪，以及黑社会性质组织犯罪、严重毒品犯罪等重大故意犯罪案件。故A项正确。因为讯问犯罪嫌疑人和询问被害人的程序有差异，所以，不得在讯问乙的过程中一并收集乙作为非法拘禁案的被害人的陈述。故B项错误。《公安机关办理刑事案件程序规定》第216条规定，勘查现场，应当拍摄现场照片、绘制现场图，制作笔录，由参加勘查的人和见证人签名。对重大案件的现场，应当录音录像。故C项正确。《公安机关办理刑事案件程序规定》第228条规定，在侦查过程中需要扣押财物、文件的，应当经办案部门负责人批准，制作扣押决定书；在现场勘查或者搜查中需要扣押财物、文件的，由现场指挥人员决定；但扣押财物、文件价值较高或者可能严重影响正常生产经营的，应当经县级以上公安机关负责人批准，制作扣押决定书。在侦查过程中需要查封土地、房屋等不动产，或者船舶、航空器以及其他不宜移动的大型机器、设备等特定动产的，应当经县级以上公安机关负责人批准并制作查封决定书。故D项正确。

5. **答案**：AC。本题考查询问被害人地点、其他合适成年人到场、侦查实验、见证人。《刑事诉讼法》第124条第1款规定，侦查人员询问证人，可以在现场进行，也可以到证人所在单位、住处或者证人提出的地点进行，在必要的时候，可以通知证人到人民检察院或者公安机关提供证言。在现场询问证人，应当出示工作证件，到证人所在单位、住处或者证人提出的地点询问证人，应当出示人民检察院或者公安机关的证明文件。本题A项中的“学校”是现场，所以经出示工作证件，侦查人员可在学校询问甲。故A项正确。

《刑事诉讼法》第281条规定，对于未成年人刑事案件，在讯问和审判的时候，应当通知未成年犯罪嫌疑人、被告人的法定代理人到场。无法通知、法定代理人不能到场或者法定代理人是共犯的，也可以通知未成年犯罪嫌疑人、被告人的其他成年亲属，所在学校、单位、居住地基层组织或者未成年人保护组织的代表到场，并将有关情况记录在案。到场的法定代理人可以代为行使未成年犯罪嫌疑人、被告人的诉讼权利。由此可见，只有到场的法定代理人才能代为行使未成年犯罪嫌疑人、被告人的诉讼权利，此处的“学校的其他老师”是其他合适的成年人，不能代为行使乙的诉讼权利。故B项错误。

《刑事诉讼法》第80条第1款、第3款规定，为了查明案情，在必要的时候，经公安机关负责人批准，可以进行侦查实验。侦查实验，禁止一切足以造成危险、侮辱人格或者有伤风化的行为。本题C项中“通过侦查实验确定甲能否在其所描述的时间、地点看到杨某猥亵丙”，不会造成危险、侮辱人格或者有伤风化的行为，故可以侦查实验。因此，C项正确。

《刑事诉讼法解释》第80条第1款规定：“下列人员不得担任见证人：（一）生理上、精神上有缺陷或者年幼，不具有相应辨别能力或者不能正确表达的人；（二）与案件有利害关系，可能影响案件公正处理的人；（三）行使勘验、检查、搜查、扣押、组织辨认等监察调查、刑事诉讼职权的监察、公安、司法机关的工作人员或者其聘用的人员。”本题D项中，许某和杨某之间有利害关系，故不得担任见证人。因此，D项错误。

本题的正确答案为AC两项。

四、名词解释

1. **答案**：侦查模式是指在侦查程序中不同主体之间的诉讼地位与相互关系。现代世界各国包括审问式与弹劾式两种基本的侦查模式。审问式侦查模式又称为职权主义的侦查模式，主要为大陆法系国家所采用，注重发挥侦查机关在刑事诉讼中的职权作用，而不强调犯罪嫌疑人的积极性。弹劾式侦查模式也称为当事人主义的侦查模式或者抗辩式的侦查模式，主要为英美法系国家所采用，强调侦查机关和犯罪嫌疑人在侦查中作为地位平等的双方当事人的对立、抗辩，主张法官以第三者身份介入侦查，监督制约侦查活动的进程。

2. **答案**：勘验、检查是指侦查人员对于与犯罪有关的场所、物品、尸体或者人身进行勘验、检验或者检查，以便发现和收集犯罪活动所遗留的各种痕迹和物品的一种侦查活动。勘验与检查的性质相同，但适用对象不同。勘验的对象是现场、物品和尸体，而检查的对象是活人的身体。

3. **答案**：现场勘查是指侦查人员对犯罪分子实施犯罪的地点以及遗留有犯罪痕迹和物品的场所进行勘查的一种侦查活动。现场勘查主要包括以下几项工作：对现场及其周围的事主、被害人、证人进行现场调查；实地勘查犯罪场所；制作勘查笔录；对现场进行处理，发现和提取犯罪证据等。

4. **答案**：侦查实验是指为了确定与案件有关的某一事件或者事实在某种条件下能否发生或者怎样发生而按照原来的条件，将该事件或者事实加以重演或者进行实验的一种侦查活动。侦查实验是审查证人证言、被害人陈述、犯罪嫌疑人供述和辩解是否符合实际情况，是否客观真实，能否作为定案根据的一种有效方法，可以为侦查人员判明案情，认定案件事实提供可靠的依据。

5. **答案**：辨认是指在侦查人员的主持下，由被害人、犯罪嫌疑人或者证人对于犯罪有关的物品、文件、尸体、场所或者犯罪嫌疑人进行辨别和确认的一种侦查活动。侦查人员通过辨认活动，可以对于犯罪有关的物品、文件、尸体、场所的真实性以及死者的身份情况和犯罪嫌疑人是否为作案人予以辨别确认，从而为侦查工作提供线索和证据，进而有利于查明案情，正确认定案件事实，迅速查获犯罪人，为侦查破案提供重要依据。

五、简答题

1. 答案：侦查权是进行刑事追究之权，有一定的强制性，只能由国家专门机关和部门行使。根据我国刑事诉讼法及相关司法解释的规定，刑事诉讼中的侦查权划分如下：

(1) 对一般刑事案件的侦查权，由公安机关行使。公安机关作为国家治安保卫机关，在刑事诉讼中行使侦查权，负责除法律有特别规定外的一般刑事案件的侦查。

(2) 检察机关负责直接受理的案件的侦查。人民检察院对贪污贿赂犯罪，国家工作人员的渎职犯罪，国家机关工作人员利用职权实施的非法拘禁、刑讯逼供、报复陷害、非法搜查等侵犯公民人身权利的犯罪，以及侵犯公民民主权利的犯罪（包括非法拘禁案，非法搜查案，刑讯逼供案，暴力取证案，体罚、虐待被监管人案，报复陷害案，破坏选举案）行使侦查权。国家机关工作人员利用职权实施的其他重大犯罪案件，需要由人民检察院直接受理的时候，经省级以上人民检察院决定，可以由人民检察院立案侦查。

(3) 国家安全机关对危害国家安全的刑事案件行使侦查权。

(4) 军队保卫部门对军队内部发生的刑事案件行使侦查权。

(5) 监狱对罪犯在监狱内犯罪的案件行使侦查权。

2. 答案：补充侦查，是指案件的原来侦查程序，由于某种原因，没有完成侦查任务，或者是案件事实不清，或者是案件的证据不足，需要由侦查机关继续进行补充收集证据的侦查活动。退回补充侦查的适用有以下几种情形：

(1) 作出不批捕决定的同时通知补充侦查。根据《刑事诉讼法》第90条的规定，人民检察院对于公安机关提请批准逮捕的案件，经审查后认为尚不符合逮捕的要求的，作出不批准逮捕的决定，并说明理由。如果是案件的事实不清，或者证据不足，需要补充侦查的，应当通知公安机关。这种补充侦查在审查批捕阶段的适用，是附于不批准逮捕的决定中通知公安机关，而不是独立适用的。在这个阶段，人民检察院也不对案件进行补充侦查。

(2) 独立适用的补充侦查。根据《刑事诉讼法》第175条的规定，在提起公诉程序中，人民检察院对公安机关侦查终结移送审查起诉的案件，经审查后，认为案件的事实不清，证据不足，可以作出退回补充侦查的决定，并指明需要补充侦查的内容。经过补充侦查后，人民检察院仍认为还有某些事实不清，或者证据仍不充分时，可以再次退回补充侦查，同样要指明补充侦查的内容。补充侦查以二次为限，经二次退回补充侦查后，不能再作出退回补充侦查。但是，在不退案，不增加诉讼期限，不恢复侦查程序的情况下，仍然可以要求公安机关补充提供法庭审判所必需的个别证据材料。对于补充侦查的案件，应当在1个月内补充侦查完毕，移送人民检察院后，人民检察院重新计算审查起诉期限。对于补充侦查的案件，人民检察院仍然认为证据不足，不符合起诉条件的，可以作出不起诉的决定。

(3) 自行侦查。根据《刑事诉讼法》第175条第2款的规定，人民检察院审查公安机关侦查终结，移送起诉的案件，对于需要补充侦查的，可以退回公安机关补充侦查，也可以自行侦查。这里的自行侦查，是对公安机关移送审查起诉的案件的补充侦查，是补充侦查的特殊形式，它不是由原侦查机关来补充侦查，而是由案件的审查者公诉机关来进行，这是我国司法机关在刑事诉讼中互相配合的体现。在实践中，对于某些事实、情节不清，但较容易查清，不需要费很多时间的，一般由人民检察院自行侦查，这有利于及时查明案件事实。

(4) 建议补充侦查。根据《刑事诉讼法》第204条和第205条的规定，在法庭审理过程中，检察人员发现提起公诉的案件需要补充侦查的，人民检察院可以提出补充侦查建议，人民法院应当延期审理。所谓建议补充侦查，就是在法庭审理过程中，出庭支持公诉的检察人员（即公诉人）向法庭提出建议而启动的补充侦查。这种补充侦查的特点是：①公诉人提出补充侦查的建议；②人民法院决定延期审理，同意补充侦查；③补充侦查由人民检察院进行，应在1个月内完成；④这种补充侦查引起人民法院对案件的重新审理，审判期限也重新计算。补充侦查在刑事诉讼中意义重大，可以有效地补充收集证据，查明全部案件事实，可以有效地防错防漏，有利于保证案件质量。补充侦查容易被滥用，侵犯犯罪嫌疑人和被告人的合法权益。补充侦查应当严格依法进行。我们认为，补充侦查有四种情形，即作出不逮捕决定的同时退回补充侦查、独立适用的补充侦查、自行侦查和建议补充侦查四种情况。

六、论述题

1. 答案：刑事诉讼法对犯罪嫌疑人的侦查羁押期限有以下规定：

（1）对犯罪嫌疑人逮捕后的侦查羁押期限不得超过2个月。案情复杂的案件，可以经上一级人民检察院批准延长1个月。

（2）下列案件在上述的期限届满不能侦查终结的，经省、自治区、直辖市人民检察院批准或决定，可以延长2个月；交通十分不便的边远地区的重大复杂案件；重大的犯罪集团案件；流窜作案的重大复杂案件；犯罪涉及面广，取证困难的重大复杂案件。

（3）对犯罪嫌疑人可判处10年以上有期徒刑，依照上述（1）、（2）延长期限届满，还不能侦查终结的，经省、自治区、直辖市人民检察院批准或者决定，可以再延长2个月。公安机关提请延长羁押期限的，应在期限届满7日前提出，并书面呈报重要案情和延长的理由。人民检察院应当在羁押期限届满前作出决定。最高人民检察院立案侦查的案件，需要延长羁押期限时，由最高人民检察院依法决定。

（4）因为特殊原因，在较长时间内不宜交付审判的特别重大复杂案件，应由最高人民检察院报请全国人民代表大会常务委员会批准延长期限审理。

（5）侦查期间，发现犯罪嫌疑人另有重要罪行的，自发现之日起，重新计算侦查羁押期限。

（6）犯罪嫌疑人不讲真实姓名、住址、身份不明的，侦查羁押期限自查清其身份之日起计算，但是不得停止对其犯罪行为的侦查取证。对于犯罪事实清楚，证据确实、充分的，也可按其自报的姓名移送人民检察院审查起诉。

（7）对犯罪嫌疑人作精神病鉴定的期间，不计入羁押期限。

2. 答案：（1）根据我国刑事诉讼法的规定，侦查终结的条件是：①犯罪事实清楚，犯罪嫌疑人的犯罪事实、情节已经全部查清；②证据确实充分；③认定的犯罪性质和罪名正确；④法律手续完备。这几个条件必须同时具备，才能结束侦查。

（2）人民检察院对于其直接受理的案件进行侦查后可以作出以下几种决定：①对于符合提起公诉条件的，决定提起公诉；②对于属于法定可以或者应当作出不起诉决定的情况的，作出不起诉决定；③发现不应当对犯罪嫌疑人追究刑事责任的，撤销案件。

（3）公安机关对侦查终结案件处理：应当写出起诉意见书或不起诉意见书，连同案卷材料、证据一并移送同级人民检察院审查决定。

（4）侦查机关可以对侦查羁押期限进行延长的情况。一般情况下，侦查机关对犯罪嫌疑人逮捕后的侦查羁押期限不得超过二个月，但在下列情况下可以延长侦查羁押期限：①案情复杂、期限届满不能终结的案件，可以由上一级人民检察院批准延长一个月；②因为特殊原因，在较长时间内不宜交付审判的特别重大复杂的案件，由最高人民检察院报请全国人大常务委员会批准延期审理；③下列四类案件在前两项规定的期限以内不能侦查终结的，经省、自治区、直辖市人民检察批准或者决定，可以延长二个月；一是交通不便的边远地区的重大复杂案件；二是重大的犯罪集团案件；三是流窜作案的重大复杂案件；四是犯罪涉及面广，取证困难的重大复杂案件；④对犯罪嫌疑人可能判处十年有期徒刑以上刑罚，依照前面第四项规定的延长期限届满仍不能侦查终结的，经省、自治区、直辖市人民检察院批准或者决定，可以再延长二个月。另外，在侦查期间发现犯罪嫌疑人另有重要罪行的，自发现之日起重新计算羁押期限；犯罪嫌疑人不讲真实姓名、住址，身份不明的，侦查羁押期限自查清其身份之日起计算，但是不得停止对其犯罪行为的侦查取证，对于犯罪事实清楚，证据确实充分的，也可以按其自报的姓名报送人民检察院审查起诉。

3. 答案：我国《刑事诉讼法》第120条规定，犯罪嫌疑人对侦查人员的提问，应当如实回答。但是对与本案无关的问题，有拒绝回答的权利。

（1）侦查人员提问的内容。从我国刑事诉讼法的规定来看，侦查人员的提问，是在首先讯问犯罪嫌疑人是否犯有罪行，让他陈述有罪的情节或无罪的辩解之后才提问的，即在犯罪嫌疑人作了供述和辩解之后提出的。供述和辩解的内容包括：犯了罪就承认有罪及罪重、罪轻的事实和情节；未犯罪就陈述无罪的辩解。侦查人员在犯罪嫌疑人陈述和辩解之后提出问题，旨在进一步全面了解案情，弥补犯罪嫌疑人在自由回答中所陈述内容的不足。从公安司法实践观之，侦查人员所提的问题，既可能是犯罪嫌疑人回答中暴露出的有矛盾的问答，也可能是侦查人员想通过讯问了解他本人未回答的与案件有关的问题。

（2）“如实回答”中的“如实”和“回答”的内容。如实就是如同案件发生时的客观实际情况一样。回答就是针对侦查人员的提问进行答复。如实回答就是要求：犯罪嫌疑人对与本案有关的问题应当有问必答，回答时，有就答有，无就答无；是就答是，非就答非；重就说重，轻就说轻；

事件发生在何时，何地就回答在何时、何地等。对所提的问题既不能沉默不语，更不应当作虚假回答或作捏造事实的回答以及所答非所问。

(3) 如实回答的性质。如实回答既是犯罪嫌疑人应当履行的义务，又是犯罪嫌疑人享有的权利。这是因为在犯罪嫌疑人犯了罪行的情况下，法律要求他如实回答他有罪；罪重的事实和情节以及其他不利于自己的事实，此时，对他来说是履行法律规定的义务；在他无罪、罪轻或具有免予刑事处罚的情况下，对他来说，是在行使自己享有的辩解的权利。

(4) 我国法律没有赋予犯罪嫌疑人以沉默权。但是，法律赋予他们对与本案无关的问题有拒绝回答的权利。所谓与“本案无关”的问题，指的是与犯罪无关的问题。对于这些问题，犯罪嫌疑人有权依法拒绝回答。但是，不能以“与本案无关”为借口拒绝回答侦查人员提问的有关犯罪问题。法律之所以这样规定，是为了使侦查人员能紧紧围绕有关犯罪的问题进行讯问，以利讯问工作的顺利进行。同时，也是为了保护犯罪嫌疑人的合法权益不受侵犯。

(5)“犯罪嫌疑人对侦查人员的提问应当如实回答”的规定是与我国原来的职权主义诉讼模式密切相关的，侧重打击犯罪，轻视保护犯罪嫌疑人的诉讼权利。1996 年修改《刑事诉讼法》时，虽然不少学者提出应该取消该规定，但由于当时犯罪形势仍相当严峻，出于控制犯罪和维护社会治安的需要，新刑事诉讼法将这一规定原封不动地保留下来。我们认为，该规定是与刑事诉讼程序公正、保护人权的基本价值相违背的，既不利于保护犯罪嫌疑人的诉讼权利，也不利于弄清案件事实，该规定还有可能被侦查人员所滥用，造成冤假错案。因此，我们主张应当取消“犯罪嫌疑人对侦查人员的提问应当如实回答”的规定，赋予犯罪嫌疑人沉默权，即犯罪嫌疑人对侦查人员的讯问享有缄口不语的权利。

4. 答案：根据《刑事诉讼法》的规定，律师参加刑事诉讼要么是诉讼代理人，要么是辩护人，不可能是其他诉讼参与人。律师在侦查阶段接受的是犯罪嫌疑人的聘请，故不可能是诉讼代理人，而犯罪嫌疑人自被侦查机关第一次讯问或者采取裁判措施之日起，有权委托辩护人，因而，律师在侦查阶段又不可能是严格意义上的辩护人。从刑事诉讼法和律师法对律师在侦查阶段提供的法律帮助的内容来看，介入侦查阶段的律师并不享有辩护权，也不存在提供辩护所拥有的基础，如会见犯罪嫌疑人须向侦查机关提出申请，不享有阅卷、调查等一系列辩护律师所享有的权利，在侦查阶段，侦查机关也无义务接受律师提供的意见。因此，在侦查阶段介入诉讼的律师不具有狭义上的辩护人的诉讼地位，其身份仅仅是提供法律帮助的律师，在侦查阶段的律师协助犯罪嫌疑人行使辩护权，其所进行的申诉、控告、会见等活动，实质上可以视为行使辩护职能。代理诉讼、控告与犯罪嫌疑人狭义辩护权的行使直接相关，有权向侦查机关了解犯罪嫌疑人涉嫌的罪名、会见犯罪嫌疑人是为了严格意义上的辩护作准备，并且这两项权利的行使不受犯罪嫌疑人意志的约束。

《刑事诉讼法》规定，犯罪嫌疑人在被侦查机关第一次讯问或者采取强制措施之日起，有权聘请律师为其提供法律服务。因而，律师在案件的侦查阶段就有权接受犯罪嫌疑人的委托介入刑事诉讼，行使法律赋予的重要职权。在侦查阶段，律师所享有的权利主要有：(1) 向侦查机关了解犯罪嫌疑人涉嫌的罪名。律师接受犯罪嫌疑人的聘请后，应当首先向侦查机关了解其所涉嫌的罪名，以便有针对性地为其提供法律帮助。(2) 会见犯罪嫌疑人，向其了解有关案件的情况。具体包括：是否参与以及怎样参与所涉嫌的案件；如果承认有罪，让其陈述涉及定罪量刑的主要事实和情节，如果否认有罪，让其陈述无罪的辩解；被采取强制措施的法律手续是否完备，程序是否合法；被采取强制措施后人身权利是否受到侵犯；等等。(3) 为犯罪嫌疑人提供法律咨询。向犯罪嫌疑人讲述国家的刑事政策、刑法的有关规定，帮助其分析自己的行为的性质和情节，以及告知其依法享有的诉讼权利和应尽的诉讼义务。(4) 代理犯罪嫌疑人提出申诉和控告。受聘律师可就侦查机关侵犯犯罪嫌疑人人身权利和诉讼权利的行为，代为提出申诉或控告，或者向有关部门反映。(5) 为犯罪嫌疑人申请取保候审。律师可代为犯罪嫌疑人向侦查机关申请取保候审，并可联系落实保证人或保证金，帮助办理取保候审手续，并告知犯罪嫌疑人在取保候审期间应当遵守的义务以及违反规定应当承担的法律后果。

刑事诉讼法的上述规定，基本上吸取了世界许多国家通行的制度，对保障犯罪嫌疑人的辩护权，监督侦查机关依法办案，具有特别重要的意义。犯罪嫌疑人被侦查机关强行限制人身自由，作为被追诉的对象，处于孤立无援的境地，如果没有律师的帮助，极易受到不公正的待遇。司法实践证明，刑事诉讼活动中的非法拘禁、刑讯逼供、诱供骗供、剥夺犯罪嫌疑人辩护权等非法行为，大多发生在侦查阶段。如果有律师介入侦查程序，对侦查、预审活动予以监督和制约，一方面可以有效防止刑讯逼供，以威胁、引诱、欺骗以及其他方法收集证据等违法行为的发生；另一方面也可以促使侦查人员更加全面客观地调查案情，收集“口供”以外的其他证据，使“重证据，不轻信口供，严禁刑讯逼供”的证据收集原则得到彻底落实。

刑事诉讼法有关辩护人介入诉讼时间的规定，虽然与国外刑事诉讼法和有关国际公约的规定仍然有着一定的距离，但毕竟标志着我国刑事诉讼制度在民主与文明的程度上前进了一大步，符合世界诉讼历史发展的方向，也有利于刑事诉讼任务的完成。

七、案例分析题

1. 答案：（1）检察人员对张某的住宅进行搜查是错误的。根据《高检规则》第173条，检察机关在初查过程中，不允许采取强制性措施。本案正处于初查阶段，故检察人员对张某的住宅进行搜查是不正确的。

（2）检察人员无证搜查，属于程序上的违法行为。根据《刑事诉讼法》第138条第1款的规定，进行搜查，必须向被搜查人出示搜查证。

（3）对张某进行拘留是错误的，而且由检察人员将其拘留也是错误的。除根据《高检规则》第169条的规定，检察机关在进行调查核实中，不允许采取强制性措施这一理由外，根据《刑事诉讼法》第165条的规定，人民检察院决定拘留，也应符合该法第81条和第82条第4项、第5项规定的情形，即犯罪嫌疑人“犯罪后企图自杀、逃跑或者在逃的”或者“有毁灭、伪造证据或者串供可能的”，而本案中张某并没有这种情况，故不应对其决定拘留。另外，根据《刑事诉讼法》第165条的规定，人民检察院作出的拘留决定，应当由公安机关执行，故本案中检察人员直接拘留张某是错误的。

（4）检察人员在拘留张某后2天才对其进行讯问是错误的。根据《刑事诉讼法》第166条的规定，人民检察院对直接受理案件中被拘留的人，应当在拘留后24小时内进行讯问。

（5）对张某提不出聘请律师的对象不予理睬是错误的。根据有关法律规定，对于犯罪嫌疑人聘请律师的要求，即使没有明确的对象也应及时通知当地律师协会或司法行政机关为其推荐律师，这是保证犯罪嫌疑人辩护权的需要。

（6）将张某的妻子传唤至市招待所进行询问是错误的。询问证人的地点不符合有关法律要求。对张某的妻子采取监视居住措施，也是错误的。根据法律规定，不允许对证人采取强制措施。

（7）检察机关对张某决定取保候审后，自行向张某的家属索要保证金是错误的。根据刑事诉讼法的有关规定，人民检察院具有取保候审的决定权，但没有执行权，取保候审应当由公安机关执行，故保证金也应当由公安机关收取。

2. 答案：（1）反贪局局长接到举报后，决定将案件交给检察员张某等人进行初查，是错误的。根据《高检规则》第168条的规定，侦查部门对接到的举报线索进行审查后，认为需要初查的，应当报检察长或者检察委员会决定。

（2）张某在立案前的初查阶段对被查对象王某进行拘传，是错误的。根据《高检规则》第169条的规定，在对举报线索的调查核实，不得对被查对象采取强制措施，不得查封、扣押、冻结被查对象的财产。

（3）立案后对王某进行拘留，是错误的。根据《刑事诉讼法》第165条的规定，人民检察院直接受理的案件中符合该法第81条、第82条第4项、第5项规定情形，需要拘留犯罪嫌疑人的，由人民检察院作出决定，由公安机关执行。《刑事诉讼法》第81条规定的情形是：①可能实施新的犯罪的；②有危害国家安全、公共安全或者社会秩序的现实危险的；③可能毁灭、伪造证据，干扰证人作证或者串供的；④可能对被害人、举报人、控告人实施打击报复的；⑤企图自杀或者逃跑的；⑥有证据证明有犯罪事实，可能判处十年有期徒刑以上刑罚的，或者有证据证明有犯罪事实，可能判处徒刑以上刑罚，曾经故意犯罪或者身份不明的；⑦被取保候审、监视居住的犯罪嫌疑人、被告人违反取保候审、监视居住规定，情节严重的，可以予以逮捕。第①项至第⑥项表述为“应当予以逮捕”，第⑦项表述为“可以予以逮捕”。而本案中犯罪嫌疑人王某不具有这七种情况，故不应拘留。

（4）张某等办案人员在对王某拘留2日后才对其进行第一次讯问，是错误的。根据《刑事诉讼法》第166条的规定，人民检察院对直接受理的案件中被拘留的人，应当在拘留后的24小时以内进行讯问。

（5）讯问结束后，张某让王某核对笔录后在最后一页纸上签字，是错误的。根据《高检规则》第188条的规定，犯罪嫌疑人认为讯问笔录没有错误的，由犯罪嫌疑人在笔录上逐页签名或者盖章，并捺指印，故正确做法是让王某在笔录上逐页签字。

第十九章　起　诉

基础知识图解

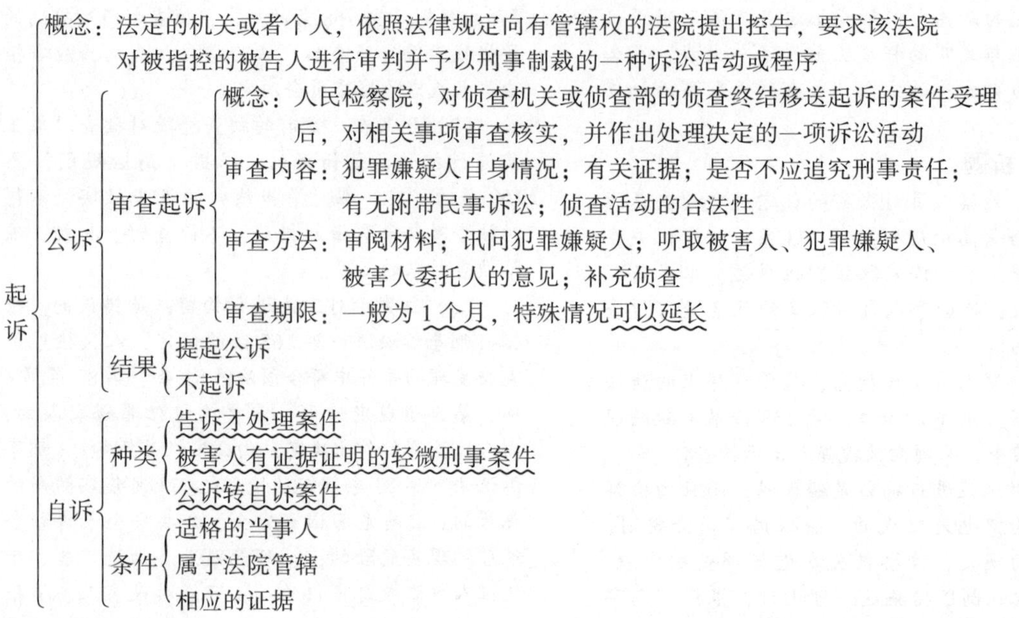

配套测试

一、单项选择题

1. 应当由什么机关审查决定提起公诉？(　　)

A. 公安机关侦查终结的案件由人民检察院审查决定，人民检察院侦查终结的案件由人民法院审查决定

B. 无论是公安机关侦查终结的案件，还是人民检察院自行侦查终结的案件，一律由人民检察院审查决定

C. 由人民检察院和人民法院共同审查决定

D. 由公安机关和人民检察院共同审查决定

2. 长沙市人民检察院受理长沙市公安局移送的案件后，经审查认为按照管辖规定应当由岳阳市人民检察院起诉。长沙市人民检察院应当如何处理？(　　)

A. 将案件退回公安机关处理

B. 继续审查完毕并作出是否起诉的决定

C. 将案件移送岳阳市人民检察院审查起诉

D. 作出不起诉决定，再移送岳阳市人民检察院

3. 人民检察院审查起诉时，发现共同犯罪的部分犯罪嫌疑人在逃。对此案件，人民检察院应当如何处理？(　　)

A. 中止诉讼

B. 将案件退回公安机关处理

C. 在公安机关采取措施将在逃的犯罪嫌疑人抓获后进行审查起诉

D. 应要求公安机关采取措施保证在逃的犯罪嫌疑人到案后另案移送审查起诉，对在案的犯罪嫌疑人的审查起诉应当照常进行

4. 人民检察院对公安机关移送起诉的案件审查起诉，应在多长时间内作出是否起诉的决定(　　)。

A. 应当在1个月以内作出决定，重大复杂的案件，可以延长至2个月

B. 应当在7日以内作出决定，重大复杂的案件，可以延长至14日

C. 应当在1个月以内作出决定，重大复杂的案件，可以延长15日

D. 应当在2个月以内作出决定，重大复杂的案件，可以延长至3个月

5. 检察院在审查起诉时，下列哪一处理方式是正确的？（ ）（司考 2010. 2. 32）

A. 审查公安机关移送起诉的投毒案，发现犯罪嫌疑人周某根本没有作案时间，遂书面说明理由将案卷退回公安机关并建议公安机关重新侦查

B. 审查吴某、郑某共同抢劫案的过程中，吴某在押但郑某潜逃，遂全案中止审查起诉

C. 甲县公安局将蔡某抢劫案移送甲县检察院审查起诉，甲县检察院审查认为蔡某可能会被判处死刑，遂将案件退回

D. 甲县检察院受理移送起诉的谭某诈骗案，认为应当由谭某居住地的乙县检察院起诉，遂将案卷材料移送乙县检察院审查起诉，但未通知甲县公安局

6. 关于检察院审查起诉，下列哪一选项是正确的？（ ）（司考 2009. 2. 29）

A. 认为需要对公安机关的勘验、检查进行复验、复查的，可以自行复验、复查

B. 发现侦查人员以非法方法收集证据的，应当自行调查取证

C. 对已经退回公安机关二次补充侦查的案件，在审查起诉中又发现新的犯罪事实的，应当将已侦查的案件和新发现的犯罪一并移送公安机关立案侦查

D. 共同犯罪中部分犯罪嫌疑人潜逃的，应当中止对全案的审查，待潜逃犯罪嫌疑人归案后重新开始审查起诉

7. 人民检察院审查起诉，如认为犯罪情节轻微，依照刑法规定不需要判处刑罚或者免除刑罚时，正确的做法是（ ）。

A. 暂缓起诉

B. 中止诉讼

C. 可以作出不起诉决定

D. 应当作出不起诉决定

8. 检察院对孙某敲诈勒索案审查起诉后认为，作为此案关键证据的孙某口供系刑讯所获，依法应予排除。在排除该口供后，其他证据显然不足以支持起诉，因而作出不起诉决定。关于该案处理，下列哪一选项是错误的？（ ）（司考 2014. 2. 35）

A. 检察院的不起诉属于存疑不起诉

B. 检察院未经退回补充侦查即作出不起诉决定违反《刑事诉讼法》的规定

C. 检察院排除刑讯获得的口供，体现了法律监督机关的属性

D. 检察院不起诉后，又发现新的证据，符合起诉条件时，可提起公诉

9. 人民检察院审查起诉时，认为案件事实不清，证据不足，决定退回公安机关补充侦查。公安机关补充侦查，应当在多长时间内补充侦查完毕？（ ）

A. 半个月以内　　B. 1个月以内

C. 1个半月以内　　D. 2个月以内

10. 甲、乙共同实施抢劫，该案经两次退回补充侦查后，检察院发现甲在两年前曾实施诈骗犯罪。关于本案，下列哪一选项是正确的？（ ）（司考 2016. 2. 35）

A. 应将全案退回公安机关依法处理

B. 对新发现的犯罪自行侦查，查清犯罪事实后一并提起公诉

C. 将新发现的犯罪移送公安机关侦查，待公安机关查明事实移送审查起诉后一并提起公诉

D. 将新发现的犯罪移送公安机关立案侦查，对已查清的犯罪事实提起公诉

11. 在自诉案件的第二审程序中，当事人提出反诉的，第二审人民法院（ ）。

A. 应当与上诉案件合并审理

B. 可以根据当事人自愿的原则就反诉进行调解，调解不成的，告知当事人另行起诉

C. 裁定予以驳回

D. 应当告知当事人另行起诉

12. 人民检察院对于其建议或者同意适用简易程序的公诉案件，应当如何向人民法院移送案卷及证据材料？（ ）

A. 移送全部案卷和证据材料

B. 移送主要证据复印件、照片、技术性鉴定材料

C. 移送主要证据

D. 移送全部案卷

13. 某看守所干警甲，因涉嫌虐待被监管人乙被立案侦查。在审查起诉期间，A地基层检察院认为甲情节显著轻微，不构成犯罪，遂作不起诉处理。关于该决定，下列哪一选项是正确的？（ ）

A. 公安机关有权申请复议复核

B. 某甲有权向原决定检察院申诉

C. 某乙有权向上一级检察院申诉

D. 申诉后，上级检察院维持不起诉决定的，某乙可以向该地的中级法院提起自诉

14. 犯罪嫌疑人有权向检察院提出申诉的不起诉决定是（ ）。

A. 对补充侦查的案件，人民检察院仍然认为证

据不足，不符合起诉条件，因而作出的不起诉决定

B. 犯罪嫌疑人的犯罪行为已过追究时效期限，因而作出的不起诉决定

C. 犯罪情节轻微，依法不需要判处刑罚或者免除刑罚，因而作出的不起诉决定

D. 犯罪嫌疑人的行为经特赦令免除刑罚，因而作出的不起诉决定

15. 被不起诉人因不服人民检察院认定其犯罪情节轻微而作出的不起诉决定，可以自收到决定书后（　　）内向人民检察院申诉。

A. 3日　　B. 5日

C. 7日　　D. 10日

16. 甲、乙、丙、丁四人涉嫌多次结伙盗窃，公安机关侦查终结移送审查起诉后，甲突然死亡。检察院审查后发现，甲和乙共同盗窃1次，数额未达刑事立案标准；乙和丙共同盗窃1次，数额刚达刑事立案标准；甲、丙、丁三人共同盗窃1次，数额巨大，但经两次退回公安机关补充侦查后仍证据不足；乙对其参与的2起盗窃有自首情节。关于本案，下列哪一选项是正确的？（　　）（司考2015. 2. 33）

A. 对甲可作出酌定不起诉决定

B. 对乙可作出法定不起诉决定

C. 对丙应作出证据不足不起诉决定

D. 对丁应作出证据不足不起诉决定

17. 叶某涉嫌盗窃罪，甲市公安局侦查终结后移送该市检察院审查起诉。甲市检察院审查后，将该案交A区检察院审查起诉。A区检察院审查后认为需要退回公安机关补充侦查。A区检察院应当如何退回？（　　）

A. 应当退回甲市检察院

B. 应当退回甲市公安局

C. 可以退回甲市公安局

D. 应当通过甲市检察院退回甲市公安局

18. 检察院审查案件可以退回公安机关补充侦查。下列关于退回补充侦查的哪一表述是错误的？（　　）

A. 退回补充侦查应在一个月以内侦查完成

B. 退回补充侦查以两次为限

C. 审查起诉期间改变管辖的，改变管辖后退回补充侦查的次数不得超过两次

D. 审查起诉期间改变管辖的，改变管辖前后退回补充侦查的次数总共不得超过两次

19. 被害人对于检察院作出不起诉决定不服而在7日内提出申诉时，下列哪一说法是正确的？（　　）（司考2011. 2. 31）

A. 由作出决定的检察院受理被害人的申诉

B. 由与作出决定的检察院相对应的法院受理被害人的申诉

C. 被害人提出申诉的同时又向法院起诉的，法院应裁定驳回起诉

D. 被害人提出申诉后又撤回的，仍可向法院起诉

20. 关于附条件不起诉，下列哪一说法是错误的？（　　）（司考2012. 2. 36）

A. 只适用于未成年人案件

B. 应当征得公安机关、被害人的同意

C. 未成年犯罪嫌疑人及其法定代理人对附条件不起诉有异议的应当起诉

D. 有悔罪表现时，才可以附条件不起诉

21. 1996年11月，某市发生一起故意杀人案。2017年3月，当地公安机关根据案发时现场物证中提取的DNA抓获犯罪嫌疑人陆某。2017年7月，最高检察院对陆某涉嫌故意杀人案核准追诉。在最高检察院核准前，关于本案处理，下列哪一选项是正确的？（　　）（司考2017. 2. 23）

A. 不得侦查本案

B. 可对陆某先行拘留

C. 不得对陆某批准逮捕

D. 可对陆某提起公诉

22. 叶某涉嫌飞车抢夺行人财物被立案侦查。移送审查起诉后，检察院认为实施该抢夺行为的另有其人。关于本案处理，下列哪一选项是正确的？（　　）（司考2017. 2. 32）

A. 检察院可将案卷材料退回公安机关并建议公安机关撤销案件

B. 在两次退回公安机关补充侦查后，检察院应作出证据不足不起诉的决定

C. 检察院作出不起诉决定后，被害人不服向法院提起自诉，法院受理后，不起诉决定视为自动撤销

D. 如最高检察院认为对叶某的不起诉决定确有错误的，可直接撤销不起诉决定

23. 未成年人小周涉嫌故意伤害被取保候审，A县检察院审查起诉后决定对其适用附条件不起诉，监督考察期限为6个月。关于本案处理，下列哪一选项是正确的？（　　）（司考2017. 2. 39）

A. 作出附条件不起诉决定后，应释放小周

B. 本案审查起诉期限自作出附条件不起诉决定之日起中止

C. 监督考察期间，如小周经批准迁居B县继续上学，改由B县检察院负责监督考察

D. 监督考察期间，如小周严格遵守各项规定，

表现优异，可将考察期限缩短为5个月

24. 监察机关将刘某受贿案移送检察院审查起诉检察院审查起诉后认为证据不足关于本案的处理下列说法正确的是(　　)。

A. 检察院经过二次退回补充调查仍无法证明有罪的可以决定不起诉

B. 检察院不得自行侦查

C. 监察机关对刘某的留置在移送审查起诉期间尚未期满检察院可以继续留置

D. 如果检察院作出了不起诉的决定监察机关不服的可以向同级检察院提请复议

二、多项选择题

1. 关于我国刑事起诉制度，下列哪些选项是正确的？(　　)(司考2010.2.70)

A. 实行公诉为主、自诉为辅的犯罪追诉机制

B. 公诉为主表明公诉机关可主动干预自诉

C. 实行的起诉原则为起诉法定主义为主，兼采起诉便宜主义

D. 起诉法定为主要求凡构成犯罪的必须起诉

2. 人民检察院的自侦案件侦查终结的，可以作出的决定有(　　)。

A. 提起公诉　　B. 不起诉

C. 免予起诉　　D. 撤销案件

3. 对于犯罪情节轻微，且具有规定情形，依照《刑法》不需要判处刑罚或者免除刑罚的未成年犯罪嫌疑人，一般应当依法作出不起诉决定。下列哪些情形适用该规定？(　　)(司考2008.2.73)

A. 被胁迫参与犯罪的

B. 是又聋又哑的人的

C. 因紧急避险过当构成犯罪的

D. 有自首或者重大立功表现的

4. 人民检察院审查起诉时遇有特定情况，应如何计算诉讼期间？(　　)

A. 改变管辖的，从原受理的人民检察院发现应当改变管辖之日起计算

B. 改变管辖的，从改变后的人民检察院收到案件之日起计算

C. 补充侦查的，从决定补充侦查之日起重新计算

D. 补充侦查的，从补充侦查完毕移送人民检察院后重新计算

5. 提起公诉的条件之一是犯罪嫌疑人的犯罪事实已经查清。下列选项中，哪些可以确认为犯罪事实已经查清？(　　)

A. 属于单一罪行的案件，查清的事实足以定罪量刑或者与定罪量刑有关的事实已经查清，不影响定罪量刑的事实无法查清的

B. 属于数个罪行的案件，部分罪行已经查清并符合起诉条件，其他罪行无法查清的，但应以已经查清的罪行起诉的

C. 无法查清作案工具、财物去向，但有其他证据足以对被告人定罪量刑的

D. 证人证言、犯罪嫌疑人供述和辩解、被害人陈述的内容中主要情节一致，只有个别情节不一致且不影响定罪的

6. 检察院在审查起诉未成年人刑事案件时，应当进行下列哪些活动？(　　)

A. 应当听取辩护人的意见

B. 应当听取未成年被害人的意见

C. 应当听取未成年被害人的法定代理人的意见

D. 在押的未成年犯罪嫌疑人有认罪、悔罪表现的，检察人员可以安排其与法定代理人、近亲属等会见、通话

7. 对人民检察院的不起诉决定不服的被害人，可以通过哪些方法维护自己的合法权益(　　)。

A. 自收到决定书后7日以内向上一级人民检察院申诉

B. 自收到决定书后7日内向作出不起诉决定的人民检察院申诉

C. 对经申诉后人民检察院维持不起诉决定的，被害人可以向人民法院起诉

D. 被害人可以不经申诉，直接向人民法院起诉

8. 提起自诉应当具备哪些条件？(　　)

A. 自诉人是本案的被害人或者其法定代理人、近亲属

B. 属于刑事诉讼法和司法解释确定的自诉案件范围

C. 属于受诉人民法院管辖

D. 有明确的被告人、具体的诉讼请求和证明被告人犯罪事实的证据

9. 刑事诉讼中以月计算期间的有(　　)。

A. 侦查羁押　　B. 审查起诉

C. 第一审程序　　D. 上诉

10. 在补充侦查问题上，刑事诉讼法有哪些相应规定(　　)。

A. 检察机关在审查批捕中，对于事实不清、证据不足的，有权作出退回补充侦查的决定

B. 检察机关在审查起诉中，对于需要补充侦查的，可以退回公安机关补充侦查

C. 人民法院合议庭认为证据不足，有权决定退回检察院补充侦查

D. 在法庭审理中，检察人员有权建议延期审理，以便对案件补充侦查

11. 对于公安机关移送起诉的案件，人民检察院决定

不起诉的(　　)。

A. 应当将不起诉决定书送达公安机关

B. 公安机关认为不起诉决定有错误时，可以要求复议乃至提请复核

C. 被害人不服不起诉决定书的，有权直接向人民法院起诉

D. 被害人不服不起诉决定书的，有权向检察院申诉；对于维持不起诉决定的，仍有权向人民法院起诉

三、不定项选择题

1. 穆某因故意伤害潘某被大名区公安机关立案侦查，侦查终结后，移送大名区人民检察院审查起诉。

(1) 如果人民检察院对物证存在疑问，可以采取哪些措施？(　　)

A. 责令穆某提供新证据

B. 要求侦查人员提供物证获取的有关情况

C. 对物证进行技术鉴定

D. 必要时，可询问提供物证的人员并制作笔录

(2) 若人民检察院发现侦查人员以非法方法收集犯罪嫌疑人供述和被害人陈述，可以采取何种措施？(　　)

A. 应当提出纠正意见，同时要求侦查机关另行指派侦查人员重新调查取证

B. 必要时，人民检察院自行调查取证

C. 请示上一级人民检察院如何处理

D. 报请上一级人民检察院，由其与同级公安机关协商解决

(3) 若人民检察院发现据以定罪的证据存在疑问，无法查证属实，或者犯罪构成要件事实缺乏必要的证据予以证明，或者据以定罪的证据之间的矛盾不能合理排除，或者根据证据得出的结论具有其他可能性的，可以作出何种处理？(　　)

A. 退回公安机关补充侦查

B. 自行侦查

C. 请示上一级人民检察院如何处理

D. 与人民法院协商如何处理

(4) 若人民检察院认为穆某犯罪情节轻微，依照刑法规定不需要判处刑罚，而作出不起诉决定的，穆某和潘某对不起诉决定不服，可以通过何种途径维护自己的权益？(　　)

A. 穆某可以自收到决定书后 7 日内向人民检察院申诉。

B. 潘某可以自收到决定书后 7 日内向上一级人民检察院申诉，请求提起公诉

C. 穆某可以直接向人民法院提起自诉

D. 潘某可以直接向人民法院提起自诉

2. 李某因涉嫌抢劫被某县公安机关立案侦查。某县公安局将案件侦查终结后移送县人民检察院审查起诉，请根据本案，回答第 (1) ~ (3) 题：

(1) 如果县人民检察院审查认为该案应属于其他同级人民法院管辖，则该人民检察院应当如何处理？(　　)

A. 将案件退回公安机关

B. 将案件直接起诉至该同级人民法院

C. 将案卷材料报送共同的上级人民检察院

D. 将此情况通知县公安局

(2) 如果本案由人民检察院起诉至该县人民法院，而该县人民法院经审查认为李某可能被判处无期徒刑时，该县人民法院应如何处理本案？(　　)

A. 应当将案件直接退回人民检察院

B. 应当将案件直接移送上一级人民法院

C. 应当将案件报请移送上一级人民法院审判

D. 无须将起诉材料退回同级人民检察院

(3) 若在本案的侦查阶段，李某申请侦查员张某回避，对此，下列哪些或哪个说法是正确的？(　　)

A. 李某有权申请张某回避

B. 李某的法定代理人有权申请张某回避

C. 李某的近亲属有权申请张某回避，但须经李某授权

D. 李某的律师有权申请张某回避，但须经李某授权

3. J 市公安机关侦查人员舒某、刘某因在侦查一起团伙抢劫案的过程中，对犯罪嫌疑人董某刑讯逼供，直接导致董某死亡，被 J 市人民检察院依法逮捕。J 市人民检察院在侦查该案期间，发现舒某、刘某还曾对证人高某使用暴力手段逼取证言，于是决定对两案合并侦查。侦查终结后，J 市人民检察院依法向市人民法院提起公诉。经开庭审理，市人民法院一审以故意杀人罪判处舒某有期徒刑 12 年，以暴力取证罪判处舒某有期徒刑 3 年，决定执行有期徒刑 13 年；以故意杀人罪判处刘某有期徒刑 5 年，以暴力取证罪判处刘某有期徒刑 2 年，决定执行有期徒刑 6 年。一审判决宣告后，刘某不上诉，舒某以一审定性不准、量刑过重为理由提出上诉，市人民检察院以一审对舒某的量刑过轻为理由提出抗诉。请回答：

(1) 舒某、刘某对犯罪嫌疑人董某刑讯逼供，致使董某死亡的行为，依照刑法规定，应当认定为什么罪？(　　)

A. 刑讯逼供罪　　B. 故意杀人罪

C. 故意伤害罪　　D. 暴力取证罪

(2) 如果舒某、刘某在侦查阶段聘请律师，受聘

律师可以进行下列选项中的什么活动？（　　）

A. 会见在押的犯罪嫌疑人

B. 查阅、摘抄、复制本案的诉讼文书、技术性鉴定材料

C. 经证人同意，向他们收集与本案有关的材料

D. 对人民检察院侵犯犯罪嫌疑人人身权利和人身侮辱的行为进行控告

（3）如果舒某、刘某在审查起诉阶段聘请律师作为辩护人，受聘律师可以进行下列选项中的什么活动？（　　）

A. 会见在押的犯罪嫌疑人

B. 查阅、摘抄、复制本案的诉讼文书、技术性鉴定材料

C. 经证人同意，向他们收集与本案有关的材料

D. 对人民检察院侵犯犯罪嫌疑人人身权利和人身侮辱的行为进行控告

（4）J市人民检察院在侦查期间，发现舒某、刘某还曾对证人高某使用暴力手段逼取证言，如何计算舒某的侦查羁押期限？（　　）

A. 只按照前一个罪计算侦查羁押期限

B. 自前一个罪的侦查羁押期限届满之日的第二日起计算新发现罪的侦查羁押期限

C. 按照数罪中最重的罪计算侦查羁押期限

D. 自发现对证人使用暴力手段逼取证言的犯罪之日起，重新计算侦查羁押期限

（5）第二审人民法院审理该案时，应当如何量刑？（　　）

A. 对舒某可以判处比原判刑罚更重的刑罚

B. 对刘某可以判处比原判刑罚更重的刑罚

C. 对舒某不得判处比原判刑罚更重的刑罚

D. 对刘某不得判处比原判刑罚更重的刑罚

四、名词解释

1. 国家追诉主义
2. 起诉法定主义
3. 起诉便宜主义
4. 起诉状一本主义
5. 提起公诉

五、简答题

1. 简述提起公诉的条件。
2. 审查起诉的内容是什么？
3. 根据《刑事诉讼法》第177条第2款规定，对于犯罪情节轻微，依照刑法不需要判处刑罚或者免除刑罚的，人民检察院可以作出不起诉决定。请问：该条所说的不起诉决定的实质和法律后果是什么？法律为什么作此规定？
4. 不起诉的种类和条件。

六、论述题

1. 试论述对人民检察院不起诉决定的救济。
2. 试论述在提起公诉程序中检察机关与犯罪嫌疑人的诉讼法律关系。
3. 试析酌定不起诉的性质。

七、案例分析题

1. 万江市人民检察院对一起强奸案审查起诉时，被害人姜某要求向人民检察院陈述意见。办案人员认为，该案已经讯问犯罪嫌疑人，并已听取辩护人和被害人委托的诉讼代理人的意见，被害人的要求也已由诉讼代理人反映，没有必要听取被害人的意见，所以，没有听取姜某的意见。在审查起诉中，市人民检察院认为该案证据不足，决定将案件退回公安机关补充侦查。公安机关重新移送案件后，市人民检察院经审查，认为该案系属于下级人民法院管辖的案件。

   问：

   （1）市人民检察院对该案审查起诉时，应当审查哪些内容？

   （2）市人民检察院对该案审查起诉时，是否应当听取姜某的意见？

   （3）市人民检察院将该案退回补充侦查，应当遵守哪些关于退回补充侦查的规定？

   （4）市人民检察院认为该案系属于下级人民法院管辖的案件，在程序上应当如何处理？

2. 海滨市（县级市）人民检察院受理了一起该市公安机关移送审查起诉的故意伤害案。经公安机关侦查认定，3名犯罪嫌疑人王某、董某、凌某于1999年5月19日，因酒后与他人发生口角将被害人胡某打成重伤。在审查起诉时，人民检察院的办案人员发现公安机关仅将其中的两名犯罪嫌疑人王某与董某抓获，另一犯罪嫌疑人凌某案发后一直在逃。检察机关的办案人员就以犯罪嫌疑人尚未全部在案为由，将该案退回公安机关补充侦查。两天后公安机关成功地在外地抓获了凌某又将该案移送审查起诉。而在该期间被害人胡某由于伤情恶化被迫转院至北京治疗。由于路途遥远，办案人员通过电话征询了被害人胡某及其诉讼代理人的意见，并记录在案。检察机关在对该案审查的过程中，发现公安机关在讯问犯罪嫌疑人王某的过程中有刑讯逼供行为，办案人员遂向公安机关提出纠正意见，市公安机关回复了一份工作说明以证明侦查过程中未采用非法取证手段，检察机关的办案人员将该说明加入案卷，继续审查。

后又发现该案整体上证据较为薄弱，达不到起诉要求，因此检察机关决定退回补充侦查。补充侦查结束后，检察机关再次对该案进行审查起诉时，根据前后补充的证据并结合全案作出以下处理决定：认定凌某并未参与殴打胡某，只是旁观者，对凌某作出不起诉处理；王某是否参与犯罪，依据现有证据难以认定，检察机关对其作出证据不足的不起诉；董某的罪行虽已查清，但由于无法查清作案工具（一把匕首）的去向，而且董某的真实身份、住址也未查清，检察机关对其作出了暂时不予起诉的决定。

请指出上述审查起诉的过程有哪些程序错误？

3. 某地发生一起重大盗窃案。被告人魏某、高某为首共同邀请李某盗窃作案。三人乘夜晚无人之机，翻墙入室。盗窃了某公司财务室现金 20000 元，三人平分。作案后，魏某在亲属的教育劝导下，到公安机关投案自首，交出全部赃款，在魏某的检举揭发下，公安机关不仅捕获了畏罪潜逃在外地的李某、高某，而且破获了另一起盗窃团伙案，并捕获了三名案犯。另外，在审讯三人犯过程中，还发现李某犯有虐待父母的罪行，发现高某抢劫被害人王某并致伤被害人的行为。公安机关侦查终结后将案件移送检察院审查起诉。在检察院审查起诉过程中，被害人王某提出要求高某赔偿因治伤造成的经济损失 1000 元，同时，李某、高某提出请律师为其辩护但被检察院拒绝。最后，检察院向人民法院起诉李某犯有盗窃罪和虐待罪，起诉高某犯有盗窃罪和抢劫罪。同时，以犯罪情节轻微可以免除刑罚为由，经检察委员会批准对魏某作出不起诉决定并通知了公安机关、魏某和被害人王某。王某不服，遂向同级法院提起诉讼，法院以被害人无权起诉为由不予受理。法院在收到检察院移送的案卷后，认为虽然起诉书有明确指控犯罪事实，也有相关证据材料，但证据不确实，因此将案件退回检察院补充侦查。经检察院补充侦查后，法院才决定开庭审理，并对李某的盗窃、虐待行为和高某的盗窃、抢劫行为以及附带民事诉讼由合议庭提交审判委员会讨论后作出了判决。

问题：

(1) 检察院能否对犯罪嫌疑人魏某作不起诉的决定？

(2) 被害人王某在检察院作出不起诉决定后是否有权向法院起诉？法院不予受理是否正确？

(3) 检察院能否将李某盗窃案和虐待案一并向法院提起公诉？法院能否对这两案合并审理？

(4) 检察院拒绝李某、高某委托律师的请求合法吗？

(5) 法院退回案卷的理由是否成立？由合议庭提交案件给审判委员会讨论是否正确？

参考答案

一、单项选择题

1. 答案：B。本题考查的是有权决定提起公诉的机关。《刑事诉讼法》第 169 条规定：“凡需要提起公诉的案件，一律由人民检察院审查决定。”故本题正确答案为 B。

2. 答案：C。本题考查的是人民检察院对不属于自己管辖范围的案件的处理。《高检规则》第 328 条规定，各级人民检察院提起公诉，应当与人民法院审判管辖相适应。负责捕诉的部门收到移送起诉的案件后，经审查认为不属于本院管辖的，应当在发现之日起五日以内经由负责案件管理的部门移送有管辖权的人民检察院。属于上级人民法院管辖的第一审案件，应当报送上级人民检察院，同时通知移送起诉的公安机关；属于同级其他人民法院管辖的第一审案件，应当移送有管辖权的人民检察院或者报送共同的上级人民检察院指定管辖，同时通知移送起诉的公安机关。上级人民检察院受理同级公安机关移送起诉的案件，认为属于下级人民法院管辖的，可以交下级人民检察院审查，由下级人民检察院向同级人民法院提起公诉，同时通知移送起诉的公安机关。一人犯数罪、共同犯罪和其他需要并案审理的案件，只要其中一人或者一罪属于上级人民检察院管辖的，全案由上级人民检察院审查起诉。公安机关移送起诉的案件，需要依照刑事诉讼法的规定指定审判管辖的，人民检察院应当在公安机关移送起诉前协商同级人民法院办理指定管辖有关事宜。据此，本题中长沙市人民检察院的正确做法是将案件移送岳阳市人民检察院审查起诉，故本题正确答案为 C。

3. 答案：D。本题考查的是人民检察院对于共同犯罪案件审查起诉的处理。《高检规则》第 252 条第 1 款规定，人民检察院直接受理侦查的共同犯罪案件，如果同案犯罪嫌疑人在逃，但在案犯罪嫌疑人犯罪事实清楚，证据确实、充分的，对在案犯罪嫌疑人应当根据本规则第 237 条的规定分别移送审查起诉或者移送审查不起诉。故本题正确答案为D。

4. **答案**：C。本题考查的是人民检察院审查起诉的期限。《高检规则》第386条规定，人民检察院对于移送审查起诉的案件，应当在1个月以内作出决定；重大、复杂的案件，1个月以内不能作出决定的，可以延长15日。故本题正确答案为C。

5. **答案**：A。《高检规则》第401条第2款规定，对于犯罪事实并非犯罪嫌疑人所为，需要重新侦查的，应当在作出不起诉决定后书面说明理由，将案卷材料退回公安机关并建议公安机关重新侦查。选项A中，关于投毒案，周某没有作案时间，说明犯罪事实并非犯罪嫌疑人所为，依据法律规定，选项A正确。《高检规则》第252条第1款规定，人民检察院直接受理侦查的共同犯罪案件，如果同案犯罪嫌疑人在逃，但在案犯罪嫌疑人犯罪事实清楚，证据确实、充分的，对在案犯罪嫌疑人应当根据本规则第237条的规定分别移送审查起诉或者移送审查不起诉。据此可知，共同犯罪案件，部分犯罪嫌疑人在逃的，对在案的犯罪嫌疑人应当照常进行审查而不是中止审查。选项B错误。《高检规则》第328条第3款规定，上级人民检察院受理同级公安机关移送审查起诉的案件，认为属于下级人民法院管辖的，可以交下级人民检察院审查，由下级人民检察院向同级人民法院提起公诉，同时通知移送审查起诉的公安机关。据此可知，选项CD错误。

6. **答案**：A。A项说法正确。《高检规则》第335条规定，人民检察院审查案件时，对公安机关的勘验、检查，认为需要复验、复查的，应当要求其复验、复查，人民检察院可以派员参加；也可以自行复验、复查，商请监察机关或者公安机关派员参加，必要时也可以指派检察技术人员或者聘请其他有专门知识的人参加。B项说法错误。《高检规则》第379条规定，人民检察院公诉部门在审查中发现侦查人员以非法方法收集犯罪嫌疑人供述、被害人陈述、证人证言等证据材料的，应当依法排除非法证据并提出纠正意见，同时可以要求侦查机关另行指派侦查人员重新调查取证，必要时人民检察院也可以自行调查取证。C项说法错误。《高检规则》第356条规定，人民检察院在办理公安机关移送起诉的案件中，发现遗漏罪行或者有依法应当移送起诉的同案犯罪嫌疑人未移送起诉的，应当要求公安机关补充侦查或者补充移送起诉。对于犯罪事实清楚，证据确实、充分的，也可以直接提起公诉。D项说错误。《高检规则》第154条第3款规定，对于移送审查起诉的案件，犯罪嫌疑人在逃的，应当要求公安机关采取措施保证犯罪嫌疑人到案后再移送审查起诉。共同犯罪案件中部分犯罪嫌疑人在逃的，对在案的犯罪嫌疑人的审查起诉应当受理。

7. **答案**：C。本题考查的是人民检察院在审查起诉中对某些法定情形的处理。《刑事诉讼法》第177条规定了酌定不起诉的情形，具体为："犯罪嫌疑人没有犯罪事实，或者有本法第十六条规定的情形之一的，人民检察院应当作出不起诉决定。对于犯罪情节轻微，依照刑法规定不需要判处刑罚或者免除刑罚的，人民检察院可以作出不起诉决定……"故本题正确答案为C。

8. **答案**：B。存疑不起诉，又称为证据不足的不起诉。存疑不起诉是指人民检察院对于经过补充侦查的案件，仍然认为证据不足，不符合起诉条件的，经检察长或者检察委员会决定，可以作出不起诉决定。故A项表述正确。《刑事诉讼法》第175条第4款规定，对于二次补充侦查的案件，人民检察院仍然认为证据不足，不符合起诉条件的，应当作出不起诉的决定。从这一条文仅表述了一个最低限度的要求。由此可知，检察院未经退回补充侦查即作出不起诉决定，未违反《刑事诉讼法》的规定。故B项表述错误。检察院是我国的法律监督机关。检察院在审查起诉时，发现侦查机关以刑讯获取的供述，应当予以排除，这体现了检察院法律监督机关的属性。故C项表述正确。检察院在作出存疑不起诉之后，如果发现了新的证据，符合起诉条件时，可以提起公诉。故D项正确。本题符合题意的选项为B项。

9. **答案**：B。本题考查的是补充侦查的期限。根据《刑事诉讼法》第175条的规定，人民检察院审查案件，可以要求公安机关提供法庭审判所必需的证据材料；认为可能存在本法第56条规定的以非法方法收集证据情形的，可以要求其对证据收集的合法性作出说明。人民检察院审查案件，对于需要补充侦查的，可以退回公安机关补充侦查，也可以自行侦查。对于补充侦查的案件，应当在一个月以内补充侦查完毕。补充侦查以二次为限。补充侦查完毕移送人民检察院后，人民检察院重新计算审查起诉期限。对于二次补充侦查的案件，人民检察院仍然认为证据不足，不符合起诉条件的，应当作出不起诉的决定。故本题正确答案为B。

10. **答案**：D。本题考查审查起诉阶段遇到特殊情形的处理方式。《高检规则》第356条规定，人民检察院在办理公安机关移送起诉的案件中，发现遗漏罪行或者有依法应当移送起诉的同案犯罪嫌疑人未移送起诉的，应当要求公安机关补充侦查或者补充移送起诉。对于犯罪事实清楚，证据确实、充分的，也可以直接提起公诉。故D项正确。

11. **答案**：D。本题考查的是自诉案件第二审程序中对当事人提出反诉的处理。根据《刑事诉讼法解释》第412条规定：“第二审期间，自诉案件的当事人提出反诉的，应当告知其另行起诉。”据此，本题正确答案为D。

12. **答案**：A。本题考查的是适用简易程序时人民检察院向人民法院移送的案卷材料。《刑事诉讼法解释》第359条规定：“基层人民法院受理公诉案件后，经审查认为案件事实清楚、证据充分的，在将起诉书副本送达被告人时，应当询问被告人对指控的犯罪事实的意见，告知其适用简易程序的法律规定。被告人对指控的犯罪事实没有异议并同意适用简易程序的，可以决定适用简易程序，并在开庭前通知人民检察院和辩护人。对人民检察院建议或者被告人及其辩护人申请适用简易程序审理的案件，依照前款规定处理；不符合简易程序适用条件的，应当通知人民检察院或者被告人及其辩护人。”据此，对于人民检察院建议或者同意适用简易程序的案件，人民检察院应当向人民法院移送全部案卷和证据材料。故本题正确答案为A。

13. **答案**①：C。《刑事诉讼法》第179条规定：“对于公安机关移送起诉的案件，人民检察院决定不起诉的，应当将不起诉决定书送达公安机关。公安机关认为不起诉的决定有错误的时候，可以要求复议，如果意见不被接受，可以向上一级人民检察院提请复核。”可见，公安机关复议复核申请权限于自己移送起诉的案件。但是，根据《高检规则》第13条的规定，人民检察院在对诉讼活动实行法律监督中发现的司法工作人员利用职权实施的非法拘禁、刑讯逼供、非法搜查等侵犯公民权利、损害司法公正的犯罪，可以由人民检察院立案侦查。所以A不正确。《刑事诉讼法》第181条规定，“对于人民检察院依照本法第一百七十七条第二款规定作出的不起诉决定，被不起诉人如果不服，可以自收到决定书后七日以内向人民检察院申诉……”而《刑事诉讼法》第177条第2款的规定是“对于犯罪情节轻微，依照刑法规定不需要判处刑罚或者免除刑罚的，人民检察院可以作出不起诉的决定。”本题中，A地基层检察院认为甲情节显著轻微，不构成犯罪，因而不属于《刑事诉讼法》第177条第2款规定之情形，不能适用《刑事诉讼法》的规定，被不起诉人甲对于本题中的被不起诉决定不能提出申诉，所以B不正确。《刑事诉讼法》第180条规定：“对于有被害人的案件，决定不起诉的，人民检察院应当将不起诉决定书送达被害人。被害人如果不服，可以自收到决定书后七日以内向上一级人民检察院申诉，请求提起公诉……对人民检察院维持不起诉决定的，被害人可以向人民法院起诉……”本题中，乙是被害人，可以向上一级检察院申诉，所以C正确。根据第180条的规定，申诉后，上级检察院维持不起诉决定的，被害人可以向法院起诉，但是根据《刑事诉讼法》第20条的规定：“基层人民法院管辖第一审普通刑事案件，但是依照本法由上级人民法院管辖的除外。”虐待被监管人案应由基层法院一审，所以D不正确。本题正确答案是C。

14. **答案**：C。本题考查的是犯罪嫌疑人可以对之提出申诉的不起诉决定。《刑事诉讼法》第181条规定：“对于人民检察院依照本法第一百七十七条第二款规定作出的不起诉决定，被不起诉人如果不服，可以自收到决定书后七日以内向人民检察院申诉……”而第177条第2款规定：“对于犯罪情节轻微，依照刑法规定不需要判处刑罚或者免除刑罚的，人民检察院可以作出不起诉决定。”据此，本题正确答案为C。

15. **答案**：C。本题考查的是被不起诉人不服不起诉决定的申诉期限。《刑事诉讼法》第181条规定：“对于人民检察院依照本法第一百七十七条第二款规定作出的不起诉决定，被不起诉人如果不服，可以自收到决定书后七日以内向人民检察院申诉……”据此，本题正确答案为C。

16. **答案**：D。《刑事诉讼法》第177条规定，犯罪嫌疑人没有犯罪事实，或者有本法第15条规定的情形之一的，人民检察院应当作出不起诉决定。对于犯罪情节轻微，依照刑法规定不需要判处刑罚或者免除刑罚的，人民检察院可以作出不起诉决定。本题中，对甲应当作出法定不起诉，对乙、丙可作出酌定不起诉。故ABC三项错误。《刑事诉讼法》第175条第4款规定，对于二次补充侦查的案件，人民检察院仍然认为证据不足，不符合起诉条件的，应当作出不起诉的决定。故D项正确。

17. **答案**：D。本题考查审查起诉阶段改变管辖后的

① 编者注：本题A项具有相当的迷惑性，如答题时不仔细考虑立案管辖问题，则极易选错。

退回补充侦查。《高检规则》第350条规定，对于在审查起诉期间改变管辖的案件，改变后的人民检察院对于符合刑事诉讼法第175条第2款规定的案件，可以经原受理案件的人民检察院协助，直接退回原侦查的公安机关补充侦查，也可以自行侦查。改变管辖前后退回补充侦查的次数总共不得超过2次。因此，此时可以补充侦查的机关只有A区检察院和甲市公安局，如果要退回甲市公安局补充侦查，应经甲市检察院。所以D项正确。

18. 答案：C。本题考查退回补充侦查。根据《刑事诉讼法》第175条第2款规定，人民检察院审查案件，对于需要补充侦查的，可以退回公安机关补充侦查，也可以自行侦查。第3款规定，对于补充侦查的案件，应当在1个月以内补充侦查完毕。补充侦查以2次为限。补充侦查完毕移送人民检察院后，人民检察院重新计算审查起诉期限。AB项正确。《高检规则》第350条规定，对于在审查起诉期间改变管辖的案件，改变后的人民检察院对于符合《刑事诉讼法》第175条第2款规定的案件，可以经原受理案件的人民检察院协助，直接退回原侦查的公安机关补充侦查，也可以自行侦查。改变管辖前后退回补充侦查的次数总共不得超过2次。由此，D项正确。本题为选非题，故C项入选。

19. 答案：D。《刑事诉讼法》第180条规定：对于有被害人的案件，决定不起诉的，人民检察院应当将不起诉决定书送达被害人。被害人如果不服，可以自收到决定书后7日以内向上一级人民检察院申诉，请求提起公诉。人民检察院应当将复查决定告知被害人。对人民检察院维持不起诉决定的，被害人可以向人民法院起诉。被害人也可以不经申诉，直接向人民法院起诉。人民法院受理案件后，人民检察院应当将有关案件材料移送人民法院。《高检规则》第417条规定：被害人不服不起诉决定的，在收到不起诉决定书后七日以内申诉的，由作出不起诉决定的人民检察院的上一级人民检察院刑事申诉检察部门立案复查。被害人向作出不起诉决定的人民检察院提出申诉的，作出决定的人民检察院应当将申诉材料连同案卷一并报送上一级人民检察院。据此，被害人对于人民检察院的不起诉决定应当由上一级人民检察院受理，故选项AB错误。由以上的两条规定也可知，被害人也可以不经过申诉，直接向人民法院起诉，故选项C错误。综上，本题正确答案应该为D。

20. 答案：B。附条件不起诉又称为暂缓起诉，2012年《刑事诉讼法》第五编第一章专章规定了“未成年人刑事案件诉讼程序”，为新增设的特别程序之一，其中确立了“附条件不起诉”制度。第282条第1款规定：“对于未成年人涉嫌刑法分则第四章、第五章、第六章规定的犯罪，可能判处一年有期徒刑以下刑罚，符合起诉条件，但有悔罪表现的，人民检察院可以作出附条件不起诉的决定。人民检察院在作出附条件不起诉的决定以前，应当听取公安机关、被害人的意见。”故A选项和D选项说法正确，B选项“应征得同意”的表述错误，应为听取相关意见。第282条第3款规定：“未成年犯罪嫌疑人及其法定代理人对人民检察院决定附条件不起诉有异议的，人民检察院应当作出起诉的决定。”故C选项表述正确。综上，本题为选非题，正确答案为B。

21. 答案：B。本题考查核准追诉前的程序和强制措施、侦查的适用。刑法规定的核准追诉制度，即法定最高刑为无期徒刑、死刑的犯罪，超过20年追诉期限后，认为必须追诉的，须报请最高人民检察院核准。《最高人民检察院关于办理核准追诉案件若干问题的规定》第4条规定，须报请最高人民检察院核准追诉的案件在核准之前，侦查机关可以依法对犯罪嫌疑人采取强制措施。侦查机关报请核准追诉并提请逮捕犯罪嫌疑人，人民检察院经审查认为必须追诉而且符合法定逮捕条件的，可以依法批准逮捕，同时要求侦查机关在报请核准追诉期间不停止对案件的侦查。未经最高人民检察院核准，不得对案件提起公诉。由此条可知，核准追诉只是意味着，未经核准不得对被告人提起公诉，并不意味着侦查机关不得对其进行侦查和采取强制措施。所以，在核准追诉前，公安机关可以对陆某故意杀人案进行侦查、也可以对陆某先行拘留，检察院也可以对陆某批准逮捕，但是不得对陆某提起公诉。故本题的正确答案为B项。

22. 答案：D。本题考查审查起诉后的处理方式、不起诉。依据《高检规则》第365条第2款规定，对于犯罪事实并非犯罪嫌疑人所为，需要重新调查或者侦查的，应当在作出不起诉决定后书面说明理由，将案卷材料退回监察机关或者公安机关并建议重新调查或者侦查。据此，选项A中检察院应当将案卷材料退回公安机关并建议其重新侦查而非建议其撤销案件，A项错误。

依据《高检规则》第367条的规定，人民检察院对于二次退回补充调查或者侦查的案件，仍然认为证据不足，不符合起诉条件的，经检察长批准，依法作出不起诉决定。人民检察院对于经过一次退回调查或者补充侦查的案件，认为证据不足，不符合起诉条件，且没有再次退回补充调查或者侦查必要的，经检察长批准可以作出不起诉决定。故B项的错误在于，少了一个条件“认为证据不足，不符合起诉条件”。

依据《高检规则》第384条规定，人民检察院收到人民法院受理被害人对被不起诉人起诉的通知后，应当终止复查，将作出不起诉决定所依据的有关案件材料移送人民法院。据此，法院受理被害人的自诉后，不起诉决定并不视为自动撤销，检察院应当将作出不起诉决定所依据的有关案件材料移送人民法院，C项错误。

依据《高检规则》第389条规定，最高人民检察院对地方各级人民检察院的起诉、不起诉决定，上级人民检察院对下级人民检察院的起诉、不起诉决定，发现确有错误的，应当予以撤销或者指令下级人民检察院纠正。据此，选项D正确。本题正确答案为D。

23. **答案**：B。本题考查附条件不起诉。《人民检察院办理未成年人刑事案件的规定》第34条规定，未成年犯罪嫌疑人在押的，作出附条件不起诉决定后，人民检察院应当作出释放或者变更强制措施的决定。故A项错误。

《人民检察院办理未成年人刑事案件的规定》第45条第3款规定，作出附条件不起诉决定的案件，审查起诉期限自人民检察院作出附条件不起诉决定之日起中止计算，自考验期限届满之日起或者人民检察院作出撤销附条件不起诉决定之日起恢复计算。故B项正确。

《人民检察院办理未成年人刑事案件的规定》第44条规定，未成年犯罪嫌疑人经批准离开所居住的市、县或者迁居，作出附条件不起诉决定的人民检察院可以要求迁入地的人民检察院协助进行考察，并将考察结果函告作出附条件不起诉决定的人民检察院。据此，本题中的监督考察机关应当是A县检察院。在小周经批准迁居B县后，A县检察院可以要求B县检察院协助进行考察，而不是改由B县负责监督考察。故C项错误。

《人民检察院办理未成年人刑事案件的规定》第40条规定，人民检察院决定附条件不起诉的，应当确定考验期。考验期为6个月以上1年以下，从人民检察院作出附条件不起诉的决定之日起计算。考验期不计入案件审查起诉期限。考验期的长短应当与未成年犯罪嫌疑人所犯罪行的轻重、主观恶性的大小和人身危险性的大小、一贯表现及帮教条件等相适应，根据未成年犯罪嫌疑人在考验期的表现，可以在法定期限范围内适当缩短或者延长。附条件不起诉考验期的法定期限为6个月以上1年以下，D项的5个月少于法定期限，故D项错误。

本题的正确答案为B项。

24. **答案**：A。根据《监察法》第47条的规定：“对监察机关移送的案件，人民检察院依照《中华人民共和国刑事诉讼法》对被调查人采取强制措施。人民检察院经审查，认为犯罪事实已经查清，证据确实、充分，依法应当追究刑事责任的，应当作出起诉决定。人民检察院经审查，认为需要补充核实的，应当退回监察机关补充调查，必要时可以自行补充侦查。对于补充调查的案件，应当在一个月内补充调查完毕。补充调查以二次为限。人民检察院对于有《中华人民共和国刑事诉讼法》规定的不起诉的情形的，经上一级人民检察院批准，依法作出不起诉的决定。监察机关认为不起诉的决定有错误的，可以向上一级人民检察院提请复议。”根据这一规定，BD明显错误，不选。如果监察机关移送检察院审查起诉，强制措施由检察院依据刑诉法规定采取，而非继续留置，C错误，不选。二次退回补充调查，证据不足的，检察院作出不起诉决定符合刑诉法的规定，A正确，当选。

二、多项选择题

1. **答案**：AC。选项A正确。我国刑事诉讼实行以公诉为主、自诉为辅的犯罪追诉机制，即在对刑事犯罪实行国家追诉的同时，兼采被害人追诉主义。选项B错误。我国刑事诉讼实行以公诉为主、自诉为辅的犯罪追诉机制，并非表明公诉机关可主动干预自诉。选项C正确，选项D错误。我国采用以起诉法定主义为主，兼采起诉便宜主义，检察官的起诉裁量权受到严格限制，并非说检察官的起诉裁量权受到了剥夺，检察院还是有一定的起诉裁量权的。所以对于构成犯罪是否起诉，检察院在法定的裁量范围内可以酌定不起诉，不是凡是构成犯罪必须起诉。

2. **答案**：ABD。本题考查的是人民检察院对自行侦查案件侦查终结的处理。《刑事诉讼法》第168条规定：“人民检察院侦查终结的案件，应当作出提起公诉、不起诉或者撤销案件的决定。”故本题正确答案为ABD。

3. **答案**：ABCD。《人民检察院办理未成年人刑事案件的规定》第26条规定：“对于犯罪情节轻微，并具有下列情形之一，依照刑法规定不需要判处刑罚或者免除刑罚的未成年犯罪嫌疑人，一般应当依法作出不起诉决定：（一）被胁迫参与犯罪的；（二）犯罪预备、中止、未遂的；（三）在共同犯罪中起次要或者辅助作用的；（四）是又聋又哑的人或者盲人的；（五）因防卫过当或者紧急避险过当构成犯罪的；（六）有自首或者重大立功表现的；（七）其他依照刑法规定不需要判处刑罚或者免除刑罚的情形。”本题 ABCD 四个选项分别符合前述第 1 项、第 4 项、第 5 项和第 6 项，故本题正确答案为 ABCD。

4. **答案**：BD。本题考查的是人民检察院审查起诉期限的计算。《高检规则》第 351 条第 2 款规定：“人民检察院对于审查起诉的案件，改变管辖的，从改变后的人民检察院收到案件之日起计算审查起诉期限。”故本题 A 项不正确，B 项正确。《高检规则》第 614 条第 5 项规定，案件退回补充侦查，或者补充侦查完毕移送审查起诉后重新计算审查起诉期限的；应当在作出决定或者收到决定书、裁定书后 15 日内通知检察院及看守所。故本题 C 项不正确，D 项正确。

5. **答案**：ABCD。本题考查的是“犯罪事实已经查清”的含义。《高检规则》第 355 条规定：“……具有下列情形之一的，可以确认犯罪事实已经查清：（一）属于单一罪行的案件，查清的事实足以定罪量刑或者与定罪量刑有关的事实已经查清，不影响定罪量刑的事实无法查清的；（二）属于数个罪行的案件，部分罪行已经查清并符合起诉条件，其他罪行无法查清的；（三）无法查清作案工具、赃物去向，但有其他证据足以对被告人定罪量刑的；（四）证人证言、犯罪嫌疑人供述和辩解、被害人陈述的内容中主要情节一致，只有个别情节不一致且不影响定罪的。对于符合前款第二项情形的，应当以已经查清的罪行起诉。”故本题正确答案为 ABCD。

6. **答案**：ABCD。根据《人民检察院办理未成年人刑事案件的规定》第 22 条第 4 款规定：“审查起诉未成年犯罪嫌疑人，应当听取其父母或者其他法定代理人、辩护人、未成年被害人及其法定代理人的意见。”因此选项 ABC 正确。根据第 24 条规定：“移送审查起诉的案件具备以下条件的……检察人员可以安排在押的未成年犯罪嫌疑人与其法定代理人、近亲属等进行会见、通话：……（二）未成年犯罪嫌疑人有认罪、悔罪表现，或者虽尚未认罪、悔罪，但通过会见、通话有可能促使其转化，或者通过会见、通话有利于社会、家庭稳定……”可知选项 D 正确。综上，本题正确答案为 ABCD。

7. **答案**：ACD。本题考查的是被害人对人民检察院的不起诉决定可以寻求的救济方法。《刑事诉讼法》第 180 条规定，对于有被害人的案件，决定不起诉的，人民检察院应当将不起诉决定书送达被害人。被害人如果不服，可以自收到决定书后 7 日以内向上一级人民检察院申诉，请求提起公诉。对人民检察院维持不起诉决定的，被害人可以向人民法院起诉。被害人也可以不经申诉，直接向人民法院起诉。故本题正确答案为 ACD。

8. **答案**：ABCD。本题考查的是提起自诉的法定条件。根据《刑事诉讼法解释》第 316 条和第 317 条的规定，提起自诉必须具备以下四个条件：自诉人是本案的被害人或者其法定代理人、近亲属；属于刑事诉讼法和司法解释确定的自诉案件范围；起诉的刑事案件属于受诉人民法院管辖；有明确的被告人、具体的诉讼请求和证明被告人犯罪事实的证据。故本题正确答案为全选。

9. **答案**：ABC。本题考查的是刑事诉讼中以月计算的期间。《刑事诉讼法》第 156 条规定：“对犯罪嫌疑人逮捕后的侦查羁押期限不得超过二个月……”第 172 条第 1 款规定：“人民检察院对于监察机关、公安机关移送起诉的案件，应当在一个月以内作出决定，重大、复杂的案件，可以延长十五日。”第 208 条规定：“人民法院审理公诉案件，应当在受理后二个月以内宣判，至迟不得超过三个月……”据此，侦查羁押、审查起诉和第一审程序的期限均以月计算，故本题 ABC 项正确。上诉期限以日计算，故本题 D 项不正确。

10. **答案**：BD。本题考查的是刑事诉讼中的补充侦查。《刑事诉讼法》第 175 条第 2 款规定：“人民检察院审查案件，对于需要补充侦查的，可以退回公安机关补充侦查，也可以自行侦查。”第 204 条规定：“在法庭审判过程中，遇有下列情形之一，影响审判进行的，可以延期审理：……（二）检察人员发现提起公诉的案件需要补充侦查，提出建议的……”据此，本题正确答案为 BD。

11. **答案**：ABCD。本题考查的是人民检察院对于公安机关移送的案件决定不起诉的处理。《刑事诉讼法》第 179 条规定：“对于公安机关移送起诉的案件，人民检察院决定不起诉的，应当将不起诉决定书送达公安机关。公安机关认为不起诉的决定有错误的时候，可以要求复议，如果意见不被接受，可以向上一级人民检察院提请复核。”第 180 条规定：“对于有被害人的案件，决定不起诉的……被害人如果不服，可以自收到决定书后七日以内向上一级人民检察院申诉……被害人可以向人民法院起诉。被害人也可以不经申诉，直接向人民法院起诉……”据此，本题正确答案为 ABCD。

三、不定项选择题

1. **答案**：（1）BCD。本小题考查的是人民检察院对证据的审查。根据《高检规则》第 336 条的规定，人民检察院对物证、书证、视听资料、电子数据及勘验、检查、辨认、侦查实验等笔录存在疑问的，可以要求调查人员或者侦查人员提供获取、制作的有关情况，必要时也可以询问提供相关证据材料的人员和见证人并制作笔录附卷，对物证、书证、视听资料、电子数据进行鉴定。故本题正确答案为 BCD。

（2）AB。本小题考查的是人民检察院对侦查人员非法收集证据行为的监督和处理。根据《高检规则》第 341 条的规定，人民检察院在审查起诉中发现有应当排除的非法证据，应当依法排除，同时可以要求监察机关或者公安机关另行指派调查人员或者侦查人员重新取证。必要时，人民检察院也可以自行调查取证。

（3）AB。本小题考查的是人民检察院对补充侦查的决定。根据《刑事诉讼法》第 171 条第 2 款的规定，人民检察院审查案件，对于需要补充侦查的，可以退回公安机关补充侦查，也可以自行侦查。故本题 AB 项正确。根据《高检规则》第 345 条的规定，人民检察院负责捕诉的部门对本院负责侦查的部门移送起诉的案件进行审查后，认为犯罪事实不清、证据不足或者存在遗漏罪行、遗漏同案犯罪嫌疑人等情形需要补充侦查的，应当制作补充侦查提纲，连同案卷材料一并退回负责侦查的部门补充侦查。必要时，也可以自行侦查，可以要求负责侦查的部门予以协助。故本题 CD 项不正确。

（4）ABD。本小题考查的是当事人对人民检察院的不起诉决定不服可以寻求的救济方法。根据《刑事诉讼法》第 181 条的规定，对于人民检察院依照本法第 177 条第 2 款规定作出的不起诉决定，被不起诉人如果不服，可以自收到决定书后 7 日以内向人民检察院申诉。据此，本题中被不起诉人穆某不可直接向人民法院提起自诉，而只可向人民检察院申诉。故本题 A 项正确，C 项不正确。根据《刑事诉讼法》第 180 条的规定，对于有被害人的案件，决定不起诉的，被害人如果不服，可以自收到决定书后 7 日以内向上一级人民检察院申诉，请求提起公诉。对人民检察院维持不起诉决定的，被害人可以向人民法院起诉。被害人也可以不经申诉，直接向人民法院起诉。故本题 BD 项正确。

2. 答案：（1）CD。根据《高检规则》第 328 条第 2 款规定：“属于上级人民法院管辖的第一审案件的，应当报送上一级人民检察院，同时通知移送审查起诉的公安机关；属于同级其他人民法院管辖的第一审案件，应当移送有管辖权的人民检察院或者报送共同的上级人民检察院指定管辖，同时通知移送审查起诉的公安机关。”故本题正确答案为 CD。

（2）C。根据《刑事诉讼法解释》第 17 条规定：“基层人民法院对可能判处无期徒刑、死刑的第一审刑事案件，应当移送中级人民法院审判。基层人民法院对下列第一审刑事案件，可以请求移送中级人民法院审判：（一）重大、复杂案件；（二）新类型的疑难案件；（三）在法律适用上具有普遍指导意义的案件。需要将案件移送中级人民法院审判的，应当在报请院长决定后，至迟于案件审理期限届满十五日前书面请求移送。中级人民法院应当在接到申请后十日内作出决定。不同意移送的，应当下达不同意移送决定书，由请求移送的人民法院依法审判；同意移送的，应当下达同意移送决定书，并书面通知同级人民检察院。”

（3）AB。根据《刑事诉讼法》第 29 条规定，有权申请回避的只限于当事人及其法定代理人。

3. 答案：（1）B。本小题考查的是转化犯。根据《刑法》第 247 条的规定，司法工作人员在对犯罪嫌疑人、被告人实行刑讯逼供的犯罪过程中，致人伤残、死亡的，依照《刑法》第 234 条（故意伤害罪）、第 232 条（故意杀人罪）的规定定罪从重处罚。本题中，舒某、刘某作为公安机关的侦查人员对犯罪嫌疑人董某刑讯逼供，直接致使董某死亡的行为，表明刑讯逼供行为与被害人董某死亡之间存在着直接的因果关系，应当以《刑法》第 232 条规定的故意杀人罪定罪处罚，即刑法理论上的转化犯。故本题正确答案为 B。

（2）AD。本小题考查的是律师在侦查阶段的权利。《刑事诉讼法》第 34 条第 1 款、第 39 条第 1 款规定：“犯罪嫌疑人自被侦查机关第一次讯问或者采取强制措施之日起，有权委托辩护人；在侦查期间，只能委托律师作为辩护人。被告人有权随时委托辩护人。”“辩护律师可以同在押的犯罪嫌疑人、被告人会见和通信。其他辩护人经人民法院、人民检察院许可，也可以同在押的犯罪嫌疑人、被告人会见和通信。”故本题 A 项正确。根据《刑事诉讼法》第 14 条第 2 款的规定，诉讼参与人对于审判人员、检察人员和侦查人员侵犯公民诉讼权利和人身侮辱的行为，有权提出控告。故本题 D 项正确。

（3）ABD。本小题考查的是律师在审查起诉阶段的诉讼权利。《刑事诉讼法》第 40 条规定：辩护律师自人民检察院对案件审查起诉之日起，可以查阅、摘抄、复制本案的案卷材料。其他辩护人经人民法院、人民检察院许可，也可以查阅、摘抄、复制上述材料。故本题 AB 项正确。根据《刑事诉讼法》第 43 条的规定，律师向被害人提供的证人收集证据时，还需经过人民检察院或人民法院的许可和证人的同意，故本题 C 项不正确。根据《刑事诉讼法》第 14 条第 2 款的规定，诉讼参与人对于审判人员、检察人员和侦查人员侵犯公民诉讼权利和人身侮辱的行为，有权提出控告。故本题 D 项正确。

(4) D。本小题考查的是侦查羁押期限的计算。《刑事诉讼法》第 160 条第 1 款规定："在侦查期间，发现犯罪嫌疑人另有重要罪行的，自发现之日起依照本法第一百五十六条的规定重新计算侦查羁押期限。"应当注意：这里的重新计算不是"自前一个罪的侦查羁押期限届满之日的第二日"起计算而是"自发现之日起"计算。故本题正确答案为 D。

(5) AD。本小题考查的是上诉不加刑原则。《刑事诉讼法》第 237 条规定："第二审人民法院审理被告人或者他的法定代理人、辩护人、近亲属上诉的案件，不得加重被告人的刑罚。第二审人民法院发回原审人民法院重新审判的案件，除有新的犯罪事实，人民检察院补充起诉的以外，原审人民法院也不得加重被告人的刑罚。人民检察院提出抗诉或者自诉人提出上诉的，不受前款规定的限制。"故本题 A 项正确，C 项不正确。本案中，不仅被告人舒某提出了上诉，人民检察院也对其判决提出了抗诉，因此，对舒某不适用上诉不加刑原则。根据《刑事诉讼法解释》第 401 条第 1 款第 1 项、第 2 款的规定："同案审理的案件，只有部分被告人上诉的，既不得加重上诉人的刑罚，也不得加重其他同案被告人的刑罚；""人民检察院抗诉或者自诉人上诉的案件，不受前款规定的限制。"本小题中，刘某本人没有提出上诉，检察院也未对其判决提出抗诉，对刘某不得加重刑罚。故本题 B 项不正确，D 项正确。

四、名词解释

1. **答案**：国家追诉主义又称为公诉原则。其基本含义是：对犯罪行为的追诉权由法定的国家机构依法垄断行使，包括受犯罪行为侵害的被害人在内的所有个人没有向国家审判机关直接控诉犯罪的权利。在通常情况下，这种代表国家对涉嫌实施犯罪行为的人向法院提起刑事诉讼的机构就是检察机关，它们提起的刑事诉讼称为公诉，代表检察机关提起并出庭支持公诉的检察官称为公诉人。从历史上看，国家追诉主义与私人追诉主义相对应，是在废除私人追诉主义的基础上才得以建立的。
2. **答案**：起诉法定主义又称为起诉合法主义，与起诉便宜主义相对应，是指只要犯罪嫌疑人符合法律规定的起诉条件，公诉机关就必须提起公诉，不享有根据案件具体情况而对起诉与否进行自由裁量的权力。起诉法定主义是大陆法系国家刑事诉讼普遍采用的一项诉讼原则。实行起诉法定主义有助于强化检察机关追诉犯罪的责任，防止检察机关擅权专断，避免因检察机关不起诉而使那些符合法定起诉条件的犯罪行为得不到应有的惩罚。但实行绝对的起诉法定主义，对符合起诉条件的犯罪行为不分情节轻重以及影响大小而一律提起刑事诉讼，也会带来诉讼拖延等消极后果。
3. **答案**：起诉便宜主义又称为起诉裁量原则，与起诉法定主义相对应，是指虽有足够的证据证明确有犯罪事实，并且具备起诉的条件，但公诉机关斟酌各种情形，认为不需要处刑时，可以裁量决定不起诉。自 20 世纪初期，刑罚的目的刑理论取代报应刑理论后，起诉便宜主义逐渐被国际社会所承认。目前，英国、美国、法国、意大利、俄罗斯、比利时、瑞典等大多数国家均程度不同地确认公诉机关享有一定的自由裁量权。我国刑事诉讼法关于不起诉的规定也体现了起诉便宜主义。
4. **答案**：起诉状一本主义又称为起诉书主义，与卷宗移送主义相对，是指公诉机关在提起公诉时，除向有管辖权的法院提交具有法定格式的起诉书外，不得附带提出任何可能使法官对案件产生预断的其他文书和证据，也不得引用这些文书和证据的内容。实行起诉状一本主义有助于防止法官形成预断，实现控审分离和控辩平等对抗，强化刑事庭审的功能，促进公正审判。
5. **答案**：提起公诉是人民检察院代表国家将犯罪嫌疑人提交人民法院，要求人民法院通过审判追究其刑事责任的一种诉讼活动。人民检察院作出提起公诉的决定后，犯罪嫌疑人的诉讼地位转变为刑事被告人。提起公诉必须同时具备三个条件：第一，犯罪嫌疑人的犯罪事实已经查清，证据确实、充分。第二，对犯罪嫌疑人应当依法追究刑事责任。第三，人民检察院提起公诉应当符合审判管辖的规定。提起公诉是刑事诉讼的一个独立阶段。

五、简答题

1. **答案**：根据我国刑事诉讼法的规定，人民检察院审查决定提起公诉，必须同时具备三个条件，而且缺一不可：第一，认为犯罪嫌疑人的犯罪事实已经查清。这里指的是全部犯罪嫌疑人及全部犯罪事实，既不应遗漏同案犯罪嫌疑人，也不应遗漏犯罪事实。但是，在共同犯罪案件中，有的犯罪嫌疑人在逃；为了及时惩罚已经归案并已查清其犯罪事实的犯罪嫌疑人，也可先行起诉和审判，对在逃犯罪嫌疑人待归案后再另案起诉。第二，证据必须确实、充分。人民检察院提起公诉，必须承担举证义务，应当向法庭出示物证让当事人辨认，对未到庭的证人的证言笔录、鉴定人的鉴定意见、勘验笔录、视听资料和其他作为证据的文书，应当当庭宣读并经控辩双方质证、辩论，查证属实的才会被人民法院作为定案的根据。因此决定起诉必须有确实充分的证据证明犯罪嫌疑人构成犯罪；没有罪证或者证据不确实、不充分的，不应作提起公诉的决定。第三，依法应当追究犯罪嫌疑人的刑事责任。行为人的行为不构成犯罪或者虽然构成犯罪但依法不应追究行为人刑事责任的，不能作出提起公诉的决定。决定起诉和提起公诉是人民检察院作为国家法律监督机关和在诉讼中执行控诉职能的重要体现，也关系着人民法院对被告人的开庭审判和定罪量刑。因此，提起公诉必须符合一定的条件，严格进行。

2. **答案**：审查起诉是指人民检察院对公安机关侦查终结或自行侦查终结移送起诉的案件进行全面审查后，决定是否起诉的诉讼活动。审查起诉的内容可以归纳为三个方面：

(1) 事实审查。是对案件指控事实从现实可能性和是否符合公诉条件方面进行的审查。这种审查应当是由粗到细、由全局到局部乃至细节的过程，可以分解为事实总体审查和事实要素审查两部分内容。①事实总体审查，是指从事实构成要素相互连接的全局以及各个事实之间的关系上进行审查。②事实要素审查，是指比照实体法中犯罪构成要件事实，对指控犯罪的事实进行审查，以及对与定罪量刑有关的其他事实要素进行审查。

(2) 证据审查。包括质的审查和量的审查两个方面内容。质的审查标准是确实，量的审查标准是充分。①质的审查。对任何种类的证据的审查都应把握三点：相关性审查、客观性审查和合法性审查。②量的审查。我国侦查终结、提起公诉和作出有罪判决的证明标准是一致的，即事实清楚，证据确实、充分。其中对证据的量度要求充分。

(3) 法律审查。犯罪性质和罪名的认定是否正确是人民检察院对案件进行审查的法律审查对象。审查起诉是我国刑事诉讼过程中的独立的诉讼阶段，其审查过程是一个验证真伪的过程。检察官在这一阶段实质上具有一种“法官功能”，对案件事实、证据和适用法律进行审查判断并作出相应的处置决定。我们认为，审查起诉的内容由事实审查、证据审查和法律审查三部分构成。

3. **答案**：《刑事诉讼法》第177条规定的不起诉，即相对不起诉，在程序上，能引起终止公诉的法律后果，但在实质上，却并不具备对犯罪嫌疑人定罪的实体效力。因为《刑事诉讼法》明确规定，定罪权属于人民法院，而且人民检察院在审查起诉过程中对案件性质和罪名的认定与人民法院以判决形式作出的认定具有迥然不同的性质和效力。对于犯罪情节轻微，依照刑法不需要判处刑罚或者免除刑罚的，不是其实质上没有违法行为，只是作为一种法律上的评价，人民检察院有权自由裁量，可以起诉也可以不起诉。

法律作出这样的规定是从诉讼经济的角度出发考虑。诉讼是一项成本很高的活动，在犯罪情节轻微，依照刑法不需要判处刑罚或者可以免除刑罚的情况下，如果再开启一项诉讼活动，对于司法资源来说是一种浪费。因此，从诉讼经济的角度考虑，规定了此项内容。

4. **答案**：不起诉，是指人民检察院对公安机关侦查终结移送起诉的案件和自行侦查终结的案件进行审查后，依法作出不将案件交付人民法院审判的一种处理决定。不起诉是人民检察院审判案件的结果之一，具有终止刑事诉讼的法律效力。它对保护公民的合法权益，保障无罪的人不受刑事追究，节省司法资源，提高司法机关的威信，均有重要意义。具体来说，其意义有三：(1) 终止刑事诉讼的法律效力。不起诉的法律效力在于不将案件交付人民法院审判，从而在审查起诉阶段终止刑事诉讼。对犯罪嫌疑人来说，不起诉决定确认了其行为在法律上是无罪的。(2) 有利于保障人权。刑事诉讼的目的既包括惩罚犯罪，也包括保障人权。不起诉有利于保障无罪的人不受追究，体现了现代刑事诉讼保障人权的宗旨。(3) 有利于节俭司法资源，实现诉讼经济原则。及时地作出不起诉的决定，终止诉讼程序，不让案件进入审判阶段，可以缩短诉讼时间，从而减少诉讼成本，节省有限的司法资源。

根据《刑事诉讼法》第175条第4款、第177条的规定，不起诉分为法定不起诉、酌定不起诉和存疑不起诉三种，每种不起诉适用的条件各不相同。

(1) 法定不起诉。又称为绝对不起诉，是指犯罪嫌疑人具有《刑事诉讼法》第16条规定的情形之一的，人民检察院就应当作出不起诉的决定，从而终结诉讼。其适用条件即《刑事诉讼法》第16条规定的六种情形之一：①情节显著轻微，危害不大，不认为是犯罪的；②犯罪已过追诉时效期限的；③经特赦令免除刑罚的；④依照刑法规定，属于告诉才处理的犯罪，没有告诉或者撤回告诉的；⑤犯罪嫌疑人、被告人死亡的；⑥其他法律规定免予刑事处罚的。此外，人民检察院在审查起诉中如果发现没有犯罪事实或者在法律上根本不构成犯罪的案件，也应当对犯罪嫌疑人作出不起诉的决定。对具有上述情形的案件，检察机关没有自由裁量权，均应当作出不起诉的决定，而无须考虑这一决定是否适宜。

（2）酌定不起诉。又称为相对不起诉，是指具有《刑事诉讼法》第177条第2款规定的情形时，人民检察院可以根据具体案情和犯罪嫌疑人的悔改表现来决定是否提起公诉。适用酌定不起诉必须具备以下两个条件：一是犯罪嫌疑人的行为已经构成犯罪，应当负刑事责任；二是犯罪情节轻微，依照刑法规定不需要判处刑罚或者可以免除刑罚。依照刑法规定，以下几种情形可以适用酌定不起诉：①犯罪嫌疑人在我国领域外犯罪，依照我国刑法应当负刑事责任但在国外已经受过刑事处罚的；②犯罪嫌疑人既聋又哑，或者是盲人的；③犯罪嫌疑人因正当防卫或紧急避险过当而犯罪的；④为犯罪准备工具，制造条件的；⑤在犯罪过程中自动中止犯罪或者自动有效地防止犯罪结果发生，没有造成损害的；⑥在共同犯罪中起次要或辅助作用的；⑦被胁迫参加犯罪的；⑧犯罪嫌疑人自首，或者有重大立功表现，或者自首后又有重大立功表现的。人民检察院在确认犯罪嫌疑人具有上述情节之后，还必须根据犯罪嫌疑人的年龄、犯罪的目的和动机、犯罪手段、危害后果、悔罪态度以及一贯表现等进行综合考虑，确认情节是否轻微，再决定是否起诉。亦即人民检察院可以根据具体案情和犯罪嫌疑人的悔改表现来决定是否提起公诉，这意味着检察机关有一定的自由裁量权。

（3）存疑不起诉。又叫作证据不足不起诉，是指具有《刑事诉讼法》第175第4款规定的情形时，人民检察院作出的一种不起诉的决定。适用存疑不起诉必须具备以下两个条件：一是案件已经经过了补充侦查；二是证据不足，不符合起诉的条件。根据《高检规则》的规定，具有下列情形之一，不能确定犯罪嫌疑人构成犯罪和需要追究刑事责任的，属于证据不足，不符合起诉条件，应当作出不起诉的决定：①据以定罪的证据存在疑问，无法查证属实的；②作为犯罪构成要件的事实缺乏必要的证据予以证明的；③据以定罪的证据之间的矛盾不能合理排除的；④根据证据得出的结论具有其他可能性的。

六、论述题

1. 答案：对人民检察院不起诉决定的救济主要是通过对不起诉决定的申诉、复议和复核来进行的。

根据《刑事诉讼法》第179条至第181条及最高人民检察院有关司法解释规定，对于有被害人的案件，被害人如果对人民检察院的不起诉决定不服，可以自收到不起诉决定书后7日以内向上一级人民检察院申诉，请求提起公诉。上一级人民检察院对不起诉决定进行复查后，应当在3个月内作出复查决定，案情复杂的，最长不得超过6个月。复查决定书应当送达被害人和作出不起诉决定的人民检察院。上级人民检察院复查作出起诉决定的，应当撤销下级人民检察院的不起诉决定，交由下级人民检察院提起公诉，并将复查决定抄送移送审查起诉的公安机关。

对于人民检察院依照《刑事诉讼法》第177条第2款规定作出的不起诉决定，被不起诉人如果不服，可以自收到不起诉决定书后7日以内向作出不起诉决定的人民检察院提出申诉。人民检察院应当作出复查决定，并将复查决定书送达被不起诉人；如果复查决定是撤销不起诉决定或变更不起诉的事实或者法律根据的，还应当将复查决定书同时抄送移送审查起诉的公安机关和本院有关部门；如果人民检察院作出的是撤销不起诉决定并提起公诉的复查决定，应当将案件交由审查起诉部门提起公诉。

对于公安机关移送起诉的案件，人民检察院作出不起诉决定后，公安机关认为不起诉决定有错误时，可以要求作出该不起诉决定的人民检察院进行复议。人民检察院应当在收到要求复议意见书后30日内作出复议决定，并通知公安机关。如果意见不被接受，公安机关还可以向上一级人民检察院提请复核。上一级人民检察院应当在收到提请复核意见后30日内作出决定，制作复核决定书送交下级人民检察院提请复核的公安机关；改变下级人民检察院的决定的，应当撤销下级人民检察院的不起诉决定，交由下级人民检察院提起公诉。

此外，《刑事诉讼法》第180条规定："……对人民检察院维持不起诉决定的，被害人可以向人民法院起诉。被害人也可以不经申诉，直接向人民法院起诉。人民法院受理案件后，人民检察院应当将有关案件材料移送人民法院。"与这一规定相应的是《刑事诉讼法》第210条第3项规定的自诉案件，即"被害人有证据证明对被告人侵犯自己人身、财产权利的行为应当依法追究刑事责任，而公安机关或者人民检察院不予追究被告人刑事责任的案件。”赋予被害人对这部分公诉案件享有自诉权，从外部强化了对人民检察院不起诉决定的有效制约，有利于督促人民检察院正确行使权力、严格执法。

2. **答案**：公诉是指由依法享有刑事追诉权的国家机关提起的刑事诉讼。《刑事诉讼法》第169条规定：“凡需要提起公诉的案件，一律由人民检察院审查决定。”这就表明，在我国人民检察院是提起公诉的唯一机关，其他任何机关、团体、企事业单位及公民个人都无权行使公诉权。提起公诉有广义、狭义之分，狭义公诉权仅指人民检察院对侦查终结的案件进行审查，认为犯罪事实已经查清，证据确实充分，依法应当追究刑事责任的，作出起诉决定。广义的公诉活动由三个阶段组成：第一阶段为审查起诉，第二阶段为提起公诉，第三阶段是出庭支持公诉。三个阶段的总和构成侦查和审判之间的一个独立的诉讼阶段。在这个诉讼阶段，检察机关和犯罪嫌疑人之间的法律关系是最主要的诉讼法律关系。与其他法律关系的构成相同，这一法律关系也包含主体、客体和行为三个要素，并以权利义务关系作为其实质内容。

(1) 主体：犯罪嫌疑人与检察机关是刑事诉讼主体的两方，在提起公诉阶段享有平等的诉讼地位。检察机关，即人民检察院，是国家的法律监督机关，其职责是通过行使国家的检察权，维护社会主义法制的统一和尊严。在提起公诉阶段，检察机关主要是国家的公诉机关，处于非常重要的地位，没有检察院代表国家提起公诉，案件的审判就无从谈起；没有检察院执行控诉职能，刑事诉讼也就不能成立。犯罪嫌疑人，是指在立案、侦查和提起公诉阶段被指控有犯罪行为的人。刑事诉讼就是一个对他们进行刑事责任认定的过程。没有他们的参与，刑事诉讼就无法进行，犯罪嫌疑人一旦死亡，刑事诉讼活动即告终止。所以说，犯罪嫌疑人的诉讼地位也是非常重要的。我国《刑事诉讼法》第12条还规定，未经人民法院依法判决，对任何人都不得确定有罪。因此犯罪嫌疑人虽然居于被追诉者的地位，但他们不是罪犯，而是享有一定诉讼权利的诉讼主体，是当事人。

(2) 客体：刑事诉讼客体，是指刑事诉讼主体在刑事诉讼活动中所要最终解决的刑事案件的核心问题，即案件事实和被告人的刑事责任。在提起公诉阶段也是如此，这里的案件事实包括有罪事实和无罪事实。

(3) 犯罪嫌疑人与检察机关的关系的内容是刑事诉讼行为，是指刑事诉讼主体在诉讼过程中为享有诉讼权利、承担诉讼义务所实施的法律行为。这些行为的根据就是刑事诉讼法和有关的法规赋予检察机关的职权、赋予被告人的诉讼权利和要求其承担的义务。实现控诉与辩护相平衡是现代诉讼的重要目标，为此刑事诉讼法为进入提起公诉阶段的犯罪嫌疑人确立了一系列的诉讼权利，在为检察机关设定职权时也作了一些限制。从刑事诉讼法规定的双方的权利义务来看，检察机关和犯罪嫌疑人之间的诉讼法律关系，既有对立的一面，是控诉和辩护的对立双方；又有相互协调、统一的一面，犯罪嫌疑人有如实供述协助检察机关的义务，检察机关有依法审查、保障犯罪嫌疑人的合法权益的义务。

①人民检察院有保障犯罪嫌疑人行使辩护权的义务。为此，人民检察院应当做到：第一，允许犯罪嫌疑人申辩。即检察机关应当给犯罪嫌疑人反驳指控的机会和时间，并认真听取其申辩意见；第二，检察机关自收到移送审查起诉的案件材料之日起3日以内，应当告知犯罪嫌疑人有权委托辩护人。这同时也是犯罪嫌疑人的一项重要权利。

②犯罪嫌疑人有权申请有关的检察人员回避；对驳回申请回避的决定，申请复议。

③人民检察院审查案件时，必须查明以下内容：a. 犯罪事实、情节是否清楚，证据是否确实、充分，犯罪性质和罪名的认定是否正确；b. 有无遗漏罪行和其他应当追究刑事责任的人；c. 是否属于不应追究刑事责任的情形；d. 有无附带民事诉讼；e. 侦查活动是否合法。在这一过程中检察机关审阅案卷材料，有权讯问犯罪嫌疑人，听取被害人和犯罪嫌疑人、被害人委托的人的意见，要求公安机关提供法庭审判所必需的各种证据材料，根据需要还可以退回公安机关补充侦查，或者自行侦查。最后，检察人员应当拟写（案件审查意见书），报请负责人审核，然后报请检察长或检察委员会决定起诉或不起诉。检察机关在审查案件时，要对犯罪嫌疑人的有罪事实和无罪事实都予以审查，不能作有罪推定。

④犯罪嫌疑人对检察人员的讯问应当如实回答，没有权利保持沉默。但是对于检察人员提出的与本案无关的问题，即与犯罪无关的问题，有权拒绝回答。至于有关犯罪嫌疑人的其他犯罪行为或者有关的其他同伙的犯罪行为，犯罪嫌疑人不能借口与本案无关而拒绝回答。另外，犯罪嫌疑人在接受讯问时，有权查阅讯问笔录，如果记载有遗漏或者差错，有权提出补充或者改正。

⑤人民检察院认为犯罪嫌疑人的犯罪事实已

经查清，证据确定、充分，依法应当追究刑事责任的，应当作出起诉决定，向有管辖权的人民法院提起公诉。

⑥人民检察院审查案件后，认为犯罪嫌疑人具有《刑事诉讼法》第16条规定的不追究刑事责任的情形，或者犯罪嫌疑人犯罪情节轻微，依法不需要判处刑罚或免除刑罚，或者经两次补充侦查尚未达到起诉条件的，应作出不起诉的决定。这是检察机关审查案件的另一种结果，具有终止诉讼的法律效力。它对保护公民的合法权益，保障无罪的人不受刑事追究，节约人力物力，提高司法机关的威信，都具有重要意义。这主要的是一项保护犯罪嫌疑人的制度。但是，由于法律规定的不起诉情形有绝对不起诉、存疑不起诉和相对不起诉三种，其中的相对不起诉决定对被不起诉人而言，不利的可能性很大。因此在实践中，犯罪嫌疑人对决定不服而申请复查的情形是极有可能出现的。对此，刑事诉讼法规定，被不起诉人如果不服不起诉决定，可以自收到决定书后7日内向人民检察院申诉。人民检察院应当作出复查决定，通知被不起诉的人，同时抄送公安机关。但该复查决定仍然是由人民检察院独立作出的。因此，从保护犯罪嫌疑人的个人权利出发，犯罪嫌疑人享有要求不被起诉的权利，而是否对其起诉则是基于检察机关的裁量权，视案件事实和证据的实际情况而定，这也是检察机关独立行使国家所赋予其公诉权的实际体现。

3. **答案**：酌定不起诉，是指人民检察院认为犯罪嫌疑人的犯罪情节轻微，依照刑法规定不需要判处刑罚或者免除刑罚的案件，可以作出不起诉的决定。简言之，就是对依法构成犯罪而可以不追究刑事责任的不予起诉。我们认为，酌定不起诉不是有罪认定，而是同无罪判决具有同等的法律效力。理由如下：

(1) 酌定不起诉的法律依据、条件和具体情形。我国《刑事诉讼法》第177条第2款规定，“对于犯罪情节轻微，依照刑法规定不需要判处刑罚或者免于刑罚的，人民检察院可以作出不起诉决定。”根据这一规定，酌定不起诉必须同时具备两个条件：一是犯罪嫌疑人实施的行为触犯了刑法，符合犯罪构成的要件，已经构成犯罪；二是犯罪行为情节轻微，依照刑法规定不需要判处刑罚或者免除处罚。而依照刑法规定，酌定不起诉情节轻微的包括下列情形：①犯罪嫌疑人在中华人民共和国领域外犯罪，依照我国刑法规定应当负刑事责任，但在外国已经受过刑事处罚的；②犯罪嫌疑人又聋又哑，或者是盲人犯罪的；③犯罪嫌疑人因防卫过当或紧急避险超过必要限度，并造成不应有危害而犯罪的；④为犯罪准备工具，制造条件的；⑤在犯罪过程中自动中止或自动有效地防止犯罪结果发生的；⑥在共同犯罪中，起次要或辅助作用的；⑦被胁迫、被诱骗参加犯罪的；⑧犯罪嫌疑人自首或者在自首后有立功表现的。

(2) 从酌定不起诉的起源来分析。酌定不起诉是在废除免予起诉制度基础上发展而来的一种不起诉类型。我国1996年修改刑事诉讼法时废除免予起诉制度的原因之一就是因为在实践中，对有些无罪的人决定免予起诉，侵害了被告人的合法权利；对有些依法应当判刑的，却给予免予起诉。因此，在新刑事诉讼法中，扩大了不起诉的范围、对犯罪情节轻微，依照刑法规定不需要判处刑罚或者免除处罚的，人民检察院可以不起诉，不再使用免予起诉。可见，人民检察院根据现行刑事诉讼法作出的酌定不起诉决定与免予起诉的本质区别在于前者不再具有有罪认定的实体法律效力。

(3) 从无罪推定的角度来分析。我国《刑事诉讼法》第12条规定：“未经人民法院依法判决，对任何人都不得确定有罪。”基于此，由于人民检察院已作不起诉（包括酌定不起诉）处理的案件尚未进入审判程序，没有经过人民法院依法定程序进行审理和判决，因此，人民检察院所作出的任何不起诉决定都不可能具有确定有罪的法律效力。确实，在起诉活动中，人民检察院必须对犯罪嫌疑人是否构成犯罪、构成什么罪进行审查，但是，这种审查只具有程序意义，属于控诉机关行使检察权的诉讼活动；如果人民检察院认为需要确定嫌疑人有罪，则应提起公诉，由人民法院对案件进行审理并作出是否有罪的判决。因此，从法律性质来讲，酌定不起诉的决定是一个程序性决定，是一个不再将案件交付法院审判的决定，其法律效力相当于一个无罪判决。

(4) 从“犯罪情节轻微”来分析，达到法定起诉条件是适用酌定不起诉的前提条件，如果案件尚未达到起诉条件，检察机关不得作出酌定不起诉，而应当作出法定不起诉或证据不足不起诉的决定。提起公诉条件中的“犯罪事实”是指人民检察院根据现有证据认为犯罪嫌疑人的行为已经构成了犯罪。尽管立法以“犯罪情节轻微”来表述酌定不起诉的适用条件，但并不等于说，检察机关决定酌定不起诉时，被不起诉人在事实上就确实犯了罪；而只是表明，检察机关已经尽其所能查清了案件事实并认为案件已经达到了法定的起诉条件，从而具有了起诉与不起诉的裁量空间。

（5）从我国的刑事政策来分析。酌定不起诉制度体现的是我国一贯奉行的“区别对待”“惩办与宽大相结合”的刑事政策。对于那些已经认错悔改、行为危害不大的嫌疑人，由于已经没有继续追诉的必要，不追诉比追诉更有助于实现教育和改造。酌定不起诉与其他不起诉形式尽管在适用范围上各有不同，但就法律效力而言，并没有实质性差别。酌定不起诉具有不起诉的一般特点：①在程序上，具有终止刑事追诉程序的程序性效力，对于被不起诉人在押的，应当立即释放，并终止相应的追诉程序；②在实体上；相当于无罪的法律推定。因此，尽管酌定不起诉的前提条件是“犯罪情节轻微”，但就其刑事实体意义而言，酌定不起诉决定同无罪判决具有同等法律效力。

七、案例分析题

1. 答案：（1）《高检规则》第330条规定了检察院对审查起诉时，应当审查的内容。即人民检察院审查移送起诉的案件，应当查明：①犯罪嫌疑人身份状况是否清楚，包括姓名、性别、国籍、出生年月日、职业和单位等；单位犯罪的，单位的相关情况是否清楚；②犯罪事实、情节是否清楚；实施犯罪的时间、地点、手段、危害后果是否明确；③认定犯罪性质和罪名的意见是否正确；有无法定的从重、从轻、减轻或者免除处罚情节及酌定从重、从轻情节；共同犯罪案件的犯罪嫌疑人在犯罪活动中的责任认定是否恰当；④犯罪嫌疑人是否认罪认罚；⑤证明犯罪事实的证据材料是否随案移送；证明相关财产系违法所得的证据材料是否随案移送；不宜移送的证据的清单、复制件、照片或者其他证明文件是否随案移送；⑥证据是否确实、充分，是否依法收集，有无应当排除非法证据的情形；⑦采取侦查措施包括技术侦查措施的法律手续和诉讼文书是否完备；⑧有无遗漏罪行和其他应当追究刑事责任的人；⑨是否属于不应当追究刑事责任的；⑩有无附带民事诉讼；对于国家财产、集体财产遭受损失的，是否需要由人民检察院提起附带民事诉讼；对于破坏生态环境和资源保护，食品药品安全领域侵害众多消费者合法权益，侵害英雄烈士的姓名、肖像、名誉、荣誉等损害社会公共利益的行为，是否需要由人民检察院提起附带民事公益诉讼；⑪采取的强制措施是否适当，对于已经逮捕的犯罪嫌疑人，有无继续羁押的必要；⑫侦查活动是否合法；⑬涉案财物是否查封、扣押、冻结并妥善保管，清单是否齐备；对被害人合法财产的返还和对违禁品或者不宜长期保存的物品的处理是否妥当，移送的证明文件是否完备。

（2）根据《刑事诉讼法》第173条第1款的规定，人民检察院审查案件，应当讯问犯罪嫌疑人，听取辩护人、被害人及其诉讼代理人的意见，并记录在案。辩护人、被害人及其诉讼代理人提出书面意见的，应当附卷。因此，听取被害人及被害人委托的人的意见是审查起诉的必经程序和法定方法。据此，本题中，市人民检察院在对该案进行审查起诉时，应听取被害人姜某的意见。

（3）人民检察院决定退回公安机关补充侦查的案件，应当写出补充侦查意见书，说明需要补充侦查的问题和要求。对于补充侦查的案件，应在1个月以内补充侦查完毕。补充侦查以两次为限。对于在审查起诉期间改变管辖的，改变管辖前后退回补充侦查的次数总共不得超过两次。

（4）根据《高检规则》第328条第3款的规定，上级人民检察院受理同级公安机关移送审查起诉案件，认为属于下级人民法院管辖的，可以交下级人民检察院审查，由下级人民检察院向同级人民法院提起公诉，同时通知移送审查起诉的公安机关。

2. 答案：（1）海滨市人民检察院的第一次退回补充侦查不合法。依据《高检规则》第252条第1款的规定：“人民检察院直接受理侦查的共同犯罪案件，如果同案犯罪嫌疑人在逃，但在案犯罪嫌疑人犯罪事实清楚，证据确实、充分的，对在案犯罪嫌疑人应当根据本规则第二百三十七条的规定分别移送审查起诉或者移送审查不起诉。”故本案中，犯罪嫌疑人凌某一人在逃，不应影响全案审查起诉的进行，海滨市人民检察院应当就已在案的犯罪嫌疑人审查起诉，而不应将该案退回补充侦查。

（2）海滨市人民检察院采用电话方式听取被害人胡某及其诉讼代理人的意见是错误的。《高检规则》第262条规定，直接听取辩护人、被害人及其诉讼代理人的意见有困难的，可以通过电话、视频等方式听取意见并记录在案，或者通知辩护人、被害人及其诉讼代理人提出书面意见。无法通知或者在指定期限内未提出意见的，应当记录在案。故本案人民检察院应当要求被害人胡某及其诉讼代理人提供书面意见。

（3）人民检察院对发现有刑讯逼供行为的处理不当。依据《高检规则》第341条的规定，人民检察院在审查起诉中发现有应当排除的非法证据，应当依法排除，同时可以要求监察机关或者公安机关另行指派调查人员或者侦查人员重新取证。必要时，人民检察院也可以自行调查取证。本案中公安机关仅以工作说明代替补充取证，而检察机关也未继续要求重新取证，在程序上有瑕疵。

3. **答案**：(1)《刑事诉讼法》第177条第2款规定，对于犯罪情节轻微，依照刑法规定不需要判处刑罚或者免除刑罚的，人民检察院可以作出不起诉决定。根据上述法律规定，本案犯罪嫌疑人魏某犯罪情节轻微，又有自首立功表现，依法可免除刑罚，检察院对其决定不起诉是合法的。

(2)《刑事诉讼法》第180条规定："对于有被害人的案件，决定不起诉的，人民检察院应当将不起诉决定书送达被害人。被害人如果不服，可以自收到决定书后七日以内向上一级人民检察院申诉，请求提起公诉……对人民检察院维持不起诉决定的，被害人可以向人民法院起诉。被害人也可以不经申诉，直接向人民法院起诉……"可见，被害人作为当事人，有权向法院起诉检察院决定不起诉的案件，法院应该接受，依法处理。本案中的检察院将不起诉决定通知被害人的做法是正确的，被害人王某向法院起诉也是合法的，而法院以被害人无权起诉为由不予受理是不合法的、错误的。

(3)根据《刑事诉讼法》的有关规定，"凡需要提起公诉的案件，一律由人民检察院审查决定。""自诉案件，由人民法院直接受理""自诉案件，被害人有权向人民法院直接起诉。"由此可见，由检察院提起诉讼的案件仅限于公诉案件，即自诉案件以外的刑事案件，对于自诉案件除特殊情况外，应由被害人决定是否起诉，不能由检察机关起诉，否则就是对被害人诉权的侵犯。对于被害人没有起诉的自诉案件，人民法院不能根据检察机关的起诉而审理，也不能在没有任何人起诉的情况下进行审理，否则就违背了"没有起诉就没有审判"的原则和自诉案件由被害人起诉的规定。本案李某犯有盗窃罪和虐待罪两罪，前者是公诉案件，应由检察机关提起公诉法院才能审理，后者是自诉案件，不能由检察机关起诉而应由被害人起诉法院才能审理。由于李某的这两个罪的管辖机关不同，起诉主体不同，起诉和审理程序不同，因而必须分别按照有关公诉案件和自诉案件的规定进行处理，由检察院一并起诉的做法是错误的，法院合并审理也是不合法的，正确的做法是，检察院只起诉盗窃罪，同时告知李某父母有向法院起诉虐待案的权利。如果李某父母向法院起诉，检察院应将有关材料移送法院，法院可对两罪均进行审理和判决。否则，检察院不能将两罪一并起诉，法院也不得将两罪合并审理。

(4)《刑事诉讼法》第34条规定："犯罪嫌疑人自被侦查机关第一次讯问或者采取强制措施之日起，有权委托辩护人；在侦查期间，只能委托律师作为辩护人。被告人有权随时委托辩护人。侦查机关在第一次讯问犯罪嫌疑人或者对犯罪嫌疑人采取强制措施的时候，应当告知犯罪嫌疑人有权委托辩护人。人民检察院自收到移送审查起诉的案件材料之日起三日以内，应当告知犯罪嫌疑人有权委托辩护人。人民法院自受理案件之日起三日以内，应当告知被告人有权委托辩护人。犯罪嫌疑人、被告人在押期间要求委托辩护人的，人民法院、人民检察院和公安机关应当及时转达其要求。犯罪嫌疑人、被告人在押的，也可以由其监护人、近亲属代为委托辩护人。辩护人接受犯罪嫌疑人、被告人委托后，应当及时告知办理案件的机关。"据此，在公诉案件审查起诉阶段，不仅犯罪嫌疑人有权委托辩护人，而且检察院应及时主动地告知犯罪嫌疑人有权委托辩护人。因此，本案检察院拒绝李某、高某委托律师提供辩护的做法是不合法的、错误的。

(5)根据《刑事诉讼法》第186条的规定，人民法院开庭审判公诉案件的条件是：①起诉书中有明确的指控犯罪事实；②附有相关证据材料即证据目录、证人名单和主要证据复印件或照片。可见，并不要求犯罪事实清楚、证据确实，因为只有在开庭审理后才能确定犯罪事实是否清楚、证据是否确实。对于符合上述条件的公诉案件。法院应决定开庭审判，对于不符合上述条件的，不得开庭审判。本案法院以案件证据不确实、不充分为由退回卷宗的做法是不合法的，其理由是不正确的。另外，根据《刑事诉讼法》第185条"对于疑难、复杂、重大的案件，合议庭认为难以作出决定的，由合议庭提请院长决定提交审判委员会讨论决定"的规定，本案应由院长决定提交审判委员会讨论决定，由合议庭提交是不正确的。

第二十章　第一审程序

基础知识图解

- 第一审程序
  - 公诉
    - 庭前审查程序：庭前审查的内容；庭前审查的方法；庭前审查后的结果
    - 庭前准备程序：是指为了保障法庭审判顺利进行，所进行的各项准备工作
    - 法庭审判程序
      - 开庭
      - 法庭调查
      - 法庭辩论
      - 被告人最后陈述
      - 评议和宣判
  - 自诉
    - 一般程序：与公诉第一审程序相似
    - 特殊程序：和解、调解、反诉的适用
  - 简易程序
    - 概念：基层法院审理某些简单轻微刑事案件时所适用的相对简单的审判程序
    - 适用范围
      - 案件事实清楚、证据充分
      - 被告人承认自己所犯罪行，对指控的犯罪事实没有异议
      - 被告人对适用简易程序没有异议
    - 特点：只适用一审程序；只适用基层法院；必须事实清楚、情节简单、犯罪轻微
  - 判决、裁定、决定
    - 判决、裁定、决定的适用情形
    - 三者的区别

配套测试

一、单项选择题

1. 应由全国人民代表大会常务委员会批准延期审理的案件是指(　　)。

A. 一般案件

B. 案情复杂的案件

C. 重大复杂的案件

D. 因为特殊原因，在较长时间内不宜交付审判的特别重大、复杂的案件

2. 在审判过程中，自诉人、被告人患有精神病或者其他严重疾病，以及案件起诉到人民法院以后被告人脱逃，致使案件在较长时间内无法继续审理的，应当(　　)。

A. 延期审理　　B. 终止审理

C. 结案　　D. 中止审理

3. 刑事审判具有亲历性特征。下列哪一选项不符合亲历性要求？(　　)（司考2014. 2. 36）

A. 证人因路途遥远无法出庭，采用远程作证方式在庭审过程中作证

B. 首次开庭并对出庭证人的证言质证后，某合议庭成员因病无法参与审理，由另一人民陪审员担任合议庭成员继续审理并作出判决

C. 某案件独任审判员在公诉人和辩护人共同参与下对部分证据进行庭外调查核实

D. 第二审法院对决定不开庭审理的案件，通过讯问被告人，听取被害人、辩护人和诉讼代理人的意见进行审理

4. 王某系聋哑人，因涉嫌盗窃罪被提起公诉。关于本案，下列哪一选项是正确的？(　　)（司考2016. 2. 28）

A. 讯问王某时，如有必要可通知通晓聋哑手势的人参加

B. 王某没有委托辩护人，应通知法律援助机构指派律师为其提供辩护

C. 辩护人经通知未到庭，经王某同意，法院决定开庭审理

D. 因事实清楚且王某认罪，实行独任审判

5. 某法院在审理张某自诉伤害案中，发现被告人还实施过抢劫。对此，下列哪一做法是正确的？（　　）（司考 2010. 2. 31）

A. 继续审理伤害案，将抢劫案移送有管辖权的公安机关

B. 鉴于伤害案属于可以公诉的案件，将伤害案与抢劫案一并移送有管辖权的公安机关

C. 继续审理伤害案，建议检察院对抢劫案予以起诉

D. 对伤害案延期审理，待检察院对抢劫案起诉后一并予以审理

6. 人民法院决定开庭，应当在开庭前（　　）日以前通知人民检察院，（　　）日以前传唤当事人和通知辩护人、证人、鉴定人以及翻译人员，至少提前（　　）日公布案由、被告人姓名、开庭时间、地点等。

A. 3　5　3　　B. 3　3　3

C. 3　7　3　　D. 5　7　3

7. 人民法院对提起公诉的案件进行审查后，应根据案情作出何种处理决定？（　　）

A. 对于主要事实清楚，证据不足的案件，人民法院可以作出退回补充侦查的决定

B. 对于主要事实不清、证据不足的案件，人民法院可以作出退回补充侦查的决定

C. 如果被告人的行为不构成犯罪，或者犯罪情节轻微，不需要判处刑罚的，人民法院可以要求人民检察院撤回起诉

D. 对于起诉书中有明确的指控犯罪事实并且附有相关的证据目录、证人名单和主要证据复印件或者照片的，应当决定开庭审判

8. 关于自诉案件的程序，下列哪一选项是正确的？（　　）（司考 2014. 2. 37）

A. 不论被告人是否羁押，自诉案件与普通公诉案件的审理期限都相同

B. 不论在第一审程序还是第二审程序中，在宣告判决前，当事人都可和解

C. 不论当事人在第一审还是第二审审理中提出反诉的，法院都应当受理

D. 在第二审程序中调解结案的，应当裁定撤销第一审裁判

9. 某市人民法院审理一起杀人案，辩护人提出被告李某不在现场的证据，合议庭认为此项证据存在问题，此时合议庭（　　）。

A. 应当宣布休庭，对证据进行调查核实

B. 应当将案件退回，重新侦查

C. 应当否认此项证据的效力

D. 可由被害人对此项证据质证

10. 按照我国《刑事诉讼法》的规定，关于法庭审理活动先后顺序的排列，下列哪一选项的组合是正确的？（　　）（司考 2008. 2. 38）

①宣读勘验笔录；②公诉人发表公诉词；③讯问被告人；④询问证人、鉴定人；⑤出示物证；⑥被告人最后陈述。

A. ②③⑤④①⑥　　B. ③④⑤①②⑥

C. ②④⑤①⑥③　　D. ③④①⑤②⑥

11. 在刑事诉讼活动中，辩护人有权申请新的证人到庭。根据《刑事诉讼法》的规定，申请的时间是（　　）。

A. 法庭审理中判决前

B. 法庭审理后闭庭前

C. 法庭审理中合议庭评议前

D. 法庭审理前

12. 人民法院审理公诉案件，应当在受理后（　　）以内宣判。

A. 2 个月　　B. 6 个月

C. 1 个月　　D. 12 个月

13. 卢某到人民法院控告其丈夫犯有重婚罪，要求追究其丈夫重婚罪的刑事责任，同时又向法院提出，要求判决与其丈夫离婚，该法院（　　）。

A. 可将其离婚请求作为附带民事诉讼处理

B. 由民庭和刑庭分别处理民事、刑事案件

C. 应由法院合并审理，分别判决

D. 可由法院分别审理，合并判决

14. 根据我国《刑事诉讼法》的规定，下列哪一表述是不准确的？（　　）

A. 涉及国家秘密的犯罪案件不公开审理

B. 有关个人隐私的犯罪案件不公开审理

C. 16 岁以上不满 18 岁未成年人犯罪一律不公开审理

D. 14 岁以上不满 16 岁未成年人犯罪案件一律不公开审理

15. 根据有关刑事诉讼法的规定，合议庭对复杂、重大等案件，可以提请院长决定将案件提交审判委员会讨论。合议庭提请院长将案件提交审判委员会讨论的时间应是以下哪个阶段？（　　）

A. 合议庭开庭审理之前

B. 合议庭开庭审理之后进行评议之前

C. 合议庭开庭审理并经评议之后

D. 合议庭开庭审理之前，院长认为应当提交审判委员会讨论的时候

16. 某电子科技有限公司因涉嫌虚开增值税专用发票罪被提起公诉，公司董事长、总经理、会计

等5人被认定为该单位犯罪的直接责任人员。在法院审理中，该公司被注销。关于法院的处理，下列哪一选项是正确的？(　　)(司考2008.2.29)

A. 继续审理

B. 终止审理

C. 终止审理，建议检察机关对公司董事长、总经理、会计等另行起诉

D. 退回检察机关，建议检察机关对公司董事长、总经理、会计等另行起诉

17. 某县法院对检察院提起公诉的一起受贿案件进行审查后，发现虽然起诉书有明确的指控犯罪事实并附有证据目录、证人名单和主要证据复印件，但检察院尚未移送赃款赃物等实物证据。此时，法院应如何做出决定？(　　)

A. 决定开庭审判

B. 因移送的证据材料不充足，决定不开庭审判

C. 通知检察院补充移送相应的实物证据，待其移送后，再决定开庭审判

D. 通知检察院补充移送相应的实物证据，如果检察院仍然不移送，再决定不开庭审判

18. 法院在审理胡某持有毒品案时发现，胡某不仅持有毒品数量较大，而且向他人出售毒品，构成贩卖毒品罪。关于本案，下列哪一选项是正确的？(　　)(司考2016.2.36)

A. 如胡某承认出售毒品，法院可直接改判

B. 法院可在听取控辩双方意见基础上直接改判

C. 法院可建议检察院补充或者变更起诉

D. 法院可建议检察院退回补充侦查

19. 被害人张某以故意伤害罪对聋哑人郑某提起自诉，市北道区人民法院受理了该案。该人民法院经审理后，判处郑某拘役6个月，并赔偿被害人医疗费等人民币2000元。下列哪种行为与有关刑事诉讼的规定不符？(　　)

A. 未对郑某采取强制措施

B. 对自诉案件适用普通程序审理

C. 于受理案件后，10个月后的第5日作出宣判

D. 对该自诉案件没有进行调解

20. 甲犯抢夺罪，法院经审查决定适用简易程序审理。关于本案，下列哪一选项是正确的？(　　)(司考2016.2.37)

A. 适用简易程序必须由检察院提出建议

B. 如被告人已提交承认指控犯罪事实的书面材料，则无须再当庭询问其对指控的意见

C. 不需要调查证据，直接围绕罪名确定和量刑问题进行审理

D. 如无特殊情况，应当庭宣判

21. 王某以诽谤罪向法院自诉李某。在一审审判过程中，经调解达成协议，调解书合法送达后王某反悔。在此情况下，王某有权采用哪种做法？(　　)

A. 要求一审人民法院重新判决

B. 向二审法院提出上诉

C. 重新起诉

D. 提出申诉，要求再审

22. 关于我国刑事诉讼中起诉与审判的关系，下列哪一选项是正确的？(　　)(司考2015.2.36)

A. 自诉人提起自诉后，在法院宣判前，可随时撤回自诉，法院应准许

B. 法院只能就起诉的罪名是否成立作出裁判

C. 在法庭审理过程中，法院可建议检察院补充、变更起诉

D. 对检察院提起公诉的案件，法院判决无罪后，检察院不能再次起诉

23. 高某以诽谤罪将范某起诉至某县法院。县法院经审查认为，该案应属本院管辖，该案有明确的被告人、具体的诉讼请求和能证明被告人犯罪事实的证据，应予受理。但被告人范某目前下落不明。对此，法院应当如何处理？(　　)

A. 裁定中止审理

B. 说服自诉人撤回起诉或者裁定不予受理

C. 宣告范某犯有诽谤罪并处以刑罚

D. 将案件交公安机关查找范某下落

24. 人民法院通知自诉人委托诉讼代理人的时限应当是(　　)。

A. 自受理自诉案件之日起5日以内

B. 自受理自诉案件之日起7日以内

C. 自受理自诉案件之日起3日以内

D. 自受理自诉案件之日起15日以内

25. 某国有银行涉嫌违法发放贷款造成重大损失，该行行长因系直接负责的主管人员也被追究刑事责任，信贷科科长齐某因较为熟悉银行贷款业务被确定为单位的诉讼代表人。关于本案审理程序，下列哪一选项是正确的？(　　)(司考2015.2.37)

A. 如该案在开庭审理前召开庭前会议，应通知齐某参加

B. 齐某无正当理由拒不出庭的，可拘传其到庭

C. 齐某可当庭拒绝银行委托的辩护律师为该行辩护

D. 齐某没有最后陈述的权利

26. 关于刑事判决与裁定的区别，下列哪一选项是正确的？(　　)(司考2010.2.35)

A. 判决解决案件的实体问题，裁定解决案件的程序问题

B. 一案中只能有一个判决，裁定可以有若干个

C. 判决只能以书面的形式表现，裁定只以口头作出

D. 不服判决与不服裁定的上诉、抗诉期限不同

27. 下列哪一情形不得适用简易程序？（ ）（司考 2012. 2. 32）

A. 未成年人案件

B. 共同犯罪案件

C. 有重大社会影响的案件

D. 被告人没有辩护人的案件

28. 对于适用当事人和解的公诉案件诉讼程序而达成和解协议的案件，下列哪一做法是错误的？（ ）（司考 2012. 2. 37）

A. 公安机关可以撤销案件

B. 检察院可以向法院提出从宽处罚的建议

C. 对于犯罪情节轻微，不需要判处刑罚的，检察院可以不起诉

D. 法院可以依法对被告人从宽处罚

29. 下列哪一案件可适用简易程序审理？（ ）（司考 2017. 2. 34）

A. 甲为境外非法提供国家秘密案，情节较轻，可能判处 3 年以下有期徒刑

B. 乙抢劫案，可能判处 10 年以上有期徒刑，检察院未建议适用简易程序

C. 丙传播淫秽物品案，经审查认为，情节显著轻微，可能不构成犯罪

D. 丁暴力取证案，可能被判处拘役，丁的辩护人作无罪辩护

30. 在一审法院审理中出现下列哪一特殊情形时，应以判决的形式作出裁判？（ ）（司考 2017. 2. 35）

A. 经审理发现犯罪已过追诉时效且不是必须追诉的

B. 自诉人未经法庭准许中途退庭的

C. 经审理发现被告人系精神病人，在不能控制自己行为时造成危害结果的

D. 被告人在审理过程中死亡，根据已查明的案件事实和认定的证据，尚不能确认其无罪的

二、多项选择题

1. 下列符合刑事诉讼法的规定的有（ ）。

A. 刑事案件由合议庭依法裁判，只有疑难、复杂、重大的案件，合议庭认为难以作出决定的，由合议庭提请院长决定提交审判委员会讨论决定

B. 人民法院受理公诉案件，对于有明确的指控犯罪事实，并且附有证据目录、证人名单和主要证据复印件或者照片的，应当开庭审理

C. 凡是公诉案件，人民检察院都必须派员出庭支持公诉

D. 法庭审理中，举证方向法庭出示证据后，由对方发表质证意见

2. 高某利用职务便利多次收受贿赂，还雇凶将举报他的下属王某打成重伤。关于本案庭前会议，下列哪些选项是正确的？（ ）（司考2015. 2. 72）

A. 高某可就案件管辖提出异议

B. 王某提起附带民事诉讼的，可调解

C. 高某提出其口供系刑讯所得，法官可在审查讯问时同步录像的基础上决定是否排除口供

D. 庭前会议上出示过的证据，庭审时举证、质证可简化

3. 人民法院对自诉案件进行审查后，可以按照下列情况分别处理（ ）。

A. 犯罪事实清楚，有足够证据的案件，应当开庭审判

B. 必须由人民检察院提起公诉的案件，应当移送主管审查的人民检察院

C. 缺乏罪证的自诉案件，如果自诉人提不出补充证据，应当说服自诉人撤诉，或者裁定驳回

D. 被告人的行为不构成犯罪的案件，应当说服自诉人撤回自诉，或者裁定驳回

4. 人民法院对于下列（ ）案件，可以适用简易程序。

A. 告诉才处理的案件

B. 被害人起诉的有证据证明的轻微刑事案件

C. 对依法可能判处 3 年以下有期徒刑、拘役、管制、单处罚金的公诉案件，事实清楚、证据充分，人民检察院建议或者同意适用简易程序的

D. 被害人有证据证明对被告人侵犯自己人身、财产权利的行为应当追究刑事责任，而公安机关或者人民检察院不予追究被告人刑事责任的案件

5. 下列检察院应当不建议或不同意适用简易程序的案件有哪些？（ ）

A. 被告人要求适用普通程序的

B. 辩护人作无罪辩护的

C. 对于案件事实、证据存在较大争议的

D. 被告人是否犯罪、犯有何罪存在争议的

6. 根据《最高人民法院关于进一步加强合议庭职责的若干规定》，关于合议庭，下列哪些说法是正确的？（ ）（司考 2010. 2. 72）

A. 合议庭是法院的基本审判组织，由审判员和人民陪审员随机组成

B. 合议庭成员因对案件事实和证据认识上的偏差

而导致案件被改判或者发回重审的不承担责任

C. 合议庭成员因法律修订或者政策调整而导致案件被改判或者发回重审的不承担责任

D. 开庭审理时，合议庭成员从事与该庭审无关的活动，当事人提出异议合议庭不纠正的，当事人可以要求延期审理，并将有关情况记入庭审笔录

7. 某县人民法院公开审判张某奸淫幼女一案，县人民检察院以人员不足为由，未派员出庭支持公诉。人民法院经审理，判处王某有期徒刑15年。法定期限内人民检察院没有抗诉，被告人没有上诉。判决生效后，张某的近亲属向原审人民法院提出重审。本案在诉讼程序上的错误是(　　)。

A. 张某的近亲属向原审人民法院要求重审

B. 人民检察院未派员出庭支持公诉

C. 法定期限内人民检察院没抗诉

D. 公开审判

8. 张律师受聘担任故意杀人案被告人臧某的辩护人。按照我国法律，张律师享有哪些权利？(　　)

A. 法庭调查时的发问权

B. 拒绝辩护权

C. 在开庭前3天得到出庭辩护通知书的权利

D. 在一审宣判后，臧某不同意上诉时，可在特殊情况下为维护臧某的合法权益而代臧某提起上诉

9. 在我国，人民法院依法享有下列哪些职权？(　　)

A. 对刑事被告人决定逮捕、拘传、取保候审和监视居住

B. 决定并执行刑事拘留

C. 必要时可以进行勘验、检查、扣押和鉴定

D. 可以查询和冻结被告人存款

10. 辩护律师在庭审中对控方证据提出异议，主张这些证据不得作为定案依据。对下列哪些证据的异议，法院应当予以支持？(　　)

A. 因证人拒不到庭而无法当庭询问的证人证言

B. 被告人提供了有关刑讯逼供的线索及材料，但公诉人不能证明讯问合法的被告人庭前供述

C. 工商行政管理部门关于查处被告人非法交易行为时的询问笔录

D. 侦查人员在办案场所以外的地点询问被害人所获得的被害人陈述

11. 人民法院调查核实证据，可以进行(　　)。

A. 勘验、检查　　B. 模拟实验

C. 鉴定　　D. 查询、冻结、扣押

12. 在法庭审理过程中，当事人和辩护人、诉讼代理人有权(　　)。

A. 申请通知新的证人到庭

B. 申请调取新的物证

C. 申请重新鉴定

D. 申请重新勘验

13. 法院对检察院提起公诉的案件进行庭前审查，下列哪些做法是正确的？(　　)

A. 发现被告人张某在起诉前已从看守所脱逃的，退回检察院

B. 法院裁定准许撤诉的抢劫案，检察院因被害人范某不断上访重新起诉的，退回

C. 起诉时提供的一名外地证人石某没有列明住址和通讯处的，通知检察院补送

D. 某被告人被抓获后始终一言不发，也没有任何有关姓名、年龄、住址、单位等方面的信息或线索的，不予受理

14. 某县法院在对杨某绑架案进行庭前审查中，发现下列哪些情形时，应当将案件退回检察机关？(　　)

A. 杨某在绑架的过程中杀害了人质

B. 杨某在审查起诉期间从看守所逃脱

C. 检察机关移送起诉材料未附证据目录

D. 检察机关移送起诉材料欠缺已经委托辩护人的住址、通讯处

15. 除非经过批准，人民法院审理第一审案件的最长期限为(　　)。

A. 刑事公诉案件至迟在受理后1个半月内宣判

B. 行政案件在立案之日起6个月内作出判决

C. 民事简易程序应在立案之日起3个月内审结

D. 民事特别程序案件从立案之日起30日或公告期满后30日内审结

16. 下列案件(　　)重新计算办案期限。

A. 二审法院发回原审法院重审的案件

B. 人民检察院补充侦查后移送法院审理的案件

C. 公安机关第一次补充侦查后移送检察院起诉的案件

D. 公安机关第二次补充侦查后移送检察院起诉的案件

17. 关于自诉案件的审理，下列哪些做法是正确的？(　　)

A. 甲、乙系一起伤害案件的自诉人，案件审理中甲撤回起诉，法院继续案件审理

B. 某伤害案，因检察院作出不起诉决定，被害人提起自诉，审理中自诉人与被告人和解而撤回自诉，法院经审查准许

C. 某遗弃案，被告人在第二审程序中提出反诉，法院予以受理并与原自诉合并审理

D. 某侵犯知识产权案，第二审中当事人和解，法院裁定准许撤回自诉并撤销一审判决

18. 下列哪些案件法院审理时可以调解？（ ）（司考 2010. 2. 74）
A.《刑法》规定告诉才处理的案件
B. 被害人有证据证明的轻微刑事案件
C. 检察院决定不起诉后被害人提起自诉的案件
D. 刑事诉讼中的附带民事诉讼案件

19. Z 市 F 区人民法院开庭审理郭某盗窃案，在调查证据时，宣读了因病不能出庭作证的赵某的证言笔录。依照刑事诉讼法的规定，对于该证言笔录，审判人员应当听取哪些人的意见？（ ）
A. 公诉人
B. 被害人
C. 被告人
D. 其他出庭作证的证人

20. 人民法院在适用简易程序审理刑事公诉案件时，下列哪些选项是人民检察院应当要求人民法院将简易程序转为普通第一审程序审理案件的情形？（ ）
A. 对被告人是否犯罪存在疑问的
B. 案件事实、证据存在较大争议的
C. 对被告人依法应判处 3 年以上有期徒刑的
D. 被告人有新的犯罪事实需要追加起诉一并审理的

21. 在下列何种情形下，经公诉人建议法庭延期审理的时间一次不得超过一个月？（ ）（司考 2008. 2. 77）
A. 发现事实不清、证据不足的
B. 发现遗漏罪行、遗漏同案犯罪嫌疑人，需要补充侦查或者补充提供证据的
C. 发现遗漏罪行或者遗漏同案犯罪嫌疑人，虽不需要补充侦查和补充提供证据，但需要提出追加或者变更起诉的
D. 需要通知开庭前未向人民法院提供名单的证人、鉴定人或者经人民法院通知而未到庭的证人出庭陈述的

22. 关于庭前会议，下列哪些选项是正确的？（ ）
A. 案情复杂、证据繁多的案件，可以召开庭前会议
B. 被害人提起附带民事诉讼的，审判人员可在庭前会议中进行调解
C. 辩护人申请排除非法证据的，可在庭前会议中就是否排除作出决定
D. 控辩双方可在庭前会议中就出庭作证的证人名单进行讨论

23. 张某系某基层法院陪审员，可以参与审判下列哪些案件？（ ）（司考 2009. 2. 74）
A. 所在区基层法院适用简易程序审理的案件
B. 所在市中级法院审理的一审案件
C. 所在市中级法院审理的二审案件
D. 所在省高级法院审理的一审案件

24. 方某涉嫌在公众场合侮辱高某和任某，高某向法院提起自诉。关于本案的审理，下列哪些选项是正确的？（ ）（司考 2014. 2. 72）
A. 如果任某担心影响不好不愿起诉，任某的父亲可代为起诉
B. 法院通知任某参加诉讼并告知其不参加的法律后果，任某仍未到庭，视为放弃告诉，该案宣判后，任某不得再行自诉
C. 方某的弟弟系该案关键目击证人，经法院通知其无正当理由不出庭作证的，法院可强制其到庭
D. 本案应当适用简易程序审理

25. 关于简易程序，下列哪些选项是正确的？（ ）（司考 2014. 2. 73）
A. 甲涉嫌持枪抢劫，法院决定适用简易程序，并由两名审判员和一名人民陪审员组成合议庭进行审理
B. 乙涉嫌盗窃，未满 16 周岁，法院只有在征得乙的法定代理人和辩护人同意后，才能适用简易程序
C. 丙涉嫌诈骗并对罪行供认不讳，但辩护人为其做无罪辩护，法院决定适用简易程序
D. 丁涉嫌故意伤害，经审理认为可能不构成犯罪，遂转为普通程序审理

26. 关于自诉案件的和解和调解，下列哪些说法是正确的？（ ）（司考 2011. 2. 72）
A. 和解和调解适用于自诉案件
B. 和解和调解都适用于告诉才处理和被害人有证据证明的轻微案件
C. 和解和调解应当制作调解书、和解协议，由审判人员和书记员署名并加盖法院印章
D. 对于当事人已经签收调解书或法院裁定准许自诉人撤诉的案件，被告人被羁押的，应当予以解除

27. 关于可以适用当事人和解的公诉案件诉讼程序的案件范围，下列哪些选项是正确的？（ ）（司考 2012. 2. 75）
A. 交通肇事罪
B. 暴力干涉婚姻自由罪
C. 过失致人死亡罪
D. 刑讯逼供罪

28. 甲、乙二人系药材公司仓库保管员，涉嫌 5 次共同盗窃其保管的名贵药材，涉案金额 40 余万元。一审开庭审理时，药材公司法定代表人丙参加庭

审。经审理，法院认定了其中4起盗窃事实，另1起因证据不足未予认定，甲和乙以职务侵占罪分别被判处有期徒刑3年和1年。

关于丙参与法庭审理，下列选项正确的是：（ ）（司考2017.2.93）

A. 丙可委托诉讼代理人参加法庭审理

B. 公诉人讯问甲和乙后，丙可就犯罪事实向甲、乙发问

C. 丙可代表药材公司在附带民事诉讼中要求甲和乙赔偿被窃的药材损失

D. 丙反对适用简易程序的，应转为普通程序审理

三、名词解释

1. 独任庭
2. 合议庭
3. 审判委员会
4. 人民陪审员制度
5. 审判模式
6. 判决的既判力
7. 交叉询问

四、简答题

1. 简述延期审理与中止审理的区别。
2. 简述刑事诉讼法规定的一审判决的种类。
3. 试就刑事自诉程序与刑事简易程序作一简要比较。
4. 简述在法庭审判中对违反法庭秩序的人的处理。
5. 简述自诉案件审理的特点。

五、论述题

1. 试述简易审判程序的特点。
2. 试论当庭质证、认证原则。

六、案例分析题

1. 被告人白某，男，29岁。2012年8月3日，白某发现邻居苏某（女）一人在家，遂以借工具为由进入苏家，用刀胁迫苏某强行与之发生性关系，完事后顺手将苏某手机带走。事后，当地检察机关以强奸罪向法院提起公诉。被害人以涉及个人隐私为由向法院提出不要公开审理。但法院为扩大宣传教育，允许当地记者及当地公众旁听此案。同时为提高庭审效率，审判长宣布开庭后，当即进入法庭调查阶段。公诉人宣读起诉书后，审判长问被告人及其辩护人有无意见，被告人及辩护人均说有意见，审判长于是向辩方宣布：“给予辩护人2分钟时间提出辩护意见，由于被告人委托了辩护人，被告人的意见应由辩护人一并提出，不再允许被告人陈述自己的意见。”辩护人对此提出抗议，但审判长未予理睬。在审判的最后阶段，审判长告知被告人有5分钟时间进行最后陈述，被告人陈述时首先主动交代拿走了苏某的手机，但当其交代完毕后，审判长即打断白某的陈述，不让他再说下去。然后，审判长当庭作出判决，以强奸罪、盗窃罪数罪并罚，判处白某有期徒刑15年。

   问：本案的审理程序有哪些错误，应如何纠误？

2. 某县人民法院收到该县人民检察院移送起诉的曹某（男，15岁）放火一案。经审查人民检察院移送的起诉书及所有案卷，决定于3月7日公开审理此案。于是，人民法院在3月1日将起诉书副本送达被告人曹某，并告之可以委托辩护人，曹某当即表示谁也不请。3月5日将开庭的时间、地点分别通知了检察院和诉讼参与人。3月6日，在法院门口的布告栏里贴出关于公开开庭审理曹某放火案的公告。3月7日，法院公开审理此案，没有律师出庭辩护，但曹某自己为自己进行了辩护，法庭作判决时也充分考虑了曹某的意见。

   问：本案在程序上有哪些错误？

3. 张某、王某、李某共同诈骗一案，县人民法院在庭前初步审查过程中，认为起诉书事实不清、证据不足，退回人民检察院补充侦查。检察机关补充侦查后再起诉。一审法院经过审理，以诈骗罪判处张某有期徒刑8年，王某有期徒刑5年，李某有期徒刑2年缓刑2年。一审宣判后，张某向市中级人民法院提出上诉，王某、李某表示不上诉。于是一审法院在将判决书送达给三被告的次日，将被告王某、李某交付执行，张某由市中级人民法院进行二审。二审法院经过审理认为一审适用法律不当，裁定撤销原判，将案件发回一审法院重审。一审法院由原合议庭成员对案件重新审理后，改判张某有期徒刑5年，并宣布改判后的判决为终审判决，被告人不得上诉。

   问：根据刑事诉讼法的规定，此案在处理上，存在哪些诉讼程序上的错误，并简要说明理由。

4. 被告人甲、乙共同将被害人丙杀害。一审程序中，在公诉人对被告人甲、乙同时进行讯问后，经审判长许可丙的父亲丁以附带民事诉讼原告的身份，就犯罪及财产损失事实向甲、乙发问。丙所居住社区的物业管理人员戊旁听了案件审理，并应控方要求就丙的被害情况向法庭作证，先后回答了辩护人、公诉人及审判长的发问。庭审中合议庭对戊的证言及其他证据发现疑问，遂宣布休庭，就被害人死亡时间及原因进一步调查核实。法庭调查中，公诉人发现被告人乙尚有遗漏的犯罪事

实，当庭提出要求撤回起诉，法庭审查后作出同意撤回起诉的决定。重新起诉后，甲、乙分别被判处死刑并赔偿原告损失10万元。宣判后乙提出上诉，二审法院仅就乙的犯罪部分进行了审查，认为原判决认定事实和适用法律正确、量刑适当，维持了原判，并上报最高人民法院核准。

问：请指出以上案例中在程序方面的不当之处，并简要分析原因。（司考2007.4.3）

参考答案

一、单项选择题

1. 答案：D。本题考查的是应由全国人民代表大会常务委员会批准延期审理的案件。《刑事诉讼法》第157条规定："因为特殊原因，在较长时间内不宜交付审判的特别重大复杂的案件，由最高人民检察院报请全国人民代表大会常务委员会批准延期审理。"据此，本题正确答案为D。

2. 答案：D。本题考查的是在审判过程中特定情形的处理。

3. 答案：B。刑事审判的亲历性，是指案件的裁判者必须自始至终参与审理，审查所有证据，对案件作出判决须以充分听取控辩双方的意见为前提。本题中，ACD三项均体现了刑事审判的亲历性特征，但是，B项未体现刑事审判的亲历性特征。本题的正确答案为B项。

4. 答案：B。本题考查聋哑人案件的诉讼程序、侦查讯问程序、法律援助辩护、法庭审判、简易程序的适用。《刑事诉讼法》第121条规定，讯问聋、哑的犯罪嫌疑人，应当有通晓聋、哑手势的人参加，并且将这种情况记明笔录。故A项的错误在于，不是"有必要时可通知"，而是应当有通晓聋、哑手势的人参加。《刑事诉讼法》第35条第2款规定，犯罪嫌疑人、被告人是盲、聋、哑人，或者是尚未完全丧失辨认或者控制自己行为能力的精神病人，没有委托辩护人的，人民法院、人民检察院和公安机关应当通知法律援助机构指派律师为其提供辩护。故B项正确。《刑事诉讼法解释》第225条第2款规定，辩护人经通知未到庭，被告人同意的，人民法院可以开庭审理，但被告人属于应当提供法律援助情形的除外。本案的被告人是聋哑人，系应当给予法律援助的对象，所以C项错误。根据《刑事诉讼法》第183条第1款的规定，基层人民法院适用简易程序的案件可以由审判员一人独任审判。《刑事诉讼法》第215条规定："有下列情形之一的，不适用简易程序：（一）被告人是盲、聋、哑人，或者是尚未完全丧失辨认或者控制自己行为能力的精神病人的；（二）有重大社会影响的；（三）共同犯罪案件中部分被告人不认罪或者对适用简易程序有异议的；（四）其他不宜适用简易程序审理的。"本案属于聋哑人案件，故不能适用简易程序，而独任审判只有在简易程序中才可能使用，因此D项错误。本题的正确答案为B项。

5. 答案：答案：A。抢劫案属于需要立案侦查才能查明的公诉案件，应由公安机关立案侦查。因此，人民法院应当将抢劫案移送公安机关侦查。

6. 答案：B。本题考查的是人民法院开庭前的准备工作。《刑事诉讼法》第187条规定："人民法院决定开庭审判后，应当确定合议庭的组成人员，将人民检察院的起诉书副本至迟在开庭十日以前送达被告人及其辩护人。在开庭以前，审判人员可以召集公诉人、当事人和辩护人、诉讼代理人，对回避、出庭证人名单、非法证据排除等与审判相关的问题，了解情况，听取意见。人民法院确定开庭日期后，应当将开庭的时间、地点通知人民检察院，传唤当事人，通知辩护人、诉讼代理人、证人、鉴定人和翻译人员，传票和通知书至迟在开庭三日以前送达。公开审判的案件，应当在开庭三日以前先期公布案由、被告人姓名、开庭时间和地点……"据此，本题正确答案为B。

7. 答案：D。本题考查的是人民法院的开庭前审查。《刑事诉讼法》第186条规定："人民法院对提起公诉的案件进行审查后，对于起诉书中有明确的指控犯罪事实的，应当决定开庭审判。"据此，本题正确答案为D。

8. 答案：B。《刑事诉讼法》第212条第2款规定，人民法院审理自诉案件的期限，被告人被羁押的，适用该法第208条第1款、第2款的规定（即公诉案件的审理期限）；未被羁押的，应当在受理后6个月以内宣判。故A项不正确。《刑事诉讼法》第212条第1款规定，人民法院对自诉案件，可以进行调解；自诉人在宣告判决前，可以同被告人自行和解或者撤回自诉。《刑事诉讼法》第210条第3项规定的案件不适用调解。《刑事诉讼法解释》第411条规定，对第二审自诉案件，必要时可以调解，当事人也可以自行和解。调解结案的，应当制作调解书，第一审判决、裁定视为自动撤销；当事人自行和解的，应当裁定准许撤回自诉，并撤销第一审判决、裁定。故B项正确、D项不正确。《刑事诉讼法解释》第412条规定，第二审期间，自诉案件的当事人提出反诉的，应当告知其另行起诉。故C项不正确。本题符合题意的选项是B项。

9. **答案**：A。本题考查的是合议庭对证据有疑问时的处理方式。《刑事诉讼法》第196条第1款规定："法庭审理过程中，合议庭对证据有疑问的，可以宣布休庭，对证据进行调查核实。"据此，本题正确答案为A。

10. **答案**：B。《刑事诉讼法解释》大致按照法条顺序规定了庭审的步骤。第240条规定，"审判长宣布法庭调查开始后，应当首先由公诉人宣读起诉书"。第242条规定，在审判长主持下，公诉人可以就起诉书指控的犯罪事实讯问被告人。第245条规定，必要时，审判人员可以讯问被告人。也可以向被害人、附带民事诉讼当事人发问。第247条规定，控辩双方申请证人出庭作证，出示证据，应当说明证据的名称、来源和拟证明的事实。法庭认为有必要的，应当准许；对方提出异议，认为有关证据与案件无关或者明显重复、不必要，法庭经审查异议成立的，可以不予准许。第246条规定，公诉人可以提请法庭通知证人、鉴定人、有专门知识的人、调查人员、侦查人员或者其他人员出庭，或者出示证据。被害人及其法定代理人、诉讼代理人，附带民事诉讼原告人及其诉讼代理人也可以提出申请。在控诉方举证后，被告人及其法定代理人、辩护人可以提请法庭通知证人、鉴定人、有专门知识的人、调查人员、侦查人员或者其他人员出庭，或者出示证据。第263条规定，审判人员认为必要时，可以询问证人、鉴定人、有专门知识的人、调查人员、侦查人员或者其他人员。第267条规定，举证方当庭出示证据后，由对方发表质证意见。第270条规定，当庭出示的证据，尚未移送人民法院的，应当在质证后当庭移交。第281条规定："法庭辩论应当在审判长的主持下，按照下列顺序进行：（一）公诉人发言……"第287条规定："审判长宣布法庭辩论终结后，合议庭应当保证被告人充分行使最后陈述的权利"。据此，题中所涉及的六项诉讼活动的先后顺序应为：讯问被告人；询问证人；鉴定人；出示物证；宣读勘验笔录；公诉人发表公诉词；被告人最后陈述，即大致遵循了先调查后辩论、先人证后物证、先原始证据后传来证据的顺序。故正确答案是B。

11. **答案**：C。本题考查的是辩护人申请新的证人到庭的时间。《刑事诉讼法》第197条第1款规定："法庭审理过程中，当事人和辩护人、诉讼代理人有权申请通知新的证人到庭，调取新的物证，申请重新鉴定或者勘验。"合议庭评议后，就将作出判决，故辩护人申请新的证人到庭应当在合议庭评议之前。故本题正确答案为C。

12. **答案**：A。本题考查的是人民法院审理公诉案件的审限。《刑事诉讼法》第208条规定："人民法院审理公诉案件，应当在受理后二个月以内宣判，至迟不得超过三个月……"据此，本题正确答案为A。

13. **答案**：B。本题考查的是附带民事诉讼的适用范围。《刑事诉讼法》第101条规定："被害人由于被告人的犯罪行为而遭受物质损失的，在刑事诉讼过程中，有权提起附带民事诉讼……"本案从刑事程序上看是自诉案件，由于附带民事诉讼只能是因犯罪行为遭受物质损失才可以提起，本案中并不是要求赔偿损失，而是要求离婚，这不属于附带民事诉讼的范围。因此，对卢某控告其丈夫重婚罪和要求离婚的请求，应由民庭和刑庭分别受理。故本题正确答案为B。

14. **答案**：C。本题考查的是适用公开审判的情形。《刑事诉讼法》第285条规定："审判的时候被告人不满十八周岁的案件，不公开审理。但是，经未成年被告人及其法定代理人同意，未成年被告人所在学校和未成年人保护组织可以派代表到场。"据此，16岁以上不满18岁未成年人犯罪的案件，并非一律不公开审理，故本题正确答案为C。

15. **答案**：C。本题考查的是审判组织。《刑事诉讼法》第185条规定："合议庭开庭审理并且评议后，应当作出判决。对于疑难、复杂、重大的案件，合议庭认为难以作出决定的，由合议庭提请院长决定提交审判委员会讨论决定。审判委员会的决定，合议庭应当执行。"本题可从法理上来推，AD表述都是在"开庭之前"，应当首先排除；如果合议庭开庭审理之后进行评议之前就提请院长将案件提交审判委员会讨论，合议庭就形同虚设，据此，B项不正确。故本题正确答案为C。

16. **答案**：A。《刑事诉讼法解释》第344条规定："审判期间，被告单位被吊销营业执照、宣告破产但尚未完成清算、注销登记的，应当继续审理；被告单位被撤销、注销的，对单位犯罪直接负责的主管人员和其他直接责任人员应当继续审理。"本题中，被告单位在审理中被注销，但单位犯罪直接负责的主管人员和其他直接责任人员应当负刑事责任，故应当依法继续审理，正确答案为A。

17. **答案**：A。本题考查的是公诉案件审查受理的条件。《刑事诉讼法》第186条规定："人民法院对提起公诉的案件进行审查后，对于起诉书中有明确的指控犯罪事实的，应当决定开庭审判。"故本题正确答案为A。

18. 答案：C。本题考查审判阶段遇到特殊情形的处理方式。《刑事诉讼法解释》第297条规定，审判期间，人民法院发现新的事实，可能影响定罪量刑的，或者需要补查补证的，应当通知人民检察院，由其决定是否补充、变更、追加起诉或者补充侦查；人民检察院不同意或者在指定时间内未回复书面意见的，人民法院应当就起诉指控的事实，依照本解释第二百九十五条的规定作出判决、裁定。故本题的C项正确。

19. 答案：C。本题考查的是与自诉有关的法律规定。根据《刑事诉讼法解释》第147条的规定，郑某的情形不属于必须采取强制措施的情形。故本题A项不正确。《刑事诉讼法解释》第360条规定："具有以下情形之一的，不适用简易程序：（一）被告人是盲、聋、哑人……"故本题B项不正确。《刑事诉讼法》第212条第2款规定："人民法院审理自诉案件的期限，被告人被羁押的，适用本法第二百零八条第一款、第二款的规定；未被羁押的，应当在受理后六个月以内宣判。"据此，C项表述不符合刑事诉讼法的规定。根据《刑事诉讼法》第212条的规定，人民法院审判自诉案件既可以调解，也可以不调解。故本题D项不正确。综上，本题正确答案为C。

20. 答案：D。本题考查简易程序。《刑事诉讼法》第214条规定："基层人民法院管辖的案件，符合下列条件的，可以适用简易程序审判：（一）案件事实清楚、证据充分的；（二）被告人承认自己所犯罪行，对指控的犯罪事实没有异议的；（三）被告人对适用简易程序没有异议的。人民检察院在提起公诉的时候，可以建议人民法院适用简易程序。"由此可见，检察院提出适用简易程序的建议，不是适用简易程序的必备条件。故A项错误。《刑事诉讼法解释》第364条规定，适用简易程序审理案件，审判长或者独任审判员应当当庭询问被告人对指控的犯罪事实的意见，告知被告人适用简易程序审理的法律规定，确认被告人是否同意适用简易程序。故B项错误。《刑事诉讼法解释》第365条第1款规定："适用简易程序审理案件，可以对庭审作如下简化：（一）公诉人可以摘要宣读起诉书；（二）公诉人、辩护人、审判人员对被告人的讯问、发问可以简化或者省略；（三）对控辩双方无异议的证据，可以仅就证据的名称及所证明的事项作出说明；对控辩双方有异议或者法庭认为有必要调查核实的证据，应当出示，并进行质证；（四）控辩双方对与定罪量刑有关的事实、证据没有异议的，法庭审理可以直接围绕罪名确定和量刑问题进行。"故C项错误。《刑事诉讼法解释》第367条规定，适用简易程序审理案件，一般应当当庭宣判。故D项正确。

21. 答案：D。本题考查的是调解书的效力。《刑事诉讼法解释》第328条规定："……调解书经双方当事人签收后，即具有法律效力。调解没有达成协议，或者调解书签收前当事人反悔的，应当及时作出判决……"本题中调解书经合法送达后，即发生法律效力，对于生效的调解书，只能通过申诉解决，故本题D项正确。

22. 答案：C。《刑事诉讼法解释》第329条规定，判决宣告前，自诉案件的当事人可以自行和解，自诉人可以撤回自诉。人民法院经审查，认为和解、撤回自诉确属自愿的，应当裁定准许；认为系被强迫、威吓等，并非出于自愿的，不予准许。故A项错误。《刑事诉讼法解释》第295条规定，对第一审公诉案件，人民法院审理后，应当按照下列情形分别作出判决、裁定：……（2）起诉指控的事实清楚，证据确实、充分，指控的罪名不当的，应当依据法律和审理认定的事实作出有罪判决……故B项错误。《刑事诉讼法解释》第297条规定，审判期间，人民法院发现新的事实，可能影响定罪量刑的，或者需要补查补证的，应当通知人民检察院，由其决定是否补充、变更、追加起诉或者补充侦查；人民检察院不同意或者在指定时间内未回复书面意见的，人民法院应当就起诉指控的事实，依照本解释第295条的规定作出判决、裁定。故C项正确。《刑事诉讼法解释》第219条规定，人民法院对提起公诉的案件审查后，应当按照下列情形分别处理：……（5）依照刑事诉讼法第200条第3项规定宣告被告人无罪后，人民检察院根据新的事实、证据重新起诉的，应当依法受理……故D项错误。

23. 答案：B。本题考查自诉案件中被告人下落不明的处理。《刑事诉讼法解释》第320条规定："对自诉案件，人民法院应当在十五日内审查完毕。经审查，符合受理条件的，应当决定立案，并书面通知自诉人或者代为告诉人。具有下列情形之一的，应当说服自诉人撤回起诉；自诉人不撤回起诉的，裁定不予受理：（一）不属于本解释第一条规定的案件的；（二）缺乏罪证的；（三）犯罪已过追诉时效期限的；（四）被告人死亡的；（五）被告人下落不明的；（六）除因证据不足而撤诉的以外，自诉人撤诉后，就同一事实又告诉的；（七）经人民法院调解结案后，自诉人反悔，就同一事实再行告诉的……”由此可知，本题的答案是B。

24. 答案：C。本题考查的是人民法院通知自诉人委托诉讼代理人的时限。《刑事诉讼法》第46条第2款规定：“……人民法院自受理自诉案件之日起三日以内，应当告知自诉人及其法定代理人、附带民事诉讼的当事人及其法定代理人有权委托诉讼代理人。”故本题正确答案为C。

25. 答案：C。《刑事诉讼法解释》第338条规定，被告单位的诉讼代表人享有刑事诉讼法规定的有关被告人的诉讼权利。根据《刑事诉讼法解释》第226条之规定，案件有法律规定的情形之一的，可以召开庭前会议，根据案件情况，可以通知被告人参加。故A项错误。《刑事诉讼法解释》第337条第2款规定，被告单位的诉讼代表人不出庭的，应当按照下列情形分别处理：（1）诉讼代表人系被告单位的法定代表人、实际控制人或者主要负责人，无正当理由拒不出庭的，可以拘传其到庭；因客观原因无法出庭，或者下落不明的，应当要求人民检察院另行确定诉讼代表人；（2）诉讼代表人系其他人员的，应当要求人民检察院另行确定诉讼代表人。故B项错误。《刑事诉讼法解释》第311条第2款规定，被告人当庭拒绝辩护人辩护，要求另行委托辩护人或者指派律师的，合议庭应当准许。被告人拒绝辩护人辩护后，没有辩护人的，应当宣布休庭；仍有辩护人的，庭审可以继续进行。故C项正确。《刑事诉讼法》第198条第3款规定，审判长在宣布辩论终结后，被告人有最后陈述的权利。被告单位的诉讼代表人享有被告人的最后陈述权。故D项错误。

26. 答案：D。选项A错误。判决解决案件的实体问题；裁定既解决案件的实体问题，也解决案件的程序问题。选项B错误。一个案件可能出现两个判决，但是最终发生法律效力并被执行的判决只有一个；发生法律效力并执行的裁定可以有若干个。选项C错误。裁定既可以用书面形式也可以用口头形式。选项D正确。不服判决与不服裁定的上诉、抗诉期限是不同的，不服判决的上诉、抗诉期是10日，不服裁定的上诉、抗诉期是5日。

27. 答案：C。《刑事诉讼法》第214条第1款规定：“基层人民法院管辖的案件，符合下列条件的，可以适用简易程序：（一）案件事实清楚、证据充分的；（二）被告人承认自己所犯罪行，对指控的犯罪事实没有异议的；（三）被告人对适用简易程序没有异议的。”第215条规定：“有下列情形之一的，不适用简易程序：（一）被告人是盲、聋、哑人，或者是尚未完全丧失辨认或者控制自己行为能力的精神病人的；（二）有重大社会影响的；（三）共同犯罪案件中部分被告人不认罪或者对适用简易程序有异议的；（四）其他不宜适用简易程序审理的。”ABD选项涉及的案件只要符合第208条第1款的相关规定即可适用简易程序，C选项为第209条明确规定的不适用简易程序的情形。综上，本题正确答案为C。

28. 答案：A。2012年修订后的《刑事诉讼法》第五编第二章专章规定了“当事人和解的公诉案件诉讼程序”，为新增设的特别程序之一，确定了和解的案件范围、条件以及方式等基本问题。《刑事诉讼法》第290条规定：“对于达成和解协议的案件，公安机关可以向人民检察院提出从宽处理的建议。人民检察院可以向人民法院提出从宽处罚的建议；对于犯罪情节轻微，不需要判处刑罚的，可以作出不起诉的决定。人民法院可以依法对被告人从宽处罚。”据此，选项BCD表述正确。在当事人和解的公诉案件诉讼程序中，对达成和解的案件，公安机关可以向检察院提出从宽处理的建议，而不是撤销案件，选项A表述错误。综上，由于本题为选非题，正确答案为A。

29. 答案：B。本题考查简易程序的适用范围。本题的A项属于危害国家安全的犯罪案件，根据《刑事诉讼法》第21条的规定，最低由中级人民法院管辖，而简易程序只有在基层法院才能适用，故该项不得适用简易程序。《刑事诉讼法》第214条规定，基层人民法院管辖的案件，符合下列条件的，可以适用简易程序审判：（1）案件事实清楚、证据充分的；（2）被告人承认自己所犯罪行，对指控的犯罪事实没有异议的；（3）被告人对适用简易程序没有异议的。人民检察院在提起公诉的时候，可以建议人民法院适用简易程序。由此可见，检察院建议适用简易程序，并不是适用简易程序的必备条件。故B项可以适用简易程序。《刑事诉讼法解释》第360条规定，具有下列情形之一的，不适用简易程序：（1）被告人是盲、聋、哑人；（2）被告人是尚未完全丧失辨认或者控制自己行为能力的精神病人；（3）案件有重大社会影响的；（4）共同犯罪案件中部分被告人不认罪或者对适用简易程序有异议的；（5）辩护人作无罪辩护的；（6）被告人认罪但经审查认为可能不构成犯罪的；（7）不宜适用简易程序审理的其他情形。本题的C项属于上述第6项的情形，D项属于上述第5项的情形，均不适用简易程序。因此，本题的正确答案为B项。

30. 答案：C。本题考查判决、裁定和决定的区别和适用。依据《刑事诉讼法解释》第295条第1款的规定："对第一审公诉案件，人民法院审理后，应当按照下列情形分别作出判决、裁定：……（七）被告人是精神病人，在不能辨认或者不能控制自己行为时造成危害结果，不予刑事处罚的，应当判决宣告被告人不负刑事责任……（八）犯罪已过追诉时效期限且不是必须追诉，或者经特赦令免除刑罚的，应当裁定终止审理……（十）被告人死亡的，应当裁定终止审理；但有证据证明被告人无罪，经缺席审理确认无罪的，应当判决宣告被告人无罪。"由此可见，A项应适用裁定终止审理，C项应适用判决宣告被告人不负刑事责任，D项应适用裁定终止审理。依据《刑事诉讼法解释》第331条第1款规定，自诉人经两次传唤，无正当理由拒不到庭，或者未经法庭准许中途退庭的，人民法院应当裁定按撤诉处理。故B项应适用裁定，而不是判决。故本题的正确答案为C项。

二、多项选择题

1. 答案：ABD。本题考查的是人民法院审理案件的有关程序。《刑事诉讼法》第185条规定："合议庭开庭审理并且评议后，应当作出判决。对于疑难、复杂、重大的案件，合议庭认为难以作出决定的，由合议庭提请院长决定提交审判委员会讨论决定。审判委员会的决定，合议庭应当执行。"故本题A项正确。《刑事诉讼法》第186条规定："人民法院对提起公诉的案件进行审查后，对于起诉书中有明确的指控犯罪事实的，应当决定开庭审判。"故本题B项正确。《刑事诉讼法》第189条规定："人民法院审判公诉案件，人民检察院应当派员出席法庭支持公诉。"故本题C项不正确。《刑事诉讼法解释》第267条规定："举证方当庭出示证据后，由对方发表质证意见。"故本题D项正确。

2. 答案：AB。《刑事诉讼法解释》第228条第1款规定，庭前会议可以就下列事项向控辩双方了解情况，听取意见：（1）是否对案件管辖有异议；（2）是否申请有关人员回避；（3）是否申请不公开审理；（4）是否申请排除非法证据；（5）是否提供新的证据材料；（6）是否申请重新鉴定或者勘验；（7）是否申请收集、调取证明被告人无罪或者罪轻的证据材料；（8）是否申请证人、鉴定人、有专门知识的人、调查人员、侦查人员或者其他人员出庭，是否对出庭人员名单有异议；（9）是否对涉案财物的权属情况和人民检察院的处理建议有异议；（10）与审判相关的其他问题。审判人员可以询问控辩双方对证据材料有无异议，对有异议的证据，应当在庭审时重点调查；无异议的，庭审时举证、质证可以简化。被害人或者其法定代理人、近亲属提起附带民事诉讼的，可以调解。庭前会议情况应当制作笔录。故本题的AB两项均正确。C项的错误在于，口供是否需要排除，只能在庭审中解决，而不是在庭前会议中解决。D项的错误在于，不是"出示过的证据"，而是"无异议的证据"，庭审时举证、质证可以简化。

3. 答案：AC。本题考查的是人民法院对自诉案件的处理。《刑事诉讼法》第211条第1款规定，人民法院对于自诉案件进行审查后，按照下列情形分别处理：（1）犯罪事实清楚，有足够证据的案件，应当开庭审判；（2）缺乏罪证的自诉案件，如果自诉人提不出补充证据，应当说服自诉人撤回自诉，或者裁定驳回。故本题正确答案为AC。

4. 答案：ABC。本题考查的是人民法院适用简易程序的案件范围。《刑事诉讼法》第214条规定："基层人民法院管辖的案件，符合下列条件的，可以适用简易程序审判：（一）案件事实清楚、证据充分的；（二）被告人承认自己所犯罪行，对指控的犯罪事实没有异议的；（三）被告人对适用简易程序没有异议的。人民检察院在提起公诉的时候，可以建议人民法院适用简易程序。"故本题ABC项正确。D项表述是适用普通程序的自诉案件，故不正确。

5. 答案：ABCD。本题考查的是人民检察院应当不建议或不同意适用简易程序的案件范围。《高检规则》第431条规定："具有下列情形之一的，人民检察院不得建议人民法院适用简易程序：（一）被告人是盲、聋、哑人，或者是尚未完全丧失辨认或者控制自己行为能力的精神病人的；（二）有重大社会影响的；（三）共同犯罪案件中部分被告人不认罪或者对适用简易程序有异议的；（四）比较复杂的共同犯罪案件；（五）辩护人作无罪辩护或者对主要犯罪事实有异议的；（六）其他不宜适用简易程序的。人民法院决定适用简易程序审理的案件，人民检察院认为具有刑事诉讼法第二百一十五条规定情形之一的，应当向人民法院提出纠正意见；具有其他不宜适用简易程序情形的，人民检察院可以建议人民法院不适用简易程序。"ABCD项符合第2、4、5、7项的规定，故本题正确答案为全选。

6. 答案：BC。根据《最高人民法院关于进一步加强合议庭职责的若干规定》第1、2条规定，合议庭是人民法院的基本审判组织。合议庭由审判员、助理审判员或者人民陪审员随机组成，选项A中遗漏了“助理审判员”。该规定第10条第2项规定，合议庭成员因对案件事实和证据认识上的偏差而导致案件被改判或者发回重审的，不承担责任。第10条第4项规定，合议庭成员因法律修订或者政策调整而导致案件被改判或者发回重审的不承担责任。选项BC正确。该规定第5条规定，开庭审理时，合议庭全体成员应当共同参加，不得缺席、中途退庭或者从事与该庭审无关的活动。合议庭成员未参加庭审、中途退庭或者从事与该庭审无关的活动，当事人提出异议的，应当纠正。合议庭仍不纠正的，当事人可以要求休庭，并将有关情况记入庭审笔录。据此可知，当事人可以要求“休庭”，而不是要求“延期审理”。

7. **答案**：BD。本题考查的是第一审程序。《刑事诉讼法》第189条规定：“人民法院审判公诉案件，人民检察院应当派员出席法庭支持公诉。”从本案的性质、情节看，不应适用简易程序，故人民检察院应派员出庭支持公诉。《刑事诉讼法》第188条第1款规定：“人民法院审判第一审案件应当公开进行。但是有关国家秘密或者个人隐私的案件，不公开审理；涉及商业秘密的案件，当事人申请不公开审理的，可以不公开审理。”本案涉及个人隐私，不应公开审理。综上，本题正确答案为BD。

8. **答案**：ABC。本题考查的是辩护人的诉讼权利。《刑事诉讼法》第191条第2款规定：“被害人、附带民事诉讼的原告人和辩护人、诉讼代理人，经审判长许可，可以向被告人发问。”《律师法》第32条第2款规定：“律师接受委托后，无正当理由的，不得拒绝辩护或者代理。但是，委托事项违法、委托人利用律师提供的服务从事违法活动或者委托人故意隐瞒与案件有关的重要事实的，律师有权拒绝辩护或者代理。”《刑事诉讼法》第187条第2款规定：“在开庭以前，审判人员可以召集公诉人、当事人和辩护人、诉讼代理人，对回避、出庭证人名单、非法证据排除等与审判相关的问题，了解情况，听取意见。”据此，本题ABC项正确。根据刑事诉讼法的有关规定，辩护人只有经被告人同意，才能提出上诉，故本题D项不正确。

9. **答案**：ACD。本题考查的是人民法院的职权。《刑事诉讼法》第66条规定：“人民法院、人民检察院和公安机关根据案件情况，对犯罪嫌疑人、被告人可以拘传、取保候审或者监视居住。”第196条第2款规定：“人民法院调查核实证据，可以进行勘验、检查、查封、扣押、鉴定和查询、冻结。”据此，本题ACD项正确。根据刑事诉讼法的规定，拘留由公安机关执行，人民法院无权执行刑事拘留，故本题B项不正确。

10. **答案**：ABC。本题考查证人证言、被害人陈述的排除、非法证据排除程序、行政证据向刑事证据的转化。《刑事诉讼法解释》第91条第3款规定，经人民法院通知，证人没有正当理由拒绝出庭或者出庭后拒绝作证，法庭对其证言的真实性无法确认的，该证人证言不得作为定案的根据。故A当选。《刑事诉讼法》第60条规定，对于经过法庭审理，确认或者不能排除存在本法第五十六条规定的以非法方法收集证据情形的，对有关证据应当予以排除。故B当选。《刑事诉讼法解释》第75条第1款规定，行政机关在行政执法和查办案件过程中收集的物证、书证、视听资料、电子数据等证据材料，经法庭查证属实，且收集程序符合有关法律、行政法规规定的，可以作为定案的根据。询问笔录属于涉案人员的供述，不属于上述几个证据种类，不能作为刑事证据适用。故C当选。《刑事诉讼法解释》第90条规定：“证人证言的收集程序、方式有下列瑕疵，经补正或者作出合理解释的，可以采用；不能补正或者作出合理解释的，不得作为定案的根据：（一）询问笔录没有填写询问人、记录人、法定代理人姓名以及询问的起止时间、地点的；（二）询问地点不符合规定的；（三）询问笔录没有记录告知证人有关权利义务和法律责任的；（四）询问笔录反映出在同一时段，同一询问人员询问不同证人的……”《刑事诉讼法解释》第92条规定，对被害人陈述的审查与认定，参照适用本节的有关规定。故D项不当选。

11. **答案**：ACD。本题考查的是人民法院调查核实证据可以行使的权力。《刑事诉讼法》第196条第2款规定：“人民法院调查核实证据，可以进行勘验、检查、查封、扣押、鉴定和查询、冻结。”据此，本题正确答案为ACD。

12. **答案**：ABCD。本题考查的是法庭审理过程中当事人和辩护人、诉讼代理人的权利。《刑事诉讼法》第197条第1款规定：“法庭审理过程中，当事人和辩护人、诉讼代理人有权申请通知新的证人到庭，调取新的物证，申请重新鉴定或者勘验。”据此，本题正确答案为ABCD。

13. **答案**：ABC。选项A正确。《刑事诉讼法解释》第219条第1款第1项、第3项规定，人民法院对公诉案件审查后，对于不属于本院管辖或者被告人不在案的，应当决定退回人民检察院。依照本解释第二百九十六条规定裁定准许撤诉的案件，没有新的影响定罪量刑的事实、证据重新起诉的，应当退回人民检察院。选项 B 正确。《刑事诉讼法解释》第 219 条第 6 项规定，依照本解释第二百九十六条规定裁定准许撤诉的案件，没有新的影响定罪量刑的事实、证据，重新起诉的，应当退回人民检察院。选项 C 正确。《刑事诉讼法解释》第 219 条第 1 款第 4 项规定，对于不符合前条第 2 项至第 9 项规定之一，需要补送材料的，应当通知人民检察院在 3 日内补送。选项 D 错误。《刑事诉讼法解释》第 219 条第 1 款第 7 项规定，对于被告人真实身份不明，但符合刑事诉讼法第 160 条第 2 款规定的，应当依法受理。

14. 答案：AB。《刑事诉讼法解释》第 219 条规定："人民法院对提起公诉的案件审查后，应当按照下列情形分别处理：（一）不属于本院管辖的，应当退回人民检察院；（二）属于刑事诉讼法第十六条第二项至第六项规定情形的，应当退回人民检察院；属于告诉才处理的案件，应当同时告知被害人有权提起自诉；（三）被告人不在案的，应当退回人民检察院；但是，对人民检察院按照缺席审判程序提起公诉的，应当依照本解释第二十四章的规定作出处理；（四）不符合前条第二项至第九项规定之一，需要补充材料的，应当通知人民检察院在三日以内补送；（五）依照刑事诉讼法第二百条第三项规定宣告被告人无罪后，人民检察院根据新的事实、证据重新起诉的，应当依法受理；（六）依照本解释第二百九十六条规定裁定准许撤诉的案件，没有新的影响定罪量刑的事实、证据，重新起诉的，应当退回人民检察院；（七）被告人真实身份不明，但符合刑事诉讼法第一百六十条第二款规定的，应当依法受理。对公诉案件是否受理，应当在七日以内审查完毕。"第 218 条规定："对提起公诉的案件，人民法院应当在收到起诉书（一式八份，每增加一名被告人，增加起诉书五份）和案卷、证据后，审查以下内容：（一）是否属于本院管辖；（二）起诉书是否写明被告人的身份，是否受过或者正在接受刑事处罚、行政处罚、处分，被采取留置措施的情况，被采取强制措施的时间、种类、羁押地点，犯罪的时间、地点、手段、后果以及其他可能影响定罪量刑的情节；有多起犯罪事实的，是否在起诉书中将事实分别列明；（三）是否移送证明指控犯罪事实及影响量刑的证据材料，包括采取技术调查、侦查措施的法律文书和所收集的证据材料；（四）是否查封、扣押、冻结被告人的违法所得或者其他涉案财物，查封、扣押、冻结是否逾期；是否随案移送涉案财物、附涉案财物清单；是否列明涉案财物权属情况；是否就涉案财物处理提供相关证据材料；（五）是否列明被害人的姓名、住址、联系方式；是否附有证人、鉴定人名单；是否申请法庭通知证人、鉴定人、有专门知识的人出庭，并列明有关人员的姓名、性别、年龄、职业、住址、联系方式；是否附有需要保护的证人、鉴定人、被害人名单；（六）当事人已委托辩护人、诉讼代理人或者已接受法律援助的，是否列明辩护人、诉讼代理人的姓名、住址、联系方式；（七）是否提起附带民事诉讼；提起附带民事诉讼的，是否列明附带民事诉讼当事人的姓名、住址、联系方式等，是否附有相关证据材料；（八）监察调查、侦查、审查起诉程序的各种法律手续和诉讼文书是否齐全；（九）被告人认罪认罚的，是否提出量刑建议、移送认罪认罚具结书等材料；（十）有无刑事诉讼法第十六条第二项至第六项规定的不追究刑事责任的情形。"A 项中法院发现了杨某在绑架的过程中杀害了人质的事实，可能判处死刑，应由中级人民法院管辖，属于第 219 条规定的不属于本院管辖的情形，应退回检察院，故 A 正确。B 项中，杨某在审查起诉期间从看守所逃脱，符合第 219 条第 3 项关于被告人不在案之规定，故 B 正确。C 项中，检察机关移送起诉材料未附证据目录，属于第 218 条第 4 项之规定，应当通知检察院补送材料，故 C 项不正确。D 项中检察机关移送起诉材料欠缺已经委托辩护人的住址、通讯处，属于第 218 条第 7 项之规定，根据第 219 条第 4 项之规定，应通知检察院补送材料，故 D 不正确。本题正确答案是 AB。

15. 答案：BCD。本题考查的是三大诉讼中第一审案件的审理期限。《刑事诉讼法》第 208 条规定："人民法院审理公诉案件，应当在受理后二个月以内宣判，至迟不得超过三个月……"《行政诉讼法》第 81 条规定："人民法院应当在立案之日起六个月内作出第一审判决……"《民事诉讼法》第 161 条规定："人民法院适用简易程序审理案件，应当在立案之日起三个月内审结。"《民事诉讼法》第 180 条规定："人民法院适用特别程序审理的案件，应当在立案之日起三十日内或者公告期满后三十日内审结……"据此，本题正确答案为 BCD。

16. 答案：ABCD。本题考查的是重新计算办案期限的情况。《刑事诉讼法》第 175 条第 3 款规定："……补充侦查以二次为限。补充侦查完毕移送人民检察院后，人民检察院重新计算审查起诉期限。”第 208 条规定：“……人民法院改变管辖的案件，从改变后的人民法院收到案件之日起计算审理期限。人民检察院补充侦查的案件，补充侦查完毕移送人民法院后，人民法院重新计算审理期限。”第 241 条规定：“第二审人民法院发回原审人民法院重新审判的案件，原审人民法院从收到发回的案件之日起，重新计算审理期限。”据此，本题正确答案为 ABCD。

17. 答案：ABD。《刑事诉讼法解释》第 331 条规定：“自诉人经两次传唤，无正当理由拒不到庭，或者未经法庭准许中途退庭的，人民法院应当裁定按撤诉处理。部分自诉人撤诉或者被裁定按撤诉处理的，不影响案件的继续审理。”A 项中甲、乙系一起伤害案件的自诉人，案件审理中甲撤回起诉，法院继续案件审理的做法是正确的，故 A 正确。《刑事诉讼法》第 212 条规定，“自诉人在宣告判决前，可以同被告人和解或者自行撤回自诉”，《刑事诉讼法解释》第 329 条规定：“判决宣告前，自诉案件的当事人可以自行和解，自诉人可以撤回自诉。人民法院经审查，认为和解、撤回自诉确属自愿的，应当裁定准许；认为系被强迫、威吓等，并非自愿的，不予准许。”B 项中，被害人提起自诉，审理中自诉人与被告人和解而撤回自诉，法院经审查准许，这种做法是正确的。《刑事诉讼法解释》第 412 条规定：“第二审期间，自诉案件的当事人提出反诉的，应当告知其另行起诉。”故被告人在第二审程序中提出反诉，法院予以受理并与原自诉合并审理的做法是错误的，C 项不正确。该法第 411 条规定，对第二审自诉案件，必要时可以进行调解，当事人也可以自行和解……当事人自行和解的，依照本解释第三百二十九条的规定处理；裁定准许撤回自诉的，应当撤销第一审判决、裁定。故侵犯知识产权案，第二审中当事人和解，法院裁定准许撤回自诉并撤销一审判决的做法是正确的，D 项正确。正确答案是 ABD。①

18. 答案：AB。刑事自诉案件一共有三类：（1）告诉才处理的案件；（2）被害人有证据证明的轻微刑事案件；（3）被害人有证据证明对被告人侵犯自己人身、财产权利的行为应当依法追究刑事责任，而公安机关或者人民检察院不予追究被告人刑事责任的案件。其中前两类案件可以适用调解，第三类案件不能适用调解。选项 A 属于第一类案件，选项 B 属于第二类案件，都可以调解，选项 C 属于第三类，不能调解。刑事附带民事诉讼中的民事部分可以调解，对于公诉附带民事诉讼的案件，刑事公诉部分是不能调解的。因此，选项 D 表述不严谨。

19. 答案：ABC。本题考查的是刑事诉讼庭审程序。《刑事诉讼法》第 195 条规定：“……对未到庭的证人的证言笔录、鉴定人的鉴定意见、勘验笔录和其他作为证据的文书，应当当庭宣读。审判人员应当听取公诉人、当事人和辩护人、诉讼代理人的意见。”根据《刑事诉讼法》第 108 条第 2 项的规定，当事人是指被害人、自诉人、犯罪嫌疑人、被告人、附带民事诉讼的原告人和被告人。故本题正确答案为 ABC。

20. 答案：ABCD。本题考查的是人民检察院应当要求将简易程序转为普通程序的情形。《高检规则》第 431 条规定：“具有下列情形之一的，人民检察院不得建议人民法院适用简易程序：（一）被告人是盲、聋、哑人，或者是尚未完全丧失辨认或者控制自己行为能力的精神病人的；（二）有重大社会影响的；（三）共同犯罪案件中部分被告人不认罪或者对适用简易程序有异议的；（四）比较复杂的共同犯罪案件；（五）辩护人作无罪辩护或者对主要犯罪事实有异议的；（六）其他不宜适用简易程序的。人民法院决定适用简易程序审理的案件，人民检察院认为具有刑事诉讼法第二百一十五条规定情形之一的，应当向人民法院提出纠正意见；具有其他不宜适用简易程序情形的，人民检察院可以建议人民法院不适用简易程序。”故本题正确答案为 ABCD。

21. 答案：ABCD。《高检规则》第 420 条规定：“法庭审理过程中，遇有下列情形之一的，公诉人可以建议法庭延期审理：（一）发现事实不清、证据不足，或者遗漏罪行、遗漏同案犯罪嫌疑人，需要补充侦查或者补充提供证据的；（二）被告人揭发他人犯罪行为或者提供重要线索，需要补充侦查进行查证的；（三）发现遗漏罪行或者遗漏同案犯罪嫌疑人，虽不需要补充侦查和补充提供证据，但需要补充、追加或者变更起诉的；（四）申请人民法院通知证人、鉴定人出庭作证或者有专门知识的人出庭提出意见的；（五）需要调取新的证据，重新鉴定或者勘验的；（六）公诉人出示、宣读开庭前移送人民法院的证据以外的证据，或者补充、变更起诉，需要给予被告人、辩护人必要时间进行辩护准备的；（七）被告人、辩护人向法庭出示公诉人不掌握的与定罪量刑有关的证据，

① 编者注：《刑事诉讼法解释》对公诉转自诉案件不允许调解，极易被误认为是不允许和解而漏选 B 项。

需要调查核实的；（八）公诉人对证据收集的合法性进行证明，需要调查核实的。在人民法院开庭审理前发现具有上述情形之一的，人民检察院可以建议人民法院延期审理。”第 421 条规定：“法庭宣布延期审理后，人民检察院应当在补充侦查期限内提请人民法院恢复法庭审理或者撤回起诉。公诉人在法庭审理过程中建议延期审理的次数不得超过两次，每次不得超过一个月。”根据这两条规定，本题正确答案为 ABCD。

22. 答案：ABD。依据《刑事诉讼法解释》第 226 条规定，证据材料较多、案件重大复杂的，人民法院可以决定召开庭前会议，故 A 项正确。《刑事诉讼法解释》第 228 条规定，庭前会议可以就下列事项向控辩双方了解情况，听取意见：（1）是否对案件管辖有异议；（2）是否申请有关人员回避；（3）是否申请不公开审理；（4）是否申请排除非法证据；（5）是否提供新的证据材料；（6）是否申请重新鉴定或者勘验；（7）是否申请收集、调取证明被告人无罪或者罪轻的证据材料；（8）是否申请证人、鉴定人、有专门知识的人、调查人员、侦查人员或者其他人员出庭，是否对出庭人员名单有异议；（9）是否对涉案财物的权属情况和人民检察院的处理建议有异议；（10）与审判相关的其他问题。庭前会议中，人民法院可以开展附带民事调解。对第一款规定中可能导致庭审中断的程序性事项，人民法院可以在庭前会议后依法作出处理，并在庭审中说明处理决定和理由。控辩双方没有新的理由，在庭审中再次提出有关申请或者异议的，法庭可以在说明庭前会议情况和处理决定理由后，依法予以驳回。庭前会议情况应当制作笔录，由参会人员核对后签名。由此条文可知，BD 两项正确。庭前会议只是对是否申请排除非法证据了解情况、听取意见，而不是要对是否排除非法证据作出决定。故 C 项不正确。本题的正确答案为 BD 两项。

23. 答案：BD。《刑事诉讼法》第 183 条第 1 款规定，基层人民法院、中级人民法院审判第一审案件，应当由审判员三人或者由审判员和人民陪审员共三人组成合议庭进行，但是基层人民法院适用简易程序的案件可以由审判员一人独任审判。因此，AC 项错误，B 项正确。《刑事诉讼法》第 183 条第 2 款规定，高级人民法院、第一审案件，应当由审判员三人至七人或者由审判员和人民陪审员共三人至七人组成合议庭进行。因此，D 项正确。

24. 答案：BC。《刑事诉讼法解释》第 317 条第 1 款规定，本解释第一条规定的案件，如果被害人死亡、丧失行为能力或者因受强制、威吓等无法告诉，或者是限制行为能力人以及因年老、患病、盲、聋、哑等不能亲自告诉，其法定代理人、近亲属告诉或者代为告诉的，人民法院应当依法受理。A 项的错误在于，不能在“任某担心影响不好不愿起诉”的情况，由任某的父亲代为起诉。《刑事诉讼法解释》第 323 条第 2 款规定，共同被害人中只有部分人告诉的，人民法院应当通知其他被害人参加诉讼，并告知其不参加诉讼的法律后果。被通知人接到通知后表示不参加诉讼或者不出庭的，视为放弃告诉。第一审宣判后，被通知人就同一事实又提起自诉的，人民法院不予受理。但是，当事人另行提起民事诉讼的，不受本解释限制。故 B 项正确。《刑事诉讼法》第 193 条第 1 款规定，经人民法院通知，证人没有正当理由不出庭作证的，人民法院可以强制其到庭，但是被告人的配偶、父母、子女除外。此款只是不能强制被告人的配偶、父母、子女到庭作证，但是，可以强制方某的弟弟到庭作证。故 C 项正确。《刑事诉讼法》第 214 条第 1 款规定，基层人民法院管辖的案件，符合下列条件的，可以适用简易程序审判：（1）案件事实清楚、证据充分的；（2）被告人承认自己所犯罪行，对指控的犯罪事实没有异议的；（3）被告人对适用简易程序没有异议的。本案是侮辱案，属于告诉才处理的案件，可以适用简易程序，而不是应当适用简易程序。因此，D 项错误。本题的正确答案为 BC 两项。

25. 答案：ABD。《刑法》第 263 条规定，以暴力、胁迫或者其他方法抢劫公私财物的，处 3 年以上 10 年以下有期徒刑，并处罚金；有下列情形之一的，处 10 年以上有期徒刑、无期徒刑或者死刑，并处罚金或者没收财产：……（7）持枪抢劫的；……根据《刑事诉讼法》第 20 条、第 21 条、第 214 条的规定，A 项中的案件是可以适用简易程序审理的。《刑事诉讼法》第 216 条第 1 款规定，适用简易程序审理案件，对可能判处 3 年有期徒刑以下刑罚的，可以组成合议庭进行审判，也可以由审判员 1 人独任审判；对可能判处的有期徒刑超过 3 年的，应当组成合议庭进行审判。A 项中的情节，可能判处 10 年以上有期徒刑甚至更重的刑罚。所以，由 2 名审判员和 1 名人民陪审员组成合议庭进行审理，也是正确的。《刑事诉讼法解释》第 566 条规定，对未成年人刑事案件，人民法院决定适用简易程序审理的，应当征求未成年被告人及其法定代理人、辩护人的意见。上述人员提出异议的，不适用简易程序。故B项正确。《刑事诉讼法解释》第360条规定，具有下列情形之一的，不适用简易程序：(1) 被告人是盲、聋、哑人；(2) 被告人是尚未完全丧失辨认或者控制自己行为能力的精神病人；(3) 案件有重大社会影响的；(4) 共同犯罪案件中部分被告人不认罪或者对适用简易程序有异议的；(5) 辩护人作无罪辩护的；(6) 被告人认罪但经审查认为可能不构成犯罪的；(7) 不宜适用简易程序审理的其他情形。故C项中的案件不得适用简易程序，该项不正确。《刑事诉讼法解释》第368条第1款规定，适用简易程序审理案件，在法庭审理过程中，有下列情形之一的，应当转为普通程序审理：(1) 被告人的行为可能不构成犯罪的；(2) 被告人可能不负刑事责任的；(3) 被告人当庭对起诉指控的犯罪事实予以否认的；(4) 案件事实不清、证据不足的；(5) 不应当或者不宜适用简易程序的其他情形。故D项正确。本题的正确答案为ABD三项。

26. 答案：BD。根据《刑事诉讼法》第210条规定：自诉案件包括下列案件：(1) 告诉才处理的案件；(2) 被害人有证据证明的轻微刑事案件；(3) 被害人有证据证明对被告人侵犯自己人身、财产权利的行为应当依法追究刑事责任，而公安机关或者人民检察院不予追究被告人刑事责任的案件。《刑事诉讼法》第212条第1款规定："人民法院对自诉案件，可以进行调解；自诉人在宣告判决前，可以同被告人自行和解或者撤回自诉。本法第二百一十条第三项规定的案件不适用调解。"由此可知，并非所有的自诉案件都可以调解。因此A项错误，不当选。B项正确，当选。根据《刑事诉讼法解释》第328条的规定，人民法院审理自诉案件，可以在查明事实、分清是非的基础上，根据自愿、合法的原则进行调解。调解达成协议的，应当制作刑事调解书，由审判人员、法官助理、书记员署名，并加盖人民法院印章。调解书经双方当事人签收后，即具有法律效力。调解没有达成协议，或者调解书签收前当事人反悔的，应当及时作出判决。《刑事诉讼法》第210条第3项规定的案件不适用调解。而和解是当事人双方自行和解，审判人员和书记员没有参与，由审判人员和书记员署名并加盖法院印章没有法律依据，所以C项错误，不当选。同时根据《刑事诉讼法解释》第330条之规定，裁定准许撤诉的自诉案件，被告人被采取强制措施的，人民法院应当立即解除。由此可知，在当事人已经签收调解书的情况下，调解书发生法律效力，案件调解成功应当结案，自然应当解除强制措施。因此，D项正确，当选。综上，本题答案为BD。

27. 答案：AC。《刑事诉讼法》第288条规定："下列公诉案件，犯罪嫌疑人、被告人真诚悔罪，通过向被害人赔偿损失、赔礼道歉等方式获得被害人谅解，被害人自愿和解的，双方当事人可以和解：（一）因民间纠纷引起，涉嫌刑法分则第四章、第五章规定的犯罪案件，可能判处三年有期徒刑以下刑罚的；（二）除渎职犯罪以外的可能判处七年有期徒刑以下刑罚的过失犯罪案件。犯罪嫌疑人、被告人在五年以内曾经故意犯罪的，不适用本章规定的程序。"根据《刑法》第133条规定，交通肇事罪属于过失犯罪，除因逃逸致人死亡的外，法定刑为7年以下有期徒刑，选项A正确。根据《刑法》第233条规定，过失致人死亡的，处3年以上7年以下有期徒刑；情节较轻的，处3年以下有期徒刑，故选项C正确。根据《刑法》第247条的规定，刑讯逼供罪的犯罪主体为司法工作人员，法定刑为3年以下有期徒刑或者拘役，致人伤残、死亡的，依照故意伤害罪和故意杀人罪的规定从重处罚。因此，该罪虽然属于《刑法》第四章规定的犯罪，但是并非因"民间纠纷"引起，因此选项D错误。B选项值得商榷。司法部公布答案为AC，排除B选项。而根据《刑法》第257条规定，暴力干涉婚姻自由案件一般为自诉，但致使被害人死亡的则属于公诉案件，依法处2年以上7年以下有期徒刑，符合《刑事诉讼法》第288条规定的"因民间纠纷引起，涉嫌刑法分则第四章"，且"可能判处三年有期徒刑以下刑罚"。据此，B选项符合题意。

28. 答案：AB。本题考查单位被害人、讯问被告人、简易程序、附带民事诉讼赔偿范围。被害人一般是指自然人，但单位也可以成为被害人。单位被害人参与刑事诉讼时，应由其法定代表人作为代表参加刑事诉讼。法定代表人也可以委托诉讼代理人参加刑事诉讼。单位被害人在刑事诉讼中的诉讼权利和诉讼义务，与自然人作为被害人时大体相同。故A项、B项正确。

《刑事诉讼法解释》第176条规定，被告人非法占有、处置被害人财产的，应当依法予以追缴或者责令退赔。被害人提起附带民事诉讼的，人民法院不予受理。追缴、退赔的情况，可以作为量刑情节考虑。本案是盗窃案，属于非法占有被害人财产的犯罪。故C项错误。

《刑事诉讼法》第214条规定："基层人民法

院管辖的案件，符合下列条件的，可以适用简易程序审判：（一）案件事实清楚、证据充分的；（二）被告人承认自己所犯罪行，对指控的犯罪事实没有异议的；（三）被告人对适用简易程序没有异议的。人民检察院在提起公诉的时候，可以建议人民法院适用简易程序。”从此条可以看出，适用简易程序无须得到被害人同意。《刑事诉讼法解释》第368条第1款规定：“适用简易程序审理案件，在法庭审理过程中，有下列情形之一的，应当转为普通程序审理：（一）被告人的行为可能不构成犯罪的；（二）被告人可能不负刑事责任的；（三）被告人当庭对起诉指控的犯罪事实予以否认的；（四）案件事实不清、证据不足的；（五）不应当或者不宜适用简易程序的其他情形。”故D项错误。本题的正确答案为AB两项。

三、名词解释

1. **答案**：独任庭是指由审判员一人独任审判案件的审判组织。根据刑事诉讼法的有关规定，独任庭的适用特点是：（1）就法院级别而言，独任庭只限于基层人民法院，中级以上的人民法院不能适用独任庭；（2）就案件类别而言，独任庭只适用于简易程序的案件；（3）独任庭审判，只能由审判员进行，人民陪审员不能进行独任审判。此外，适用简易程序的案件，也可以根据案情，由审判员组成合议庭进行审判，并不一定必须采用独任审判的形式。

2. **答案**：合议庭是由审判人员数人根据合议原则建立的审判组织。合议庭是人民法院审判案件的基本组织形式。根据《人民法院组织法》的规定，人民法院审判案件实行合议制。除法律规定可以独任审判的案件外，其他案件均应由合议庭审判。合议庭的人员组成，因审判程序和法院级别的不同而不同。合议庭的成员人数应当是单数，评议表决时按少数服从多数的民主集中制原则作出决定，作为案件判决的依据。合议庭评议的情况应当制作笔录，少数人的意见也应当记入笔录。全体合议庭成员应在合议庭笔录上签名并在判决书上署名。

3. **答案**：审判委员会是人民法院内部对审判实行集体领导的组织形式。根据《人民法院组织法》第38条的规定，审判委员会实行民主集中制。审判委员会的任务是总结审判经验，讨论重大的或者疑难的案件和其他有关审判工作的问题。根据《刑事诉讼法》第185条的规定，对于疑难、复杂、重大的案件，合议庭认为难以作出决定的，由合议庭提请院长决定提交审判委员会讨论决定。审判委员会会议由院长主持，院长因故不能主持时，可以委托副院长主持。本级人民检察院检察长可以列席审判委员会会议，对讨论事项可以发表意见，但不参加表决。

4. **答案**：人民陪审员制度是由在公民中选举产生的人民陪审员参加合议庭，审理第一审案件的审判制度。它是民主政治的一种要求和体现。根据《刑事诉讼法》第13条规定，人民法院审判案件，依照本法实行人民陪审员陪审的制度。人民陪审员由选举产生，由人民法院通知其参加具体案件的审理，在实践中，也可由人民法院根据审理案件的需要特邀人民陪审员参加合议庭审判案件。人民陪审员和审判员在评议和表决方面享有完全平等的权利，但是人民陪审员不得担任合议庭的审判长。

5. **答案**：在刑事诉讼中，审判模式又称审判方式，是指控诉方、辩护方和法官在审判程序中的诉讼地位和相互关系，以及与之相应的审判程序组合方式。当代各国的刑事审判模式主要分为当事人主义审判模式和职权主义审判模式两种。当事人主义审判模式主要为英美法系国家所采用，而职权主义审判模式主要为大陆法系国家所采用。

6. **答案**：判决的既判力是指判决一经生效，当事人和检察机关不得对该判决已作出处理的问题再行起诉，法院也不得作为另一案件受理和作出与生效裁判相抵触的另一种判决。如果当事人和检察机关就同一案件另行起诉时，法院应当驳回起诉。判决的既判力是一事不再理原则的体现，有助于防止同一案件作出相互矛盾的判决，有助于维护生效判决的稳定性和严肃性。

7. **答案**：交叉询问又称反询问是指，在审判程序或者庭审程序中，由提出某一证人的一方当事人的相对的一方当事人对该证人进行的询问。交叉询问是一种使证人的可信性受到攻击的设计，其目的一般有两个：一是暴露对方证人证词的矛盾、错误或者不实之处，以降低其证据的价值，或者证明这个证人是不可靠的；二是使对方证人承认某些有利于本方的事实。

四、简答题

1. **答案**：（1）延期审理是审判中，遇到影响进行审判的情形，决定休庭，顺延时间继续审理。中止审理是审判中，因出现使案件在较长时间内无法继续审理的情形，而决定中止审理。

（2）可以延期审理的情形是：需要证人到庭、调取新物证、重新鉴定或勘验的；检察人员发现公诉案件需要补查，提出建议的；由于当事人回避而不能进行审判的；以及被告人拒绝辩护人辩护，要求另行委托辩护人，经准许的等。可以中止审理的情形是：自诉人、被告人患精神病或其他严重疾病，致使案件在较长时间内无法继续审理的；案件起诉到法院后被告人脱逃，致使案件在较长时间内无法继续审理的。

(3) 延期审理的时间不能超过法定办案期限，中止审理的期间不计入办案期限。

2. 答案：根据我国刑事诉讼法的规定，第一审人民法院应当根据案件的具体情况，分别作出以下判决：

(1) 案件事实清楚，证据确实、充分，依据法律认定被告人有罪的，应当作出有罪判决。

(2) 案件事实清楚，证据确实、充分，依据法律认定被告人无罪的，应当作出无罪判决。

(3) 案件事实部分清楚，证据确实、充分，就该事实部分依据法律应当作出有罪或者无罪判决；事实不清楚、证据不足部分，依法不予认定。

(4) 案件事实不清，证据不足，不能认定被告人有罪的，应当以证据不足，指控的犯罪不能成立，宣告被告人无罪。

(5) 被告人死亡的，应当裁定终止审理；对于根据已查明的案件事实和认定的证据材料，能够确认被告人无罪的，应当判决宣告被告人无罪。

(6) 被告人因不满十六周岁，不予刑事处罚的，应当判决宣告被告人不负刑事责任。

(7) 被告人是精神病人，在不能辨认或者不能控制自己行为时造成危害结果，不予刑事处罚的，应当判决宣告被告人不负刑事责任。

(8) 犯罪已过追诉时效期限，且不是必须追诉或经特赦，免除刑罚的，应当裁定终止审理。

3. 答案：(1) 简易程序是基层人民法院对某些简单轻微的刑事案件依法适用较普通程序审理的一种刑事审判程序。自诉程序是对于自诉案件的诉讼程序。

(2) 自诉程序与简易程序既有联系，又有区别。它们的关系如下：

①简易程序属于整个诉讼程序的审判阶段，而自诉程序既包括提起自诉程序，又包括审判程序。

②简易程序只是对某些刑事案件的第一审程序；而自诉程序除了对部分刑事案件的第一审之外，还有可能因当事人的上诉、申请再审、人民检察院的抗诉而持续到第二审程序、审判监督程序。

③适用范围的联系与区别。自诉程序是相对于公诉程序而言的，它的适用范围是自诉案件，包括下列三类：告诉才处理的案件；被害人有证据的轻微刑事案件；被害人有证据证明对被告人侵犯自己人身财产权利的行为应当依法追究刑事责任，而公安机关或者人民检察院不予追究被告人刑事责任的案件。而简易程序既可适用于自诉案件中的告诉才处理的案件，又可适用于被害人起诉的有证据证明的轻微刑事案件，还可适用于处刑较轻的公诉案件。可见，简易程序与自诉程序的适用范围既有交叉，又有不同。对于公诉转自诉的案件，即自诉案件的第三种情况，不能适用简易程序。

④简易程序适用于基层人民法院审理案件，实行独任制；而对于公诉转自诉的案件，可以是中级或中级以上的人民法院审理，适用的是合议庭审理案件。

⑤在自诉案件审理过程中，除公诉转自诉的案件外，人民法院可以进行调解；在判决宣告前，自诉人可以同被告人自行起诉或撤回起诉；被告人或者他们的法定代理人在诉讼过程中，可以对自诉人提起反诉。而适用于处刑较轻的公诉案件的简易程序虽然审理程序较普通程序简便，但不能调解、和解、撤诉，也不能反诉。

4. 答案：法庭秩序是指在人民法院开庭审判案件时，所有的诉讼参与人和旁听人员都必须遵守的秩序和纪律。法庭审判是人民法院代表国家行使审判权的严肃行为，任何诉讼参与人、旁听人员或采访的记者都必须维护法庭尊严，不得有妨碍法庭秩序的行为。依据《刑事诉讼法》第 199 条和相关司法解释，合议庭对违反诉讼程序的，应按下列情形处理：

(1) 对于违反法庭秩序情节较轻的，应当当庭警告制止并进行训诫；

(2) 对于不听警告制止的，可以指令法警强行带出法庭；

(3) 对于违反法庭秩序情节严重的，经报请院长批准后，对行为人处 1000 元以下的罚款或者 15 日以下的拘留；

(4) 对聚众哄闹，冲击法庭或者侮辱、诽谤、威胁、殴打司法工作人员或者诉讼参与人，严重扰乱法庭秩序，构成犯罪的，应当依法追究刑事责任。

5. 答案：由于自诉案件本身具有特殊性，因而自诉案件的审理也不同于公诉案件的审理，它具有自己的特点。其特点主要有：(1) 对告诉才处理的案件，被害人起诉的有证据证明的轻微刑事案件，可以适用简易程序，由审判员一人独任审判。(2) 人民法院对告诉才处理的案件和被害人有证据证明的轻微刑事案件，可以在查明事实、分清是非的基础上进行调解。(3) 对于告诉才处理的案件，被害人有证据证明的轻微刑事案件，自诉人在宣告判决前可以同被告人自行和解或者撤回起诉。(4) 人民法院受理自诉案件后，对于当事人因客观原因不能取得并提供有关证据而申请人民法院调取证据，人民法院认为必要的，可以依法调取。(5) 在自诉案件审理过程中，被告人下落不明的，应当中止审理。被告人归案后，应当恢复审理，必要时，应当对被告人依法采取强制措施。(6) 告诉才处理和被害人有证据证明的轻微刑事案件的被告人或者其法定代理人在诉讼过程中，可以对自诉人提起反诉。反诉必须符合下列条件：①反诉的对象必须是本案自诉人；②反诉的内容必须是与本案有关的行为；③反诉的案件必须是告诉才处理的案件和人民检察院没有提起公诉，被害人有证据证明的轻微刑事案件。

五、论述题

1. 答案：简易程序与普通程序相对，是指基层人民法院审理某些简单轻微刑事案件时所适用的相对简单的审判程序。简易程序有利于提高人民法院审判效率，缓解审判压力；有利于维护当事人合法权益，使审判程序更加科学化、合理化。简易程序的特点主要是：

(1) 在适用程序上，简易程序设置在刑事诉讼法第一审程序中，因而简易程序只适用于第一审程序，第二审程序、死刑复核程序和审判监督程序均不适用。

(2) 在适用法院上，简易程序只适用于基层人民法院，中级以上人民法院虽有第一审案件，但不能适用简易程序。

(3) 在审判组织上，适用简易程序时，可以由审判员一人独任审判。《刑事诉讼法》第 183 条规定，基层、中级、高级、最高人民法院审判第一审案件由审判员或审判员和人民陪审员组成合议庭进行，基层人民法院适用简易程序的案件可以由审判员一人独任审判。

(4) 在适用案件上，简易程序只适用那些案件事实清楚、证据充分、法定刑较轻、争议不大的刑事案件。

(5) 整个案件的审理，人民法院应当在受理后 20 日内审结，可能判处有期徒刑超过 3 年的，可以延长至一个半月，比公诉案件的第一审普通程序期限要短，符合诉讼效率的要求。

(6) 在庭审程序上大为简化。简化庭审程序是简易程序的主要特征。《刑事诉讼法》第 219 条规定，适用简易程序审理案件，不受公诉案件第一审普通程序中关于送达期限、讯问被告人、询问证人、鉴定人、出示证据、法庭辩论程序规定的限制。总之，刑事诉讼法对于第一审普通程序的规定在简易程序中大部分可根据案件的具体情况从简、从略，通过诉讼环节的简化提高庭审效率，迅速结案。

(7) 在宣判形式上适用简易程序审理的案件原则上一般应当采用当庭宣判形式，不采用定期宣判形式。因为简易程序设置的最根本目的在于提高诉讼效率，定期宣判形式不符合这一目的。

应当注意的是：适用简易程序审理案件，在审理过程中，发现不易适用简易程序的应当按照第一审普遍程序的规定重新审理。

2. 答案：(1) 当庭质证是在法庭审理过程中，在法官的支持下，双方当事人就双方在法庭上提出的诉讼证据，进行询问、质问、质疑、反诘和辩论活动，旨在审查其真伪，与案件是否有关联和是否合法的问题。当庭质证是法庭审理时审查证据的基本方式，也是证据法的一项主要内容。

当庭质证、认证的主体是对关于争议的案件事实的证明材料的证明力有确认权的法官。当庭质证、认证的对象是所有当事人包括法官在法庭上提出的，法院依职权调查获取的证据；双方意见不一致、不能直接采信的证据，既包括言词证据，也包括实物证据。当庭质证、认证的内容既包括对证据资料的证据能力的认定，也包括对证据资料的证据证明力的认定。当庭质证、认证的方式主要有一证一质法、分类归纳法、综合法等。

当庭质证、认证在司法实践中的价值主要体现在：第一，有利于保障公开审判原则的体现；第二，有利于发挥庭审功能，实现庭审在审判中的重心地位；第三，有利于明确当事人和法官在庭审中的地位和权利义务。

但是当庭质证、认证也存在一定的问题需要完善：

第一，当庭认证难以具体操作。由于认证是审判活动中的一项具体内容，因此它应由独任庭审判员或合议庭成员合议后作出，合议的过程应由书记员记录在案。实践中，认证的过程独任庭审判员无须与谁商议，但合议庭在法庭上往往是简单交换意见或作出某种暗示后就作出认定其证明力的决定。在庭审中审判人员交头接耳进行商议，不仅使庭审活动显得不严肃，而且书记员也无法准确地记录合议过程，更重要的是当庭认证违反了秘密合议规则，让有的当事人听到会产生对审判人员的抵触情绪，影响了法官和法院的公正形象。此外，报请院长提交审判委员会讨论的案件，若审判委员会与合议庭认证有不同看法，将会带来许多矛盾难以解决。

第二，当庭认证不利于庭审顺利进行。在法庭调查过程中，如果审判法官对证据的证明力当场确定，势必影响当事人在法庭辩论中的积极性，不利于当事人充分发表意见，间接地剥夺了当事人的诉讼权利；甚至会出现当事人当场与审判人员就证据效力问题发生争辩，认为审判人员有偏见，甚至故意置法官于一种尴尬局面，而影响庭审的质量及所产生的社会效果。

第三，当庭认证导致庭审效率不高。目前尽管不少法院都明确提出应当从证据的客观性、关联性和合法性“三性”来认证，但究竟是从形式上解决证据的可采性，还是从实质上解决证据的证明力（可信性）问题？或者是二者均包含？实际上很难说清楚，笔者认为，无论是指形式上的可采性，还是指实质上的证明力，都意味着当事人提供的全部证据材料都将进入法庭调查，都应在庭审过程中确认，从而导致庭审效率不高。

第四，当庭认证缺乏法律依据。《民事诉讼法》第 64 条第 3 款规定：“人民法院应当按照法定程序，全面地、客观地审查核实证据。”第 75 条第 1 款规定：“人民法院对当事人的陈述，应当结合本案的其他证据，审查确定能否作为认定事实的根据。”这些法律规定并没有要求证据必须当庭确认的规定。对当事人认可或者不予反驳的证据，可以当庭确认其证明力；对有的证据要通过分析整个案情、反复论证思考，才能确定其证明力，而在庭审过程中又无法做到，则不宜当庭认证。

第五，当庭认证很不科学。从调查目的和调查过程来看，法庭调查显然并不只是为了确认证据在形式上的可采性，还必须确认其对案件事实的证明力（可信性）。如果在全部证据没有调查核实完以前，或者虽调查完了但没有进行认真审查、思考、分析就当庭作出认定证据实质上的证明力，是很不科学的，而且操作上有难以克服的障碍。首先，当庭认证本身违反了证据的关联性，因为证据是一个完整的链条构成一个证明体系，不能孤立地一证一质一认；其次，当庭认证有违秘密合议规则；最后，当庭认证还有违现行的庭审程序，法庭辩论程序因此可能形同虚设。

（2）在审判方式改革的进程中，由于这些认证问题的存在，导致出现“当庭认证”比较混乱和庭审改革陷入困境的局面。要正确处理好认证问题，除立法界和司法界需进一步完善规范证据审查判断规则外，法官还必须正确区分证据的可采性和可信性，并对其进行科学地审查和认定。因此，法官在庭审中还应把握下述三项认证原则：

第一，完善证据审查判断规则。曾经一段时期，我国理论界和司法界对自由心证原则普遍持批评态度，认为单靠法官“内心确认”来处理案件，是以主观唯心主义为基础的。如今，对自由心证的观念有所转变。在一般情况下证据调查是指在法庭上进行的，而证据采纳主要是指法官如何来实施心证。从法理上而论，当言词辩论结束时，在诉讼上就表现为一切证据的总汇集，等待着法官去评判，这时即要求法官“其心如秤，以双方当事人之证据分置于左右之秤盘并从而权衡何者具有较大之重量”，所以现行审判制服佩挂的胸徽也是以天平作为法院司法公正的标志。从哲学的角度讲，由于人的思维是至上性和非至上性的统一，虽然从本质上可以认识一切，但认识能力总是受一定条件的限制，又是有限的，加之诉讼的效率要求，法官并不可能做到百分之百发现全部案件的真实情况。因此，笔者认为，自由心证虽是资产阶级国家司法制度的一个重要组成部分，但不是它的专利，苏联，第一个社会主义国家不也采用了自由心证原则吗？当然自由心证也不是包治“百病”的灵丹妙药，立法界和司法界只有结合我国的实情吸收其合理的成分，才能建立起中国特色社会主义国家的证据审查判断规则。

要建立具有我国特色的证据审查判断规则，就必须用辩证唯物主义的方法去处理客观事实与法律事实的关系问题。首先，要求法官断案，只能依照法律事实，依靠证据。其次，若法官对案件事实尚不能完全确定时，还应考虑适用“最大概率”或“最大限度”原则，既然法律赋予法官在法律适用上享有自由裁量权，那么法官在事实认定上当然也可以根据内心确信的标准去评判推断事实。

第二，正确区分证据的可采性和可信性（证明力）。认证包含二个方面的内容：一是认定证据是否被采纳。凡是客观存在的，法院认为对争议事实有证明作用，并不为法律法规、司法解释和法官合理排除的证据，均具有可采性，应当予以采纳。特别需要指出的是，有的证据是以非法证据材料为线索再以合法手段取得的证据材料，以及当事人违法收集而的确属原始书证、物证或无法再收集的证人证言，均具有可采性。如未经对方当事人同意私自录制的录音、录像等视听资料就具有可采性。二是确定证据的可信性。凡对待证明事实的存否、真伪、状态及程序等具有实质性证明作用的证据，均具有可信性。没有可采性的证明便没有可信性。法官如果能正确区分形式上的认证和实质上的认证，就可以有效地解决不适格证据进入法庭延误诉讼的问题，也能明确认证的具体内容。

第三，科学认证。根据证据的可采性和可信性认定的特点和不同内容，笔者认为，认证应分为两个阶段：其一，是证据的可采性审查和认定，应主要在庭审前准备时进行。对认定为可采纳的证据，允许当事人提交法庭调查质证；对明显不具有可采性的证据，应予排除，当事人不得再提交法庭调查质证；对证据是否具有可采性一时难以认定的，应当在庭审调查质证后，当庭作出采纳与否的认定。其二，证据的可信性即证明力的审查和认定，应当在判决时或判决书中进行。建议取消在法庭调查阶段对证据的证明力当庭认定的做法。无论是当庭宣判的判词还是审理后定期宣判的判决书都应充分阐明法官对证据证明力的可信性分析及认定理由，只有真正做到判决有据、有理、合法，才能使纠纷当事人信服。

六、案例分析题

1. 答案：(1) 本案公开审理是错误的。《刑事诉讼法》第 188 条规定，人民法院审判第一审案件应当公开进行。但是有关国家秘密或者个人隐私的案件，不公开审理。本案中，被害人是遭受强奸案件的被害人，涉及个人隐私，应当不予公开审理。

(2) 审判长宣布开庭后，当即进入法庭调查阶段是错误的。根据《刑事诉讼法》第 190 条和《刑事诉讼法解释》第 235 条至第 238 条的规定，审判长宣布开庭后，应当首先查明当事人的身份、宣布案件来源、起诉案由、是否公开审理、宣布合议庭组成人员、公诉人等人员名单、告知当事人的诉讼权利和义务。

(3) 人民法院限制被告人的辩护时间是错误的。根据《刑事诉讼法》第 194 条和《刑事诉讼法解释》第 285 条的规定，对于控辩双方在法庭上发问或者讯问，审判长认为发问、讯问的内容与案件无关或者发问、讯问的方式不当的，应当制止，但无权限制被告人的辩护时间。

(4) 本案中，不再允许被告人陈述自己的意见并打断其最后陈述是错误的。根据《刑事诉讼法》第 198 条的规定，公诉人、当事人（包括被告人）和辩护人、诉讼代理人可以对证据和案件情况发表意见并且可以互相辩论。审判长在宣布辩论终结后，被告人有最后陈述的权利。

(5) 人民法院审理案件判决被告人同时构成盗窃罪是错误的。人民法院应当遵循不告不理原则，对于人民检察院未起诉的事实，人民法院不应当予以审理并加以判决。本案中，被告人在最后陈述阶段表示自己曾将被害人的手机拿走，人民检察院并没有起诉该事实，根据《刑事诉讼法解释》第 297 条的规定，人民法院在审理中发现新的事实，可能影响定罪的，可以建议人民检察院补充或者变更起诉；人民检察院不同意的，人民法院应当就起诉指控的犯罪事实，依照该解释第 241 条的规定依法作出判决、裁定。

(6) 人民法院仅根据被告人供述就判决其构成盗窃罪是违反《刑事诉讼法》的规定的。按照《刑事诉讼法》第 55 条的规定，只有被告人供述，没有其他证据的，不能认定被告人有罪和处以刑罚。

2. 答案：(1) 人民法院决定公开审理此案，是错误的。《刑事诉讼法》第 285 条规定："审判的时候被告人不满十八周岁的案件，不公开审理。但是，经未成年被告人及其法定代理人同意，未成年被告人所在学校和未成年人保护组织可以派代表到场。"

(2) 在本案中，人民法院将人民检察院起诉书副本送达被告是在开庭前的第二日，其他通知方面工作也均是在开庭前的最后一天做的，这些做法都是错误的。《刑事诉讼法》第 187 条规定："人民法院决定开庭审判后，应当确定合议庭的组成人员，将人民检察院的起诉书副本至迟在开庭十日以前送达被告人及其辩护人。在开庭以前，审判人员可以召集公诉人、当事人和辩护人、诉讼代理人，对回避、出庭证人名单、非法证据排除等与审判相关的问题，了解情况，听取意见。人民法院确定开庭日期后，应当将开庭的时间、地点通知人民检察院，传唤当事人，通知辩护人、诉讼代理人、证人、鉴定人和翻译人员，传票和通知书至迟在开庭三日以前送达。公开审判的案件，应当在开庭三日以前先期公布案由、被告人姓名、开庭时间和地点。上述活动情形应当写入笔录，由审判人员和书记员签名。"本案中，人民法院进行这些工作的时间显然过迟，是违反法定程序的。

(3) 本案中，人民法院没有为被告人提供法律援助，是错误的。《刑事诉讼法解释》中规定，开庭时不满十八周岁的未成年人，人民法院应当通知法律援助机构为其指派辩护人，这属于强制性规范，是人民法院必须遵守的义务，因而不管曹某是否为自己进行了辩护，也不管辩护的是否充分，人民法院都应当为曹某提供法律援助。

3. 答案：(1) 县人民法院在庭前初步审查过程中，以起诉书事实不清、证据不足为由退回人民检察院补充侦查，是错误的。因为根据《刑事诉讼法》

第186条的规定，人民法院对提起公诉的案件初步审查后，对于起诉书中有明确的指控犯罪事实的，应当决定开庭审判。至于案件事实是否清楚、证据是否充分，不是开庭前初步审查的问题。

(2) 一审法院在将判决书送达给三被告的次日，将王某、李某交付执行不合法。因为判决书送达尚不满10日，上诉期未满，王某、李某虽宣判时表示不上诉，但仍有上诉的权利。这时的一审判决是尚未生效的判决，不能交付执行。

(3) 一审法院仅将张某移送中级法院进行二审，是错误的。因为根据《刑事诉讼法解释》第389条的规定，对于共同犯罪案件，只有部分被告人上诉的，应当对全案进行审查，一并处理。所以也应将王某、李某移送中级人民法院进行二审。

(4) 二审法院认为一审适用法律不当，裁定撤销原判，发回重审，是错误的。根据《刑事诉讼法》第236条第1款第2项的规定，原判决认定事实没有错误，但适用法律有错误，或者量刑不当的，应当改判。故本案中二审法院应当裁定撤销原判，直接改判，而不应当发回重审。

(5) 一审法院由原合议庭成员重新审理，是错误的。根据《刑事诉讼法》第239条的规定，原审人民法院对于发回重新审判的案件，应当另行组成合议庭，依照第一审程序进行审判。故本案中一审法院应当另行组成合议庭进行审理。

(6) 一审法院宣布改判后的判决为终审判决，不得上诉，是错误的。根据《刑事诉讼法》第239条的规定，原审法院对于发回重审的案件，依照第一审程序进行审判，对于重新审判后的判决，被告人仍有权上诉。

4. 答案：(1) 公诉人对被告人甲、乙同时讯问违反了分别进行讯问的原则。

(2) 附带民事诉讼原告不能就有关犯罪事实向被告人发问。

(3) 戊作为证人不能旁听案件的审理。

(4) 戊作为控方证人，控辩双方向其发问的顺序错误，应当先由要求传唤的一方进行发问。

(5) 公诉人在庭审中发现有漏罪的只能追加起诉，不能撤回起诉。变更、追加、撤回起诉应当报经检察长或检察委员会决定，并以书面方式向人民法院提出，公诉人不能当庭径行决定。

(6) 法院对检察机关撤回起诉的要求应以裁定而不能以决定的方式作出。

(7) 审理部分被告人上诉的案件，应当对全案进行审查，包括甲、乙罪行及附带民事诉讼部分的审查。

第二十一章　第二审程序

基础知识图解

- 第二审程序
  - 第二审程序的启动
    - 主体
    - 理由
    - 期限
    - 方式和程序
  - 第二审程序的两个原则
    - 全面审查原则
    - 上诉不加刑原则
      - 适用上诉不加刑的具体情形
      - 不受上诉不加刑原则限制的情形
  - 第二审的审理方式
    - 应当开庭审理的情形
    - 不开庭审理的条件
  - 第二审的裁判方式
    - 维持原判
      - 适用的文书
      - 适用的情形
    - 改判
      - 应当改判
      - 可以改判
    - 撤销原判、发回重审
      - 应当发回
      - 可以发回
  - 第二审的审限：一般为二个月，特殊情况还可以再延长二个月

配套测试

一、单项选择题

1. 第二审人民法院审理人民检察院抗诉的案件，应采用何种审理方式？（　　）

A. 开庭审理

B. 根据案情决定开庭审理或不开庭审理

C. 公开审理

D. 由第二审人民法院与人民检察院协商决定是否开庭审理

2. 甲乙丙三人共同实施故意杀人，一审法院判处甲死刑立即执行、乙无期徒刑、丙有期徒刑 10 年。丙以量刑过重为由上诉，甲和乙未上诉，检察院未抗诉。关于本案的第二审程序，下列哪一选项是正确的？（　　）（司考 2014. 2. 38）

A. 可不开庭审理

B. 认为没有必要的，甲可不再到庭

C. 由于乙没有上诉，其不得另行委托辩护人为其辩护

D. 审理后认为原判事实不清且对丙的量刑过轻，发回一审法院重审，一审法院重审后可加重丙的刑罚

3. 一审法院宣判后，如果对刑事部分没有人提出上诉，人民检察院也没有提出抗诉，只有附带民事诉讼当事人上诉，如何确定第一审判决的生效时间？（　　）

A. 第一审刑事部分的判决，在上诉期满后即发生法律效力

B. 刑事部分的判决和附带民事诉讼部分的判决，在第二审人民法院作出终审裁判后发生法律效力

C. 第一审刑事部分的判决，在上诉期满后即发生法律效力，但应当送监执行的第一审刑事被告人是第二审附带民事诉讼被告人的，第一审刑事部分的判决在第二审附带民事诉讼审结后发生法律效力

D. 刑事部分的判决发生法律效力的时间，由第二审人民法院根据案件具体情况确定

4. 一审法院宣判后，如果当事人只对附带民事诉讼部分提出上诉，二审人民法院审理时，发现第一审判决中的刑事部分已生效的判决确有错误，应当如何处理？(　　)
A. 对刑事部分按照审判监督程序进行再审，并将附带民事诉讼部分与刑事部分一并审理
B. 在第二审程序中对刑事和附带民事诉讼部分一并审理并作出判决
C. 只对附带民事诉讼部分进行审理并作出裁判
D. 要求人民检察院对刑事部分提出抗诉

5. 在第二审案件附带民事部分的审理中，第一审民事原告人增加独立的诉讼请求或者第一审民事被告人提出反诉，第二审人民法院应如何处理？(　　)
A. 直接驳回当事人的请求或者反诉
B. 可以根据当事人自愿的原则就新增加的诉讼请求或者反诉进行调解，调解不成的，告知当事人另行起诉
C. 与检察院协商，以确定是否允许增加独立的诉讼请求或者提出反诉
D. 与对方当事人协商，以确定是否允许增加独立的诉讼请求或者提出反诉

6. 甲市人民法院一审对楚某故意伤害一案作出判决。如果该案判决有错误，下列哪个机关有权按照第二审程序提起抗诉？(　　)
A. 甲市人民检察院
B. 甲市人民检察院的上一级人民检察院
C. 各级人民检察院
D. 最高人民检察院

7. 某县人民法院对一起盗窃案作出一审判决。如果该县人民检察院提起抗诉，应当如何提出抗诉书？(　　)
A. 应当直接向该县的上一级人民法院提出抗诉书
B. 应当向该县人民法院提出抗诉书
C. 可以选择向上一级人民法院或该县人民法院提出抗诉书
D. 应当向上一级人民检察院提出建议，由上一级人民检察院向其同级人民法院提出抗诉书

8. 对第一审人民法院所作的裁定不服而提起上诉、抗诉的期限是(　　)。
A. 上诉期限为5日，抗诉期限为10日
B. 上诉期限为10日，抗诉期限为5日
C. 上诉、抗诉期限均为5日
D. 上诉、抗诉期限均为10日

9. 卫某被第一审人民法院以受贿罪判处有期徒刑8年。判决宣布后，卫某的妻子表示要提出上诉。卫某的妻子提出上诉，必须征得谁的同意？(　　)
A. 卫某
B. 卫某的辩护人
C. 第一审人民法院
D. 起诉的人民检察院

10. 附带民事诉讼的当事人和他们的法定代理人，可以对地方各级人民法院第一审判决、裁定中的哪部分提出上诉(　　)。
A. 对刑事部分和附带民事部分均可
B. 只能对刑事部分
C. 只能对附带民事部分
D. 既不能对刑事部分也不能对附带民事部分

11. 被害人及其法定代理人不服法院一审判决请求人民检察院提出抗诉的时间是自收到判决书后(　　)以内。
A. 3日　　B. 5日
C. 7日　　D. 10日

12. 人民检察院自收到被害人及其法定代理人的抗诉请求后(　　)以内，应当作出是否抗诉的决定并且答复请求人。
A. 3日　　B. 5日
C. 7日　　D. 10日

13. 下列关于刑事诉讼二审程序的表述中正确的为(　　)。
A. 人民检察院提起抗诉既可以通过原审人民法院，也可以直接向二审人民法院提起
B. 被告人、自诉人提出上诉应当通过原审人民法院
C. 上级人民检察院如果认为抗诉不当，可以向同级人民法院撤回抗诉并通知下级人民检察院
D. 二审人民法院对上诉、抗诉案件，经过阅卷，认为事实清楚的，可以不开庭审理

14. 黄某倒卖文物案于2014年5月28日一审终结。6月9日（星期一），法庭宣判黄某犯倒卖文物罪，判处有期徒刑4年并立即送达了判决书，黄某当即提起上诉，但于6月13日经法院准许撤回上诉；检察院以量刑畸轻为由，于6月12日提起抗诉，上级检察院认为抗诉不当，于6月17日向同级法院撤回了抗诉。关于一审判决生效的时间，下列哪一选项是正确的？(　　)（司考2015. 2. 38）
A. 6月9日　　B. 6月17日
C. 6月19日　　D. 6月20日

15. 二审人民法院审理人民检察提出抗诉的案件，通知人民检察院查阅案卷的时间应在开庭前(　　)天。
A. 7　　B. 3
C. 10　　D. 5

16. 第二审人民法院对不服第一审判决的上诉、抗诉案件，经审理后，对案件作出处理决定(　　)。

A. 一律用判决

B. 一律用裁定

C. 一律用决定

D. 根据不同情况，有的用判决，有的用裁定

17. 第二审人民法院受理上诉、抗诉的刑事案件后，应当在(　　)以内审结，至迟不得超过(　　)，有本法第一百二十六条规定情形之一的，经省、自治区、直辖市高级人民法院批准或决定，可再延长(　　)。

A. 15日，1个月，2个月

B. 1个月，1个半月，1个月

C. 1个半月，2个月，2个月

D. 2个月，3个月，2个月

18. 下列事项中，应适用裁定的是什么？(　　)

A. 宣告被告人无罪

B. 对审判人员的回避申请

C. 对违反法院秩序人员实施罚款、拘留

D. 二审法院撤销一审法院事实不清，证据不足的判决

19. 某市中级人民法院在审理自诉案件原告人李某提出上诉的案件时，该自诉案件的一审被告人张某对李某提出反诉。市中级人民法院对该反诉应当按照下列哪种方式处理？(　　)

A. 告知李某，案件已进行二审无权提起反诉

B. 告知李某，应当另行起诉

C. 将李某的反诉与原自诉案件合并审理

D. 将本案发回原审法院重新审理

20. 某法院判决赵某犯诈骗罪处有期徒刑四年，犯盗窃罪处有期徒刑九年，合并执行有期徒刑十一年。赵某提出上诉。中级法院经审理认为，判处刑罚不当，犯诈骗罪应处有期徒刑五年，犯盗窃罪应处有期徒刑八年。根据上诉不加刑原则，下列哪一做法是正确的？(　　)（司考2010. 2. 36）

A. 以事实不清、证据不足为由发回原审法院重新审理

B. 直接改判两罪刑罚，分别为五年和八年，合并执行十二年

C. 直接改判两罪刑罚，分别为五年和八年，合并执行仍为十一年

D. 维持一审判决

21. 下列哪一选项违反上诉不加刑原则？(　　)

A. 一审法院认定马某犯伤害罪判处有期徒刑三年，马某上诉，检察院没有抗诉，二审法院认为一审判决认定事实不清，发回原审法院重新审判

B. 一审法院认定赵某犯抢夺罪判处有期徒刑五年，赵某上诉，检察院没有抗诉，二审法院在没有改变刑期的情况下将罪名改判为抢劫罪

C. 一审法院以盗窃罪判处金某有期徒刑二年、王某有期徒刑一年，金某、王某以没有实施犯罪为由提起上诉，检察院认为对金某量刑畸轻提出抗诉，二审法院经审理认为一审对金某、王某量刑均偏轻，但仅对金某改判为五年

D. 一审法院认定石某犯杀人罪判处死刑立即执行，犯抢劫罪判处无期徒刑，数罪并罚决定执行死刑立即执行。石某上诉后，二审法院认为石某在抢劫现场杀人只构成抢劫罪一个罪，遂撤销一审对杀人罪的认定，以抢劫罪判处死刑立即执行

22. 上级人民检察院如果认为下级人民检察院抗诉不当的，可以(　　)。

A. 责令下级人民检察院撤回抗诉

B. 说服下级人民检察院撤回抗诉

C. 向下级人民法院撤回抗诉

D. 向同级人民法院撤回抗诉

23. 第二审人民法院进行改判的，原判决应当是(　　)。

A. 认定事实和适用法律正确、量刑适当

B. 认定事实没有错误，但适用法律有错误，或者量刑不当

C. 事实不清，证据不足

D. 严重违反诉讼程序

24. 2009年6月，杨某因强奸罪被一审法院判处有期徒刑8年，杨某不服向上级人民法院提起了上诉，二审经过对上诉材料的审查，决定不开庭审理。下列有关刑事诉讼的第二审程序中阅卷与调查相结合的审理方式和程序的陈述中错误的是(　　)。

A. 合议庭成员共同阅卷，并制作阅卷笔录

B. 讯问被告人，听取其供述和辩解以及对一审裁判的意见。共同犯罪的案件，对没有上诉的被告人不用再进行讯问

C. 听取其他当事人、辩护人、诉讼代理人的意见

D. 合议庭评议和宣判，经过合议庭认定的事实与第一审认定的没有变化，证据充分的，可以不开庭审理即作出相应的处理决定，并予以公开宣判

25. 某县人民法院一审以抢夺罪判处高某有期徒刑3年。一审宣判后高某向市中级人民法院提出上诉，县人民检察院未提出抗诉。市中级人民法院经审理，认为原判认定事实清楚，证据充分，但罪名认定不当，量刑过轻，高某的行为构成抢劫

罪，应判处有期徒刑6年。市人民法院应当作出何种处理？（　）

A. 将抢夺罪改判为抢劫罪，将原判刑期改为6年

B. 在维持原判罪名的情况下将原判刑期改为6年

C. 在不加重原判刑罚的情况下将罪名改为抢劫罪

D. 维持原判

26. 关于法定代理人对法院一审判决、裁定的上诉权，下列哪一说法是错误的？（　）（司考2011.2.22）

A. 自诉人高某的法定代理人有独立上诉权

B. 被告人李某的法定代理人有独立上诉权

C. 被害人方某的法定代理人有独立上诉权

D. 附带民事诉讼当事人吴某的法定代理人对附带民事部分有独立上诉权

27. 关于发回重审，下列哪一说法是不正确的？（　）（司考2011.2.37）

A. 发回重审原则上不能超过二次

B. 在发回重审裁定书中应详细阐明发回重审的理由及法律根据

C. 一审剥夺或者限制了当事人的法定诉讼权利，可能影响公正审判的，应当发回重审

D. 发回重审应当撤销原判

28. 邢某因涉嫌强奸罪被判处有期徒刑。刑罚执行期间，邢某父母找到证人金某，证明案发时邢某正与金某在外开会，邢某父母提出申诉。法院对该案启动再审。关于原判决的执行，下列哪一说法是正确的？（　）（司考2011.2.38）

A. 继续执行原判决

B. 由再审法院裁定中止执行原判决

C. 由再审法院决定中止执行原判决

D. 报省级法院决定中止原判决

二、多项选择题

1. 甲被一审人民法院判处有期徒刑7年。甲不服，可以采取何种方式提出上诉？（　）

A. 用书状形式提出

B. 用口头形式提出

C. 通过原审人民法院提出

D. 直接向上一级人民法院提出

2. 韦某被某区人民法院以抢劫罪一审判处有期徒刑6年。宣判后，韦某不服提出上诉，但其后又要撤回上诉。第二审人民法院应当如何处理？（　）

A. 如果在上诉期限内要求撤回上诉的，应当准许

B. 如果在上诉期满后要求撤回上诉的，第二审人民法院应进行审查，以确定是否准许

C. 不论在上诉期限内还是上诉期满后要求撤回的，第二审人民法院都应进行审查

D. 第二审人民法院应与人民检察院协商，以确定是否准许撤回上诉

3. 甲一审被判处有期徒刑3年。宣判后，人民检察院没有抗诉，甲某在上诉后又撤回上诉。该案第一审判决生效日期应当如何确定？（　）

A. 上诉期满前撤回的，自撤回之日起生效

B. 上诉期满前撤回的，自上诉期满之日起生效

C. 上诉期满后撤回的，自上诉期满之日起生效

D. 上诉期满后撤回的，自第二审人民法院准许撤诉的裁定书送达原上诉人之日起生效

4. 第二审人民法院审理人民检察院提出抗诉的案件，应当按照（　）规定办理？

A. 第二审人民法院应当在决定开庭审理后及时通知同级人民检察院查阅案卷

B. 提起抗诉的人民检察院应当派员出庭

C. 第二审人民法院的同级人民检察院应当派员出庭

D. 第二审人民法院应当开庭审理

5. 第一审人民法院在对甲、乙、丙共同犯罪的案件作出判决后，甲提出上诉，人民检察院对乙的判决提出抗诉。第二审人民法院审理此案时，应当如何办理？（　）

A. 既审查上诉、抗诉的被告人部分，也审查没有上诉、抗诉的被告人部分

B. 即使原判决量刑畸轻，也不得加重甲、丙的刑罚

C. 只审查上诉、抗诉的被告人部分

D. 如果原判决量刑畸轻，可以加重甲某、乙某、丙某的刑罚

6. 第二审人民法院发现第一审人民法院的审理有下列哪些情形时，应当裁定撤销原判，发回原审人民法院重新审判？（　）

A. 违反刑事诉讼法有关公开审判的规定的

B. 违反回避制度的

C. 剥夺或者限制了当事人的法定诉讼权利的

D. 审判组织的组成不合法的

7. 某基层法院就郭某敲诈勒索案一审适用简易程序，判处郭某有期徒刑4年。对于一审中的下列哪些情形，二审法院应以程序违法为由，撤销原判发回重审？（　）（司考2016.2.73）

A. 未在开庭10日前向郭某送达起诉书副本

B. 由一名审判员独任审理

C. 公诉人没有对被告人进行发问

D. 应公开审理但未公开审理

8. 甲、乙共同犯罪案件，一审人民法院宣判后，人民检察院认为对乙量刑过轻，遂提起抗诉。在第二审程序中，甲有哪些权利或义务？（　）

A. 第二审人民法院不得加重其刑罚

B. 有权委托辩护人辩护

C. 有权参加法庭辩论

D. 应当参加法庭调查

9. 第二审人民法院开庭审理时，在法庭辩论阶段，应当按照什么程序进行？(　　)

A. 如果是上诉案件，先由上诉人、辩护人发言，再由检察人员发言

B. 如果是抗诉案件，先由检察人员发言，再由被告人、辩护人发言

C. 如果是既有上诉又有抗诉的案件，先由检察人员发言，再由上诉人、辩护人发言

D. 不论是上诉或是抗诉案件，都由第二审人民法院根据案情决定发言顺序

10. 自诉案件的第二审程序，应当遵守哪些规定？(　　)

A. 对第二审自诉案件，必要时可以进行调解

B. 当事人可以自行和解

C. 对调解结案或者和解的自诉案件，被告人被采取强制措施的，应立即予以解除

D. 在第二审中，对当事人提出的反诉，应当合并审判

11. 不服地方各级人民法院一审判决、裁定，可以独立用书面或口头形式向上一级人民法院提出上诉的是(　　)。

A. 被告人

B. 被告人的法定代理人

C. 被害人

D. 被害人的诉讼代理人

12. 下列哪些案件应当另行组成合议庭进行审理？(　　)

A. 一审案件

B. 二审发回一审法院重审的案件

C. 再审案件

D. 刑事审判在先的附带民事诉讼案件

13. 董某因强奸罪被Z县人民法院判处有期徒刑8年。判决宣告后，董某以量刑过重为理由提出上诉，但在上诉期满后又要求撤回上诉。对于董某撤回上诉，二审法院应当如何处理？(　　)

A. 允许董某撤回上诉

B. 对上诉案件进行审查，如果原判认定事实和适用法律正确，量刑适当，应当裁定准许董某撤回上诉

C. 对上诉案件进行审查，如果原判认定事实不清，证据不足或适用法律错误、量刑不当，应当不允许撤回上诉

D. 如果原判认定事实不清，证据不足或适用法律错误、量刑不当而不允许撤回上诉的，应当按照上诉程序进行审理

14. 在下列情形中，不受上诉不加刑原则限制的有(　　)。

A. 被告人一方上诉，人民检察院也提起抗诉的

B. 被告人一方上诉，自诉人一方也提起上诉的

C. 被告人一方没有上诉，自诉人一方上诉的

D. 被告人没有上诉，被告人的法定代理人上诉的

15. 朱某自诉陈某犯诽谤罪，法院审理后，陈某反诉朱某侮辱罪。法院审查认为，符合反诉条件，合并审理此案，判处陈某有期徒刑一年，判处朱某有期徒刑一年。两人不服，均以对对方量刑过轻、己方量刑过重为由提出上诉。关于二审法院的判决，下列哪些选项是正确的？(　　)(司考2010.2.77)

A. 如认为对两人量刑均过轻，可同时加重朱某和陈某的刑罚

B. 如认为对某一人的量刑过轻，可加重该人的刑罚

C. 即使认为对两人量刑均过轻，也不得同时加重朱某和陈某的刑罚

D. 如认为一审量刑过轻，只能通过审判监督程序纠正

16. 第二审人民法院开庭审理案件时，同级人民检察院应当派员出庭的是(　　)。

A. 有辩护人的案件

B. 双方当事人都提出上诉的案件

C. 人民检察院提出抗诉的案件

D. 公诉案件

17. 关于检察院办理死刑上诉、抗诉案件的开庭前审查程序，下列哪些说法是正确的？(　　)(司考2011.2.73)

A. 应当讯问被告人，听取被告人的上诉理由或者辩解

B. 应当听取辩护人的意见

C. 应当询问证人

D. 可以听取被害人的意见

三、不定项选择题

1. 鲁某与关某涉嫌贩卖冰毒500余克，B省A市中级法院开庭审理后，以鲁某犯贩卖毒品罪，判处死刑立即执行，关某犯贩卖毒品罪，判处死刑缓期二年执行。一审宣判后，关某以量刑过重为由向B省高级法院提起上诉，鲁某未上诉，检察院也未提起抗诉。

如B省高级法院审理后认为，本案事实清楚、证据确实充分，对鲁某的量刑适当，但对关某应判处死刑缓期二年执行同时限制减刑，则对本案正确的做法是：(　　)(司考2015.3.95)

A. 二审应开庭审理
B. 由于未提起抗诉，同级检察院可不派员出席法庭
C. 高级法院可将全案发回A市中级法院重新审判
D. 高级法院可维持对鲁某的判决，并改判关某死刑缓期二年执行同时限制减刑

2. 甲、乙二人系药材公司仓库保管员，涉嫌5次共同盗窃其保管的名贵药材，涉案金额40余万元。一审开庭审理时，药材公司法定代表人丙参加庭审。经审理，法院认定了其中4起盗窃事实，另1起因证据不足未予认定，甲和乙以职务侵占罪分别被判处有期徒刑3年和1年。

一审判决作出后，乙以量刑过重为由提出上诉，甲未上诉，检察院未抗诉。关于本案二审程序，下列选项正确的是：（　　）（司考2017.2.94）
A. 二审法院受理案件后应通知同级检察院查阅案卷
B. 二审法院可审理并认定一审法院未予认定的1起盗窃事实
C. 二审法院审理后认为乙符合适用缓刑的条件，将乙改判为有期徒刑2年，缓刑2年
D. 二审期间，甲可另行委托辩护人为其辩护

四、名词解释

1. 抗诉
2. 全面审查原则
3. 发回重审

五、简答题

1. 简述第二审人民法院对上诉、抗诉案件经审查和审理后，可以作出的判决、裁定及其适用条件。
2. 我国《刑事诉讼法》第238条规定："第二审人民法院发现第一审人民法院的审理有下列违反法律规定的诉讼程序的情形之一的，应当裁定撤销原判，发回原审人民法院重新审判：（一）违反本法有关公开审判的规定的；（二）违反回避制度的；（三）剥夺或者限制了当事人的法定诉讼权利，可能影响公正审判的……"
请结合这一条文，回答下列问题：
（1）你对第一审人民法院违反法律程序的后果是如何理解的？
（2）本条的规定对于维护程序法的尊严有何意义？
3. 如何理解第二审程序要对上诉进行全面审查原则？
4. 简述提起上诉、抗诉的理由。

六、论述题

1. 试述上诉人的范围。
2. 试论上诉不加刑原则。

七、案例分析题

1. 武某、黄某、许某因抢劫金某被一审法院分别判处有期徒刑8年、6年、2年，并判处赔偿金某医疗费等计人民币6000元。一审判决宣告并送达后，武某以量刑过重为由提出上诉，金某以赔偿数额太少为由对附带民事部分提出上诉。
问：（1）武某、金某提出上诉，其诉讼程序应当如何进行？
（2）对附带民事诉讼部分上诉，上诉期限如何确定？
（3）第二审人民法院审理该案，应如何贯彻全面审查原则？
（4）第二审人民法院审理该案，应如何贯彻上诉不加刑原则？
2. 佟某故意伤害杨某一案经某县人民法院审理并作出判决，判处佟某有期徒刑5年。在上诉、抗诉期限内，被告人佟某以量刑过重为由提出上诉，市人民检察院以量刑过轻为由提出抗诉。上诉状和抗诉书都由上诉人和抗诉机关直接提交到市中级人民法院。

市中级人民法院接到上诉、抗诉后，对案卷材料进行了审查，并讯问了佟某，听取了杨某的意见，认为本案事实清楚、证据确实充分，但原判决对佟某的量刑过轻，应当判处有期徒刑10年。但由于本案的被告人提出了上诉，第二审人民法院考虑到上诉不加刑原则，对被告人不能加重刑罚，因而没有改判，而是裁定撤销原判，发回县人民法院重新审判。

县人民法院收到发回的案件后，立即组织原合议庭成员对案件重新审判并作出了判决，县人民法院在判决书中提到："本判决为终审判决，不得上诉、抗诉。"
问：在本案中，有哪些地方违反刑事诉讼程序的规定？
3. 孙某，女，22岁，某厂车间纺织工人。刘某，男，27岁，与孙某同在一个车间工作。刘某进厂后，与孙某分在一处，因孙某在刘某进厂时被厂领导安排，对刘某进行工作指导。刘某因此非常感激孙某，经常隔三岔五地去孙某宿舍看望孙某。孙某刚开始不在意，后来，刘某在厂子里到处宣扬说自己正和孙某谈恋爱，并警告其他人不准再接近孙某，不准再打孙某的主意。孙某知道后告诉刘某，说自己已有男朋友并已准备结婚，让他不要瞎说。但刘某不听，仍在厂里大肆渲染他与孙某的恋爱关系。孙某听后非常气愤，多次警告刘某，但刘某仍坚持己意，并扬言要找孙某男友算

账。孙某忍无可忍，在一次厂里大会上向大家公开说明，她与刘某之间无任何关系。刘某恼羞成怒，以后经常公开侮辱孙某，不断采用各种下流手段，致使孙某不堪忍受，服毒自杀。此案被公安机关依法立案侦查，至一审结束，刘某被判处三年有期徒刑，缓刑 3 年。刘某不服，以双方谈恋爱中的打情骂俏不构成犯罪为由上诉；孙某的法定代理人丙亦上诉至二审法院，认为一审判的刑罚太轻。二审法院依法开庭审理了此案，认为刘某侮辱他人情节恶劣，且致被害人死亡。因而遂改判刘某有期徒刑 3 年，宣判后予以收监执行。问：

(1) 本案程序上存在哪些问题？

(2) 二审法院改判缓刑为实刑的做法是否符合法律规定？

(3) 在什么情况下，二审程序不受“上诉不加刑”原则的限制？

4. 2010 年 5 月 31 日，孙某因涉嫌伤害他人被甲县公安机关拘留，同年 9 月转逮捕。7 月 31 日，甲县人民检察院以孙某犯有故意伤害罪向县人民法院提起公诉。县法院开庭审理了此案，并于 2010 年 8 月 2 日作出如下判决：被告人孙某犯故意伤害罪，判处有期徒刑三年，缓刑三年。被告人不服，提出上诉。

问：

(1) 若二审法院经过审理，改判孙某有期徒刑三年，请问这种处理是否合法，为什么？

(2) 若被害人在二审阶段提出附带民事诉讼的请求，对此二审法院应如何处理，为什么？

5. 张某与王某因口角发生扭打，张某将王某打成重伤。检察院以故意伤害罪向法院提起公诉，被害人王某同时向法院提起附带民事诉讼。

问：

(1) 如果一审宣判后，张某对刑事部分不服提出上诉，王某对民事部分不服提出上诉，第二审法院在审理中发现本案的刑事部分和附带民事部分认定事实都没有错误，但适用法律有错误，应当如何处理？

(2) 如果一审宣判后，检察院对本案刑事部分提起了抗诉，本案的附带民事部分没有上诉。第二审法院在审理中发现本案民事部分有错误，二审法院对民事部分应如何处理？

(3) 如果一审宣判后，本案的刑事部分既没有上诉也没有抗诉，王某对本案附带民事部分提起了上诉，在刑事部分已经发生法律效力的情况下，二审法院在审理中发现本案的刑事部分有错误，二审法院应如何处理？

(4) 如果一审宣判后，王某对附带民事部分判决上诉中增加了独立的诉讼请求，张某在二审中也对民事部分提出了反诉，二审法院应当如何处理？

(5) 如果在一审程序中，法院审查王某提起的附带民事诉讼请求后，认为不符合提起附带民事诉讼的条件，法院应当如何处理？

(6) 如果法院受理了附带民事诉讼，根据我国《刑事诉讼法》及司法解释相关规定，对一审过程中附带民事诉讼的调解，法院应当如何处理？(司考 2008. 4. 3)

参考答案

一、单项选择题

1. 答案：A。本题考查的是人民法院审理人民检察院抗诉案件的审理方式。《刑事诉讼法》第 234 条第 1 款第 3 项规定，人民检察院抗诉的案件。故本题 A 项正确，BD 项不正确。《刑事诉讼法》第 242 条规定：“第二审人民法院审判上诉或者抗诉案件的程序，除本章已有规定的以外，参照第一审程序的规定进行。”也就是说，对于人民检察院抗诉案件，一审不公开审理的案件，二审审理也不公开审理，而不是一律公开审理。故本题 C 项不正确。

2. 答案：B。《刑事诉讼法解释》第 393 条第 2 款规定，被判处死刑的被告人没有上诉，同案的其他被告人上诉的案件，第二审人民法院应当开庭审理。故 A 项不正确。《刑事诉讼法解释》第 399 条第 1 款规定，开庭审理上诉、抗诉案件，可以重点围绕对第一审判决、裁定有争议的问题或者有疑问的部分进行。根据案件情况，可以按照下列方式审理：……(3) 对同案审理案件中未上诉的被告人，未被申请出庭或者人民法院认为没有必要到庭的，可以不再传唤到庭……故 B 项正确。《刑事诉讼法解释》第 392 条规定，第二审期间，被告人除自行辩护外，还可以继续委托第一审辩护人或者另行委托辩护人辩护。共同犯罪案件，只有部分被告人提出上诉，或者自诉人只对部分被告人的判决提出上诉，或者人民检察院只对部分被告人的判决提出抗诉的，其他同案被告人也可以委托辩护人辩护。故 C 项不正确。《刑事诉讼法》第237条规定，第二审人民法院审理被告人或者他的法定代理人、辩护人、近亲属上诉的案件，不得加重被告人的刑罚。第二审人民法院发回原审人民法院重新审判的案件，除有新的犯罪事实，人民检察院补充起诉的以外，原审人民法院也不得加重被告人的刑罚。人民检察院提出抗诉或者自诉人提出上诉的，不受前款规定的限制。故D项表述不正确。本题的正确答案为B项。

3. **答案**：A。本题考查的是特定情况下第一审判决生效时间的确定。《刑事诉讼法解释》第408条第1款规定："刑事附带民事诉讼案件，只有附带民事诉讼当事人及其法定代理人上诉的，第一审刑事部分的判决在上诉期满后即发生法律效力。"故本题正确答案为A。

4. **答案**：A。本题考查的是特定情况下对已生效刑事判决的处理方式。《刑事诉讼法解释》第409条第2项规定，第二审人民法院审理对附带民事部分提出上诉，刑事部分已经发生法律效力的案件，发现第一审判决的刑事部分确有错误的，依照审判监督程序对刑事部分进行再审，并将附带民事部分与刑事部分一并审理。故本题正确答案为A。

5. **答案**：B。《刑事诉讼法解释》第410条规定："第二审期间，第一审附带民事诉讼原告人增加独立的诉讼请求或者第一审附带民事诉讼被告人提出反诉的，第二审人民法院可以根据自愿、合法的原则进行调解；调解不成的，告知当事人另行起诉。"故本题正确答案为B。

6. **答案**：A。本题考查的是有权对第一审判决提出抗诉的机关。《刑事诉讼法》第228条规定："地方各级人民检察院认为本级人民法院第一审的判决、裁定确有错误的时候，应当向上一级人民法院提出抗诉。"据此，有权对第一审判决提出抗诉的是第一审人民法院的同级人民检察院，在本题中即为甲市人民检察院，故本题正确答案为A。

7. **答案**：B。本题考查的是人民检察院提出抗诉书的途径。《刑事诉讼法》第232条第1款规定："地方各级人民检察院对同级人民法院第一审判决、裁定的抗诉，应当通过原审人民法院提出抗诉书，并且将抗诉书抄送上一级人民检察院。原审人民法院应当将抗诉书连同案卷、证据移送上一级人民法院，并且将抗诉书副本送交当事人。"据此，本题中该县人民检察院应当通过原审人民法院即该县人民法院提出抗诉书，故本题正确答案为B。

8. **答案**：C。本题考查的是不服第一审人民法院所作裁定的上诉、抗诉期限。《刑事诉讼法》第230条规定："不服判决的上诉和抗诉的期限为十日，不服裁定的上诉和抗诉的期限为五日，从接到判决书、裁定书的第二日起算。"据此，本题正确答案为C。

9. **答案**：A。本题考查的是上诉权。《刑事诉讼法》第227条第1款规定："被告人、自诉人和他们的法定代理人，不服地方各级人民法院第一审的判决、裁定，有权用书状或者口头向上一级人民法院上诉。被告人的辩护人和近亲属，经被告人同意，可以提出上诉。"据此，享有上诉权的是被告人、自诉人和他们的法定代理人，被告人的近亲属要提出上诉，必须征得被告人的同意。"妻子"不属于法定代理人，而属于"近亲属"，故本题正确答案为A。

10. **答案**：C。本题考查的是附带民事诉讼上诉的范围。《刑事诉讼法》第227条第2款规定："附带民事诉讼的当事人和他们的法定代理人，可以对地方各级人民法院第一审的判决、裁定中的附带民事诉讼部分，提出上诉。"据此，本题正确答案为C。

11. **答案**：B。本题考查的是被害人请求抗诉的期限。《刑事诉讼法》第229条规定："被害人及其法定代理人不服地方各级人民法院第一审的判决的，自收到判决书后五日以内，有权请求人民检察院提出抗诉……"据此，本题正确答案为B。

12. **答案**：B。本题考查的是人民检察院对抗诉请求作出决定并答复请求人的期限。《刑事诉讼法》第229条规定："……人民检察院自收到被害人及其法定代理人的请求后五日以内，应当作出是否抗诉的决定并且答复请求人。"据此，本题正确答案为B。

13. **答案**：C。本题考查的是有关刑事第二审程序的规定。《刑事诉讼法》第232条规定："地方各级人民检察院对同级人民法院第一审判决、裁定的抗诉，应当通过原审人民法院提出抗诉书，并且将抗诉书抄送上一级人民检察院……上级人民检察院如果认为抗诉不当，可以向同级人民法院撤回抗诉，并且通知下级人民检察院。"据此，本题A项不正确，C项正确。根据《刑事诉讼法》第231条的规定，被告人、自诉人的上诉既可以通过原审人民法院提出，又可以直接向第二审人民法院提出。故本题B项不正确。根据《刑事诉讼法》第234条第3项的规定，人民法院对于人民检察院抗诉的案件，应当开庭审理，故本题D项不正确。

14. **答案**：C。《刑事诉讼法》第105条规定，期间以时、日、月计算。期间开始的时和日不算在期间以内。法定期间不包括路途上的时间。上诉状或者其他文件在期满前已经交邮的，不算过期。期间的最后一日为节假日的，以节假日后的第一日为期满日期，但犯罪嫌疑人、被告人或者罪犯在押期间，应当至期满之日为止，不得因节假日而延长。本题中，6月9日送达判决书，10日开始计算上诉、抗诉期限，19日为上诉、抗诉的最后一日。13日和17日是在上诉、抗诉期满之前撤回上诉、抗诉，依据《刑事诉讼法解释》第386条的规定，在上诉、抗诉期满前撤回上诉、抗诉的，第一审判决、裁定在上诉、抗诉期满之日起生效。在上诉、抗诉期满后要求撤回上诉、抗诉，第二审人民法院裁定准许的，第一审判决、裁定应当自第二审裁定书送达上诉人或者抗诉机关之日起生效。故本题的正确答案为C项。

15. 答案：无。本题考查的是二审人民法院通知人民检察院阅卷的时间。《刑事诉讼法》第235条规定："人民检察院提出抗诉的案件或者第二审人民法院开庭审理的公诉案件，同级人民检察院都应当派员出席法庭。第二审人民法院应当在决定开庭审理后及时通知人民检察院查阅案卷。人民检察院应当在一个月以内查阅完毕。人民检察院查阅案卷的时间不计入审理期限。"据此，本题无正确答案。

16. 答案：D。本题考查的是第二审对案件作出处理所用的文书种类。《刑事诉讼法》第236条第1款规定："第二审人民法院对不服第一审判决的上诉、抗诉案件，经过审理后，应当按照下列情形分别处理：（一）原判决认定事实和适用法律正确、量刑适当的，应当裁定驳回上诉或者抗诉，维持原判；（二）原判决认定事实没有错误，但适用法律有错误，或者量刑不当的，应当改判；（三）原判决事实不清楚或者证据不足的，可以在查清事实后改判；也可以裁定撤销原判，发回原审人民法院重新审判。"据此，该条第1项用裁定，第2项用判决，第3项第一种情况用判决，第二种情况用裁定。故本题正确答案为D。

17. 答案：无。本题考查的是第二审的审限。《刑事诉讼法》第243条规定："第二审人民法院受理上诉、抗诉案件，应当在二个月以内审结。对于可能判处死刑的案件或者附带民事诉讼的案件，以及有本法第一百五十八条规定情形之一的，经省、自治区、直辖市高级人民法院批准或者决定，可以延长二个月；因特殊情况还需要延长的，报请最高人民法院批准。最高人民法院受理上诉、抗诉案件的审理期限，由最高人民法院决定。"据此，本题无正确答案。

18. 答案：D。本题考查的是裁定的适用范围。根据《刑事诉讼法》第200条第2项的规定，"宣告被告人无罪"应适用判决，故本题A项不正确。根据《刑事诉讼法》第31条第1款的规定，对审判人员的回避申请应适用决定，故本题B项不正确。根据《刑事诉讼法》第199条第1款的规定，对违反法庭秩序的人员实施罚款、拘留应适用决定，故本题C项不正确。《刑事诉讼法》第236条第1款第3项规定："原判决事实不清楚或者证据不足的，可以在查清事实后改判……"据此，本题D项正确。

19. 答案：B。本题考查的是刑事自诉案件上诉时的处理。《刑事诉讼法解释》第412条规定："第二审期间，自诉案件的当事人提出反诉的，应当告知其另行起诉。"据此，刑事自诉案件的被告人在刑事诉讼活动过程中有权依法提出反诉，但反诉提起的时间必须在一审判决宣告之前。故本题正确答案为B。

20. 答案：D。选项A错误。《刑事诉讼法解释》第401条第1款第7项规定，原判判处的刑罚不当、应当适用附加刑而没有适用的，不得直接加重刑罚、适用附加刑。原判判处的刑罚畸轻，必须依法改判的，应当在第二审判决、裁定生效后，依照审判监督程序重新审判。选项BC错误。《刑事诉讼法解释》第401条第1款第3项规定，原判认定的罪数不当的，可以改变罪数，并调整刑罚，但不得加重决定执行的刑罚或者对刑罚执行产生不利影响。选项D正确。本案中，对赵某的诈骗罪量刑稍微轻了一些，对盗窃罪的量刑稍微重了一些，合并执行时并没有多大影响，且只有赵某提出上诉，根据上诉不加刑原则，法院不能直接改变，那最好的方式就是作出维持判决。

21. 答案：D。《刑事诉讼法》第236条第1款规定，第二审人民法院对不服第一审判决的上诉、抗诉案件，经过审理后，应当按照下列情形分别处理：(1) 原判决认定事实和适用法律正确、量刑适当的，应当裁定驳回上诉或者抗诉，维持原判；(2) 原判决认定事实没有错误，但适用法律有错误，或者量刑不当的，应当改判；(3) 原判决事实不清楚或者证据不足的，可以在查清事实后改判；也可以裁定撤销原判，发回原审人民法院重新审判。根据上述规定，A项属于第(2)种情形，不违反上诉不加刑原则。《刑事诉讼法解释》第401条规定，审理被告人或者其法定代理人、辩护人、近亲属提出上诉的案件，不得对被告人的刑罚作出实质不利的改判，并应当执行下列规定：(1) 同案审理的案件，只有部分被告人上诉的，既不得加重上诉人的刑罚，也不得加重其他同案被告人的刑罚；(2) 原判认定的罪名不当的，可以改变罪名，但不得加重刑罚或者对刑罚执行产生不利影响；(3) 原判认定的罪数不当的，可以改变罪数，并调整刑罚，但不得加重决定执行的刑罚或者对刑罚执行产生不利影响；(4) 原判对被告人宣告缓刑的，不得撤销缓刑或者延长缓刑考验期；(5) 原判没有宣告职业禁止、禁止令的，不得增加宣告；原判宣告职业禁止、禁止令的，不得增加内容、延长期限；(6) 原判对被告人判处死刑缓期执行没有限制减刑、决定终身监禁的，不得限制减刑、决定终身监禁；(7) 原判判处的刑罚不当、应当适用附加刑而没有适用的，不得直接加重刑罚、适用附加刑。原判判处的刑罚畸轻，必须依法改判的，应当在第二审判决、裁定生效后，依照审判监督程序重新审判。人民检察院抗诉或者自诉人上诉的案件，不受前款规定的限制。根据上述规定，BC 项不违反上诉不加刑原则，D 项违反了上述第 3 项规定，符合题意。

22. 答案：D。本题考查的是上级人民检察院认为下级人民检察院抗诉不当的处理方式。根据《刑事诉讼法》第 232 条的规定，地方各级人民检察院对同级人民法院第一审判决、裁定的抗诉，应当通过原审人民法院提出抗诉书，并且将抗诉书抄送上一级人民检察院。原审人民法院应当将抗诉书连同案卷、证据移送上一级人民法院，并且将抗诉书副本送交当事人。上级人民检察院如果认为抗诉不当，可以向同级人民法院撤回抗诉，并且通知下级人民检察院。故本题正确答案为 D。

23. 答案：B。本题考查的是第二审人民法院进行改判的情形。《刑事诉讼法》第 236 条第 1 款规定："第二审人民法院对不服第一审判决的上诉、抗诉案件，经过审理后，应当按照下列情形分别处理：……（二）原判决认定事实没有错误，但适用法律有错误，或者量刑不当的，应当改判；（三）原判决事实不清楚或者证据不足的，可以在查清事实后改判；也可以裁定撤销原判，发回原审人民法院重新审判。"据此，本题正确答案为 B。

24. 答案：B。本题考查刑事诉讼的第二审程序中阅卷与调查相结合的审理方式和程序。《刑事诉讼法》第 234 条规定："第二审人民法院对于下列案件，应当组成合议庭，开庭审理：（一）被告人、自诉人及其法定代理人对第一审认定的事实、证据提出异议，可能影响定罪量刑的上诉案件；（二）被告人被判处死刑的上诉案件；（三）人民检察院抗诉的案件；（四）其他应当开庭审理的案件。第二审人民法院决定不开庭审理的，应当讯问被告人，听取其他当事人、辩护人、诉讼代理人的意见。第二审人民法院开庭审理上诉、抗诉案件，可以到案件发生地或者原审人民法院所在地进行。"阅卷与调查相结合的审理方式就是指经过阅卷，讯问被告人、听取其他当事人、辩护人、诉讼代理人的意见，认定事实清楚的案件，可以不开庭审理。在这种审理方式的程序中，共同犯罪的案件，对没有上诉的被告人也应当进行讯问。

25. 答案：C。二审审理被告人一方上诉的案件中，应当遵守上诉不加刑的原则。对原判决认定事实清楚、证据充分，只是认定的罪名不当的，在不加重原判刑罚的情况下，可以改变罪名。

26. 答案：C。《刑事诉讼法》第 227 条规定：被告人、自诉人和他们的法定代理人，不服地方各级人民法院第一审的判决、裁定，有权用书状或者口头向上一级人民法院上诉。被告人的辩护人和近亲属，经被告人同意，可以提出上诉。附带民事诉讼的当事人和他们的法定代理人，可以对地方各级人民法院第一审的判决、裁定中的附带民事诉讼部分，提出上诉。对被告人的上诉权，不得以任何借口加以剥夺。因此，ABD 正确，三者均为独立的上诉主体。而根据《刑事诉讼法》第 229 条之规定：被害人及其法定代理人不服地方各级人民法院第一审的判决的，自收到判决书后 5 日以内，有权请求人民检察院提出抗诉。人民检察院自收到被害人及其法定代理人的请求后 5 日以内，应当作出是否抗诉的决定并且答复请求人。因此，被害人及其法定代理人不是独立的上诉主体，不能提起上诉，而只能在规定的期限内请求人民检察院提起抗诉。选项 C 表述错误。因此，本题正确的答案是 C。

27. 答案：A。根据《最高人民法院关于规范上下级人民法院审判业务关系的若干意见》第 7 条的规定，第二审人民法院因原审判决事实不清、证据不足将案件发回重审的，原则上只能发回重审一次。据此，选项 A 错误。根据第 6 条的规定，第一审人民法院已经查清事实的案件，第二审人民法院原则上不得以事实不清、证据不足为由发回重审。第二审人民法院作出发回重审裁定时，应当在裁定书中详细阐明发回重审的理由及法律依据。据此，选项 B 正确。根据《刑事诉讼法》的规定，属于裁定撤销原判、发回重审的有两种情形：第一种情形是指《刑事诉讼法》第 236 条规定的情形，即对事实不清楚或者证据不足的第一审判决，除第二审人民法院通过自行调查核实或者通知原审人民法院补充材料即可将事实查清，直接改判外，第二审人民法院一般应裁定撤销原判，发回原审人民法院重新审理。第二种情形是指《刑事诉讼法》第238条的规定，即第二审人民法院发现第一审人民法院的审理有下列违反法律规定的诉讼程序的情形之一的，应当裁定撤销原判，发回原审人民法院重新审判：(1) 违反有关公开审判的规定的；(2) 违反回避制度的；(3) 剥夺或者限制了当事人的法定诉讼权利，可能影响公正审判的；(4) 审判组织的组成不合法的；(5) 其他违反法律规定的诉讼程序，可能影响公正审判的。据此，选项CD正确。本题为选非题，故正确答案为A。

28. 答案：C（原答案为B）。2012年修订后《刑事诉讼法》第257条规定："人民法院决定再审的案件，需要对被告人采取强制措施的，由人民法院依法决定；人民检察院提出抗诉的再审案件，需要对被告人采取强制措施的，由人民检察院依法决定。人民法院按照审判监督程序审判的案件，可以决定中止原判决、裁定的执行。"据此选项C正确。

二、多项选择题

1. 答案：ABCD。本题考查的是提出上诉的方式。根据《刑事诉讼法》第227条第1款的规定，被告人、自诉人和他们的法定代理人，不服地方各级人民法院第一审的判决、裁定，有权用书状或者口头向上一级人民法院上诉。故本题AB项正确。根据《刑事诉讼法》第231条的规定，被告人提出上诉，既可以通过原审人民法院提出，也可以直接向上一级人民法院提出。故本题CD项正确。

2. 答案：AB。本题考查的是第二审人民法院对撤回上诉的处理。《刑事诉讼法解释》第383条第1款规定，上诉人在上诉期限内要求撤回上诉的，人民法院应当准许。故本题A项正确。根据《刑事诉讼法解释》第383条第2款的规定，上诉人在上诉期满后要求撤回上诉的，第二审人民法院经审查，认为原判认定事实和适用法律正确，量刑适当的，应当裁定准许撤回上诉；认为原判确有错误的，应当不予准许，继续按照上诉案件审理。第3款规定："被判处死刑立即执行的被告人提出上诉，在第二审开庭后宣告裁判前申请撤回上诉的，应当不予准许，继续按照上诉案件审理。"故本题B项正确。

3. 答案：BD。本题考查的是被告人在上诉期满之后又撤回上诉时第一审判决生效日期的确定。《刑事诉讼法解释》第386条规定，在上诉、抗诉期满前撤回上诉、抗诉的，第一审判决、裁定在上诉、抗诉期满之日起生效。在上诉、抗诉期满后要求撤回上诉、抗诉，第二审人民法院裁定准许的，第一审判决、裁定应当自第二审裁定书送达上诉人或者抗诉机关之日起生效。故本题正确答案为BD。

4. 答案：ACD。本题考查的是人民法院审理人民检察院抗诉案件的程序。《刑事诉讼法》第235条规定："人民检察院提出抗诉的案件或者第二审人民法院开庭审理的公诉案件，同级人民检察院都应当派员出席法庭。第二审人民法院应当在决定开庭审理后及时通知人民检察院查阅案卷。人民检察院应当在一个月以内查阅完毕。人民检察院查阅案卷的时间不计入审理期限。"故本题AC项正确。根据《刑事诉讼法》第232条的规定，不服人民法院第一审判决的人民检察院是向其上一级人民法院提出抗诉；而根据该法第235条的规定，第二审人民法院审理案件时，派员出庭的是其同级人民检察院，也就是提出抗诉的人民检察院的上一级人民检察院。故本题B项不正确。《刑事诉讼法》第234条第1款规定：对人民检察院抗诉的案件，第二审人民法院应当开庭审理。故本题D项正确。

5. 答案：AB。本题考查的是全面审查原则和上诉不加刑原则。《刑事诉讼法》第233条第2款规定，共同犯罪的案件只有部分被告人上诉的，应当对全案进行审查，一并处理。即二审人民法院审理时实行全面审查原则。故本题A项正确，C项不正确。《刑事诉讼法》第237条规定："第二审人民法院审理被告人或者他的法定代理人、辩护人、近亲属上诉的案件，不得加重被告人的刑罚……人民检察院提出抗诉或者自诉人提出上诉的，不受前款规定的限制。"本题中因人民检察院只对乙的判决提出抗诉，故二审法院不得加重甲、丙的刑罚。故本题B项正确，D项不正确。

6. 答案：ABD。本题考查的是第二审人民法院应当裁定撤销原判，发回原审人民法院重新审判的情形。《刑事诉讼法》第238条规定："第二审人民法院发现第一审人民法院的审理有下列违反法律规定的诉讼程序的情形之一的，应当裁定撤销原判，发回原审人民法院重新审判：(一) 违反本法有关公开审判的规定的；(二) 违反回避制度的；(三) 剥夺或者限制了当事人的法定诉讼权利，可能影响公正审判的；(四) 审判组织的组成不合法的；(五) 其他违反法律规定的诉讼程序，可能影响公正审判的。"故本题ABD项正确。因剥夺或者限制了当事人的法定诉讼权利，需达到可能影响公正审判的程度时，才应当撤销原判，发回重审。故本题C项不正确。

7. **答案**：BD。本题考查二审的处理方式、公开审判原则、简易程序的特点。《刑事诉讼法》第238条规定："第二审人民法院发现第一审人民法院的审理有下列违反法律规定的诉讼程序的情形之一的，应当裁定撤销原判，发回原审人民法院重新审判：（一）违反本法有关公开审判的规定的；（二）违反回避制度的；（三）剥夺或者限制了当事人的法定诉讼权利，可能影响公正审判的；（四）审判组织的组成不合法的；（五）其他违反法律规定的诉讼程序，可能影响公正审判的。"本题的BD分别属于以上（四）（一）两项情形，所以当选。《刑事诉讼法》第219条规定，适用简易程序审理案件，不受本章第一节关于送达期限、讯问被告人、询问证人、鉴定人、出示证据、法庭辩论程序规定的限制。但在判决宣告前应当听取被告人的最后陈述意见。本案适用简易程序，故A项不违反法定程序，不当选。《刑事诉讼法解释》第365条第1款规定："适用简易程序审理案件，可以对庭审作如下简化：（一）公诉人可以摘要宣读起诉书；（二）公诉人、辩护人、审判人员对被告人的讯问、发问可以简化或者省略；（三）对控辩双方无异议的证据，可以仅就证据的名称及所证明的事项作出说明；对控辩双方有异议或者法庭认为有必要调查核实的证据，应当出示，并进行质证；（四）控辩双方对与定罪量刑有关的事实、证据没有异议的，法庭审理可以直接围绕罪名确定和量刑问题进行。"故C项也未违反法定程序，不当选。

8. **答案**：ABCD。本题考查的是未被提起抗诉的共同犯罪人在第二审程序中的权利和义务。《刑事诉讼法解释》第402条规定："人民检察院只对部分被告人的判决提出抗诉，或者自诉人只对部分被告人的判决提出上诉的，第二审人民法院不得对其他同案被告人加重刑罚。"本题属于共同犯罪案件，人民检察院未对共同犯罪人甲提出抗诉，根据上述规定，人民法院在第二审中，不得加重甲的刑罚。故本题A项正确。《刑事诉讼法解释》第392条第2款规定，共同犯罪案件，只有部分被告人提出上诉，或者自诉人只对部分被告人的判决提出上诉，或者人民检察院只对部分被告人的判决提出抗诉的，其他同案被告人也可以委托辩护人辩护。故本题ABCD项正确。

9. **答案**：ABC。本题考查的是第二审的法庭辩论程序。《刑事诉讼法解释》第398条第2项规定："法庭辩论阶段，上诉案件，先由上诉人、辩护人发言，后由检察员、诉讼代理人发言；抗诉案件，先由检察员、诉讼代理人发言，后由被告人、辩护人发言；既有上诉又有抗诉的案件，先由检察员、诉讼代理人发言，后由上诉人、辩护人发言。"据此，本题正确答案为ABC。

10. **答案**：ABC。本题考查的是自诉案件第二审程序。《刑事诉讼法解释》第411条规定，对第二审自诉案件，必要时可以进行调解，当事人也可以自行和解。故本题AB项正确。《刑事诉讼法解释》第330条规定，裁定准许撤诉的自诉案件，被告人被采取强制措施的，人民法院应当立即解除。故本题C项正确。《刑事诉讼法解释》第412条规定，第二审期间，自诉案件的当事人提出反诉的，应当告知其另行起诉。故本题D项不正确。

11. **答案**：AB。本题考查的是享有独立上诉权的人员范围。《刑事诉讼法》第227条第1款规定："被告人、自诉人和他们的法定代理人，不服地方各级人民法院第一审的判决、裁定，有权用书状或者口头向上一级人民法院上诉……"据此，本题正确答案为AB。

12. **答案**：BC。本题考查的是应当另行组成合议庭审理的案件种类。《刑事诉讼法》第239条规定："原审人民法院对于发回重新审判的案件，应当另行组成合议庭，依照第一审程序进行审判……"第256条规定："人民法院按照审判监督程序重新审判的案件，由原审人民法院审理的，应当另行组成合议庭进行……"据此，本题正确答案为BC。

13. **答案**：BCD。本题考查的是刑事上诉程序。《刑事诉讼法解释》第383条第2款规定："上诉人在上诉期满后要求撤回上诉的，第二审人民法院经审查，认为原判认定事实和适用法律正确，量刑适当的，应当裁定准许；认为原判确有错误的，应当不予准许，继续按照上诉案件审理。被判处死刑立即执行的被告人提出上诉，在第二审开庭后宣告裁判前申请撤回上诉的，应当不予准许，继续按照上诉案件审理。"故本题正确答案为BCD。

14. **答案**：ABC。本题考查的是二审不适用上诉不加刑原则的情况。根据《刑事诉讼法》第237条的规定，如果二审程序是由人民检察院抗诉，或者自诉人上诉，或者被告人和自诉人同时上诉引起，则不适用上诉不加刑原则。本题ABC项正确。根据《刑事诉讼法》第227条的规定，被告人的法定代理人可以提出上诉，被告人的近亲属经被告人同意，也可以提出上诉。这些人提出的上诉效果同于被告人提出的上诉，也适用上诉不加刑原则。故本题D项不正确。

15. **答案**：AB。《刑事诉讼法》第237条规定，第二审人民法院审理被告人或者他的法定代理人、辩护人、近亲属上诉的案件，不得加重被告人的刑罚。第二审人民法院审理被告人或者他的法定代理人、辩护人、近亲属上诉的案件，不得加重被告人的刑罚。第二审人民法院发回原审人民法院重新审判的案件，除有新的犯罪事实，人民检察院补充起诉的以外，原审人民法院也不得加重被告人的刑罚。人民检察院提出抗诉或者自诉人提出上诉的，不受前款规定的限制。本题中，自诉人和反诉人均提出了上诉，且不仅对自己的量刑提出了上诉，同时针对对方的量刑提出了上诉。因此，法院在二审审理中不受上诉不加刑的限制，都可以加重。

16. 答案：CD。本题考查的是第二审审理时，同级人民检察院应当派员出庭的案件。《刑事诉讼法》第235条规定："人民检察院提出抗诉的案件或者第二审人民法院开庭审理的公诉案件，同级人民检察院都应当派员出席法庭……"据此，本题正确答案为CD。

17. 答案：ABD。根据《高检规则》第450条规定，人民检察院办理死刑上诉、抗诉案件，应当进行下列工作：（一）讯问原审被告人，听取原审被告人的上诉理由或者辩解；（二）听取辩护人的意见；（三）复核主要证据，必要时询问证人；（四）必要时补充收集证据；（五）对鉴定意见有疑问的，可以重新鉴定或者补充鉴定；（六）根据案件情况，可以听取被害人的意见。

三、不定项选择题

1. 答案：A。《刑事诉讼法解释》第393条第2款规定，被判处死刑的被告人没有上诉，同案的其他被告人上诉的案件，第二审人民法院应当开庭审理。故A项正确。《刑事诉讼法》第235条规定，人民检察院提出抗诉的案件或者第二审人民法院开庭审理的公诉案件，同级人民检察院都应当派员出席法庭。故B项错误。《刑事诉讼法解释》第401条第1款规定，审理被告人或者其法定代理人、辩护人、近亲属提出上诉的案件，不得对被告人的刑罚作出实质不利的改判，并应当执行下列规定：……（7）原判判处的刑罚不当、应当适用附加刑而没有适用的，不得直接加重刑罚、适用附加刑。原判判处的刑罚畸轻，必须依法改判的，应当在第二审判决、裁定生效后，依照审判监督程序重新审判。故CD两项均错误。

2. 答案：BD（司法部答案为D）。本题考查二审的审理程序和上诉不加刑原则。根据《刑事诉讼法》第235条规定，人民检察院提出抗诉的案件或者第二审人民法院开庭审理的公诉案件，同级人民检察院都应当派员出席法庭。第二审人民法院应当在决定开庭审理后及时通知人民检察院查阅案卷。故A项的错误在于不是"受理案件后"而是"决定开庭审理后"。

《刑事诉讼法》第233条第1款规定，第二审人民法院应当就第一审判决认定的事实和适用法律进行全面审查，不受上诉或者抗诉范围的限制。故二审法院不受一审法院审理范围的限制，可以审理并认定一审法院未予认定的1起盗窃事实，故B项正确。

《刑事诉讼法》第237条规定，第二审人民法院审理被告人或者他的法定代理人、辩护人、近亲属上诉的案件，不得加重被告人的刑罚。第二审人民法院发回原审人民法院重新审判的案件，除有新的犯罪事实，人民检察院补充起诉的以外，原审人民法院也不得加重被告人的刑罚。人民检察院提出抗诉或者自诉人提出上诉的，不受前款规定的限制。故C项中加重了被告人的刑期，违反上诉不加刑原则，该项错误。

《刑事诉讼法解释》第392条规定，第二审期间，被告人除自行辩护外，还可以继续委托第一审辩护人或者另行委托辩护人辩护。共同犯罪案件，只有部分被告人提出上诉，或者自诉人只对部分被告人的判决提出上诉，或者人民检察院只对部分被告人的判决提出抗诉的，其他同案被告人也可以委托辩护人辩护。故D项正确。

因此，本题的正确答案为BD两项。

四、名词解释

1. 答案：抗诉是指人民检察院认为原审法院的判决、裁定确有错误，依照法定的程序提请上级人民法院或同级人民法院重新审理的诉讼活动。抗诉是人民检察院行使检察权的一种方式，属于法律监督的性质。我国刑事诉讼中的抗诉有两种：一种是对未生效裁判的抗诉，是指地方各级人民检察院认为本级人民法院的第一审的判决或裁定确有错误的时候，依法在法定期限内提请上一级人民法院重新审判的法律监督行为；另一种是对生效裁判的抗诉。这两种抗诉的权力主体机关、提起的程序、提起的期限、受理的法院和审理的程序都有所不同。

2. 答案：全面审查原则是根据我国刑事诉讼法的规定，第二审程序对第一审法院的裁判进行全面审理的原则。第二审人民法院对案件全面审查，就是不仅要对上诉或者抗诉所提出的内容进行审理，而且要对上诉或者抗诉没有提出而为第一审判决所认定的事实、适用的法律以及审判活动是否遵守了诉讼程序进行审理；对共同犯罪案件，不仅要审理提出上诉的被告人的部分，也要审理未提出上诉的被告人的部分；即使上诉人死亡了，其他被告人并没有上诉，也应当对案件进行全面审理，审理后对已死亡的上诉人不构成犯罪的，应当宣告无罪；审理后认为构成犯罪的，应当宣告终止审理。对其他同案被告人仍应当作出判决或裁定；对附带民事诉讼部分提出上诉的，不仅要审理附带民事诉讼部分，也要审理刑事诉讼部分。全面审查原则表明我国第二审程序实行的是复审，而不是续审和法律审。

3. **答案**：发回重审是指上级法院依照法定程序经过审理后，发现原审判决事实不清楚或者证据不足以及有违反法定诉讼程序情形的，发回原审人民法院重新审判的诉讼活动。在我国刑事诉讼中，第二审人民法院对不服第一审判决的上诉、抗诉案件，经过审理后，如果认为原判决事实不清楚或者证据不足的，可以裁定撤销原判，发回原审人民法院重新审判。第二审人民法院发现第一审人民法院的审理有违反法定诉讼程序情形之一的，应当裁定撤销原判，发回原审人民法院重新审判。对不服第一审裁定的上诉或者抗诉，第二审人民法院如果认为原裁定认定事实不清楚的，应当裁定撤销原裁定，发回原审人民法院重新审判。此外，上级法院在审判监督程序、死刑复核程序的核准程序中均可裁定撤销原判，发回重审。将案件发回原审法院重新审理，是上诉审法院对上诉案件的处理方式之一。

五、简答题

1. **答案**：对不服第一审的裁判，提出上诉、抗诉的案件，第二审人民法院经过审查和审理后，可以作出的判决、裁定及其适用条件如下：原判决认定事实和适用法律正确、量刑适当的，用裁定驳回上诉或者抗诉，维持原判。原判决认定事实没有错误，但适用法律有错误，或者量刑不当的，用判决改判，不得发回重审。改判时应当遵守上诉不加刑的原则。原判决事实不清楚或者证据不足的，可以在查清事实后直接用判决改判；也可以用裁定撤销原判，发回重新审判；如果原判决是《刑事诉讼法》第200条第3项规定的“证据不足……指控的犯罪不能成立的无罪判决”，二审中没有发现新的证据，原审适用法律又正确的，则不应发回重审，而应当用裁定维持原判。对于《刑事诉讼法》第238条列举的下列违反法定程序情形之一的，应当用裁定撤销原判，发回原审法院重新审判：(1) 违反本法有关公开审判的规定的；(2) 违反回避制度的；(3) 剥夺或者限制了当事人的法定诉讼权利，可能影响公正审判的；(4) 审判组织的组成不合法的；(5) 其他违反法律规定的诉讼程序，可能影响公正审判的。以上第1、2、4种情形，只要发生，就必须裁定撤销原判，发回重新审判；第3种和第5种两种情形，只有达到可能影响公正审判的程度时，才撤销原判，发回重新审判。是否达到如此程度，由二审法院裁量认定。对一审裁定的上诉、抗诉案件，二审法院经过审查后，应当参照《刑事诉讼法》第236条和第238条的规定分别处理，但是，无论是维持原裁定，或者是撤销、变更原裁定，都只能使用裁定，而不得使用判决。对第二审自诉案件，必要时可以进行调解，当事人也可以自行和解。调解结案的，应当制作调解书，第一审判决、裁定视为自动撤销；当事人和解的，由人民法院裁定准许撤回自诉，并撤销第一审判决或者裁定。

2. **答案**：(1) 第一审人民法院违反法律程序的后果当然归于无效。因为程序也是一个很重要的问题，如回避是一项重要的诉讼制度，是“自然正义”原则的一项，是刑事诉讼公正进行的制度保证。我们都知道，公正是刑事诉讼追求的基本目标。实行回避可以有效地避免司法人员因与本案有利害关系或其他关系可能产生的弄虚作假、徇私舞弊、故意偏袒等不公正现象，从而使案件能够得到公正的审理。而实行审判公开，把法院的工作量置于广大人民群众的监督之下，一方面，增强了审判人员的责任心，从而带动合议、回避、辩护等其他审判制度的执行，有利于全面的查清案件事实，作出正确判断，防止冤假错案的发生。另一方面，还可以防止索贿受贿的发生。从上面的例子我们可以看出，程序是保证案件得以正确审判的制度保证。如果违反了程序，即使没有判错案，也不会让当事人心悦诚服。而严格按程序办案，起码在制度上可以避免一些错案发生，保证审判的公正。可以这么说，有程序保证不一定都能正确判案，但没有程序保障是一定不能保证正确判案的。

(2) 我国长期以来由于受历史传统的影响，重实体、轻程序一直使程序受不到应有的重视。不仅普通百姓这么认为，就连一些办案人员也这么认为。导致司法审判中大量违反程序事件的发生。《刑事诉讼法》如此规定，维护了程序法的尊严，在一定意义上宣传了程序的重要性，使很多人在观念上重视起程序来。我们知道，刑法规定什么人犯了什么罪应该受到何种处罚，而刑事诉讼法则是规定怎样进行犯罪处理，每一个主体在进行诉讼时都要遵守一定的规则，否则将不能保证公正。这就意味着在诉讼中要公正地对待当事人的冲突，保证每一个主体在没被认为有罪之前都能很好地行使自己的权利，这也是尊重人权的要求。所以我国《刑事诉讼法》如此规定对树立程序的尊严意义重大。

3. **答案**：《刑事诉讼法》第233条规定："第二审人民法院应当就第一审判决认定的事实和适用法律进行全面审查，不受上诉或者抗诉范围的限制。共同犯罪的案件只有部分被告人上诉的，应当对全案进行审查，一并处理。"这就是我国的第二审人民法院全面审查的法定原则。第二审人民法院对案件全面审查，就是不仅要对上诉或者抗诉所提出的内容进行审理，而且要对上诉或者抗诉没有提出而为第一审判决所认定的事实、适用的法律以及审判活动是否遵守了诉讼程序进行审理；对共同犯罪案件，不仅要审理提出上诉的被告人的部分，也要审理未提出上诉的被告人的部分；即使上诉人死亡了，其他被告人并没有上诉，也应当对案件进行全面审理，审理后对已死亡的上诉人不构成犯罪的，应当宣告无罪；审理后认为构成犯罪的，应当宣告终止审理，对其他同案被告人仍应当作出判决或裁定；对附带民事诉讼部分提出上诉的，不仅要审理附带民事诉讼部分，也要审理刑事诉讼部分，以正确确定民事责任。全面审查原则，充分体现了我国刑事诉讼法的实事求是，"以事实为根据，以法律为准绳"的基本原则和对人民高度负责的精神。

4. **答案**：上诉人在法定期限内提出上诉，不论理由是否充分，均应允许。人民检察院只有在有充分的根据认定原判决、裁定"确有错误"时，才能提出抗诉。无论上诉还是抗诉，二审法院都应着重审明上诉或抗诉有无理由。在实践中，作为上诉或抗诉的理由，归纳起来有以下几点：

（1）判决、裁定在认定事实上有错误，或者缺乏确实、充分的证据；

（2）判决、裁定在适用法律、定罪量刑上有错误；

（3）违反诉讼程序，使当事人依法享有的诉讼权利受到侵犯，可能影响判决、裁定的正确性。

上诉人或人民检察院不仅可以在上诉状或抗诉书中提出上诉、抗诉的根据和理由，而且在提出上诉状或抗诉书后，甚至在二审法院审理过程中，仍可作补充阐述或提出新的根据和理由，第二审法院不应限制。

六、论述题

1. **答案**：上诉人的范围，就是指有权提出上诉的人的范围。根据刑事诉讼法规定，自诉人、被告人或者其法定代理人、辩护人、被告人的近亲属，以及附带民事诉讼当事人及其法定代理人都有权提出上诉。当然，这些人诉讼地位不同，其上诉权的权限也不同。

（1）自诉人和被告人是刑事诉讼的当事人，法院的裁判对其有切身的利害关系，法律赋予他们独立的上诉权。他们的法定代理人也有独立的上诉权，不论他们是否同意，其法定代理人的上诉都是合法的。

（2）辩护人和被告人的近亲属，在取得被告人的同意后，有权提出上诉。允许辩护人和被告人的近亲属提起上诉，是让他们帮助被告人行使上诉权。但是否上诉，只能由被告人最后决定。

（3）附带民事诉讼当事人如果就是刑事诉讼当事人，他和他的法定代理人都有权对刑事部分的裁判和附带民事部分的裁判单独或同时提起上诉。否则，只能对附带民事部分提出上诉，无权涉及判决、裁定中的刑事部分，且其上诉也不影响生效刑事裁判的执行。

（4）被害人及其法定代理人不享有上诉权。如果对一审刑事判决不服，可以在收到一审判决5日以内请求检察院提出抗诉。检察院收到该请求5日以内作出是否抗诉的决定，并且答复请求人。被害人及其法定代理人的请求抗诉权，只限于一审判决，对一审裁定不能请求抗诉。

2. **答案**：上诉不加刑原则，就是第二审人民法院审判只有被告人一方提出上诉的案件，不得以任何理由加重被告人的刑罚的审判原则。也就是说，对于被告人或其法定代理人、辩护人、近亲属上诉的案件，二审法院审理改判时，只能适用比原判更为轻的刑罚。

（1）上诉不加刑原则的例外：自诉人上诉或者检察院抗诉的案件；发回原审人民法院重新审判，有新的犯罪事实，人民检察院补充起诉的案件等。

（2）具体运用上诉不加刑原则，还应注意：共同犯罪案件，只有部分被告人上诉的，既不能加重上诉被告人的刑罚，也不能加重其他被告人的刑罚；对被告人实行数罪并罚的，既不能加重决定执行的刑罚，也不能在维持原判决定执行的刑罚不变的情况下，加重数罪中某一罪或者几个罪的刑罚；对被告人判处拘役或者有期徒刑宣告缓刑的，不得撤销原判决宣告的缓刑或者延长缓刑考验期；对事实清楚、证据充分，但判处刑罚畸轻的案件，不能以事实不清或者证据不足发回原审法院重新审理。

（3）上诉不加刑原则的重要意义有：使被告

人解除顾虑，敢于依法行使上诉权，有利于保障被告人充分行使辩护权；有利于维护上诉和两审终审制度，使其真正发挥作用；有利于提高审判工作和检察工作的质量，增强办案人员的责任心。

七、案例分析题

1. 答案：（1）根据《刑事诉讼法解释》第381条和第382条的规定，武某、金某的上诉既可以通过原审人民法院提出，也可以直接向上一级人民法院提出。通过第一审人民法院提出上诉的，第一审人民法院应当审查上诉是否符合法律规定。符合法律规定的，应当在上诉期满后3日以内将上诉状连同案卷、证据移送上一级人民法院，同时将上诉状副本送交同级人民检察院和对方当事人。直接向第二审人民法院提出上诉的，第二审人民法院应当在收到上诉状后3日以内将上诉状交第一审人民法院。第一审人民法院应当审查上诉是否符合法律规定。符合法律规定的，应在收到上诉状后3日以内将上诉状连同案卷、证据移送上一级人民法院，同时将上诉状副本送交同级人民检察院和对方当事人。

（2）《刑事诉讼法解释》第380条规定，上诉、抗诉必须在法定期限内提出。不服判决的上诉、抗诉的期限为十日；不服裁定的上诉、抗诉的期限为五日。上诉、抗诉的期限，从接到判决书、裁定书的第二日起计算。对附带民事判决、裁定的上诉、抗诉期限，应当按照刑事部分的上诉、抗诉期限确定。附带民事部分另行审判的，上诉期限也应当按照刑事诉讼法规定的期限确定。对于本题应当按照刑事部分的上诉期限确定，即不服一审裁定的上诉期限为5日，不服一审判决的上诉期限为10日。

（3）第二审人民法院应当就第一审判决认定的事实和适用法律进行全面审查，不受武某、金某上诉范围的限制。也就是说，既要审查一审判决认定的事实是否正确，证据是否确实、充分，又要审查一审判决适用法律有无错误；既要审查上诉的部分，又要审查没有上诉的部分；既要审查对武某、金某的判决部分，也要审查对黄某、许某的判决部分；既要审查实体问题，又要审查程序问题。

（4）根据《刑事诉讼法》第237条的规定，第二审人民法院审理被告人或者他的法定代理人、辩护人、近亲属上诉的案件，不得加重被告人的刑罚。第二审人民法院发回原审人民法院重新审判的案件，除有新的犯罪事实，人民检察院补充起诉的以外，原审人民法院也不得加重被告人的刑罚。人民检察院提出抗诉或者自诉人提出上诉的，不受前款规定的限制。本案为公诉案件，只有被告人武某提出上诉，人民检察院没有抗诉，因而第二审人民法院审判时，既不能加重上诉人武某的刑罚，也不能加重未上诉的黄某、许某的刑罚。

2. 答案：（1）市人民检察院对县人民法院的第一审判决提出抗诉是错误的。根据《刑事诉讼法》第232条的规定，对人民法院的第一审判决、裁定的抗诉，应当由该人民法院的同级人民检察院提出。故本案中抗诉应当由县人民检察院提出。

（2）抗诉书直接提交到市中级人民法院是错误的。根据《刑事诉讼法》第232条的规定，抗诉书应当通过原审人民法院提出。

（3）第二审人民法院不开庭审理此案错误。根据《刑事诉讼法》第234条的规定，对于人民检察院提出抗诉的案件，第二审人民法院应当开庭审理。

（4）第二审人民法院认为被告人叶某提出上诉而不应当对其加重刑罚是错误的。根据《刑事诉讼法》第237条的规定，人民检察院提出抗诉的案件，不受“上诉不加刑”原则的限制。本案中人民检察院提出了抗诉，故第二审人民法院可以对被告人加重刑罚。

（5）第二审人民法院将案件发回重新审判是错误的。根据《刑事诉讼法》第236条的规定，对于原判决认定事实清楚，证据确实充分，但适用法律有错误，或者量刑不当的，第二审人民法院应当直接改判，而不能发回重新审判。只有原判决事实不清或者证据不足，或者违反了法律规定的诉讼程序的，才可以撤销原判，发回重新审判。本案市中级人民法院认为原审认定事实清楚，证据确实充分，应当直接改判。

（6）县人民法院组织原合议庭成员对发回重新审判的案件进行重新审判是错误的。根据《刑事诉讼法》第239条的规定，原审人民法院对于发回重新审判的案件，应当另行组成合议庭进行审判。

（7）县人民法院规定重新审判后所作的判决为终审判决，不得上诉、抗诉是错误的。根据《刑事诉讼法》第239条的规定，对于发回重新审判的案件，重新审判后的判决可以上诉、抗诉。

3. 答案：（1）人民法院受理被害人的法定代理人的上诉请求，是错误的。《刑事诉讼法》第227条第1款、第2款规定：“被告人、自诉人和他们的法定代理人，不服地方各级人民法院第一审法院判决、裁定，有权用书状或者口头向上一级人民法院上诉。……附带民事诉讼的当事人和他们的法定代理人，可以对地方各级人民法院第一审判决、裁定中的附带民事诉讼部分，提出上诉。”法条中没有规定公诉案件的被害人享有上诉权。《刑事诉讼法》第229条规定：“被害人及其法定代理人不服地方各级人民法院第一审的判决的，自收到判决书后五日以内，有权请求人民检察院提出抗诉……”该条赋予被害人及其法定代理人请求检察院抗诉的权利，但该权利并不是抗诉权或上诉权。在本案中，孙某法定代理人未向人民检察院提请抗诉，而直接上诉至二审法院，是违反法律规定的；而二审法院对被害人法定代理人的请求予以受理，显然也是违法的。

（2）二审法院改判为三年有期徒刑的做法是错误的。由上述分析得知，本案中实际上只有被告人一方上诉。根据《刑事诉讼法》第237条规定：“第二审人民法院审理被告人或者他的法定代理人、辩护人、近亲属上诉的案件，不得加重被告人的刑罚……人民检察院提出抗诉或者自诉人提出上诉的，不受前款规定的限制。”因而本案的二审法院应当遵循“上诉不加刑”的原则。所谓“上诉不得加重被告人刑罚”，是指判决结果不能加重被告人的刑罚，不得改变执行方法使判决不利于被告，不能撤销原判决宣告的缓刑，也不得延长考验期。因而本案中，二审法院取消缓刑的做法是违反法律规定的。

（3）任何二审案件，只要有人民检察院的抗诉或者自诉人的上诉，无论被告人一方是否上诉，均不受“上诉不加刑”原则的限制。

4. 答案：（1）不合法。这种做法违反了“上诉不加刑”原则。根据《刑事诉讼法》第237条的规定，第二审人民法院审理被告人或者他的法定代理人、辩护人、近亲属上诉的案件，不得加重被告人的刑罚。根据《刑事诉讼法解释》第401条第1款第4项的规定，上诉不加刑原则还体现在：原判对被告人宣告缓刑的，不得撤销缓刑或者延长缓刑考验期；故本案中二审法院如将原判缓刑改判为三年有期徒刑，也是违反“上诉不加刑”原则的。

（2）乙县人民法院的做法不正确。根据《刑事诉讼法解释》第542条的规定，罪犯在缓刑、假释考验期限内犯新罪或者被发现在判决宣告前还有其他罪没有判决，应当撤销缓刑、假释的，由审判新罪的人民法院撤销原判决、裁定宣告的缓刑、假释，并书面通知原审人民法院和执行机关。据此，乙县人民法院的正确做法是直接撤销原判宣告的缓刑，并对新罪作出判决，然后根据刑法上数罪并罚的规定，决定执行的刑罚。

5. 答案：（1）第二审法院应当在二审判决中一并改判。

《刑事诉讼法》第236条第1款规定：“第二审人民法院对不服第一审判决的上诉、抗诉案件，经过审理后，应当按照下列情形分别处理：（一）……（二）原判决认定事实没有错误，但适用法律有错误，或者量刑不当的，应当改判；（三）……”《刑事诉讼法解释》第409条规定，第二审人民法院审理对附带民事部分提出上诉，刑事部分已经发生法律效力的案件，发现第一审判决的刑事部分确有错误的，依照审判监督程序对刑事部分进行再审，并将附带民事部分与刑事部分一并审理。本案中，张某和王某分别对刑事部分和民事部分提起了上诉，根据前述规定，第二审法院应当对一审判决的刑事部分和附带民事部分一并直接改判。

（2）第二审法院应当对民事部分按照审判监督程序予以纠正。

一审宣判后，检察院对刑事部分提起了抗诉，本案的附带民事部分没有上诉，上诉期满后，附带民事部分独立生效。根据《刑事诉讼法解释》第407条的规定：“第二审人民法院审理对刑事部分提出上诉、抗诉，附带民事部分已经发生法律效力的案件，发现第一审判决、裁定中的附带民事部分确有错误的，应当依照审判监督程序对附带民事部分予以纠正。”故在本案中，二审法院应当对民事部分按照审判监督程序予以纠正。

（3）第二审法院应当对刑事部分按照审判监督程序进行再审，并将附带民事诉讼部分与刑事部分一并审理。

如果一审宣判后，本案的刑事部分既没有上诉也没有抗诉，王某对本案附带民事部分提起了上诉，上诉期满后，刑事部分独立生效。根据《刑事诉讼法解释》第409条的规定，第二审人民法院审理对附带民事部分提出上诉，刑事部分已经发生法律效力的案件，发现第一审判决的刑事部分确有错误的，依照审判监督程序对刑事部分进行再审，并将附带民事部分与刑事部分一并审理。本案中，二审法院应当对刑事部分按照审判监督程序进行再审，并将附带民事诉讼部分与刑事部分一并审理。

（4）第二审法院可以根据当事人自愿的原则就新增加的诉讼请求或者反诉进行调解，调解不成的，告知当事人另行起诉。

《刑事诉讼法解释》第410条规定：第二审期间，第一审附带民事诉讼原告人增加独立的诉讼请求或者第一审附带民事诉讼被告人提出反诉的，第二审人民法院可以根据自愿、合法的原则进行调解；调解不成的，告知当事人另行起诉。

(5) 人民法院经审查认为不符合提起附带民事诉讼条件规定的，应当裁定驳回起诉。

《刑事诉讼法解释》第186条规定："被害人或者其法定代理人、近亲属提起附带民事诉讼的，人民法院应当在七日内决定是否受理。符合刑事诉讼法第一百零一条以及本解释有关规定的，应当受理；不符合的，裁定不予受理。"因此，如果一审时王某不符合提起附带民事诉讼条件，法院应驳回起诉。

(6) ①调解应当在双方自愿合法的基础上进行，经调解达成协议的，审判人员应当及时制作调解书。调解书经双方当事人签收后即发生法律效力。②调解达成协议并当庭执行完毕的，可以不制作调解书，但应当记入笔录，经双方当事人、审判人员、书记员签名或者盖章即发生法律效力。③经调解无法达成协议或者调解书签收前当事人反悔的，附带民事诉讼应当同刑事诉讼一并判决。

《刑事诉讼法解释》第190条规定："人民法院审理附带民事诉讼案件，可以根据自愿、合法的原则进行调解。经调解达成协议的，应当制作调解书。调解书经双方当事人签收后即具有法律效力。调解达成协议并即时履行完毕的，可以不制作调解书，但应当制作笔录，经双方当事人、审判人员、书记员签名后即发生法律效力。"第191条规定："调解未达成协议或者调解书签收前当事人反悔的，附带民事诉讼应当同刑事诉讼一并判决。"

第二十二章　死刑复核程序

基础知识图解

死刑复核程序
- 死刑立即执行案件的核准权：全部收归最高人民法院，取消对高级人民法院的授权
- 判处死刑立即执行案件的复核
  - 复核庭的组成
    - 必须是合议庭
    - 由各审判员组成
  - 复核的处理
    - 核准的裁定、判决
    - 不予核准的裁定
- 判处死刑缓期2年执行案件的复核程序
  - 判处死刑缓期2年执行案件的报请
  - 判处死刑缓期2年执行案件的复核

配套测试

一、单项选择题

1. 最高人民法院复核死刑案件，高级人民法院复核死刑缓期2年执行的案件，应当(　　)。

A. 由审判员3人组成合议庭进行

B. 由审判员3人组成复核庭进行

C. 由审判员3人至5人组成合议庭进行

D. 由审判员3人至7人组成复核庭进行

2. 甲因抢劫被某中级人民法院判处死刑缓期2年执行。甲在死刑缓期执行期间，如果故意犯罪，且经查证属实，依法应当执行死刑时，下列选项中正确的有(　　)。

A. 由原审人民法院复核

B. 由高级人民法院核准

C. 由最高人民法院复核并核准

D. 由最高人民法院核准

3. 甲因故意杀人被市中级人民法院一审判处死刑缓期2年执行后，被告人甲未上诉，人民检察院也未抗诉。高级人民法院在核准过程中，认为原判决认定事实不清，应当判处被告人死刑立即执行。对此，高级人民法院正确的做法是(　　)。

A. 应当裁定核准死刑缓期2年执行判决

B. 应当决定提审后判处被告人死刑立即执行

C. 应当裁定发回原审法院重新审判，或依法改判

D. 应当改判被告人死刑立即执行

4. 由高级人民法院核准的案件是(　　)。

A. 中级人民法院判处死刑缓期二年执行的案件

B. 中级人民法院判处死刑的第一审案件

C. 判处死刑的第二审案件

D. 死刑案件

5. 死刑复核程序以其独有的特征区别于普通程序，又不同于其他特殊程序，下面对其特殊性的表述中不正确的是(　　)。

A. 审理对象特殊。死刑复核程序只适用于判处死刑的案件，包括判处死刑立即执行的案件和判处死刑缓期两年执行的案件

B. 所处的诉讼阶段特殊。死刑复核程序的进行一般是在死刑判决作出之后，发生法律效力并交付执行之前

C. 核准权具有专属性。依据刑事诉讼法的相关规定，有权进行死刑复核的机关只有最高人民法院和高级人民法院

D. 报请复核的方式特殊。依照法律有关规定，报请复核一般要按照法院的组织系统逐级上报，但在一些特殊情况下，也可以越级报核

6. 甲和乙因故意杀人被中级法院分别判处死刑立即执行和无期徒刑。甲、乙上诉后，高级法院裁定维持原判。关于本案，下列哪一选项是正确的？(　　)(司考 2016.2.39)

A. 高级法院裁定维持原判后，对乙的判决即已生效

B. 高级法院应先复核再报请最高法院核准

C. 最高法院如认为原判决对乙的犯罪事实未查清，可查清后对乙改判并核准甲的死刑

D. 最高法院如认为甲的犯罪事实不清、证据不足，不予核准死刑的，只能使用裁定

7. 高级人民法院审理或者复核判处死刑缓期执行并限制减刑的案件，认为原判对被告人判处死刑缓期执行适当，但判决限制减刑不当的，应当(　　)。

A. 发回重审
B. 依法改判，撤销限制减刑
C. 撤销原判
D. 立即执行

8. 段某因贩卖毒品罪被市中级法院判处死刑立即执行，段某上诉后省高级法院维持了一审判决。最高法院复核后认为，原判认定事实清楚，但量刑过重，依法不应当判处死刑，不予核准，发回省高级法院重新审判。关于省高级法院重新审判，下列哪一选项是正确的？(　　)（司考 2017. 2. 36）

A. 应另行组成合议庭
B. 应由审判员 5 人组成合议庭
C. 应开庭审理
D. 可直接改判死刑缓期 2 年执行，该判决为终审判决

二、多项选择题

1. 报请最高人民法院核准在法定刑以下判处刑罚的案件，应当如何处理？(　　)

A. 上诉或者抗诉无理的，应当裁定驳回上诉或者抗诉，维持原判，并按照规定的程序逐级报请最高人民法院核准
B. 上诉或者抗诉有理的，应当依法改判
C. 被告人不提出上诉、人民检察院不提出抗诉的，在上诉、抗诉期满后 10 日内报请上一级人民法院复核。上一级人民法院同意原判的，应当逐级报请最高人民法院核准；上一级人民法院不同意原判的，应当裁定发回重新审判或者改变管辖，按照第一审程序重新审理
D. 被告人提出上诉或者人民检察院提出抗诉的案件，应当按照第二审程序审理

2. 下列关于死刑复核程序与第二审程序的选项中，正确的有(　　)。

A. 有死刑核准权的法院认为原判决认定事实有错误的，应当裁定撤销原判，发回重审
B. 第二审法院认为原判决认定事实有错误的，应当裁定撤销原判，发回重审
C. 有死刑核准权的法院认为原判决认定事实有错误的，可以查清事实后改判
D. 第二审法院认为原判决认定事实确有错误的，可以查清事实后改判

3. 高级人民法院对中级人民法院报请核准死刑缓期 2 年执行的第一审案件，如果被告人不上诉，检察院不抗诉的，可以作出下列哪些处理？(　　)

A. 同意判处死刑缓期 2 年执行的，裁定予以核准
B. 认为原判量刑过重的，对被告人的量刑依法改判
C. 认为原判量刑过轻的，对被告人的量刑依法改判
D. 认为原判事实不清、证据不足的，裁定发回原一审法院重新审判

4. 最高人民法院复核死刑案件时，裁定不予核准，发回重审的案件，应当如何处理？(　　)（司考 2007. 2. 74）

A. 既可以发回二审法院重新审判，也可以发回一审法院重新审判
B. 发回二审法院重新审判的案件，除法律另有规定外，二审法院可以不经开庭直接改判
C. 发回一审法院重新审判的案件，一审法院应当开庭审理
D. 最高人民法院复核后认为原判认定事实正确，但依法不应当判处死刑的，裁定不予核准，并撤销原判，发回重新审判的案件，重新审判的法院应当另行组成合议庭进行审理

5. 对以杀人罪判处死刑立即执行案件复核后，可以用判决直接改判的条件有(　　)。

A. 原判事实不清
B. 证据不足
C. 原判认定事实无误，只是适用法律有误
D. 原判认定事实无误，但量刑不当

6.《刑事诉讼法》规定，下级法院接到最高法院执行死刑的命令后，发现有关情形时，应当停止执行，并且立即报告最高法院，由最高法院作出裁定。下列哪些情形应当适用该规定？(　　)

A. 发现关键定罪证据可能是刑讯逼供所得
B. 判决书认定的年龄错误，实际年龄未满 18 周岁
C. 提供一重大银行抢劫案线索，经查证属实
D. 罪犯正在怀孕

7. 2004 年 1 月，李某因爆炸罪被河南省高级人民法院判处死刑，李某对判决表示服从不再上诉，河南省高级人民法院于是将本案提交最高人民法院进行死刑复核。下列有关死刑复核程序的陈述中正确的是(　　)。

A. 死刑复核程序是死刑案件的终审程序。一般刑事案件经过第一审、第二审程序以后，判决即发生法律效力，二审死刑案件还要经过死刑复核程序
B. 死刑复核程序在程序启动上具有自动性。第一

审程序和第二审程序的启动都遵守不告不理的原则，而死刑复核程序的启动既不需要检察机关提起公诉或者抗诉，也不需要当事人提起自诉或上诉

C. 死刑复核程序的任务在于，由享有复核权的人民法院对下级法院报请复核的死刑判决、裁决，在认定事实和适用法律上是否正确进行全面审查，依法作出是否核准死刑的决定

D. 所处的诉讼阶段特殊。死刑复核程序的进行一般是在死刑判决作出之后，发生法律效力并交付执行之前

三、不定项选择题

1. 何元（化名）因贪污罪被某中级人民法院一审判处死刑。请回答下列问题：

（1）如果一审判决后被告人何元不上诉、人民检察院不抗诉，下列选项中正确的有(　　)。

A. 一审法院应当在上诉、抗诉期满后 5 日内报请高级人民法院复核

B. 高级人民法院同意判处死刑的，应当依法作出裁定后，报请最高人民法院核准

C. 一审法院应当在上诉、抗诉期满后 3 日内报请高级人民法院复核

D. 高级人民法院不同意判处死刑的，应当提审或者发回中级人民法院重新审判

（2）报请复核死刑时须报送的材料应当包括(　　)。

A. 报请复核的报告

B. 死刑案件综合报告和判决书各 5 份

C. 全部的诉讼案卷

D. 全部的证据

（3）若一审判决后被告人何元提出上诉或者人民检察院提出抗诉，下列选项中正确的有(　　)。

A. 高级人民法院二审改判死缓的，报请最高人民法院核准

B. 高级人民法院二审裁定维持死刑判决的，报请最高人民法院核准

C. 高级人民法院二审改判死缓的判决，是终审的判决

D. 高级人民法院二审改判死缓的，高级人民法院自行核准

（4）本案中，经最高人民法院复核，对何元一案可以作出的裁判有(　　)。

A. 原审判决认定事实和适用法律正确、量刑适当诉讼程序合法的，裁定予以核准

B. 原审判决认定事实错误或者证据不足的，裁定不予核准，并撤销原判，发回重审

C. 原审判决认定的事实正确，但适用法律有错误，或者量刑不当，不同意判处死刑的，裁定不予核准，并撤销原判，发回重审

D. 发现第一审人民法院或者第二审人民法院违反法律规定的诉讼程序，可能影响正确判决的，应当裁定不予核准并撤销原判，发回第一审人民法院或者第二审人民法院重新审判

2. 鲁某与关某涉嫌贩卖冰毒 500 余克，B 省 A 市中级法院开庭审理后，以鲁某犯贩卖毒品罪，判处死刑立即执行，关某犯贩卖毒品罪，判处死刑缓期二年执行。一审宣判后，关某以量刑过重为由向 B 省高级法院提起上诉，鲁某未上诉，检察院也未提起抗诉。

如 B 省高级法院审理后认为，一审判决认定事实和适用法律正确、量刑适当，裁定驳回关某的上诉，维持原判，则对本案进行死刑复核的正确程序是：(　　)（司考 2015. 2. 96）

A. 对关某的死刑缓期二年执行判决，B 省高级法院不再另行复核

B. 最高法院复核鲁某的死刑立即执行判决，应由审判员三人组成合议庭进行

C. 如鲁某在死刑复核阶段委托律师担任辩护人的，死刑复核合议庭应在办公场所当面听取律师意见

D. 最高法院裁定不予核准鲁某死刑的，可发回 A 市中级法院或 B 省高级法院重新审理

四、名词解释

1. 死刑核准权

2. 刑事诉讼中的阅卷

五、简答题

简述判处死刑缓期执行案件的复核程序。

六、论述题

1. 试论述死刑复核程序的特点。

2. 试论对判处死刑立即执行案件的复核及其程序。

七、案例分析题

1. 被告人洪某，男，51 岁；被告人陈某，男，46 岁。上述两被告人因大量虚开增值税专用发票骗取国家巨额税款而被提起公诉。某中级人民法院经过开庭审理，判处被告人洪某死刑，判处陈某无期徒刑。一审宣判后，两被告人没有上诉，人民检察院也没有抗诉。根据案件案情，请回答下列问题：

（1）本案应当由哪个人民法院核准洪某的死刑，应当遵从怎样的程序？

(2) 人民法院在复核洪某死刑时，如果发现对陈某的判决有错误时，应当如何处理？

(3) 核准死刑的人民法院在对洪某的死刑复核后，应当如何处理？

2. 某市中级人民法院第一审以强奸罪判处被告人梁某死刑，以受贿罪判处被告人梁某死刑，合并执行死刑；以强奸罪判处同案被告人马某死刑缓期2年执行。第一审宣判后，被告人梁某和马某都没有上诉，人民检察院也没有提起抗诉。问：对于本案，死刑复核程序应如何进行？

参考答案

一、单项选择题

1. 答案：A。本题考查的是死刑复核程序的审判组织。《刑事诉讼法》第249条规定，最高人民法院复核死刑案件，高级人民法院复核死刑缓期执行的案件，应当由审判员3人组成合议庭进行。据此，本题正确答案为A。

2. 答案：C。本题考查的是死刑复核的核准机关。《刑事诉讼法解释》第497条规定，被判处死刑缓期执行的罪犯，在死刑缓期执行期间故意犯罪的，应当由罪犯服刑地的中级人民法院依法审判，所作的判决可以上诉、抗诉。认定构成故意犯罪的判决、裁定发生法律效力后，应当层报最高人民法院核准执行死刑。因此，本题选C。

3. 答案：C。本题考查的是死刑复核中的处理方式。《刑事诉讼法解释》第428条规定："高级人民法院复核死刑缓期执行案件，应当按照下列情形分别处理：……（四）原判事实不清、证据不足的，可以裁定不予核准，并撤销原判，发回重新审判，或者依法改判……"据此，本题正确答案为C。

4. 答案：A。本题考查的是由高级人民法院核准的案件。《刑事诉讼法》第248条规定："中级人民法院判处死刑缓期二年执行的案件，由高级人民法院核准。"据此，本题正确答案为A。

5. 答案：D。本题考查刑事诉讼中死刑复核程序的特殊性。死刑复核程序是人民法院对判处死刑的案件进行复查核准所遵循的一种特别审判程序，是我国慎用死刑的一种具体制度表现。死刑复核程序的特殊性表现在审理对象特殊、程序性质特殊、所处的诉讼阶段特殊、核准权的特殊、程序启动上特殊以及报请复核的方式特殊。依照法律有关规定，报请复核一般要按照法院的组织系统逐级上报，不得越级报核。

6. 答案：D。本题考查死刑复核程序、两审终审制。《刑事诉讼法》第259条第2款规定："下列判决和裁定是发生法律效力的判决和裁定：（一）已过法定期限没有上诉、抗诉的判决和裁定；（二）终审的判决和裁定；（三）最高人民法院核准的死刑的判决和高级人民法院核准的死刑缓期二年执行的判决。"据此，对于死刑立即执行的案件，高级法院裁定维持原判，并非意味着判决生效。故A项错误。《刑事诉讼法解释》第423条第1款第2项规定，中级人民法院判处死刑的第一审案件，被告人上诉或者人民检察院抗诉，高级人民法院裁定维持的，应当在作出裁定后十日内报请最高人民法院核准。故B项错误。《刑事诉讼法解释》第429条规定："最高人民法院复核死刑案件，应当按照下列情形分别处理：（一）原判认定事实和适用法律正确、量刑适当、诉讼程序合法的，应当裁定核准；（二）原判认定的某一具体事实或者引用的法律条款等存在瑕疵，但判处被告人死刑并无不当的，可以在纠正后作出核准的判决、裁定；（三）原判事实不清、证据不足的，应当裁定不予核准，并撤销原判，发回重新审判；（四）复核期间出现新的影响定罪量刑的事实、证据的，应当裁定不予核准，并撤销原判，发回重新审判；（五）原判认定事实正确、证据充分，但依法不应当判处死刑的，应当裁定不予核准，并撤销原判，发回重新审判；根据案件情况，必要时，也可以依法改判；（六）原审违反法定诉讼程序，可能影响公正审判的，应当裁定不予核准，并撤销原判，发回重新审判。"故C项错误，D项正确。

7. 答案：B。根据《最高人民法院关于死刑缓期执行限制减刑案件审理程序若干问题的规定》第3条规定："高级人民法院审理或者复核判处死刑缓期执行并限制减刑的案件，认为原判对被告人判处死刑缓期执行适当，但判决限制减刑不当的，应当改判，撤销限制减刑。"可知，答案选B。

8. 答案：D。本题考查死刑复核程序。依据《刑事诉讼法解释》第432条的规定，最高人民法院裁定不予核准死刑，发回重新审判的案件，原审人民法院应当另行组成合议庭审理，但本解释第429条第4项、第5项规定的案件除外。依据《刑事诉讼法解释》第429条的规定："最高人民法院复核死刑案件，应当按照下列情形分别处理：（一）原判认定事实和适用法律正确、量刑适当、诉讼程序合法的，应当裁定核准；（二）原判认定的某一具体事实或者引用的法律条款等存在瑕疵，但判处被告人死刑并无不当的，可以在纠正后作出核准的判决、裁定；（三）原判事实不清、证据不足的，应当裁定不予核准，并撤销原判，发回重新审判；（四）复核期间出现新的影响定罪量刑的事实、证据的，应当裁定不予核准，并撤销原判，发回重新审判；（五）原判认定事实正确、证据充分，但依法不应当判处死刑的，应当裁定不予核准，并撤销原判，发回重新审判；根据案件情况，必要时，也可以依法改判；（六）原审违反法定诉讼程序，可能影响公正审判的，应当裁定不予核准，并撤销原判，发回重新审判。”本题中，最高法院是以“事实清楚，但量刑过重，依法不应当判处死刑”为由发回高级法院重审，不属于应当另行组成合议庭审理的情形。故A项错误。高级法院是第二审法院，最高法院若发回高级法院重审，高级法院将按照第二审重新审理，作出的判决为终审判决。故D项正确。《刑事诉讼法》第183条第4款规定，人民法院审判上诉和抗诉案件，由审判员3人或者5人组成合议庭进行。也就是说，第二审的合议庭由审判员3人至5人组成。故B项表述过于绝对，B项错误。依据《刑事诉讼法解释》第430条的规定，最高人民法院裁定不予核准死刑的，根据案件情况，可以发回第二审人民法院或者第一审人民法院重新审判。第一审人民法院重新审判的，应当开庭审理。第二审人民法院重新审判的，可以直接改判；必须通过开庭查清事实、核实证据或者纠正原审程序违法的，应当开庭审理。本题中，最高法院是以“事实清楚，但量刑过重，依法不应当判处死刑”为由发回高级法院即第二审法院重审的，所以，高级法院重审时不属于应当开庭审理的情形。故C项错误。本题的正确答案为D项。

二、多项选择题

1. **答案**：ABCD。本题考查的是报请最高人民法院核准在法定刑以下判处刑罚的案件的处理方式。《刑事诉讼法解释》第414条规定：“报请最高人民法院核准在法定刑以下判处刑罚的案件，应当按照下列情形分别处理：（一）被告人未上诉、人民检察院未抗诉的，在上诉、抗诉期满后三日以内报请上一级人民法院复核。上级人民法院同意原判的，应当书面层报最高人民法院核准；不同意的，应当裁定发回重新审判，或者按照第二审程序提审；（二）被告人上诉或者人民检察院抗诉的，上一级人民法院维持原判，或者改判后仍在法定刑以下判处刑罚的，应当依照前项规定层报最高人民法院核准。”故本题正确答案为ABCD。
2. **答案**：AD。本题考查的是死刑复核程序与第二审程序比较。根据《刑事诉讼法解释》第429条第3项的规定，原判事实不清、证据不足的，应当裁定不予核准，并撤销原判，发回重新审判。故本题A项正确，C项不正确。根据《刑事诉讼法》第236条的规定，第二审法院认为原判决认定事实确有错误的，既可以改判，也可以裁定撤销原判，发回重审，而非“应当”。故本题B项不正确，D项正确。
3. **答案**：ABD。本题考查的是死刑复核程序。《刑事诉讼法解释》第428条第1款规定：“高级人民法院复核死刑缓期执行案件，应当按照下列情形分别处理：（一）原判认定事实和适用法律正确、量刑适当、诉讼程序合法的，应当裁定核准；（二）原判认定的某一具体事实或者引用的法律条款等存在瑕疵，但判处被告人死刑缓期执行并无不当的，可以在纠正后作出核准的判决、裁定；（三）原判认定事实正确，但适用法律有错误，或者量刑过重的，应当改判；（四）原判事实不清、证据不足的，可以裁定不予核准，并撤销原判，发回重新审判，或者依法改判；（五）复核期间出现新的影响定罪量刑的事实、证据的，可以裁定不予核准，并撤销原判，发回重新审判，或者依照本解释第二百七十一条规定审理后依法改判；（六）原审违反法定诉讼程序，可能影响公正审判的，应当裁定不予核准，并撤销原判，发回重新审判。”第2款规定，高级人民法院复核死刑缓期执行案件，不得加重被告人的刑罚。故本题ABD项正确，C项不正确。
4. **答案**：ABC。根据《刑事诉讼法解释》第430条规定：“最高人民法院裁定不予核准死刑的，根据案件情况，可以发回第二审人民法院或者第一审人民法院重新审判……第一审人民法院重新审判的，应当开庭审理。第二审人民法院重新审判的，可以直接改判；必须通过开庭查清事实、核实证据或者纠正原审程序违法的，应当开庭审理。”可知，ABC正确。第432条规定：“最高人民法院裁定不予核准死刑，发回重新审判的案件，原审人民法院应当另行组成合议庭审理，但本解释第四百二十九条第四项、第五项规定的案件除外。”由此可以推知，对于最高人民法院复核后认为原判认定事实正确，但依法不应当判处死刑的，不属于应当另行组成合议庭进行审理的情形。D 项错误。综上，本题正确答案为 ABC。

5. 答案：CD。本题考查的是死刑复核程序中可以用判决直接改判的情况。《刑事诉讼法解释》第 429 条规定："最高人民法院复核死刑案件，应当按照下列情形分别处理：（一）原判认定事实和适用法律正确、量刑适当、诉讼程序合法的，应当裁定核准；（二）原判认定的某一具体事实或者引用的法律条款等存在瑕疵，但判处被告人死刑并无不当的，可以在纠正后作出核准的判决、裁定；（三）原判事实不清、证据不足的，应当裁定不予核准，并撤销原判，发回重新审判。（四）复核期间出现新的影响定罪量刑的事实、证据的，应当裁定不予核准，并撤销原判，发回重新审判；（五）原判认定事实正确、证据充分，但依法不应当判处死刑的，应当裁定不予核准，并撤销原判，发回重新审判；根据案件情况，必要时，也可以依法改判；（六）原审违反法定诉讼程序，可能影响公正审判的，应当裁定不予核准，并撤销原判，发回重新审判。"据此，本题正确答案为 CD。

6. 答案：ABCD。《刑事诉讼法》第 262 条第 1 款规定："下级人民法院接到最高人民法院执行死刑的命令后，应当在七日内交付执行。但是发现有下列情形之一的，应当停止执行，并且立即报告最高人民法院，由最高人民法院作出裁定：（一）在执行前发现判决可能有错误的；（二）在执行前罪犯揭发重大犯罪事实或者有其他重大立功表现，可能需要改判的；（三）罪犯正在怀孕。"本题中，A 项发现关键定罪证据可能是刑讯逼供所得，可能影响该案的事实认定，属于情形（一）；B 项判决书认定的年龄错误，实际年龄未满 18 周岁，由于《刑法》第 49 条规定"犯罪的时候不满十八周岁的人和审判的时候怀孕的妇女，不适用死刑"，因而属于情形（一）；C 项属于情形（二）；D 项属于情形（三）。因此，本题正确答案为 ABCD。

7. 答案：ABCD。本题考查刑事诉讼中死刑复核程序的特殊性。根据《刑事诉讼法》的相关规定以及刑事诉讼法的理论，题目中的四项陈述都是正确的。

三、不定项选择题

1. 答案：（1）BD。本小题考查的是特定案件死刑判决的复核程序。何元因贪污罪被判死刑，属应报请最高人民法院核准的死刑案件。根据《刑事诉讼法解释》第 423 条第 1 款第 1 项的规定，中级人民法院判处死刑的第一审案件，被告人未上诉、人民检察院未抗诉的，在上诉、抗诉期满后十日内报请高级人民法院复核。高级人民法院同意判处死刑的，应当在作出裁定后十日内报请最高人民法院核准；认为原判认定的某一具体事实或者引用的法律条款等存在瑕疵，但判处被告人死刑并无不当的，可以在纠正后作出核准的判决、裁定；不同意判处死刑的，应当依照第二审程序提审或者发回重新审判。故本题正确答案为 BD。

（2）ABCD。本小题考查的是报请复核死刑应当报送的材料。《刑事诉讼法解释》第 425 条第 1 款、第 2 款规定，报请复核的死刑、死刑缓期执行案件，应当一案一报。报送的材料包括报请复核的报告，第一、二审裁判文书，死刑案件综合报告各五份以及全部案卷、证据。案件综合报告，第一、二审裁判文书和审理报告应当附送电子文本。同案审理的案件应当报送全案案卷、证据。故本题正确答案为全选。

（3）BC。本小题考查的是死刑案件上诉或抗诉时的复核程序。《刑事诉讼法》第 246 条规定："死刑由最高人民法院核准。"《刑事诉讼法》第 248 条规定："中级人民法院判处死刑缓期二年执行的案件，由高级人民法院核准。"《刑法》第 48 条第 2 款规定："死刑除依法由最高人民法院判决的以外，都应报请最高人民法院核准。死刑缓期执行的，可以由高级人民法院判决或者核准。"据此，需要核准的案件有两类：除最高人民法院判决的以外的死刑立即执行案件，由最高人民法院核准；中级人民法院判决的死刑缓期二年执行案件，由高级人民法院核准。高级人民法院二审改判死刑缓期二年执行的案件，属于"高级人民法院判决的死刑缓期执行"案件，不属于上述应当核准的案件范围。故本题 AD 项不正确。《刑事诉讼法解释》第 423 条第 1 款第 2 项的规定，中级人民法院判处死刑的第一审案件，被告人提出上诉或者人民检察院提出抗诉，高级人民法院裁定维持的，应当在作出裁定后十日内报请最高人民法院核准。故本题 B 项正确。《刑事诉讼法》第 10 条规定，人民法院审判案件，实行两审终审制，二审判决是终审的判决。故本题 C 项正确。

（4）ABCD。本小题考查的是最高人民法院复核死刑可以作出的裁判种类。《刑事诉讼法解释》第 429 条规定："最高人民法院复核死刑案件，应当按照下列情形分别处理：（一）原判认定事实和适用法律正确、量刑适当、诉讼程序合法的，应当裁定核准；（二）原判认定的某一具体事实或者引用的法律条款等存在瑕疵，但判处被告人死刑并无不当的，可以在纠正后作出核准的判决、裁定；（三）原判事实不清、证据不足的，应当裁定不予核准，并撤销原判，发回重新审判；（四）复核期间出现新的影响定罪量刑的事实、证据的，应当裁定不予核准，并撤销原判，发回重新审判；（五）原判认定事实正确、证据充分，但依法不应当判处死刑的，应当裁定不予核准，并撤销原判，发回重新审判；根据案件情况，必要时，也可以依法改判；（六）原审违反法定诉讼程序，可能影响公正审判的，应当裁定不予核准，并撤销原判，发回重新审判。”按照以上规定，最高人民法院复核死刑案件可以作出核准、发回重审两种裁判结果。故本题正确答案为 ABCD。

2. **答案**：ABD。《刑事诉讼法》第 248 条规定，中级人民法院判处死刑缓期二年执行的案件，由高级人民法院核准。实践中，高级人民法院对中级人民法院判决的死缓在二审维持后，会在二审的裁定书上注明该裁定也是核准死缓的裁定。故 A 项正确。《刑事诉讼法》第 249 条规定，最高人民法院复核死刑案件，高级人民法院复核死刑缓期执行的案件，应当由审判员三人组成合议庭进行。故 B 项正确。《刑事诉讼法》第 251 条第 1 款规定，最高人民法院复核死刑案件，应当讯问被告人，辩护律师提出要求的，应当听取辩护律师的意见。《刑事诉讼法解释》第 434 条规定，死刑复核期间，辩护律师要求当面反映意见的，最高人民法院有关合议庭应当在办公场所听取其意见，并制作笔录；辩护律师提出书面意见的，应当附卷。故 C 项不正确。《刑事诉讼法解释》第 430 条第 1 款规定，最高人民法院裁定不予核准死刑的，根据案件情况，可以发回第二审人民法院或者第一审人民法院重新审判。故 D 项正确。

四、名词解释

1. **答案**：死刑核准权是指对死刑（含死缓）判决、裁定由哪一审判机关进行复核与批准的权限。死刑核准权是死刑复核程序中的核心问题。根据有关规定，判处死刑立即执行案件的核准权由最高人民法院行使，判处死刑缓期两年执行案件的核准权由高级人民法院行使。

2. **答案**：阅卷是重要的复核方式，通过全面审查案卷，可以发现原判认定犯罪事实是否清楚，证据是否确实、充分，定性是否准确，法律手续是否完备，对被告人判处死刑（死缓）是否正确，以便结合提审被告人对案件作出正确的处理。阅卷的内容一般包括：(1) 被告人的年龄，有无刑事责任，是否正在怀孕的妇女。(2) 原判认定的主要事实是否清楚，证据是否确实、充分。(3) 犯罪情节、后果及危害程度。(4) 原判决适用法律是否正确，是否必须判处死刑，是否必须执行。(5) 有无法定、酌定从轻或减轻处罚的情节。(6) 诉讼程序是否合法。(7) 其他应当审查的情况。

五、简答题

答案：复核死缓案件的程序一般由报请复核和复核两个阶段组成。

(1) 报请复核：中级人民法院判处死刑缓期二年执行的第一审案件可以分为两种情况：一是被告人不上诉，人民检察院不抗诉的，在上诉期满后，应当报送高级人民法院核准。高级人民法院同意判处死刑缓期二年执行的，作出予以核准的裁定；认为原判较重，不同意判处死刑缓期二年执行的，应当改判；如果认为原判事实不清，证据不足，可以裁定不予核准并撤销原判，发回重审或者依法改判。对于重新审判的判决，可以上诉、抗诉。高级人民法院复核死刑缓期执行案件，不得加重被告人的刑罚。二是被告人提出上诉，或者人民检察院提出抗诉的，高级人民法院应当按照第二审程序予以处理。高级人民法院第二审同意判处死刑缓期二年执行的，作出维持原判的裁定，即此裁定为对该死缓判决核准的终审裁定；不同意判处死刑缓期二年执行的，直接改判或者发回重新审判。

中级人民法院判处死刑的第一审案件，高级人民法院第二审或者复核提审后所作的改判为死刑缓期二年执行的判决，即为终审判决。

此外，中级人民法院在报送案件时，应该写出报请复核的报告、死缓案件综合报告，连同各种诉讼文书及全部证据等案卷材料，一并送交高级人民法院，也要坚持一案一报原则，不能多案一报。对于某些共同犯罪案件，有的被告人被判处死缓，有的被告人被判处无期徒刑或其他刑罚（不包括死刑立即执行），在报请复核时，应将全案卷宗材料、全部证据一并上报，不得有所保留。

(2) 复核：高级人民法院在复核死缓案件时，应当由审判员 3 人组成合议庭进行，对死缓案件全面审查。复核的基本内容、方式方法与复核死刑立即执行案件基本相同。需要特别注意的是：高级人民法院复核或者核准死缓案件，必须提审被告人。

(3) 复核后对案件的处理：高级人民法院对死缓案件复核后，应当分别情况，对案件作出以下处理：①对于认定事实清楚，证据确实、充分，适用法律正确，判处死缓适当的判决，用裁定予以核准。②对于认定事实不清，或者证据不确实、不充分的判决，用裁定予以撤销，发回原审人民法院重新审判。③对于认定事实清楚，证据确实、充分，但适用法律有错误的，或者量刑畸重的判决，应当用判决直接改判；如果认为必须判处死刑立即执行的，为了保障被告人的上诉权，一般应当用裁定撤销原判，发回原审人民法院按第一审程序重新审判，或者由高级人民法院改变案件的管辖，作为第一审进行审判。

六、论述题

1. **答案**：死刑复核程序是指人民法院对判处死刑的案件进行复审核所遵循的特别程序。死刑复核程序是我国刑事诉讼法规定的一项特别程序，具有很多特点，主要表现在：(1) 适用对象单一，即该程序只适用于判处死刑的案件，包括判处死刑立即执行和判处死刑缓期二年执行的案件，而不适用于其他案件；(2) 诉讼程序特定，即死刑案件除了经过一审程序、二审程序之外，还必须经过死刑复核程序（最高人民法院判决的除外）核准的死刑判决才能生效交付执行；(3) 程序的启动不附任何条件。不像第一审程序、第二审程序那样，死刑复核程序是人民法院逐级上报复核，无须附加任何条件。(4) 死刑复核权由法院行使，只有最高人民法院、高级人民法院对死刑（死缓）案件有核准权。

虽然死刑复核程序具有诸多特殊性，但是，这并不意味着对死刑案件实行三审终审制，也不是两审终审制的例外情形，而是在人民法院内部实行的一种对死刑案件的特别监督程序。死刑复核程序体现了我国严格控制死刑的适用，少杀、慎杀的政策。

2. **答案**：《刑事诉讼法》第247条规定："中级人民法院判处死刑的第一审案件，被告人不上诉的，应当由高级人民法院复核后，报请最高人民法院核准，高级人民法院不同意判处死刑的，可以提审或发回重新审判。高级人民法院判处死刑的第一审案件被告人不上诉的，和判处死刑的第二审案件，都应当报请最高人民法院核准。"死刑立即执行案件报请复核的程序是：(1) 中级人民法院报请复核。中级人民法院判处死刑的第一审案件，被告人不上诉，检察院不抗诉的，上诉、抗诉期满后，应当将呈请复核的报告、死刑案件综合报告，以及全部案卷和证据，报送高级法院复核；(2) 高级人民法院报请复核。高级人民法院报请复核时，必须报送全部诉讼案卷、证据和死刑案件综合报告。被告人犯数罪，对两个以上的罪判处死刑立即执行，如果其中有一罪的死刑应报最高法院核准，就应将全案报请最高法院核准；此外，中级人民法院和高级人民法院报请复核时，均须一案一报，对于共同犯罪的案件，应当报送全案的诉讼案卷和证据。

根据《刑事诉讼法》第249条规定有核准权的法院，对报请复核死刑立即执行的案件，应当由审判员3人组成合议庭进行复核。复核时，进行"阅卷"必须注意审查被告人的年龄、有无责任能力和是否是正在怀孕的妇女等情况，以确定能否依法适用死刑；审查判决、裁定认定犯罪事实是否清楚，证据是否确实、充分；审查犯罪情节和危害程度，是否必须判处死刑，是否必须立即执行；审查适用法律是否正确、是否必须判处死刑，是否必须立即执行。另外，还应审查有无法定、酌定从轻或减轻处罚的情节，诉讼程序是否合法以及其他应当审查的情况。复核一般都是采取阅卷、全面审查案件材料和证据及作必要的调查核实等方式、方法进行。另外，高级人民法院还必须依法提审被告人。

七、案例分析题

1. **答案**：(1) 对洪某的死刑应当由最高人民法院核准。具体程序如下：法院作出一审判决后，由于被告人不上诉，人民检察院不抗诉，市中级人民法院应当在上诉、抗诉期满后3日内报请高级人民法院复核。高级人民法院同意判处死刑的，应当依法作出裁定，报请最高人民法院核准；不同意判处死刑的，应当提审或者发回重新审判。又因为是共同犯罪的案件，所以，尽管陈某未被判处死刑，也应当向高级人民法院报送全案的诉讼案卷和证据。高级人民法院在复核时，必须讯问被告人。

(2) 在上级人民法院对洪某复核死刑期间，如果发现对陈某的判决有错误时，根据《刑事诉讼法解释》第423条的规定，可以依照第二审程序提审或发回重新审判。

(3) 根据《刑事诉讼法解释》第429条第1项的规定，原判认定事实和适用法律正确、量刑适当、诉讼程序合法的，裁定予以核准。原判判处被告人死刑并无不当，但具体认定的某一事实或者引用的法律条款等不完全准确、规范的，可以在纠正后作出核准死刑的判决或者裁定。最高人民法院复核后认为原判认定事实不清、证据不足的，裁定不予核准，并撤销原判，发回重新审判。最高人民法院复核后认为原判认定事实正确，但依法不应当判处死刑的，裁定不予核准，并撤销原判，发回重新审判。最高人民法院复核后认为原审人民法院违反法定诉讼程序，可能影响公正审判的，裁定不予核准，并撤销原判，发回重新审判。

2. 答案：(1) 本题中，梁某所犯数罪中的受贿罪属于应由最高人民法院核准的案件，梁某与马某为同案犯。被告人被判处死刑的数罪中，如果有应当由最高人民法院核准的；或者共同犯罪案件部分被告人被判处死刑的罪中有应当由最高人民法院核准的，必须将全案报请最高人民法院核准。

(2) 某市中级人民法院应当在上诉、抗诉期满后3日内报请高级人民法院复核。高级人民法院同意判处梁某死刑的，应当依法作出裁定后，报请最高人民法院核准；不同意判处梁某死刑的，应当提审或者发回重新审判。高级人民法院同意判处马某死刑缓期2年执行的，应当裁定予以核准；认为原判事实不清、证据不足的，应当裁定发回重新审判；认为原判量刑过重的，应当依法改判。高级人民法院核准死刑缓期2年执行的案件，不得以提高审级等方式加重被告人的刑罚。

(3) 本案中，只要高级人民法院同意判处梁某死刑，就必须将包括马某在内的全案报请最高人民法院核准。本案中，最高人民法院对案件复核以后，如果原审判决认定事实和适用法律正确、量刑适当的，裁定核准梁某死刑；如果原审判决认定事实错误或者证据不足的，裁定不予核准，并撤销原判，发回重新审判；如果原审判决认定的事实正确，但依法不应当判处死刑的，裁定不予核准，并撤销原判，发回重新审判；如果发现第一审人民法院或者第二审人民法院违反法律规定的诉讼程序，可能影响正确判决的，应当裁定不予核准，并撤销原判，发回重审。

第二十三章　审判监督程序

基础知识图解

审判监督程序
- 概念：人民法院、人民检察院对已经发生法律效力的判决和裁定，发现在认定事实或适用法律上确有错误，依法提起并对案件进行重新审判的一项特别审判程序
- 材料来源
  - 当事人及法定代表人、近亲属的申诉
  - 各级人民代表大会代表提出的纠正错案议案
  - 人民群众的来信来访
  - 司法机关对错案发现
  - 各机构对生效裁判的意见
- 提起
  - 主体：各级法院院长和审委会；最高院和上级法院；最高检和上级检察院
  - 理由
    - 认定事实有错误
    - 适用法律错误
  - 方式
    - 指令再审
    - 决定再审
- 重新审理
  - 审理程序：应另组成合议庭
  - 审理期限：一般为3个月，特殊可以延长至6个月
  - 审判后的处理
    - 驳回申诉或抗诉
    - 直接改判
    - 撤销原判，重新定罪量刑
    - 宣告被告人无罪

配套测试

一、单项选择题

1. 某中级人民法院对尚某抢劫一案按照审判监督程序重新审理后，发现原一审生效判决认定事实正确，但适用法律不当，应做何种处理？(　　)

A. 应当发回原审法院重新审判

B. 可以发回原审法院重新审判

C. 应当维持原判

D. 应当直接改判

2. 甲市中级人民法院按审判监督程序重新审判的案件，根据《刑事诉讼法》的有关规定应当(　　)。

A. 在作出提审、再审决定之日起1个月以内审结

B. 在作出提审、再审决定之日起1个半月以内审结

C. 在作出提审、再审决定之日起2个月以内审结

D. 在作出提审、再审决定之日起3个月以内审结

3. 关于审判监督程序中的申诉，下列哪一选项是正确的？(　　)(司考2015.2.39)

A. 二审法院裁定准许撤回上诉的案件，申诉人对一审判决提出的申诉，应由一审法院审理

B. 上一级法院对未经终审法院审理的申诉，应直接审理

C. 对经两级法院依照审判监督程序复查均驳回的申诉，法院不再受理

D. 对死刑案件的申诉，可由原核准的法院审查，也可交由原审法院审查

4. 马某因强奸罪被某县人民法院判处有期徒刑8年。判决生效后，马某的哥哥认为判决有错误，提出申诉。根据刑事诉讼法的规定，马某的哥哥(　　)。

A. 不得对已生效判决、裁定提出申诉

B. 可以提出申诉，但是不得停止判决、裁定的执行
C. 只能请求人民检察院抗诉
D. 可以提出申诉，但是不得影响判决、裁定的执行

5. 人民法院按照审判监督程序重新审判的案件，应当从何时起3个月以内审结？（ ）
A. 受理申诉时
B. 作出提审、再审决定时
C. 开庭审判时
D. 送达提审、再审决定时

6. 2008年4月，吕某因挪用公款罪被人民法院判处有期徒刑5年，吕某上诉，二审法院维持原判。在服刑期间，吕某又发现了新的证据，遂决定进行申诉。下列有关申诉的表述中错误的是（ ）。
A. 申诉的期限一般为刑罚执行完毕两年内，超出两年的，如果符合法律规定的一些情形，人民法院也应当受理
B. 申诉人向人民法院申诉应当提交的材料包括：申诉状，原一、二审判决书、裁决书等法律文书，以有新的证据证明原裁判认定的事实确有错误为由申诉的，应当同时附有证据目录、证人名单和主要证据的复印件或者照片
C. 人民法院对于不符合法定主体资格的申诉，不予受理；上级人民法院对经终审法院的上一级法院依照审判监督程序审理后维持原判或者经两级人民法院依照审判监督程序复查均驳回的申诉案件，一般不予受理
D. 申诉人提出申诉，既可以向人民法院提出，也可以向人民检察院以及公安机关提出

7. 下列对人民法院决定再审或受理抗诉书后的有关后果陈述错误的是（ ）。
A. 人民法院决定再审或受理抗诉书后，原审被告人（原审上诉人）正在服刑的，人民法院依据再审决定书或者抗诉书及提押票等文书办理提审
B. 原审被告人（原审上诉人）在押，再审可能改判宣告无罪的，人民法院裁定中止执行原裁决后，可以取保候审
C. 原审被告人（原审上诉人）在押，再审可能改判宣告无罪的，人民法院裁定中止执行原裁决后，可以逮捕
D. 原审被告人（原审上诉人）不在押，确有必要采取强制措施并符合法律规定采取强制措施条件的，人民法院裁定中止执行原裁决后，依法采取强制措施

8. 甲因犯抢劫罪被市检察院提起公诉，经一审法院审理，判处死刑缓期二年执行。甲上诉，省高级法院核准死缓判决。根据审判监督程序规定，下列哪一做法是错误的？（ ）（司考2010.2.38）
A. 最高法院自行对该案重新审理，依法改判
B. 最高法院指令省高级法院再审
C. 最高检察院对该案向最高法院提出抗诉
D. 省检察院对该案向省高院提出抗诉

9. 关于审判监督程序，下列哪一选项是正确的？（ ）（司考2012.2.34）
A. 对于原判决事实不清楚或者证据不足的，应当指令下级法院再审
B. 上级法院指令下级法院再审的，应当指令原审法院以外的下级法院审理；由原审法院审理更为适宜的，也可以指令原审法院审理
C. 不论是否属于由检察院提起抗诉的再审案件，逮捕由检察院决定
D. 法院按照审判监督程序审判的案件，应当决定中止原判决、裁定的执行

二、多项选择题

1. 根据刑事诉讼法的规定，下列关于审判监督程序的正确选项是（ ）。
A. 依照审判监督程序提审的案件，应当按照第一审程序进行审判
B. 人民法院按照审判监督程序重新审判的案件，应当另行组成合议庭进行
C. 依照审判监督程序审判案件应受“不得加重被告人的刑罚”的限制
D. 参与过本案第一审、第二审、复核程序审判的合议庭组成人员，不得参与本案的再审程序的审判

2. 关于审判监督程序，下列哪些选项是正确的？（ ）（司考2014.2.75）
A. 只有当事人及其法定代理人、近亲属才能对已经发生法律效力的裁判提出申诉
B. 原审法院依照审判监督程序重新审判的案件，应当另行组成合议庭
C. 对于依照审判监督程序重新审判后可能改判无罪的案件，可中止原判决、裁定的执行
D. 上级法院指令下级法院再审的，一般应当指令原审法院以外的下级法院审理

3. 根据刑事诉讼法的规定，依照审判监督程序对案

件重新审判的法院可以是(　　)。

A. 作出生效裁判的第一审人民法院

B. 作出生效裁判的第二审人民法院

C. 提审的上级人民法院

D. 被指令再审的下级人民法院

4. 根据刑事诉讼法的规定，下列关于审判监督程序的正确选项是(　　)。

A. 按照审判监督程序提审的案件，应当按照第一审程序进行审判

B. 上级检察院对下级法院生效的判决如果发现确有错误，有权按照审判监督程序向同级法院提出抗诉

C. 最高人民检察院对最高人民法院生效的判决，无权按照审判监督程序向最高人民法院提出抗诉

D. 按照审判监督程序提审的案件，应当按照第二审程序进行审判

5.《最高人民法院关于适用〈中华人民共和国刑事诉讼法〉的解释》第 386 条规定，除检察院抗诉的以外，再审一般不得加重原审被告人的刑罚。关于这一规定的理解，下列哪些选项是正确的？(　　)（司考 2016. 2. 74）

A. 体现了刑事诉讼惩罚犯罪和保障人权基本理念的平衡

B. 体现了刑事诉讼具有追求实体真实与维护正当程序两方面的目的

C. 再审不加刑有例外，上诉不加刑也有例外

D. 审判监督程序的纠错功能决定了再审不加刑存在例外情形

6. 人民法院按照审判监督程序重新审判的案件，从适用的审判程序来看(　　)。

A. 如果是上级人民法院提审的案件，应当依照第二审程序进行审判

B. 如果原来是第一审案件，应当依照第一审程序进行审判

C. 如果原来是第二审案件，应当依照第二审程序进行审判

D. 一律由上级人民法院依照第二审程序进行审判

7. 下列哪些情况可以导致审判监督程序的提起？(　　)

A. 证明案件事实的主要依据之间存在矛盾

B. 适用缓刑错误

C. 违反回避制度

D. 审判人员在审判该案时存在贪污、受贿、徇私舞弊、枉法裁判的行为

8. 王某因间谍罪被甲省乙市中级法院一审判处死刑，缓期 2 年执行。王某没有上诉，检察院没有抗诉。判决生效后，发现有新的证据证明原判决认定的事实确有错误。下列哪些机关有权对本案提起审判监督程序？(　　)（司考 2017. 2. 75）

A. 乙市中级法院

B. 甲省高级法院

C. 甲省检察院

D. 最高检察院

三、名词解释

1. 审判监督程序

2. 申诉

3. 非常上诉

4. 指令再审

四、简答题

1. 死刑复核程序与再审程序有何区别？

2. 简述申诉引起审判监督程序的法定情形。

五、论述题

1. 试论述审判监督程序与二审的区别与联系。

2. 试论刑事审判监督程序与其他审判程序相比的特点。（中国政法大学 2009 年考研真题）

3. 试述我国刑事诉讼中两种抗诉的相同点和不同点。（中国政法大学 2015 年考研真题）

六、案例分析题

1. 韩某因涉嫌谋杀妻子被县人民法院一审判处有期徒刑 15 年。韩某上诉、人民检察院抗诉后，市中级人民法院终审判处韩某无期徒刑。韩父以韩某没有杀人为由向市中级人民法院提出申诉，市中级人民法院 1 年多未予答复。韩父只得向省人民检察院提出申诉。其时，杀害韩某妻子的真凶已被公安机关抓获。省人民检察院认为原判决确有错误，遂按审判监督程序向市中级人民法院提起抗诉。市中级人民法院接到抗诉后制作了再审决定书，并在接受抗诉之日起将近 3 个月的时候决定指令下级人民法院再审。

问：本案中审判监督程序有何错误？

2. 2009 年 5 月初，某市检察院接到举报某省国有外贸公司经理苏庆挪用公款 20 万元的信件。检察院经立案审查认为，苏庆的行为已构成挪用公款罪，依法应予逮捕，即派本案侦查员将苏庆逮捕。同年 7 月，该案侦查终结，市检察院以挪用公款罪

向市中级人民法院提起公诉。2009年8月，市中级人民法院开庭审理该案。辩护律师在庭审时申请传唤公司的知情人出庭作证。合议庭同意该申请，决定中止审理，并传唤证人到庭作证。证人到庭作证时，公诉人在质询中发现，苏庆还有以虚报差旅费的方式贪污公款的行为，且已构成犯罪。公诉人随即当庭指控苏庆另犯有贪污罪。辩护人以公诉人增加了控诉为由，请求延期审理。合议庭接受辩护人请求，决定延期审理。

经重新开庭对检察院所指控的挪用公款罪和贪污罪进行审理后，合议庭认为，指控苏庆挪用公款罪证据不充分，因而不能定罪，但担心对此罪不予认定，检察院可能会提出抗诉，为此，将案件提请院长决定提交审判委员会讨论。审判委员会讨论后决定，挪用公款罪证据不足、指控的犯罪不成立，但贪污行为事实清楚，证据确实充分，应认定构成犯罪。合议庭根据此决定，作出了判决：判处苏庆犯贪污罪处五年有期徒刑；挪用公款罪因证据不足、指控的犯罪不能成立。宣判后，苏庆即提出上诉，后又在上诉期满后要求撤回上诉。检察院对该一审判决未提出抗诉。二审法院审查苏庆撤回上诉的要求后认为，原判决正确无误，因此，作出准予撤回上诉的决定书。

2010年3月，某市检察院又发现了苏庆挪用公款罪的新证据。检察机关依此证据；按照审判监督程序向法院提出抗诉。法院对抗诉审查后，作出了再审决定书。经再审审判后，法院认定苏庆犯有挪用公款罪，处以相应刑罚，并将此刑期与原判贪污罪之刑按数罪并罚原则依法合并决定了执行刑期。问：

（1）检察机关在本案诉讼中有哪些违反诉讼程序规定的情况，为什么？

（2）法院在一审时有哪些做法不符合刑事诉讼法的规定，为什么？

（3）法院在二审时有哪些做法不符合刑事诉讼有关法律的规定，为什么？

（4）法院在再审程序中有何违反刑事诉讼法规定的做法？为什么？

3. 袁某因涉嫌故意伤害罪而被人民检察院提起公诉，经过县人民法院的一审审理，判处袁某有期徒刑8年。袁某对此判决不服，于是向市中级人民法院提出上诉，经过市中级人民法院的二审审理，裁定维持原判。在袁某刑期执行到第5年的时候，袁某从新进的牢友身上发现证明其无罪的新证据，于是向人民法院提起申诉。

问题：

（1）袁某向人民法院提出申诉需要提交哪些材料？

（2）如果袁某向人民检察院提出申诉的话，那么人民检察院应当如何处理？

参考答案

一、单项选择题

1. 答案：D。本题考查的是审判监督程序中对特定情形的处理。根据《刑事诉讼法解释》第472条第1款第3项的规定，原判决、裁定认定事实没有错误，但适用法律有错误，或者量刑不当的，应当撤销原判决、裁定，依法改判。故本题正确答案为D。

2. 答案：D。本题考查的是按审判监督程序再审的审理期限。根据《刑事诉讼法》第258条第1款的规定，人民法院按照审判监督程序重新审判的案件，应当在作出提审、再审决定之日起三个月以内审结，需要延长期限的，不得超过六个月。故本题正确答案为D。

3. 答案：D。《刑事诉讼法解释》第453条规定，申诉由终审人民法院审查处理。但是，第二审人民法院裁定准许撤回上诉的案件，申诉人对第一审判决提出申诉的，可以由第一审人民法院审查处理。上一级人民法院对未经终审人民法院审查处理的申诉，可以告知申诉人向终审人民法院提出申诉，或者直接交终审人民法院审查处理，并告知申诉人；案件疑难、复杂、重大的，也可以直接审查处理。故AB项错误。《刑事诉讼法解释》第459条规定，申诉人对驳回申诉不服的，可以向上一级人民法院申诉。上一级人民法院经审查认为申诉不符合《刑事诉讼法》第253条和本解释第457条第2款规定的，应当说服申诉人撤回申诉；对仍然坚持申诉的，应当驳回或者通知不予重新审判。故C项错误。《刑事诉讼法解释》第455条规定，对死刑案件的申诉，可以由原核准的人民法院直接审查处理，也可以交由原审人民法院审查。原审人民法院应当制作审查报告，提出处理意见，层报原核准的人民法院审查处理。故D项正确。

4. 答案：B。本题考查的是当事人的近亲属的申诉权及其申诉对已生效判决、裁定的影响。《刑事诉讼法》第252条规定:"当事人及其法定代理人、近亲属,对已经发生法律效力的判决、裁定,可以向人民法院或者人民检察院提出申诉,但是不能停止判决、裁定的执行。"据此,因为"哥哥"属于刑事诉讼法规定的近亲属范围,故马某的哥哥可以对已生效判决、裁定提出申诉,但是不得停止判决、裁定的执行。故本题正确答案为B。

5. **答案**:B。本题考查的是再审程序的审限。《刑事诉讼法》第258条第1款规定:"人民法院按照审判监督程序重新审判的案件,应当在作出提审、再审决定之日起三个月以内审结,需要延长期限的,不得超过六个月。"故本题正确答案为B。

6. **答案**:D。本题考查刑事诉讼中申诉的期限和提出。根据《刑事诉讼法》第252条规定:"当事人及其法定代理人、近亲属,对已经发生法律效力的判决、裁定,可以向人民法院或者人民检察院提出申诉,但是不能停止判决、裁定的执行。"申诉人提出申诉,既可以向人民法院提出,也可以向人民检察院,但一般不可以向公安机关提出。

7. **答案**:C。本题考查刑事诉讼中依照审判监督程序对案件重新审理程序中的提审、中止执行以及强制措施。原审被告人(原审上诉人)在押,再审可能改判宣告无罪的,人民法院裁定中止执行原裁决后,可以取保候审,而不是可以逮捕。

8. **答案**:D。选项AB说法正确。《刑事诉讼法》第254条第2款规定,最高人民法院对各级人民法院已经发生法律效力的判决和裁定,上级人民法院对下级人民法院已经发生法律效力的判决和裁定,如果发现确有错误,有权提审或者指令下级人民法院再审。选项C说法正确,选项D说法错误。《刑事诉讼法》第254条第3款规定,最高人民检察院对各级人民法院已经发生法律效力的判决和裁定,上级人民检察院对下级人民法院已经发生法律效力的判决和裁定,如果发现确有错误,有权按照审判监督程序向同级人民法院提出抗诉。本案死缓判决时省高院核准的,那么生效判决就是省高院作出的,依法应由上级检察院即最高检察院对其抗诉,省检察院不能对该案向省高院提出抗诉。

9. **答案**:B。本题考查审判监督程序。《刑事诉讼法》第254条第4款规定:"人民检察院抗诉的案件,接受抗诉的人民法院应当组成合议庭重新审理,对于原判决事实不清楚或者证据不足的,可以指令下级人民法院再审。"选项A中"应当"错误。第255条规定:"上级人民法院指令下级人民法院再审的,应当指令原审人民法院以外的下级人民法院审理;由原审人民法院审理更为适宜的,也可以指令原审人民法院审理。"故选项B正确。第257条规定:"人民法院决定再审的案件,需要对被告人采取强制措施的,由人民法院依法决定;人民检察院提出抗诉的再审案件,需要对被告人采取强制措施的,由人民检察院依法决定。人民法院按照审判监督程序审判的案件,可以决定中止原判决、裁定的执行。"故选项CD错误。综上,本选题正确答案为B。

二、多项选择题

1. **答案**:BD。本题考查的是有关审判监督程序的规定。《刑事诉讼法》第256条第1款规定,人民法院按照审判监督程序重新审判的案件,由原审人民法院审理的,应当另行组成合议庭进行。如果原来是第一审案件,应当依照第一审程序进行审判,所作的判决、裁定,可以上诉、抗诉;如果原来是第二审案件,或者是上级人民法院提审的案件,应当依照第二审程序进行审判,所作的判决、裁定,是终审的判决、裁定。故本题A项不正确,B项正确。《最高人民法院关于刑事再审案件开庭审理程序的具体规定(试行)》第8条第1款规定,除人民检察院抗诉的以外,再审一般不得加重原审被告人(原审上诉人)的刑罚。故本题C项不正确。《最高人民法院关于刑事再审案件开庭审理程序的具体规定(试行)》第4条规定,参与过本案第一审、第二审、复核程序审判的合议庭组成人员不得参与本案的再审程序的审判。故本题D项正确。

2. **答案**:BCD。《刑事诉讼法解释》第451条规定,当事人及其法定代理人、近亲属对已经发生法律效力的判决、裁定提出申诉的,人民法院应当审查处理。案外人认为已经发生法律效力的判决、裁定侵害其合法权益,提出申诉的,人民法院应当审查处理。申诉可以委托律师代为进行。故A项错误。《刑事诉讼法解释》第466条第1款规定,原审人民法院审理依照审判监督程序重新审判的案件,应当另行组成合议庭。故B项正确。《刑事诉讼法解释》第464条规定,对决定依照审判监督程序重新审判的案件,人民法院应当制作再审决定书。再审期间不停止原判决、裁定的执行,但被告人可能经再审改判无罪,或者可能经再审减轻原判刑罚而致刑期届满的,可以决定中止原判决、裁定的执行,必要时,可以对被告人采取取保候审、监视居住措施。故C项正确。《刑事诉讼法解释》第461条第2款规定,上级人民法院指令下级人民法院再审的,一般应当指令原审人民法院以外的下级人民法院审理;由原审人民法院审理更有利于查明案件事实、纠正裁判错误的，可以指令原审人民法院审理。故D项正确。本题的正确答案为BCD三项。

3. **答案**：ABCD。本题考查的是可以依照审判监督程序对案件重新审理的法院。《刑事诉讼法》第254条第1款和第2款规定，各级人民法院院长对本院已经发生法律效力的判决和裁定，如果发现在认定事实上或者在适用法律上确有错误，必须提交审判委员会处理。最高人民法院对各级人民法院已经发生法律效力的判决和裁定，上级人民法院对下级人民法院已经发生法律效力的判决和裁定，如果发现确有错误，有权提审或者指令下级人民法院再审。故本题正确答案为ABCD。

4. **答案**：BD。本题考查的是有关审判监督程序的法律规定。《刑事诉讼法》第256条第1款规定，人民法院按照审判监督程序重新审判的案件，由原审人民法院审理的，应当另行组成合议庭进行。如果原来是第一审案件，应当依照第一审程序进行审判，所作的判决、裁定，可以上诉、抗诉；如果原来是第二审案件，或者是上级人民法院提审的案件，应当依照第二审程序进行审判，所作的判决、裁定，是终审的判决、裁定。故本题A项不正确，D项正确。《刑事诉讼法》第254条第3款规定，最高人民检察院对各级人民法院已经发生法律效力的判决和裁定，上级人民检察院对下级人民法院已经发生法律效力的判决和裁定，如果发现确有错误，有权按照审判监督程序向同级人民法院提出抗诉。故本题B项正确，C项不正确。

5. **答案**：ABD。本题考查再审不加刑、上诉不加刑、审判监督程序的功能和理念。《刑事诉讼法解释》第401条规定："审理被告人或者其法定代理人、辩护人、近亲属提出上诉的案件，不得对被告人的刑罚作出实质不利的改判，并应当执行下列规定：（一）同案审理的案件，只有部分被告人上诉的，既不得加重上诉人的刑罚，也不得加重其他同案被告人的刑罚；（二）原判认定的罪名不当的，可以改变罪名，但不得加重刑罚或者对刑罚执行产生不利影响；（三）原判认定的罪数不当的，可以改变罪数，并调整刑罚，但不得加重决定执行的刑罚或者对刑罚执行产生不利影响；（四）原判对被告人宣告缓刑的，不得撤销缓刑或者延长缓刑考验期；（五）原判没有宣告职业禁止、禁止令的，不得增加宣告；原判宣告职业禁止、禁止令的，不得增加内容、延长期限；（六）原判对被告人判处死刑缓期执行没有限制减刑、决定终身监禁的，不得限制减刑、决定终身监禁；（七）原判判处的刑罚不当、应当适用附加刑而没有适用的，不得直接加重刑罚、适用附加刑。原判判处的刑罚畸轻，必须依法改判的，应当在第二审判决、裁定生效后，依照审判监督程序重新审判。人民检察院抗诉或者自诉人上诉的案件，不受前款规定的限制。"由此可见上诉不加刑原则没有例外，故C项后半句话不正确。ABD三项在此法条中有所体现，故当选。

6. **答案**：ABC。本题考查的是重新审判案件的程序。《刑事诉讼法》第256条规定："人民法院按照审判监督程序重新审判的案件，由原审人民法院审理的，应当另行组成合议庭进行。如果原来是第一审案件，应当依照第一审程序进行审判，所作的判决、裁定，可以上诉、抗诉；如果原来是第二审案件，或者是上级人民法院提审的案件，应当依照第二审程序进行审判，所作的判决、裁定，是终审的判决、裁定。人民法院开庭审理的再审案件，同级人民检察院应当派员出席法庭。"据此，本题正确答案为ABC。

7. **答案**：ABD。本题考查的是审判监督程序提起的理由。《刑事诉讼法》第253条规定："当事人及其法定代理人、近亲属的申诉符合下列情形之一的，人民法院应当重新审判：（一）有新的证据证明原判决、裁定认定的事实确有错误，可能影响定罪量刑的；（二）据以定罪量刑的证据不确实、不充分、依法应当予以排除，或者证明案件事实的主要证据之间存在矛盾的；（三）原判决、裁定适用法律确有错误的；（四）违反法律规定的诉讼程序，可能影响公正审判的；（五）审判人员在审理该案件的时候，有贪污受贿，徇私舞弊，枉法裁判行为的。"A项表述符合本条第2项的规定。B项表述符合本条第3项"原判决、裁定适用法律确有错误的"，因为《刑法》第72条至第74条的规定对缓刑的适用条件有明确的要求，"适用缓刑错误"，就是适用刑法有错误。D项表述符合本条第4项的规定。C项表述"违反回避制度"属程序违法，而能够提起审判监督程序的，应为实体上的错误。综上，本题正确答案为ABD。

8. **答案**：BD。本题考查提起审判监督程序的主体和权限。此题曾经考过三次。首先要搞清楚死缓的案件，乙市中级人民法院一审判决死缓后，该死缓的判决要报经甲省高级法院核准后生效。所以，本题中甲省高级人民法院才是作出生效裁判的法院。《刑事诉讼法》第254条第1款、第2款、第3款规定，各级人民法院院长对本院已经发生法律效力的判决和裁定，如果发现在认定事实上或者在适用法律上确有错误，必须提交审判委员会处理。最高人民法院对各级人民法院已经发生法律效力的判决和裁定，上级人民法院对下级人民法院已经发生法律效力的判决和裁定，如果发现确有错误，有权提审或者指令下级人民法院再审。最高人民检察院对各级人民法院已经发生法律效力的判决和裁定，上级人民检察院对下级人民法院已经发生法律效力的判决和裁定，如果发现确有错误，有权按照审判监督程序向同级人民法院提出抗诉。本题中，只有最高人民检察院和甲省高级法院才可以提起审判监督程序。乙市中级人民法院是甲省高级法院的下级法院，无权提起审判监督程序。甲省检察院是甲省高级法院的同级检察院，也无权对甲省高级法院的生效裁判提起审判监督程序。因此，本题的正确答案为 BD 两项。

三、名词解释

1. **答案**：审判监督程序是指人民法院、人民检察院对已经发生法律效力的判决和裁定，发现在认定事实或者适用法律上确有错误，依法提起并由人民法院对案件进行重新审判的一种特别审判程序。审判监督程序是刑事诉讼中的一个独立阶段，但它仅仅是在一定条件下才能采用的一种特殊的救济程序，而不是每一个案件的必经程序。其主要特点是：(1) 有权提起审判监督程序的主体是人民法院和人民检察院；(2) 审判监督程序的审理对象是已经发生法律效力的判决和裁定，无论其是否执行完毕；(3) 提起审判监督程序必须具备法定理由，即生效判决和裁定在认定事实或者适用法律上确有错误；(4) 重新审判案件的人民法院以及具体程序，根据提起审判监督程序的主体和案件的不同等而有所区别。

2. **答案**：审判监督程序中的申诉是指当事人及其法定代理人、近亲属等申诉权人对人民法院的生效判决和裁定不服，以书面或者口头方式向人民法院或者人民检察院提出该判决或者裁定在认定事实或者适用法律上确有错误，并要求人民法院重新审判的行为。当事人等向司法机关提出申诉既是法律赋予他们的权利，也是司法机关提起审判监督程序的主要材料来源，更是使确有错误的裁判得以纠正的重要途径。申诉的重要特征是，申诉人的申诉仅仅是人民法院和人民检察院提起审判监督程序的材料来源，并不能直接和必然引起审判监督程序，人民法院和人民检察院是否提起审判监督程序，应当视当事人等提出的申诉有无事实根据以及其理由是否符合法律规定而定。

3. **答案**：非常上诉是法国和日本规定的一种特殊救济程序。根据《法国刑事诉讼法》，非常上诉是指对刑事审查庭的裁定和刑事审判法庭的终审判决、裁定向最高法院提出上诉的一种特殊救济程序，它包括向最高法院提出的上诉即要求撤销之诉和向最高法院提出的要求再审之诉。要求撤销之诉的根据是原裁判违法，目的是请求撤销违法裁判。要求再审之诉是上诉人就认定事实确有错误但已经获既判力的裁判向最高法院提出的一种救济程序。上诉人提出再审之诉以后，最高法院应当就原判事实有无错误进行审理和裁判。根据日本刑事诉讼法，非常上诉又称非常上告，是指在判决确定以后，总检察长发现该案件的审判违反法律，而向最高法院提出，请求对此情形予以纠正的一种非常救济程序。非常上诉的申请权专属于总检察长。非常上诉的目的是统一解释法律。但是，法律解释有错误而不利于被告人时，可以撤销不利于被告人的判决，因此，非常上诉具有救济被告人的功能。

4. **答案**：指令再审是指最高人民法院和上级人民法院依法指令原审或者本级人民法院的下级人民法院按照审判监督程序进行重新审理的方式。指令再审既是最高人民法院和其他上级人民法院对下级人民法院生效裁判行使审判监督权，也是提起审判监督程序的方式。根据法律和司法实践，原审裁判在认定事实上确有错误或事实不清、证据不足或发现新事实、新证据的，为了便于就地调查和传唤当事人等出庭核实，由最高人民法院或上级人民法院指令下级人民法院再审。

四、简答题

1. **答案**：死刑复核程序，是指人民法院对判处死刑的案件报请对死刑有核准权的人民法院审查核准应遵守的步骤、方式和方法。再审程序，又称为审判监督程序，是指司法机关对确有错误的已经发生法律效力的判决、裁定。依法对该案件进行重新审判的程序。

   死刑复核程序与再审程序都为特别程序，都是实现审判监督的方式，但两者有明显的区别。我们认为，二者的区别主要体现在审理的对象、审理的目的、审理的依据和审理的法院等几个方面。主要有：

   (1) 审理的对象不同。再审程序的审理对象是已生效的包括死刑裁判在内的一切确有错误的裁判。而死刑复核程序审理的对象是特定的，即对尚未发生法律效力的死刑裁判的核准。

   (2) 审理的目的不同。再审程序的目的是纠正错误裁判。而死刑复核程序审理的目的是防止发生错误裁判。

   (3) 审理的依据不同。再审程序必须由最高人民法院和上级人民法院、各级人民法院院长及其审判委员会，以及最高人民检察院和上级人民检察院依法提起。而死刑复核程序是由下级人民法院将判被告人死刑的案件主动报请有核准权的上级人民法院核准。

(4) 审理的法院不同。有权按照再审程序重新审理案件的法院包括最高人民法院和地方各级人民法院。而有权对死刑复核案件进行复核的只有最高人民法院或经其授权的高级人民法院。

2. **答案**：当事人的申诉只能是审判监督程序的材料来源，不具有直接提起再审的法律效力，自然也不能停止对原生效裁判的执行。根据《刑事诉讼法》第 253 条之规定，申诉的理由有以下几种：(1) 有新的证据证明原判决、裁定认定的事实确有错误，可能影响定罪量刑的；(2) 据以定罪量刑的证据不确实、不充分、依法应当予以排除，或者证明案件事实的主要证据之间存在矛盾的；(3) 原判决、裁定适用法律确有错误的；(4) 违反法律规定的诉讼程序，可能影响公正审判的；(5) 审判人员在审理该案件的时候，有贪污受贿，徇私舞弊，枉法裁判行为的。上述申诉理由，只要具备其中之一者，人民法院就应当依照审判监督程序对案件进行重新审判。

五、论述题

1. **答案**：审判监督程序与第二审程序相比虽然两者都是对案件进行重新审判的程序，都是对原判决、裁定所认定的事实和适用的法律进行全面审查使错误裁判得到纠正的程序。但审判监督程序与第二审程序之间有重大的区别，主要体现在以下几个方面：

(1) 有权提起的主体不同。可以提起第二审程序的主体有行使上诉权的当事人和原审人民法院的同级人民检察院；而有权提出审判监督程序的主体除了对本院已经发生法律效力的判决、裁定可以由本院院长提交审判委员会决定以外，只能是最高人民法院和其他上级人民法院，最高人民检察院和其他上级人民检察院。

(2) 审理的对象不同。适用第二审程序的对象是由第一审法院作出判决、裁定，但还没有发生法律效力的案件；适用审判监督程序审理的对象则是判决、裁定已经发生法律效力的案件，包括原来的第一审案件和第二审案件，以及判决、裁定正在执行过程中或者已经执行完毕的案件。

(3) 提起上诉和提起审判监督程序的理由不同。当事人等提出的上诉无论基于何种理由，原审人民法院的上一级人民法院都应当受理，并按照第二审程序进行审判；而提起审判监督程序必须是发现判决、裁定在认定事实或者适用法律上确有错误。

(4) 有无法定期限限制的不同。对于第一审人民法院作出的判决、裁定提出上诉或者抗诉，有法定的期限限制，如果无正当理由过期上诉者抗诉，第二审人民法院一般不予受理；而对于提起审判监督程序，如果要改有罪为无罪法律并没有规定期限限制，只要发现已经发生法律效力的判决、裁定确有错误，那么不论它是何时作出的，都可以提起。

(5) 审理后改判时能否对被告人加刑不同。按照第二审程序审理上诉、抗诉案件，对于只有被告人一方提出上诉的，改判时不得加重被告人的刑罚；而按照审判监督程序重新审判案件，改判时则可以对被告人判处较原判决更重的刑罚。

(6) 审判案件的主体不同。按照第二审程序审判案件的法院，是第一审法院的上一级人民法院；而按照审判监督程序审判案件的法院，则既可以是作出该判决、裁定的原审人民法院，也可以是提审的上级人民法院和经它指令再审的下级人民法院。

2. **答案**：审判监督程序是指人民法院、人民检察院对已经刑事发生法律效力的判决和裁定，发现认定事实或适用法律上确有错误，依法提起并对案件进行重新审判的一项特别审判程序。刑事审判监督程序有以下几个特点：

(1) 审理对象特定按照审判监督程序审理的案件是已经发生法律效力而确有错误的判决、裁定。包括正在执行和已执行完毕的判决和裁定。也就是说，如果判决尚未生效，如处在上诉期内的一审判决，则不能按照审判监督程序进行再审。

(2) 有权提起审判监督程序的主体特定。提起审判监督程序的主体只限于人民法院和人民检察院。具体来讲，是各级人民法院院长和审判委员会、最高人民法院、上级人民法院、最高人民检察院和上级人民检察院。

(3) 提起的条件法定。即生效判决、裁定在认定事实或适用法律上确有错误是由有权提起审判监督程序的机关和人员认定的。

(4) 提起程序没有时效限定。也就是说，发现案件判决、裁定错误，可以随时提起，不存在时效限制。

(5) 再审案件的法院无审级限制。依照审判监督程序进行再审的法院，既可以是原审的第一审法院或第二审法院，也可以是提审案件的上一级人民法院、最高人民法院或由它们指令再审的下级人民法院。

(6) 再审量刑无加刑限制。也就是说，在审判监督程序中，法院可以仅根据事实适用法律，不必遵循上诉不加刑原则。

3. 答案：我国的刑事诉讼中有两种抗诉，分别为二审程序的抗诉和审判监督程序的抗诉。二审程序的抗诉，是指地方各级人民检察院认为本级人民法院第一审的判决、裁定确有错误时，在法定抗诉期限内要求上一级人民法院对案件重新审理的诉讼活动。审判监督程序的抗诉，则是指最高人民检察院对各级人民法院、上级人民检察院对下级人民法院的已经发生法律效力的刑事判决、裁定，发现在认定事实或者适用法律上确有错误时，提请同级人民法院对案件重新审理并予以纠正的一种审判监督行为。

首先，二审程序的抗诉和审判监督程序的抗诉的相同点：

(1) 抗诉的主体相同，都是由人民检察院依法提出的，都是人民检察院依法行使职权，对各级人民法院的审判活动实行监督的一种重要形式。

(2) 抗诉的理由相同，都是认为判决、裁定确有错误而提起的。司法实践中包括以下几个方面的理由：①原判事实不清，证据不足；②原判适用法律不当，定罪量刑有错误；③原判严重违反诉讼程序。

(3) 抗诉的程序和方式相同，都要求人民检察院提出抗诉书，进行书面抗诉。

其次，二审程序的抗诉和审判监督程序的抗诉的不同点：虽然二者有诸多的共同点，有共同的名称，但二者并不相同，主要有以下几点：

(1) 抗诉的对象不同。二审程序的抗诉，是针对地方各级人民法院第一审尚未生效的裁判提出的；而审判监督程序的抗诉，是针对已经生效的裁判提出的，包括一审生效的裁判和两审终审的裁判。对最高人民法院的裁判，不能采用二审程序的抗诉，只能依照审判监督程序抗诉，对最高人民法院核准死刑的判决以及最高人民法院核准死刑的缓期二年执行的判决的抗诉，也只能按照审判监督程序提出。

(2) 抗诉的权限不同。依照第二审程序抗诉，是第一审法院同级的人民检察院的权力和职责，限于地方各级人民检察院。最高人民检察院对最高人民法院的第一审裁判无权按二审程序抗诉。而审判监督程序的抗诉，除最高人民检察院对全国各级人民法院的生效裁判都有权提出外，只有上级人民检察院对下级人民法院的生效裁判才有权向同级人民法院提出。地方各级人民检察院对同级人民法院的生效裁判，都无权直接提出抗诉。

(3) 接受抗诉的审判机关不同。接受二审程序抗诉的是提出抗诉的人民检察院的上一级人民法院，不能由原审人民法院审判。而接受审判监督程序抗诉的是提出抗诉的人民检察院的同级人民法院。但依审判监督程序审理案件的法院，不受两审终审的限制，可以是原来的第一审法院或者二审法院，也可以是任何上级人民法院。

(4) 抗诉期限不同。二审程序的抗诉，必须在法定的期限内提出，法院不能接受逾期的抗诉；而审判监督程序的抗诉，一般没有期限限制，只要人民检察院发现生效的裁判确有错误，不论是在判决、裁定的执行中，还是在执行完毕以后，均可提出抗诉。如果原裁判是无罪裁判，人民检察院提起审判监督程序是要求改为有罪裁判，则应该遵循刑法关于诉讼时效的规定。

(5) 抗诉的作用与后果不同。二审程序的抗诉，主要是为了阻止第一审法院的判决生效，避免将人民检察院认为有错误的判决交付执行；审判结果可能改判或者发回原审法院重审，也可能维持原判。而审判监督程序的抗诉，主要是为了实事求是、有错必纠，将已经交付执行的错误裁判纠正过来。在一般情况下，再审结果将导致撤销原判，重新处理。因此，实践中不能混淆这两种抗诉。

六、案例分析题

1. 答案：(1) 对韩父的申诉，市中级人民法院1年多未予答复是错误的。《刑事诉讼法解释》第457条规定，人民法院受理申诉后，应当在3个月内作出决定，至迟不得超过6个月。

(2) 省人民检察院按审判监督程序向市中级人民法院提起抗诉是错误的。《刑事诉讼法》第254条第3款规定，最高人民检察院对各级人民法院已经发生法律效力的判决和裁定，上级人民检察院对下级人民法院已经发生法律效力的判决和裁定，如果发现确有错误，有权按照审判监督程序向同级人民法院提出抗诉。本案中，省人民检察院应当按审判监督程序向省高级人民法院提起抗诉。

(3) 市中级人民法院接到抗诉后制作再审决定书是错误的。根据《刑事诉讼法解释》第464条的规定，人民法院决定按照审判监督程序重新审判的案件，应当制作再审决定书。即人民检察院按照审判监督程序提起抗诉的案件，接受抗诉的人民法院决定按照审判监督程序重新审判，不得制作再审决定书。

(4) 市中级人民法院在接受抗诉之日起将近3个月的时候决定指令下级人民法院再审是错误的。《刑事诉讼法解释》第463条规定，对人民检察院依照审判监督程序提出抗诉的案件，接受抗诉的人民法院应当组成合议庭审理。对原判事实不清、证据不足，包括有新的证据证明原判可能有错误，需要指令下级人民法院再审的，应当在立案之日起一个月内作出决定，并将指令再审决定书送达抗诉的人民检察院。

2. **答案**：(1) 检察机关在本案诉讼中有以下违反诉讼程序规定的情况：

①在决定逮捕后，派本案侦查员执行逮捕是错误的。根据《刑事诉讼法》的有关规定，逮捕应当交由公安机关执行。

②公诉人在质询证人发现被告人有新的犯罪事实后，直接当庭提出新的指控是错误的。根据《高检规则》第420条第1款第1项的规定，人民检察院在法庭审理中发现遗漏罪行需要补充侦查或提供补充证据时，可以建议法庭延期审理。

③检察院在发现犯罪嫌疑人挪用公款罪的新证据后，依审判监督程序向法院提出抗诉是错误的。因原生效的裁判并无错误，此时应当重新起诉。

(2) 法院在一审时有以下违反刑事诉讼法规定的做法：

①辩护律师在庭审时申请传唤新的证人时，合议庭决定中止审理是错误的。这不符合中止审理的情形，应当决定延期审理。

②法庭审理中发现被告人有新的涉嫌贪污的事实时，接受辩护人请求决定延期审理是错误的。应当建议公诉人追加起诉，如公诉人同意的，应由公诉方申请延期审理。

③合议庭在开庭审理后未经评议即将案件提请院长决定提交审判委员会讨论是错误的。合议庭作为基本的审判组织应当对案件进行全面评议，作出评议结论，在案情特别重大或特别疑难或难以形成一致意见的情形下才能提请院长决定提交审判委员会讨论。

(3) 法院在二审时有以下违反刑事诉讼法规定的做法：

二审法院在审查苏庆撤回上诉要求后，作出准予撤回上诉的决定书是错误的。因为上诉人的撤回上诉要求是在上诉期满后提出的，二审法院准予撤回上诉应当制作裁定书，而非决定书。

(4) 法院在再审程序中有以下违反刑事诉讼法规定的做法：

①对于检察机关按照审判监督程序提出的抗诉，法院作出再审决定书是错误的。因为对于此类抗诉，法院必须受理，无须制作决定书。

②在再审审判中，法院根据检察机关提供的新的证据对原审判决进行改判追加新罪是错误的。因为审判监督程序是对原审裁判纠正错误的程序，对于原审因证据不足而宣布无罪的判决，检察机关只能通过提起新的诉讼来追加新罪，而不能在再审审判中直接改判。

3. **答案**：(1) 本题考查申诉的提出。

根据《刑事诉讼法》第252条的规定："当事人及其法定代理人、近亲属，对已经发生法律效力的判决、裁定，可以向人民法院或者人民检察院提出申诉，但是不能停止判决、裁定的执行。"根据《关于规范人民法院再审立案的若干意见(试行)》第5条的规定，再审申请人或申诉人向人民法院申请再审或申诉，应当提交以下材料：

①再审申请书或申诉状，应当载明当事人的基本情况、申请再审或申诉的事实与理由；

②原一、二审判决书、裁定书等法律文书，经过人民法院复查或再审的，应当附有驳回通知书、再审判决书或裁定书；

③以有新的证据证明原裁判认定的事实确有错误为由申请再审或申诉的，应当同时附有证据目录、证人名单和主要证据复印件或者照片；需要人民法院调查取证的，应当附有证据线索。

申请再审或申诉不符合前款规定的，人民法院不予审查。

(2) 本题考查申诉的受理以及审查处理。

根据最高人民检察院发布的《高检规则》的规定，对刑事判决、裁定的监督由公诉部门和刑事申诉检察部门承办。当事人及其法定代理人、近亲属认为人民法院已经发生法律效力的判决、裁定确有错误，向人民检察院申诉的，由刑事申诉检察部门依法办理。

人民检察院对申诉材料应迅速审查，认为需要复查的，由承办人填写案件处理呈批表，经主管领导批准后复查。对批准复查的申诉案件，应当拟订复查计划，确定需要查清的主要问题以及复查的方法、步骤、措施和完成的时间等。复查终结后办案人员应制作结案报告。

第二十四章　执　　行

基础知识图解

执行
- 特征：合法性、及时性、强制性、执行主体的广泛性
- 依据：发生法律效力的判决和裁定
- 执行机关及其权限
  - 人民法院：死刑立即执行、罚金、没收财产、无罪判决、免除刑罚判决
  - 公安机关：剥夺政治权利、拘役
  - 看守所：剩余刑期在3个月以下的有期徒刑
  - 社区矫正机构：判处管制、宣告缓刑、假释、暂予监外执行
  - 监狱：死刑缓期2年执行、无期徒刑、有期徒刑

配套测试

一、单项选择题

1. 人民法院在必要时可以会同公安机关执行的判决是(　　)。

A. 没收财产判决　　B. 罚金判决

C. 管制判决　　D. 剥夺政治权利判决

2. 根据刑事诉讼法的规定，对缓刑的执行由(　　)。

A. 公安机关负责

B. 公安机关或人民法院

C. 基层组织或所在单位负责

D. 原判人民法院负责

3. 甲被判处死刑缓期2年执行。死刑缓期执行期满，对甲应当予以减刑的情形是(　　)。

A. 甲没有故意犯罪　　B. 甲没有过失犯罪

C. 甲确有悔改表现　　D. 甲确有立功表现

4. 某人民法院在准备将故意杀人犯甲交付执行死刑时，发现甲正怀孕，交付执行的人民法院(　　)。

A. 应当撤销判处死刑的判决

B. 应待分娩后再择日执行死刑

C. 应当立即进行改判

D. 应当停止执行死刑并且上报核准死刑的高级人民法院

5. 甲被A省朝阳市中级人民法院一审判处死刑，一审判决后甲不上诉。A省高级人民法院依法核准后由院长签发了执行死刑的命令。朝阳市中级人民法院应将甲(　　)。

A. 在接到执行死刑命令后的7日内交付执行

B. 在接到执行死刑命令后的10日内交付执行

C. 在接到执行死刑命令后的3日内交付执行

D. 在接到执行死刑命令后的5日内交付执行

6. 关于生效裁判执行，下列哪一做法是正确的？(　　)(司考2016.2.40)

A. 甲被判处管制1年，由公安机关执行

B. 乙被判处有期徒刑1年宣告缓刑2年，由社区矫正机构执行

C. 丙被判处有期徒刑1年6个月，在被交付执行前，剩余刑期5个月，由看守所代为执行

D. 丁被判处10年有期徒刑并处没收财产，没收财产部分由公安机关执行

7. 按法律规定，上一级人民法院对上诉、抗诉案件审理后所作出的判决、裁定，是终审的判决和裁定，(　　)。

A. 一律立即发生法律效力

B. 不能立即生效

C. 除死刑和死缓案件外立即发生法律效力

D. 应当立即生效

8. 某被告人的行为已构成犯罪，第一审人民法院在审理过程中考虑到他有自首和立功的情节，判决免除刑事处罚。因为该被告在押，法庭宣判后，应如何处理？(　　)

A. 可以立即将其释放

B. 不能立即释放

C. 应当立即释放

D. 过上诉、抗诉期后才能释放

9. 罪犯在死刑缓期执行期间，如果确有悔改或者立功表现应当依法予以减刑的，由执行机关提出书面意见，报请(　　)裁定。
A. 最高人民法院
B. 当地高级人民法院
C. 当地中级人民法院
D. 最高人民检察院

10. 陈某因故意伤害罪被判有期徒刑 10 年，服刑期间因患恶性传染病，须保外就医，应当由(　　)开具证明文件。
A. 省级人民政府指定的医院
B. 省级人民法院指定的医院
C. 县级以上人民法院指定的医院
D. 县级以上人民政府指定的医院

11. 罪犯在服刑期间又犯罪的，或者发现判决时所没有发现的罪行，执行机关应移送(　　)。
A. 人民法院处理　　B. 公安机关处理
C. 人民检察院处理　　D. 司法行政机关处理

12. 监狱和其他执行机关在刑罚执行中，如果认为判决有错误或者罪犯提出申诉，应当转请(　　)处理。
A. 公安机关
B. 人民法院
C. 人民检察院或原判人民法院
D. 自行处理

13. 判处有期徒刑、拘役的罪犯，执行期满，发给释放证明书的机关是(　　)。
A. 公安机关　　B. 原公诉机关
C. 原审人民法院　　D. 执行机关

14. 对罪犯决定监外执行后，有权执行这一决定的机关是(　　)。
A. 人民法院
B. 公安机关
C. 人民检察院
D. 罪犯原所在的单位或居民委员会

15. 关于减刑、假释案件审理程序，下列哪一选项是正确的？(　　)（司考 2015. 2. 41）
A. 甲因抢劫罪和绑架罪被法院决定执行有期徒刑 20 年，对甲的减刑，应由其服刑地高级法院作出裁定
B. 乙因检举他人重大犯罪活动被报请减刑的，法院应通知乙参加减刑庭审
C. 丙因受贿罪被判处有期徒刑 5 年，对丙的假释，可书面审理，但必须提讯丙
D. 丁因强奸罪被判处无期徒刑，对丁的减刑，可聘请律师到庭发表意见

16. 关于刑事裁判涉财产部分执行，下列哪一说法是正确的？(　　)（司考 2015. 2. 40）
A. 对侦查机关查封、冻结、扣押的财产，法院执行时可直接裁定处置，无须侦查机关出具解除手续
B. 法院续行查封、冻结、扣押的顺位无须与侦查机关的顺位相同
C. 刑事裁判涉财产部分的裁判内容应明确具体，涉案财产和被害人均应在判决书主文中详细列明
D. 刑事裁判涉财产部分，应由与一审法院同级的财产所在地的法院执行

17. 甲纠集他人多次在市中心寻衅滋事，造成路人乙轻伤、丙的临街商铺严重受损。甲被起诉到法院后，乙和丙提起附带民事诉讼。法院判处甲有期徒刑 6 年，罚金 1 万元，赔偿乙医疗费 1 万元，赔偿丙财产损失 4 万元。判决生效交付执行后，查明甲除 1 辆汽车外无其他财产，且甲曾以该汽车抵押获取小额贷款，尚欠银行贷款 2. 5 万元，银行主张优先受偿。法院以 8 万元的价格拍卖了甲的汽车。关于此 8 万元的执行顺序，下列哪一选项是正确的？(　　)（司考 2017. 2. 37）
A. 医疗费→银行贷款→财产损失→罚金
B. 医疗费→财产损失→银行贷款→罚金
C. 银行贷款→医疗费→财产损失→罚金
D. 医疗费→财产损失→罚金→银行贷款

18. 张某居住于甲市 A 区，曾任甲市 B 区某局局长，因受贿罪被 B 区法院判处有期徒刑 5 年，执行期间突发严重疾病而被决定暂予监外执行。张某在监外执行期间违反规定，被决定收监执行。关于本案，下列哪一选项是正确的？(　　)
A. 暂予监外执行由 A 区法院决定
B. 暂予监外执行由 B 区法院决定
C. 暂予监外执行期间由 A 区司法行政机关实行社区矫正
D. 收监执行由 B 区法院决定

二、多项选择题

1. 公安机关、人民检察院和人民法院对扣押、冻结在案的财物，根据不同情况，应采取哪些处理措施？(　　)
A. 保管　　B. 返还
C. 移送　　D. 没收、上缴

2. 下列选项中正确的有(　　)。
A. 最高人民法院核准的法定刑以下处刑的判决和裁定以及最高人民法院核准的因特殊情况，不受执行刑期限制的假释的裁定属于尚未生效的判决和裁定
B. 对于暂予监外执行的罪犯，基层组织或者罪犯

的原所在单位协助进行监督

C. 判决和裁定在发生法律效力后执行

D. 对于被判处徒刑缓刑的罪犯，由公安机关交所在单位或者基层组织予以考察

3. 刑事诉讼中发生法律效力的判决和裁定是指（　　）。

A. 最高人民法院核准的死刑判决和授权高级人民法院核准的死刑判决

B. 高级人民法院核准的死刑缓期 2 年执行的判决

C. 已过法定期限没有上诉、抗诉的判决和裁定

D. 终审的判决和裁定

4. 下列关于执行死刑的选项错误的有（　　）。

A. 执行死刑前，罪犯提出会见其近亲属或者其近亲属提出会见罪犯申请的，人民法院不应准许

B. 执行死刑禁止有辱罪犯人格的行为但可以将罪犯游街示众

C. 应当由最高人民法院院长签发执行死刑的命令

D. 执行死刑前，指挥执行的审判人员对罪犯应当验明正身

5. 人民法院将被判处有期徒刑的罪犯交付执行刑罚的时候，应当将有关的法律文书送达监狱。这些法律文书是指（　　）。

A. 人民法院的执行通知书和结案登记表等

B. 公安机关的拘留证、逮捕证等

C. 人民法院的判决书、裁定书

D. 人民检察院的起诉书副本、自诉状复印件

6. 关于有期徒刑缓刑、拘役缓刑的执行，下列哪些选项是正确的？（　　）（司考 2014. 2. 74）

A. 对宣告缓刑的罪犯，法院应当核实其居住地

B. 法院应当向罪犯及原所在单位或居住地群众宣布犯罪事实、期限及应遵守的规定

C. 罪犯在缓刑考验期内犯新罪应当撤销缓刑的，由原审法院作出裁定

D. 法院撤销缓刑的裁定，一经作出立即生效

7. 对于罚金判决的执行，下列选项中正确的是（　　）。

A. 如果由于遭遇不能抗拒的灾祸以致缴纳罚金确实有困难的，犯罪分子可以向人民法院申请减少或者免除罚金。人民法院查证属实后，可以裁定对原判决确定的罚金数额予以减少或者免除

B. 行政机关对被告人就同一事实已经处以罚款的，人民法院判处罚金时不得予以折抵

C. 罚金应当在判决规定的期限内一次或者分期缴纳，期满无故不缴纳的，人民法院应当强制缴纳

D. 经强制缴纳仍不能全部缴纳的，人民法院在任何时候，包括在判处的主刑执行完毕后，发现被执行人有可以执行的财产的，应当追缴

8. 对于没收财产判决的执行，下列选项中正确的是（　　）。

A. 需要退赔的财产，应当由执行的人民法院移交委托人民法院依法退赔

B. 对于没收财产的判决，在必要的时候，人民法院可以会同公安机关执行

C. 对判处财产刑的犯罪分子，在本地无财产可供执行，原判人民法院可以委托其财产所在地人民法院代为执行

D. 代为执行的人民法院执行后或者无法执行的，应当将有关情况及时通知委托的人民法院。代为执行的人民法院可以将执行财产刑的财产直接上缴国库

9. 下列选项中错误的有（　　）。

A. 执行死刑后，交付执行的人民法院应当通知罪犯家属

B. 人民检察院认为人民法院减刑、假释的裁定不当，应当在收到裁定书副本后 20 日以内，向人民法院提出抗诉

C. 被判处死刑缓期 2 年执行的罪犯，在死刑缓期执行期间，如果抗拒改造情节恶劣，查证属实，应当执行死刑

D. 对未成年犯应当在少管所执行刑罚

10. 贾某在死刑缓期执行期间，将同监服刑的郑某打成残废。下列选项中正确的有（　　）。

A. 对于贾某所犯新罪，应当由监狱侦查终结后移送人民检察院提起公诉

B. 对于贾某所犯新罪，由贾某服刑地的中级人民法院依法审判，所作的判决可以上诉、抗诉

C. 认定贾某构成故意犯罪的判决、裁定发生法律效力后，由作出生效判决、裁定的人民法院，依照死刑复核程序报请高级人民法院或最高人民法院核准

D. 高级人民法院核准后，交原审人民法院执行死刑

11. 对于减刑、假释的程序，下列选项中正确的有（　　）。

A. 对于被判处拘役或管制的罪犯的减刑，由罪犯服刑地的基层人民法院根据当地同级执行机关提出的减刑建议书裁定

B. 对于被判处拘役或管制的罪犯的减刑，由罪犯服刑地的中级人民法院根据当地同级执行机关提出的减刑建议书裁定

C. 对于判处无期徒刑的罪犯的减刑、假释，由罪犯服刑地的高级人民法院根据省、自治区、直辖市监狱管理机关审核同意的监狱减刑、假释建议书裁定

D. 对于被判处有期徒刑的罪犯减刑、假释，由

罪犯服刑地的中级人民法院根据当地执行机关提出的减刑、假释建议书裁定

12. 下级人民法院接到最高人民法院执行死刑的命令后，应当在7日以内交付执行。但是发现有下列哪些情形之一的，应当停止执行，并且立即报告最高人民法院，由最高人民法院作出裁定( )。

A. 罪犯是正在哺乳自己未满周岁婴儿的妇女

B. 在执行前发现判决可能有错误的

C. 在执行前犯罪揭发了一起查证核实的重大贩毒案

D. 罪犯正在怀孕的

13. 对于被判处( )的罪犯，可以暂予监外执行的条件是：有严重疾病需保外就医怀孕或者正在哺乳自己婴儿的妇女。

A. 拘役　　B. 有期徒刑

C. 无期徒刑　　D. 死刑缓期2年执行

14. 对于被判处( )的罪犯，由交付执行的人民法院将执行通知书、判决书、罪犯结案登记表送达看守所，由看守所及时将罪犯送往公安机关和监狱部门商定的劳动改造场所执行。

A. 死刑缓期二年执行

B. 无期徒刑

C. 有期徒刑

D. 拘役

15. 对于暂予监外执行的罪犯，依法协助公安机关进行监督的单位或组织有( )。

A. 罪犯原居住地的公安派出所、公安特派员

B. 罪犯服刑地的公安派出所、公安特派员

C. 罪犯原所在的单位

D. 基层组织

16. 甲因为抢劫罪被判12年有期徒刑服刑4年后因为确有悔改表现被决定减刑。关于减刑下列说法正确的是( )。

A. 人民陪审员可以参与案件的审理

B. 对甲可以书面审理

C. 庭审中可以要求证人出庭就甲具有悔罪表现作证

D. 应当通知甲的辩护人出庭

三、不定项选择题

1. 齐某在抢劫时被蔡某等人当场抓获。公安机关讯问时，齐某对抢劫行为供认不讳，并指认参与抓获他的蔡某曾强奸过妇女。对齐某的抢劫案经一审判决后，检察院以量刑过轻为由提出了抗诉。在二审过程中，齐某又供认曾有盗窃行为。二审法院调查后证实齐某供认的盗窃属实，并构成盗窃罪。二审法院据此直接判处齐某抢劫罪和盗窃罪两罪并罚。因齐某的指认，公安机关对蔡某强奸案进行侦查。受害妇女艾某证实曾遭强奸，所描述的作案人体貌特征与蔡某相似，但因事隔一年，经辨认却又不能肯定是蔡某。讯问蔡某时，蔡某不承认。后因侦查人员逼供，蔡某被迫承认，但所供述的内容与艾某所述作案过程在细节上多有不符。

本案虽无其他证据，但检察院仍决定提起公诉。法院审理期间，正在外地服刑的齐某承认，强奸艾某的是他自己。齐某所交代的强奸犯罪过程与艾某所述细节相符，经查证，齐某的这一供述属实，法院因此判决蔡某无罪。根据以上事例，请回答(1)—(4)各题中所列的问题。

(1) 根据本案事实，齐某除犯抢劫罪和盗窃罪，还犯什么罪？( )

A. 伪证罪　　B. 报复陷害罪

C. 诬告陷害罪　　D. 强奸罪

(2) 二审法院在齐某交代另有盗窃行为并事属可能时应如何处理？( )

A. 可以对该行为进行调查，并在查证属实后在二审判决中对此予以判决

B. 应当将案件移交同级检察院补充侦查

C. 应当将案件移交一审中提起公诉的检察院补充侦查

D. 应当将本案发回原审法院重新审判

(3) 根据本事例的叙述，在检察机关决定对蔡某强奸案提起公诉时，本案有哪些证据材料？( )

A. 只有被告人口供和被害人陈述

B. 只有证人证言

C. 具有A、B所列证据材料

D. 并无任何证据材料

(4) 由于齐某指认蔡某强奸妇女，致使蔡某错被刑事追诉，有关部门认为，齐某的行为已构成犯罪。对齐某的该犯罪行为应当如何处理？( )

A. 由二审法院提起审判监督程序进行再审

B. 由二审法院之同级检察院抗诉，二审法院进行再审

C. 由二审法院之上级检察院抗诉，二审法院进行再审

D. 由关押齐某的监狱移送检察院处理

2. 在一起共同犯罪案件中，主犯王某被判处有期徒刑15年，剥夺政治权利3年，并处没收个人财产；主犯朱某被判处有期徒刑10年，剥夺政治权利2年，罚金2万元人民币；从犯李某被判处有期徒刑2个月；从犯周某被判处管制1年，剥夺政治权利1年。请回答(1)—(2)各题中所列的问题。

(1) 对周某刑罚的执行机关是(　　)。
A. 人民法院
B. 公安机关
C. 监狱
D. 社区矫正机构
(2) 所判刑罚既需要法院执行，又需要公安机关执行的罪犯是(　　)。
A. 王某　　B. 周某
C. 李某　　D. 朱某

3. 李某被依法判处死刑缓期2年执行；王某被依法判处无期徒刑；徐某被依法判处有期徒刑13年；16岁的刘某被依法判处有期徒刑7年；樊某被判处有期徒刑半年（已羁押5个月）；胡某被判处拘役6个月。
(1) 以上判决生效后各自的执行机关应当是(　　)。
A. 李某、王某和徐某应当由监狱执行
B. 刘某应当由未成年犯管教所执行
C. 樊某应当由公安机关的看守所代为执行
D. 胡某应当由公安机关交拘役所执行
(2) 执行中，如果刘某符合法律规定的减刑条件，下列选项中正确的有(　　)。
A. 中级人民法院应当自收到减刑建议书之日起1个月内依法裁定
B. 减刑的裁定，应当及时送达执行机关、同级人民检察院、负责监督假释罪犯的公安机关以及罪犯本人
C. 对刘某的减刑，由刘某服刑地的中级人民法院根据未成年犯管教所提出的减刑建议书裁定
D. 中级人民法院审理减刑案件，应当依法组成合议庭进行

4. 被告人王某故意杀人案经某市中级法院审理，认为案件事实清楚，证据确实、充分。请根据下列条件，回答(1)—(2)题。(司考2010.2.96—97)
(1) 如王某被判处无期徒刑，附加剥夺政治权利，下列选项正确的是(　　)。
A. 无期徒刑的执行机关是监狱
B. 剥夺政治权利的执行机关是公安机关
C. 对王某应当剥夺政治权利终身
D. 如王某减刑为有期徒刑，剥夺政治权利的期限应改为十五年
(2) 如王某被并处没收个人财产，关于本案财产刑的执行及赔偿、债务偿还，下列说法正确的是(　　)。
A. 财产刑由公安机关执行
B. 王某应先履行对提起附带民事诉讼的被害人的民事赔偿责任
C. 案外人对执行标的物提出异议的，法院应当裁定中止执行
D. 王某在案发前所负所有债务，经债权人请求先行予以偿还

四、名词解释

1. 交付执行
2. 执行的变更
3. 保外就医
4. 减刑
5. 死刑停止执行

五、简答题

1. 简述对一审法院宣告无罪、免除刑事处罚判决的执行。
2. 简述死刑停止执行的法定情形。
3. 简述暂予监外执行的适用条件。
4. 简述对服刑罪犯在服刑期间犯新罪或漏罪的处理程序。
5. 简述假释适用的对象和条件。

六、论述题

1. 试述刑事诉讼执行的特点。
2. 论人民检察院对执行活动的监督。

七、案例分析题

1. 甲、乙和丙因犯绑架罪，丁因窝藏罪被人民法院依法判刑。甲被判处死刑立即执行，乙被判处无期徒刑，丙被判处有期徒刑10年，丁被判处有期徒刑1年，缓刑2年。判决生效后，下级人民法院在接到对甲执行死刑的命令后，发现裁判可能有错误，遂停止执行，并立即报请核准死刑的人民法院裁定。核准死刑的人民法院作出死刑裁判没有错误的裁定后，下级人民法院立即对甲执行了死刑。某监狱在对乙、丙的执行过程中，因乙患有严重疾病而将其保外就医，对丙则在其服刑满4年后向某法院提出了假释建议。丁在缓刑考验期间，因违反有关缓刑的监督管理规定，负责执行的公安机关向原作出缓刑裁判的人民法院提出了撤销丁缓刑的建议书。该法院认为丁在缓刑考验期间并未犯罪，未接受公安机关的建议。问：本案对4名罪犯的执行存在哪些错误？

2. 大岭市中级人民法院对武某、康某、尹某、杜某四人虚开增值税专用发票一案作出判决，武某被判处死刑，并处没收财产；康某被判处无期徒刑，并处罚金15万元；尹某被判处有期徒刑3年、缓刑4年，并处罚金10万元；杜某被判决免除刑事

处罚。一审宣判后，人民法院立即对武某、康某、尹某三名被告人判处的罚金予以执行。武某、康某提出上诉。省高级人民法院经过第二审程序审理后，裁定驳回上诉，维持原判。杜某予以释放。省高级人民法院又核准了对武某的死刑判决。原审人民法院接到省高级人民法院院长签发的执行死刑的命令后，发现该死刑判决可能有错误，于是停止执行。经过有关法院依法审查，发现该判决并无错误后，原审人民法院立即对武某执行了死刑。康某在执行期间，由于有严重疾病且生活不能自理，考虑到其身体原因不致再危害社会，有关机关批准对康某暂予监外执行。尹某在缓刑考验期限内，由于提供了重要线索，从而阻止了一件重大恶性犯罪的发生，因而被认定为有重大立功表现，需要予以减刑，县人民法院在收到减刑建议书后3个月由审判员俞某裁定对尹某减刑。问：本案中有哪些地方违反了刑事诉讼程序的规定？

3. 王某2006年因犯绑架罪，被判有期徒刑15年，由甲地人民法院判决后送至甲地监狱服刑，进行劳动改造，服刑期间，因表现良好，被监狱决定减刑一年，实际还需执行9年。中级人民法院接到举报后，要求甲地监狱撤销该减刑决定，甲地监狱迫于无奈，取消了该决定。王某于2010年越狱逃走，流窜至乙地并作案多起，后被乙地公安机关抓获，并通知了甲地监狱。甲地监狱认为，王某是该执行机关的逃犯，因而对其所犯新罪的处理理应由甲地监狱侦查后，报原审判机关审理。问：

(1) 本案中，中级人民法院的做法是否正确？为什么？

(2) 对于王某在逃跑途中所犯的新罪应由哪个机关来处理？甲地监狱对哪些案件享有侦查权？

4. 某市人民法院在审理雷某、朱某、卫某共同抢劫和章某窝藏一案时，依法作出如下判决：雷某系抢劫主犯，判处有期徒刑15年，剥夺政治权利3年，并处没收个人全部财产；朱某亦为抢劫主犯，判处有期徒刑10年，剥夺政治权利2年，并处罚金2万元；卫某系抢劫从犯，罪行较轻，且能够主动投案自首，故减轻判处有期徒刑1年，剥夺政治权利1年，章某明知雷某犯有抢劫罪，却为其提供隐匿处所，判处管制1年，剥夺政治权利1年。

问：雷某、朱某、卫某和章某所判各种刑罚应当如何执行？执行机关分别是谁？

参考答案

一、单项选择题

1. **答案**：A。本题考查的是特定判决的执行机关。《刑事诉讼法》第272条规定，没收财产的判决，无论附加适用或者独立适用，都由人民法院执行；在必要的时候，可以会同公安机关执行。故本题A项正确。《刑事诉讼法》第271条规定，被判处罚金的罪犯，期满不缴纳的，人民法院应当强制缴纳；如果由于遭遇不能抗拒的灾祸缴纳确实有困难的，可以裁定减少或者免除。故本题B项不正确。《刑事诉讼法》第270条规定，对被判处剥夺政治权利的罪犯，由公安机关执行。执行期满，应当由执行机关书面通知本人及其所在单位、居住地基层组织。故本题CD项不正确。

2. **答案**：A。本题考查的是缓刑的执行机关。根据《刑事诉讼法》第269条的规定，对被判处管制、宣告缓刑、假释或者暂予监外执行的罪犯，依法实行社区矫正，由社区矫正机构负责执行。故本题正确答案为A。

3. **答案**：A。本题考查的是对被判处死刑缓期2年执行的罪犯应予减刑的条件。《刑事诉讼法》第261条第2款规定，被判处死刑缓期二年执行的罪犯，在死刑缓期执行期间，如果没有故意犯罪，死刑缓期执行期满，应当予以减刑，由执行机关提出书面意见，报请高级人民法院裁定；如果故意犯罪，查证属实，应当执行死刑，由高级人民法院报请最高人民法院核准。故本题正确答案为A。

4. **答案**：D。本题考查的是对执行死刑中的特定情形的处理。《刑事诉讼法解释》第500条第1款规定：“下级人民法院在接到执行死刑命令后、执行前，发现有下列情形之一的，应当暂停执行，并立即将请求停止执行死刑的报告和相关材料层报最高人民法院：(一) 罪犯可能有其他犯罪的；(二) 共同犯罪的其他犯罪嫌疑人到案，可能影响罪犯量刑的；(三) 共同犯罪的其他罪犯被暂停或者停止执行死刑，可能影响罪犯量刑的；(四) 罪犯揭发重大犯罪事实或者有其他重大立功表现，可能需要改判的；(五) 罪犯怀孕的；(六) 判决、裁定可能有影响定罪量刑的其他错误的。”故本题正确答案为D。

5. **答案**：A。本题考查的是执行死刑的期限。《刑事诉讼法》第262条第1款规定，下级人民法院接到最高人民法院执行死刑的命令后，应当在7日以内交付执行。故本题正确答案为A。

6. **答案**：B。本题考查刑罚的执行机关。《刑事诉讼法》第269条规定，对被判处管制、宣告缓刑、假释或者暂予监外执行的罪犯，依法实行社区矫正，由社区矫正机构负责执行。故A错误，B项正确。《刑事诉讼法》第272条规定，没收财产的判决，无论附加适用或者独立适用，都由人民法院执行；在必要的时候，可以会同公安机关执行。故D项错误。《刑事诉讼法》第264条第2款规定，对被判处死刑缓期二年执行、无期徒刑、有期徒刑的罪犯，由公安机关依法将该罪犯送交监狱执行刑罚。对被判处有期徒刑的罪犯，在被交付执行刑罚前，剩余刑期在三个月以下的，由看守所代为执行。对被判处拘役的罪犯，由公安机关执行。故C项错误。

7. **答案**：C。本题考查的是终审判决、裁定的效力。《刑事诉讼法》第259条第2款规定："下列判决和裁定是发生法律效力的判决和裁定：（一）已过法定期限没有上诉、抗诉的判决和裁定；（二）终审的判决和裁定；（三）最高人民法院核准的死刑的判决和高级人民法院核准死刑缓期二年执行的判决。"据此，本题正确答案为C。

8. **答案**：C。本题考查的是对免除刑事处罚判决的执行。《刑事诉讼法》第260条规定："第一审人民法院判决被告人无罪、免除刑事处罚的，如果被告人在押，在宣判后应当立即释放。"据此，本题正确答案为C。

9. **答案**：B。本题考查的是死缓罪犯减刑的裁定机关。《刑事诉讼法》第261条第2款规定："被判处死刑缓期二年执行的罪犯，在死刑缓期执行期间，如果没有故意犯罪，死刑缓期执行期满，应当予以减刑的，由执行机关提出书面意见，报请高级人民法院裁定……"据此，本题正确答案为B。

10. **答案**：A。本题考查的是为保外就医开具证明的医院。《刑事诉讼法》第265条第4款规定："对罪犯确有严重疾病，必须保外就医的，由省级人民政府指定的医院诊断并开具证明文件。"据此，本题正确答案为A。

11. **答案**：C。本题考查的是对服刑罪犯又犯新罪或发现漏罪的处理机关。《刑事诉讼法》第273条第1款规定："罪犯在服刑期间又犯罪的，或者发现了判决的时候所没有发现的罪行，由执行机关移送人民检察院处理。"据此，本题正确答案为C。

12. **答案**：C。本题考查的是执行机关发现判决有错误或者罪犯提出申诉的处理。《刑事诉讼法》第275条规定："监狱和其他执行机关在刑罚执行中，如果认为判决有错误或者罪犯提出申诉，应当转请人民检察院或者原审人民法院处理。"据此，本题正确答案为C。

13. **答案**：D。本题考查的是执行期满的处理。《刑事诉讼法》第264条第5款规定："判处有期徒刑、拘役的罪犯，执行期满，应当由执行机关发给释放证明书。"据此，本题正确答案为D。

14. **答案**：B。本题考查的是监外执行的执行机关。《刑事诉讼法》第265条第5款规定："在交付执行前，暂予监外执行由交付执行的人民法院决定；在交付执行后，暂予监外执行由监狱或者看守所提出书面意见，报省级以上监狱管理机关或者设区的市一级以上公安机关批准。"故本题正确答案为B。

15. **答案**：B。《最高人民法院关于减刑、假释案件审理程序的规定》第1条规定，对减刑、假释案件，应当按照下列情形分别处理：……（3）对被判处有期徒刑和被减为有期徒刑的罪犯的减刑、假释，由罪犯服刑地的中级人民法院在收到执行机关提出的减刑、假释建议书后一个月内作出裁定，案情复杂或者情况特殊的，可以延长1个月……故A项的错误在于，对甲的减刑，应由其服刑地中级人民法院作出裁定，而不是高级人民法院作出裁定。《最高人民法院关于减刑、假释案件审理程序的规定》第6条规定，人民法院审理减刑、假释案件，可以采取开庭审理或者书面审理的方式。但下列减刑、假释案件，应当开庭审理：（1）因罪犯有重大立功表现报请减刑的；（2）报请减刑的起始时间、间隔时间或者减刑幅度不符合司法解释一般规定的；（3）公示期间收到不同意见的；（4）人民检察院有异议的；（5）被报请减刑、假释罪犯系职务犯罪罪犯，组织（领导、参加、包庇、纵容）黑社会性质组织犯罪罪犯，破坏金融管理秩序和金融诈骗犯罪罪犯及其他在社会上有重大影响或社会关注度高的；（6）人民法院认为其他应当开庭审理的。《最高人民法院关于减刑、假释案件审理程序的规定》第7条规定，人民法院开庭审理减刑、假释案件，应当通知人民检察院、执行机关及被报请减刑、假释罪犯参加庭审。人民法院根据需要，可以通知证明罪犯确有悔改表现或者立功、重大立功表现的证人，公示期间提出不同意见的人，以及鉴定人、翻译人员等其他人员参加庭审。故B项正确。《最高人民法院关于减刑、假释案件审理程序的规定》第15条规定，人民法院书面审理减刑案件，可以提讯被报请减刑罪犯；书面审理假释案件，应当提讯被报请假释罪犯。C项系职务犯罪，其假释应当开庭审理，不能书面审理。故C项错误。《最高人民法院关于减刑、假释案件审理程序的规定》第10条规定，减刑、假释案件的开庭审理由审判长主持，应当按照以下程序进行：（1）审判长宣布开庭，核实被报请减刑、假释罪犯的基本情况；（2）审判长宣布合议庭组成人员、检察人员、执行机关代表及其他庭审参加人；（3）执行机关代表宣读减刑、假释建议书，并说明主要理由；（4）检察人员发表检察意见；（5）法庭对被报请减刑、假释罪犯确有悔改表现或立功表现、重大立功表现的事实以及其他影响减刑、假释的情况进行调查核实；（6）被报请减刑、假释罪犯作最后陈述；（7）审判长对庭审情况进行总结并宣布休庭评议。故D项错误。

16. 答案：A。《最高人民法院关于刑事裁判涉财产部分执行的若干规定》第2条规定，刑事裁判涉财产部分，由第一审人民法院执行。第一审人民法院可以委托财产所在地的同级人民法院执行。故D项错误。《最高人民法院关于刑事裁判涉财产部分执行的若干规定》第5条规定，刑事审判或者执行中，对于侦查机关已经采取的查封、扣押、冻结，人民法院应当在期限届满前及时续行查封、扣押、冻结。人民法院续行查封、扣押、冻结的顺位与侦查机关查封、扣押、冻结的顺位相同。对侦查机关查封、扣押、冻结的财产，人民法院执行中可以直接裁定处置，无须侦查机关出具解除手续，但裁定中应当指明侦查机关查封、扣押、冻结的事实。故A项正确，B项错误。《最高人民法院关于刑事裁判涉财产部分执行的若干规定》第6条规定，刑事裁判涉财产部分的裁判内容，应当明确、具体。涉案财物或者被害人人数较多，不宜在判决主文中详细列明的，可以概括叙明并另附清单。判处没收部分财产的，应当明确没收的具体财物或者金额。判处追缴或者责令退赔的，应当明确追缴或者退赔的金额或财物的名称、数量等相关情况。故C项错误。

17. 答案：A。本题考查财产刑的执行程序。依据《最高人民法院关于刑事裁判涉财产部分执行的若干规定》第13条规定："被执行人在执行中同时承担刑事责任、民事责任，其财产不足以支付的，按照下列顺序执行：（一）人身损害赔偿中的医疗费用；（二）退赔被害人的损失；（三）其他民事债务；（四）罚金；（五）没收财产。债权人对执行标的依法享有优先受偿权，其主张优先受偿的，人民法院应当在前款第（一）项规定的医疗费用受偿后，予以支持。"依据此法条可知，本题的正确答案为A项。

18. 答案：C。本题考查监外执行。依据《刑事诉讼法》第265条第5款的规定，在交付执行前，暂予监外执行由交付执行的人民法院决定；在交付执行后，暂予监外执行由监狱或者看守所提出书面意见，报省级以上监狱管理机关或者设区的市一级以上公安机关批准。本题中，张某被判处有期徒刑，执行期间，张某需要监外执行，应当由省级以上监狱管理机关或者甲市公安机关批准监外执行，而不是法院。故AB错误。依据《刑事诉讼法》第269条的规定，对被判处管制、宣告缓刑、假释或者暂予监外执行的罪犯，依法实行社区矫正，由社区矫正机构负责执行。《社区矫正法实施办法》第9条第1款规定，社区矫正机构是县级以上地方人民政府根据需要设置的，负责对社区矫正对象进行监督管理和教育帮扶。第10条规定，司法所根据社会矫正机构的委托，承担社区矫正工作。故C项正确。《全国人民代表大会常务委员会关于〈中华人民共和国刑事诉讼法〉第二百五十四条第五款、第二百五十七条第二款的解释》规定："根据刑事诉讼法第二百五十七条第二款的规定，对人民法院决定暂予监外执行的罪犯，有刑事诉讼法第二百五十七条第一款规定的情形，依法应当予以收监的，在人民法院作出决定后，由公安机关依照刑事诉讼法第二百五十三条第二款的规定送交执行刑罚。"本题中，不是法院决定监外执行，因而也不是法院决定收监执行。故D项错误。本题的正确答案为C项。

二、多项选择题

1. 答案：ABCD。本题考查的是公安机关、人民检察院和人民法院对扣押、冻结的财物的处理。《刑事诉讼法》第245条规定："公安机关、人民检察院和人民法院对查封、扣押、冻结的犯罪嫌疑人、被告人的财物及其孳息，应当妥善保管，以供核查，并制作清单，随案移送。任何单位和个人不得挪用或者自行处理。对被害人的合法财产，应当及时返还。对违禁品或者不宜长期保存的物品，应当依照国家有关规定处理。对作为证据使用的实物应当随案移送，对不宜移送的，应当将其清单、照片或者其他证明文件随案移送。人民法院作出的判决，应当对查封、扣押、冻结的财物及其孳息作出处理。人民法院作出的判决生效以后，有关机关应当根据判决对查封、扣押、冻结的财物及其孳息进行处理。对查封、扣押、冻结的赃款赃物及其孳息，除依法返还被害人的以外，一律上缴国库。司法工作人员贪污、挪用或者私自处理查封、扣押、冻结的财物及其孳息的，依法追究刑事责任；不构成犯罪的，给予处分。"故本题正确答案为ABCD。

2. 答案：BCD。本题考查的是有关执行的法律规定。《刑事诉讼法》第244条规定："第二审的判决、裁定和最高人民法院的判决、裁定，都是终审的判决、裁定。"《刑事诉讼法》第259条第2款规定："下列判决和裁定是发生法律效力的判决和裁定：……（二）终审的判决和裁定……”据此，最高人民法院的判决和裁定是终审的判决、裁定，故为发生法律效力的判决和裁定。故本题A项不正确。《刑事诉讼法》第265条第4款规定：“对罪犯确有严重疾病，必须保外就医的，由省级人民政府指定的医院诊断并开具证明文件。”故本题B项正确。《刑事诉讼法》第259条第1款规定：“判决和裁定在发生法律效力后执行。”故本题C项正确。D项表述符合《刑事诉讼法》第228条规定，故正确。综上，本题正确答案为BCD。

3. **答案**：ABCD。本题考查的是刑事诉讼中发生法律效力的判决、裁定的种类。《刑事诉讼法》第259条规定：“判决和裁定在发生法律效力后执行。下列判决和裁定是发生法律效力的判决和裁定：（一）已过法定期限没有上诉、抗诉的判决和裁定；（二）终审的判决和裁定；（三）最高人民法院核准的死刑的判决和高级人民法院核准的死刑缓期二年执行的判决。”综上，本题正确答案为ABCD。

4. **答案**：AB。本题考查的是死刑的执行程序。《刑事诉讼法解释》第505条第1款、第2款规定，第一审人民法院在执行死刑前，应当告知罪犯有权会见其近亲属。罪犯申请会见并提供具体联系方式的，人民法院应当通知其近亲属……罪犯近亲属申请会见的，人民法院应当准许，并及时安排会见……故本题A项表述不正确。《刑事诉讼法解释》第508条规定，执行死刑前，指挥执行的审判人员应当对罪犯验明正身，讯问有无遗言、信札，并制作笔录，再交执行人员执行死刑。执行死刑应当公布，禁止游街示众或者其他有辱罪犯人格的行为。故本题B项表述不正确，D项表述正确。根据《刑事诉讼法》第261条的规定，应当由最高人民法院院长签发执行死刑命令，故本题C项表述正确。综上，本题正确答案为AB。

5. **答案**：ACD。本题考查的是将被判处有期徒刑的罪犯交付执行时应当送达给监狱的法律文书。《刑事诉讼法解释》第511条规定，被判处死刑缓期执行、无期徒刑、有期徒刑、拘役的罪犯，第一审人民法院应当在判决、裁定生效后十日内，将判决书、裁定书、起诉书副本、自诉状复印件、执行通知书、结案登记表送达公安机关、监狱或者其他执行机关。故本题正确答案为ACD。

6. **答案**：AD。《刑事诉讼法解释》第519条规定，对被判处管制、宣告缓刑的罪犯，人民法院应当依法确定社区矫正执行地。社区矫正执行地为罪犯的居住地；罪犯在多个地方居住的，可以确定其经常居住地为执行地；罪犯的居住地、经常居住地无法确定或者不适宜执行社区矫正的，应当根据有利于罪犯接受矫正、更好地融入社会的原则，确定执行地。宣判时，应当告知罪犯自判决、裁定生效之日起十日以内到执行地社区矫正机构报到，以及不按期报到的后果。人民法院应当自判决、裁定生效之日起五日以内通知执行地社区矫正机构，并在十日以内将判决书、裁定书、执行通知书等法律文书送达执行地社区矫正机构，同时抄送人民检察院和执行地公安机关。人民法院与社区矫正执行地不在同一地方的，由执行地社区矫正机构将法律文书转送所在地的人民检察院和公安机关。故A项正确。《刑事诉讼法解释》第542条规定，罪犯在缓刑、假释考验期限内犯新罪或者被发现在判决宣告前还有其他罪没有判决，应当撤销缓刑、假释的，由审判新罪的人民法院撤销原判决、裁定宣告的缓刑、假释，并书面通知原审人民法院和执行机关。故C项不正确。《刑事诉讼法解释》第543条规定，人民法院收到社区矫正机构的撤销缓刑建议书后，经审查，确认罪犯在缓刑考验期限内具有下列情形之一的，应当作出撤销缓刑的裁定：（1）违反禁止令，情节严重的；（2）无正当理由不按规定时间报到或者接受社区矫正期间脱离监管，超过一个月的；（3）因违反监督管理规定受到治安管理处罚，仍不改正的；（4）受到执行机关二次警告，仍不改正的；（5）违反法律、行政法规和监督管理规定，情节严重的其他情形。人民法院收到社区矫正机构的撤销假释建议书后，经审查，确认罪犯在假释考验期限内具有前款第二项、第四项规定情形之一，或者有其他违反监督管理规定的行为，尚未构成新的犯罪的，应当作出撤销假释的裁定。故D项正确。B项的错误在于，不是法院，而是社区矫正机构应当按照法院的判决，向罪犯及其原所在单位或者居住地群众宣布犯罪事实、期限及应遵守的规定。本题的正确答案为AD两项。

7. **答案**：ACD。本题考查的是对罚金判决的执行。《刑事诉讼法解释》第523条第1款、第524条规定，罚金在判决规定的期限内一次或者分期缴纳。期满无故不缴纳或者未足额缴纳的，人民法院应当强制缴纳。经强制缴纳仍不能全部缴纳的，在任何时候，包括主刑执行完毕后，发现被执行人有可供执行的财产的，应当追缴。因遭遇不能抗拒的灾祸等原因缴纳罚金确有困难，被执行人申请延期缴纳、酌情减少或者免除罚金的，应当提交相关证明材料。人民法院应当在收到申请后一个月内作出裁定。符合法定条件的，应当准许；不符合条件的，驳回申请。故本题正确答案为ACD。

8. 答案：ABCD。本题考查的是对没收财产刑的执行。《刑事诉讼法解释》第530条规定，被执行财产在外地的，第一审人民法院可以委托财产所在地同级人民法院执行。故本题ACD项正确。《刑事诉讼法》第272条规定，没收财产的判决，无论附加适用或者独立适用，都由人民法院执行；在必要的时候，可以会同公安机关执行。故本题B项正确。

9. 答案：BCD。本题考查的是有关执行的法律规定。《刑事诉讼法》第263条第7款规定，执行死刑后，交付执行的人民法院应当通知罪犯家属。故本题A项表述正确。《刑事诉讼法》第274条规定，人民检察院认为人民法院减刑、假释的裁定不当，应当在收到裁定书副本后20日以内，向人民法院提出书面纠正意见。故本题B项表述不正确。根据《刑事诉讼法》第261条第2款的规定，被判处死缓的罪犯，只要在死刑缓期执行期间，没有故意犯罪，就不应当执行死刑。故本题C项表述不正确。《刑事诉讼法》第264条第3款规定，对未成年犯应当在未成年犯管教所执行刑罚。故本题D项表述不正确。综上，本题正确答案为BCD。

10. 答案：ABC。本题考查的是死刑缓期执行的罪犯在缓刑执行期间又犯罪的处理。《刑事诉讼法》第308条第3款规定："对罪犯在监狱内犯罪的案件由监狱进行侦查。"《刑事诉讼法解释》第497条规定："被判处死刑缓期执行的罪犯，在死刑缓期执行期间犯罪的，应当由罪犯服刑地的中级人民法院依法审判，所作的判决可以上诉、抗诉。"第497条第2款规定："认定故意犯罪，情节恶劣，在判决、裁定发生法律效力后，应当层报最高人民法院核准执行死刑。"第499条规定："最高人民法院的执行死刑命令，由高级人民法院交付第一审人民法院执行。第一审人民法院接到执行死刑命令后，应当在七日内执行。在死刑缓期执行期间故意犯罪，最高人民法院核准执行死刑的，由罪犯服刑地的中级人民法院执行。"综上，本题ABC项正确，D项不正确。

11. 答案：BCD。本题考查的是减刑、假释的执行。《刑事诉讼法解释》第533条规定："被判处死刑缓期执行的罪犯，在死刑缓期执行期间，没有故意犯罪的，死刑缓期执行期满后，应当裁定减刑；死刑缓期执行期满后，尚未裁定减刑前又犯罪的，应当在依法减刑后，对其所犯新罪另行审判。"综上，本题正确答案为BCD。

12. 答案：BCD。本题考查的是应当停止执行死刑的情况。《刑事诉讼法》第262条第1款规定："下级人民法院接到最高人民法院执行死刑的命令后，应当在七日以内交付执行。但是发现有下列情形之一的，应当停止执行，并且立即报告最高人民法院，由最高人民法院作出裁定：（一）在执行前发现判决可能有错误的；（二）在执行前罪犯揭发重大犯罪事实或者有其他重大立功表现，可能需要改判的；（三）罪犯正在怀孕。"据此，本题正确答案为BCD。

13. 答案：AB。本题考查的是暂予监外执行的适用对象。《刑事诉讼法》第265条规定："对被判处有期徒刑或者拘役的罪犯，有下列情形之一的，可以暂予监外执行……"据此，本题正确答案为AB。

14. 答案：ABC。本题考查的是人民法院将罪犯交付执行的程序。《刑事诉讼法》第264条第1款、第2款规定："罪犯被交付执行刑罚的时候，应当由交付执行的人民法院在判决生效后十日以内将有关的法律文书送达公安机关、监狱或者其他执行机关。对被判处死刑缓期二年执行、无期徒刑、有期徒刑的罪犯，由公安机关依法将该罪犯送交监狱执行刑罚。对被判处有期徒刑的罪犯，在被交付执行刑罚前，剩余刑期在三个月以下的，由看守所代为执行。对被判处拘役的罪犯，由公安机关执行。"故本题正确答案为ABC。

15. 答案：CD。本题考查的是对于暂予监外执行的罪犯依法协助公安机关进行监督的单位或组织。《刑事诉讼法》第265条规定："对被判处有期徒刑或者拘役的罪犯，有下列情形之一的，可以暂予监外执行：（一）有严重疾病需要保外就医的；（二）怀孕或者正在哺乳自己婴儿的妇女；（三）生活不能自理，适用暂予监外执行不致危害社会的。对被判处无期徒刑的罪犯，有前款第二项规定情形的，可以暂予监外执行。对适用保外就医可能有社会危险性的罪犯，或者自伤自残的罪犯，不得保外就医。对罪犯确有严重疾病，必须保外就医的，由省级人民政府指定的医院诊断并开具证明文件。在交付执行前，暂予监外执行由交付执行的人民法院决定；在交付执行后，暂予监外执行由监狱或者看守所提出书面意见，报省级以上监狱管理机关或者设区的市一级以上公安机关批准。"故本题正确答案为CD。

16. 答案：AC。《最高人民法院关于减刑、假释案件审理程序的规定》第4条规定："人民法院审理减刑、假释案件，应当依法由审判员或者由审判员和人民陪审员组成合议庭进行。"因此，A正确。由于甲服刑还不到一半的期限（即6年），按照该规定第6条的规定："人民法院审理减刑、假释案件，可以采取开庭审理或者书面审理的方式。但下列减刑、假释案件，应当开庭审理：（一）因罪犯有重大立功表现报请减刑的，（二）报请减刑的起始时间、间隔时间或者减刑幅度不符合司法解释一般规定的，……”可见，本案应当开庭审理，B错误。根据该规定第7条第2款的规定：“人民法院根据需要，可以通知证明罪犯确有悔改表现或者立功、重大立功表现的证人，公示期间提出不同意见的人，以及鉴定人、翻译人员等其他人员参加庭审。”因此，C正确。根据诉讼原理，审理减刑案件不是解决被告的有罪指控问题，不存在辩护的必要和逻辑前提，因此，D错误。综上，本题正确答案为AC。

三、不定项选择题

1. **答案**：（1）CD。本小题考查的是伪证罪、诬告陷害罪、报复陷害罪的区别。《刑法》第305条规定了伪证罪，是指在刑事诉讼过程中，证人、鉴定人、记录人、翻译人对与案件有重要关系的情节，故意作虚假证明、鉴定、记录、翻译，意图陷害他人或隐匿罪证的行为。本罪是特殊主体，故齐某不能构成本罪。故本题A项不正确。《刑法》第254条规定了报复陷害罪，是指国家机关工作人员滥用职权、假公济私的行为。本题中齐某的行为不符合上述规定。本罪也是特殊主体。故本题B项不正确。《刑法》第243条规定了诬告陷害罪，是指诬告他人，捏造事实，向国家机关或者有关单位作虚假告发，意图使他人受到错误的刑事追究，情节严重的行为。本题中，齐某明知自己的诬告可能使蔡某受到错误的刑事追究，却实施了诬告行为，已构成诬告陷害罪。故本题C项正确。《刑法》第236条规定了强奸罪，根据本题中所述情形，齐某犯有强奸罪。故本题D项正确。

   （2）D。本小题考查二审。二审法院是终审法院，如果将齐某的盗窃行为放在二审法院审判，等于剥夺了齐某的上诉权，违背了刑事诉讼法的基本原则，也违反刑事诉讼级别管辖制度，因此应当将本案发回原审法院重新审判。故本题A项不正确，D项正确。根据《刑事诉讼法》第204条、《刑事诉讼法解释》第274条、第297条的规定，人民法院不得直接决定对案件进行补充侦查，而应由人民检察院提出建议。故本题BC项不正确。

   （3）C。本小题考查的是证据的种类。证人证言，是指证人就自己所知道的案件情况向公安、司法机关所作的陈述。被害人陈述，是指犯罪行为的直接受害者就其所了解的案件情况，向公安、司法机关所作的陈述。犯罪嫌疑人、被告人供述和辩解，是指犯罪嫌疑人、被告人在刑事诉讼中就其被指控的犯罪事实以及其他案件事实向公安、司法机关所作的陈述。本题中，齐某对蔡某的指认是证人证言；艾某的描述是被害人陈述；蔡某的口供是被告人口供。故本案具有AB项所述证据，故本题C项正确。

   （4）D。本小题考查的是刑事诉讼中的执行。《刑事诉讼法》第273条第1款规定：“罪犯在服刑期间又犯罪的，或者发现了判决的时候所没有发现的罪行，由执行机关移送人民检察院处理。”本题中执行机关是监狱，所以应由关押齐某的监狱移送人民检察院处理。故本题正确答案为D。

2. **答案**：（1）BD。《刑事诉讼法》第269条规定，对被判处管制的罪犯，由社区矫正机构负责执行。《刑事诉讼法》第270条规定：“对于被判处剥夺政治权利的罪犯，由公安机关执行……”故正确答案为BD。

   （2）AD。《刑事诉讼法》第270条规定：“对被判处剥夺政治权利的罪犯，由公安机关执行……”第271条规定：“被判处罚金的罪犯，期满不缴纳的，人民法院应当强制缴纳……”第272条规定：“没收财产的判决，无论附加适用或者独立适用，都由人民法院执行；在必要时，可以会同公安机关执行。”根据上述规定，罚金刑和没收财产刑由法院执行，剥夺政治权利刑由公安机关执行，王某被判处有期徒刑15年，剥夺政治权利3年，并处没收个人财产，朱某被判处有期徒刑10年，剥夺政治权利2年，罚金2万元人民币，两人刑罚中既有需要法院执行的，也有需要公安机关执行的，故正确答案为AD。李某被判处有期徒刑2个月，由看守所执行，周某被判处管制1年，剥夺政治权利1年，由社区矫正机构和公安机关执行，故BC不正确。

3. **答案**：（1）ABCD。本小题考查的是各种判决的执行机关。根据《刑事诉讼法》第264条的规定，本题中李某、王某、徐某分别被判处死刑缓期二年执行、无期徒刑、有期徒刑，应由监狱执行；樊某被判处有期徒刑剩余刑期在3个月以下，应由看守所代为执行；刘某是未成年犯，应由未成年犯管教所执行。故本题正确答案为ABCD。

   （2）ABCD。本小题考查的是减刑的程序。《刑事诉讼法解释》第534条第1款第3项规定，对被判处有期徒刑（包括减为有期徒刑）的罪犯的减刑、假释，由罪犯服刑地的中级人民法院在收到执行机关提出的减刑、假释建议书后1个月内依法裁定；案情复杂或者情况特殊的，可以延长1个月。故本题AC项正确。《刑事诉讼法解释》第539条规定，人民法院作出减刑、假释裁定后，应当在七日内送达提请减刑、假释的执行机关、同级人民检察院以及罪犯本人。人民检察院认为减刑、假释裁定不当，在法定期限内提出书面纠正意见的，人民法院应当在收到意见后另行组成合议庭审理，并在一个月内作出裁定。故本题B项正确。根据《刑事诉讼法解释》第538条的规定，审理减刑、假释案件，应当组成合议庭，故本题D项正确。

4. **答案：**（1）ABC。选项A正确。《刑事诉讼法》第264条第2款规定，对于被判处死刑缓期二年执行、无期徒刑、有期徒刑的罪犯，由公安机关依法将该罪犯送交监狱执行刑罚。选项B正确。《刑事诉讼法》第270条规定，对于被判处剥夺政治权利的罪犯，由公安机关执行。选项C正确。《刑法》第57条第1款规定，对于被判处死刑、无期徒刑的犯罪分子，应当剥夺政治权利终身。选项D错误。《刑法》第57条第2款规定，在死刑缓期执行减为有期徒刑或者无期徒刑减为有期徒刑的时候，应当把附加剥夺政治权利的期限改为三年以上十年以下。

（2）B。选项A错误。《刑事诉讼法解释》第522条规定，财产刑由第一审人民法院负责裁判执行的机构执行。据此可知，财产刑由第一审人民法院负责执行，不是由公安机关执行。选项B正确。第527条规定，被判处财产刑，同时又承担附带民事赔偿责任的被执行人，应当先履行民事赔偿责任。选项C错误。第528条规定，执行财产刑时，案外人对被执行标的书面提出异议的，人民法院应当参照民事诉讼法的有关规定处理。《民事诉讼法》第227条规定，执行过程中，案外人对执行标的提出书面异议的，人民法院应当自收到书面异议之日起十五日内审查，理由成立的，裁定中止对该标的的执行；理由不成立的，裁定驳回。据此可知，案外人对执行标的物提出异议的，法院并非当然裁定中止执行。选项D错误。根据《刑法》第60条之规定，只有王某在案发前所负的正当债务才可先行偿还，并非所有的债务。

四、名词解释

1. **答案：**交付执行是指交付执行机关将已经发生法律效力的判决和裁定交付有关刑罚执行机关予以执行的活动。交付执行机关是指将生效裁判以及罪犯依照法定程序交给有关机关执行刑罚的机关。根据我国《宪法》《刑事诉讼法》和《人民法院组织法》的规定，人民法院既是国家审判机关，也是将生效裁判交付执行的机关。人民法院根据已经生效裁判所确定的内容以及刑罚执行的方式，交由不同的执行机关执行。根据刑事诉讼法及其司法解释的规定，发生法律效力的裁判一般由原第一审人民法院交付执行，但是，罪犯关押在第二审人民法院所在的，也可以由第二审人民法院交付执行。

2. **答案：**执行的变更是指人民法院、监狱及其他执行机关对生效裁判在交付执行或执行过程中出现法定需要改变刑罚种类或者执行方法的情形后，依照法定程序予以改变的活动。依法对一些生效判决或裁定予以及时变更，有利于发挥刑罚对罪犯的惩罚和教育改造作用。根据我国刑事诉讼法的规定，执行的变更包括死刑执行的变更、死刑缓期二年执行的变更、暂予监外执行、减刑和假释、对新罪或漏罪的追究程序以及对错判和申诉的处理几种情形。

3. **答案：**保外就医是指罪犯病危或患有恶性传染病、不治之症等，不宜在监狱或者其他执行机关的医院治疗而由罪犯提出保证人担保其在监外执行和治病期间不违反有关规定的制度。保外就医是暂予监外执行的一种方式。为了防止罪犯在监外危害社会和滥用保外就医，我国刑事诉讼法规定，对于适用保外就医可能有社会危险性的罪犯或者自伤自残的罪犯，不得保外就医；对于罪犯有严重疾病，必须保外就医的，由省级人民政府指定的医院诊断并开具证明文件，依照法律规定的程序审批。

4. **答案：**减刑是指被判处管制、拘役、有期徒刑和无期徒刑的罪犯在执行期内确有悔改或者立功表现的，可以依法减轻其刑罚的一种制度。减刑既可以减少原判刑期，也可以将原判较重的刑种改为较轻的刑种。但是，减刑以后实际执行的刑期，判处管制、拘役以及有期徒刑的，不得少于原判刑期的1/2，判处无期徒刑的，不得少于13年。

5. **答案：**死刑停止执行是刑事诉讼规定的执行的变更的一种。《刑事诉讼法》第262条第1款规定，下级人民法院接到最高人民法院执行死刑的命令后，应当在七日内交付执行。但是发现有下列情形之一的，应当停止执行，并且立即报告最高人民法院，由最高人民法院作出裁决：（1）在执行前发现判决可能有错误的；（2）在执行前揭发重大犯罪事实或者有其他重大立功表现，可能需要改判的；（3）罪犯正在怀孕。

五、简答题

1. **答案：**一审法院判决宣告被告人无罪、免除刑事处罚，如果被告人在押，在宣判后应当立即释放。即在一审判决宣告后尚未生效前，立即放人。如果自诉人或检察院提出上诉或抗诉，也应将被告人立即释放，法院应立即通知公安机关，由看守所填发《释放证明书》。法律之所以作如此规定，目的在于即时恢复已被宣告无罪、免除刑事处罚的人的人身自由，保护其合法权益。将判处无罪、免除刑事处罚的在押被告人释放，实际上已撤销原来所作的逮捕决定。但如果是被取保候审或监视居住的，应另作撤销该强制措施的决定。将判决无罪的人释放后，还应当协同有关单位做好善后工作。如果因没有犯罪事实被错误逮捕的，有权向赔偿义务机关提出赔偿、恢复名誉等请求。如自诉人或检察院提出上诉或抗诉的，由二审审理后改判处刑的，应再执行终审判决。如果对被告人改处拘役、徒刑时，应根据判决文书等文件予以收押执行。

2. **答案**：《刑事诉讼法》第262条规定，下级人民法院接到最高人民法院执行死刑的命令后，应当在七日以内交付执行。但是发现有下列情形之一的，应当停止执行，并且立即报告最高人民法院，由最高人民法院作出裁定：(1) 在执行前发现判决可能有错误的；(2) 在执行前罪犯揭发重大犯罪事实或者有重大立功表现，可能需要改判；(3) 罪犯正在怀孕。前款第一项、第二项停止执行的原因消失后，必须报请最高人民法院院长再签发执行死刑的命令才能执行；由于前款第三项原因停止执行的，应当报请最高人民法院依法改判。

3. **答案**：暂予监外执行是指对判处有期徒刑、拘役的犯罪因出现某种法定特殊情形不宜在监内执行时，暂时将其放在监外交由公安机关执行的一种变通方法。它不仅变更了执行场所，而且变更了执行方式。根据《刑事诉讼法》第265条规定，可以适用暂予监外执行的有如下三种情形：(1) 有严重疾病需要保外就医。(2) 怀孕或者正在哺乳自己婴儿的妇女。(3) 生活不能自理，适用暂予监外执行不致危害社会的。被判处无期徒刑的罪犯有前述第2项情形的，可以暂予监外执行。它是指罪犯由于老、弱、病、残等原因需要他人照顾才能生活。只要具备以上三种情形之一，对罪犯就可以决定暂予监外执行。但是必须明确，对于不符合保外就医条件的罪犯，也会得到执行机关医院的治疗，对于疑难或复杂病症，医院还可以聘请专家会诊积极治疗，对起居不便的罪犯，给予生活上的照顾。

4. **答案**：新罪是指罪犯在服刑期间实施了触犯刑律并应当追究刑事责任的行为。漏罪是指罪犯在服刑过程中发现其在判决宣告以前实施的尚未被判决的罪行。对于罪犯在服刑过程中，无论是又犯新罪，还是发现有漏罪，都应依法予以追究。根据《刑事诉讼法》第273条、第308条和《监狱法》第60条的规定，对服刑罪犯犯新罪或者发现漏罪的，应当分别不同的情况，予以追究：(1) 对于在监狱、未成年犯管教所服刑的罪犯，发现犯新罪或漏罪的，由执行机关进行侦查，侦查终结后，移送人民检察院审查决定，向有管辖权的人民法院提起公诉；(2) 对在看守所、拘役所服刑的罪犯和被宣告缓刑、假释、暂予监外执行的罪犯，以及被判处管制的罪犯，发现有漏罪或又犯新罪的，由负责执行的公安机关立案侦查，侦查终结后移送当地人民检察院，根据管辖的规定，向人民法院提起公诉；(3) 对服刑罪犯脱逃后又犯罪的，如果其新罪是监狱捕获罪犯后发现的，由监狱侦查终结后移送起诉；如果其新罪是公安机关捕获罪犯后发现的，由公安机关侦查终结后移送起诉。

人民法院对人民检察院提起公诉的新罪、漏罪审理后，作出的生效判决，判决书除送达罪犯外，还应将副本送达原审人民法院、人民检察院和执行机关。

5. **答案**：假释是对被判处有期徒刑和无期徒刑的罪犯在执行一定刑罚后，确有悔改表现且不致再危害社会的，将附条件地予以提前释放的制度。根据《刑法》第81条的规定，假释的对象只能是被判处有期徒刑和无期徒刑的罪犯，不包括被判处拘役的罪犯。但是，《刑法》第81条第2款："对累犯以及因故意杀人、强奸、抢劫、绑架、放火、爆炸、投放危险物质或者有组织的暴力性犯罪被判处十年以上有期徒刑、无期徒刑的犯罪分子，不得假释。"适用假释的条件是：(1) 执行期限的要求：被判处有期徒刑的罪犯，应当执行原判刑期1/2以上，被判处无期徒刑的罪犯应当已执行13年以上。(2) 主观上改造的要求，必须是在服刑中确有悔改表现，假释后不致再危害社会的。上述两个条件必须同时具备。

六、论述题

1. **答案**：刑事诉讼中的执行是指人民法院、人民检察院、公安机关及刑罚执行机关等将已经发生法律效力的判决、裁定所确定的内容依法付诸实施及解决实施中出现的变更执行等问题而进行的活动。执行机关对罪犯进行监管、教育、组织劳动等活动属于司法行政活动，不具有诉讼活动的性质。执行程序具有如下特点：(1) 合法性。执行的合法性是指刑罚执行机关执行的对象必须是已经发生法律效力的判决和裁定（宣告被告人无罪、免除刑事处罚立即释放在押被告人的除外）；执行活动必须是依照法律规定的诉讼程序进行。包括：交付执行时，必须移送完备的司法文书及办理相应的法律手续；刑罚变更时，应当依据法定条件和遵照有关管辖及程序的规定进行，不可任意变更或停止执行，否则就是违法。(2) 及时性。执行的及时性是指人民法院的判决和裁定一经发生法律效力，就应当迅速执行，任何机关、团体和个人都无权阻止和拖延。如果无故干扰和拖延生效裁判的执行，就会造成难以挽回的后果；或使人民法院的判决和裁定失去严肃性和权威性，使法律文书成为一纸空文；或者使生效裁判丧失执行条件，使犯罪分子重新逍遥法外，继续危害国家和人民；或者使错误追究得不到及时纠正，使无罪的应当免除刑事处罚公民的合法权益继续遭受侵犯。(3) 强制性。执行的强制性是指已经发生法律效力的判决和裁定，具有普遍的约束力，任何机关、团体和个人都应当执行。尤其是被判刑人，不论其是否同意裁判所确定内容，都应当被强制无条件地执行，如果抗拒执行，情节严重的，根据《刑法》第 313 条的规定，以拒不执行判决、裁定罪被追究刑事责任。(4) 执行主体的广泛性。执行主体的广泛性是指有权利和义务执行生效裁判的机关、单位和组织在范围上的宽泛和层次上的多样化。根据刑事诉讼法的规定，有权利和义务执行生效判决和裁定的机关、单位和组织，除人民法院、人民检察院和公安机关外，还有监狱、未成年犯管教所、拘役所、看守所以及由公安机关转交的罪犯所在单位或者基层组织等。执行主体的广泛性是执行程序的又一特点。

2. 答案：(1) 对执行死刑的监督。根据《刑事诉讼法》第 263 条第 1 款的规定和司法实践，人民法院在交付执行死刑 3 日以前，应当通知同级人民检察院派员临场监督。检察人员执行临场监督的主要内容包括：查明有无执行死刑命令或者是否由核准死刑的人民法院院长签发，以及签发的具体时间；有无《刑事诉讼法》第 262 条和第 263 条规定的“停止执行”和“暂停执行”的情形发生及应当采取的相应措施；执行死刑的指挥人员、执行人员及其执行死刑的场所、方法和程序是否合法；执行死刑的刑场秩序，有无足以造成他人伤亡的情况。经检察监督，只要发现以上情形其中之一者，应当及时提出纠正意见。

(2) 对暂予监外执行的监督。《刑事诉讼法》第 267 条规定：“决定或者批准暂予监外执行的机关应当将批准暂予监外执行决定抄送人民检察院。人民检察院认为暂予监外执行不当的，应当自接到通知之日起一个月以内将书面意见送交决定或者批准暂予监外执行的机关，决定或者批准暂予监外执行的机关接到人民检察院的书面意见后，应当立即对该决定进行重新核查。”

(3) 对减刑、假释的监督。《刑事诉讼法》第 274 条规定：“人民检察院认为人民法院减刑、假释的裁定不当，应当在收到裁定书副本后二十日以内，向人民法院提出书面纠正意见。人民法院应当在收到纠正意见后一个月以内重新组成合议庭进行审理，作出最终裁定。”这一规定表明：①人民检察院对人民法院作出的减刑、假释决定实行监督，检察该裁定是否正确，罪犯有无减刑、假释的法定条件，以及有无确实证据予以证明等；②人民检察院对减刑、假释实行监督的期限是，自收到减刑、假释裁定书副本以后的 20 日以内进行，不得拖延，否则，不具有法律效力；③人民法院应当认真接受人民检察院的监督，在收到纠正意见书后的 1 个月内对案件进行重新审理。为使错误裁定得到纠正，审理时依法另行组成合议庭，作出终审裁定。裁定一经宣告，立即生效，交付有关机关执行。

(4) 对执行刑罚活动的监督。人民检察院对执行活动实行监督的方式，通常是通过定期或不定期的检察活动，单独进行和与人民法院联合进行相结合。其方法主要有：听取执行机关的执行情况汇报；调阅典型档案或材料；召开座谈会、调查会；个别谈话及讯问罪犯；视察警戒；检查生产、生活条件等。通过这些方式、方法发现问题，及时解决和纠正。

监督中，发现有违法、违纪情况的及时予以纠正：对情节较轻的违纪行为，以口头方式向违纪人提出纠正意见；对情节严重的违法行为，经检察长批准以书面方式向执行机关发出纠正违法通知书；对违法行为造成严重后果并构成犯罪的，提请有关机关追究责任人员的刑事责任。

对于人民检察院的《纠正违法通知书》，执行机关应当回复监督的落实情况，没有回复的，及时报告上一级人民检察院，并抄报执行机关的上级主管机关。上级检察机关认为下级人民检察院的纠正违法意见有错误的，应当通知下级人民检察院撤销已发的《纠正违法通知书》，并通知同级执行机关。

七、案例分析题

1. 答案：(1) 本案中，核准死刑的人民法院作出死刑裁判没有错误的裁定后，下级人民法院立即对甲执行了死刑，是错误的。根据《刑事诉讼法》第 262 条、《刑事诉讼法解释》第 500 条的规定，下级人民法院在接到执行死刑命令后，发现裁判可能有错误的，应当停止执行，并立即报告核准死刑的人民法院，由核准死刑的人民法院作出裁定。停止执行的原因消失后，必须报请核准死刑的人民法院院长再签发执行死刑命令才能执行。

(2) 监狱在对乙的执行过程中，因乙患有严重疾病而将其保外就医，是错误的。根据《刑事诉讼法》第 265 条规定，暂予监外执行的对象一般限于被判处有期徒刑或者拘役的罪犯。本题乙被判处无期徒刑，但不属于怀孕或正在哺乳自己婴儿的妇女，故不能适用暂予监外执行。

(3) 监狱在丙服刑满 4 年后对其向法院提出了假释建议，是错误的。我国《刑法》明确规定，对累犯以及因故意杀人、强奸、抢劫、绑架、放火、爆炸、投放危险物质或者有组织的暴力性犯罪被判处10年以上有期徒刑、无期徒刑的犯罪分子，不得假释。

(4) 法院以丁在缓刑考验期间并未犯罪为由不接受公安机关的建议，是错误的。《刑事诉讼法解释》第543条规定，人民法院收到社区矫正机构的撤销缓刑建议书后，经审查，确认罪犯在缓刑考验期限内具有下列情形之一的，应当作出撤销缓刑的裁定：①违反禁止令，情节严重的；②无正当理由不按规定时间报到或者接受社区矫正期间脱离监管，超过一个月的；③因违反监督管理规定受到治安管理处罚，仍不改正的；④受到执行机关二次警告，仍不改正的；⑤违反法律、行政法规和监督管理规定，情节严重的其他情形。人民法院收到社区矫正机构的撤销假释建议书后，经审查，确认罪犯在假释考验期限内具有前款第2项、第4项规定情形之一，或者有其他违反监督管理规定的行为，尚未构成新的犯罪的，应当作出撤销假释的裁定。

2. **答案**：(1) 一审宣判后，人民法院立即对武某、康某、尹某三名被告人判处的罚金予以执行是错误的。根据《刑事诉讼法》第259条第1款的规定，判决应当在发生法律效力后才能执行。

(2) 杜某在第二审结束后才被释放是错误的。根据《刑事诉讼法》第260条的规定，第一审人民法院判决免除刑事处罚的，如果被告人在押，应当在宣判后立即释放。

(3) 省高级人民法院核准对武某的死刑判决并签发执行死刑的命令是错误的。死刑案件由最高人民法院核准并签发执行死刑的命令。故本题中对武某的死刑判决应当由最高人民法院核准死刑并签发执行死刑的命令。

(4) 经过审查认为死刑判决没有错误后，人民法院立即对武某执行了死刑是错误的。根据《刑事诉讼法》第262条的规定，在收到执行死刑的命令后，因判决可能有错误而停止执行的，停止执行的原因消失后，应当报请最高人民法院院长再次签发执行死刑的命令后才能执行。

(5) 有关机关批准对康某暂予监外执行是错误的。根据《刑事诉讼法》第265条的规定，暂予监外执行的适用对象一般是被判处有期徒刑、拘役的罪犯，康某被判处无期徒刑，但不符合第265条第2款规定的条件，不得适用暂予监外执行。

(6) 县人民法院裁定对尹某减刑是错误的。根据《刑事诉讼法解释》第534条第1款的相关规定，被宣告缓刑的罪犯需要减刑的，应当由罪犯所在地的高级人民法院裁定。

(7) 县人民法院在收到减刑建议书后3个月才作出裁定书是错误的。根据《刑事诉讼法解释》第534条第1款第4项的规定，人民法院应当自收到减刑建议书之日起1个月内依法裁定。

(8) 县人民法院由审判员俞某裁定对尹某减刑是错误的。根据《刑事诉讼法解释》第538条的规定，人民法院审理减刑案件，应当依法组成合议庭。

3. **答案**：(1) 正确。我国《刑法》第79条规定："对于犯罪分子的减刑，由执行机关向中级以上人民法院提出减刑建议书。人民法院应当组成合议庭进行审理，对确有悔改或立功事实的，裁定予以减刑。非经法定程序不得减刑。"甲地监狱自行决定减免王某一部分刑罚，而未经中级人民法院裁定，没有遵循法定的程序，因而其作出的减刑决定无效，该中级人民法院有权撤销。

(2) 应由乙地公安机关负责侦查。根据有关规定，服刑罪犯逃跑后又犯罪的，如果新罪是犯罪地的公安机关破获的，应当由犯罪地的公安机关和其他司法机关依管辖规定及法定程序进行诉讼；如果新罪是监狱等执行机关捕回后发现的，应由监狱等内部机关侦查终结后移送人民检察院处理。因而本案中应由乙地司法机关对王某所犯新罪实施管辖。只有在后一种情况下才能由甲地的监狱行使其侦查权。

4. **答案**：(1) 雷某、朱某被判处的有期徒刑，由公安机关将其送交监狱执行刑罚；卫某被判处的有期徒刑，由看守所代为执行。《刑法》第46条规定：被判处有期徒刑、无期徒刑的犯罪分子，在监狱或者其他执行场所执行；凡有劳动能力的，都应当参加劳动，接受教育和改造。《刑事诉讼法》第264条规定：罪犯被交付执行刑罚的时候，应当由交付执行的人民法院在判决生效后十日以内将有关的法律文书送达公安机关、监狱或者其他执行机关。对于被判处死刑缓期2年执行、无期徒刑、有期徒刑的罪犯，由公安机关依法将该罪犯送交监狱执行刑罚。对于被判处有期徒刑的罪犯，在被交付执行刑罚前，剩余刑期在三个月以下的，由看守所代为执行。据此，本案中，雷某、朱某被判处的有期徒刑，由公安机关将其送交监狱执行刑罚。

(2) 雷某、朱某、卫某和章某被判处的剥夺政治权利由公安机关执行；章某被判处管制，由社区矫正机构执行。根据《刑法》第38条第2款和《刑事诉讼法》第269条规定，对被判处管制的犯罪分子，依法实行社区矫正，由社区矫正机构负责执行。《刑事诉讼法》第270条规定：对被判处剥夺政治权利的罪犯，由公安机关执行。执行期满，应当由执行机关书面通知本人及其所在单位、居住地基层组织。据此，本案中，雷某、朱某、卫某和章某被判处的剥夺政治权利，由公安机关执行；章某被判处管制，由社区矫正机构执行。

(3) 对于雷某所被判处的没收个人全部财产，由人民法院执行。《刑事诉讼法》第 272 条规定，没收财产的判决，无论附加适用或者独立适用，都由人民法院执行；在必要的时候，可以会同公安机关执行。据此，本案中，对于雷某所判处的没收个人财产的刑罚，由人民法院执行；必要时，可以会同公安机关执行。

(4) 对于朱某所处的罚金，由人民法院执行。《刑事诉讼法》第 271 条规定，被判处罚金的罪犯，期满不缴纳的，人民法院应当强制缴纳；如果由于遭遇不能抗拒的灾祸等原因缴纳确实有困难的，经人民法院裁定，可以延期缴纳、酌情减少或者免除。据此，罚金刑由人民法院执行。故本案中，对于朱某所被判处的罚金，应由人民法院执行。

第二十五章　特别程序

基础知识图解

- 未成年人案件的诉讼程序
  - 概述
    - 未成年人犯罪的概念和特点
    - 未成年人案件诉讼程序设立的必要性及法律依据
  - 未成年人案件诉讼程序的方针和特有原则
    - 教育、感化、挽救方针
    - 分案处理原则
    - 充分保障未成年犯罪嫌疑人，被告人诉讼权利原则
    - 审理不公开原则
    - 全面调查原则
    - 迅速简易原则
  - 未成年人案件诉讼程序的特点
    - 未成年人案件诉讼程序的特点
    - 未成年人案件的诉讼程序：立案、侦查、起诉、审判、执行
- 当事人和解的公诉案件诉讼程序
  - 概述
    - 当事人和解的公诉案件程序的概念与意义
    - 当事人和解的公诉案件程序创建的背景
    - 当事人和解程序与相关概念的区别
      - 当事人和解与调解
      - 当事人和解与“私了”
      - 当事人和解与辩诉交易
      - 当事人和解与恢复性司法
  - 适用范围与诉讼程序
    - 适用范围
    - 诉讼程序
- 犯罪嫌疑人、被告人逃匿、死亡案件违法所得的没收程序
  - 概述
    - 背景
    - 概念、特点
  - 适用条件
    - 适用的案件范围
    - 被追诉人不能到案
    - 有追缴财产的需要
    - 程序启动要件
  - 违法所得案件的审理
    - 没收案件的审判管辖
    - 没收案件的公告程序
    - 利害关系人的参与原则
    - 没收案件的审理方式
    - 没收案件的审理结果
    - 对裁决结果的上诉、抗诉
    - 没收案件的终止审理
    - 没收案件的国家赔偿

依法不负刑事责任的精神病人的强制医疗程序
- 概述
- 强制医疗的适用范围
  - 前提条件
  - 医学条件
  - 社会危害性条件
- 强制医疗程序
  - 强制医疗程序的启动
  - 有权采取强制医疗措施的决定机关
  - 强制医疗案件的审理
- 强制医疗的复查和监督
  - 定期复查制度
  - 解除强制医疗的决定机构
  - 申请解除强制医疗权
  - 检察机关对强制医疗的监督

配套测试

一、单项选择题

1. 关于附条件不起诉，下列哪一说法是错误的？(　　)(司考 2012. 2. 36)
   A. 只适用于未成年人案件
   B. 应当征得公安机关、被害人的同意
   C. 未成年犯罪嫌疑人及其法定代理人对附条件不起诉有异议的应当起诉
   D. 有悔罪表现时，才可以附条件不起诉

2. 下列哪一案件可以适用当事人和解的公诉案件诉讼程序？(　　)(司考 2016. 2. 41)
   A. 甲因侵占罪被免除处罚 2 年后，又涉嫌故意伤害致人轻伤
   B. 乙涉嫌寻衅滋事，在押期间由其父亲代为和解，被害人表示同意
   C. 丙涉嫌过失致人重伤，被害人系限制行为能力人，被害人父亲愿意代为和解
   D. 丁涉嫌破坏计算机信息系统，被害人表示愿意和解

3. 关于犯罪嫌疑人、被告人逃匿、死亡案件违法所得的没收程序，下列哪一说法是正确的？(　　)(司考 2012. 2. 38)
   A. 贪污贿赂犯罪案件的犯罪嫌疑人潜逃，通缉 1 年后不能到案的，依照《刑法》规定应当追缴其违法所得及其他涉案财产的，公安机关可以向法院提出没收违法所得的申请
   B. 在 A 选项所列情形下，检察院可以向法院提出没收违法所得的申请
   C. 没收违法所得及其他涉案财产的申请，由犯罪地的基层法院组成合议庭进行审理
   D. 没收违法所得案件审理中，在逃犯罪嫌疑人被抓获的，法院应当中止审理

4. 陈某（16 岁）对张某（17 岁）实施了故意伤害的犯罪行为，吴某（15 岁）作为证人参与了该伤害案件的诉讼程序，针对此案下列哪些说法是正确的？(　　)
   A. 讯问陈某时，可以通知其法定代理人到场
   B. 讯问陈某时，应当通知其法定代理人到场
   C. 询问张某时，可以通知其法定代理人到场
   D. 询问吴某时，可以通知其法定代理人到场

5. 甲因邻里纠纷失手致乙死亡，甲被批准逮捕。案件起诉后，双方拟通过协商达成和解。对于此案的和解，下列哪一选项是正确的？(　　)(司考 2014. 2. 40)
   A. 由于甲在押，其近亲属可自行与被害方进行和解
   B. 由于乙已经死亡，可由其近亲属代为和解
   C. 甲的辩护人和乙近亲属的诉讼代理人可参与和解协商
   D. 由于甲在押，和解协议中约定的赔礼道歉可由其近亲属代为履行

6. 下列哪一选项不属于犯罪嫌疑人、被告人逃匿、死亡案件违法所得没收程序中的“违法所得及其他涉案财产”？(　　)(司考 2014. 2. 42)
   A. 刘某恐怖活动犯罪案件中从其住处搜出的管制刀具
   B. 赵某贪污案赃款存入银行所得的利息
   C. 王某恐怖活动犯罪案件中制造爆炸装置使用的所在单位的仪器和设备
   D. 周某贿赂案受贿所得的古玩

7. 陈某（16 岁）因抢夺罪被立案侦查，后来人民检察院对陈某做出了附条件不起诉的决定，对此下列哪项说法是正确的？(　　)
   A. 若附条件不起诉考验期满，陈某没有任何违法违规行为，则人民检察院应当撤销案件

B. 若陈某对附条件不起诉的决定有异议，人民检察院应当作出不起诉的决定

C. 陈某如果离开居所，应当报经考察机关批准

D. 在附条件不起诉的考验期内，若陈某过失致人轻伤，人民检察院应当撤销附条件不起诉的决定，提起公诉

8. 某人民法院受理了人民检察院起诉的一起结伙抢劫案，其中被告人陈某 17 岁，王某 21 岁，法院经审理后，依法作出判决，下列说法哪项是正确的？（　　）

A. 陈某可以自行委托辩护律师

B. 在审理该案过程中，法院应当对陈某的成长经历、犯罪原因、监护教育等情况进行调查

C. 虽然陈某不满 18 周岁，鉴于本案社会影响极大，经审判委员会批准，对本案不公开审理

D. 在审理时，检察院可以不派员出庭

9. A 市原副市长马某，涉嫌收受贿赂 2000 余万元。为保证公正审判，上级法院指令与本案无关的 B 市中级法院一审。B 市中级法院受理此案后，马某突发心脏病不治身亡。关于此案处理，下列哪一选项是错误的？（　　）（司考 2014. 2. 41）

A. 应当由法院作出终止审理的裁定，再由检察院提出没收违法所得的申请

B. 应当由 B 市中级法院的同一审判组织对是否没收违法所得继续进行审理

C. 如裁定没收违法所得，而马某妻子不服的，可在 5 日内提出上诉

D. 如裁定没收违法所得，而其他利害关系人不服的，有权上诉

10. 被告人张某是不负刑事责任的精神病人，人民法院经审理认为，张某符合强制医疗的条件，决定对其采取强制医疗。对于人民法院的该决定，下列哪些救济措施是正确的？（　　）

A. 张某不服可以向人民法院申请复议，若意见不被接受，可以向上一级人民法院申请复核

B. 张某可以向上一级人民法院上诉

C. 张某可以请求人民检察院抗诉

D. 张某只能向上一级人民法院申请复议

11. 因为邻里纠纷，杨某将龙某打成轻伤，由于杨某真心悔悟，并积极向龙某赔偿、赔礼道歉，从而获得了龙某的谅解，双方当事人准备和解。对此，下列哪项说法正确？（　）

A. 若杨某和龙某准备和解，公安机关、检察院、法院可以听取他们和其他有关人员的意见

B. 杨某和龙某在侦查、起诉和审判阶段都可以进行和解

C. 若杨某和龙某在侦查阶段达成和解协议，则公安机关可以撤销案件

D. 若杨某和龙某在审判阶段达成和解协议，人民法院应当依法对被告人从宽处罚

12. 关于强制医疗程序，下列哪项说法是错误的？（　　）

A. 对不负刑事责任的精神病人的强制医疗，由人民法院或者人民检察院决定

B. 对实施暴力行为的精神病人，在人民法院决定强制医疗前，公安机关可以采取临时的保护性约束措施

C. 被强制医疗的人的近亲属有权申请解除强制医疗

D. 人民检察院对强制医疗的决定和执行都可以实行监督

13. 甲在公共场所实施暴力行为，经鉴定为不负刑事责任的精神病人，被县法院决定强制医疗。甲父对决定不服向市中级法院申请复议，市中级法院审理后驳回申请，维持原决定。关于本案处理，下列哪一选项是正确的？（　　）（司考 2017. 2. 41）

A. 复议期间可暂缓执行强制医疗决定，但应采取临时的保护性约束措施

B. 应由公安机关将甲送交强制医疗

C. 强制医疗 6 个月后，甲父才能申请解除强制医疗

D. 申请解除强制医疗应向市中级法院提出

14. 未成年人小姜涉嫌寻衅滋事被移送审查起诉的第 2 天小姜年满 18 周岁。1 个月后检察院决定对小姜适用附条件不起诉并监督考察 6 个月。在监督考察期间小姜因实施新的犯罪被撤销附条件不起诉的决定并被提起公诉。关于本案处理下列选项正确的是（　　）。

A. 本案应由少年法庭审理

B. 本案如适用简易程序审理应征得小姜法定代理人的同意

C. 本案审理和宣判应公开进行，但不得组织人员旁听

D. 因审查起诉时小姜已年满 18 周岁，检察院对其适用附条件不起诉违反法律规定

15. 幼儿园老师经常用针扎不听话的甲，甲的好朋友乙回家告诉自己的妈妈甲被老师用针扎了，乙的妈妈打电话报了警。下列选项正确的是（　　）。

A. 甲的妈妈可以在审判阶段代甲与扎针的老师和解

B. 乙的妈妈的行为属于报案

C. 乙的妈妈的行为属于举报

D. 如果侦查机关组织辨认不能让未成年人进行辨认

二、多项选择题

1. 律师邹某受法律援助机构指派，担任未成年人陈某的辩护人。关于邹某的权利，下列哪些说法是正确的？（ ）（司考 2015.2.73）

A. 可调查陈某的成长经历、犯罪原因、监护教育等情况，并提交给法院

B. 可反对法院对该案适用简易程序，法院因此只能采用普通程序审理

C. 可在陈某最后陈述后进行补充陈述

D. 可在有罪判决宣告后，受法庭邀请参与对陈某的法庭教育

2. 甲、乙系初三学生，因涉嫌抢劫同学丙（三人均不满 16 周岁）被立案侦查。关于该案诉讼程序，下列哪些选项是正确的？（ ）（司考 2015.2. 74）

A. 审查批捕讯问时，甲拒绝为其提供的合适成年人到场，应另行通知其他合适成年人到场

B. 讯问乙时，因乙的法定代理人无法到场而通知其伯父到场，其伯父可代行乙的控告权

C. 法庭审理询问丙时，应通知丙的法定代理人到场

D. 如该案适用简易程序审理，甲的法定代理人不能到场时可不再通知其他合适成年人到场

3. 甲因琐事与乙发生口角进而厮打，推搡之间，不慎致乙死亡。检察院以甲涉嫌过失致人死亡提起公诉，乙母丙向法院提起附带民事诉讼。关于本案处理，下列哪些选项是正确的？（ ）（司考 2015.2.75）

A. 法院可对附带民事部分进行调解

B. 如甲与丙经法院调解达成协议，调解协议中约定的赔偿损失内容可分期履行

C. 如甲提出申请，法院可组织甲与丙协商以达成和解

D. 如甲与丙达成刑事和解，其约定的赔偿损失内容可分期履行

4. 全国人大常委会关于《刑事诉讼法》第二百七十一条第二款的解释规定，检察院办理未成年人刑事案件，在作出附条件不起诉决定以及考验期满作出不起诉决定前，应听取被害人的意见。被害人对检察院作出的附条件不起诉的决定和不起诉的决定，可向上一级检察院申诉，但不能向法院提起自诉。关于这一解释的理解，下列哪些选项是正确的？（ ）（司考 2015.2.71）

A. 增加了听取被害人陈述意见的机会

B. 有利于对未成年犯罪嫌疑人的转向处置

C. 体现了对未成年犯罪嫌疑人的特殊保护

D. 是刑事公诉独占主义的一种体现

5. 未成年人小天因涉嫌盗窃被检察院适用附条件不起诉。关于附条件不起诉可以附带的条件，下列哪些选项是正确的？（ ）（司考 2016.2.75）

A. 完成一个疗程四次的心理辅导

B. 每周参加一次公益劳动

C. 每个月向检察官报告日常花销和交友情况

D. 不得离开所居住的县

6. 下列关于未成年人犯罪案件刑事诉讼程序的说法哪些是不正确的？（ ）

A. 讯问女性未成年犯罪嫌疑人，应当有女工作人员在场

B. 讯问未成年犯罪嫌疑人时，其法定代理人必须到场

C. 审判未成年人的刑事案件，其法定代理人可以为未成年被告人进行补充陈述

D. 若审判阶段未成年被告人没有委托辩护人，法院应当为其指定承担法律援助义务的律师提供辩护

7. 关于犯罪记录封存制度，下列说法哪些是错误的？（ ）

A. 犯罪记录封存制度只适用于审判的时候不满 18 周岁的未成年人

B. 犯罪记录封存制度适用于被判处 3 年有期徒刑以下刑罚的未成年人

C. 由于犯罪记录已被封存，除非司法机关为办案需要，否则任何单位都不能查询

D. 任何单位和个人对被封存的犯罪记录的情况应予以保密

8. 关于附条件不起诉，下列哪些表述是正确的？（ ）

A. 附条件不起诉仅适用于未成年人犯罪的案件

B. 适用附条件不起诉的案件原本是符合起诉条件的案件

C. 人民检察院作出附条件不起诉的决定前，应当听取公安机关的意见

D. 人民检察院作出附条件不起诉的决定前，应听取被害人的意见

9. 关于附条件不起诉的考验期，下列哪些说法是正确的？（ ）

A. 附条件不起诉的考验期从附条件不起诉的决定书送达之日起计算

B. 附条件不起诉的考验期从作出附条件不起诉的决定之日起计算

C. 附条件不起的考验期为 3 个月以上 6 个月以下

D. 附条件不起的考验期为 6 个月以上 1 年以下

10. 在使用特别程序的案件中，下列哪些属于应当组成合议庭进行审理的案件？（ ）

A. 犯罪嫌疑人陈某逃匿案件中违法所得的没收

审理程序
B. 精神病人刘某强制医疗案件
C. 未成年人李某的盗窃案件
D. 杨某和张某刑事和解的公诉案件

11. 法院对黄某盗窃罪判处刑罚后下列盗赃应当予以追缴的是（　　）。
A. 价值100万元但卖给古玩店10万元的古董
B. 1万元的东西赠予女友
C. 6000元电脑在二手市场以市场价卖出
D. 4万还赌债

三、不定项选择题

1. 犯罪嫌疑人刘某涉嫌故意杀人被公安机关立案侦查。在侦查过程中，侦查人员发现刘某行为异常。经鉴定，刘某属于依法不负刑事责任的精神病人，需要对其实施强制医疗。

请回答第（1）~（2）题。

（1）关于有权启动强制医疗程序的主体，下列选项正确的是（　　）。
A. 公安机关
B. 检察院
C. 法院
D. 刘某的监护人、法定代理人以及受害人

（2）法院审理刘某强制医疗一案，下列做法不符合法律规定的是（　　）。
A. 由审判员和人民陪审员共3人组成合议庭
B. 鉴于刘某自愿放弃委托诉讼代理人，法院只通知了刘某的法定代理人到场
C. 法院认为刘某符合强制医疗的条件，依法对刘某作出强制医疗的裁定
D. 本案受害人不服法院对刘某强制医疗裁定，可申请检察院依法提起抗诉

2. 李某（17岁）因盗窃罪被公安机关立案侦查，检察院审查起诉时，认为李某有悔罪表现，犯罪情节不严重，准备作出附条件不起诉，人民检察院的下列做法错误的是（　　）。
A. 若人民检察院作出了附条件不起诉的决定，公安机关可以复议，若意见不被接受，可以向上一级人民检察院提请复核
B. 若人民检察院作出了附条件不起诉的决定，未成年犯罪嫌疑人的法定代理人有异议的，人民检察院应当作出起诉的决定
C. 作出附条件不起诉的决定前，人民检察院根据情况，可以听取公安机关、被害人的意见
D. 若人民检察院作出了附条件不起诉的决定，被害人不服的，应当向作出附条件不起诉决定人民检察院申诉

3. 下列关于审理未成年的刑事案件的说法，错误的是（　　）。
A. 审理未成年人的刑事案件不能适用简易程序
B. 对在开庭审理时未满18周岁的未成年人的刑事案件，一律不公开审理
C. 对未成年人刑事案件宣告判决应当公开进行
D. 在审理未成年人的刑事案件时，应当通知未成年被告人的法定代理人到场

4. 李某（女）家住甲市，系该市某国有公司会计，涉嫌贪污公款500余万元，被甲市检察院立案侦查后提起公诉，甲市中级法院受理该案后，李某脱逃，下落不明。关于李某脱逃后的诉讼程序，下列选项正确的是（　　）。（司考2015.2.93）
A. 李某脱逃后，法院可中止审理
B. 在通缉李某一年不到案后，甲市检察院可向甲市中级法院提出没收李某违法所得的申请
C. 李某的近亲属只能在6个月的公告期内申请参加诉讼
D. 在审理没收违法所得的案件过程中，李某被抓捕归案的，法院应裁定终止审理

四、名词解释

1. 未成年人犯罪
2. 教育、感化、挽救方针
3. 分案处理原则
4. 强制医疗

五、简答题

1. 简述未成年人案件诉讼程序的特点。
2. 简述充分保障未成年犯罪嫌疑人、被告人诉讼权利原则。
3. 简述公诉案件当事人和解程序的适用范围。
4. 简述犯罪嫌疑人、被告人逃匿、死亡案件违法所得的没收程序的适用条件。

六、论述题

1. 试述未成年法庭进行审判特点。
2. 论未成年人案件诉讼程序的原则。（中山大学2006年考研真题）

七、案例题

案情：犯罪嫌疑人段某，1980年出生，甲市丁区人，自幼因患有间歇性精神分裂症而辍学在社会上流浪，由于生活无着落便经常偷拿东西。2014年3月，段某窜至丁区一小区内行窃时被事主发现，遂用随身携带的刀子将事主刺成重伤夺路逃走。此案丁区检察院以抢劫罪起诉到丁区法院，被害人的家属提起

附带民事诉讼。丁区法院以抢劫罪判处段某有期徒刑10年，赔偿被害人家属3万元人民币。段某以定性不准、量刑过重为由提起上诉。甲市中级法院二审中发现段某符合强制医疗条件，决定发回丁区法院重新审理。

丁区法院对段某依法进行了精神病鉴定，结果清晰表明段某患有精神分裂症，便由审判员张某一人不公开审理，检察员马某和被告人段某出庭分别发表意见。庭审后，法庭作出对段某予以强制医疗的决定。

问题：

（1）结合本案，简述强制医疗程序的适用条件。

（2）如中级法院直接对段某作出强制医疗决定，如何保障当事人的救济权？

（3）发回重审后，丁区法院的做法是否合法？为什么？

（4）发回重审后，丁区法院在作出强制医疗决定时应当如何处理被害人家属提出的附带民事诉讼？

参考答案

一、单项选择题

1. **答案**：B。附条件不起诉又称暂缓起诉，2012年《刑事诉讼法》第五编第一章专章规定了“未成年人刑事案件诉讼程序”，为新增设的特别程序之一，其中确立了“附条件不起诉”制度。第282条第1款规定：“对于未成年人涉嫌刑法分则第四章、第五章、第六章规定的犯罪，可能判处一年有期徒刑以下刑罚，符合起诉条件，但有悔罪表现的，人民检察院可以作出附条件不起诉的决定。人民检察院在作出附条件不起诉的决定以前，应当听取公安机关、被害人的意见。”故A选项和D选项说法正确，B选项“应征得同意”的表述错误，应为听取相关意见。第282条第3款规定：“未成年犯罪嫌疑人及其法定代理人对人民检察院决定附条件不起诉有异议的，人民检察院应当作出起诉的决定。”故C选项表述正确。综上，本题为选非题，正确答案为B。

2. **答案**：C。本题考查当事人和解的公诉案件诉讼程序适用的条件。《刑事诉讼法》第288条规定：“下列公诉案件，犯罪嫌疑人、被告人真诚悔罪，通过向被害人赔偿损失、赔礼道歉等方式获得被害人谅解，被害人自愿和解的，双方当事人可以和解：（一）因民间纠纷引起，涉嫌刑法分则第四章、第五章规定的犯罪案件，可能判处三年有期徒刑以下刑罚的；（二）除渎职犯罪以外的可能判处七年有期徒刑以下刑罚的过失犯罪案件。犯罪嫌疑人、被告人在五年以内曾经故意犯罪的，不适用本章规定的程序。”本题中，A项中甲在五年内曾经故意犯罪，不能适用此和解程序。D项不是刑法分则第四章、第五章规定的犯罪，不能适用此和解程序。《公安机关办理刑事案件程序规定》第334条规定：“有下列情形之一的，不属于因民间纠纷引起的犯罪案件：（一）雇凶伤害他人的；（二）涉及黑社会性质组织犯罪的；（三）涉及寻衅滋事的；（四）涉及聚众斗殴的；（五）多次故意伤害他人身体的；（六）其他不宜和解的。”故B项不适用此和解程序。《刑事诉讼法解释》第589条规定，被告人的近亲属经被告人同意，可以代为和解。被告人系限制行为能力人的，其法定代理人可以代为和解。被告人的法定代理人、近亲属依照前两款规定代为和解的，和解协议约定的赔礼道歉等事项，应当由被告人本人履行。故C项可适用此和解程序。

3. **答案**：B。2012年修订后的《刑事诉讼法》第五编第三章规定了“犯罪嫌疑人、被告人逃匿、死亡案件违法所得的没收程序”，为新增设的特别程序之一。《刑事诉讼法》第298条第1款规定：“对于贪污贿赂犯罪、恐怖活动犯罪等重大犯罪案件，犯罪嫌疑人、被告人逃匿，在通缉一年后不能到案，或者犯罪嫌疑人、被告人死亡，依照刑法规定应当追缴其违法所得及其他涉案财产的，人民检察院可以向人民法院提出没收违法所得的申请。”故A选项错误，申请主体应为人民检察院，B选项正确。第299条第1款规定：“没收违法所得的申请，由犯罪地或者犯罪嫌疑人、被告人居住地的中级人民法院组成合议庭进行审理。”故C项由基层法院审理错误。第301条第1款规定：“在审理过程中，在逃的犯罪嫌疑人、被告人自动投案或者被抓获的，人民法院应当终止审理。”故D项“中止审理”表述错误。综上，本题正确答案为B。

4. **答案**：B。根据《刑事诉讼法》第281条第1款的规定，对于未成年人刑事案件，在讯问和审判的时候，应当通知未成年犯罪嫌疑人、被告人的法定代理人到场。故B项正确，A项错误。此外，该条第5款规定，询问未成年被害人、证人时，也应当可以通知其法定代理人到场，故CD项错误。

5. **答案**：C。《刑事诉讼法解释》第589条第1款、第2款规定，被告人的近亲属经被告人同意，可以代为和解。被告人系限制行为能力人的，其法定代理人可以代为和解。A项的错误在于，甲在押，其近亲属应经甲同意，才能与被害方进行和解。《刑事诉讼法解释》第588条规定，符合刑事诉讼法第288条规定的公诉案件，被害人死亡，其近亲属可以与被告人和解。近亲属有多人的，达成和解协议，应当经处于最先继承顺序的所有近亲属同意。被害人系无行为能力或者限制行为能力人的，其法定代理人、近亲属可以代为和解。故B项的错误在于，乙的近亲属是与被告人和解，而不是"代为和解"，此处表述不准确。C项的表述正确，因为辩护人、诉讼代理人均可以协助被告人、被害人参与和解协商。《刑事诉讼法解释》第589条第3款规定，被告人的法定代理人、近亲属依照前两款规定代为和解的，和解协议约定的赔礼道歉等事项，应当由被告人本人履行。故D项不正确。本题符合题意的选项是C项。

6. **答案**：C。违法所得及其他涉案财产包括实施犯罪行为所取得的财物及其孳息，以及被告人非法持有的违禁品、供犯罪所用的本人财物。本题中，A项属于被告人非法持有的"违禁品"，B项属于实施犯罪行为所取得的孳息，D项属于实施犯罪行为所取得的财物，以上均属于"违法所得及其他涉案财产"。C项属于供犯罪所用的单位的财物，而非其本人财物，所以不属于"违法所得及其他涉案财产"。本题符合题意的选项是C项。

7. **答案**：D。根据《刑事诉讼法》第284条第1款第1项规定，A项错误在于人民检察院应当作出不起诉的决定，而不是"应当撤销案件"。根据《刑事诉讼法》第282条第3款规定，未成年犯罪嫌疑人及其法定代理人对人民检察院决定附条件不起诉有异议的，人民检察院应当作出起诉的决定。故B项错误。根据《刑事诉讼法》第283条第3款第3项规定，离开所居住的市、县或者迁居，才应当报经考察机关批准。故C项错误。根据《刑事诉讼法》第284条第1款第2项的规定，实施新的犯罪或者发现决定附条件不起诉以前还有其他犯罪需要追诉的，人民检察院应当撤销附条件不起诉的决定，提起公诉。D项属于考察期内又犯新罪，故应当撤销附条件不起诉，提起公诉。故本题选D。

8. **答案**：A。陈某有委托辩护人的权利，这是辩护权的表现，故A项正确。根据《刑事诉讼法》第279条的规定，法院可以调查，而非"应当"，B项错误。根据《刑事诉讼法》第285条的规定，审判的时候被告人不满18周岁的案件，不公开审理。C项关于"不公开审理"的表述错误。公诉案件，检察院都应当派员出庭支持公诉，故D项错误。

9. **答案**：B。《高检规则》第528条第2款规定，人民法院在审理案件过程中，被告人死亡而裁定终止审理，或者被告人脱逃而裁定中止审理，人民检察院可以依法另行向人民法院提出没收违法所得的申请。《刑事诉讼法解释》第626条规定，在审理案件过程中，被告人死亡或者脱逃，符合《刑事诉讼法》第298条第1款规定的，人民检察院可以向人民法院提出没收违法所得的申请……人民检察院向原受理案件的人民法院提出申请的，可以由同一审判组织依照本章规定的程序审理。本题中，A项正确，B项的错误在于，不是"应当"而是"可以"由B市中级人民法院的同一审判组织对是否没收违法所得继续进行审理。《刑事诉讼法解释》第622条规定，对没收违法所得或者驳回申请的裁定，犯罪嫌疑人、被告人的近亲属和其他利害关系人或者人民检察院可以在5日内提出上诉、抗诉。故CD两项表述正确。本题符合题意的答案为B项。

10. **答案**：D。根据《刑事诉讼法》第305条第2款规定："被决定强制医疗的人、被害人及其法定代理人、近亲属对强制医疗决定不服的，可以向上一级人民法院申请复议。"故D项正确。

11. **答案**：B。根据《刑事诉讼法》第289条规定："双方当事人和解的，公安机关、人民检察院、人民法院应当听取当事人和其他相关人员的意见，对和解的自愿性、合法性进行审查，并主持制作和解协议书。"A项中表述为"可以"有误。从该条还可以看出，既然公安机关、检察院、人民法院都可以主持制作和解协议书，那么刑事和解在侦查、起诉和审判阶段都可以进行，故B项正确。根据《刑事诉讼法》第290条规定，对于达成和解协议的案件，公安机关可以向人民检察院提出从宽处理的建议。法条并未规定公安机关可以撤销案件，故C项错误。D项中"应当"表述错误。

12. **答案**：A。根据《刑事诉讼法》第303条第1款规定，对精神病人强制医疗的，由人民法院决定。故A项表述错误，人民检察院无权决定。根据该条第3款规定："对实施暴力行为的精神病人，在人民法院决定强制医疗前，公安机关可以采取临时性的保护性约束措施。"故B项表述正确。根据《刑事诉讼法》第306条第2款规定："被强制医疗的人及其近亲属有权申请解除强制医疗。”故C项表述正确。根据《刑事诉讼法》第307条规定：“人民检察院对强制医疗的决定和执行实行监督。”故D项表述正确。因此，本题选A。

13. 答案：B。本题考查强制医疗程序。《刑事诉讼法解释》第642条规定，被决定强制医疗的人、被害人及其法定代理人、近亲属对强制医疗决定不服的，可以自收到决定书第二日起5日内向上一级人民法院申请复议。复议期间不停止执行强制医疗的决定。故A项表述错误。《刑事诉讼法解释》第641条规定，人民法院决定强制医疗的，应当在作出决定后5日内，向公安机关送达强制医疗决定书和强制医疗执行通知书，由公安机关将被决定强制医疗的人送交强制医疗。故B项正确。《刑事诉讼法解释》第645条规定，被强制医疗的人及其近亲属申请解除强制医疗的，应当向决定强制医疗的人民法院提出。被强制医疗的人及其近亲属提出的解除强制医疗申请被人民法院驳回，6个月后再次提出申请的，人民法院应当受理。故C项错误在于“解除强制医疗的申请被驳回后”才是6个月后再次申请解除强制医疗。D项的错误在于，申请解除强制医疗应向决定强制医疗的人民法院即县法院而不是市中级人民法院提出。本题的正确答案为B项。

14. 答案：A。《刑事诉讼法解释》第550条规定：“被告人实施被指控的犯罪时不满十八周岁、人民法院立案时不满二十周岁的案件，由未成年人案件审判组织审理。下列案件可以由未成年人案件审判组织审理：（一）人民法院立案时不满二十二周岁的在校学生犯罪案件……”结合题干，法院立案受理时，小姜肯定不满20周岁，故A项正确。《刑事诉讼法解释》第566条规定：“对未成年人刑事案件，人民法院决定适用简易程序审理的，应当征求未成年被告人及其法定代理人、辩护人的意见。上述人员提出异议的，不适用简易程序。”由于本案开庭审理时，小姜已经年满18周岁，不再是未成年人了，也就不存在法定代理人一说，因为法定代理人的帮助对象是未满18周岁的未成年人。故B项错误。《刑事诉讼法解释》第557条第2款规定：“对依法公开审理，但可能需要封存犯罪记录的案件，不得组织人员旁听……”而题干并未说明小姜可能判处5年以下有期徒刑或者免于刑事处罚等需要犯罪记录封存的条件，故C项错误。《人民检察院办理未成年人刑事案件的规定》第29条规定：“对于犯罪时已满十四周岁不满十八周岁的未成年人，同时符合下列条件的，人民检察院可以作出附条件不起诉决定：……”可见，检察院能否适用附条件不起诉的时间起算点不是决定适用时，而是犯罪时不满18周岁，故D项错误。综上，本题正确答案为A。

15. 答案：C。按照《刑事诉讼法》第288条的规定，可以刑事和解的公诉案件的范围是“（一）因民间纠纷引起，涉嫌刑法分则第四章、第五章规定的犯罪案件，可能判处三年有期徒刑以下刑罚的，（二）除渎职犯罪以外的可能判处七年有期徒刑以下刑罚的过失犯罪案件”。而本案的故意伤害虽然属于刑法分则第四章的犯罪，但并非因民间纠纷引起的，不符合刑事和解的案件范围条件，A项错误。BC考查报案、举报概念的辨析，报案是知事不知人，举报是知事知人，但事不关己。显然，B项错误，C项正确。《公安机关办理刑事案件程序规定》第258条规定：“为了查明案情，在必要的时候，侦查人员可以让被害人、证人或者犯罪嫌疑人对与犯罪有关的物品、文件、尸体、场所或者犯罪嫌疑人进行辨认。”可见，辨认的主体是犯罪嫌疑人、被害人和证人，未成年人不论是被害人还是证人，均可辨认，D项错误。综上，本题正确答案为C。

二、多项选择题

1. 答案：ABD。《刑事诉讼法解释》第575条规定，对未成年被告人情况的调查报告，以及辩护人提交的有关未成年被告人情况的书面材料，法庭应当审查并听取控辩双方意见。上述报告和材料可以作为法庭教育和量刑的参考。故A项正确。《刑事诉讼法解释》第566条规定，对未成年人刑事案件，人民法院决定适用简易程序审理的，应当征求未成年被告人及其法定代理人、辩护人的意见。上述人员提出异议的，不适用简易程序。故B项正确。《刑事诉讼法》第281条第4款规定，审判未成年人刑事案件，未成年被告人最后陈述后，其法定代理人可以进行补充陈述。而辩护人无权做补充陈述。因此，C项错误。《刑事诉讼法解释》第576条规定，法庭辩论结束后，法庭可以根据未成年人的生理、心理特点和案件情况，对未成年被告人进行法治教育；判决未成年被告人有罪的，宣判后，应当对未成年被告人进行法治教育。对未成年被告人进行教育，其法定代理人以外的成年亲属或者教师、辅导员等参与有利于感化、挽救未成年人的，人民法院应当邀请其参加有关活动。适用简易程序审理的案件，对未成年被告人进行法庭教育，适用前两款规定。故D项正确。

2. 答案：AC。《人民检察院办理未成年人刑事案件的规定》第17条规定，未成年犯罪嫌疑人明确拒绝法定代理人以外的合适成年人到场，人民检察院可以准许，但应当另行通知其他合适成年人到场。故A项正确。《刑事诉讼法》第281条第1款规定，对于未成年人刑事案件，在讯问和审判的时候，应当通知未成年犯罪嫌疑人、被告人的法定代理人到场。无法通知、法定代理人不能到场或者法定代理人是共犯的，也可以通知未成年犯罪嫌疑人、被告人的其他成年亲属，所在学校、单位、居住地基层组织或者未成年人保护组织的代表到场，并将有关情况记录在案。到场的法定代理人可以代为行使未成年犯罪嫌疑人、被告人的诉讼权利。第2款规定，到场的法定代理人或者其他人员认为办案人员在讯问、审判中侵犯未成年人合法权益的，可以提出意见。讯问笔录、法庭笔录应当交给到场的法定代理人或者其他人员阅读或者向他宣读。第5款规定，询问未成年被害人、证人，适用第1款、第2款、第3款的规定。故B项错误在于，乙的伯父作为合适成年人不能代为行使未成年犯罪嫌疑人、被告人的诉讼权利。C项正确，D项错误。

3. **答案**：ABC。《刑事诉讼法》第103条规定，人民法院审理附带民事诉讼案件，可以进行调解，或者根据物质损失情况作出判决、裁定。故A项正确。B项中的调解协议约定的赔偿损失内容可以分期履行，是正确的。《刑事诉讼法解释》第587条规定，对符合《刑事诉讼法》第288条规定的公诉案件，事实清楚、证据充分的，人民法院应当告知当事人可以自行和解；当事人提出申请的，人民法院可以主持双方当事人协商以达成和解。故C项正确。《刑事诉讼法解释》第593条规定，和解协议约定的赔偿损失内容，被告人应当在协议签署后即时履行。故D项错误。

4. **答案**：ABC。《刑事诉讼法》第282条规定，检察院办理未成年人刑事案件，在作出附条件不起诉决定前，应听取公安机关、被害人的意见。《全国人民代表大会常务委员会关于〈中华人民共和国刑事诉讼法〉第二百七十一条第二款的解释》增加规定，检察院办理未成年人刑事案件，在考验期满作出不起诉决定前，应听取被害人的意见。故A项正确。附条件不起诉制度是对本应进入刑事诉讼程序的刑事案件专项为非刑事诉讼的方式处理的非司法化，一些国家称之为转向处置。实践证明，转向处置能避免刑事诉讼的消极性作用，从而给予犯罪未成年人实质性的保护。我国附条件不起诉制度正是在合理吸收转向处置核心要素的基础上，结合司法实践和对未成年人特别保护的现实需要，创造性地设立了中国特色的未成年非司法化制度。故BC两项正确。刑事公诉独占主义，即刑事案件的起诉权被国家垄断，排除被害人自诉。我国刑事诉讼实行以公诉为主、自诉为辅的犯罪追诉机制。故D项错误。

5. **答案**：ABC。本题考查附条件不起诉考察期内应遵守的规定。《高检规则》第475条规定："人民检察院对于被附条件不起诉的未成年犯罪嫌疑人，应当监督考察其是否遵守下列规定：（一）遵守法律法规，服从监督；（二）按照规定报告自己的活动情况；（三）离开所居住的市、县或者迁居，应当报经批准；（四）按照要求接受矫治和教育。"第476条规定："人民检察院可以要求被附条件不起诉的未成年犯罪嫌疑人接受下列矫治和教育：（一）完成戒瘾治疗、心理辅导或者其他适当的处遇措施；（二）向社区或者公益团体提供公益劳动；（三）不得进入特定场所，与特定的人员会见或者通信，从事特定的活动；（四）向被害人赔偿损失、赔礼道歉等；（五）接受相关教育；（六）遵守其他保护被害人安全以及预防再犯的禁止性规定。"故本题的正确答案为ABC三项，D项的错误在于，不是"不得离开所居住的县"，而是"离开所居住的市、县或者迁居，应当报经考察机关批准"。

6. **答案**：BD。根据《刑事诉讼法》第281条第3款的规定，A项是正确的，此处要注意是"应当"而不是"可以"。B项错误，根据《刑事诉讼法》第281条第1款，未成年犯罪嫌疑人、被告人的法定代理人可能就是同案共犯，故无法到场。C项正确，根据《刑事诉讼法》第281条第4款规定，在未成年被告人作最后陈诉后，其法定代理人可以进行补充陈诉。D项错误，根据《刑事诉讼法》第278条的规定，此时人民法院应当通知法律援助机构指派律师为其提供辩护，而非由法院来指定。因此，此题应选BD。

7. **答案**：ABC。根据《刑事诉讼法》第286条第1款规定："犯罪的时候不满十八周岁，被判处五年有期徒刑以下刑罚的，应当对相关犯罪记录予以封存。"根据该条，A项应为"犯罪的时候不满18周岁"；B项应为"被判处五年有期徒刑以下刑罚"，故AB项错误。根据该条第2款规定："犯罪记录被封存的，不得向任何单位和个人提供，但司法机关为了办案需要或者有关单位根据国家规定进行查询的除外。依法进行查询的单位，应当对被封存的犯罪记录的情况予以保密。"C项错误，有关单位根据国家规定也可以进行查询。D项表述正确。故本题选ABC。

8. 答案：ABCD。根据《刑事诉讼法》第 282 条第 1 款规定："对于未成年人涉嫌刑法第四章、第五章、第六章规定的犯罪，可能判处一年有期徒刑以下刑罚，符合起诉条件，但有悔罪表现的，人民检察院可以做出附条件不起诉的决定。人民检察院在作出附条件不起诉的决定以前，应当听取公安机关、被害人的意见。"故本题四个选项的表述都正确。

9. 答案：BD。根据《刑事诉讼法》第 283 条第 2 款规定："附条件不起诉的考验期为六个月以上一年以下，从人民检察院作出附条件不起诉的决定之日起计算。"故本题选 BD。

10. 答案：AB。根据《刑事诉讼法》第 299 条第 1 款规定："没收违法所得的申请，由犯罪地或者犯罪嫌疑人、被告人居住地的中级人民法院组成合议庭进行审理。"故 A 项正确。根据《刑事诉讼法》第 304 条第 1 款规定："人民法院受理强制医疗的申请后，应当组成合议庭进行审理。"故 B 项正确。CD 项可以使用简易程序，故可以独任审理，不一定需要组成合议庭审理。

11. 答案：ABD。《最高人民法院关于刑事裁判涉财产部分执行的若干规定》第 11 条规定："被执行人将刑事裁判认定为赃款赃物的涉案财物用于清偿债务、转让或者设置其他权利负担，具有下列情形之一的，人民法院应予追缴：（一）第三人明知是涉案财物而接受的，（二）第三人无偿或者以明显低于市场的价格取得涉案财物的，（三）第三人通过非法债务清偿或者违法犯罪活动取得涉案财物的，（四）第三人通过其他恶意方式取得涉案财物的。第三人善意取得涉案财物的，执行程序中不予追缴。作为原所有人的被害人对该涉案财物主张权利的，人民法院应当告知其通过诉讼程序处理。"据此，ABD 均应当予以追缴，符合题意，当选。C 属于善意取得，不予追缴，不当选。综上，本题正确答案为 ABD。

三、不定项选择题

1. 答案：（1）BC。《刑事诉讼法》第 303 条第 1 款、第 2 款规定："根据本章规定对精神病人强制医疗的，由人民法院决定。公安机关发现精神病人符合强制医疗条件的，应当写出强制医疗意见书，移送人民检察院。对于公安机关移送的或者在审查起诉过程中发现的精神病人符合强制医疗条件的，人民检察院应当向人民法院提出强制医疗的申请。人民法院在审理案件过程中发现被告人符合强制医疗条件的，可以作出强制医疗的决定。"由此，法律只规定了检察院和法院可以启动强制医疗程序。从法条直接可知本题正确答案为 BC。

（2）BCD。《刑事诉讼法》第 304 条规定："人民法院受理强制医疗的申请后，应当组成合议庭进行审理。人民法院审理强制医疗案件，应当通知被申请人或者被告人的法定代理人到场。被申请人或者被告人没有委托诉讼代理人的，人民法院应当通知法律援助机构指派律师为其提供法律帮助。"据此，选项 A 正确。本题中，法院应当通知法律援助机构指派律师为刘某提供法律帮助，故选项 B 错误。第 305 条规定："人民法院经审理，对于被申请人或者被告人符合强制医疗条件的，应当在一个月以内作出强制医疗的决定。被决定强制医疗的人、被害人及其法定代理人、近亲属对强制医疗决定不服的，可以向上一级人民法院申请复议。"据此，法院作出的是"决定"而不是"裁定"，选项 C 错误。受害人不服的，可以向上一级人民法院申请"复议"而不是申请检察院提起"抗诉"，选项 D 错误。综上，本题为选非题，正确答案为 BCD。

2. 答案：CD。根据《刑事诉讼法》第 282 条第 2 款规定："对附条件不起诉的决定，公安机关要求复议、提请复核或者被害人申诉的，适用本法第一百七十九条、第一百八十条的规定。"而第 179 条规定，对于公安机关移送起诉的案件，人民检察院决定不起诉的，应当将不起诉决定书送达公安机关。公安机关认为不起诉的决定有错误的时候，可以要求复议，如果意见不被接受，可以向上一级人民检察院提请复核。故 A 项表述正确。根据《刑事诉讼法》第 282 条第 3 款规定："未成年犯罪嫌疑人及其法定代理人对人民检察院决定附条件不起诉有异议的，人民检察院应当作出起诉的决定。"故 B 项表述也正确。根据《刑事诉讼法》第 282 条第 1 款规定，人民检察院在作出附条件不起诉的决定前，应当听取公安机关和被害人的意见。C 项表述成"可以"，错误。根据《刑事诉讼法》第 180 条规定，对于有被害人的案件，决定不起诉的，人民检察院应当将不起诉决定书送达被害人。被害人如果不服，可以自收到决定书后 7 日以内向上一级人民检察院申诉，请求提起公诉。故 D 项中表述为"向作出附条件不起诉决定人民检察院申诉"，错误。故本题选 CD。

3. 答案：AB。法律并没有规定，未成年人的刑事案件不能适用简易程序，故 A 项错误。根据《刑事诉讼法》第 285 条规定："审判的时候被告人不满十八周岁的案件，不公开审理。但是，经未成年被告人及其法定代理人同意，未成年被告人所在学校和未成年人保护组织可以派代表到场。"由此可见，未成年人的刑事案件不公开审理也有例外，

B项错误。根据《刑事诉讼法》第202条第1款规定："宣告判决，一律公开进行。"故未成年人的刑事案件不公开审理，但应当公开宣判，故C项正确。根据《刑事诉讼法》第281条第1款规定，对于未成年人刑事案件，在讯问和审判的时候，应当通知未成年犯罪嫌疑人、被告人的法定代理人到场。故D项正确。

4. **答案**：ABD。《刑事诉讼法》第206条规定，在审判过程中，有下列情形之一，致使案件在较长时间内无法继续审理的，可以中止审理：（1）被告人患有严重疾病，无法出庭的；（2）被告人脱逃的；（3）自诉人患有严重疾病，无法出庭，未委托诉讼代理人出庭的；（4）由于不能抗拒的原因。故A项正确。《刑事诉讼法》第298条规定，对于贪污贿赂犯罪、恐怖活动犯罪等重大犯罪案件，犯罪嫌疑人、被告人逃匿，在通缉1年后不能到案，或者犯罪嫌疑人、被告人死亡，依照刑法规定应当追缴其违法所得及其他涉案财产的，人民检察院可以向人民法院提出没收违法所得的申请。故B项正确。《刑事诉讼法解释》第616条、第617条规定，刑事诉讼法第299条第2款、第300条第2款规定的"其他利害关系人"，是指除犯罪嫌疑人、被告人的近亲属外的，对申请没收的财产主张权利的自然人和单位。犯罪嫌疑人、被告人的近亲属和其他利害关系人申请参加诉讼的，应当在公告期间内提出。犯罪嫌疑人、被告人的近亲属应当提供其与犯罪嫌疑人、被告人关系的证明材料，其他利害关系人应当提供证明其对违法所得及其他涉案财产主张权利的证据材料……利害关系人在公告期满后申请参加诉讼，能够合理说明理由的，人民法院应当准许。故C项错误。《刑事诉讼法解释》第625条规定，在审理申请没收违法所得的案件过程中，在逃的犯罪嫌疑人、被告人到案的，人民法院应当裁定终止审理。故D项正确。

四、名词解释

1. **答案**：未成年人犯罪是指未成年人实施危害社会，应当受到刑罚处罚的行为。在我国，法律意义上的未成年人是指已满14周岁不满18周岁者。

2. **答案**：教育、感化、挽救方针是指司法机关应当在未成年人犯罪案件诉讼程序中，对经人民法院依法判决确定有罪的未成年人进行教育、感化和挽救工作。这既是诉讼的主要目的，也是全社会的职责。具体含义包括：司法人员要以满腔热情的工作态度，正确对待未成年被告人，既要查明事实真相，维护正常的社会秩序，又要注意保护失足青少年，帮助和挽救他们，促使其同犯罪行为划清界限；帮助未成年被告人认清自己所犯罪行的严重性、危害性，唤醒他们的悔罪意识，教育他们认罪服法，认真接受改造，重新做人；依法保障其享有的诉讼权利；落实"帮教"措施等。

3. **答案**：分案处理原则是指司法机关在刑事诉讼过程中将未成年人案件与成年人案件分开处理，对未成年人与成年人分别关押。确立分案处理原则的目的，主要是充分保护进入诉讼阶段的未成年人，使其免受来自成年犯罪人的不良影响。其内容主要包括三个方面：（1）在刑事诉讼中运用拘留、逮捕等强制措施关押未成年犯罪嫌疑人时，必须与成年犯罪嫌疑人分开看管；（2）在处理未成年人与成年人共同犯罪或者牵连的案件时，尽量适用不同的诉讼程序，在不妨碍审理的前提下，坚持分案处理；（3）在未成年人案件处理完毕交付执行阶段，不得与成年犯人同处一个监所。

4. **答案**：强制医疗制度是指使用医疗性强制方法，适用于在无刑事责任能力状态中实施刑法所规定的危害社会的行为，或者在实施危害行为后因患有精神病而失去辨认或控制自己行为能力，并且精神状态和实施行为的性质对社会具有危害性的人的一项制度。实施暴力行为，危害公共安全或者严重危害公民人身安全，经法定程序鉴定依法不负刑事责任的精神病人，有继续危害社会可能的，可以予以强制医疗。

五、简答题

1. **答案**：未成年人案件诉讼程序的特点，是由未成年人心理和生理特点决定的。因此，办理未成年人犯罪案件的诉讼程序应同成年人的有所区别。现行未成年人案件诉讼程序的特点主要有：

第一，在刑事诉讼过程中要更加突出教育改造的方针，寓教育、感化、挽救于各个诉讼阶段之中。

第二，国家立法及相关司法解释不仅赋予未成年被告人更多的诉讼权利，而且还有更多的保证实施的措施。

第三，对证据的运用，要有较高的证明要求，不仅要求案件事实清楚，证据确实、充分，而且还要证明未成年人走上犯罪道路的家庭、社会、教育等方面的原因。

第四，从侦查、起诉、审判到执行，均采取适合未成年人特点的诉讼制度和程序，诉讼程序的设计表现得更为灵活多样和缓和宽松。

2. **答案**：充分保障未成年犯罪嫌疑人、被告人诉讼权利的原则，是指司法机关在处理未成年人刑事案件的过程中，应当充分保障未成年犯罪嫌疑人、被告人依法享有的各项诉讼权利。确立该项原则的目的，是督促司法机关履行保护未成年犯罪嫌疑人、被告人诉讼权利的义务，尽职尽责地排除诉讼过程中阻碍未成年人行使诉讼权利的各种障碍，确保未成年人刑事案件的公正审理。

依照刑事诉讼法的规定，未成年犯罪嫌疑人、被告人除享有成年被告人的一切诉讼权利外，还享有下列特殊的诉讼权利：一是法定的辩护权利；二是法定代理人参加诉讼的权利。被告人有权获得辩护，人民法院有义务保证被告人获得辩护。对于没有委托辩护人的未成年被告人，人民法院应当为其指定辩护人。这是对未成年被告人辩护权的特别保障。对于不满18周岁的未成年人犯罪的案件，在讯问和审判时可以通知其法定代理人到场。开庭审判时，少年法庭应在辩护台靠边旁听区一侧，为未成年被告人的法定代理人设置座位。应向未成年被告人的法定代理人送达起诉书副本，并告知其享有的各项诉讼权利。这主要考虑两个方面的因素：一是消除未成年人进入诉讼程序后的紧张、恐惧心理，保证对案件的顺利调查审理。二是加强法定代理人对被代理人合法权益的保护。同时，督促司法机关加强未成年人诉讼权利的特别保护及自身工作的不断完善。

3. 答案：(1) 因民间纠纷引起，涉嫌《刑法》分则第四章、第五章规定的犯罪案件，可能判处三年有期徒刑以下刑罚的；(2) 除渎职犯罪外的可能判处七年有期徒刑以下刑罚的过失犯罪案件；(3) 犯罪嫌疑人、被告人在五年以内曾经故意犯罪的，不适用该程序。

4. 答案：(1) 适用的案件范围：贪污贿赂犯罪、恐怖活动犯罪等重大犯罪案件。(2) 被追诉人不能到案。即犯罪嫌疑人、被告人逃匿，在通缉一年后不能到案，或者犯罪嫌疑人、被告人死亡。(3) 有追缴财产的需要：依照刑法规定应当追缴其违法所得及其他涉案财产的。(4) 程序启动要件：人民检察院向人民法院提出没收违法所得的申请。

六、论述题

1. 答案：(1) 少年法庭应当在辩护台靠近旁听区一侧，为被告人的法定代理人设置席位。开庭前，少年法庭应当通知被告人的法定代理人到庭。法定代理人在法庭上享有申请回避、发问、辩护等诉讼权利。开庭审理时，已满18岁被告人的法定代理人行使上述诉讼权利时，必须征得被告人同意。

(2) 被告人在法庭上可以坐着回答问题。在法庭上不得对被告人使用械具。少年法庭应当详细告知被告人依法享有的申请回避、辩护、发问、提出新的证据、要求重新鉴定或者勘验、最后陈述等诉讼权利。在法庭审理过程中，审判人员应当根据被告人的智力发育程序和心理状态，注意掌握庭审节奏和气氛；审判人员要注意用语不失严肃，用语准确且通俗易懂；注意防止对被告人的诱供行为。在庭审过程中，审判人员应当立即制止对被告人进行训斥、讽刺和威胁的行为。

(3) 法庭调查时，审判人员要准确核实少年被告人在案件发生时的年龄。在查明案件事实核实证据的同时，还应当注意查明被告人实施行为的主观和客观原因。法庭审理中，如果控辩双方向法庭提出判处被告人有期徒刑或拘役宣告缓刑、管制、免予刑事处罚的建议的，审判人员应当要求建议方向法庭提供被告人家庭监护条件或者其所在社区帮教措施的证明材料。

(4) 未成年人刑事案件的证人是未成年人的，经人民法院准许，可以不出庭。

(5) 被告人最后陈述后，审判长应当宣布休庭，合议庭进行评议。对于可以当庭宣告判决的案件，合议庭应当在宣布有罪判决结果后，当庭对未成年被告人进行法庭教育。对于定期宣告判决的案件，如果经合议庭评议，确定未成年被告人有罪，被告人及其辩护人又未作无罪辩护的，应当继续开庭对未成年被告人进行法庭教育。

具有下列情形之一等，不应当进行法庭教育：

第一，经过合议，合议庭确定被告人无罪的；

第二，宣判后，未成年被告人及其法定代理人、辩护人当庭明确表示对有罪判决持有异议的。

(6) 合议庭应当组织公诉人、辩护人及未成年被告人的法定代理人对未成年被告人进行法庭教育。法庭教育可以围绕下列内容进行：

第一，犯罪行为对社会的危害和应受刑罚处罚的必要性。

第二，导致犯罪行为发生的主观、客观原因及应当吸取的教训。

第三，教育未成年被告人正确对待审判，指明正确的人生道路。

(7) 未成年人刑事案件宣告判决，应当公开进行，但不得召开群众大会。宣告判决时，应当向被告人说明判决认定的犯罪事实、判处的刑罚，以及从重、加重、从轻、减轻或者免除刑事处罚，以及宣告无罪的法律依据和理由。对于被判处管制或者拘役和有期徒刑宣告缓刑、免除刑事处罚或者判决宣告无罪的被告人，应当立即释放。宣告判决时，应当通知被告人的法定代理人到庭，并向法定代理人送达判决书副本。对于刑事附带民事诉讼的案件，少年法庭应当讲明未成年被告人的法定代理人所应承担的民事赔偿责任。

(8) 宣告判决时，应当明确告知被告人的上述权利，并且讲明上述不加刑的法律规定。不满18岁的被告人及其法定代理人依法均享有上诉权；被告人已满18岁的，其法定代理人、辩护人或者其他近亲属要求上诉的，必须征得被告人的同意。决定开庭审判的上诉和抗诉案件，参照上述少年法庭审理未成年人刑事案件的程序规定进行。

(9) 第二审程序应一律采用直接审理的方式，严格禁止书面审理。对维持或改变原判决、裁定的，二审法院应当向上诉人讲明维持或改判的理由和根据。对经二审判决、裁定确定有罪的，可以在宣判后组织法庭教育，继续做好未成年罪犯的教育工作。

2. 答案：(1) 教育、感化、挽救方针。教育、感化、挽救方针，是指司法机关应当在未成年人刑事诉讼程序中，对经人民法院依法判决确定有罪的未成年人进行教育、感化和挽救工作。

对于犯罪的未成年人进行教育、感化和挽救，既是诉讼的主要目的，也是全社会的共同职责。在具体的教育、感化、挽救工作中，司法工作人员要像父母对待子女、老师对待学生、医生对待病人那样，帮助未成年人分清是非，促使其同犯罪行为划清界限，并在诉讼中依法保障其享有的诉讼权利。同时，还要正确处理好打击、惩罚犯罪与教育、感化、挽救的关系，感化、挽救并不意味着对其所犯罪行可以不处罚，相反为保护公共利益，维护社会法制，对未成年人犯罪行为要依法处罚。

(2) 分案处理原则。分案处理原则，是指司法机关在刑事诉讼过程中将未成年人案件与成年人案件分开处理，对未成年人与成年人分别关押。未成年人由于身心发育尚不成熟健全，易受外界环境和他人的影响，当其作为犯罪嫌疑人被拘押，作为刑事被告人被讯问、审判时，其所能承受的心理压力是有限的，此时的未成年人更渴望来自周围人的关心和指点。从该原则的内容上看，大致包括三个方面：一是在刑事诉讼中运用拘留、逮捕等强制措施关押未成年犯罪嫌疑人时，必须与成年犯罪嫌疑人分开看管；二是在处理未成年人与成年人共同犯罪或者牵连的案件时，尽量适用不同的诉讼程序，在不妨碍审理的前提下，坚持分案处理；三是在未成年人案件处理完毕交付执行阶段，不得与成年犯人同处一个监所。

(3) 充分保障未成年犯罪嫌疑人、被告人诉讼权利原则。充分保障未成年犯罪嫌疑人、被告人诉讼权利的原则，是指司法机关在处理未成年人刑事案件的过程中，应当充分保障未成年犯罪嫌疑人、被告人依法享有的各项诉讼权利。依照刑事诉讼法的规定，未成年犯罪嫌疑人、被告人除享有成年被告人的一切诉讼权利外，还享有下列特殊的诉讼权利：一是法定的辩护权利；二是法定代理人参加诉讼的权利。被告人有权获得辩护，人民法院有义务保证被告人获得辩护。对于没有委托辩护人的未成年被告人，人民法院应当为其指定辩护人。这是对未成年被告人辩护权的特别保障。对于不满18岁的未成年人犯罪的案件，在讯问和审判时应当通知其法定代理人到场。开庭审判时，少年法庭应在辩护台靠边旁听区一侧，为未成年被告人的法定代理人设置座位。应向未成年被告人的法定代理人送达起诉书副本，并告知其享有的各项诉讼权利。

(4) 审理不公开原则。审理不公开原则，是指人民法院在开庭审理未成年人刑事案件时，不允许群众旁听，不允许记者采访，报纸等印刷品不得刊登未成年被告人的姓名、年龄、职业、住址及照片等。被指控实施犯罪时已满14岁不满16岁的未成年人刑事案件，一律不公开审理；被指控实施犯罪时已满16岁不满18岁的未成年人刑事案件，一般也不公开审理。如果有必要公开审理的，应当经过人民法院院长批准，并限制旁听人数和范围。未成年被告人的成年近亲属和教师等人到庭有利于审判工作和教育、感化未成年被告人的，经审判庭庭长批准，可允许或邀请到庭，但必须加强保密工作，不得向外界传播或者提供案件审理情况。

(5) 全面调查原则。全面调查原则，是指司法机关在办理未成年人案件时，除对案件事实和证据进行调查、审查外，还应就导致未成年人犯罪之主客观因素及其形成、发展、演变过程，以及对未成年人特殊性格的形成产生过重要影响的人和事件的详细情况进行全面、彻底的调查，必要时还可以进行医学、心理学及精神病学等方面的鉴定。全面调查的内容包括以下几个方面：第一，能够证明未成年被告人是否有罪及犯罪轻重的一切事实情况，如犯罪构成要件、犯罪情节、犯罪未成年人个人情况及犯罪后的表现等证据，其中查清未成年人的犯罪动机、目的至为重要；第二，对未成年人的生活环境及与之相联系的各种社会关系予以调查，如家庭情况、父母管教方式、在校学习情况、社交往来等；第三，着重查清在未成年人成长过程中对其步入犯罪泥潭产生过重要影响的人和事件的详细情况，主要指案件事实以外的其他相关的因素及社会关系；第四，着重查清未成年人的兴趣爱好、智力能力、身心发育成熟程度、情感类型等个性特征；第五，注意未成年人生理心理上有无畸形变态等情况，并注意区别是属于医学上的病态还是思想认识上的偏激、反常。

(6) 迅速简易原则。迅速是指在诉讼进行的每一个阶段，都应当尽可能地争取时间，迅速侦查、起诉和审判。在时间的要求上，尽可能要快于对成年人犯罪案件的处理；简易则是指整个诉讼程序尽可能从简进行。迅速和简易是互相联系的，简易是迅速的前提，迅速是简易所要达到的目的和效果。

七、案例题

答案：(1) ①实施了危害公共安全或者严重危害公民人身安全的暴力行为。②经法定程序鉴定属依法不负刑事责任的精神病人。③有继续危害社会的可能。

(2)《刑事诉讼法》规定了一审程序被强制医疗的人、被害人及其法定代理人、近亲属对强制医疗决定不服的，可以向上一级法院申请复议，没有明确二审程序是否可以申请复议。从理论上讲，二审是终审程序，当事人不能再上诉，只能通过审判监督程序予以纠正。但按照我国《刑事诉讼法》关于审判监督程序的规定，只有法院的判决、裁定才可以申诉，不包括决定。因此，如果中级人民法院的强制医疗决定不允许复议，必将剥夺当事人的救济权。故《刑事诉讼法》第305条第2款规定的被决定强制医疗的人、被害人及其法定代理人、近亲属对强制医疗不服的，可以向上一级法院申请复议，应作广义理解，既包括一审也包括二审，使得当事人的救济权利得以保障。

(3) 不合法。按照《刑事诉讼法》和有关司法解释的规定，丁区法院有下列违法行为：①审理强制医疗应当组成合议庭进行；②本案被告人系成年人，所犯抢劫罪不属于不公开审理的案件；③审理强制医疗案件，应当通知段某的法定代理人到庭；④段某没有委托诉讼代理人，法院应当通知法律援助机构指派律师担任其法定代理人，为其提供法律援助。

(4) 按照《刑事诉讼法解释》第197条关于法院认定公诉案件被告人的行为不构成犯罪，对已经提起的附带民事诉讼，经调解不能达成协议的，可以一并作出附带民事诉讼判决的精神，丁区法院应当就民事赔偿进行调解。调解不成，判决宣告被告人段某不负刑事责任，并在判决中就附带的民事赔偿一并处理，同时作出对被告人段某强制医疗的决定。

①依据《刑事诉讼法》第302条的规定，实施暴力行为，危害公共安全或者严重危害公民人身安全，经法定程序鉴定依法不负刑事责任的精神病人，有继续危害社会可能的，可以予以强制医疗。《刑事诉讼法解释》第630条规定，实施暴力行为，危害公共安全或者严重危害公民人身安全，社会危害性已经达到犯罪程度，但经法定程序鉴定依法不负刑事责任的精神病人，有继续危害社会可能的，可以予以强制医疗。故对段某适用强制医疗程序的条件是，段某实施了危害公共安全或者严重危害公民人身安全的暴力行为，经法定程序鉴定属依法不负刑事责任的精神病人，有继续危害社会的可能。

②《刑事诉讼法》第305条第2款规定，被决定强制医疗的人、被害人及其法定代理人、近亲属对强制医疗决定不服的，可以向上一级人民法院申请复议。此规定明确了一审程序被强制医疗的人、被害人及其法定代理人、近亲属对强制医疗决定不服的，可以向上一级法院申请复议，没有明确二审程序是否可以申请复议。从理论上讲，二审是终审程序，当事人不能再上诉，只能通过审判监督程序予以纠正。但按照我国《刑事诉讼法》关于审判监督程序的规定，只有法院的判决、裁定才可以申诉，不包括决定。因此，如果中级人民法院的强制医疗决定不允许复议，必将剥夺当事人的救济权。故《刑事诉讼法》第305条规定的被决定强制医疗的人、被害人及其法定代理人、近亲属对强制医疗不服的，可以向上一级法院申请复议，应作广义理解，既包括一审也包括二审，使得当事人的救济权利得以保障。因此，在本案中，中级人民法院应当告知段某及其法定代理人、近亲属对强制医疗决定不服的，可以向上一级人民法院申请复议。

③丁区法院的做法不合法。具体包括：第一，《刑事诉讼法》第304条第1款规定，人民法院受理强制医疗的申请后，应当组成合议庭进行审理。本案中，应当组成合议庭审理，不能由审判员张某一人审理。第二，本案中，段某1980年出生，已经年满18周岁，是成年人，所犯抢劫罪不属于不公开审理的案件，故对该案应当公开审理，而不能不公开审理。《刑事诉讼法解释》第635条只是规定，审理强制医疗案件，应当组成合议庭，开庭审理。但是，被申请人、被告人的法定代理人请求不开庭审理，并经人民法院审查同意的除外。此处是有可能不开庭审理，而不是不公开审理。第三，《刑事诉讼法》第304条第2款规定，人民法院审理强制医疗案件，应当通知被申请人或者被告人的法定代理人到场。《刑事诉讼法解释》第638条规定，第一审人民法院在审理案件

过程中发现被告人可能符合强制医疗条件的，应当依照法定程序对被告人进行法医精神病鉴定。经鉴定，被告人属于依法不负刑事责任的精神病人的，应当适用强制医疗程序，对案件进行审理。开庭审理前款规定的案件，应当先由合议庭组成人员宣读对被告人的法医精神病鉴定意见，说明被告人可能符合强制医疗的条件，后依次由公诉人和被告人的法定代理人、诉讼代理人发表意见。经审判长许可，公诉人和被告人的法定代理人、诉讼代理人可以进行辩论。所以，本案中，应当通知段某的法定代理人到庭。第四，《刑事诉讼法》第304条第2款规定，人民法院审理强制医疗案件，被申请人或者被告人没有委托诉讼代理人的，人民法院应当通知法律援助机构指派律师为其提供法律帮助。故在本案中，段某没有委托诉讼代理人，法院应当通知法律援助机构指派律师担任其法定代理人，为其提供法律援助。

④《刑事诉讼法解释》第197条第1款规定，人民法院认定公诉案件被告人的行为不构成犯罪，对已经提起的附带民事诉讼，经调解不能达成协议的，可以一并作出刑事附带民事判决。所以，本案中，丁区法院应当就民事赔偿进行调解。调解不成，判决宣告被告人段某不负刑事责任，并在判决中就附带的民事赔偿一并处理，同时做出对被告人段某强制医疗的决定。

第二十六章　涉外刑事诉讼程序与司法协助制度

基础知识图解

- 涉外刑事诉讼程序与司法协助制度
  - 概述
    - 涉外刑事诉讼程序的概念
    - 涉外刑事诉讼程序的立法
  - 涉外刑事诉讼程序特有原则
    - 国家主权原则
    - 诉讼权利和义务平等原则
    - 信守国际条约原则
    - 使用中国通用的语言文字进行诉讼原则
    - 中国律师参加诉讼原则
  - 涉外刑事诉讼程序的特别规定
    - 被告人，被害人外国国籍的确认
    - 涉外刑事诉讼管辖：立案管辖、审判管辖
    - 涉外刑事诉讼强制措施的适用
    - 涉外刑事诉讼文书的送达
    - 涉外刑事案件的侦查，起诉，审判和执行
  - 刑事司法协助制度
    - 刑事司法协助的概念和意义
    - 主体：我国法院和外国法院，我国人民检察院和外国检察机关，我国公安机关和外国警察机关
    - 依据：我国缔结或参加的国际条约、互惠原则
    - 内容：调查取证，送达文书，移交证据、通报诉讼结果、引渡、犯罪情报信息的交流与合作
    - 刑事司法协助的程序

配套测试

一、单项选择题

1. 根据我国涉外刑事案件审理程序规定，下列哪一选项是正确的？(　　)（司考 2009. 2. 38）

A. 国籍不明又无法查清的，以中国国籍对待，不适用涉外刑事案件审理程序

B. 法院审判涉外刑事案件，不公开审理

C. 对居住在国外的中国籍当事人，可以委托我国使、领馆代为送达

D. 外国法院通过外交途径请求我国法院向外国驻华使、领馆商务参赞送达法律文书的，应由我国有关高级法院送达

2. W 国人约翰涉嫌在我国某市 A 区从事间谍活动被立案侦查并提起公诉。关于本案诉讼程序，下列哪一选项是正确的？(　　)

A. 约翰可通过 W 国驻华使馆委托 W 国律师为其辩护

B. 本案由 A 区法院一审

C. 约翰精通汉语，开庭时法院可不为其配备翻译人员

D. 给约翰送达的法院判决书应为中文本

二、多项选择题

1. 刑事司法协助存在的范围有(　　)。

A. 侦查阶段的一系列活动

B. 立案阶段的一系列活动

C. 审判阶段的诉讼活动

D. 执行阶段的诉讼活动

2. 下列哪些案件适用涉外刑事诉讼程序？(　　)（司考 2010. 2. 79）

A. 在公海航行的我国货轮被索马里海盗抢劫的案件

B. 我国国内一起贩毒案件的关键目击证人在诉讼时身在国外

C. 陈某经营的煤矿发生重大安全事故后携款潜逃国外的案件

D. 我驻某国大使馆内中方工作人员甲、乙因看世界杯而发生斗殴的故意伤害案件

三、不定项选择题

1. 李某现年 40 岁，其丈夫张某是 A 国人，且为 A 国驻 B 国的外交官，现在张某与李某途经中国时，李某在中国故意重伤他人，按照中国法律，司法机关应该(　　)。

A. 建议 A 国将其召回

B. 宣布为不受欢迎的人，令其限期出境

C. 宣布将其驱逐出境

D. 由我国司法机关依法惩处

2. 黄某（17 周岁，某汽车修理店职工）与吴某（16 周岁，高中学生）在餐馆就餐时因琐事与赵某（16 周岁，高中学生）发生争吵，并殴打赵某致其轻伤。检察院审查后，综合案件情况，拟对黄某作出附条件不起诉决定，对吴某作出不起诉决定。请回答第（1）～（3）题。（司考 2014. 2. 94～96）

（1）关于本案审查起诉的程序，下列选项正确的是(　　)。

A. 应当对黄某、吴某的成长经历、犯罪原因和监护教育等情况进行社会调查

B. 在讯问黄某、吴某和询问赵某时，应当分别通知他们的法定代理人到场

C. 应当分别听取黄某、吴某的辩护人的意见

D. 拟对黄某作出附条件不起诉决定，应当听取赵某及其法定代理人与诉讼代理人的意见

（2）关于对黄某的考验期，下列选项正确的是(　　)。

A. 从宣告附条件不起诉决定之日起计算

B. 不计入检察院审查起诉的期限

C. 可根据黄某在考验期间的表现，在法定范围内适当缩短或延长

D. 如黄某违反规定被撤销附条件不起诉决定而提起公诉，已经过的考验期可折抵刑期

（3）关于本案的办理，下列选项正确的是(　　)。

A. 在对黄某作出附条件不起诉决定、对吴某作出不起诉决定时，必须达成刑事和解

B. 检察院对黄某作出附条件不起诉决定、对吴某作出不起诉决定时，可要求他们向赵某赔礼道歉、赔偿损失

C. 在附条件不起诉考验期内，检察院可将黄某移交有关机构监督考察

D. 检察院对黄某作出附条件不起诉决定，对吴某作出不起诉决定后，均应将相关材料装订成册，予以封存

四、名词解释

1. 涉外刑事诉讼程序

2. 诉讼权利和义务平等原则

3. 信守国际条约原则

4. 使用中国通用的语言文字进行诉讼原则

5. 指定或委托中国律师参加诉讼原则

6. 刑事司法协助

7. 引渡

五、简答题

1. 简述国际刑事司法协助。

2. 简述涉外刑事诉讼中的国家主权原则的主要表现。

六、论述题

论在涉外刑事诉讼程序中指定或委托中国律师参加诉讼的原则。

参考答案

一、单项选择题

1. 答案：C。《刑事诉讼法解释》第 477 条规定，外国人的国籍，根据其入境时的有效证件确认；国籍不明的，根据公安机关或者有关国家驻华使、领馆出具的证明确认。国籍无法查明的，以无国籍人对待，适用本章有关规定，在裁判文书中写明“国籍不明”。所以 A 项说法错误。第 483 条第 1 款规定，人民法院审判涉外刑事案件，应当公开进行。但是涉及国家秘密或者个人隐私的案件，不公开审理。所以 B 项说法错误。第 495 条第 6 项规定，当事人所在国的法律允许邮寄送达的，可以邮寄送达，C 项说法正确。第 496 条规定，

人民法院通过外交途径向在中华人民共和国领域外居住的受送达人送达刑事诉讼文书的，所送达的文书应当经高级人民法院审查后报最高人民法院审核。最高人民法院认为可以发出的，由最高人民法院交外交部主管部门转递。外国法院通过外交途径请求人民法院送达刑事诉讼文书的，由该国驻华使馆将法律文书交我国外交部主管部门转最高人民法院。最高人民法院审核后认为属于人民法院职权范围，且可以代为送达的，应当转有关人民法院办理。根据上述规定，D 项说法错误。

2. **答案**：D。本题考查涉外刑事诉讼程序。依据《刑事诉讼法解释》第 485 条第 1 款的规定，外国籍被告人委托律师辩护，或者外国籍附带民事诉讼原告人、自诉人委托律师代理诉讼的，应当委托具有中华人民共和国律师资格并依法取得执业证书的律师。故 A 项错误。

《刑事诉讼法》第 21 条规定："中级人民法院管辖下列第一审刑事案件：（一）危害国家安全、恐怖活动案件；（二）可能判处无期徒刑、死刑的案件。"本题中约翰涉嫌间谍案，是危害国家安全的案件，应当由中级人民法院进行一审，而不是区法院。故 B 项错误。

依据《刑事诉讼法解释》第 484 条规定，人民法院审判涉外刑事案件，使用中华人民共和国通用的语言、文字，应当为外国籍当事人提供翻译。人民法院的诉讼文书为中文本。外国籍当事人不通晓中文的，应当附有外文译本，译本不加盖人民法院印章，以中文本为准。外国籍当事人通晓中国语言、文字，拒绝他人翻译，或者不需要诉讼文书外文译本的，应当由其本人出具书面声明。故 C 项错误，D 项正确。本题的正确答案为 D 项。

二、多项选择题

1. **答案**：ACD。本题考查的是刑事司法协助的范围。根据各国的实践，刑事司法协助可以存在于侦查和审判过程中。此外，刑事司法协助还可以存在于执行阶段，如引渡就包括被请求国在其境内的已被请求国判刑的人移交给请求国以便执行刑罚。刑事司法协助不能存在于立案阶段，这是因为司法协助请求书一般都要求写明请求所涉及的犯罪事实或者被请求人的情况，这些资料只能在司法机关立案之后，并对案情有了初步掌握之后才能提供，因此，在立案阶段的活动是不能请求司法协助的。故本题正确答案为 ACD。

2. **答案**：ABC。《刑事诉讼法解释》第 475 条规定，本解释所称的涉外刑事案件是指：（1）在中华人民共和国领域内，外国人犯罪的或者我国公民对外国、外国人犯罪的案件；（2）符合刑法第 7 条、第 10 条规定情形的我国公民在中华人民共和国领域外犯罪的案件；（3）符合刑法第 8 条、第 10 条规定情形的外国人犯罪的案件；（4）符合刑法第九条规定情形的中华人民共和国在所承担国际条约义务范围内行使管辖权的案件。涉外刑事诉讼包括涉外案件的刑事诉讼，但又不仅指涉外案件的刑事诉讼。在司法实践中，有些案件不是涉外案件，但由于案发时或案发后的一些特殊情况，使得这些案件的诉讼活动涉及外国人或者需要在国外进行。选项 A 正确。根据公约和中国国内法的有关规定，凡是中国有义务管辖的国际犯罪案件，均适用涉外刑事诉讼程序。选项 B 正确。我国的证人在诉讼时身在国外，不属于涉外案件，但是该案的诉讼活动需要在外国进行，所以，适用涉外刑事诉讼程序。选项 C 正确。陈某携款逃到国外，虽然不属于涉外案件，但在诉讼活动需要在外国进行或由外国协助，所以，适用涉外刑事诉讼程序。选项 D 错误。案件虽发生在国外，但当事人双方均是中国人，且案件发生在我国使馆内，所以不属于涉外案件，由我国法院管辖，不适用涉外诉讼程序。

三、不定项选择题

1. **答案**：ABC。按照我国法律规定，享有外交特权和豁免的其他来中国访问的外国人犯罪，应当追究刑事责任的，依据外交途径解决，解决方式一般包括以下几种：（1）建议其派遣国将其召回；（2）宣布为不受欢迎的人，令其限期出境；（3）宣布将其驱逐出境。

2. **答案**：（1）BCD。《刑事诉讼法》第 279 条规定，公安机关、人民检察院、人民法院办理未成年人刑事案件，根据情况可以对未成年犯罪嫌疑人、被告人的成长经历、犯罪原因、监护教育等情况进行调查。《人民检察院办理未成年人刑事案件的规定》第 9 条第 1 款规定，人民检察院根据情况可以对未成年犯罪嫌疑人的成长经历、犯罪原因、监护教育等情况进行调查，并制作社会调查报告，作为办案和教育的参考。故 A 项的错误在于，不是"应当"而是"可以"对黄某、吴某的成长经历、犯罪原因和监护教育等情况进行社会调查。《人民检察院办理未成年人刑事案件的规定》第 22 条第 4 款规定，审查起诉未成年犯罪嫌疑人，应当听取其父母或者其他法定代理人、辩护人、被害人及其法定代理人的意见。故 C 项正确。《刑事诉讼法》第 281 条第 1 款、第 5 款规定，对于未成年人刑事案件，在讯问和审判的时候，应当通知未成年犯罪嫌疑人、被告人的法定代理人到场。询问未成年被害人、证人，也适用此规定。故B项正确。《人民检察院办理未成年人刑事案件的规定》第30条规定，人民检察院在作出附条件不起诉的决定以前，应当听取公安机关、被害人、未成年犯罪嫌疑人的法定代理人、辩护人的意见，并制作笔录附卷。被害人是未成年人的，还应当听取被害人的法定代理人、诉讼代理人的意见。故D项正确。本题中，赵某是未成年人，所以，应当听取赵某及其法定代理人与诉讼代理人的意见。故本题的正确答案为BCD三项。

（2）BC。《人民检察院办理未成年人刑事案件的规定》第40条第1款规定，人民检察院决定附条件不起诉的，应当确定考验期。考验期为6个月以上1年以下，从人民检察院作出附条件不起诉的决定之日起计算。考验期不计入案件审查起诉期限。故A项错误，B项正确。《人民检察院办理未成年人刑事案件的规定》第40条第2款规定，考验期的长短应当与未成年犯罪嫌疑人所犯罪行的轻重、主观恶性的大小和人身危险性的大小、一贯表现及帮教条件等相适应，根据未成年犯罪嫌疑人在考验期的表现，可以在法定期限范围内适当缩短或者延长。故C项正确，D项错误在于，附条件不起诉考验期不能折抵刑期。本题的正确答案为BC两项。

（3）B。《刑事诉讼法》第283条第1款规定，在附条件不起诉的考验期内，由人民检察院对被附条件不起诉的未成年犯罪嫌疑人进行监督考察。未成年犯罪嫌疑人的监护人，应当对未成年犯罪嫌疑人加强管教，配合人民检察院做好监督考察工作。故C项错误。《人民检察院办理未成年人刑事案件的规定》第41条规定，被附条件不起诉的未成年犯罪嫌疑人，应当遵守下列规定：①遵守法律法规，服从监督；②按照考察机关的规定报告自己的活动情况；③离开所居住的市、县或者迁居，应当报经考察机关批准；④按照考察机关的要求接受矫治和教育。《人民检察院办理未成年人刑事案件的规定》第42条规定，人民检察院可以要求被附条件不起诉的未成年犯罪嫌疑人接受下列矫治和教育：①完成戒瘾治疗、心理辅导或者其他适当的处遇措施；②向社区或者公益团体提供公益劳动；③不得进入特定场所，与特定的人员会见或者通信，从事特定的活动；④向被害人赔偿损失、赔礼道歉等；⑤接受相关教育；⑥遵守其他保护被害人安全以及预防再犯的禁止性规定。《刑事诉讼法》第284条规定，被附条件不起诉的未成年犯罪嫌疑人，在考验期内有下列情形之一的，人民检察院应当撤销附条件不起诉的决定，提起公诉：①实施新的犯罪或者发现决定附条件不起诉以前还有其他犯罪需要追诉的；②违反治安管理规定或者考察机关有关附条件不起诉的监督管理规定，情节严重的。被附条件不起诉的未成年犯罪嫌疑人，在考验期内没有上述情形，考验期满的，人民检察院应当作出不起诉的决定。故A项错误在于，和解不是不起诉的必备条件。同时，根据《人民检察院办理未成年人刑事案件的规定》第42条规定，可知检察院对黄某作出附条件不起诉决定时，可要求黄某向被害人赵某赔礼道歉、赔偿损失。《高检规则》第373条第1款规定，人民检察院决定不起诉的案件，可以根据案件的不同情况，对被不起诉人予以训诫或者责令具结悔过、赔礼道歉、赔偿损失。故检察院对吴某作出不起诉决定时，可要求吴某向被害人赵某赔礼道歉、赔偿损失。因此B项正确。《高检规则》第486条规定，人民检察院对未成年犯罪嫌疑人作出不起诉决定后，应当对相关记录予以封存。除司法机关为办案需要进行查询外，不得向任何单位和个人提供。具体程序参照该规则第483条至第485条的规定。《高检规则》第483条规定，人民检察院应当将拟封存的未成年人犯罪记录、卷宗等相关材料装订成册，加密保存，不予公开，并建立专门的未成年人犯罪档案库，执行严格的保管制度。故检察院对吴某作出不起诉决定后，应将相关材料装订成册，予以封存。但是，检察院对黄某作出附条件不起诉决定，不需要予以封存。故D项错误。本题的正确答案为B项。

四、名词解释

1. **答案**：涉外刑事诉讼程序是指公安司法机关办理具有涉外因素的刑事案件时所适用的诉讼程序。所谓涉外因素主要是指诉讼当事人全部或部分为外国人，或者刑事案件发生在国外。外国人既包括外国自然人，也包括外国法人或组织以及无国籍人。由于公安司法机关在办理涉外刑事案件时，既涉及国家主权，又涉及国家的对外关系，既要以我国国内立法为依据，又要承担我国缔结或者参加的国际条约所规定的义务，因此，涉外刑事诉讼程序属于特殊的诉讼程序，它除了遵循刑事诉讼法规定的原则和程序外，还必须遵循有关法律对如何办理涉外刑事案件作出的一些特殊规定。
2. **答案**：诉讼权利和义务平等原则是指外国人在我国参加刑事诉讼，与我国公民一样，享有我国法律规定的诉讼权利和诉讼义务。在涉外刑事诉讼中遵循诉讼权利和义务平等原则，是国际法中国民待遇的一种体现。我国刑事诉讼法虽然没有明确规定这项原则，但该法第 16 条关于追究外国人刑事责任适用本法的规定以及第 14 条关于公安司法机关应当保障诉讼参与人依法享有的诉讼权利的规定，体现了这一原则的基本含义。一般而言，按照国际对等原则，如果某一国家对中国籍被告人在国内的刑事诉讼权利加以限制，则中国也应该当相应限制具有该国国籍的被告人在中国刑事诉讼中的诉讼权利。除此之外，外国籍被告人应该享有中国刑事诉讼法所规定的所有诉讼权利。

3. **答案**：信守国际条约原则是指公安司法机关办理涉外刑事案件过程中，凡是我国缔结或者参加的国际条约有规定的，除声明保留的条款外，都必须严格遵守。条约必须遵守原则是国际法通行的原则，因此，信守国际条约是我国在涉外刑事诉讼中所应当承担的国际义务。在涉外刑事诉讼中，世界各国对于贯彻信守国际条约原则，一般采用两种方式：一是承认有关国际条约，即在国内立法中制定专门法律来实施国际条约的内容；二是在国内法中，规定承认国际条约原则，将该国际条约的内容变通为国内法，在本国领域内实施。我国涉外刑事诉讼参照了民事诉讼法的规定，信守国家条约原则采取以下方式：凡是我国缔结或者参加的国际条约，除声明保留的条款外，都必须严格遵守。

4. **答案**：使用中国通用的语言文字进行诉讼原则是指公安司法机关在办理涉外刑事案件过程中，应当使用中国通用的语言、文字进行诉讼活动，对于外国籍诉讼参与人，应当为他们提供翻译。使用本国通用的语言文字进行涉外刑事诉讼，是国家司法主权独立和尊严的象征，是各国涉外刑事诉讼立法普遍采用的一项原则。该项原则的具体内容包括：(1) 公安司法机关在涉外刑事诉讼中应当使用中国通用的语言进行询问、讯问等调查工作和法庭审判活动。(2) 公安司法机关在涉外刑事诉讼中应当用中文制作有关诉讼文书。(3) 公安司法机关在涉外刑事诉讼中应当为外国籍诉讼参与人提供翻译。(4) 公安司法机关在向外国籍当事人和其他诉讼参与人送达诉讼文书时，应当附有受送达人通晓的外文译本，但译本不加盖公安司法机关印章，诉讼的文书内容以中文文本为准。

5. **答案**：指定或委托中国律师参加诉讼原则是指人民法院依法为没有委托辩护人的外国籍被告人指定辩护人或者外国籍当事人委托辩护人或代理人，只能指定或委托中国律师，外国律师不得在中国参加刑事诉讼活动。其主要内容包括：(1) 外国籍当事人委托律师辩护或代理诉讼的，必须委托中国律师，而不允许委托外国律师。(2) 外国律师接受委托担任辩护人或诉讼代理人参加诉讼，不得以律师的名义或身份出现，不享有中国法律赋予律师的权利，人民法院只将其视为一般的辩护人或诉讼代理人。(3) 外国籍被告人没有委托辩护人的，人民法院可以为其指定辩护人，但应当指定中国律师。外国籍被告人拒绝指定的辩护人为其辩护的，应当由其提出书面声明，或者将其口头声明记录在卷后，人民法院予以准许。

6. **答案**：刑事司法协助是指不同国家的司法机关之间，根据本国缔结或者参加的国际条约，或者按照互惠原则，彼此相互协助，代为进行某些刑事诉讼行为的一项制度。刑事司法协助可以分为我国司法机关（人民法院和人民检察院）请求外国司法机关（仅指法院）提供刑事司法协助和外国司法机关请求我国司法机关提供刑事司法协助两个方面。但它们的内容都是相同的。广义的司法协助包括调查取证、送达诉讼文书、移交证据、通报诉讼结果、引渡、承认和执行对方的生效裁判和裁定等。而狭义的刑事司法协助不包括引渡在内。建立和实行刑事司法协助有利于维护国家主权和利益，也有利于加强我国与外国的刑事司法合作，惩治国际性犯罪。

7. **答案**：引渡是指一国把当时在其境内而被他国指控犯有罪行或者判处刑罚的人，根据该国的请求，移交给该国进行审判或者处罚的一项制度。考虑到引渡具有不同于其他司法协助形式的特殊性，很多国家以专门立法形式规定引渡问题，并且通过签订引渡条约来解决这一问题。因此，引渡属于广义上的刑事司法协助。

五、简答题

1. **答案**：(1) 国际司法协助是指不同国家的司法机关之间，根据本国缔结或参加的国际条约，或者按照互惠原则，彼此相互协助，代为进行一定的诉讼行为。在我国，司法机关指人民法院和人民检察院。

(2) 国际司法协助的法律依据。国际司法协助除各国之间签订的双边条约之外，还有大量的多边公约。我国已同十几个国家签订了司法协助协定或引渡条约，我国还是一些公约的参加国，这些是我国目前开展刑事司法协助的法律依据。

(3) 国际司法协助的范围。我国与外国的刑事司法协助的范围包括：①调查取证。包括相互代为询问证人、被害人、鉴定人，相互委托勘验、检查、鉴定、搜查和扣押；相互代为通知证人、鉴定人出庭，相互移交书证和物证等。②送达文书。包括相互代为送达司法文书和司法外文书。③引渡。④其他诉讼行为，如相互承认和执行对方的生效判决和裁定。

(4) 刑事司法协助的条件。提供司法协助的条件，一般而言，只要提出的请求属于被请求方司法机关管辖，且符合条约的规定，都予以提供司法协助。请求司法协助时应提交请求书。为维护国家主权和公序良俗，某些情况下被请求国会拒绝提供司法协助。

(5) 司法协助的相关程序性问题。凡是请求和提供司法协助，依照国际条约所规定的途径进行；没有缔结条约的，通过外交途径进行。司法协助应使用被请求国语文或该国可以接受的另一种语文的译文。除缔约国有规定外，执行请求的费用应由被请求国负担。我国已经缔结的司法协助条约对司法协助费用都作了规定；如果没有签订司法协助条约，按照对等原则办理。

2. 答案：国家主权原则是指公安司法机关办理涉外刑事案件适用中国法律的原则，对此我国的《刑法》《刑事诉讼法》均有明确规定涉外刑事诉讼中的国家主权原则，主要表现在以下几个方面：

(1) 依法应由我国公安司法机关管辖的涉外刑事案件，一律由我国公安司法机关受理，外国的警察机关和司法机关无管辖权。

(2) 外国人在我国境内进行刑事诉讼，一律适用我国法律，依照我国法律规定的诉讼程序进行。但享有外交特权和豁免权的外国人的刑事责任问题，通过外交途径解决。

(3) 外国法院的刑事裁判，只有经过我国人民法院按照我国刑事诉讼法、我国缔结或者参加的有关国际条约予以承认的，才能在我国境内发生法律效力，或委托办理，或协助执行。

六、论述题

答案：律师制度是国家司法制度的重要组成部分，通常一国的司法制度只能在其主权范围内适用。因此各国一般都不允许外国律师在本国执行律师职务和出庭参加诉讼活动。指定或委托中国律师参加诉讼原则，是指人民法院依法为没有委托辩护人的外国籍被告人指定辩护人或者外国籍当事人委托辩护人或代理人，只能指定或委托中国律师，外国律师不得在中国参加刑事诉讼活动。我国历来不允许外国律师在我国从事律师业务。关于这一问题相关的法律法规均明确规定：外国律师不得在我国开业，不得以律师名义在我国代理诉讼和出庭；外国人、无国籍人、外国组织在中华人民共和国进行诉讼，委托律师代理诉讼的，应当委托中华人民共和国律师机构的律师；等等。从这些规定可以看出，指定或委托中国律师参加诉讼原则的主要内容是：(1) 外国籍当事人委托律师辩护或代理诉讼的，必须委托中国律师，而不允许委托外国律师；(2) 外国律师接受委托担任辩护人或诉讼代理人参加诉讼，不得以律师的名义或身份出现，不享有中国法律赋予律师的权利，人民法院只将其视为一般的辩护人或诉讼代理人；(3) 外国籍被告人没有委托辩护人的，人民法院可以为其指定辩护人，但应当指定中国律师。外国籍被告人拒绝指定的辩护人为其辩护的，应当由其提出书面声明，或者将其口头声明记录在卷后，人民法院予以准许。

为了保证外国籍当事人委托中国律师辩护或代理诉讼的合法性和有效性，《刑事诉讼法解释》第486条规定，外国籍当事人从中华人民共和国领域外寄交或者托交给中国律师或者中国公民的委托书，以及外国籍当事人的监护人、近亲属提供的与当事人关系的证明，必须经所在国公证机关证明，所在国中央外交主管机关或者其授权机关认证，并经中华人民共和国驻该国使领馆认证，或者履行中华人民共和国与该所在国订立的有关条约中规定的证明手续，但我国与该国之间有互免认证协定的除外。

第二十七章　刑事赔偿程序

基础知识图解

- 刑事赔偿程序
  - 概述
    - 刑事赔偿程序的概念和意义
    - 国外刑事赔偿制度简介
    - 我国刑事赔偿制度的建立
  - 刑事赔偿的范围
    - 国家应当承担赔偿责任的情形
    - 国家不承担赔偿责任的情形
  - 刑事赔偿的程序
    - 刑事赔偿请求的提起：请求权人、请求方式、请求时效
    - 刑事赔偿义务机关
    - 赔偿请求的受理和处理
    - 刑事赔偿的方式和计算标准

配套测试

一、单项选择题

国家赔偿法规定的侵犯公民人身自由的每日赔偿金应按下述哪一种方法计算？（　　）

A. 本年度职工年平均工资除以全年天数

B. 本年度职工年平均工资除以全年法定工作日数

C. 上年度职工年平均工资除以全年天数

D. 上年度职工年平均工资除以全年法定工作日数

二、多项选择题

1. 被告人经审判监督程序改判无罪前的哪些情形，国家不承担赔偿责任？（　　）

A. 执行刑罚中被依法减刑的，对于被减刑部分的刑罚

B. 执行刑罚中被保外就医的，对于保外就医期间的刑罚

C. 被告人被判处有期徒刑缓刑的

D. 被告人被判处管制刑罚的

2. 人民法院在民事诉讼、行政诉讼过程中，违法采取对妨害诉讼的强制措施、保全措施或者对判决、裁定及其他生效法律文书执行错误，造成损害，具有下列哪些情形之一的，适用刑事赔偿程序予以赔偿？（　　）

A. 违法使用武器、警械造成公民身体伤害或者死亡的

B. 刑讯逼供或者以殴打等暴力行为或者唆使他人以殴打等暴力行为造成公民身体伤害或者死亡的

C. 违法对财产采取查封、扣押、冻结、追缴等措施的

D. 错误实施司法拘留、罚款的

三、名词解释

1. 刑事赔偿义务机关

2. 赔偿委员会

3. 赔偿决定程序

四、简答题

1. 简述我国《国家赔偿法》所规定的国家不承担赔偿责任的情形。

2. 简述我国刑事赔偿的方式。

五、论述题

论国家应当承担赔偿责任的情形。

参考答案

一、单项选择题

答案：D。《国家赔偿法》第33条规定："侵犯公民人身自由的，每日赔偿金按照国家上年度职工日平均工资计算。"《关于人民法院执行〈国家赔偿法〉几个问题的解释》第6条第2款规定："国家上年度职工日平均工资数额，应当以职工年平均工资除以全年法定工作日数的方法计算。年平均工资以国家统计局公布的数字为准。"

二、多项选择题

1. 答案：ACD。《关于人民法院执行〈国家赔偿法〉几个问题的解释》第4条规定，根据《国家赔偿法》第26条、第27条的规定，人民法院判处管制、有期徒刑缓刑、剥夺政治权利等刑罚的人被依法改判无罪的，国家不承担赔偿责任，但是赔偿请求人在判决生效前被羁押的，依法有权取得赔偿。另外，国家对被减刑部分的刑罚无须承担责任，因为有损害，才有赔偿。
2. 答案：ABCD。根据《国家赔偿法》第17条、第18条和《关于人民法院执行〈国家赔偿法〉几个问题的解释》第2条的规定，ABCD选项都是应当适用刑事赔偿程序予以赔偿的情形。

三、名词解释

1. 答案：在行使上述职权时侵犯公民、法人和其他组织的合法权益造成损害的，该机关称为赔偿义务机关。具体而言：(1) 对没有犯罪事实或者没有事实证明有犯罪重大嫌疑的人错误拘捕的，做出拘留决定的机关为赔偿义务机关；(2) 对没有犯罪事实的人错误逮捕的，作出逮捕决定的机关为赔偿义务机关；(3) 再审改判无罪的，作出原生效判决的人民法院为赔偿义务机关。二审改判无罪的，作出一审判决的人民法院和作出逮捕决定的机关为共同赔偿义务机关。具有共同赔偿义务的机关应当承担民法上的连带责任。
2. 答案：赔偿委员会是指中级以上人民法院设立的专门处理刑事赔偿问题的一种机构。赔偿委员会受理赔偿请求来自以下几个方面：赔偿请求人不服同级复议机关的复议决定，或者复议机关逾期不作赔偿决定的赔偿请求，或者赔偿请求人不服下级人民法院的赔偿决定，以及下级人民法院逾期不作赔偿决定的赔偿请求。根据国家赔偿法，中级以上的人民法院设立赔偿委员会，由人民法院三名至七名审判员组成。赔偿委员会对赔偿请求的处理，按照少数服从多数原则作出赔偿决定，决定一经作出即发生法律效力，赔偿请求人无权上诉。
3. 答案：赔偿决定程序是指赔偿委员会解决刑事赔偿争议的一种非诉讼的特别程序。在赔偿决定程序中，没有原告、被告，只有申请人和被申请人；不实行开庭审理，而是书面审理，必要时可向赔偿义务机关或者赔偿请求人调查了解情况；采取特别的审理组织，即赔偿会员会，既不能独任审理，也不能采取合议庭的形式；赔偿委员会审理终结，不用判决和裁定结案，而是采取赔偿决定结案；赔偿委员会作出赔偿决定，实行少数服从多数原则；赔偿决定一经作出即发生法律效力，赔偿请求人无权上诉。

四、简答题

1. 答案：刑事赔偿必须符合一定的条件。在有些情况下，公民的人身或财产虽然有一定的损害，但是这种损害不是由于行使侦查、起诉、审判、监狱管理职权的机关及其工作人员的错误，而是由于其他原因造成的，就不应该进行刑事赔偿。我国《国家赔偿法》第19条也规定了国家不承担赔偿责任的情形，具体内容如下：

   (1) 因公民自己故意作虚伪供述，或者伪造其他有罪证据被羁押或者被判处刑罚的；

   (2) 依照刑法第十七条、第十八条规定不负刑事责任的人被羁押的；

   (3) 依照刑事诉讼法第十五条、第一百七十三条第二款、第二百七十九条规定不追究刑事责任的人被羁押的；

   (4) 行使侦查、检察、审判职权的机关以及看守所、监狱管理机关的工作人员与行使职权无关的个人行为；

   (5) 因公民自伤、自残等故意行为致使损害发生的；

   (6) 法律规定的其他情形。
2. 答案：关于刑事赔偿的方式我国采用了世界通行的做法，但又考虑到我国国情，又规定了一些辅助方式，根据《国家赔偿法》第32条、第35条、第37条的规定，采取以下赔偿方式：

   (1) 国家赔偿以支付赔偿金为主要方式。能够返还财产或者恢复原状的，予以返还财产或者恢复原状。

   (2) 致人精神损害的，应当在侵权行为影响的范围内，为受害人消除影响，恢复名誉，赔礼道歉；造成严重后果的，应当支付相应的精神损害抚慰金。

（3）赔偿费用列入各级财政预算。

五、论述题

答案：（1）国家承担刑事赔偿责任的一般条件

任何一项责任的承担都必须具备一定的条件，国家赔偿责任也是一样。从理论上讲，国家承担刑事赔偿责任必须符合以下几个条件：①必须有损害事实存在。这种损害事实既可以是对人身的损害，如自由被剥夺、身体受到伤害等；又可以是对财产的损害，如财物的丧失等。②刑事损害必须达到一定的程度。从人身方面的损害看，必须是受害人的人身自由被剥夺，从财产方面看，必须造成了财物损失。③受害人的损失，是由行使侦查、检察、审判和监狱管理职权的机关及其工作人员在行使国家权力的过程中出现错误造成的。④受害人本身没有过错。如果受害人故意作虚伪陈述，造成错误追诉，并给其带来刑事损害，就不需要进行刑事赔偿。

（2）人身损害赔偿的范围

行使侦查、检察、审判职权的机关以及看守所、监狱管理机关及其工作人员在行使职权时有下列侵犯人身权情形之一的，受害人有取得赔偿的权利：

①违反刑事诉讼法的规定对公民采取拘留措施的，或者依照刑事诉讼法规定的条件和程序对公民采取拘留措施，但是拘留时间超过刑事诉讼法规定的时限，其后决定撤销案件、不起诉或者判决宣告无罪终止追究刑事责任的；

②对公民采取逮捕措施后，决定撤销案件、不起诉或者判决宣告无罪终止追究刑事责任的；

③依照审判监督程序再审改判无罪，原判刑罚已经执行的；

④刑讯逼供或者以殴打、虐待等行为或者唆使、放纵他人以殴打、虐待等行为造成公民身体伤害或者死亡的；

⑤违法使用武器、警械造成公民身体伤害或者死亡的。

（3）财产损害赔偿的范围

行使侦查、检察、审判职权的机关以及看守所、监狱管理机关及其工作人员在行使职权时有下列侵犯财产权情形之一的，受害人有取得赔偿的权利：

①违法对财产采取查封、扣押、冻结、追缴等措施的；

②依照审判监督程序再审改判无罪，原判罚金、没收财产已经执行的。

另外，《国家赔偿法》第38条还规定，人民法院在民事诉讼、行政诉讼过程中，违法采取对妨害诉讼的强制措施、保全措施或者对判决、裁定及其他生效法律文书执行错误，造成损害的，赔偿请求人要求赔偿的程序，适用本法刑事赔偿程序的规定。

第二十八章　国际公约与我国刑事诉讼法

基础知识图解

国际公约与我国刑事诉讼法
- 国际公约与刑事诉讼概述
  - 国际公约与刑事诉讼
  - 国际人权公约与国内法的关系
- 《公民权利与政治权利国际公约》与我国刑事诉讼
  - 权利平等原则、司法补救、生命权的程序保障
  - 禁止酷刑或施以残忍的不人道的或侮辱性待遇或刑罚
  - 人身自由和安全程序的保障，审判独立，公正公开
  - 对所有剥夺自由的人应给予人道或尊重人格尊严的待遇
  - 无罪推定，辩护权和获得法律援助权，复审权
  - 反对强迫自证其罪，对未成年人的特别保障
  - 刑事赔偿，一事不再审
- 《联合国打击跨国有组织犯罪公约》《反腐败公约》与我国刑事诉讼
  - 特殊案件的举证责任倒置，对证人和被害人等的保护
  - 高科技手段在刑事诉讼中的运用，特殊侦查措施的运用
  - 特殊案件证明标准的降低
  - 特殊情况下对腐败犯罪所得资产直接没收

配套测试

一、名词解释

1. 司法补救
2. 无罪推定
3. 反对强迫自证其罪
4. 一事不再审

二、简答题

简述《联合国打击跨国有组织犯罪公约》的主要内容。

参考答案

一、名词解释

1. **答案**：司法补救是指由国家承担给予为国际公约所承认的权利或自由受到侵犯的人以有效的补救的义务，任何人当宪法或法律所赋予他的基本权利遭受侵害时，有权由合格的国家法庭对这种侵害行为作有效的补救。
2. **答案**：无罪推定是指凡受到刑事指控者，在未依法证实有罪之前，应有权被视为无罪。要求法院在依法最终作出判决确定被告人有罪之前，法官进行审理时不得带有罪的偏见，应先把被告人作为无罪的人看待，以保证被追诉人的诉讼权利，特别是辩护权能够得到切实保障。
3. **答案**：反对强迫自证其罪包含两层含义：一是不得以暴力、威胁、利诱和其他方法迫使犯罪嫌疑人及证人等自证其罪；二是被追诉人享有沉默权，可以拒绝陈述。
4. **答案**：大陆法系称为一事不再审，英美法系称为“禁止双重危险”，其要求任何人已以一国的法律及刑事程序被最后定罪或宣告无罪者，不得就同一罪名再予以审判或惩罚。

二、简答题

答案：《联合国击跨国有组织犯罪公约》是联合国通过的第一个打击跨国有组织犯罪的综合性国际条约。它确立了一套统一的刑事定罪标准以及预防、侦查和起诉跨国有组织犯罪的法律机制模式，

对协调缔约国的有关立法和司法活动，促进国际合作，有效打击跨国有组织犯罪，有深远的意义。该公约的主要内容包括：参加有组织犯罪集团行为的刑事定罪；洗钱行为的刑事定罪以及打击洗钱活动的措施；腐败行为的刑事定罪以及反腐败的措施；妨碍司法的刑事定罪；法人责任；没收、扣押以及没收事宜的国际合作；对犯罪行为的管辖；引渡；被判刑人的移交；司法协助（狭义）；联合调查和特殊侦查手段的运用；刑事诉讼的移交；对证人、犯罪被害人的保护；执法合作；培训和技术援助；对跨国有组织犯罪的预防，等等。

期末测试题一

一、单项选择题

1. 社会主义法治公平正义的实现，应当高度重视程序的约束作用，避免法治活动的任意性和随意化。据此，下列哪一说法是正确的？（　　）（司考 2014. 2. 22）
   A. 程序公正是实体公正的保障，只要程序公正就能实现实体公正
   B. 刑事程序的公开与透明有助于发挥程序的约束作用
   C. 为实现程序的约束作用，违反法定程序收集的证据均应予以排除
   D. 对复杂程度不同的案件进行程序上的繁简分流会限制程序的约束作用
2. 甲和乙因故意杀人被中级人民法院分别判处死刑立即执行和无期徒刑。甲、乙上诉后，高级法院裁定维持原判。关于本案，下列哪一选项是正确的？（　　）
   A. 高级法院裁定维持原判后，对乙的判决即已生效
   B. 高级法院应先复核再报请最高法院核准
   C. 最高法院如认为原判决对乙的犯罪事实未查清，可查清后对乙改判并核准甲的死刑
   D. 最高法院如认为甲的犯罪事实不清、证据不足，不予核准死刑的，只能使用裁定
3. 法院可以受理被害人提起的下列哪一附带民事诉讼案件？（　　）（司考 2015. 2. 30）
   A. 抢夺案，要求被告人赔偿被夺走并变卖的手机
   B. 寻衅滋事案，要求被告人赔偿所造成的物质损失
   C. 虐待被监管人案，要求被告人赔偿因体罚虐待致身体损害所产生的医疗费
   D. 非法搜查案，要求被告人赔偿因非法搜查所导致的物质损失
4. 公安机关对于流窜作案、多次作案、结伙作案的重大嫌疑分子，提请批捕的时间最长为（　　）。
   A. 7 日　　B. 15 日
   C. 30 日　　D. 37 日
5. 在刑事诉讼中，辩护人有权申请新的证人到庭。根据《刑事诉讼法》的规定，申请的时间是（　　）。
   A. 法庭审理中，判决前
   B. 法庭审理后，闭庭前
   C. 法庭审理中，合议庭评议前
   D. 法庭审理前
6. 一审法院宣判后，如果对刑事部分没有人提出上诉，人民检察院也没有提出抗诉，只有附带民事诉讼当事人上诉，如何确定第一审判决的生效时间？（　　）
   A. 第一审刑事部分的判决，在上诉期满后即发生法律效力
   B. 刑事部分的判决和附带民事诉讼部分的判决，在第二审人民法院作出终审裁判后发生法律效力
   C. 第一审刑事部分的判决，在上诉期满后即发生法律效力，但应当送监执行的第一审刑事被告人是第二审附带民事诉讼被告人的，第一审刑事部分的判决在第二审附带民事诉讼审结后发生法律效力
   D. 刑事部分的判决发生法律效力的时间，由第二审人民法院根据案件具体情况确定
7. 在刑事诉讼中，无权执行拘留的机关是（　　）。
   A. 公安机关　　B. 国家安全机关
   C. 人民检察院　　D. 人民法院
8. 甲因抢劫被某中级人民法院判处死刑缓期 2 年执行。甲在死刑缓期执行期间，如果故意犯罪，且经查证属实，依法应当执行死刑时，下列选项中正确的有（　　）。
   A. 由原审人民法院复核
   B. 由高级人民法院核准
   C. 由最高人民法院复核并核准
   D. 由最高人民法院核准
9. 某市公安机关在侦查乔某盗窃一案时，需要对乔某窃得的一件文物进行鉴定，鉴定共耗费了 2 个月的时间。依照刑事诉讼法的规定，以下对这段鉴定时间的看法正确的是（　　）。
   A. 该段鉴定时间应当记入办案期限
   B. 该段时间可以记入办案期限
   C. 该段鉴定时间不应当记入办案期限
   D. 该段鉴定时间可以不记入办案期限

二、多项选择题

1. 关于刑事诉讼当事人中的被害人的诉讼权利，下列哪些选项是正确的？(　　)（司考 2015. 2. 66）
   A. 撤回起诉、申请回避
   B. 委托诉讼代理人、提起自诉
   C. 申请复议、提起上诉
   D. 申请抗诉、提出申诉
2. 在侦查阶段，不属于犯罪嫌疑人聘请的律师享有的权利是(　　)。
   A. 查阅、摘抄、复制与本案有关的材料
   B. 委托鉴定人进行司法鉴定
   C. 向证人收集证据
   D. 向侦查机关了解犯罪嫌疑人涉嫌的罪名
3. 对于被告人的审前供述，以下说法正确的是(　　)。
   A. 被告人及其辩护人未提供非法取证的相关线索或者证据的，可以当庭宣读、质证
   B. 被告人及其辩护人已提供非法取证的相关线索或者证据，法庭对被告人审判前供述取得的合法性没有疑问的，可以当庭宣读、质证
   C. 公诉人提供的证据确实、充分，能够排除被告人审判前供述属非法取得的，可以当庭宣读、质证
   D. 对被告人审判前供述的合法性，公诉人不提供证据加以证明，或者已提供的证据不够确实、充分的，该供述不能作为定案的根据
4. 在补充侦查问题上，刑事诉讼法有哪些相应规定？(　　)
   A. 检察机关在审查批捕中，对于事实不清、证据不足的，有权作出退回补充侦查的决定
   B. 检察机关在审查起诉中，对于需要补充侦查的，可以退回公安机关补充侦查
   C. 人民法院合议庭认为证据不足，有权决定退回检察院补充侦查
   D. 在法庭审理中，检察人员有权建议延期审理，以便对案件补充侦查
5. 在法律规定的期限届满前不能侦查终结，经省、自治区、直辖市人民检察院批准或者决定，可以延长二个月的案件有(　　)。
   A. 交通十分不便的边远地区的重大复杂案件
   B. 重大的危害国家安全案件
   C. 流窜作案的重大复杂案件
   D. 犯罪涉及面广，取证困难的重大复杂案件
6. 可以提起附带民事诉讼的物质损失包括(　　)。
   A. 被害人因人身权利受到犯罪侵犯而遭受的物质损失
   B. 被害人的财物被犯罪分子毁坏而遭受的物质损失
   C. 被害人因犯罪行为已经遭受的实际损失和必然遭受的损失
   D. 犯罪分子非法占有、处置被害人的财产而使其遭受的物质损失
7. 人民法院对于下列哪些案件，可以适用简易程序？(　　)
   A. 告诉才处理的案件
   B. 被害人起诉的有证据证明的轻微刑事案件
   C. 对依法可能判处 3 年以下有期徒刑、拘役、管制、单处罚金的公诉案件，事实清楚、证据充分，人民检察院建议或者同意适用简易程序的
   D. 被害人有证据证明对被告人侵犯自己人身、财产权利的行为应当追究刑事责任，而公安机关或者人民检察院不予追究被告人刑事责任的案件
8. 人民法院应当为被告人指定辩护人的情形包括(　　)。
   A. 被告人是聋、哑人的
   B. 被告人是未成年人的
   C. 被告人是可能被判处死刑的
   D. 被告人经济困难的
9. 根据刑事诉讼法的规定，下列关于审判监督程序的正确选项是(　　)。
   A. 依照审判监督程序提审的案件，应当按照第一审程序进行审判
   B. 人民法院按照审判监督程序重新审判的案件，应当另行组成合议庭进行
   C. 依照审判监督程序审判案件应受“不得加重被告人的刑罚”的限制
   D. 参与过本案第一审、第二审、复核程序审判的合议庭组成人员，不得参与本案的再审程序的审判

三、名词解释

1. 辩护权（西北政法大学 2005 年考研真题）
2. 有因回避
3. 附带民事诉讼的先予执行
4. 中止审理

四、简答题

1. 不起诉的种类和条件。
2. 简述公安机关对于现行犯或者重大嫌疑分子先行拘留的条件。
3. 简述自诉案件审理的特点。

五、论述题

试论上诉不加刑原则。

参考答案

一、单项选择题

1. **答案**：B。诉讼公正，包括实体公正和程序公正两个方面。实体公正，即结果公正，指案件实体的结局处理所体现的公正。程序公正，指诉讼程序方面体现的公正。实体公正和程序公正各自都有独立的内涵和标准，不能互相代替，而且应当并重。一方面程序公正保障实体公正的实现，另一方面程序公正具有独立的价值。A 项前半句话是正确的。但是，程序公正不一定就能够实现实体的公正，因此，A 项后半句话错误。刑事程序的公开和透明，可以让当事人以及社会监督刑事程序的运行，因而有助于发挥程序的约束作用。故 B 项正确。C 项的错误在于，依据我国《刑事诉讼法》和司法解释的规定，违反法定程序收集的证据并非都应予以排除，有的瑕疵证据经过合理解释或者补正后，可以作为定案根据。D 项的错误在于，对复杂程度不同的案件进行程序上的繁简分流，有利于提高诉讼效率，将司法资源进行有效的配置，进而发挥程序的约束作用。本题正确答案为 B 项。

2. **答案**：D。本题考查死刑复核程序、两审终审制。《刑事诉讼法》第 259 条第 2 款规定："下列判决和裁定是发生法律效力的判决和裁定：（一）已过法定期限没有上诉、抗诉的判决和裁定；（二）终审的判决和裁定；（三）最高人民法院核准的死刑的判决和高级人民法院核准的死刑缓期二年执行的判决。"据此，对于死刑立即执行的案件，高级法院裁定维持原判，并非意味着判决生效。故 A 项错误。《刑事诉讼法解释》第 423 条第 1 款第 2 项规定，中级人民法院判处死刑的第一审案件，被告人上诉或者人民检察院抗诉，高级人民法院裁定维持的，应当在作出裁定后十日内报请最高人民法院核准。故 B 项错误。《刑事诉讼法解释》第 429 条规定："最高人民法院复核死刑案件，应当按照下列情形分别处理：（一）原判认定事实和适用法律正确、量刑适当、诉讼程序合法的，应当裁定核准；（二）原判认定的某一具体事实或者引用的法律条款等存在瑕疵，但判处被告人死刑并无不当的，可以在纠正后作出核准的判决、裁定；（三）原判事实不清、证据不足的，应当裁定不予核准，并撤销原判，发回重新审判；（四）复核期间出现新的影响定罪量刑的事实、证据的，应当裁定不予核准，并撤销原判，发回重新审判；（五）原判认定事实正确、证据充分，但依法不应当判处死刑的，应当裁定不予核准，并撤销原判，发回重新审判；根据案件情况，必要时，也可以依法改判；（六）原审违反法定诉讼程序，可能影响公正审判的，应当裁定不予核准，并撤销原判，发回重新审判。"故 C 项错误，D 项正确。

3. **答案**：B。《刑事诉讼法解释》第 176 条规定，被告人非法占有、处置被害人财产的，应当依法予以追缴或者责令退赔。被害人提起附带民事诉讼的，人民法院不予受理。追缴、退赔的情况，可以作为量刑情节考虑。故 A 项错误。《刑事诉讼法解释》第 175 条第 1 款规定，被害人因人身权利受到犯罪侵犯或者财物被犯罪分子毁坏而遭受物质损失的，有权在刑事诉讼过程中提起附带民事诉讼；被害人死亡或者丧失行为能力的，其法定代理人、近亲属有权提起附带民事诉讼。故 B 项正确。D 项中的非法搜查罪侵犯的犯罪客体是他人的隐私权，所造成的物质损失，不属于附带民事诉讼赔偿的范围。《刑事诉讼法解释》第 177 条规定，国家机关工作人员在行使职权时，侵犯他人人身、财产权利构成犯罪，被害人或者其法定代理人、近亲属提起附带民事诉讼的，人民法院不予受理，但应当告知其可以依法申请国家赔偿。本题中 C 项即属于国家机关工作人员行使职权时实施的犯罪，故 C 项错误。

4. **答案**：C。注意区分公安机关提请批捕的期限和刑事羁押的期限，羁押的最长时间为 37 日。

5. **答案**：C。《刑事诉讼法》第 197 条规定，法庭审理过程中，当事人和辩护人、诉讼代理人有权申请通知新的证人到庭，调取新的物证，申请重新鉴定或者勘验。而合议庭评议之后，就将作出判决，因此应在法庭审理中，合议庭评议之前进行申请。

6. **答案**：A。本题考查的是特定情况下第一审判决生效时间的确定。《刑事诉讼法解释》第 408 条第 1 款规定："刑事附带民事诉讼案件，只有附带民事诉讼当事人及其法定代理人上诉的，第一审刑事部分的判决在上诉期满后即发生法律效力。"故本题正确答案为 A。

7. **答案**：D。

8. **答案**：C。本题考查的是死刑复核的核准机关。《刑事诉讼法解释》第 497 条第 2 款规定："被判处死刑缓期执行的罪犯，在死刑缓期执行期间犯罪的，应当由罪犯服刑地的中级人民法院依法审判，所作的判决可以上诉、抗诉。认定故意犯罪，情节恶劣，应当执行死刑的，在判决、裁定发生法律效力后，应当层报最高人民法院核准执行死刑。”因此，本题选C。

9. **答案**：A。本题考查的是一般鉴定时间与办案期限的关系。《六机关规定》第40条规定：“刑事诉讼法第一百四十七条规定：‘对犯罪嫌疑人作精神病鉴定的期间不计入办案期限。’根据上述规定，犯罪嫌疑人、被告人在押的案件，除对犯罪嫌疑人、被告人的精神病鉴定期间不计入办案期限外，其他鉴定期间都应当计入办案期限。对于因鉴定时间较长，办案期限届满仍不能终结的案件，自期限届满之日起，应当对被羁押的犯罪嫌疑人、被告人变更强制措施，改为取保候审或者监视居住。”据此，本题正确答案为A。

二、多项选择题

1. **答案**：BD。被害人在刑事诉讼中除享有诉讼参与人共有的诉讼权利以外，还享有以下诉讼权利：(1) 申请复议权。对侵犯其合法权利的犯罪嫌疑人、被告人，有权向公安机关、人民检察院或者人民法院报案或者控告，要求公安司法机关依法追究、惩罚犯罪，保护其合法权利。控告人对公安机关不立案的决定不服的，可以申请复议。(2) 申诉权。包括三种情况：一是对公安机关不立案的申诉。对公安机关应当立案而不立案的，有权向人民检察院提出，请求人民检察院责令公安机关向检察机关说明不立案的理由。人民检察院应当要求公安机关说明不立案的理由。人民检察院认为其理由不能成立的，应当通知公安机关立案，公安机关则必须立案。二是对检察机关不起诉决定的申诉。对人民检察院作出的不起诉决定不服的，有权向上一级人民检察院提出申诉。三是对生效裁判的申诉。不服地方各级人民法院的生效裁判的，有权提出申诉。(3) 委托诉讼代理人的权利。自刑事案件移送审查起诉之日起，有权委托诉讼代理人。(4) 自诉权。如有证据证明公安机关、人民检察院对于侵犯其人身权利、财产权利的行为应当追究刑事责任而不予追究的，有权直接向人民法院起诉。(5) 申请抗诉权。不服地方各级人民法院的第一审判决的，有权请求人民检察院抗诉。本题中，A项的错误在于，公诉案件的被害人有申请回避的权利，但是没有撤回起诉的权利。C项的错误在于，被害人有申请复议的权利，但是，没有提起上诉的权利。BD两项均正确。

2. **答案**：ABC。《刑事诉讼法》第37条、第38条、第39条、第43条的规定。

3. **答案**：ABCD。参见《最高人民法院、最高人民检察院、公安部、国家安全部、司法部关于办理刑事案件排除非法证据若干问题的规定》。

4. **答案**：BD。本题考查的是刑事诉讼中的补充侦查。《刑事诉讼法》第175条第2款规定：“人民检察院审查案件，对于需要补充侦查的，可以退回公安机关补充侦查，也可以自行侦查。”第204条规定：“在法庭审判过程中，遇有下列情形之一，影响审判进行的，可以延期审理：……(二) 检察人员发现提起公诉的案件需要补充侦查，提出建议的；……”据此，本题正确答案为BD。

5. **答案**：ACD。《刑事诉讼法》第158条的规定。

6. **答案**：ABC。《刑事诉讼法解释》第175条、第176条的规定。

7. **答案**：ABC。本题考查的是人民法院适用简易程序的案件范围。《刑事诉讼法》第214条规定：“基层人民法院管辖的案件，符合下列条件的，可以适用简易程序审判：(一) 案件事实清楚、证据充分的；(二) 被告人承认自己所犯罪行，对指控的犯罪事实没有异议的；(三) 被告人对适用简易程序没有异议的。人民检察院在提起公诉的时候，可以建议人民法院适用简易程序。”故本题ABC项正确。D项表述是适用普通程序的自诉案件，故不正确。

8. **答案**：ABC。《刑事诉讼法》第35条规定，犯罪嫌疑人、被告人因经济困难或者其他原因没有委托辩护人的，本人及其近亲属可以向法律援助机构提出申请。对符合法律援助条件的，法律援助机构应当指派律师为其提供辩护。犯罪嫌疑人、被告人是盲、聋、哑人，或者是尚未完全丧失辨认或者控制自己行为能力的精神病人，没有委托辩护人的，人民法院、人民检察院和公安机关应当通知法律援助机构指派律师为其提供辩护。犯罪嫌疑人、被告人可能被判处无期徒刑、死刑，没有委托辩护人的，人民法院、人民检察院和公安机关应当通知法律援助机构指派律师为其提供辩护。

9. **答案**：BD。本题考查的是有关审判监督程序的规定。《刑事诉讼法》第256条第1款规定，人民法院按照审判监督程序重新审判的案件，由原审人民法院审理的，应当另行组成合议庭进行。如果原来是第一审案件，应当依照第一审程序进行审判，所作的判决、裁定，可以上诉、抗诉；如果原来是第二审案件，或者是上级人民法院提审的案件，应当依照第二审程序进行审判，所作的判决、裁定，是终审的判决、裁定。故本题A项不正确，B项正确。《最高人民法院关于刑事再审案件开庭审理程序的具体规定（试行）》第8条规定，除人民检察院抗诉的以外，再审一般不得加重原审被告人（原审上诉人）的刑罚。故本题C项不正确。《刑事再审规定》第4条规定，参与过本案第一审、第二审、复核程序审判的合议庭组成人员，不得参与本案的再审程序的审判。故本题D项正确。

三、名词解释

1. **答案**：辩护权是法律赋予犯罪嫌疑人、被告人的一项专属的诉讼权利，即犯罪嫌疑人、被告人针对指控进行辩解，以维护自己合法权益的一种诉讼权利。辩护权是犯罪嫌疑人、被告人所享有的最基本、最关键的一项诉讼权利。在犯罪嫌疑人、被告人的各项诉讼权利中，辩护权居于核心地位。犯罪嫌疑人、被告人有权获得辩护是世界各国公认的一项宪法性原则。犯罪嫌疑人、被告人既可以自行行使辩护权，也可以委托辩护人帮助其行使辩护权。
2. **答案**：有因回避又称为附理由的回避，是指拥有回避申请权的诉讼参与人只有在案件具备法定的回避理由的情况下，才能提出要求司法人员回避的申请。我国刑事诉讼法规定的回避属于有因回避。
3. **答案**：附带民事诉讼的先予执行是指人民法院受理附带民事诉讼之后、作出判决之前根据民事原告的请求决定民事被告人先给付民事原告人一定款项或特定物并立即执行的措施。采取先予执行时，既要考虑被害人的需要，又要兼顾被告人的实际能力。
4. **答案**：中止审理是指人民法院在审判过程中，因出现使案件在较长时间内无法积极审理的情形，而决定暂停审理，待该项原因消失以后，再行恢复审理。中止审理的日期不计入办案期限。中止审理的裁定或决定应当通知同级人民检察院或者自诉案件的对方当事人；中止审理的原因消失后，应当恢复审理；中止审理的期间不计入审理期限。

四、简答题

1. **答案**：不起诉，是指人民检察院对公安机关侦查终结移送起诉的案件和自行侦查终结的案件进行审查后，依法作出不将案件交付人民法院审判的一种处理决定。不起诉是人民检察院审判案件的结果之一，具有终止刑事诉讼的法律效力。它对保护公民的合法权益，保障无罪的人不受刑事追究，节省司法资源，提高司法机关的威信，均有重要意义。具体来说，其意义有三：（1）终止刑事诉讼的法律效力。不起诉的法律效力在于不将案件交付人民法院审判，从而在审查起诉阶段终止刑事诉讼。对犯罪嫌疑人来说，不起诉决定确认了其行为在法律上是无罪的。（2）有利于保障人权。刑事诉讼的目的既包括惩罚犯罪，也包括保障人权。不起诉有利于保障无罪的人不受追究，体现了现代刑事诉讼保障人权的宗旨。（3）有利于节俭司法资源，实现诉讼经济原则。及时地作出不起诉的决定，终止诉讼程序，不让案件进入审判阶段，可以缩短诉讼时间，从而减少诉讼成本，节省有限的司法资源。

   根据《刑事诉讼法》第175条第4款、第177条的规定，不起诉分为法定不起诉、酌定不起诉和存疑不起诉三种，每种不起诉适用的条件各不相同。

   （1）法定不起诉。又称绝对不起诉，是指犯罪嫌疑人具有《刑事诉讼法》第16条规定的情形之一的，人民检察院就应当作出不起诉的决定，从而终结诉讼。其适用条件即《刑事诉讼法》第16条规定的六种情形之一：①情节显著轻微，危害不大，不认为是犯罪的；②犯罪已过追诉时效期限的；③经特赦令免除刑罚的；④依照刑法规定，属于告诉才处理的犯罪，没有告诉或者撤回告诉的；⑤犯罪嫌疑人、被告人死亡的；⑥其他法律规定免予刑事处罚的。此外，人民检察院在审查起诉中如果发现没有犯罪事实或者在法律上根本不构成犯罪的案件，也应当对犯罪嫌疑人作出不起诉的决定。对具有上述情形的案件，检察机关没有自由裁量权，均应当作出不起诉的决定，而无须考虑这一决定是否适宜。

   （2）酌定不起诉。又称相对不起诉，是指具有《刑事诉讼法》第177条第2款规定的情形时，人民检察院可以根据具体案情和犯罪嫌疑人的悔改表现来决定是否提起公诉。适用酌定不起诉必须具备以下两个条件：一是犯罪嫌疑人的行为已经构成犯罪，应当负刑事责任；二是犯罪情节轻微，依照刑法规定不需要判处刑罚或者可以免除刑罚。依照刑法规定，以下几种情形可以适用酌定不起诉：①犯罪嫌疑人在我国领域外犯罪，依照我国刑法应当负刑事责任但在国外已经受过刑事处罚的；②犯罪嫌疑人既聋又哑，或者是盲人的；③犯罪嫌疑人因正当防卫或紧急避险过当而犯罪的；④为犯罪准备工具，制造条件的；⑤在犯罪过程中自动中止犯罪或者自动有效地防止犯罪结果发生，没有造成损害的；⑥在共同犯罪中起次要或辅助作用的；⑦被胁迫参加犯罪的；⑧犯罪嫌疑人自首，或者有重大立功表现，或者自首后又有重大立功表现的。人民检察院在确认犯罪嫌疑人具有上述情节之后，还必须根据犯罪嫌疑人的年龄、犯罪的目的和动机、犯罪手段、危害后果、悔罪态度以及一贯表现等进行综合考虑，确认情节是否轻微，再决定是否起诉。亦即人民检察院可以根据具体案情和犯罪嫌疑人的悔改表现来决定是否提起公诉，这意味着检察机关有一定的自由裁量权。

(3) 存疑不起诉。又叫证据不足不起诉，是指具有《刑事诉讼法》第 175 条第 4 款规定的情形时，人民检察院作出的一种不起诉的决定。适用存疑不起诉必须具备以下两个条件：一是案件已经经过了补充侦查；二是证据不足，不符合起诉的条件。根据《高检规则》第 368 条的规定，具有下列情形之一，不能确定犯罪嫌疑人构成犯罪和需要追究刑事责任的，属于证据不足，不符合起诉条件，①犯罪构成要件事实缺乏必要的证据予以证明的；②据以定罪的证据存在疑问，无法查证属实的；③据以定罪的证据之间、证据与案件事实之间的矛盾不能合理排除的；④根据证据得出的结论具有其他可能性，不能排除合理怀疑的；⑤根据证据认定案件事实不符合逻辑和经验法则，得出的结论明显不符合常理的。

2. 答案：《刑事诉讼法》第 82 条规定了公安机关对于现行犯或者重大嫌疑分子先行拘留的条件：即如果有下列情形之一的，可以先行拘留：

(一) 正在预备犯罪、实行犯罪或者在犯罪后即时被发觉的；

(二) 被害人或者在场亲眼看见的人指认他犯罪的；

(三) 在身边或者住处发现有犯罪证据的；

(四) 犯罪后企图自杀、逃跑或者在逃的；

(五) 有毁灭、伪造证据或者串供可能的；

(六) 不讲真实姓名、住址，身份不明的；

(七) 有流窜作案、多次作案、结伙作案重大嫌疑的。

3. 答案：由于自诉案件本身具有特殊性，因而自诉案件的审理也不同于公诉案件的审理它具有自己的特点。其特点主要有：(1) 对告诉才处理的案件，被害人起诉的有证据证明的轻微刑事案件，可以适用简易程序，由审判员一人独任审判；(2) 人民法院对告诉才处理的案件和被害人有证据证明的轻微刑事案件，可以在查明事实、分清是非的基础上进行调解；(3) 对于告诉才处理的案件，被害人有证据证明的轻微刑事案件，自诉人在宣告判决前可以同被告人自行和解或者撤回起诉；(4) 人民法院受理自诉案件后，对于当事人因客观原因不能取得并提供有关证据而申请人民法院调取证据，人民法院认为必要的，可以依法调取；(5) 在自诉案件审理过程中，被告人下落不明的，应当中止审理。被告人归案后，应当恢复审理，必要时，应当对被告人依法采取强制措施；(6) 告诉才处理和被害人有证据证明的轻微刑事案件的被告人或者其法定代理人在诉讼过程中，可以对自诉人提起反诉。反诉必须符合下列条件：①反诉的对象必须是本案自诉人；②反诉的内容必须是与本案有关的行为；③反诉的案件必须是告诉才处理的案件和人民检察院没有提起公诉，被害人有证据证明的轻微刑事案件。

五、论述题

答案：上诉不加刑原则，是指第二审人民法院审判只有被告人一方提出上诉的案件，不得以任何理由加重被告人的刑罚的审判原则。也就是说，对于只有被告人或其法定代理人、辩护人、近亲属上诉的案件，二审法院审理改判时，只能适用比原判更轻的刑罚。

(1) 上诉不加刑原则的例外：自诉人上诉或者检察院抗诉的案件；原案事实不清或证据不足发回重审的案件；变更控诉范围，发回原审法院重审的案件；按审判监督程序的提审或者指令下级法院或原审法院的再审案件等。

(2) 具体运用上诉不加刑原则还需注意：共同犯罪案件，只有部分被告人上诉的，既不能加重上诉被告人的刑罚，也不能加重其他被告人的刑罚；对被告人实行数罪并罚的，既不能加重决定执行的刑罚，也不能在维持原判决定执行的刑罚不变的情况下，加重数罪中某一罪或几罪的刑罚；对被告人判处拘役或者有期徒刑宣告缓刑的，不得撤销原判决宣告的缓刑或者延长缓刑考验期；对事实清楚、证据充分，但判处刑罚畸轻的案件，不能以事实不清或者证据不足发回原审法院重新审理。

(3) 上诉不加刑原则的重要意义有：使被告人解除顾虑，敢于依法行使上诉权，有利于保障被告人充分行使辩护权；有利于维护上诉和两审终审制度，使其真正发挥作用；有利于提高审判工作和检查工作的质量，增强办案人员的责任心。

期末测试题二

一、单项选择题

1. 某县公安局接到甲的报案，称乙、丙放火杀人，依法对报案材料进行立案前的审查。下列选项哪个是某县公安局决定立案的条件？(　　)
   A. 认为有犯罪事实需要追究刑事责任
   B. 案件事实已基本查清
   C. 报案人提供了充分的证据
   D. 有明确的犯罪嫌疑人
2. 根据《刑事诉讼法》的规定，辩护律师收集到的下列哪一证据应及时告知公安机关、检察院？(　　)
   A. 强奸案中被害人系精神病人的证据
   B. 故意伤害案中犯罪嫌疑人系正当防卫的证据
   C. 投放危险物质案中犯罪嫌疑人案发时在外地出差的证据
   D. 制造毒品案中犯罪嫌疑人犯罪时刚满 16 周岁的证据
3. 人民检察院审查起诉时，发现共同犯罪的部分犯罪嫌疑人在逃。对此案件，人民检察院应当如何处理？(　　)
   A. 中止诉讼
   B. 将案件退回公安机关处理
   C. 在公安机关采取措施将在逃的犯罪嫌疑人抓获后进行审查起诉
   D. 应要求公安机关采取措施保证在逃的犯罪嫌疑人到案后另案移送审查起诉，对在案的犯罪嫌疑人的审查起诉应当照常进行
4. 王某系聋哑人，因涉嫌盗窃罪被提起公诉。关于本案，下列哪一选项是正确的？(　　)
   A. 讯问王某时，如有必要可通知通晓聋哑手势的人参加
   B. 王某没有委托辩护人，应通知法律援助机构指派律师为其提供辩护
   C. 辩护人经通知未到庭，经王某同意，法院决定开庭审理
   D. 因事实清楚且王某认罪，实行独任审判
5. 姜某因涉嫌盗窃一名外国人 2000 元人民币而被检察机关依法提起公诉，由于本案的被害人是一名外国人，本案的管辖法院应当是(　　)。
   A. 基层人民法院　　B. 中级人民法院
   C. 高级人民法院　　D. 最高人民法院
6. 对于被判处管制 1 年、剥夺政治权利 1 年的罪犯，人民法院应当将判决书送交执行的机关是(　　)。
   A. 看守所
   B. 公安机关
   C. 监狱
   D. 罪犯所在的居民委员会
7. 一审法院宣判后，如果对刑事部分没有人提出上诉，人民检察院也没有提出抗诉，只有附带民事诉讼当事人上诉，如何确定第一审判决的生效时间？(　　)
   A. 第一审刑事部分的判决，在上诉期满后即发生法律效力
   B. 刑事部分的判决和附带民事诉讼部分的判决，在第二审人民法院作出终审裁判后发生法律效力
   C. 第一审刑事部分的判决，在上诉期满后即发生法律效力，但应当送监执行的第一审刑事被告人是第二审附带民事诉讼被告人的，第一审刑事部分的判决在第二审附带民事诉讼审结后发生法律效力
   D. 刑事部分的判决发生法律效力的时间，由第二审人民法院根据案件具体情况确定
8. 依照我国刑事诉讼法的规定，公安机关对于已经超过追诉时效期限的案件(　　)。
   A. 应当不起诉
   B. 应当撤销案件
   C. 应当终止审理
   D. 应当宣告无罪
9. 以下适用简易程序的是(　　)。
   A. 比较复杂的共同犯罪案件
   B. 被告人、辩护人作无罪辩护的
   C. 告诉才处理的案件
   D. 被告人是盲、聋、哑人的
10. 某被告人的行为已构成犯罪，第一审人民法院在审理过程中考虑到他有自首和立功的情节，判决免除刑事处罚。因为该被告在押，法庭宣判后，应如何处理(　　)
    A. 可以立即将其释放

B. 不能立即释放

C. 应当立即释放

D. 过上诉、抗诉期后才能释放

二、多项选择题

1. 常某因故意杀人罪被起诉至人民法院，辩护人认为本案事实清楚，证据确实充分，定性准确，辩护人没有异议。常某于是当庭拒绝辩护人继续为其辩护。对此，下列哪些说法是正确的？(　　)

A. 人民法院不应准许

B. 人民法院应当准许

C. 拒绝辩护人为其辩护是被告人的权利

D. 被告人可以另行委托辩护人

2. 提起公诉的条件之一是犯罪嫌疑人的犯罪事实已经查清。下列选项中，哪些可以确认为犯罪事实已经查清？(　　)

A. 属于单一罪行的案件，查清的事实足以定罪量刑或者与定罪量刑有关的事实已经查清，不影响定罪量刑的事实无法查清的

B. 属于数个罪行的案件，部分罪行已经查清并符合起诉条件，其他罪行无法查清的，但应以已经查清的罪行起诉

C. 无法查清作案工具、财物去向，但有其他证据足以对被告人定罪量刑的

D. 证人证言、犯罪嫌疑人供述和辩解、被害人陈述的内容中主要情节一致，只有个别情节不一致且不影响定罪的

3. 以下属于影响量刑的情节的是(　　)。

A. 被害人有无过错及过错程度

B. 被告人是否取得被害人或者被害人近亲属谅解

C. 被告人的近亲属是否协助抓获被告人

D. 被告人平时表现及有无悔罪态度

4. 未成年人小天因涉嫌盗窃被检察院适用附条件不起诉。关于附条件不起诉可以附带的条件，下列哪些选项是正确的？(　　)

A. 完成一个疗程四次的心理辅导

B. 每周参加一次公益劳动

C. 每个月向检察官报告日常花销和交友情况

D. 不得离开所居住的县

5. 下级人民法院接到最高人民法院执行死刑的命令后，应当在7日以内交付执行。但是发现有下列哪些情形之一的，应当停止执行，并且立即报告最高人民法院，由最高人民法院作出裁定(　　)。

A. 罪犯是正在哺乳自己未满周岁婴儿的妇女

B. 在执行前发现判决可能有错误的

C. 在执行前罪犯揭发了一起查证核实的重大贩毒案

D. 罪犯正在怀孕的

三、名词解释

1. 强制措施

2. 非常上诉

3. 死刑核准权

4. 移送管辖

四、简答题

1. 刑事拘留与逮捕有何区别？

2. 由人民检察院直接受理的刑事案件有哪些？

3. 简述取保候审的适用对象。

五、论述题

试述间接证据的特点和运用。

参考答案

一、单项选择题

1. 答案：A。本题考查的是公安机关立案的条件。我国《刑事诉讼法》第112条规定："人民法院、人民检察院或者公安机关对于报案、控告、举报和自首的材料，应当按照管辖范围，迅速进行审查，认为有犯罪事实需要追究刑事责任的时候，应当立案……"据此，决定立案的条件是：（1）有犯罪事实；（2）需要追究刑事责任。故本题正确答案为A。

2. 答案：C。本题考查辩护人的特定证据开示义务。《刑事诉讼法》第42条规定，辩护人收集的有关犯罪嫌疑人不在犯罪现场、未达到刑事责任年龄、属于依法不负刑事责任的精神病人的证据，应当及时告知公安机关、人民检察院。故C项正确。A项的错误在于，应当告知的内容不是被害人而是犯罪嫌疑人属于依法不负刑事责任的精神病人的证据。B项不需要告知。D项的错误在于，该项不属于未达到刑事责任年龄的证据。

3. 答案：D。本题考查的是人民检察院对于共同犯罪案件审查起诉的处理。《高检规则》第252条第1款规定，人民检察院直接受理侦查的共同犯罪案件，如果同案犯罪嫌疑人在逃，但在案犯罪嫌疑人犯罪事实清楚，证据确实、充分的，对在案犯罪嫌疑人应当根据本规则第237条的规定分别移

送审查起诉或者移送不起诉。故本题正确答案为D。

4. **答案**：B。本题考查聋哑人案件的诉讼程序、侦查讯问程序、法律援助辩护、法庭审判、简易程序的适用。《刑事诉讼法》第121条规定，讯问聋、哑的犯罪嫌疑人，应当有通晓聋、哑手势的人参加，并且将这种情况记明笔录。故A项的错误在于，不是"有必要时可通知"，而是应当有通晓聋、哑手势的人参加。《刑事诉讼法》第35条第2款规定，犯罪嫌疑人、被告人是盲、聋、哑人，或者是尚未完全丧失辨认或者控制自己行为能力的精神病人，没有委托辩护人的，人民法院、人民检察院和公安机关应当通知法律援助机构指派律师为其提供辩护。故B项正确。《刑事诉讼法解释》第225条第2款规定，辩护人经通知未到庭，被告人同意的，人民法院可以开庭审理，但被告人属于应当提供法律援助情形的除外。本案的被告人是聋哑人，系应当法律援助的对象，所以C项错误。根据《刑事诉讼法》第183条第1款的规定，基层人民法院适用简易程序的案件可以由审判员一人独任审判。《刑事诉讼法》第215条规定："有下列情形之一的，不适用简易程序：（一）被告人是盲、聋、哑人，或者是尚未完全丧失辨认或者控制自己行为能力的精神病人的；（二）有重大社会影响的；（三）共同犯罪案件中部分被告人不认罪或者对适用简易程序有异议的；（四）其他不宜适用简易程序审理的。"本案属于聋哑人案件，故不能适用简易程序，而独任审判只有在简易程序中才可能使用，因此D项错误。本题的正确答案为B项。

5. **答案**：A。本题考查的是人民法院审理刑事案件的级别管辖。《刑事诉讼法》第20条规定："基层人民法院管辖第一审普通刑事案件，但是依照本法由上级人民法院管辖的除外。"该法第21条规定："中级人民法院管辖下列第一审刑事案件……（二）可能判处无期徒刑、死刑的案件。"第22条规定："高级人民法院管辖的第一审刑事案件，是全省（自治区、直辖市）性的重大刑事案件。"第23条规定："最高人民法院管辖的第一审刑事案件，是全国性的重大刑事案件。"本案虽然涉外，但犯罪嫌疑人不是外国人，仅被害人是外国人，仍应由基层人民法院管辖。本案并非全省性或全国性的重大案件，故也不应适用第22条和第23条。故本题正确答案为A。

6. **答案**：B。参见《刑事诉讼法》第269条、第270条的规定。

7. **答案**：A。本题考查的是特定情况下第一审判决生效时间的确定。《刑事诉讼法解释》第408条第1款规定："刑事附带民事诉讼案件，只有附带民事诉讼当事人及其法定代理人上诉的，第一审刑事部分的判决在上诉期满后即发生法律效力。"故本题正确答案为A。

8. **答案**：B。参见《刑事诉讼法》第16条的规定。

9. **答案**：C。参见《刑事诉讼法》第214条及《刑事诉讼法解释》第290条的规定。

10. **答案**：C。本题考查的是对免除刑事处罚判决的执行。《刑事诉讼法》第260条规定："第一审人民法院判决被告人无罪、免除刑事处罚的，如果被告人在押，在宣判后应当立即释放。"据此，本题正确答案为C。

二、多项选择题

1. **答案**：BCD。本题考查的是被告人拒绝辩护人继续为其辩护的权利。《刑事诉讼法》第45条规定："在审判过程中，被告人可以拒绝辩护人继续为他辩护，也可以另行委托辩护人辩护。"据此，本题正确答案为BCD。

2. **答案**：ABCD。本题考查的是"犯罪事实已经查清"的含义。《高检规则》第355条规定："人民检察院认为犯罪嫌疑人的犯罪事实已经查清，证据确实、充分，依法应当追究刑事责任的，应当作出起诉决定。具有下列情形之一的，可以认为犯罪事实已经查清：（一）属于单一罪行的案件，查清的事实足以定罪量刑或者与定罪量刑有关的事实已经查清，不影响定罪量刑的事实无法查清的；（二）属于数个罪行的案件，部分罪行已经查清并符合起诉条件，其他罪行无法查清的；（三）无法查清作案工具、赃物去向，但有其他证据足以对被告人定罪量刑的；（四）证人证言、犯罪嫌疑人供述和辩解、被害人陈述的内容主要情节一致，个别情节不一致，但不影响定罪的。对于符合前款第二项情形的，应当以已经查清的罪行起诉。"故本题正确答案为ABCD。

3. **答案**：ABCD。《最高人民法院、最高人民检察院、公安部、国家安全部、司法部关于办理死刑案件审查判断证据若干问题的规定》第36条。

4. **答案**：ABC。本题考查附条件不起诉考察期内应遵守的规定。《高检规则》第475条规定："人民检察院对于被附条件不起诉的未成年犯罪嫌疑人，应当监督考察其是否遵守下列规定：（一）遵守法律法规，服从监督；（二）按照规定报告自己的活动情况；（三）离开所居住的市、县或者迁居，应当报经批准；（四）按照要求接受矫治和教育。"第476条规定："人民检察院可以要求被附条件不起诉的未成年犯罪嫌疑人接受下列矫治和教育：（一）完成戒瘾治疗、心理辅导或者其他适当的处遇措施；（二）向社区或者公益团体提供公益劳动；（三）不得进入特定场所，与特定的人员会见或者通信，从事特定的活动；（四）向被害人赔偿损失、赔礼道歉等；（五）接受相关教育；（六）遵守其他保护被害人安全以及预防再犯的禁止性规定。”故本题的正确答案为 ABC 三项，D 项的错误在于，不是“不得离开所居住的县”，而是“离开所居住的市、县或者迁居，应当报经考察机关批准”。

5. **答案**：BCD。本题考查的是应当停止执行死刑的情况。《刑事诉讼法》第 262 条第 1 款规定：“下级人民法院接到最高人民法院执行死刑的命令后，应当在七日以内交付执行。但是发现有下列情形之一的，应当停止执行，并且立即报告最高人民法院，由最高人民法院作出裁定：（一）在执行前发现判决可能有错误的；（二）在执行前罪犯揭发重大犯罪事实或者有其他重大立功表现，可能需要改判的；（三）罪犯正在怀孕。”据此，本题正确答案为 BCD。

三、名词解释

1. **答案**：强制措施是指公安机关、人民检察院和人民法院在刑事诉讼过程中，为了保障侦查和审判的顺利进行，依法对犯罪嫌疑人、被告人的人身自由强行剥夺或者加以一定限制的方法。

2. **答案**：非常上诉是法国和日本规定的一种特殊救济程序。根据《法国刑事诉讼法》，非常上诉是指对刑事审查庭的裁定和刑事审判法庭的终审判决、裁定向最高法院提出上诉的一种特殊救济程序，它包括向最高法院提出的上诉即要求撤销之诉和向最高法院提出的要求再审之诉。要求撤销之诉的根据是原裁判违法，目的是请求撤销违法裁判。要求再审之诉是上诉人就认定事实确有错误但已经获既判力的裁判向最高法院提出的一种救济程序。上诉人提出再审之诉以后，最高法院应当就原判事实有无错误进行审理和裁判。根据日本刑事诉讼法，非常上诉又称非常上告，是指在判决确定以后，总检察长发现该案件的审判违反法律，而向最高法院提出，请求对此情形予以纠正的一种非常救济程序。非常上诉的申请权专属于总检察长。非常上诉的目的是统一解释法律。但是，法律解释有错误而不利于被告人时，可以撤销不利于被告人的判决，因此，非常上诉具有救济被告人的功能。

3. **答案**：死刑核准权是指对死刑（含死缓）判决、裁定由哪一审判机关进行复核与批准的权限。死刑核准权是死刑复核程序中的核心问题。根据有关规定，判处死刑立即执行案件的核准权由最高人民法院行使，判处死刑缓期两年执行案件的核准权由高级人民法院行使。

4. **答案**：移送管辖是指没有管辖权的公安司法机关将案件移送至有管辖权的机关立案或者审判的一种管辖制度。移送管辖既体现在立案管辖上，也体现在审判管辖上。立案管辖中的移送管辖是指：公安机关、人民检察院、人民法院对于报案、控告、检举和犯罪人的自首等立案材料，都应当接受，对于不属于自己管辖的，应当移送主管机关或者有管辖权的机关进行处理。审判管辖中的移送管辖是指：人民法院经过审查，将不属于自己管辖的刑事案件，移送给有管辖权的人民法院审判。

四、简答题

1. **答案**：逮捕是在一定时间内完全剥夺犯罪嫌疑人、被告人的人身自由并解送到一定场所予以羁押的一种强制措施。它在各种强制措施中是最严厉的。刑事拘留是指公安机关、人民检察院遇有紧急情况，暂时限制现行犯或重大嫌疑人的人身自由的一种强制措施。

   逮捕与刑事拘留都是刑事诉讼中采用羁押方法，由公安机关执行的强制措施。但两者有所区别：

   （1）实施的对象和条件不同。逮捕是对有证据证明有犯罪事实，可能判处徒刑以上刑罚，又有逮捕必要的犯罪嫌疑人、被告人采用的一种强制措施；刑事拘留是对该逮捕的现行犯或重大嫌疑人在紧急情况下采用的一种强制措施。

   （2）批准和决定的机关不同。逮捕的批准或决定权在检察院和法院，刑事拘留的决定权在公安机关。

   （3）羁押期限不同。逮捕的羁押期限较长，虽然现行法律没有规定最长的期限，但一般逮捕的羁押期限都以数月计算；刑事拘留的羁押期限较短，一般为 14 日，最长不超过 37 日。

2. **答案**：根据刑事诉讼法规定和最高人民检察院的司法解释，人民检察院直接受理的案件有：

   （1）贪污贿赂犯罪。

   （2）国家工作人员的渎职犯罪。

   （3）国家机关工作人员利用职权实施的侵犯公民人身权利和民主权利的犯罪案件。

   （4）国家机关工作人员利用职权实施的其他重大的犯罪案件，需要由人民检察院直接受理的，经省级以上人民检察院决定，可由人民检察院立案侦查。

3. **答案**：取保候审是指人民法院、人民检察院、公安机关依法责令犯罪嫌疑人或者被告人提供保证人或者交纳保证金并出具保证书，保证其不逃避或者妨碍侦查、起诉、审判并随传随到的一种强制措施。根据我国刑事诉讼法的规定，对于具有下列情形之一的犯罪嫌疑人、被告人，可以取保候审：① 可能判处管制、拘役或者独立适用附加刑的；② 可能判处有期徒刑以上刑罚，采取取保候审不致发生社会危险性的；③ 应当逮捕的犯罪嫌疑人、被告人患有严重疾病，或者是正在怀孕、哺乳自己婴儿的妇女的；④ 对被拘留的犯罪嫌疑人需要逮捕而证据还不充足的；⑤ 法定羁押期限届满尚不能结案的。

五、论述题

答案：间接证据具有以下特点：

(1) 任何一个间接证据，都不能直接和单独地对案件主要事实作出说明，只有把它同案件内其他证据联系起来，经过综合判断，才能说明案件的主要事实。这是最显著的特点。

(2) 间接证据一般比直接证据更容易获得。无论犯罪行为多么诡秘和隐蔽，都不可避免地留下某些物质痕迹，只要犯罪事实存在，它的某些情况就不可避免地会被人们察觉。

(3) 有些案件，没有证人、没有被害人或被害人死亡，同时被告人、犯罪嫌疑人拒绝供认，这样，收集到的证据可能只是间接证据。间接证据有足够数量，经过查证属实，达到充分确实的要求，可以用其定罪判刑。

正由于以上间接证据的特点，运用间接证据应当注意：由于间接证据都是个别的、局部的案件事实的反映，都是一些“片段”，所以，各个证据之间反映犯罪客观过程的联系，就只有通过正确的理性思维来把握，正确运用推理，才能将“片段”的若干间接证据连接起来，形成证据体系或证据锁链，进而证明案件事实。所以必须注意：① 每个间接证据都必须客观、确实可靠。证据体系中不允许有虚假的证据存在；②每个间接证据同案情之间必须有某种客观联系；③间接证据之间必须协调一致，不能有矛盾；④对若干协调一致的间接证据进行综合分析之后，所得出的结论只有一个。

间接证据必须构成完整严密的证据体系，并排除一切合理怀疑，才能得出只有犯罪嫌疑人、被告人实施了犯罪的结论。

附录一：部分名牌法学院校刑事诉讼法学研究生入学考试真题①

北京大学

2020 年

简答题

1. 简述辩护人的诉讼地位。

2. 简述独立行使审判权、检察权的具体内容和要求。

2019 年

简答题

1. 认罪认罚案件中，值班律师可以提供什么帮助，值班律师和辩护人的不同。

2. 简述无罪推定原则。

2018 年

简答题

1. 简述刑事和解。

2. 简述“案件事实清楚，证据确实充分”的证明标准。

2017 年

论述题

1. 论述证据裁判主义。

2. 检察机关在侦查环节的监督有什么方式，已经存在哪些问题。

2016 年

问答题

1.《中共中央关于全面推进依法治国若干重大问题的决定》指出，“推进以审判为中心的诉讼制度改革，确保侦查、审查起诉的案件事实证据经得起法律的检验。全面贯彻证据裁判规则，严格依法收集、固定、保存、审查、运用证据，完善证人、鉴定人出庭制度，保证庭审在查明事实、认定证据、保护诉权、公正裁判中发挥决定性作用”。

问：(1) 何为审判中心主义？

(2) 我国现阶段有关审判中心主义存在哪些问题？

(3) 该如何进行改革？

2. 为保障证人出庭作证，刑事诉讼法规定了哪些制度？

2015 年

简答题

1. 简述刑事责任的证明标准。

2. 我国人民陪审员制度与西方陪审制的区别，已经如何完善我国人民陪审员制度。

2013 年

简答题

1. 什么是非法证据排除规则？为什么要排除非法证据？

2. 我国刑诉法中关于非法证据排除规则具体内容有哪些？为什么要区别非法实物证据和非法言词证据？

2012 年

论述题

1. 论述被害人在公诉、自诉、附带民事诉讼中的地位。

2. 法条分析题：《刑事诉讼法》第 227 条②：“第二审人民法院发现第一审人民法院的审理有下列违反法律规定的诉讼程序的情形之一的，应当裁定撤销原判，发回原审人民法院重新审判：……（三）剥夺或者限制了当事人的法定诉讼权利，可能影响公正审判的……”试分析法条所涉及的问题。

---

① 根据网络资料整理，仅供参考。

② 参见 2018 年《刑事诉讼法》第 238 条。

2011 年

法条分析题

1. 有人说，“严格按照法定程序办案，不仅有利于保护犯罪嫌疑人、被害人的合法权益，而且有利于保护执法者本身。”根据相关法律和理论，谈谈你的理解。

2. 最高人民法院、最高人民检察院、公安部、国家安全部、司法部关于办理刑事案件排除非法证据若干问题的规定：

第一条 采用刑讯逼供等非法手段取得的犯罪嫌疑人、被告人供述和采用暴力、威胁等非法手段取得的证人证言、被害人陈述，属于非法言词证据。

第二条 经依法确认的非法言词证据，应当予以排除，不能作为定案的依据。

第十四条 物证、书证的取得明显违反法律规定，可能影响公正审判的，应当予以补正或者作出合理解释，否则，该物证、书证不能作为定案的依据。

根据刑事证据学谈谈你的理解。

2009 年

法条分析题

《刑事诉讼法》第 162 条①第 3 项规定：“证据不足，不能认定被告人有罪的，应当作出证据不足、指控的犯罪不能成立的无罪判决。”请结合刑事诉讼法相关理论，谈谈对法条的理解。

2008 年

论述题

1. 直接言辞原则的含义，我国刑事诉讼法实践和规定在这方面是否违背？

2. 有关辩护律师阅卷权在现行刑事诉讼法上的具体规定以及该如何完善？

2007 年

论述题

1. 据我国《刑事诉讼法》的规定，请对被害人在公诉程序、自诉程序和附带民事诉讼中的地位和权利作比较分析。

2. 我国《刑事诉讼法》规定“对有证据证明在犯罪事实，不能判处有期徒刑以上刑罚的犯罪嫌疑人，被告人采取取保候审、监视居住等方法，尚不足以防止社会危害性而有逮捕必要的，应即依法逮捕”。

（1）请对逮捕的条件进行分析和评价；

（2）分析我国《刑事诉讼法》中逮捕和羁押之间的关系。

中国人民大学

2016 年

一、论述题

试分析《中华人民共和国刑事诉讼法》第 59 条②规定，证人证言应当在人民法院经过公诉人、被害人与被告人、辩护人双方质证，并且查证属实，才能作为定案依据。法庭查明证人有意作伪证或者隐匿罪证的时候，应当依法处理。

2013 年

一、名词解释

1. 适格当事人

2. 公诉人

二、简述题

1. 简述民事诉讼的证明标准。

2. 简述刑事强制措施的特征。

2012 年

一、名词解释

1. 辩护人

2. 执行竞合

二、简答题

1. 民事简易程序的适用范围。

2. 刑事立案的材料来源。

---

① 参见 2018 年《刑事诉讼法》第 200 条。

② 参见 2018 年《刑事诉讼法》第 61 条。

2011 年

一、名词解释

1. 刑事诉讼中的管辖
2. 民事诉讼的受案范围

二、简答题

1. 简述刑事二审程序中的全面审查原则。
2. 简述民事诉讼举证责任倒置的情形。

2010 年

一、名词解释

1. 禁止双重追究原则
2. 专属管辖

二、简答题

1. 简述犯罪嫌疑人、被告人有权获得辩护的原则。
2. 简述民事诉讼中的免证事实。

2009 年

一、名词解释

1. 弹劾式诉讼
2. 立案监督
3. 自诉

二、简答题

1. 简述刑事诉讼最佳证据规则。
2. 简述没收财产、罚金刑的执行。

三、论述题

论刑事诉讼中的集中审理原则。

2008 年

一、名词解释

1. 刑事诉讼中止
2. 申请执行时效
3. 禁止双重危险原则
4. 酌定不起诉
5. 死刑复核程序

二、简答题

简述追究刑事责任的情形。

三、论述题

1. 刑事证据的特点。
2. 论检察机关提起民事公诉。

2007 年

一、名词解释

1. 保释
2. 暂缓起诉
3. 再审不加刑
4. 附带民事诉讼
5. 强制答辩

二、简答题

1. 简答不追究刑事责任的情形。
2. 简述辩护人的地位和任务。
3. 简述刑事二审中的全面审查原则。

三、论述题

论述死刑复核程序的改革与完善。

中国政法大学

2020 年

一、简答题

1. 逮捕的条件。
2. 审判监督程序与二审程序的区别。
3. 酌定不起诉。
4. 强制医疗的适用对象。

二、论述题

1. 论述当事人和解的适用范围和诉讼程序。
2. 论述程序价值。

2019 年

一、简答题

简述人民法院和人民检察院独立行使职权原则。

二、论述题

论述刑事和解程序和制度。

2018 年

一、简答题

1. 行政处罚和强制措施的区别。

2. 国外关于启动刑事诉讼程序的规定。
3. 社区矫正机构

2017 年

一、名词解释

1. 疑罪从无
2. 诉讼参与人
3. 人身检查
4. 法定证据制度
5. 延期审理

二、简答题

简述检察院的暂予监外执行监督。

2016 年

一、名词解释

确定管辖的原则

二、论述题

1. 论述程序公正与实体公正。
2. 论述刑事强制措施的拘留。

三、案例题

刘某17岁涉嫌强奸16岁的杨某

（1）刘某没有委托辩护人，能否适用法律援助，程序如何？

（2）检察院认为刘某不符合逮捕标准，可否变更为监视居住，为何？

（3）如何对杨某进行询问。

（4）在对刘某庭审时应该注意哪些问题。

（5）刘某后来被判处五年有期徒刑，他的犯罪记录是否应该封存？刑诉法如何规定。

2015 年

论述题

论述比较刑事二审抗诉与再审抗诉的区别。

2014 年

论述题

论述侦查中询问证人的程序。

2013 年

论述题

论述刑事诉讼中简易程序的适用范围。

2012 年

分析题

试论酌定不起诉及救济程序的完善。

2010 年

一、简答题

简述我国刑事诉讼中的审判公开原则。

二、分析题

在某机场，乘机人张某将管委会纸箱放在行李手推车上，后来张某去办理其他事情。清洁女工梁某前来清扫垃圾，误以为纸箱是被人扔掉的废物而拿走。打开纸箱后，梁某发现内有金饰品（后来经查明金饰品为某公司所有，价值百万余元），梁某将金饰品带回家中。请问：

（1）某公司是否可以向公安机关报案？公安机关接到报案后应当如何处理？

（2）某公司是否可以向人民法院起诉？人民法院应当如何处理？

2009 年

简答题

简述刑事诉讼中审判监督程序特点。

2006 年

一、简答题

1. 简述弹劾或诉讼的特点。
2. 简述人民检察院对不立案的监督。

二、分析题

《刑事诉讼法》第34条规定："公诉人出庭公诉的案件，被告人因经济困难或者其他原因没有委托辩护人的，人民法院可以指定承担法律援助义务的律师为其提供辩护。""被告人是盲、聋、哑或者未成年人而没有委托辩护人的，人民法院应当指定承担法律援助义务的律师为其提供辩护。""被告人可能被判处死刑而没有委托辩护人的，人民法院应当指定承担法律援助义务的律师为其提供辩护。"分析该法条。

中南财经政法大学

2014 年

论述题

试论违法所得没收程序。

2011 年

简答题

简答刑事强制措施的适用原则。

2010 年

一、名词解释

1. 刑事诉讼主体
2. 间接证据
3. 立案管辖

二、简答题

1. 简述犯罪嫌疑人、被告人有权获得辩护原则的基本内容。
2. 简述公安机关采取拘留的条件。
3. 简述附带民事诉讼的成立条件。

三、论述题

如何看待我国的刑事审判监督程序？

2009 年

一、名词解释

1. 刑事诉讼结构
2. 逮捕
3. 侦查实验
4. 刑事审级制度
5. 死刑复核程序

二、简答题

1. 简述人民法院、人民检察院依法独立行使职权原则。
2. 简述提起公诉的条件。
3. 简述刑事诉讼中的证明对象。

三、论述题

如何理解我国现行法律关于律师在侦查阶段的诉讼权利的规定？

2008 年

一、名词解释

1. 意见证据
2. 监视居住
3. 申诉

二、简答题

1. 简述刑事诉讼法的独立价值。
2. 简述搜查的程序。
3. 简述口供的特点。

三、论述题

试论述检察权的性质及在刑事诉讼中的作用。

2007 年

一、名词解释

1. 刑事诉讼客体
2. 刑事代理
3. 视听资料
4. 监外执行

二、简答题

1. 简述我国回避制度的适用范围。
2. 简述我国辩护制度中辩护的种类。
3. 简述我国刑事诉讼中的证明对象。
4. 简述侦查监督的途径和措施。

三、论述题

1. 古代弹劾式刑事诉讼制度的特点及其评价。
2. 试述程序法定原则。
3. 试述我国的刑事审级制度。

2006 年

一、名词解释

1. 刑事诉讼结构
2. 审判管辖
3. 辩护制度
4. 附带民事诉讼
5. 再审程序

二、简答题

1. 简述我国刑事诉讼法与宪法的关系。
2. 简述刑事诉讼目的与刑事诉讼价值的关系。
3. 简述“未经人民法院依法判决不得推定有

罪”的基本含义。

4. 简述言词证据的种类及其特点。

5. 简述刑事审判的特征。

三、论述题

1. 试述当代资本主义两大法系刑事审判模式的特征。

2. 试述我国刑事诉讼中的法庭审理程序。

3. 试述我国刑事审前程序的改革与完善。

西北政法大学

2018 年

一、名词解释

1. 回避

2. 延期审理

3. 侦查终结

二、简答题

1. 简述庭审不同阶段的诉讼职能。

2. 简述强制措施依法变更。

2016 年

一、名词解释

1. 暂予监外执行

2. 刑事执行

3. 指令再审

4. 侦查实验

二、简答题

自诉案件较公诉案件一审程序有何区别。

2009 年

一、名词比较

1. 直接证据和原始证据

2. 辩护和代理

3. 法定代理人和诉讼代理人

4. 移送管辖和指定管辖

5. 上诉和抗诉

二、简答题

1. 简述辩论原则。

2. 简述审判障碍及其处理方法。

三、论述题

简述无罪推定原则及其在我国刑诉中的体现。

2007 年

一、名词解释

1. 刑事管辖

2. 延期审理

3. 不起诉

4. 监视居住

5. 刑事证据

二、简答题

1. 庭审不同阶段的诉讼职能与关系。

2. 强制措施的依法采用与变更。

3. 何为审判监督程序？有权提起该程序的主体有哪些？

4. 二审程序与再审程序的区别？

5. 人民法院已生效判决，裁定的申诉如何审查？

三、论述题

刑事诉讼中不公开审判原则。

2006 年

一、名词解释

1. 期间与期日

2. 裁定与决定

3. 搜查与检查

4. 刑事证据与刑事证明

5. 上诉与申诉

二、简答题

1. 如何理解指定辩护？

2. 如何理解逮捕程序？

3. 如何理解直接言词原则？

三、论述题

论言词证据与实物证据。

武汉大学

2020 年

1. 简述取保候审的主要内容。
2. 简述酌定不起诉。

2014 年

1. 简述传来证据的概念和运用规则。
2. 简述附带民事诉讼的概念和成立条件。
3. 简述自述案件的概念和范围。

2011 年

1. 试述取保候审的概念与适用对象。
2. 试述简易程序的特点。
3. 试述被害人在我国刑事诉讼程序中的权利。

2009 年

一、名词解释

1. 减刑
2. 拘传

二、辨析题

1. 裁定与 决定
2. 从轻处罚与减轻处罚

三、简答题

1. 简述普遍管辖的内涵和意义。

2. 论述刑事附带民事诉讼的内涵、范围、程序以及存在的问题。

2007 年

一、辨析题

1. 委托辩护、指定辩护
2. 取保候审、监视居住
3. 传来证据、传闻证据
4. 延期审理、中止审理

二、问答题

1. 刑事诉讼有哪些特征？
2. 刑事证据制度在历史上有哪几种类型？
3. 什么是证据的合法性？理论上有何争论？
4. 怎样认识死刑复核程序的特殊性？该程序有何变革？

三、案例题

1. 1998 年 4 月，昆明市公安局通讯处女民警王晓湘和该市路南县公安局副局长王俊波双双被枪杀在一辆“昌河”微型车上。此案由昆明市公安局刑侦支队负责侦查。1998 年 7 月 2 日下午，王晓湘的丈夫、昆明市公安局戒毒所民警杜培武以涉嫌故意杀人罪被刑事拘留。10 只警犬对杜培武进行了 43 次现场气味鉴别，其中 41 次认定杜培武的气味与“昌河”车上的气味同一，证明杜培武在案发前后驾驶过该车；专家组从北京请来的“中国头号刑侦专家”，也认为杜的作案嫌疑不能排除；公安部专家还对杜进行了测谎试验，结论是杜应当知情或者参与作案。经侦查人员的连续审讯、拳打脚踢及其他非人道手段，杜培武承认了杀害王晓湘、王俊波的“犯罪事实”，并指认了“作案现场”。1999 年 2 月 5 日，昆明市中级人民法院以故意杀人罪一审判处杜培武死刑立即执行。杜培武大呼冤枉，向高级法院上诉称，他是在刑讯逼供情况下才承认杀人事实的。云南省高级人民法院鉴于本案重要物证一杀人用的枪支没有下落，遂改判杜培武死刑缓期二年执行。同年 11 月，杜培武被送进云南省第一监狱服刑。

2000 年 6 月，昆明市公安局破获一起特大杀人盗车团伙，案犯承认 1998 年杀害王晓湘、王俊波案是他们所为。于是，云南省高级法院公开宣告杜培武无罪。

问：(1) 本案没有目击证人，被告人杜培武承认自己杀人的口供属于什么类型的证据？口供之外的证据属于什么类型的证据？本案中，若要证明被告人杜培武犯罪，对于单纯任用口供之外的证据证明案件事实，这种证据任用应当遵循什么样的规则？

(2) 本案之所以成为错案，其原因是什么？

(3) 透视本案，你认为我国刑事诉讼法应当做哪些改革或改良？

2006 年

一、概念辨析题

1. 延期审理与中止审理
2. 辩护与代理
3. 秋审与乞留

二、问答题

1. 简述强制措施的适用与人身自由的保障。

2. 独立行使控诉职能的公诉人是否属于当事人的范畴？为什么？

3. 简述地区管辖争议的解决。

三、论述题

论非法证据排除规则与我国刑事证据制度的改革。

四、案例分析题

贾某因涉嫌强奸、故意伤害（致人死亡）罪被某县检察院提起公诉至某县法院审理。经过开庭前的准备工作后，法院决定开庭审理，并于开庭前一天将开庭审理的时间、地点通知检察院。在开庭审理中，被告人贾某提出回避申请，理由是审判长孟坤耀是被害人的堂兄。合议庭合议后，认为被告人的回避请求不当，当庭作出决定，驳回被告人贾某的回避申请。庭审后，当庭宣判：判处被告人贾某犯强奸罪，处有期徒刑 9 年；犯故意伤害罪，处有期徒刑 7 年，数罪并罚执行有期徒刑 14 年。贾某提出上诉。某市中级人民法院在审理过程中，发现上诉人贾某犯罪行为恶劣。遂撤销原判决，改判为：犯强奸罪，处有期徒刑 10 年；犯故意伤害罪，处无期徒刑；决定执行无期徒刑。

问：本案在诉讼程序上有哪些不当之处？并简要说明理由。

华东政法大学

2013 年

简答题

我国审判公开原则的程序性救济。

2007 年

一、名词解释

1. 辩护人
2. 鉴定意见
3. 侦查终结

二、简答题

1. 简述讯问犯罪嫌疑人的特点和意义。
2. 上诉审抗诉与再审抗诉的区别是什么？

三、论述题

1. 试述逮捕的执行程序。
2. 试述我国侦查监督制度的现状及其完善对策。

2006 年

一、名词解释

1. 刑事抗诉
2. 留置送达
3. 传来证据

二、简答题

1. 确定刑事诉讼主体范围的理论依据是什么？
2. 刑事立案监督的程序和方法有哪些？

三、论述题

1. 试评述我国河南省荥阳市公安局发布“扑克牌通缉令”的合法性和正当性。
2. 试述再审的审判程序。

附录二：刑事诉讼法学习所涉及的主要法律文件

综合

中华人民共和国刑事诉讼法
（2018 年 10 月 26 日）
最高人民法院、最高人民检察院、公安部关于办理刑事案件收集提取和审查判断电子数据若干问题的规定
（2016 年 9 月 9 日）
最高人民法院、最高人民检察院、公安部、国家安全部、司法部、全国人大常委会法制工作委员会关于实施刑事诉讼法若干问题的规定
（2012 年 12 月 26 日）
最高人民法院关于适用《中华人民共和国刑事诉讼法》的解释
（2021 年 1 月 26 日）
公安机关办理刑事案件程序规定
（2020 年 7 月 20 日）
人民检察院刑事诉讼规则
（2019 年 12 月 30 日）
最高人民法院、最高人民检察院、公安部、国家安全部、司法部关于规范量刑程序若干问题的意见
（2020 年 11 月 6 日）

审判组织

中华人民共和国人民陪审员法
（2018 年 4 月 27 日）
最高人民法院关于规范上下级人民法院审判业务关系的若干意见
（2010 年 12 月 28 日）
最高人民法院关于适用《中华人民共和国人民陪审员法》若干问题的解释
（2019 年 4 月 24 日）
最高人民法院关于进一步加强合议庭职责的若干规定
（2010 年 1 月 11 日）

强制措施

人民检察院办理羁押必要性审查案件规定（试行）
（2016 年 1 月 22 日）
最高人民法院、最高人民检察院、公安部、国家安全部关于取保候审若干问题的规定
（1999 年 8 月 4 日）

辩护与代理

中华人民共和国律师法
（2017 年 9 月 1 日）
最高人民法院、最高人民检察院、公安部、国家安全部、司法部关于依法保障律师执业权利的规定
（2015 年 9 月 16 日）
最高人民法院关于办理死刑复核案件听取辩护律师意见的办法
（2014 年 12 月 29 日）
司法部办理法律援助案件程序规定
（2012 年 4 月 9 日）

司法鉴定

全国人民代表大会常务委员会关于司法鉴定管理问题的决定
（2015 年 4 月 24 日）

立案与侦查

最高人民检察院、公安部关于刑事立案监督有关问题的规定（试行）

（2010 年 7 月 26 日）

证据

最高人民法院、最高人民检察院、公安部关于办理刑事案件收集提取和审查判断电子数据若干问题的规定

（2016 年 9 月 9 日）

最高人民法院、最高人民检察院、公安部关于办理刑事案件严格排除非法证据若干问题的规定

（2017 年 6 月 27 日）

最高人民检察院《关于适用〈关于办理死刑案件审查判断证据若干问题的规定〉和〈关于办理刑事案件排除非法证据若干问题的规定〉的指导意见》

（2010 年 12 月 30 日）

审判监督程序

最高人民法院关于审理人民检察院按照审判监督程序提出的刑事抗诉案件若干问题的规定

（2011 年 10 月 14 日）

执行

最高人民法院关于办理减刑、假释案件具体应用法律的规定

（2016 年 11 月 14 日）

最高人民法院关于办理减刑、假释案件具体应用法律的补充规定

（2019 年 4 月 24 日）

最高人民法院减刑、假释案件规定

（2014 年 8 月 1 日）

最高人民法院关于减刑、假释案件审理程序的规定

（2014 年 4 月 23 日）

最高人民法院关于死刑缓期执行限制减刑案件审理程序若干问题的规定

（2011 年 4 月 25 日）

未成年人刑事诉讼程序

人民检察院办理未成年人刑事案件的规定

（2013 年 12 月 19 日）

附录三：刑事诉讼法学习参考书目

一、专著教材类

樊崇义主编：《刑事诉讼法学》（第四版），法律出版社 2016 年版。

龙宗智、杨建广主编：《刑事诉讼法》（第五版），高等教育出版社 2016 年版。

二、课外阅读类

左卫民：《刑事诉讼法的理念》，法律出版社 1999 年版。

龙宗智：《相对合理主义》，中国政法大学出版社 1999 年版。

陈瑞华：《刑事诉讼的前沿问题》，中国人民大学出版社 2005 年版。

陈瑞华：《刑事诉讼的中国模式》，法律出版社 2008 年版。

陈瑞华：《刑事审判原理论》（第二版），北京大学出版社 2003 年版。

陈瑞华：《程序正义理论》，中国法制出版社 2010 年版。

陈瑞华：《程序性制裁理论》（第三版），中国法制出版社 2017 年版。

季卫东：《法律程序的意义》，中国法制出版社 2004 年版。

王以真主编：《外国刑事诉讼法学》（新编本），北京大学出版社 2004 年版。

陈卫东主编：《刑事诉讼法学原理与案例》，中国人民大学出版社 2008 年版。

三、教学辅导类

教学法规中心编：《学生常用法规掌中宝——刑事诉讼法》，中国法制出版社出版。

教学法规中心编：《学生常用法规掌中宝——刑法》，中国法制出版社出版。

四、司法考试类

《国家司法考试同步训练题解——刑事诉讼法》，中国法制出版社出版。

《国家司法考试教材一本通——刑事诉讼法》，中国法制出版社出版。

《司法考试分类法规随身查——刑事诉讼法》，中国法制出版社出版。

《国家司法考试全攻略——刑事诉讼法》，中国法制出版社出版。

《国家司法考试历年真题详解》，中国法制出版社出版。

《司法考试得分点轻巧手册》，中国法制出版社出版。

北京万国学校编著：《司法考试重点法条解读》，中国法制出版社出版。

图书在版编目（CIP）数据

刑事诉讼法配套测试／教学辅导中心组编．—10版．—北京：中国法制出版社，2021.7

高校法学专业核心课程配套测试

ISBN 978－7－5216－2039－9

Ⅰ．①刑… Ⅱ．①教… Ⅲ．①刑事诉讼法－中国－高等学校－习题集 Ⅳ．①D925.2－44

中国版本图书馆CIP数据核字（2021）第138226号

责任编辑 谢雯 孙静　　封面设计 杨泽江

刑事诉讼法配套测试（第十版）

XINGSHI SUSONGFA PEITAO CESHI（DI-SHI BAN）

组编/教学辅导中心

经销/新华书店

印刷/三河市紫恒印装有限公司

开本/787毫米×1092毫米 16开　　印张/21 字数/594千

版次/2021年7月第10版　　2021年7月第1次印刷

中国法制出版社出版

书号 ISBN 978－7－5216－2039－9　　定价：56.00元

北京西单横二条2号

邮政编码 100031　　传真：010－66031119

网址：http：//www.zgfzs.com　　**编辑部电话：010－63141787**

市场营销部电话：010－66033393　　**邮购部电话：010－66033288**

（如有印装质量问题，请与本社印务部联系调换。电话：010－66032926）